Negatorische Beseitigung und Schadensersatz

Europäische Hochschulschriften

Publications Universitaires Européennes

European University Studies

Reihe II

Rechtswissenschaft

Série II Series II

Droit

Law

Bd./Vol. 4452

PETER LANG

Frankfurt am Main · Berlin · Bern · Bruxelles · New York · Oxford · Wien

Marc Wolf

Negatorische Beseitigung und Schadensersatz

Grundlagen, Anspruchsziele und Abgrenzung

PETER LANG
Europäischer Verlag der Wissenschaften

Bibliografische Information Der Deutschen Bibliothek
Die Deutsche Bibliothek verzeichnet diese Publikation in der Deutschen Nationalbibliografie; detaillierte bibliografische Daten sind im Internet über <http://dnb.ddb.de> abrufbar.

Zugl.: Marburg, Univ., Diss., 2006

D 4
ISSN 0531-7312
ISBN 3-631-55675-6

www.peterlang.de

Vorwort

Die Arbeit hat dem Fachbereich Rechtswissenschaften der Philipps-Universität Marburg im Sommersemester 2005 als Dissertation vorgelegen.

Besonderen Dank schulde ich meinem Doktorvater, Herrn Prof. Dr. Volker Beuthien. Er hat die Arbeit, die während meiner Tätigkeit als Wissenschaftlicher Mitarbeiter an seinem Lehrstuhl entstand, stets durch wertvollen Rat gefördert. Frau Prof. Dr. Katja Langenbucher danke ich für das Zweitgutachten.

Schließlich bin ich nicht zuletzt meiner Familie zu Dank verpflichtet, die mich durch steten Zuspruch unterstützt hat.

Marburg, den 17.5.2006

Marc Wolf

Inhaltsverzeichnis

Einleitung

Die Arbeit behandelt die Frage, ob und gegebenenfalls unter welchen Voraussetzungen dem Eigentümer neben einem Deliktsanspruch aus den §§ 823 I, 249 ff. BGB ein negatorischer Beseitigungsanspruch aus § 1004 I 1 BGB zusteht.

Rechtsprechung und Schrifttum sind sich bis heute darüber uneinig, wie die negatorische Beeinträchtigung des Eigentums vom Schaden i.S.v. § 823 I BGB abzugrenzen ist[1] bzw. wie sich die nach § 1004 I 1 BGB geschuldete Beseitigung der Eigentumsbeeinträchtigung vom Schadensersatz nach § 823 I BGB unterscheidet. Vergleicht man die Bedeutung der Begriffe „Beeinträchtigung" und „Verletzung" des Eigentums auf der Tatbestandsseite der Normen sowie „Störungsbeseitigung" und schadensrechtliche Naturalrestitution (§ 249 BGB) als deren Rechtsfolgen, wird schnell deutlich, dass der Anwendungsbereich beider Normen nur schwierig abzugrenzen ist. Es ist offensichtlich, dass durch eine Verletzung fremden Eigentums vom Wortsinn her dieses auch beeinträchtigt sein kann[2]. Ebensowenig ist es vom Wortlaut her von vornherein ausgeschlossen, dass eine Störungsbeseitigung zumindest teilweise genauso wie die schadensrechtliche Naturalrestitution auf Folgenbeseitigung gerichtet ist. Es geht dabei praktisch um die Frage, ob bei einer eingeworfenen Fensterscheibe nur die Beseitigung des in den Raum eingedrungenen Steins oder auch die Wiederherstellung der zerstörten Scheibe oder letztendlich sogar die Medizin für den wegen der zerstörten Scheibe erkrankten Hauseigentümer nach § 1004 I 1 BGB geschuldet wird[3]. Anders ausge-

---

[1] Die Formulierung, die negatorische „Beeinträchtigung" des Eigentums nach § 1004 I 1 BGB vom „Schaden" i.S.v. § 823 I BGB abgrenzen zu wollen, erscheint eigentlich dogmatisch ungenau, da die „Beeinträchtigung" als haftungsbegründendes Tatbestandsmerkmal mit dem „Schaden" als haftungsausfüllendem Tatbestandsmerkmal nicht vergleichbar erscheint. Für die Gegenüberstellung der §§ 823 I, 1004 I 1 BGB sind aber nur die Fälle der Naturalrestitution i.S.v. § 249 I BGB interessant, und insoweit entspricht der „Schaden" nach § 823 I BGB immer der durch die Verletzungshandlung hervorgerufenen Veränderung des tatsächlichen Sachzustands. Deshalb beschreibt auch der „Schaden" im Ergebnis insoweit einen haftungsbegründenden Umstand, so dass die in der Literatur vielfach übliche Formulierung durchaus nachvollziehbar ist.

[2] *Armbrüster*, NJW 2003, 3087, 3089; *König*, NJW 2005, 191, 192.

[3] Es handelt sich dabei um den Klassiker unter den Fallbeispielen, wenn es darum geht, die Abgrenzung von § 1004 I 1 BGB zu § 823 I BGB zu erläutern, so dass dieser auch hier nicht unerwähnt bleiben darf, vgl. *Medicus*, SchuldR II, Rn.946; *MünchKomm/Medicus*, § 1004 Rn.24; *Staudinger/Gursky*, § 1004 Rn.134; *Schwab/Prütting*, SR, Rn.573; das Beispiel des „Steinewerfers" wird sogar im Urteil BGH NJW 1996, 845, 846 (re. Sp.)

drückt ist umstritten, ob die Eigentumsbeeinträchtigung nur auf den eigentlichen Einwirkungsvorgang beschränkt werden soll oder ob auch *jeder* durch einen solchen Vorgang herbeigeführte neue Zustand der Sache selbst, also auch eine Sachbeschädigung oder -zerstörung als solche, eine fortdauernde Eigentumsbeeinträchtigung darstellt.

Die Abgrenzung beider Normen ist deshalb so wichtig, weil § 823 I BGB einen Schadensersatzanspruch nur bei schuldhaft herbeigeführter Eigentumsverletzung gewährt, während für den Anspruch auf Beseitigung der Eigentumsbeeinträchtigung nach § 1004 I 1 BGB keinerlei Verschulden notwendig ist[4]. Deshalb ist die Gefahr groß, dass das im Deliktsrecht vorherrschende Verschuldenserfordernis durch eine zu weite Geltung der actio negatoria umgangen wird. Ein zu weit verstandener Beseitigungsanspruch könnte leicht zu einer Schadensersatzhaftung ohne Verschulden führen[5]. Einigkeit besteht nur darüber, dass jedenfalls die Beeinträchtigung i.S.v. § 1004 I 1 BGB nicht mit dem Schaden nach § 823 I BGB gleichgesetzt werden kann, weil niemand dem Gesetzgeber unterstellen will, dass er zwei Ansprüche an systematisch verschiedenen Stellen des BGB geschaffen hat, die zwar inhaltlich das gleiche gewähren, von denen der eine aber ein Verschulden und der andere kein Verschulden voraussetzt[6]. Ansonsten drohten „schwere Wertungswidersprüche“[7]. Uneinigkeit besteht aber darüber, wie die Ansprüche gegeneinander abzugrenzen sind. Der BGH hat sich bis zuletzt davor gescheut, das „schwierige Problem ... allgemein zu lösen“ und beruft sich darauf, nur eine Entscheidung für den konkreten Einzelfall treffen zu müssen[8]. Auch die Wissenschaft hat bisher keine praktikablen Faustregeln für die Abgrenzung zu entwickeln vermocht[9]. Das Auffinden der Grenze zwischen Beseitigung und Schadenser-

---

herangezogen.

[4] *Mertens*, NJW 1972, 1783.

[5] *Baur*, AcP 160 (1961), 465, 487; *ders.*, JZ 1966, 383, *Mertens*, NJW 1972, 1783; *Lettl*, JuS 2005, 871, 872.

[6] *Jauernig/Jauernig*, § 1004 Rn.7, *Picker*, Beseitigungsanspruch, S.18, zur Problematik BGH NJW 1996, 846 f.; 1997, 2234, 2235.

[7] *Larenz/Canaris*, SchR II/2, § 86 I.2.a) (S.674); *Lettl*, JuS 2005, 871.

[8] BGH NJW 1996, 845, 846

[9] *Staudinger/Gursky*, § 1004, Rn.134; *Wenzel*, NJW 2005, 241, 243; *Schapp/Schur*, SR, Rn.155.

satz wird somit nach wie vor als das am wenigsten gelöste Problem des § 1004 BGB angesehen[10].

Im Folgenden soll erörtert werden, ob die Abgrenzung des § 1004 I 1 BGB von den §§ 823 I, 249 ff. BGB tatsächlich so unlösbar ist, wie das viele meinen. Nach einer anfänglichen Darstellung der dogmatischen Grundlagen (§ 1) werden die bislang gewonnenen Erkenntnisse in Rechtsprechung und Wissenschaft auf ihrem derzeitigen Stand zusammengefasst und auf ihre Schlüssigkeit hin untersucht (§ 2). Bei der Analyse des Schrifttums wird insbesondere auf die von *Picker* entwickelte Rechtsusurpationslehre, welche den Anwendungsbereich von § 1004 I 1 BGB ganz anders verstehen will als die herrschende Auffassung, eingegangen, um diesen Denkansatz auf seine dogmatische Stimmigkeit und sachliche Plausibilität hin zu überprüfen. Die Lehre wird in das System des gesetzlichen Eigentumsschutzes eingeordnet, anhand der allgemeinen Auslegungskriterien überprüft und einer eigenen kritischen Bewertung unterzogen. Des weiteren wird hinterfragt, wer Störer i.S.v. § 1004 I 1 BGB ist. Das Gesetz verwendet den Begriff des Störers, ohne ihn allerdings näher zu umschreiben. Als Störer wird derjenige angesehen, der die Eigentumsbeeinträchtigung zu verantworten hat, dem sie also zuzurechnen ist[11]. Nach welchen Grundsätzen diese Zurechnung erfolgen soll, lässt das Gesetz jedoch offen. Die Antwort darauf ist deshalb umstritten. Insbesondere ist hier zu erörtern, ob bei einem weit verstandenen Beeinträchtigungsbegriff der Anwendungsbereich des § 1004 I 1 BGB bei der Zurechnung eingeschränkt werden kann.

In § 3 wird ein eigener Standpunkt zur Abgrenzung der beiden Vorschriften entwickelt. Die Anwendungsbereiche des negatorischen Beseitigungsanspruchs und der §§ 823 I, 249 ff. BGB werden auf ihren rechtsdogmatischen Grund zurückgeführt und die Fallkonstellation herausgearbeitet, auf die sich das Problem der Abgrenzung beider Vorschriften beschränken lässt. Auf der Grundlage der gewonnenen Erkenntnisse wird die Anspruchskonkurrenz von Beseitigungs- und Schadensersatzanspruch bei anderen absolut geschützten Rechten und beim quasinegatorischen Rechtsschutz untersucht, um daraus den eigenen Lösungsansatz für die Anspruchskonkurrenz beim Eigentum zu

---

[10] So *MünchKomm/Medicus*, § 1004, Rn.71; *Picker*, Beseitigungsanspruch, S.18 ff.; *F.Baur*, AcP 160 (1961), 465, 487 ff.; *Lohse*, AcP 201 (2001), 902; *Larenz/Canaris*, SchR II/2, § 86 I.2.a. (S.674); zuletzt *Armbrüster*, NJW 2003, 3087.

[11] *Staudinger/Gursky*, § 1004 Rn.92.

entwickeln. Abschließend wird erörtert, wie sich dieser eigene Lösungsansatz auf umstrittene Einzelprobleme des § 1004 I 1 BGB auswirkt (§ 4).

§ 1 Dogmatische Grundlagen

A. Die Funktion der gesetzlichen Haftungstatbestände

Die Verfasser des BGB haben die einzelnen Tatbestände gesetzlicher Haftung so aufeinander abgestimmt, dass diese in ihrer Gesamtheit den für erforderlich erachteten zivilrechtlichen Schutz leisten können. Sie haben es dafür als notwendig befunden, sachenrechtliche Normen ergänzend zu den Vorschriften des besonderen Schuldrechts[12] in das BGB aufzunehmen, um den erwünschten bestmöglichen, aber auch gerecht ausgestalteten Schutz des Eigentums und der übrigen dinglichen Rechte gewähren zu können[13]: Das Bedürfnis besonderer Vorschriften im Sachenrecht ergebe sich daraus, dass jene Arten schuldrechtlicher Haftung teils zu weit führen würden und einer Beschränkung bedürften[14], teils zum erforderlichen Schutze des Eigentums nicht genügten[15]. Die Abwehr- und Ausschließungsbefugnis als Hauptinhalt der verfassungsrechtlichen Eigentumsgarantie[16] soll so gemeinsam durch Vorschriften aus dem Schuld- und Sachenrecht umfassend zivilrechtlich gewährleistet werden[17].

Die dogmatische Einordnung der §§ 1004 I 1, 823 I, 249 ff. BGB in dieses System der gesetzlichen Haftungstatbestände schafft den Zugang zum

---

[12] Ansprüche aus unerlaubter Handlung bei widerrechtlicher und schuldhafter Verletzung fremden Eigentums (§§ 823 ff. BGB); Ansprüche aus ungerechtfertigter Bereicherung bei einem der Güterordnung widersprechenden Eingriff in fremdes Eigentum durch Gebrauch, Verbrauch, Nutzung, Verarbeitung und Verfügung (§§ 812 I 1, 816 BGB) sowie Ansprüche aus unechter Geschäftsführung ohne Auftrag bei bewusstem Eingriff in fremdes Eigentum (§§ 687 II, 678, 681 S.2, 667 BGB).

[13] Motive III, S.394.

[14] Gemeint ist damit etwa das Erfordernis der §§ 989 ff. BGB, um im Eigentümer-Besitzer-Verhältnis den weiten Anwendungsbereich der deliktischen Haftung einzuschränken.

[15] Ergänzend wurden deshalb die §§ 894, 985, 1004, 1005 in das BGB aufgenommen.

[16] BVerfGE 24, 400 f.

[17] Es ist teilweise zu lesen, dass der Beseitigungs- und Unterlassungsanspruch aus § 1004 BGB ebenso wie § 985 BGB die in § 903 S.1 BGB festgeschriebenen Rechte des Eigentümers einer Sache konkretisiere, vgl. z.B. *Jauernig/Jauernig*, § 1004 Rn.1. Diese Formulierung darf allerdings nicht dahingehend missverstanden werden, dass die §§ 985, 1004 BGB die Weite des Eigentumsbegriffs *unmittelbar* bestimmen. Es handelt sich nämlich um *Abwehr*ansprüche, die das „Eigentum" mit seinen grundsätzlich uneingeschränkten Befugnissen als Tatbestandsmerkmal voraussetzen. Da im gesellschaftlichen Miteinander der Eigentumsschutz aber mit dem Schutz anderer Rechte und Rechtsgüter kollidiert, müssen auch dem Eigentümer Duldungspflichten auferlegt werden, die in der gesamten Rechtsordnung verstreut geregelt sind. Sie alleine sind es, die dem Eigentümer Grenzen setzen und auch die Weite der Abwehransprüche bestimmen.

Grundlagenverständnis des negatorischen Beseitigungsanspruchs und seiner Abgrenzung zu den §§ 823 I, 249 ff. BGB.

I. Eingriff in den Rechtskreis als Haftungsvoraussetzung

Als Haftungsnormen setzen § 1004 I 1 BGB und die §§ 823 I, 249 ff. BGB schützenswerte zivilrechtliche Strukturen voraus. Diese schützenswerten Strukturen gilt es zu ermitteln, wenn man den Anwendungsbereich der Normen zutreffend festlegen und sie gegeneinander abgrenzen will. Der Gesetzgeber bestimmt sie durch die Regelung der gesetzlichen Haftungstatbestände, indem er festhält, unter welchen Voraussetzungen ein Konflikt zwischen Personen so bedeutsam ist, dass dieser nicht nur den Lebenskreis, sondern auch den Rechtskreis der Personen betrifft[18], mithin ein Rechtsverhältnis zwischen zwei Rechtssubjekten kraft Gesetzes zustande kommt, das im Streitfall abgewickelt werden muss.

Auf diese Weise nimmt das Haftungsrecht die Aufgabe wahr, die Risikosphären von Personen gegeneinander abzugrenzen[19]. Den Ausgangspunkt bildet der Grundsatz, dass die Folgen eines *zufälligen Ereignisses* von demjenigen zu tragen sind, den sie treffen („casum sentit dominus"). Es handelt sich dabei um die Grundmaxime unseres Rechts, die der Tatsache Rechnung trägt, dass sich allein das „allgemeine Lebensrisiko" verwirklicht, soweit nur der Lebenskreis einer Person betroffen ist[20]. Dies ist solange der Fall, wie das

---

[18] Vgl. *Larenz/Wolf*, AT, § 13 Rn.1. Der Begriff „Rechtskreis" als Umschreibung des rechtlich relevanten Teils des Lebenskreises einer Person wird auch in der Rechtsprechung verwendet, etwa LG Aachen NJW 1961, 734, 735: „Der Bekl. fehlte nämlich die Befugnis, in den durch § 1004 Abs.1 BGB geschützten Rechtskreis der Kl. einzugreifen." Vgl. zur Begrifflichkeit auch *Mugdan*, Motive II, S.1073; *Larenz/Canaris*, SchR II/2, § 75 I.1. (S.350).

[19] Vgl. *Mugdan*, Motive II, S.1073: Den deliktsrechtlichen Vorschriften komme die Aufgabe zu, „die Rechtskreise der Einzelnen, innerhalb derer sie ihre individuelle Freiheit entfalten und ihre Interessen verfolgen dürfen", ohne andere durch ihr Handeln in ihren Rechten und Rechtsgütern zu verletzen, verbindlich „voneinander abzugrenzen". Dies lässt sich ohne weiteres auf alle gesetzlichen Schuldverhältnisse übertragen.

[20] Zu Recht wird in *Larenz/Canaris*, SchR II/2, § 75 I.2. (S.351) betont, dass es ein weit verbreitetes Missverständnis sei, dass der Grundsatz „casum sentit dominus" nur eine Notlösung für den Fall darstelle, dass ein Anspruch nicht geltend gemacht werden könne. Vielmehr handelt es sich um die Grundmaxime des Zivilrechts, die den elementaren Gerechtigkeitsgehalt aufweist, dass zunächst einmal jeder selbst die Nachteile zu tragen hat, die entstehen, wenn sich sein „allgemeine Lebensrisiko" realisiert. Erst wenn das Gesetz dieses Risiko auf ein anderes Privatrechtssubjekt abwälzt, kann ein Anspruch

Recht aus Wertungsgründen nicht anordnet, dass es einen anderen für den entstandenen Schaden einstehen lassen will, indem es dem Betroffenen eine Anspruchsgrundlage gewährt. Nur wer sich auf eine Anspruchsgrundlage berufen kann, hat das Recht, von einem anderen ein Tun oder Unterlassen zu verlangen. Ohne einen solchen besonderen Anspruchsgrund wäre sein Verlangen willkürlich und jeglichen Rechtsschutzes von vornherein unwürdig. Mit der Schaffung von Anspruchstatbeständen setzt der Gesetzgeber in einem Rechtsstaat also seine Vorstellung von Gerechtigkeit um[21].

Die Tatbestandsmerkmale eines gesetzlichen Anspruchs beschreiben somit den Bereich des Rechtskreises, in welchem dem Betroffenen kraft Gesetzes Schutz gewährt werden soll. Unter dem Rechtskreis einer Person ist dabei „die Gesamtheit alles dessen, was einer Person in einem bestimmten Zeitpunkt von Rechtswegen zukommt oder gebührt, die Summe aller ihrer Rechte oder rechtlich geschützten Güter" zu verstehen[22]. Zentraler Begriff des

---

geltend gemacht werden.

[21] "Est autem ius a iustitia, sicut a matre sua, ergo prius fuit iustitia quam ius" (Glosse zu 1.1 pr. D. 1,1). Zum Begriff der Gerechtigkeit *Max Rümelin*, Die Gerechtigkeit, 1920; *Hans Nef*, Gleichheit und Gerechtigkeit, 1941. Bereits *Radbruch* hat in dem als „Verleugnungsformel" bezeichneten zweiten Teil seiner Radbruchschen Formel formuliert: „... wo Gerechtigkeit nicht einmal erstrebt wird, wo die Gleichheit, die den Kern der Gerechtigkeit ausmacht, bei der Setzung positiven Rechts bewusst verleugnet wurde, da ist das Gesetz nicht etwa nur ‚unrichtiges Recht', vielmehr entbehrt es überhaupt der Rechtsnatur. Denn man kann Recht, auch positives Recht, gar nicht anders definieren denn als eine Ordnung und Satzung, die ihrem Sinne nach bestimmt ist, der Gerechtigkeit zu dienen." (*Radbruch*, SJZ 1956, 105 ff., dazu *Schumacher*, Rezeption und Kritik der Radbruchschen Formel, 1985; *Lecheler*, Unrecht in Gesetzesform?, Gedanken zur „Radbruch-Formel", 1994, *Kaufmann*, NJW 1995, 81, 82). Zum Verhältnis von Gerechtigkeit, Zweckmäßigkeit und Rechtssicherheit vgl. die Ausführungen von *Radbruch*, Rechtsphilosophie, § 9, S.70 f.: *Radbruch* ist der Ansicht, dass die *Gerechtigkeit* nur die *Form* des Rechtens bestimme, der *Inhalt* aber über die von der jeweiligen Rechts- und Staatsauffassung beeinflussten *Zweckmäßigkeit* festgelegt werde (*Radbruch*, aaO., S.50, 69). Daneben trete die Rechtssicherheit, die unabhängig von Gerechtigkeit und Zweckmäßigkeit die Positivität des Rechts fordert (*Radbruch*, aaO., S.70 f.). Die zwischen den Prinzipien auftretenden Widersprüche zu lösen, sieht Radbruch nicht als Aufgabe der Rechtsphilosophie an, die Probleme nur aufzuzeigen, nicht aber zu entscheiden habe (*Radbruch*, aaO., S.74). Im Zivilrecht ist aber der Zweck der Regelung in Form der Konfliktlösung bereits vorgegeben, so dass sich nur die Frage stellt, zu wessen Gunsten der Streit zu regeln ist. Und diese Entscheidung muss vorrangig gerecht ausfallen, schon allein deshalb, damit die Streitparteien sie nachvollziehen und annehmen können. Vgl. auch *Larenz*, SchR I, § 1 (S.2), der in Bezug auf die gesetzlichen Regelungen der Schuldverträge meint, dass das Gesetz anstrebt, auftretende Konflikte im Sinne eines „gerechten Ausgleichs der Interessen beider Teile zu lösen und die berechtigten Erwartungen eines jeden zu schützen".

[22] *Larenz*, AT, 7. Aufl., § 2 II.a).

Haftungsrechts ist neben dem Rechtsgut also das schützenswerte subjektive Recht.

II. Das absolute subjektive Recht als Schutzgegenstand

Das subjektive Recht ist die dem einzelnen von der Rechtsordnung verliehene Rechtsmacht[23]. Es beinhaltet die Zuweisung einer Rechtsstellung, von der aus der einzelne seine *schutzwürdigen* Interessen verfolgen kann[24], so dass die Grenzen der Rechtsausübung, die in den Rechten Dritter und den Normen des objektiven Rechts zum Wohle aller bestehen, dem subjektiven Recht bereits immanent sind[25]. Häufig wird beides miteinander verbunden und das subjektive Recht als eine „von der Rechtsordnung verliehene, der Befriedigung menschlicher Interessen dienende (Willens-)Macht“[26] bezeichnet. Die Funktion des subjektiven Rechts besteht in der Sicherung selbstbestimmter Freiheitssphären, also der freien Willensbetätigung des einzelnen und dem Schutz seiner Interessen[27]. Dabei können diese subjektiven Rechte von der Rechtsordnung zugesprochen werden und wirken dann gegenüber allen mit dem Anspruch von diesen geachtet zu werden oder sie werden durch eine Vereinbarung begründet und wirken dann nur relativ, also nur gegenüber dem Vertragspartner, weshalb die *relativen* subjektiven Rechte zwar in den Rechtskreis einer Person, nicht aber unter den durch die gesetzlichen Haftungsnormen absolut geschützten Kernbereich des Rechtskreises fallen. Dieser ist auf die Summe der einer Person zugeordneten *absoluten* subjektiven Rechte und Rechtsgüter reduziert.

---

[23] *Hübner*, AT, Rn.354, *Pawlowski*, AT, Rn.33 f., der aber in den Rn.284 ff. annimmt, dass sich der Inhalt des subjektiven Rechts nicht nur direkt aus dem objektiven Recht, sondern auch aus den nie voll entdeckten und ausgeschöpften Möglichkeiten, welche die Rechtsgegenstände bieten, die in unserer Umwelt vorhanden sind und die wir selbst schaffen, ergibt: Das subjektive Recht stelle sich also als eine Entscheidungs- bzw. Normsetzungsbefugnis dar bzw. als Kompetenz, die durch den (Rechts-)Gegenstand, den es dem Rechtsinhaber zuordnet, nur formal begrenzt werde.

[24] *Larenz/Wolf*, AT, § 13 Rn.24; § 14 Rn.1, 14; *Rüthers/Stadler*, AT, § 4 Rn.1; *Köhler*, AT, § 17 Rn.5.

[25] Vgl. bereits *Jhering*, Geist des römischen Rechts, §§ 60 ff., vgl. *Hübner*, AT, Rn.354. Diese Vorstellung von subjektiven Rechten findet sich auch im BGB wieder, wenn es dort in § 903 S.1 BGB heißt, dass der Eigentümer mit seiner Sache nach Belieben verfahren kann, „*soweit nicht das Gesetz oder Rechte Dritter entgegenstehen*“, und insoweit andere von jeder Wirkung ausschließen kann.

[26] *Brox*, AT, § 28, Rn.617; *Pawlowski*, AT, Rn.107; *Enneccerus/Nipperdey*, AT, § 72.

[27] *Larenz/Wolf*, AT, § 14 Rn.4; *Rüthers/Stadler*, AT, § 4 Rn.1.

III. Schutzzwecke gesetzlicher Haftung

Der Schutz absoluter Rechtspositionen kraft Gesetzes soll gewährleisten, dass dem Menschen, der seiner eigentümlichen Natur und Bestimmung nach darauf angelegt ist, sein Dasein und seine Umwelt frei und eigenverantwortlich zu gestalten, der dafür erforderliche „persönliche und wirtschaftliche Entfaltungsspielraum“[28] erhalten bleibt, soweit ihm nicht wegen des Zusammenlebens mit anderen wegen deren gleichrangiger Freiheitsinteressen Grenzen zu setzen sind. Um dem einzelnen einen solchen Freiraum sichern zu können, ist es erforderlich, diesen Freiraum inhaltlich abzugrenzen, um so andere von den Befugnissen ausschließen zu können, die dem einzelnen vorbehalten sein sollen.

Im Zivilrecht wird dieser Freiraum durch die ausschließlichen, die absoluten subjektiven Rechte umschrieben. Was den Inhalt dieser Rechte anbelangt, so ist er bezüglich des Eigentums im Gesetz beispielhaft näher bestimmt, wenn es in § 903 S.1 BGB heißt, dass der Eigentümer mit seiner Sache „nach Belieben verfahren und andere von jeder Einwirkung ausschließen“ kann. Der Zuweisungsgehalt und die Ausschlussfunktion sind die typischen Eigenschaften aller absoluten subjektiven Rechte[29], da sie die „Monopolstellung“ des Rechtsinhabers im Hinblick auf ein bestimmtes Rechtsgut zum Ausdruck bringen. Beide Merkmale treffen auch auf die personengebundenen Rechtsgüter Leben, Körper, Gesundheit und (körperliche Fortbewegungs-)Freiheit zu. Auch bei ihnen ist es dem Rechtsinhaber vorbehalten, etwa über Verletzungen oder Gefährdungen dieser Rechtsgüter selbst zu entscheiden. Da sie aber aus der Natur der Sache heraus selbstverständlich der Person zugeordnet sind, tritt bei ihnen die Vorstellung von einem verliehenen Recht in den Hintergrund und es wird üblicherweise nicht von einem subjektiven Recht, sondern nur von dem Rechtsgut selbst gesprochen[30]. Dies ändert aber nichts daran, dass Verletzungen dieser Rechtsgüter immer auch Eingriffe in den Zuweisungsgehalt sind. Insoweit kann eine Person also nie getrennt von ihrem Rechtskreis gedacht werden, weil sie durch den Eingriff in diesen vielmehr

---

[28] Vgl. *Larenz/Canaris*, SchR II/2, § 75 I. (S.350).

[29] *Larenz/Canaris*, SchR II/2, § 76 I.1.a) (S.373); *Larenz/Wolf*, AT, § 14, Rn.15 ff.

[30] Es handelt sich nicht um die klassischen Herrschaftsrechte, weil ihrem Träger nicht ein gegenüber ihm selbst „äußerlicher“ Gegenstand zugeordnet ist, *Larenz/Canaris*, SchR II/2, § 76 I.1.a) (S.373).

stets *selbst* verletzt wird, indem ein anderer die ihr ausschließlich mittels der absoluten subjektiven Rechte zuerkannte Selbstbestimmung beeinträchtigt[31].

Es genügt nicht, einem Rechtsinhaber absolute subjektive Rechte zuzuerkennen. Denn es nützt ihm nichts, wenn er das Recht zwar hat und das Innehaben dieser Rechtsstellung geschützt wird, er das Recht aber nicht ausüben kann. Es zeigt sich darin eine wichtige Unterscheidung zwischen dem bloßen Innehaben einer formalen Rechtsstellung und der tatsächlichen Ausübung der durch eine solche Rechtsstellung zugewiesenen Befugnisse. Mithin ist es erforderlich, dass auch die tatsächlichen Voraussetzungen für die Ausübung der zuerkannten Rechte von Gesetzes wegen sichergestellt werden, will man den Zuweisungsgehalt umfassend schützen. Darin besteht die erste zwingende Aufgabe des gesetzlichen Haftungsrechts. Sie ergibt sich aus dem ethischen Personalismus mit dem Bild vom Menschen als ethisch und vernunftmäßig bestimmter Person, die ihrer Natur und Bestimmung nach darauf ausgelegt ist, ihr Dasein und ihre Umwelt im Rahmen der jeweils gegebenen Möglichkeiten frei und eigenverantwortlich zu gestalten, sich Ziele zu setzen und selbst Schranken des Handelns aufzuerlegen. Voraussetzung ist dafür das gegenseitige Achten und dies erfordert, dass jeder in seiner Individualität als Persönlichkeit (Persönlichkeitsschutz)[32], aber auch als Zuordnungssubjekt von Rechten und Pflichten, mithin als Rechtssubjekt, anerkannt wird[33]. Dafür muss die tatsächliche und rechtliche Handlungsfreiheit zur Gestaltung des

---

[31] *Larenz*, AT, 7. Aufl., § 2 II.a) betont, dass die bildhafte Vorstellung, eine Person im rechtlichen Sinne könne als der Mittelpunkt eines ihr notwendig zugehörigen „Rechtskreises" gedacht werden, zutreffender erscheint als die geläufige Vorstellung, dass sie „Trägerin" von Rechten und Pflichten sei, bringe die erste Formulierung doch zum Ausdruck, dass eine Person nicht schlechthin getrennt von ihrem Rechtskreis gedacht werden dürfe. In ihrem Rechtskreis werde die Person mittelbar selbst verletzt, weshalb es im Rechtsstreit den Beteiligten vielfach nicht um das materielle Streitobjekt, sondern zugleich um die Selbstbehauptung ihrer Person gehe.

[32] Die Anerkennung von Personen und ihrer Würde ist das oberste Prinzip der gesamten Rechtsordnung und als solches in Art. 1 GG festgeschrieben.

[33] *Kant*, Grundlegung der Metaphysik der Sitten, 2.Abschnitt, betont den Wert des Menschen in seiner Würde, was das „vernünftige Wesen" Person von dem „vernunftlosen Wesen" Sache unterscheide. *Larenz*, AT, 7. Aufl., § 2 I. spricht insoweit von einem „rechtlichen Grundverhältnis", das jedem Rechtsverhältnis zu Grunde liegt und nach dem jeder jedem Achtung schuldet und diese von jedem verlangen kann. *Larenz/Wolf*, AT, § 2 Rn.4 sieht in dem „Prinzip des gegenseitigen Achtens" das Grundprinzip richtigen Rechts. *Kant*, Grundlegung der Metaphysik der Sitten, 2. Teil, § 38: „Ein jeder Mensch hat rechtmäßigen Anspruch auf Achtung von seinen Mitmenschen, und wechselseitig ist er dazu auch gegen jeden anderen verbunden.". *Hegel*, Rechtsphilosophie, § 36: „Das Rechtsgebot ist daher: Sei eine Person und respektiere die anderen als Personen."

eigenen Lebensbereiches gewährleistet sein[34]. Letzteres spiegelt sich in der Privatautonomie und in der Rechtsausübungsfreiheit wider, die es grundsätzlich der eigenen Entscheidung des jeweiligen Rechtsinhabers überlässt, ob, wann und wie er das ihm zustehende subjektive Recht ausübt. Die Beachtung dieses Grundprinzips wird dadurch sichergestellt, dass die Person durch die Gewährung eines Anspruchs berechtigt ist, die Erfüllung dieser Pflichten mit gerichtlicher Hilfe durchzusetzen, wenn sie nicht freiwillig beachtet werden[35].

Allerdings reicht dies nicht aus, um auch den *wirtschaftlichen* Entfaltungsspielraum einer Person hinreichend zu schützen. Denn dafür langt es nicht, dass die einzelne Person selbstbestimmend handeln kann, ihr also die dafür elementaren Grundlagen, sprich ihre unversehrte Existenz (bei natürlichen Personen sind dies die personengebundenen Rechtsgüter Leben, Körper, Gesundheit, Fortbewegungsfreiheit) und die ausschließliche Befugnis im Umgang mit den ihr zugeteilten „äußerlichen" Rechtsgütern gewährleistet wird. Den Schutz darauf zu beschränken, ließe unberücksichtigt, dass es unter den subjektiven Rechten[36] veräußerbare gibt, die neben dem subjektiven Gebrauchswert auch einen objektiv messbaren Geldwert haben, so dass ihnen als Vermögensbestandteil Bedeutung zukommt. Geldwerte Rechte sind solche, die gegen Geld veräußert oder nur gegen Geld erworben werden können bzw. wie der Nießbrauch ihrer Bestimmung nach einen Vorteil gewähren, der sich in einem Geldwert ausdrücken lässt[37]. Das Recht muss also einen Verkaufswert haben und es muss einen Markt geben, auf dem es gehandelt wird. Das trifft vor allem auf Rechte an Sachen, Immaterialgüterrechte und Forderungen zu, nicht etwa aber für reine Persönlichkeitsrechte und persönliche Familienrechte. Für den Erhalt der *wirtschaftlichen* Selbstbestimmung ist es somit notwendig, eine Person davor zu schützen, dass ihr Vermögen rechtswidrig im Wert gemindert wird.

Verdeutlichen lässt sich der Unterschied von Vermögenserhaltung und Rechtsverwirklichung an einem einfachen Beispiel: Wird ein Auto an seinem unversehrten Lack beschädigt, dann verringert sich sein Vermögenswert, weil

---

[34] Die Handlungsfreiheit wird allgemein in Art. 2 I GG, ergänzt durch Artt. 9, 12, 14 GG, vor ungerechtfertigten staatlichen Eingriffen geschützt, um ihr ausschließlich die im Interesse der Gemeinschaft gebotenen Grenzen zu setzen, *Larenz/Wolf*, AT, § 2 Rn.14.
[35] Zu alledem *Larenz/Wolf*, AT, § 2 Rn.2-19.
[36] Es ist das subjektive Recht (etwa das Eigentum an einer Sache), das veräußert wird, nicht der Rechtsgegenstand, also die Sache selbst, Deshalb wird nach § 433 I 1 BGB die Übereignung der Sache, also die Eigentumsübertragung geschuldet!
[37] *Larenz/Wolf*, AT, § 21 Rn.8; *Köhler*, AT, § 22 Rn.9.

es nur noch zu einem niedrigeren Kaufpreis veräußert werden kann. Der Gebrauch des Autos wird davon nicht beeinträchtigt, weil es nur optisch, nicht aber technisch betroffen ist. Dem Eigentümer des Autos muss deshalb ein Anspruch auf Vermögensausgleich, nicht aber auf Rechtsverwirklichung gewährt werden.

Damit ergibt sich ein abschließendes Bild für den erforderlichen Gesamtschutzbereich der gesetzlichen Haftung, der von allen gesetzlichen Haftungstatbeständen in ihrer Gesamtheit zu gewährleisten ist: Sie müssen die mittels der absoluten subjektiven Rechte zugewiesenen tatsächlichen Befugnisse dem Rechtsträger sicherstellen. Dies erfordert, die tatsächlichen Voraussetzungen für die Rechtsausübung zu garantieren. Außerdem ist der einzelne davor zu schützen, dass durch andere sein Vermögen ungerechtfertigt vermindert wird. Die Vermögenserhaltung ist ein von der Rechtsverwirklichung zu unterscheidender Gesichtspunkt rechtlichen Schutzes. Vereinfacht ausgedrückt, wird einmal der „Reichtum" einer Person geschützt, im anderen Fall ihr Recht zur Selbstbestimmung.

Um § 1004 I 1 BGB von den §§ 823 I, 249 ff. BGB abzugrenzen, ist folglich der genaue Teilbereich des Rechtskreises einer Person zu ermitteln, dem durch die einzelne Norm Schutz gewährt werden soll.

B. Anspruchsziel von § 1004 I 1 BGB

Der negatorische Beseitigungsanspruch, den man in Anlehnung an das gemeine Recht auch heute noch als actio negatoria bezeichnet, war bereits den Römern als Rechtsbehelf zum Schutze des Eigentums bekannt, wenn auch im Vergleich zum heutigen Zivilrecht in einer deutlich eingeschränkten Funktion[38]. Aus der für den Einzelfall geltenden Sonderklage hat sich ein gegenwärtig umfassender Rechtsbehelf entwickelt[39]. Sein Hauptanwendungsbereich liegt im allgemeinen Zivilrecht, was den Eigentumsschutz anbelangt, bei den Grundstücken[40]. Bewegliche Sachen sind dagegen wegen ihrer Mobilität seltener fortwirkenden Beeinträchtigungen ausgesetzt. § 1004 BGB bezweckt heute im Bürgerlichen Recht zusammen mit dem

---

[38] Vgl. *Kaser* I, § 32, S.126 ff., § 103 S.432 ff. und hier S.122. Des weiteren finden sich Hin-weise auch in den Motiven *Mugdan*, Motive III, S.320.

[39] Vgl. *Baur*, AcP 160 (1961), 465, 475 f.; *Picker*, Beseitigungsanspruch, S.61 ff.; *Staudinger/Gursky*, § 1004 Rn.1 f.

[40] Vgl. etwa BGHZ 60, 235; dazu *Picker*, JuS 1974, 357 ff.

Herausgabeanspruch aus § 985 BGB, dem Anspruch aus § 1005 BGB, der das Recht einräumt, seine versehentlich auf ein fremdes Grundstück gelangte Sache abholen zu dürfen, und dem Grundbuchberichtigungsanspruch aus § 894 BGB, dem Eigentümer die uneingeschränkte Herrschaft über seine Sache und damit die ungestörte Nutzung seines Eigentums zu sichern[41].

Es handelt sich bei § 1004 I 1 BGB in der Fassung seines Wortlautes um eine *vermögensrechtliche* Vorschrift, die im *Sachenrecht* einzuordnen ist und dort einen *dinglichen Anspruch* regelt.

Um *vermögensrechtliche* Regelungen handelt es sich auch bei den §§ 823 I, 249 ff. BGB, soweit es um den Schutz von Rechten an Sachen oder Immaterialgüterrechten geht. Kennzeichnend für vermögensrechtliche Vorschriften ist nämlich nur, dass das Einzelrecht, das Regelungsgegenstand der Vorschrift ist, in Geld bewertet werden kann. Geldwerte Rechte sind unter normalen Verhältnissen solche, die gegen Geld veräußert oder nur gegen Geld erworben werden können bzw. wie der Nießbrauch ihrer Bestimmung nach einen Vorteil gewähren, der sich in einem Geldwert ausdrücken lässt[42]. Das trifft für alle Normen zu, die das Eigentum schützen.

Das Anspruchsziel von § 1004 I 1 BGB wird somit nicht durch die Einordnung als vermögensrechtliche Vorschrift, sondern durch die Eigenschaft als dinglicher Anspruch bestimmt.

I. Die Rechtsverwirklichungsfunktion dinglicher Ansprüche

Die Verfasser des BGB haben die "Selbständigkeit des Sachenrechts gegenüber anderen Rechtsteilen" in den Motiven besonders betont[43] und die Eigen-

---

[41] *Baur/Stürner*, SR, § 12 Rn.1; *Heck*, SR, § 66, 2; *Mertens*, NJW 1972, 1783; *Stoll*, AcP 162, 220. Das Sachenrecht wird, was den Rechtsschutz anbelangt, von einer Dichotomie beherrscht. Neben dem Eigentum wird dem Besitz sachenrechtlicher Schutz gewährt (§§ 859 ff. BGB). Der Rechtsschutz des realen Habens der Sache, der tatsächlichen Sachherrschaft im Vergleich zum Schutz des Eigentums als der normativen Zugehörigkeit, der umfassenden rechtlichen Herrschaftsmacht, stellt die zweite Schiene des sachenrechtlichen Abwehransprüche dar (vgl. zum Besitzschutz *Lopau*, JuS 1980, 501 ff.). Die gesetzlichen Regelungen des Besitzschutzes und des Eigentumsschutzes im BGB weisen dabei Parallelen auf, von denen noch näher zu untersuchen sein wird, inwieweit sie Aussagekraft für die Auslegung des Anwendungsbereiches von § 1004 I 1 BGB haben.

[42] *Larenz/Wolf*, AT, § 21 Rn.8; *Köhler*, AT, § 22 Rn.9.

[43] Motive III, S.1, *Mugdan*, Motive III, S.1; *Schubert*, Vorentwürfe SR I, S.127; *Wiegand*, AcP 190 (1990), 112 ff.

ständigkeit des Sachenrechts vor allem darin gesehen, dass das dingliche Recht im Gegensatz zum obligatorischen Recht die Sache "selbst ergreift" und dass der Anspruch, den das dingliche Recht erzeugt "sich nicht auf die Richtung gegen eine bestimmte Person" beschränkt[44]. Das Sachenrecht enthält die Regelungen, die für die Beherrschung der Sachgüter durch den Menschen maßgeblich sein sollen[45]. Dabei ist zwischen der *Zuordnungs- und der Schutzfunktion* des Sachenrechts zu unterscheiden[46].

1. Die Zuordnungsfunktion dinglicher Rechte

Mittels der *dinglichen Rechte* werden Sachen einer Person in der Weise zugeordnet, dass die Person im Falle des Eigentums ganz und im Falle beschränkter dinglicher Rechte teilweise mit der Sache nach Belieben verfahren darf. Diese Zuordnung ist erforderlich, weil Sachen von Natur aus nicht personengebunden, sondern herrenlos sind, so dass sie erst dem Rechtskreis einer Person zugewiesen werden müssen.

Dem Sachenrecht wiesen die Verfasser des BGB vorrangig die Aufgabe zu, die dinglichen Rechte zu ordnen[47], d.h. sie zunächst einmal inhaltlich zu bestimmen und gegeneinander abzugrenzen, aber auch ihre Entstehung, ihr Erlöschen und ihre Verfügbarkeit zu regeln[48]. Die dinglichen Rechte

---

[44] Motive III, S.2, *Mugdan*, Motive III, S.1.

[45] *Baur/Stürner*, SR, § 1 Rn.1.

[46] Häufig wird beim Sachenrecht unzutreffend vom bloßen „Zuordnungsrecht" gesprochen (*Schwab/Prütting*, SR, Rn.14; *Westermann*, Lb, § 2 II.; *Erman/Lorenz*, 11. Aufl., Einl § 854 Rn.1).

[47] Motive III, S.1, 22: „Hauptaufgabe des Sachenrechts ist die Regelung der dinglichen Rechte." (vgl. auch *Mugdan*, Motive III, S.13). Der Terminus „dingliches Recht" wurde von den Verfassern des BGB aus den Motiven allerdings nicht in den Gesetzestext des Sachenrechts übernommen. Die Gesetzesverfasser wiesen auf die „Selbständigkeit des Sachenrechts gegenüber anderen Rechtsteilen" hin (*Mugdan*, Motive III, S.1; *Schubert*, Vorentwürfe SR I, S.127; *Wiegand*, AcP 190 (1990), 112 ff.). Historisch ist dies auf die römischrechtliche Unterscheidung zwischen der *actio in personam* und der *actio in rem* zurückzuführen. Die *actio in personam* richtete sich gegen die Person des Schuldners, die *actio in rem* ermöglichte den unmittelbaren Zugriff auf die Sache selbst (vgl. im einzelnen *Kaser/Hackl*, Römisches Zivilprozeßrecht, § 14; *Kaser* I, § 32 II.; *Wieling*, SR I, § 1 II 1). Zwar gibt es ein Verfahren wie die actio in rem heute nicht mehr, die Unterscheidung zwischen dinglichem und obligatorischem Recht wurde allerdings beibehalten.

[48] Die dinglichen Rechte so umfassend zu regeln, ist notwendig, weil das Sachenrecht der Rechtssicherheit wegen streng formalisiert ist. Es besteht nicht die für die Privatautonomie kennzeichnende Freiheit, Typen dinglicher Rechte durch Vertrag beliebig bilden oder inhaltlich ausgestalten zu können, sondern es gilt der Grundsatz von der Typenfixierung

bestimmen und systematisieren damit die zu Rechtsinstituten verdichteten Sachzuordnungen, deren Bewährung und Bedeutung für das Zusammenleben der Menschen in einer Privatrechtsordnung offenbar geworden sind[49]. Sie haben bewegliche oder unbewegliche Sachen zum Gegenstand und stellen die unmittelbare Beziehung zwischen dem Rechtsinhaber (Rechtssubjekt) und einer konkreten Sache (Rechtsobjekt) in der Weise her, dass der Rechtsinhaber das *subjektive Recht* erhält, über die ihm zugeordnete Sache im Rahmen der geltenden Rechtsordnung ganz oder teilweise *herrschen zu können*[50].

2. Die Schutzfunktion dinglicher Ansprüche

Durch *dingliche Ansprüche*, wie dem aus § 1004 I 1 BGB, werden solche durch die dinglichen Rechte geschaffenen Personen-Sach-Beziehungen geschützt. Der Schutzbereich dinglicher Ansprüche richtet sich folglich immer nach dem Regelungsinhalt des zu schützenden dinglichen Rechts[51]. In Anlehnung an die Definition von Heck[52] wird oft beschrieben, dass der dingliche Anspruch das dingliche Recht „verwirkliche", so wenn dem Eigentümer nach § 985 BGB der Besitz oder nach § 1004 BGB die ungestörte Nutzung verschafft werde[53]. Dingliche Ansprüche (z.B. §§ 985, 1004, 1027 BGB) ergeben sich somit immer unmittelbar aus einer dinglichen Rechtsposition, wie dem Eigentum, und sind untrennbar mit dieser verbunden, weil sie allein die Verwirklichung des diesem Recht entsprechenden Zustands gegenüber demjenigen ermöglichen, der den gegenteiligen Zustand aufrechterhält[54]. Die

---

und vom Typenzwang, meist bekannt als „numerus clausus" der Sachenrechte. Daher müssen die Arten dinglicher Rechte im Gesetz inhaltlich bestimmt und gegeneinander abgegrenzt werden. Ihr Entstehen, ihr Erlöschen und ihre Übertragbarkeit muss für jedermann verbindlich und erkennbar geregelt sein. Vertragsfreiheit herrscht im Sachenrecht nur bei den Fragen, ob bestehende dingliche Rechte übertragen werden sollen, und wenn ja, in welchem Umfang dies geschehen soll.

[49] *Staudinger/Seiler*, Einl zu §§ 854ff. Rn.5.

[50] *Jauernig/Jauernig*, Vor § 854 Rn.1; *Schwab/Prütting*, SR, Rn.1; *Müller*, SR, Rn.1.

[51] *Heck*, SR, §§ 31, 32; *Mager*, AcP 193 (1993), 68.

[52] *Heck*, SR, §§ 31, 32.

[53] Soweit *Medicus* (BR, Rn. 436) den dinglichen Anspruch allerdings auf eine Stufe mit dem schuldrechtlichen Erfüllungsanspruch stellen will, ist dieser Vergleich eher kritisch zu betrachten. So ist es zwar richtig, dass auch der dingliche Anspruch keine subjektiven Voraussetzungen (Vertretenmüssen) kennt, der rechtliche Grund für die Entstehung der Ansprüche und damit ihre Eigenarten sind aber gänzlich andere. So haben schuldrechtliche Erfüllungsansprüche vermögenswert und sind abtretbar.

[54] BGHZ 60, 235 (240).

Folge ist zwangsläufig, dass sie wegen dieser Zweckgebundenheit nach herrschender Auffassung[55] nicht selbständig abtretbar sind. Denn sie dienen ausschließlich dem Schutz der dinglichen Rechte, die ihre Grundlage bilden und gehen mit dem absoluten Stammrecht unmittelbar auf den neuen Rechtsinhaber über[56].

Für die Reichweite des Anwendungsbereichs eines dinglichen Anspruchs ist folglich das zu schützende dingliche Recht der Maßstab.

II. Das Eigentum als zu schützendes dingliches Recht

1. Das Eigentum als dingliches Vollrecht

Es ist sinnvoll bei der Bestimmung des privatrechtlichen Eigentumsbegriffs zwischen der systematischen und der gesetzestechnischen Definition zu unterscheiden[57]. Systematisch ordnet § 903 BGB das Eigentum als eine besondere Art von privatem dinglichem Recht ein, das sich auf Sachen im Sinne des § 90 BGB bezieht[58]. Aussagekräftiger ist, wie gesetzestechnisch die positive Rechtsordnung das dingliche Recht einem Rechtsträger zuordnet und wie diese Zuordnung inhaltlich ausgestaltet wird.

Das BGB enthält keine Legaldefinition des Eigentums, sondern legt vielmehr das Eigentum über den Inhalt der dem Eigentümer zustehenden Befugnisse fest[59]. Aus dem Wortlaut von § 903 BGB ergibt sich, dass die Eigentümerbefugnisse in zwei Richtungen wirken können: *Positiv* kann der Eigentümer mit seiner Sache im Grundsatz beliebig verfahren. Das Eigentum ist dann ein

---

[55] BGH WM 1955, 1472; BGHZ 60, 235 (240); *Grunewald*, BR, § 22 Rn.1; *Jauernig/Jauernig*, Vor § 854 Rn.8; § 1004 Rn.1; *Müller*, SR, Rn.729; *Staudinger/Gursky*, § 1004 Rn.88 bezeichnet § 1004 BGB in diesem Zusammenhang als sachenrechtlichen Rechtsverwirklichungsanspruch; *BGB-RGRK/Pikart*, § 1004 Rn.40; *ders.*, WM 1973, 2, 3 f.; *ders.*, WM 1976, 606, 608; *Erman/Hefermehl*, 10. Aufl., § 1004 Rn.3; *Medicus*, BR, Rn.445; a.A. BayObLGZ 12, 86 (87, 109 f.); *Salinger* LZ 1919, 1153, 1159; für Ausnahmefälle auch *Schmidt*, S.11; ihm folgend OLG Köln NJW 1964, 2019 ist.

[56] BGHZ 60, 235 (240).

[57] *Westermann*, Lb, § 28 I.

[58] So die Umschreibung *Westermanns*, aaO., die allerdings unter dem Vorbehalt gesehen werden muss, dass *Westermann* das Wesen der Dinglichkeit in der güterzuordnenden Funktion sieht und deshalb nicht nur Sachenrechte, sondern alle güterzuordnenden Rechte als dingliche Rechte bezeichnet.

[59] *Palandt/Bassenge*, Überbl.v § 903 Rn.1; *Erman/Lorenz*, 11. Aufl, Vor § 903 Rn.1; *Staudinger/Seiler*, Vorbem zu §§ 903 ff. Rn.6; Motive III, S.262.

formaler Zuordnungsbegriff, der dem Eigentümer das umfassendste Recht zu tatsächlichen (Nutzung, Verbrauch, Beschädigung, Zerstörung) und rechtlichen (Veräußerung, Belastung, Veränderung und Aufgabe) Herrschaftshandlungen über eine bewegliche oder unbewegliche Sache einräumt[60]. Darin zeigt sich das Eigentum als Grundlage persönlicher Freiheit[61]. *Negativ* kann der Eigentümer grundsätzlich jede fremde Einwirkung auf seine Sache ausschließen[62].

Dieses Ausschließungsrecht musste der Gesetzgeber erst durch die Schaffung von Abwehransprüchen konkretisieren. Da in unserer Rechtsordnung Selbsthilfemaßnahmen nur ausnahmsweise erlaubt sind, bedarf es zwingend solcher Abwehransprüche, damit der Eigentümer die ihm gewährten Rechte gegenüber Dritten auch durchzusetzen vermag. Welchen Stellenwert diese Abwehransprüche haben, wird deutlich, wenn man sich klar macht, dass es letztendlich nur der Inhalt und die Weite der Abwehrbefugnis des Eigentümers sind, mit der sich das Eigentum inhaltlich beschreiben lässt. So hat der Gesetzgeber bewusst davon abgesehen, die einzelnen positiven Befugnisse des Eigentümers vollständig aufzuzählen. Die positive Seite des Eigentums ist von „geringerer Wichtigkeit“ als die negative Seite[63]. Das BGB geht deshalb von einer grundsätzlich unbeschränkten positiven Rechtsmacht, also von einer prinzipiell umfassenden Sachherrschaft des Eigentümers aus. Das Eigentum lässt sich also als das umfassendste Sachherrschaftsrecht[64] beschreiben. Unter den dinglichen Rechten ist das Privateigentum damit die wichtigste Rechtsposition[65], quasi der „tragende Grundpfeiler des privaten Vermögensrechts“[66], der „Prototyp“[67] des privaten Rechts an einer Sache[68].

---

60 *Palandt/Bassenge,* Überbl. v § 903 Rn.1.

61 *Jauernig/Jauernig* § 903 Rn.2.

62 *Erman/Lorenz*, 11. Aufl., § 903 Rn.1 gruppiert die Eigentümerbefugnisse in solche mit „positivem Eigentumskern“ und solche mit „negativem Eigentumskern“ ein.

63 Motive III, S.262. Dennoch hat der Gesetzgeber erkannt, dass es sinnvoll ist, neben den negativen auch die positiven Befugnisse des Eigentümers in den Wortlaut des § 903 BGB mit aufzunehmen. Zum einen, um deutlich zu machen, dass das Eigentum keinen anderen Beschränkungen als denen durch Gesetz oder Rechte Dritter unterworfen ist, zum anderen wird deutlich, dass zwar das Eigentum durch die Ausschließungsrechte umgrenzt wird, dass diese sich aber letztendlich doch wieder nach dem positiven Inhalt des dinglichen Rechts richten. Denn auch jedes andere (beschränkte) dingliche Recht zum Gebrauch einer Sache vermittelt ein Ausschließungsrecht, das aber immer nur so weit reicht wie die Gebrauchsbefugnis (vgl. *MünchKomm/Säcker*, § 903 Rn.5)

64 *Jauernig/Jauernig*, Vor § 903 Rn.1.

65 *Jauernig/Jauernig*, Vor § 903 Rn.1. Dem Eigentum als „Vollrecht“ steht die rein tatsächliche Sachherrschaft in Form des Besitzes und die beschränkten dinglichen Rechte, die nur

Der Eigentümer kann aus seinem Vollrecht beschränkte Befugnisse zugunsten anderer „abspalten" und zwar in der Art, dass diese ebenfalls eine absolute, allerdings beschränkte dingliche Rechtsstellung erlangen[69]. Dem Rechtsinhaber kann somit als Eigentümer ein umfassendes Herrschaftsrecht über die Sache eingeräumt sein oder sein dingliches Recht kann sich darauf beschränken, dass er eine vom Eigentum „abgespaltene" Nutzungs-[70] oder Verwertungsbefugnis[71] oder ein Erwerbsrecht[72] hinsichtlich der Sache hat (beschränkte dingliche Rechte). In diesem Fall bestehen an ein- und derselben Sache mehrere Rechtsverhältnisse.

Die Grundstruktur aller subjektiven dinglichen Rechte ist folglich verhältnismäßig einfach: Im Mittelpunkt steht das Eigentum als *vollkommenes* dingliches Recht[73], denn der Eigentümer kann grundsätzlich nach Belieben mit seiner Sache umgehen (§ 903 S.1 1. HS BGB). Der Eigentümer hat *grundsätzlich* die *alleinige* Freiheit, auf seine Sache in jeder denkbaren tatsächlichen und rechtlichen Art[74] einzuwirken, d.h. mit der Zuordnung einer

---

Teilrechte an einer Sache gewähren, gegenüber. Die Erste Kommission hielt das Eigentum als das „vollkommenste und wichtigste" dingliche Recht für dominierend (Motive III, S.22 f.; *Mugdan*, Motive III, S. 13).

66 *Wolf*, NJW 1987, 2647.

67 *Jauernig/Jauernig*, Vor § 854 Rn.1.

68 Zur historischen Entwicklung des zivilrechtlichen Eigentumsbegriffs vgl. *Olzen*, JuS 1984, 328 ff.; sehr anschaulich im Hinblick auf die Entwicklung des Eigentums zum subjektiven Freiheitsrecht *Hattenhauer*, § 7, S.129 ff.

69 *Baur/Stürner*, SR, § 1 Rn.6.

70 Unter dem Oberbegriff „Dienstbarkeiten" – die Sache ist einem anderen „dienstbar" – fasst das Gesetz die Nutzungsrechte zusammen (Erbbaurecht, Nießbrauch, §§ 1030 ff. BGB, Grunddienstbarkeit, §§ 1018 ff. BGB, beschränkte persönliche Dienstbarkeit, §§ 1090 ff. BGB, Wohnungsrecht, § 1093 BGB).

71 Der Eigentümer kann einem anderen die Befugnis einräumen, die Sache unter bestimmten Voraussetzungen zu verwerten (Pfandrecht an beweglichen Sachen, §§ 1204 ff. BGB, Grundpfandrechte – Hypothek, Grundschuld, Rentenschuld, §§ 1113 ff. BGB, Reallast, § 1105 BGB). Diese Verwertungsrechte haben eine Sicherungsfunktion.

72 Sie ermöglichen dem Berechtigten unter bestimmten Voraussetzungen, das Eigentum (oder ein anderes Recht) an einer Sache zu erwerben (Aneignungsrecht etwa im Jagd- und Fischereirecht oder beim Bergwerkseigentum, vgl. dazu *Baur/Stürner*, SR, § 27 Rn.65 ff.; § 53 Rn.67 ff.; dingliches Vorkaufsrecht, § 1094 BGB i.V.m. § 504 BGB; Vormerkung, §§ 883 ff. BGB).

73 *Baur/Stürner*, SR, § 3 Rn.23.

74 Hierin liegt vor allem die Bedeutung des Eigentums im Vergleich zum Besitz, der nämlich die rechtliche Befugnis, über die Sache zu verfügen, nicht mitumfasst.

Sache in das Eigentum einer Person werden dieser alle gesetzlich zulässigen Nutzungs- und Verwendungsmöglichkeiten eingeräumt[75]. Dies ermöglicht dem einzelnen, seine Persönlichkeit auch im materiellen Bereich frei zu entfalten[76]. Er kann dies uneingeschränkt tun, soweit nicht das Gesetz oder Rechte Dritter entgegenstehen (§ 903 S.1, 1.HS BGB).

2. Der Regelungsinhalt dinglicher Rechte

Es ist *eine Befugnis* oder *ein Bündel von Befugnissen* des Rechtsinhabers im Umgang mit der ihm zugeordneten Sache, welche durch das dingliche Recht vermittelt und durch die dinglichen Ansprüche verwirklicht und geschützt werden. Dem Eigentümer als Vollrechtsinhaber ist grundsätzlich die Rechtsmacht verliehen, mit der Sache nach Belieben umzugehen, also sein Recht auszuüben[77]: Er kann *rechtlich* die Sache übereignen, das Eigentum aufgeben, es mit beschränkten dinglichen Rechten belasten oder die Benutzung regeln, in *tatsächlicher* Hinsicht die Sache besitzen, allein darüber entscheiden, ob er sie benutzen oder nicht benutzen will, sie vorübergehend oder dauerhaft (also auch in ihrer Substanz) verändern, sie verbrauchen oder vernichten[78]. Im Umgang mit seiner Sache sind ihm, soweit nicht das Gesetz oder Rechte Dritter entgegenstehen, keine Grenzen gesetzt.

---

[75] Ausgehend von der Definition, dass das subjektive Recht als eine der Person von der Rechtsordnung verliehene „Willensmacht" zu verstehen sei, andererseits aber auch ein Willensunfähiger berechtigt sein könne und man sich nicht bewusst sein müsse, ein subjektives Recht zu haben, vertrat *Windscheid*, dass der im subjektiven Recht gebietende Wille nicht der des Berechtigten, sondern der Rechtsordnung sei und nur die Durchsetzung des Rechts in den Willen des Berechtigten gestellt sei. Er erblickt daher im Eigentum nicht die Befugnis, über die Sache nach seinem Willen zu bestimmen, sondern nur die Möglichkeit des Eigentümers, drohende Eingriffe Dritter abzuwehren, also die Summe der dem Eigentümer gegenüber potentiellen Störern gegebenen Ansprüche, vgl. Windscheid/Kipp, Lb Pandekten I, S.91, Anm.3; S.99; S.491, Anm.1a. § 903 BGB ist nunmehr in seinem Wortlaut eindeutig und trägt der Tatsache Rechnung, dass der ursprüngliche und vorrangige Sinn des Eigentums der ist, dem Eigentümer den Freiraum zu verschaffen, sich mit den eigenen Sachen einen „Lebenskreis" oder „Bannkreis" zu gestalten (so *Hartmann*, Das Problem des geistigen Seins, S.121 f.). So hat auch bereits *Hegel* (Rechtsphilosophie, § 45) betont, dass das Eigentum Existenzgrundlage ist, um als Individuum in der Gemeinschaft mit anderen bestehen zu können.

[76] Privateigentum ist „vergegenständlichte Freiheit", *Raiser*, FS J. von Gierke (1950), S.197, vgl. auch *Schwab/Prütting*, SR, Rn. 302, 303.

[77] Die Rechtsausübung ist die Geltendmachung bzw. Realisierung des subjektiven Rechts, vgl. *Köhler*, AT, § 17 Rn.31 f.

[78] *Palandt/Bassenge*, § 903 Rn.5; *Larenz/Wolf*, AT, § 13 Rn.26.

Damit ist in abstrakter Form die ganze Weite des Eigentums umschrieben. Um das Bild von oben aufzunehmen: Dem Eigentümer steht das ganze Bündel von Herrschaftsbefugnissen zu. Dabei sollte begrifflich zwischen dem subjektiven Recht als Umschreibung für die im ganzen erteilte Rechtsmacht im Umgang mit einer Sache und der (Einzel-)Befugnis als Ausdruck der im subjektiven Recht enthaltenen Möglichkeit, in bestimmter Weise diese verliehene Rechtsmacht tatsächlich oder rechtlich auszuüben, getrennt werden. Der Begriff der Befugnis ist in Anlehnung an die Verfügungs*befugnis* gewählt.

Es sind die durch diese Zuordnung im einzelnen vermittelten Befugnisse, die jede für sich von der geltenden Rechtsordnung geschützt wird. Heißt es in § 903 S.1, 2.HS BGB, dass der Eigentümer „andere von jeder Einwirkung ausschließen kann", dann bedeutet dies, dass andere sich weder einzelne Befugnisse anmaßen dürfen, indem sie solche ausüben, weil sie dem Eigentümer allein zustehen, noch den Eigentümer in sonstiger Weise in der Ausübung dieser Befugnisse ungerechtfertigt beschränken dürfen. Nimmt etwa ein anderer die Sache weg, entscheidet er darüber, wer die Sache tatsächlich besitzt; dies darf aber nur der Eigentümer. Seine Sache in der Substanz zu beschädigen oder zu zerstören, ist ebenfalls dem Eigentümer vorbehalten, genauso wie die Benutzung derselben.

Dass es nicht die Sachzuordnung als solche, sondern die verliehene Befugnis des Rechtsinhabers ist, welche durch die dinglichen Rechte vermittelt und durch die Rechtsordnung geschützt wird, ergibt sich aus dem gesetzlichen Schutz der beschränkten dinglichen Rechte. Sie gewähren vom Eigentum abgespaltene Nutzungs-, Verwertungs- und Erwerbsrechte. Neben der klassischen Berechtigung an Sachen und anderen Gegenständen, dem Alleineigentum und der alleinigen Rechtsinhaberschaft, treten also gespaltene Rechtsverhältnisse der Art, dass mehrere Personen miteinander und in geteilten Einflusssphären eine Sache halten[79]. Das Kennzeichnende für die beschränkten dinglichen Rechte ist, dass ihr Inhaber niemals das Vollrecht erlangt, sondern immer nur eine Befugnis im Hinblick auf eine *fremde* Sache, die vom Eigentum abgespalten ist[80]. Soweit § 1004 I 1 BGB auf diese beschränkten dinglichen Rechte Anwendung findet (§§ 1027, 1065 BGB) kann also immer nur die verliehene Befugnis, nicht aber die Sachzuordnung als solche geschützt werden.

---

[79] *Westermann*, Lb, § 1 I.1.

[80] Wie sich die Sichtweise der beschränkten dinglichen Rechte, weg vom abgespaltenen Eigentumsrecht hin zum Recht an einer im fremden Eigentum stehenden Sache, gewandelt hat, zeigt *Olzen*, JuS 1984, 328, 330, 332 ff.

Zu Missverständnissen könnte insoweit allerdings die Formulierung in den Motiven[81] führen, mit welcher der Gesetzgeber die Ausgestaltung von § 903 BGB erklärt: „Die einzelnen Befugnisse des Eigentümers ... lassen sich nicht vollständig aufzählen; das Bedürfnis einer solchen Aufzählung liegt auch nicht vor, da das Eigenthum *nicht eine Summe einzelner Befugnisse* ist. Deshalb lässt sich das Eigenthum auch nicht so theilen, dass dem Einen und dem Anderen eine Reihe bestimmter im Eigenthume liegender Befugnisse zugewiesen werden *und* dem beiderseitigen Rechte der Karakter des Eigenthumes beigemessen wird." Sprechen die Gesetzesverfasser aber davon, dass das Eigentum nicht als Summe einzelner Befugnisse verstanden werden dürfe, so wird dadurch zunächst einmal nur begründet, dass das Eigentum in § 903 BGB nicht von der positiven Seite her durch die Aufzählung solcher einzelnen Befugnisse, sondern im Umfang von der negativen Seite her festgelegt werden soll. Dem Eigentümer werden grundsätzlich abstrakt alle Freiheiten im Umgang mit seiner Sache zuerkannt, soweit und solange nicht eine Beschränkung dieser Freiheiten nachgewiesen wird. Den Motiven lässt sich auch nicht entnehmen, dass das Eigentum grundsätzlich unteilbar ist. Es wird vielmehr zum Ausdruck gebracht, dass mit der Zuweisung einzelner Eigentümerbefugnisse, etwa mittels dinglicher Rechte, *nicht zugleich* Eigentum an der Sache erworben wird[82]. Damit kommt in der Tat eine wichtige Erkenntnis zum Ausdruck, dass nämlich das Eigentum nicht durch die Übertragung einzelner Befugnisse übergeht, etwa nicht derjenige unweigerlich Eigentümer wird, der die Sache überwiegend besitzen und nutzen darf. Was also den Erwerb und den Verlust des Eigentums anbelangt, muss man die Übertragung des Rechts als ganzes und die Übertragung einzelner durch das Recht vermittelter Befugnisse streng voneinander trennen. Die Übertragung des ganzen dinglichen Rechts erfolgt durch die Übertragung aller durch das Recht vermittelten Befugnisse in ihrer Gesamtheit. Wenn sich der Eigentümer und der Erwerber über den Übergang des Eigentums i.S.v. § 929 S.1 BGB einigen, dann bedeutet dies im Ergebnis, dass der Veräußerer auf alle Eigentümerbefugnisse verzichtet und dass diese in ihrer Gesamtheit auf den Erwerber übergehen. Nach außen hin wird dieser Komplettverlust beim Veräußerer durch die Sachübergabe angezeigt. Die Frage, inwieweit der Eigentümer vor einem Totalverlust seines Rechts infolge einer Verfügung durch einen Nichtberechtigten geschützt wird, ist deshalb auch etwas gänzlich anderes als die Frage, welchen Schutz die dinglichen Ansprüche dem Eigentümer gewähren. Dieser Schutz bezieht sich

---

[81] Motive III, S. 262.
[82] Vgl. *Olzen*, JuS 1984, 328, 334 f.

nämlich auf den Rechtsinhalt. Es soll dem Rechtsinhaber die durch das Recht vermittelte tatsächliche Ausübung seiner Befugnisse im Umgang mit der Sache gesichert werden.

Mithin bezweckt § 1004 I 1 BGB in der Fassung seines Wortlautes die für die persönliche Entfaltung des Rechtsinhabers wichtige freie Ausübung seiner Befugnisse im Hinblick auf die zugeordnete Sache tatsächlich sicherzustellen.

In der Rechtsfolge der dinglichen Ansprüche wird dagegen nicht wie bei den §§ 823 ff. BGB Ersatz des aus einer Eigentumsverletzung entstandenen Vermögensschadens geschuldet. Es wird gerade nicht auf die §§ 249 ff. BGB verwiesen[83]. Die Formulierung der Rechtsfolgen „Herausgabe der Sache", „Beseitigung der Beeinträchtigung" zeigt vielmehr, dass vom Rechtsinhaber das Herbeiführen eines *tatsächlichen Zustands* verlangt werden soll. Die dinglichen Ansprüche bezwecken nicht den Erhalt von Vermögen, sondern dass der Rechtsträger in seiner persönlichen Selbstbestimmung im Umgang mit der ihm zugeordneten Sache geschützt wird. So garantiert auch der Beseitigungsanspruch die Freiheit des Eigentums[84]. Mit der Beeinträchtigung wandelt sich das absolute Eigentumsrecht in einen konkreten Anspruch auf Beseitigung der Störung, wobei nunmehr feststeht, gegen wen sich der Anspruch konkret richtet und welchen Inhalt er hat[85]. Geschuldet wird dann die Maßnahme, welche für die Zukunft jenen dem Eigentumsrecht entsprechenden tatsächlichen und rechtlichen Zustand wiederherstellt.

Diese Absolutheit des Eigentums ist Hauptinhalt der in der Verfassung niedergeschriebenen Eigentumsgarantie[86]. In Anlehnung an den verfassungsrechtlichen Eigentumsschutz in Art. 14 GG, der nicht nur den Bestand der Eigentümerposition in der Hand des Eigentümers, sondern auch die Nutzung der Position[87] sowie deren Veräußerung und die Verfügung[88] über sie schützt, hat sich so eine bemerkenswerte Rechtsentwicklung, weg von der allein vermögensrechtlichen Seite des Eigentums, hin zum Eigentum als persönliches Recht, vollzogen[89].

---

[83] Vgl. *Buchholz/Radke*, Jura 1997, 454, 455.
[84] *Mertens*, NJW 1972, 1783.
[85] *Walchner*, S.19.
[86] BVerfGE 24, 400 f.; *Wolf*, NJW 1987, 2647, 2648.
[87] BVerfGE 52, 1 (30); 88, 366 (377).
[88] BVerfGE 42, 263 (294); 50, 290 (339); 52, 1 (30f.); BVerwGE 92, 322 (327).
[89] *Böhmer*, NJW 1988, 2561, 2562 f.

C. Das Anspruchsziel der §§ 823 I, 249 ff. BGB

I. Der deliktische Vermögensschutz

Das Vermögen einer Person kann in zweifacher Art betrachtet werden: Es kann rein abstrakt, d.h. nur seinem Gesamtwert nach beurteilt werden. Es kann aber auch ganz konkret danach gefragt werden, wie sich das Vermögen zusammensetzt, also aus welchen einzelnen Vermögensgegenständen es besteht. Bestandteile des Vermögens sind dann die der Person zustehenden geldwerten subjektiven Rechte.

Dies sind zum einen schuldrechtliche Forderungen, deren Vermögenszuwachs in dem Recht besteht, von dem anderen ein Tun oder Unterlassen verlangen zu können, welches im Ergebnis das Vermögen vermehrt, etwa der Anspruch des Käufers, dass ihm der Verkäufer das Eigentum an der Kaufsache zu verschaffen hat (§ 433 I 1 BGB). Die dingliche Vermögenszusammensetzung verändert sich durch den Erwerb einer solchen Forderung nicht unmittelbar. Es entsteht deshalb keine absolut wirkende Rechtsposition, die von den §§ 823 I, 249 ff. BGB und von dinglichen Ansprüchen geschützt wird.

Vermögensbestandteile werden zum anderen die dinglichen Rechte, etwa das Eigentum, nicht jedoch die Objekte dieser Rechte, sprich die Sachen selbst[90]. Gleichwohl definiert sich der Wert des subjektiven dinglichen Rechts immer über den Material- bzw. Veräußerungswert der zugeordneten Sache, weil dieser Wert ein zuverlässiger Maßstab für die Vermögensbemessung ist. Da Sachen körperliche Rechtsgegenstände sind, kann sich ihre Bewertung sowohl an dem Zustand des Sachkörpers als auch an dem Wert ihres Gebrauchs ausrichten[91]. Es gilt den Geld- bzw. Marktwert des subjektiven Rechts zu erhal-

---

[90] *V. Tuhr*, Bd.I § 18 II. (S.318): „Keine unmittelbaren Bestandteile des Vermögens sind die Objekte der zum Vermögen gehörenden Rechte; das Vermögen besteht aus dem Eigentum an den Sachen, die dem Berechtigten gehören, nicht aus den Sachen selbst, aus den Forderungen, nicht aus den Leistungsgegenständen, die vermöge der Forderung verlangt werden können." Vgl. auch *Rüthers/Stadler*, AT, § 12, Rn.1; *Pawlowski*, AT, Rn.279 ff.; *Fabricius*, AcP 162 (1963), 467, 471.

[91] Für die Wertbestimmung von Sammelobjekten und reinen Dekorationsstücken - der Wert liegt quasi in der „Schönheit" dieser Sachen - ist vor allem deren körperliche Unversehrtheit von Bedeutung. Der Wert von Gebrauchsgegenständen, etwa Haushaltswaren, wird insbesondere durch ihre Gebrauchsfähigkeit bestimmt. Daneben gibt es Sachen, deren Wertschätzung sowohl durch ihr äußeres Erscheinungsbild als auch durch die Möglichkeit ihres Gebrauchs beeinflusst werden. Dies ist etwa – zumindest nach Ansicht der meisten Deutschen - regelmäßig beim privatgenutzen Pkw der Fall.

ten, der sich nach dem Geld- bzw. Marktwert des jeweiligen Rechtsgegenstandes richtet. Bei der Begründung oder Übertragung dinglicher Rechte verändert sich im Gegensatz zu den Forderungen die dingliche Vermögenszusammensetzung unmittelbar.

II. Strukturelle Vermögensbetrachtung im deliktischen Haftungsrecht

Das Sachvermögen kann (im Gegensatz zum Immaterialvermögen) auf zwei Arten zivilrechtlich geschützt werden: Es kann ihm „nur" seinem Werte nach (Geldersatz) oder auch in der konkreten Zusammensetzung (Naturalrestitution) Schutz gewährt werden. Soweit der Begriff „Vermögen" vereinzelt im Wortlaut von Normen vorkommt (vgl. §§ 1085, 1922 I BGB, 803, 864 ZPO, 1, 11 InsO[92]) wird er i.S.d. *Innehabens der Gesamtheit* der einer bestimmten Person jeweils zustehenden Rechte umschrieben, die im Verkehr gegen Entgelt gehandelt werden[93].

Der Rechtsfolge der deliktischen Haftungsvorschriften liegt dagegen eine primär strukturelle Betrachtung des Vermögens zugrunde. Das Vermögen wird vorrangig in seiner Zusammensetzung geschützt (*Bestandssicherung* statt nur *Wertsicherung*). Von dieser Zielsetzung ist die Rechtsfolge des § 823 BGB geprägt: Die §§ 249 ff. BGB, die bestimmen, wie Schadensersatz zu leisten ist, beruhen systematisch auf der strengen Unterscheidung zweier verschiedener Arten von Schadensersatz, der Naturalherstellung (oder –restitution) und dem Geldersatz[94]. Grundsätzlich wird die Schadensbehebung in natura geschuldet (§ 249 I BGB). Der Ersatzpflichtige schuldet die Herbeiführung eines tatsächlichen Erfolges, z.B. die Beschaffung einer neuen, der

---

[92] Vgl. ferner §§ 517 (Unterlassen eines Vermögenserwerbs), 1360 (Verpflichtung, mit dem Vermögen die Familie zu unterhalten), 1364 (Selbständige Vermögensverwaltung durch die Ehegatten), 1365 (Einschränkung der Verfügungsmacht über das Vermögen im ganzen), 1368 (Revokation), 1373-1379, 1383, 1386 (Regelungen des Zugewinnausgleichs), 1413 (Vermögensverwaltung bei Ehegatten), 1577 (Vermögen des Unterhaltsberechtigten), 1581 (Vermögen des Unterhaltsverpflichteten), 1602 (Vermögen des unterhaltsberechtigten Kindes), 1603 (Vermögen des unterhaltsverpflichteten Elternteils), 1822 (Genehmigung des Vormundschaftsgerichts bei Verfügung über das Vermögen im ganzen).

[93] *Larenz/Wolf*, AT, § 21 Rn.5, 8; *Brox*. AT, Rn.887; *Medicus*, AT, Rn. 1198; *MünchKomm/Holch*, § 90 Rn.44; *Soergel/Marly*, Vor § 90 Rn.10; *Rüthers/Stadler*, AT, § 12 Rn.1.

[94] *Brox/Walker*, AS, § 31 Rn.2, 4; *Soergel/Mertens*, Vor § 249 Rn.37; *Medicus*, SchR I, Rn.585 ff.; *Fikentscher*, SchR Rn.526 ff.

zerstörten vergleichbaren Sache oder die Reparatur der beschädigten Sache[95]. Die §§ 249 ff. BGB sind „gegenstandsorientiert“, das verletzte Recht bzw. Rechtsgut soll gleichsam „in den vorigen Stand versetzt“ werden; „nicht lediglich wirtschaftliche, sondern tatsächliche Herstellung ist die Devise“[96]. Ein Zahlungsanspruch des Geschädigten in Geld wird dagegen vom Gesetz als Ausnahme angesehen. Der Gläubiger kann nur unter den Voraussetzungen der §§ 249 II 1, 250 BGB statt der Naturalherstellung die für die Schadensbehebung nötigen Geldmittel verlangen. Begründet worden ist der Vorrang der Naturalrestitution damit, dass diese Art der Ersatzleistung am besten der Rechtslogik[97] und dem Interesse des Verletzten[98] entspreche. Den Schaden nach § 251 BGB von vornherein nur durch eine Ausgleichszahlung in Geld zu kompensieren (Geldersatz), soll dem Schädiger nur dann erlaubt sein, wenn entweder die Schadensbehebung nicht möglich, nicht genügend (§ 251 I BGB) oder für ihn unverhältnismäßig ist (§ 251 II 1 BGB).

D. Die Überschneidung der Anwendungsbereiche

Zu einer Überschneidung der Anwendungsbereiche von § 1004 I 1 BGB und den §§ 823 I, 249 ff. BGB beim Eigentumsschutz kommt es, weil das Eigentum - sei es als dingliches Recht, sei es als Vermögensbestandteil - stets über den Zustand der zugeordneten Sache geschützt wird. *Funktionsschutz* und *Vermögensschutz* sind parallel ausgestaltet. Es ist die konkrete Ausgestaltung der Rechtsfolge von § 823 I BGB, nämlich die in den §§ 249 ff. BGB getroffene Regelung, also der Vorrang der Naturalrestitution, die dazu führt, dass die Frage, ob und inwieweit sich die Anwendungsbereiche der §§ 823 I, 1004 I 1 BGB überschneiden, streitig ist. Wird der Gebrauch der Sache beschränkt, ohne dass in ihre Substanz eingegriffen worden ist, wie etwa im Fleetfall[99], einem Klassiker der Rechtsprechung, in welchem ein Schiff durch eine umgestürzte Ufermauer eingesperrt wurde, so kann auch dieser Nutzungsausfall zu einer Vermögenseinbuße führen, allerdings nur in Form von Vermögensfolgeschäden (etwa Kosten für ein Mietfahrzeug, entgangener Gewinn). Zu Konkurrenzproblemen mit § 1004 I 1 BGB kommt es bei solchen Vermögens-

---

[95] *Larenz*, SchR I, § 28 I. (S.467).
[96] *Esser/Schmidt*, SchR I/2, § 32 I. (S.187).
[97] Motive II, S.20 = *Mugdan*, Motive II, S.11.
[98] *Mugdan*, Motive II, S.1235.
[99] BGHZ 55, 153ff.

folgeschäden nicht, weil ihr Ersatz nach einhelliger Ansicht nicht negatorisch geschuldet wird. Den ungestörten Sachgebrauch wiederherzustellen, also die blockierenden Mauerreste zu beseitigen, kann aber stets verschuldensunabhängig gem. § 1004 I 1 BGB verlangt werden. Dass dies daneben Gegenstand eines Anspruchs aus den §§ 823 I, 249 ff. BGB sein kann, wenn der Störer schuldhaft gehandelt hat, ergibt sich daraus, dass der Sachgebrauch auch Grundlage *wirtschaftlicher* Freiheit ist, weil bei Nutzbarkeit der eigenen Sache beispielsweise keine fremde gemietet werden muss. Auch im Fleetfall beschränkt sich die Bedeutung der §§ 823 I, 249 ff. BGB darauf, den entgangenen Gewinn wegen der Nichtnutzbarkeit des eingesperrten Schiffes verlangen zu können. Da das Ziel, den Sachgebrauch wiederherzustellen, mittels des negatorischen Anspruchs unter einfacheren Voraussetzungen erlangt werden kann, kommt dem deliktischen Anspruch erst Bedeutung zu, wenn auch ein Vermögensfolgeschaden geltend gemacht wird, der dann ausschließlich bei schuldhaftem Handeln zu ersetzen ist.

Dagegen ist die Vorstellung, dass durch die Unversehrtheit einer Sache ein Vermögenswert verkörpert wird, erheblich ausgeprägter, so dass bei einer Sachbeschädigung regelmäßig der dadurch verursachte Vermögensverlust stärker wahrgenommen wird als der damit einhergehende Verlust an Gebrauchsmöglichkeit, wenn beides zusammenfällt und die Beeinträchtigungen ein und dieselbe Person betreffen. Die Wahl der Anspruchsgrundlage richtet sich auch hier nach dem primären Rechtsschutzinteresse und dies wird meist auf den Ausgleich des Vermögensverlustes gerichtet sein, weil davon nämlich die Gebrauchsbeeinträchtigung mitumfasst wird. Ist etwa ein Pkw bei einem Verkehrsunfall beschädigt worden, so gibt es meistens für den Eigentümer keinen Beweggrund, sich auf die im Umfang gegebenenfalls geringere bloße Wiederherstellung der Gebrauchsmöglichkeit zu beschränken, wenn doch wegen schuldhafter Eigentumsverletzung nach § 823 I BGB auch uneingeschränkt Naturalrestitution verlangt werden kann und dabei nach § 249 I BGB die Kosten für die Miete eines Ersatzwagens[100] bzw. nach § 251 I BGB der Ersatz entgangener Gebrauchsvorteile, soweit auf die Anmietung des Ersatzwagens verzichtet wurde, mit erfasst sind, auch wenn sich dadurch nach der Differenzhypothese beim Verlust der bloßen Gebrauchsmöglichkeit rein rechnerisch keine Vermögeneinbuße ergibt[101]. Da

---

[100] BGHZ 98, 220; BGH NJW 1982, 1519.

[101] Nach dem Frustrationsgedanken gilt dies als Ausgleich für fehlgeschlagene Aufwendungen (so *Köndgen*, AcP 177 (1978), 1 ff.; *Bötticher*, VersR 1966, 301 ff.; *Esser/Schmidt*,

hier im Falle eines schuldhaften Handelns des Anspruchgegners die deliktische Rechtsfolge dem Verletzten erheblich mehr gewährt als die bloße Beseitigung der Beeinträchtigung, gerät § 1004 I 1 BGB als Anspruchsgrundlage neben § 823 I BGB in den Hintergrund, weil das zusätzliche Verschuldenserfordernis im Deliktsrecht durch das auf der Rechtsfolgenseite gewährte „Mehr" derart kompensiert wird, dass die negatorische Haftung daneben an Bedeutung verliert und erst wieder auflebt, wenn es am Verschulden, dem Nachweis dafür bzw. an der Verschuldensfähigkeit des Anspruchsgegners fehlt.

Nicht maßgeblich ist dagegen, dass sich die Gesetzesverfasser in § 823 I BGB für einen differenzierten Rechtsgüterschutz und gegen einen allgemeinen Deliktsschutz des Vermögens entschieden haben. Selbst wenn die Gesetzesverfasser keine konkrete Rechts- oder Rechtsgutsverletzung für eine unerlaubte Handlung gefordert hätten, sondern eine „große" deliktsrechtliche Generalklausel in das Bürgerliche Gesetzbuch aufgenommen worden wäre, etwa mit der Formulierung „Hat jemand vorsätzlich oder fahrlässig einem anderen rechtswidrig einen Schaden zugefügt, so ist er dem anderen zum Ersatz des durch die Handlung verursachten Schadens verpflichtet."[102], wären von einer solchen Generalklausel die Fälle der Eigentumsverletzung i.S.v. § 823 I BGB ebenso erfasst worden[103], und es hätte sich bei der Rechtsfolge genauso die entscheidende Frage gestellt, wie der Schaden zu ersetzen ist, ob nämlich in natura oder dem Werte nach. Dies zeigt, dass die Überschneidung des deliktsrechtlichen und des negatorischen Tatbestands eine Überschneidung des negatorischen Beseitigungsanspruchs mit der *Rechtsfolge* von § 823 I BGB ist. Die Art und Weise, wie im BGB der Vermögensschutz

---

SchR I/2, § 31 III., *E. Schmidt*, JuS 1980, 636 ff.), nach dem Kommerzialisierungsgedanken für alle geldwerten Güter mit Marktwert (BGHZ 40, 347; 45, 218; 65, 170), nach der heutigen Rechtsprechung, die den Kommerzialisierungsgedanken wegen seiner Weite einschränkt, wenn die ständige Verfügbarkeit des beschädigten Gebrauchsgegenstandes für die eigenwirtschaftliche Lebensführung von zentraler Bedeutung ist, ein Eingriff in den Gegenstand des Gebrauchs vorliegt und der Eingriff zu einer fühlbaren Beeinträchtigung geführt hat, d.h. auf Seiten des Geschädigten muss ein Nutzungswille und eine (hypothetische) Nutzungsmöglichkeit bestehen (BGHZ 98, 222; 45, 212; vgl. *Palandt/Heinrichs*, Vorb v. § 249 Rn.25 ff.).

[102] Im ersten Entwurf des BGB war in § 704 I BGB eine solche Generalklausel noch vorgesehen, vgl. *Larenz/Canaris*, SchR II/2, § 75 I. 3. (S.354).

[103] Durch den differenzierten Rechtsgüterschutz wird der Anwendungsbereich des § 823 I BGB auf diese Fälle beschränkt und nur die Fälle, in denen keines der genannten Rechtsgüter verletzt wird, ausgenommen.

ausgestaltet wurde, ist folglich die Ursache dafür, dass sich die §§ 1004 I 1, 823 I BGB in ihren Anwendungsbereichen überhaupt überschneiden. Das Abgrenzungsproblem ist folglich *systemimmanent.*

Im Folgenden gilt es zu untersuchen, ob die bislang in der Rechtsprechung und Literatur für die Normabgrenzung vorgeschlagenen Kriterien dieses systemimmanente Problem überzeugend zu lösen vermögen.

§ 2 Die Abgrenzung von § 1004 I 1 BGB und den §§ 823 I, 249 ff. BGB

A. Denkbare Lösungsansätze

Das Schadensersatzrecht ist im deutschen Rechtssystem maßgeblich vom Verschuldensprinzip geprägt. Nur wer die Rechtsgüter eines anderen schuldhaft, also vorsätzlich oder fahrlässig unter Missachtung der im Verkehr erforderlichen Sorgfalt verletzt (§ 276 BGB), soll grundsätzlich für den daraus resultierenden Schaden einstehen müssen. Dies ergibt sich aus der Überlegung, dass Eigentümer Schäden an ihren Sachen als Verwirklichung des allgemeinen Lebensrisikos solange hinzunehmen haben, wie die Schadensherbeiführung nicht eindeutig einem anderen zugerechnet werden kann: „casum sentit dominus"[104]. Eine solche Zurechnung soll aber grundsätzlich nicht nur eine objektive Verursachung, sondern auch eine subjektive Verantwortlichkeit des Schädigers erfordern. Vor dem Hintergrund dieser Gesetz gewordenen Wertung ist es gerechtfertigt, einer Aushöhlung des Verschuldensprinzips entgegenwirken zu wollen[105]. Der Eigentümer einer Sache hat, fehlt es am Verschulden des Anspruchsgegners, nach der gesetzlichen Regelung nur keine „Beeinträchtigung" i.S.v. § 1004 I 1 BGB, wohl aber eine „Beschädigung" seines Eigentums gem. § 823 I BGB hinzunehmen[106].

Es erscheint zunächst sinnvoll, sich die Lösungsmöglichkeiten zu veranschaulichen, die überhaupt in Betracht kommen, um bei der Anwendung von § 1004 I 1 BGB das Verschuldensprinzips nicht zu umgehen. Die in der Literatur und der Rechtsprechung zu diesem Problem entwickelten Lösungsvorschläge lassen sich so besser einordnen. Ihre wesentlichen Unterschiede im Denkansatz und in den rechtlichen Folgen werden verständlicher, was die Bewertung ihrer Argumentation erleichtert.

I. Erster Lösungsansatz: Die strikte Trennung der §§ 1004 I 1, 823 I, 249 ff. BGB

Die Gefahr, das Verschuldensprinzip zu umgehen, ist nur gegeben, wenn zwischen § 1004 I 1 BGB und §§ 823 I, 249 I BGB überhaupt eine Anspruchs-

---

[104] *Larenz/Canaris*, SchR II/2, § 75 I.2.a) (S.351); *Buchholz/Radke*, Jura 1997, 454, 456.
[105] Dies wird in der Rechtsprechung und in der Literatur uneingeschränkt so gesehen, vgl. z.B. BGH NJW 1996, 845, 846, *Lobinger*, JuS 1997, 981, 982.
[106] *Picker*, Beseitigungsanspruch, S.18.

konkurrenz besteht. Dazu müssen dem Gläubiger aus *demselben Sachverhalt* zwei selbständige, im Wesentlichen auf *die gleiche Leistung* gerichtete Ansprüche gegen denselben Schuldner zustehen können[107]. Als mögliche Lösung des Abgrenzungsproblems ist es deshalb denkbar, die §§ 1004 I 1, 823 I, 249 I BGB so auszulegen, dass es entweder beim *Eingriffstatbestand* oder in der *Rechtsfolge* der Vorschriften von vornherein zu keinerlei Überschneidungen ihrer Anwendungsbereiche kommt.

1. Die Trennung beim Eingriffstatbestand

Eine absolute Abgrenzung der Eingriffstatbestände beider Anspruchsgrundlagen setzt voraus, dass sie nicht einmal teilweise durch ein und denselben Sachverhalt erfüllt werden können. Dazu müssten die „Beeinträchtigung" und die „Verletzung" des Eigentums als zwei grundverschiedene Formen der Einwirkung auf fremdes Eigentum verstanden werden. Dies ist gegeben, wenn die §§ 1004 I 1, 823 I, 249 ff., BGB den Eigentümer vor nicht miteinander vergleichbaren, grundlegend wesensverschiedenen Eingriffen in sein Eigentum schützen.

2. Die Trennung bei der Rechtsfolge

Es fragt sich, ob die negatorische von der deliktischen Haftung auch in der Weise abgegrenzt werden kann, dass sich die §§ 1004 I 1, 823 I, 249 ff. BGB zwar in ihren Tatbeständen überschneiden, sie aber in ihren Rechtsfolgen ganz unterschiedliche Leistungen gewähren. Dafür reicht es nicht, dass man die Rechtsfolge des § 1004 I 1 BGB auf die Wiederherstellung des früheren Zustands beschränkt, während den §§ 249 ff. BGB eine weitergehende hypothetisch, dynamische Betrachtungsweise zugrundegelegt wird, mithin auf den zukünftigen Zustand abgestellt wird, der bestünde, wenn das schädigende Ereignis nicht eingetreten wäre. Denn auch dann überschneiden sich die Rechtsfolgen beider Vorschriften teilweise. Genausowenig genügt es, die eigenständige Bedeutung der §§ 249 ff. BGB nur darin sehen zu wollen, dass auch eine Geldzahlung verlangt werden kann (§§ 249 II, 251 BGB) und Vermögensfolgeschäden zu ersetzen sind (§ 252 BGB). § 249 I BGB gewährt dann immer noch - genauso wie die Rechtsfolge der actio negatoria - eine Folgenbeseitigung.

Vor allem aber lassen sich sowohl bei den §§ 823 I, 249 I BGB als auch bei

---

[107] *Palandt/Heinrichs*, § 194 Rn.8; *Jauernig/Mansel*, § 241 Rn.14, § 194 Rn.5.

§ 1004 I 1 BGB Tatbestand und Rechtsfolge nicht streng voneinander trennen. Bei unerlaubten Handlungen scheint eine solche Trennung zwar äußerlich zu bestehen, weil sich die haftungsbegründenden (§§ 823 ff. BGB) von den haftungsausfüllenden Normen (§§ 249 ff. BGB) gesetzessystematisch unterscheiden. Wird aber nach einer Eigentumsverletzung der Sachschaden im Wege der Naturalrestitution beseitigt, ist also ein tatsächlicher Zustand wiederherzustellen und nicht nur ein reiner Vermögensverlust auszugleichen, dann richtet sich der Umfang dieser Naturalrestitution, mithin die Rechtsfolge der unerlaubten Handlung, nach den Auswirkungen des Eingriffs, also nach dem Verletzungstatbestand. Der Gegenstand der Verletzung und der Wiederherstellung ist dann identisch.

Bei § 1004 I 1 BGB wird anhand des Wortlautes noch deutlicher, dass sich die Reichweite der Rechtsfolge nach dem tatbestandlichen Beeinträchtigungsbegriff („Beseitigung der Beeinträchtigung") bestimmt. Es wäre damit nicht zu vereinbaren, eine Eigentumsbeeinträchtigung im Tatbestand zu bejahen, ihre Beseitigung nach § 1004 I 1 BGB jedoch abzulehnen, die Rechtsfolge also über den Gesetzeswortlaut hinaus einzuschränken[108], um so eine Abgrenzung von §§ 823 I, 249 ff. BGB zu ermöglichen. Da sich sowohl die §§ 249 ff. BGB als auch die Rechtsfolge von § 1004 I 1 BGB an dem jeweiligen Eingriffstatbestand ausrichten, können beide Vorschriften auch nur bei ihren Tatbeständen absolut abgegrenzt werden. In der Abgrenzungsdiskussion wird deshalb oft terminologisch nicht zwischen Beeinträchtigung und Schaden einerseits und Beseitigung der Beeinträchtigung und Schadensersatz andererseits unterschieden.

Zusammenfassend lässt sich somit feststellen: Sollen die §§ 1004 I 1, 823 I, 249 ff. BGB derart voneinander abgegrenzt werden, dass sich ihre Anwendungsbereiche gar nicht überschneiden, kann dies nur über die Definition ihrer Tatbestandsmerkmale und nicht durch eine unterschiedliche Ausrichtung ihrer Rechtsfolgen erreicht werden. Soweit in den Lösungsvorschlägen also letzteres versucht wird, vermag dieser gewählte Ansatz bereits dogmatisch nicht zu überzeugen.

---

[108] Vgl. auch *Armbrüster*, NJW 2003, 3087, 3089. So wird gerade an der actus contrarius-Lehre von *Baur* kritisiert, dass es dem Wortlaut des § 1004 I 1 BGB nicht entspräche, wenn sich der Umfang der Beseitigungspflicht nicht mit dem der Beeinträchtigung decke (*Henkel*, AcP 174 (1974), 97, 102). Für eine enge Auslegung des Beseitigungsbegriffs aber *Larenz/Canaris*, SchR II/2, § 86 V.3.c) (S.698).

II. Zweiter Lösungsansatz: Anspruchskonkurrenz der §§ 1004 I 1, 823 I, 249 ff. BGB

Alternativ zu einer absoluten tatbestandlichen Abgrenzung der §§ 1004 I 1, 823 I, 249 ff. BGB ist es denkbar, dass auch gem. § 1004 I 1 BGB verschuldensunabhängig Naturalrestitution verlangt werden kann.

Allerdings ist es dann erforderlich, den Tatbestand oder die Rechtsfolge des negatorischen Beseitigungsanspruchs im Vergleich zur Schadensersatzhaftung gem. §§ 823 I, 249 ff. BGB einzugrenzen. Denn stimmten die §§ 1004 I 1, 823 I, 249 ff. BGB in ihren Anwendungsbereichen völlig überein, könnte einer Umgehung des Verschuldensprinzips nur dadurch vorgebeugt werden, dass § 1004 I 1 BGB durch § 823 I BGB als speziellere und damit vorrangige Anspruchsgrundlage im Wege der Gesetzeskonkurrenz vollständig verdrängt würde[109]. Der Gedanke, dass der Gesetzgeber mit dem negatorischen Beseitigungsanspruch in das BGB eine so bedeutungslose Norm aufgenommen hat, ist aber sehr fernliegend[110]. § 1004 I 1 BGB kann deshalb nicht als eine Anspruchsgrundlage verstanden werden, die bei minderen Voraussetzungen den gleichen Erfolg wie §§ 823 I, 249 I BGB erstrebt[111].

Es ist aber nicht ausgeschlossen, eine verschuldensunabhängige Kausalhaftung dadurch rechtfertigen zu wollen, dass man den Beseitigungsanspruch auf der Rechtsfolgenseite „wesentlich enger" fasst als einen Schadensersatzanspruch[112]. Für die Behauptung, dass das Verschulden de lege lata nicht haftungs*verschär-*

[109] Es ist nicht denkbar, dass umgekehrt § 1004 I 1 BGB in Fällen von Überschneidungen den § 823 I BGB auf dem Wege der Gesetzeskonkurrenz verdrängt. Verdrängend wirken ausschließlich speziellere Norm, also nur solche Vorschriften, die zu ihrer Erfüllung über den Tatbestand der verdrängten Norm hinaus mindestens ein weiteres Erfordernis enthalten. Nur so ist gewährleistet, dass die in ihren tatbestandlichen Voraussetzungen bewußt eng gestalteten Normen nicht durch die Anwendung allgemeiner Vorschriften umgangen werden können. Im Falle, dass auch § 1004 I 1 BGB eine - wie auch immer begrenzte - Naturalrestitution gewährt, wäre aber stets § 823 I BGB mit dem zusätzlichen Verschuldenserfordernis die speziellere Norm.

[110] Zu Recht betonen *Buchholz/Radke*, Jura 1997, 454 dass die Vorzüge des BGB in der Schärfe der Begrifflichkeit, der Präzision der Sprache und der konsequenten Durchführung der leitenden Grundsätze besteht, unter Verweis auf Schwarz, Symbolae Friburgenses in honorem Ottonis Lenel (1935), S.425, 470 f.

[111] *Picker*, Beseitigungsanspruch, S.18.

[112] So z.B. *Lutter/Overath*, JZ 1968, 345, 347; *Baur*, AcP 160 (1961), 465, 489 f.; *Larenz/Canaris*, SchR II/2, § 86 V.3.c) (S.698); *Medicus*, BR, Rn.629; *MünchKomm/ders.*, § 1004 Rn.71-73; auf die „Umstände des Einzelfalls" soll es nach *BGB-RGRK/Pikart*, § 1004 Rn.90 ankommen.

fend, sondern haftungs*begründend* wirkt, mithin ohne ein solches auch keine umfangmäßig begrenzte Naturalrestitution geschuldet sein soll[113], bleiben die Kritiker ihre Begründung schuldig. Vielmehr ist die Vorstellung, dass der Gesetzgeber innerhalb weniger Paragraphen eine partiell identische Haftung an unterschiedliche Voraussetzungen geknüpft hat, nicht so abwegig, wie dies vielfach in vorwurfsvoller Weise vorgebracht wird[114]. Die Tatbestände der Gefährdungshaftung etwa zeigen, dass es Fallkonstellationen gibt, in denen eine gerechte Abwägung zwischen den Interessen des Geschädigten und denen des Anspruchsgegners es rechtfertigen kann, letzteren ohne sein Verschulden haftbar zu machen[115]. Die deliktische Verschuldenshaftung bleibt daneben anwendbar (vgl. etwa § 16 ProdHaftG, § 16 StVG, § 91 AMG, § 18 I UmweltHG, § 37 III GenTG). Ihre eigenständige Bedeutung besteht dann nicht im Ersatz der Vermögensfolgeschäden, die auch im Rahmen der Gefährdungshaftung gem. §§ 249 ff. BGB verlangt werden können, sondern insbesondere in den fehlenden Haftungshöchstbeträgen, welche die Belastung der verschuldensunabhängigen Gefährdungshaftung in Grenzen halten sollen.

Der historische Gesetzgeber selbst ist davon ausgegangen, dass eine Anspruchskonkurrenz zwischen der deliktischen und der negatorischen Haftung besteht. Er hat die damit verbundene Problematik auch erkannt, ihre Lösung aber Doktrin und Praxis überlassen wollen:

„Man hat vielmehr auch hier den Beklagten für verpflichtet zu erklären, die Naturalrestitution zu bewirken. Dabei ist indessen dieser Restitutionsanspruch von den in einem Delikte sich gründenden Restitutionsansprüchen zu unterscheiden. Die Naturalrestitution dient in diesem Falle nicht dem Zwecke der Schadensersatzleistung und hat nicht die Gestalt der Ersatzleistung, welche nach § 219 (jetzt § 249 BGB) an erster Stelle eintritt und im Falle ihrer Unmöglichkeit durch den Modus der Geldentschädigung ersetzt wird. Die Entscheidung der weiteren Frage, ob die Möglichkeit der Naturalrestitution im strengsten Sinne, also nicht bloß die Möglichkeit der Herstellung eines ähnlichen Zustands, z.B. durch Zuschüttung eines Grabens zu verlangen ist, bleibt Doktrin und Praxis überlassen.“[116].

Ob es andererseits ausreicht, die Brisanz des Abgrenzungsproblems dadurch entschärfen zu wollen, dass die Beseitigungspflicht gem. § 1004 I 1 BGB, anders als die Schadensersatzpflicht nach § 823 I BGB, *stets begrenzt* ist, da unabhän-

---

[113] *Picker*, Beseitigungsanspruch, S.33 f.; *ders.*, FS Gernhuber, S.315, 323; *Staudinger/Gursky*, § 1004 Rn.130 f.; *Buchholz/Radke*, Jura 1997, 454, 457.
[114] Vgl. stellvertretend *Buchholz/Radke*, Jura 1997, 454, 455.
[115] Teilweise wird daraus eine Schadensersatzhaftung nach § 1004 I 1 BGB für besonders gefährliche Aktivitäten abgeleitet, *AK/Kohl*, § 1004 Rn.64 ff.; vgl. dazu unten S. 227.
[116] Motive III, S.425.

gig davon, wie man die Eigentumsbeeinträchtigung im einzelnen deutet, immer das Objekt und das Ziel der Beseitigungspflicht festliegen und der Störer die betroffene Sache nur wiederherstellen, nicht aber Folgeschäden *am weiteren Vermögen* ersetzen muss[117], wird noch genauer zu hinterfragen sein.

B. Der gegenwärtige Meinungsstand

I. Der Dualismus in der wissenschaftlichen Auseinandersetzung

Die in Rechtsprechung und Schrifttum zum Abgrenzungsproblem vorzufindenden Vorschläge lassen sich den beiden hier herausgearbeiteten denkbaren Lösungsmöglichkeiten unterordnen.

Die Rechtsprechung[118] und die herrschende Ansicht im Schrifttum[119] fassen den Beeinträchtigungsbegriff i.S.v. § 1004 I 1 BGB in traditioneller Weise[120] unter Hinweis auf die Beschreibung der Befugnisse des Eigentümers nach § 903 BGB, mit seiner Sache nach Belieben verfahren und andere von jeder Einwirkung ausschließen zu können, im Grundsatz weit, indem sie unter der abwehrbaren Eigentumsbeeinträchtigung jeden dem Inhalt des Eigentums im Sinne von § 903 BGB widersprechenden Vorgang oder Zustand verstehen[121] (der zweite denkbare Lösungsansatz). Die actio negatoria wird wie die rei vindicatio (§ 985 BGB) als eine Eigentumsklage aufgefasst, die dem Eigentümer möglichst umfangreichen Schutz vor tatsächlichen Einschränkungen bieten soll[122]. Bei der Bestimmung des Störerkreises[123] oder bei der Festlegung des Umfangs der

---

[117] So *Herrmann*, JR 1998, 242, 243; *dies.*, Der Störer, S.427, 478.

[118] Vgl. zuletzt etwa BGH NJW 1996, 845 ff. – Bodenkontamination.

[119] Für einen weiten Anwendungsbereich sind neben der Rechtsprechung etwa *Wolff/Raiser*, SR, § 87 I. 2., 3.; *Westermann*, Lb, § 36 I.; *Baur/Stürner*, SR, § 12 Rn.5; *Müller*, SR, Rn.701 ff., 710; *Schwab/Prütting*, SR, Rn.572; *E.Wolf*, SR, S.148 ff.; *M.Wolf*, SR, Rn.305; *Eichler*, Institutionen II/1, S.260 ff.; *Soergel/Mühl*, § 1004 Rn.4, 30, 42; *BGB-RGRK/Pikart*, § 1004 Rn.1, 19.; *MünchKomm/Medicus*, § 1004 Rn.20 ff., 38 ff., 71 ff.; *Erman/Ebbing*, 11. Aufl., § 1004 Rn.13; *Palandt/Bassenge*, § 1004 Rn. 28; *Jauernig/Jauernig*, § 1004 Rn.7, *Bamberger/Roth/Fritzsche*, § 1004 Rn.36 ff., die aber bei den Einzelheiten voneinander abweichen; zahlreiche Nachweise bei *Gursky*, Fälle und Lösungen, Fall 6, Fn.3.

[120] So *Gursky*, JR 1989, 397.

[121] *Bamberger/Roth/Fritzsche*, § 1004 Rn.34; BGH NJW-RR 2001, 232 mwN; *Jauernig/Jauernig*, § 1004 Rn.4 f.; Schreiber, SR, Rn.139; vgl. bereits Motive III, S.392 f., vor allem S.423 („ein körperliches Verhältnis") = *Mugdan*, Motive III, S.218, 236.

[122] Vgl. *König*, NJW 2005, 191, 192.

[123] So die Lehren von der negatorischen Kausalhaftung, dem Haftungsgrund des „aufrechterhaltenden Willens" und der „verpflichtenden Kraft des Eigentums", die bei der

Rechtsfolge der Norm[124] wird dann versucht, den Anwendungsbereich des negatorischen Beseitigungsanspruchs einzuschränken. Es besteht die Vorstellung, dass es sich bei dem Beseitigungsanspruch um so etwas wie ein „Deliktsrecht zweiten Grades"[125] handele, um einen „um das Verschulden verkürzten Tatbestand der unerlaubten Handlung"[126], dass die negatorische Haftung „zumindest partiell dieselbe wiederherstellende Funktion"[127] wie ein Schadensersatzanspruch habe, zumindest wie ein solcher funktioniere[128]. Dass es zu Überschneidungen in den Anwendungsbereichen der §§ 1004 I 1, 823 I, 249 ff. BGB kommt, ließe sich nicht vermeiden.

Einen anderen Lösungsweg hat erstmals *Picker* gewählt[129]. Er will § 1004 I 1 BGB nur auf die Abwehr *rechtlicher* Eingriffe in fremdes Eigentum und die §§ 823 I, 249 I BGB auf Eigentumsbeeinträchtigungen *tatsächlicher* Art anwenden[130]. Mithin wird die Lösung des Abgrenzungsproblems darin gesehen, den Beeinträchtigungsbegriff selbst bereits so eng zu definieren, dass sich die Tatbestände des § 1004 I 1 BGB und des § 823 I BGB inhaltlich eindeutig voneinander abgrenzen lassen (der erste denkbare Lösungsansatz). Dadurch erledigen sich viele der ansonsten heftig diskutierten Fragestellungen von selbst. So wird z.B. gleichzeitig festgelegt, dass derjenige, der das Recht usurpiert, Störer i.S.v. § 1004 I 1 BGB ist, mithin nur die „Freigabe" des fremden Rechts geschuldet wird. Während die im folgenden noch darzustellenden Lösungsansätze zwischen dem Anspruchsgrund und der Bestimmung des Anspruchsgegners trennen, geht

---

Kausalität bzw. beim Störerbegriff ansetzen, also versuchen, die Zurechnung der Eigentumsbeeinträchtigung einzuschränken, um so den Kreis der nach § 1004 I 1 BGB Verantwortlichen zu reduzieren, vgl. dazu im einzelnen *Picker*, Beseitigungsanspruch, S.25 ff. und unten S.177.

[124] Etwa die actus contrarius-Theorie nach *Baur*, AcP 160 (1961), 465 ff.

[125] *Baur*, AcP 160 (1961), 465, 466.

[126] *Lutter/Overath*, JZ 1968, 345, 347.

[127] BGH NJW 1996, 845, 846 (re. Sp.).

[128] *Linckelmann*, JW 1909, 8.

[129] *Picker*, Der negatorische Beseitigungsanspruch, 1972, *ders.*, AcP 176 (1976), 28, 50 ff.; *ders.*, FS Gernhuber, S.315 ff.

[130] Er verfolgt damit erstmals einen Lösungsansatz, der zuvor offensichtlich von anderen deshalb abgelehnt wurde, weil sie eine so starke Eingrenzung des Anwendungsbereichs des § 1004 I 1 BGB als mit der Funktion der Norm als Eigentums(freiheits)klage für unvereinbar hielten. Deshalb hat wohl niemand zuvor versucht, das Abgrenzungsproblem durch eine einschränkende Auslegung des Tatbestandsmerkmals „Beeinträchtigung" in den Griff zu bekommen. Selbst Kritiker, welche die Rechtsusurpationslehre zwar im Ergebnis ablehnen, halten diesen von bisherigen Denkschemata losgelösten, prinzipiell neuen Gedankenansatz aber grundsätzlich für beachtenswert, so *Herrmann*, Der Störer, S.73.

im „Gesamtsystem" *Pickers*[131] das Tatbestandsmerkmal „Störer" in der Definition der „Beeinträchtigung" mit auf. Dieser Vorzug der Rechtsusurpationslehre hat mittlerweile zahlreiche Anhänger gefunden[132], welche diesen Lösungsansatz wissenschaftlich vehement verteidigen[133]. Der wissenschaftliche Streit fand mit der Habilitationsschrift zum Störerbegriff von *Herrmann*[134] erneut erhöhte Aufmerksamkeit, wenn sich diese auch nur beiläufig der tatbestandlichen Abgrenzung der §§ 1004 I 1, 823 I, 249 ff. BGB gewidmet hat und der Schwerpunkt der Schrift auf der Störerbestimmung liegt. Zum 100jährige Jubiläum des BGB im Jahr 1996 wurde eine Entscheidung des BGH[135] zum Anlass genommen[136], die Diskussion um die Abgrenzung von § 1004 I 1 BGB zu §§ 823 I, 249 ff. BGB wieder verstärkt aufzunehmen.

Folglich ist zu untersuchen, ob eine vorzugswürdige klare tatbestandliche Abgrenzung von negatorischer und deliktischer Haftung, wie sie die Rechtsusurpationslehre verfolgt, möglich ist. Sollte dies nicht der Fall sein, gilt es zu bestimmen, in welchem Umfang gerechtfertigt werden kann, dass sich die negatorische und die deliktische Haftung überschneiden. Bevor das Schrifttum erörtert wird, sollen zuvor die unproblematisch aus dem Anwendungsbereich von

---

[131] *Herrmann*, Der Störer, S.71 beschreibt recht anschaulich, dass *Picker* ein „*Gesamtsystem*" geschaffen habe, das alle Probleme lösen soll. Allerdings ist zweifelhaft, ob der Begriff „*Gesamtsystem*" passend gewählt ist. In einem „*System*" werden Abläufe und Probleme normalerweise bewusst aufeinander abgestimmt; bei dem Denkansatz von *Picker* hingegen ergibt sich zwangsläufig aus dem engen Verständnis des Beeinträchtigungsbegriffs, dass die ansonsten diskutierten Probleme um den Störerbegriff oder die Kausalität gar nicht mehr auftauchen können. Richtig ist daher nur, dass der Denkansatz von *Picker* eine *Gesamt*lösung darstellt. *Picker* selbst sagt, dass die richtige Erfassung des Tatbestandsmerkmals „Beeinträchtigung" Angelpunkt für die Lösung aller im Zusammenhang mit § 1004 I 1 BGB stehenden Fragen ist; die Feststellung, dass ein Beeinträchtigungszustand bestehe, bedeute, dass die negatorische Haftung automatisch eintrete (*Picker*, Beseitigungsanspruch, S.49 f.).

[132] *Lobinger*, JuS 1997, 981 ff.; *Staudinger/Gursky*, § 1004 Rn.2 f., 70 ff., 96 ff., 129 ff.; *ders.*, JR 1989, 397 ff.; *ders.*, JZ 1990, 921 ff.; *ders.*, JZ 1996, 683 ff.; *Buchholz/Radke*, Jura 1997, 454, 459 ff.; *Wilhelm*, SR, Rn.666 ff., 672; ähnlich kritisch wie *Picker*, wenn auch in Einzelfragen abweichend: *Wetzel*, S. 104 ff., 111; *Pinger*, EBV, S.188 ff.; prinzipiell auch *AK/Kohl*, § 1004 Rn. 32, 38, 50 ff., der aber nach gefährlichen Handlungen eine negatorische Folgenbeseitigungspflicht bzw. negatorische Gefährdungshaftung annimmt (*AK/Kohl*, aaO., Rn. 64 ff., vgl. unten S.227); *Koller*, DB 1974, 2388 Fn.43; *Schilken*, Zivilprozeß, S.62; *Schwabe*, Einzelrechtsnachfolge, S.63 ff.; *Michalski*, DB 1991, 1365 f.; *Kahl*, LM § 1004 BGB Nr.217, Bl.662 f.

[133] Zuletzt wieder *Harms*, NJW 1999, 3668 ff., *Gursky*, JZ 1996, 682 ff., *Buchholz/Radke*, Jura 1997, 454 ff., *Lobinger*, JuS 1997, 981 ff.

[134] *Herrmann*, Der Störer nach § 1004 BGB, 1987.

[135] BGH – Urteil v. 01.12.1995 – V ZR 9/94 (OLG Stuttgart) = NJW 1996, 845.

[136] Etwa *Buchholz/Radke*, Jura 1997, 454 ff.; *Lobinger*, JuS 1997, 981 ff.

§ 1004 I 1 BGB auszunehmenden Fälle und die Ansicht der Rechtsprechung dargestellt werden.

II. Die eindeutig vom Anwendungsbereich des § 1004 I 1 BGB ausgenommenen Fälle

1. Die Sachzerstörung als Nichtanwendungsfall von § 1004 I 1 BGB

Unabhängig davon, ob man der Rechtsusurpationslehre folgt oder nicht, besteht unter den Vertretern der unterschiedlichen Ansichten weitgehend Einigkeit darüber, dass § 1004 I 1 BGB nicht eingreifen soll, wenn die im Eigentum des Betroffenen stehende Sache vollständig zerstört wurde[137]. Dies scheint auf den ersten Blick nicht zwingend, denn das Zerstören einer Sache stellt letztendlich nur den heftigsten Fall der Beeinträchtigung fremden Eigentums dar. Nach einer Sachzerstörung würde aber nicht mehr die Beeinträchtigung des Eigentums beseitigt werden, sondern es wäre erforderlich, die zerstörte Sache in vollem Umfang neu herzustellen. Einen solchen Anspruch auf Neuherstellung soll aber § 1004 I 1 BGB aus seiner Funktion heraus jedenfalls nicht gewähren[138]. Die Rechtsfolge des negatorischen Beseitigungsanspruchs ist auf die „Beseitigung der Beeinträchtigung" ausgerichtet. Die Rechtsfolge ist damit, unabhängig davon, wie man die Abgrenzung der negatorischen Haftung vom Schadensersatz im einzelnen vorzunehmen gedenkt, nach allen Ansichten allenfalls auf die *Wieder*herstellung des früheren Zustandes beschränkt. Diese Wiederherstellung reicht aber nicht so weit wie die Naturalrestitution nach den §§ 249 ff. BGB. Der Naturalrestitution wohnt eine dynamisch-hypothetische Entwicklungen berücksichtigende Betrachtungsweise inne („Wie wäre die Vermögenslage jetzt hypothetisch, wenn das schädigende Ereignis nicht eingetreten wäre?"), während der negatorische Abwehranspruch nach allen Ansichten nur auf den status quo ante abzielt („Wie war der Zustand – real! – vor Entstehung des rechtswidrigen Zustandes?"). § 1004 I 1 BGB erfordert als Abwehranspruch deshalb jedenfalls,

---

[137] *Picker*, Beseitigungsanspruch, S.20, vgl. etwa auch *Schmidt*, S.46 f., *Erman/Hefermehl*, 10. Aufl., § 1004 Rn.10, a.A. *Erman/Ebbing*, 11. Aufl., § 1004 Rn.27, *Gerlach*, Privatrecht, S. 206 f., der beim Eigentum auch die Wiederherstellung zerbrochener Scheiben, völlig zerstörter Gebäude und bei der Körperverletzung Ersatz der Heilungskosten aus § 1004 I 1 BGB gewähren will.

[138] Im Vergleich dazu besteht aber ein vorbeugender Unterlassungsanspruch gemäß § 1004 I 2 BGB bei einer drohenden Sachzerstörung, weil ein wirksamer präventiver Rechtsschutz weiter reichen muss, *Erman/Hefermehl*, 10. Aufl., § 1004 Rn.10.

dass ein noch schützenswertes Rechtsgut vorhanden ist. Er soll nicht die im Vermögen durch eine vollständige Rechtsgutszerstörung erlittenen Nachteile ausgleichen.

2. Die Folgeschäden als Nichtanwendungsfall von § 1004 I 1 BGB

Auch Folgeschäden, also Vermögenseinbußen, die über den in der Sachbeschädigung selbst bestehenden Nachteil hinausgehen, wie z.B. ein entgangener Gewinn nach § 252 BGB oder eine Nutzungsausfallentschädigung, sollen nicht von § 1004 I 1 BGB erfasst werden[139]. Dies ist im Ergebnis nur konsequent, denn der Ersatz des entgangenen Gewinns nach § 252 BGB ist letztendlich nur ein Ausfluss des dynamisch-hypothetischen Verständnisses der Naturalrestitution[140]. § 1004 I 1 BGB gewährt dagegen einen Anspruch auf Beseitigung der Beeinträchtigung; es wird also gerade nicht danach gefragt, welche Vermögenslage jetzt hypothetisch vorläge, wenn das schädigende Ereignis nicht eingetreten wäre, sondern der Beseitigungsanspruch stellt auf den status quo ante ab. Maßgeblich ist deshalb allein, wie die Vermögenslage real vor Entstehung des rechtswidrigen Zustandes war; die zu diesem Zeitpunkt noch nicht bestehenden, sondern erst im nachhinein entstandenen Vermögensnachteile können deshalb bei § 1004 I 1 BGB keine Berücksichtigung finden. Zudem beeinträchtigen die durch die Störung verursachten Schäden, die über eine Veränderung der gestörten Sache selbst hinausgehen, die ungestörte Herrschaft des Eigentümers über seine Sache nicht[141]. Nur diese Sachherrschaft soll § 1004 I 1 BGB aber schützen.

Im Übrigen ist die Weite des Anwendungsbereiches von § 1004 I 1 BGB in Abgrenzung von §§ 823 I, 249 ff. BGB ein äußerst umstrittenes Rechtsproblem.

---

[139] Vgl. *Schmidt*, S.46, 100; *Lutter/Overrath*, JZ 1968, 345, 348; *Erman/Ebbing*, 11. Aufl., § 1004 Rn.27, *Mertens*, NJW 1972, 1783; *Baur*, AcP 160 (1961), 488; *Olzen*, Jura 1991, 281, 289; *Gerlach*, Privatrecht, S. 207.

[140] So hat § 252 BGB nur klarstellende Bedeutung. Die Verpflichtung des Schädigers, entgangenen Gewinn zu ersetzen, folgt bereits aus § 249 I BGB, *Palandt/Heinrichs*, § 252 Rn.1. Unter den Begriff des entgangenen Gewinns fallen alle Vermögensvorteile, die zum Zeitpunkt des schädigenden Ereignisses noch nicht zum Vermögen des Verletzten gehörten, die ihm ohne dieses Ereignis aber zugeflossen wären, BGH NJW-RR 1989, 981. Der Ersatz des entgangenen Gewinns stellt daher keine Wiederherstellung eines früheren Vermögenszustandes dar.

[141] *Mertens*, NJW 1972, 1783.

III. Das Abgrenzungsproblem in der Rechtsprechung

Die Neigung, den Beeinträchtigungsbegriff und folglich die Beseitigungspflicht weit aufzufassen, findet sich auch in der höchstrichterlichen Rechtsprechung, während die Urteile unterer Instanzen oft ein eher uneinheitliches Bild darstellen[142]. Da vor allem das Vertrauen in die Entscheidungen der Revisionsinstanzen schutzwürdig ist[143], wird die Darstellung im Wesentlichen auf diese beschränkt.

1. Die Ansicht des Reichsgerichts

Das Reichsgericht hat § 1004 I 1 BGB immer als einen Folgenbeseitigungsanspruch angesehen und auch die Wiederherstellung des ursprünglichen tatsächlichen Zustands der betroffenen Sache gewährt.

So wurde einer Klage stattgegeben, in welcher der Kläger die Beseitigung von Schlammassen forderte, die von Anlagen des Beklagten in seinen Teich gespült worden waren[144].

In einem anderen zur Entscheidung anstehenden Fall[145] betrieben die Beklagten auf ihrem Grundstück eine Halde, von der Gesteinsmassen auf das Nachbargrundstück des Klägers hinübergerutscht waren. Der Kläger begehrte, die Beklagten zur Räumung der dadurch von ihnen in Besitz genommenen Fläche, zur Beseitigung des Schutts und zur Wiederherstellung des früheren Zustands des Grundstücks zu verurteilen. Das Reichsgericht erkannte an, dass der Kläger kraft seines Eigentumsrechts einen solchen Anspruch auf Beseitigung der Beeinträchtigung gegen den Störer habe. Das Gericht erstreckte den Anspruch – wie selbstverständlich - auch auf die Ausbesserung des beschädigten Bodens, weil der Kläger die Beseitigung der Beeinträchtigung fordern könne[146].

Allerdings fasste das Reichsgericht den Anwendungsbereich des § 1004 I 1

---

[142] Vgl. *Picker*, Beseitigungsanspruch, S.19 ff.; eine ausführliche Übersicht über die Vielfalt ergangener Urteile findet sich bei *Bamberger/Roth/Fritzsche*, § 1004 Rn.38 ff., sortiert nach der Art der Eigentumsbeeinträchtigungen bei beweglichen Sachen und Grundstücken (dort unterteilt nach solchen bei Baumaßnahmen, Grenz- und Grenzabstandsstreitigkeiten, Wohnungseigentumsanlagen, Gemeinschaftseigentum, Immissionen, durch die Wirkung von Naturkräften, durch Tiere und bei Briefkasten- und sonstiger Werbung); vgl. auch *Mertens*, NJW 1972, 1783, 1784.

[143] Vgl. *Langenbucher*, JZ 2003, 1132, 1134, *dies.*, Richterrecht, S.125.

[144] RG SeuffA 60, Nr.55, dazu ausführlich *Kotz*, S.30 ff.

[145] RGZ 51, 408 ff., dazu ausführlich *Kotz*, S.23 ff.

[146] RGZ 51, 408 (411).

BGB auch wiederum nicht so weit, dass es den Ersatz aller aus einer Beeinträchtigung entstandenen Schäden mit Ausnahme der Vermögensfolgeschäden gewährte. Es lehnte also die am weitestengehende Auffassung, dass nur die Zerstörung einer Sache und die Vermögensfolgeschäden von der negatorischen Haftung auszuschließen seien, ab. Dies zeigt sich in einer Entscheidung[147], mit der das Reichsgericht die Klage auf Ersatz von Schäden infolge einer *Gasexplosion* abwies.

a) RGZ 63, 374 ff. - Gasexplosion

In der Straße, in der sich das Haus des Klägers befand, das selbst nicht an das Gasnetz angeschlossen war, brach das städtische Gasrohr. Das entströmende Gas konnte durch das gefrorene Erdreich nicht nach oben entweichen und drang wegen eines Risses in der Grundmauer des klägerischen Hauses in dessen Keller ein. Durch den undichten Schornstein stieg das Gas im Haus weiter aufwärts, wo es sich an einem Ofenfeuer im zweiten Stock entzündete, so dass es zur Explosion kam. Nachdem der Gebäudeschaden ersetzt worden war, forderten die Bewohner des Hauses Ersatz der sonstigen durch die Explosion entstandenen Schäden.

In Übereinstimmung mit dem Berufungsgericht stellte das Reichsgericht fest, dass ein Schadensersatzanspruch aus einer unzulässigen Immission gemäß § 823 II BGB i.V.m. § 906 BGB im Gegensatz zu bloß negativen Ansprüchen aus § 1004 I 1 BGB entweder ein Verschulden des Verpflichteten erfordere oder einen das Verschulden ersetzenden Umstand verlange. Ein solcher Umstand liege aber nur dann vor, wenn dem Grundeigentümer im Einzelfall von vornherein das wesentliche Recht entzogen gewesen sei, widerrechtliche Eingriffe in sein Eigentum abzuwehren. Diesen Grundsatz hatte das Reichsgericht schon früher entwickelt[148]. In den dabei zur Entscheidung anstehenden Fällen wurden Gebäude durch den Funkenauswurf von Lokomotiven in Brand gesetzt. Das Reichsgericht entschied, dass dem Kläger, weil er eine Einstellung oder Verbesserung des Bahnbetriebes nicht verlangen könne, ihm also nicht möglich sei, die Beeinträchtigung seines Eigentums abzuwehren, anderweitig ausreichender Schutz gewährt werden müsse. Ein solcher Schutz könne nur in der ersatzweisen Gewährung der durch Verschuldensnachweis nicht bedingten Klage auf Erstattung des angerichteten Schadens gesehen werden[149]. Würde eine solche verschuldensunabhängige Haftung als Ausgleich für die Befugnis zu einer gefährlichen Handlung abgelehnt, würde als Folge das

---

[147] RGZ 63, 374 ff.

[148] RGZ 17, 103 (104); 58, 130 (134). In der letzteren der beiden Entscheidungen betont das RG nochmals die Notwendigkeit einer Abgrenzung von Schaden und Beeinträchtigung. Der Umstand, dass das Bürgerliche Gesetzbuch im Gegensatz zu anderen Gesetzgebungen bei Gewährung der Klage wegen Eigentumsbeeinträchtigung in § 1004 I 1 BGB die Schadensfrage nicht berühre, deute darauf hin, dass es deren Behandlung einem anderen Abschnitt, dem der unerlaubten Handlungen überlassen wollte (RGZ 58, 130, 131).

[149] RGZ 17, 103 (104).

Dritteigentum in einer Weise beschränkt werden, die dem gemeinen Recht fremd sei[150]. Denn beim Fehlen der erwähnten, ihm vom Staat auferlegten Beschränkung könnte der Eigentümer ohne Verschuldensnachweis auf Befreiung der Beeinträchtigung klagen, weshalb es unbillig wäre, wenn er, belastet mit der Beschränkung, ohne den oft schwierigen oder unmöglichen Verschuldensnachweis gänzlich schutzlos bliebe[151].

Im Fall der Gasexplosion gab das Reichsgericht der Beseitigungsklage auf Erstattung der sonstigen entstandenen Schäden nicht statt. Die Kläger hätten zwar die Beeinträchtigung ihres Hauses durch das ausströmende Gas nicht hinnehmen müssen. Nur die Gasbereitungs- und Gasbewahrungsanstalt selbst sei aber als genehmigte Anlage gesetzlich gegen Klagen auf Einstellung und ungebührliche Erschwerung des Betriebes geschützt gewesen. Dieser Schutz erstreckte sich nicht auf die einzelnen Gasrohre, die zwar Bestandteil des Gaswerkes seien, selbst aber keiner polizeilichen Genehmigung bedurften[152]. Zwar erkennt das Gericht einen Anspruch der Kläger gemäß §§ 1004, 862 BGB i.V.m. § 906 BGB auf die Beseitigung der Beeinträchtigung durch das ausströmende Gas an. Diese wäre aber nur durch die Auswechslung des schadhaften Gasrohres zu bewerkstelligen gewesen, der Explosionsschaden sei aus dieser Anspruchsgrundlage nicht zu ersetzen. Vielmehr sei die Möglichkeit einer Beseitigungsklage durch den Eintritt des Schadens überholt worden[153]. Der Unterschied zur anerkannten Haftung wegen Betreibens einer Eisenbahn wurde darin gesehen, dass die Bahn gar nicht anders als unter Auswurf von Rauch und Funken fahren könne, eine Schädigung fremden Eigentums also voraussehbar sei, während die Versorgung einer Stadt mit Gas nur beim Zusammentreffen von Zufällen einen Schaden anrichte. Für solche Zufälligkeiten einen Unternehmer haftbar zu machen, gewährten die bestehenden Rechte aber keinen Anhalt[154].

b) RGZ 127, 29 ff. – Bahndamm

Einen ganz maßgeblichen Einblick in die Vorstellungen des Reichsgerichts vom Umfang der negatorischen Haftung gibt eine spätere richtungsweisende Entscheidung, in der das Gericht[155] der Klage eines Eisenbahnunternehmers auf Ersatz von Schäden an seinen Bahndämmen und seinen Bahnanlagen stattgab.

---

150 RGZ 17, 103 (104).
151 RGZ 58, 130 (134).
152 RGZ 63, 374 (377).
153 RGZ 63, 374 (379).
154 RGZ 63, 374 (380).
155 RGZ 127, 29 ff.

Die dem Kläger gehörenden Bahndämme hatten durch brennende Abraumhalden auf dem Nachbargrundstück Feuer gefangen. Durch den fortschwellenden Brand, der nicht gelöscht werden konnte, kam es zu Veränderungen und Zerstörungen an den Bahndämmen und Bahnanlagen, die der Kläger selbst beseitigen ließ. Das Berufungsgericht hatte die Voraussetzungen des § 1004 I 1 BGB an sich für gegeben erachtet, den Anspruch auf Beseitigung des Feuers und das Unterlassen weiterer Beeinträchtigungen aber im Ergebnis abgelehnt, weil es tatsächlich unmöglich war, den Brand zu löschen und Maßnahmen zum Schutze der Bahndämme zu treffen. Die Wiederherstellung der Dämme und den Ersatz der dafür aufgewendeten Kosten könne die Klägerin aber nicht aus § 1004 I 1 BGB verlangen, denn dabei handele es sich lediglich um die Beseitigung der Wirkung der Beeinträchtigung und damit nur um Schadensersatz. Solche Ansprüche seien aber nicht aus § 1004 I 1 BGB herzuleiten[156].

Das Reichsgericht sprach dem Kläger jedoch einen negatorischen Anspruch auf Beseitigung des Schwelbrandes und sogar auf Wiederherstellung des beschädigten Bahnkörpers zu. Die Veränderungen im Bahndamm und an den Bahnanlagen seien als Teil des *unmittelbaren Vorgangs* der unzulässigen Feuereinwirkung und nicht nur als die *weitere Wirkung* dieses Vorgangs anzusehen[157]. Daher stelle sich in diesem Falle gar nicht die Frage, ob die Beeinträchtigung i.S.v. § 1004 I 1 BGB nur die unmittelbare Einwirkung auf die Sache selbst oder auch die dadurch in der Sache hervorgerufenen Veränderungen erfasse. Die Herbeiführung des Feuers und der dadurch geschaffene Schwelbrand auf den Bahnanlagen stellten unzweifelhaft eine Beeinträchtigung i.S.v. § 1004 I 1 BGB dar. Das Feuer brenne im Innern des Bahndamms und an den Bahnanlagen nur weiter fort. Die Veränderungen, die dadurch in dem Damm und an den Anlagen hervorgerufen würden, hingen damit so unmittelbar zusammen, dass der eine Vorgang gar nicht von dem anderen zu trennen sei. Das Feuer setze sich fort, indem es den Stoff des Bahndammes und der Bahnanlagen stetig weiter ergreife. Genau dadurch trete unmittelbar die Veränderung ein. Soweit der Bahndamm und die übrigen Anlagen also beschädigt oder zerstört würden, stelle dies eine fortdauernde Beeinträchtigung dar, die von den Beklagten gemäß § 1004 I 1 BGB zu beseitigen seien[158].

c) Grundsätze der reichsgerichtlichen Entscheidungen

Die Urteile des Reichsgerichts werden oft als uneinheitlich kritisiert, was die Hilflosigkeit kennzeichne, mit der die Rechtsprechung bei der Abgrenzung der

---

[156] Darstellung des Urteils des Berufungsgerichts in den Entscheidungsgründen RGZ 127, 29 (33).

[157] RGZ 127, 29 (34).

[158] RGZ 127, 29 (35).

Rechtsfolgen des § 1004 I 1 BGB und der §§ 823 I, 249 BGB vorgehe[159]. Der Eindruck, dass die reichsgerichtliche Rechtsprechung regellos sei, mag auf den ersten Blick entstehen. Es fragt sich natürlich, ob es begründet sein kann, dass die von Gesteinsmassen zerdrückten Pflanzen oder die vom Feuer zerstörte Bahnhalde nach § 1004 I 1 BGB ersetzt werden müssen, jedoch ein Störer nicht für die Schäden einer Gasexplosion einzustehen habe. Indes sind Gerichtsurteile nicht allein nach dem Ergebnis der Entscheidungen vergleichbar, sondern auch die Unterschiede der zugrundeliegenden Sachverhalte zu berücksichtigen. Aber genau diese Sachverhaltsunterschiede sind es, die das Reichsgericht zu differenzierten Fallbeurteilungen bewegt hat: Es gewährt aus § 1004 I 1 BGB nur in solchen Fällen auch die Beseitigung von Substanzverletzungen, in denen die störende Einwirkung zwangsläufig eine solche Sachveränderung herbeiführen musste. Das Feuer verbrennt regelmäßig den von ihm ergriffenen Gegenstand[160]. Geröllmassen vergraben Pflanzen unter ihrer Masse. Ausströmendes Gas hingegen kommt nur dann zur Explosion, wenn es in einer bestimmten Konzentration an einer Feuerquelle entzündet wird und dadurch seine Explosionswirkung entfaltet.

Zusammenfassend lassen sich also folgende Grundsätze der reichsgerichtlichen Entscheidungen ableiten:

1. Es ist zwischen dem *Vorgang* der unzulässigen Einwirkung auf das fremde Eigentum und den *weiteren Wirkungen* dieses Vorgangs zu unterscheiden (Bahndammfall). Während es das Reichsgericht als zweifelhaft ansieht, ob aus § 1004 I 1 BGB auch die völlige Wiederherstellung der Sache, so wie sie vor der Einwirkung war, verlangt werden kann, dies im Ergebnis aber nicht endgültig entscheidet[161], stellt der Einwirkungsvorgang stets eine zu beseitigende Beeinträchtigung i.S.v. § 1004 I 1 BGB dar (Bahndammfall).
2. Das Reichsgericht sieht nicht nur die auslösende Störungshandlung (Funkenflug), sondern auch den als Folge davon geschaffenen fortdauernden Zustand (Brandherd im Bahndamm) als Einwirkungsvorgang auf die fremde Sache an. Das Gericht zählt es darüber hinaus zu dem unmittelbaren Einwirkungsvorgang und damit zu einer fortdauernden Beeinträchtigung i.S.v. § 1004 I 1 BGB, wenn *dieselbe* Störungsursache so fortwirkt, dass die betroffene Sache dadurch in ihrer Substanz *unmittelbar* verändert wird. Die sich quasi weiter-

---

[159] *Picker*, Beseitigungsanspruch, S.19, Fn.3.
[160] Eine Ausnahme bilden insoweit nur feuerfeste Sachen, meist Metalle, die ausschließlich an ihrer Oberfläche verrußt werden.
[161] RGZ 127, 29 (35).

fressende Einwirkungsursache muss sich ohne hinzukommen weiterer Umstände zwangsläufig in der Substanzveränderung fortsetzen[162]. Dann kann vom Anspruchsgegner auch die Beseitigung dieser Substanzveränderungen aus § 1004 I 1 BGB verlangt werden.

3. Jedenfalls keine Beeinträchtigung i.S.v. § 1004 I 1 BGB stellen Substanzverletzungen dar, die deshalb dem allgemeinen Lebensrisiko des Geschädigten zuzuordnen sind, weil sie unvorhersehbar, quasi „zufällig“, im Zusammentreffen unglücklicher Umstände entstanden sind, und damit nicht dem Störer zugerechnet werden können (Gasexplosion). Der Ersatz für solche nicht unter den Einwirkungsvorgang gefassten Schädigungen kann grundsätzlich nur verlangen, wer ein Verschulden des „Störers“ nachweisen kann oder wem durch das Gesetz die Abwehr rechtswidriger Eingriffe auf sein Eigentum deshalb untersagt wird, weil es sich dabei nach der Wertung des Gesetzgebers um erlaubte Gefährdungen fremden Eigentums handelt (Eisenbahn, Gaswerk). Solche Fälle sind mittlerweile gesetzlich in Form von Gefährdungshaftungstatbeständen geregelt.

d) Die Bewertung der reichsgerichtlichen Rechtsprechung

Das Reichsgericht erstreckt den Beseitigungsanspruch aus § 1004 I 1 BGB auf solche Substanzveränderungen, die ein beeinträchtigender Zustand zwangsläufig herbeiführt. In Abgrenzung der negatorischen von der deliktischen Haftung muss die Folgewirkung also *unmittelbar* durch die Störungsursache bewirkt worden sein. Die Sachveränderungen müssen ausschließlich aus der störenden Einwirkung hervorgehen, ohne dass ein weiterer Umstand ursächlich hinzugetreten ist. Das Reichsgericht hält es dann für angemessen, den Ersatz solcher Schäden aus § 1004 I 1 BGB zu gestatten, weil sie so untrennbar mit dem Beeinträchtigungsvorgang zusammenhängen, dass beides auch in der Rechtsfolge

---

[162] Entschieden hat dies das Reichsgericht für den Fall des weiterglimmenden Feuers, das eine Sache langsam verbrennt. Die Eigentumsbeeinträchtigung (Brandherd) und deren Folgen (Verbrennung des Materials) fallen dann nicht in einem Sachzustand zusammen. Das wird deutlich, wenn man sich vor Augen führt, dass die Löschung des Brandherdes unabhängig vom Austausch des verbrannten Materials erfolgen kann. Anders ist es dagegen, wenn Öl oder eine chemische Substanz in den Erdboden eindringen. Im Falle einer solchen Bodenkontamination stehen die Störungsursache (Fremdstoffe) und die Folgewirkungen (verseuchtes Erdreich) in einem so engen Zusammenhang, dass die Beseitigung der Fremdsubstanzen regelmäßig – aus tatsächlichen oder auch nur aus Kostengründen – allein durch den Austausch des Bodens erfolgen kann. In diesen Fällen hätte das Reichsgericht konsequenterweise erst Recht einem Anspruch auf Beseitigung der Fremdstoffe stattgeben müssen.

nicht gesondert behandelt werden sollte.

Entschieden hat das Gericht dies allerdings nur für die Fallkonstellation, in der ein störender Zustand (Feuer im Bahndamm) zu dauerhaften Veränderungen der betroffenen Sache (verbranntes Material) geführt hat. Offen bleibt, ob das Reichsgericht den Beseitigungsanspruch auch in solchen Fällen weit ausgedehnt hätte, in denen nicht erst ein störender Zustand geschaffen wurde, sondern eine Störungshandlung[163] unmittelbar die Sachsubstanz verändert hätte. Denkt man an das Urteil, bei dem Geröll auf das Nachbargrundstück gelangte und das Reichsgericht den Ersatz des dadurch auf dem Grundstück entstandenen Schadens gewährte, ist diese Fallkonstellation durchaus mit einer solchen vergleichbar, in der jemand einen Stein auf ein fremdes Grundstück wirft und dabei eine Blume zerquetscht. Stets beruht die Schädigung unmittelbar auf der Einwirkung durch den störenden Stein. Dennoch erscheint es zweifelhaft, wenn im letzteren Fall nicht nur das Entfernen des Steines, sondern auch der Ersatz der Blume nach § 1004 I 1 BGB gestattet würde. Es ist kein Unterschied zu der Fallkonstellation ersichtlich, dass jemand ins Straucheln kommt, stürzt und die Pflanze unter sich zerdrückt. In diesem Fall käme aber wohl niemand auf die Idee, einen über § 823 I BGB hinausgehenden verschuldensunabhängigen Schadensersatzanspruch zu gewähren. Das Kriterium der Unmittelbarkeit der Folgewirkungen versagt also offensichtlich, wenn zwischenzeitlich kein isolierbarer störender Zustand, wie beispielsweise das brennende Feuer im Bahndamm, besteht, sondern die Einwirkungshandlung selbst schädigend wirkt. Will man aber das Erfordernis eines solchen isolierbaren störenden Zustands weiter konkretisieren, wird schnell deutlich, dass es sich dabei um eine sehr bildhafte Vorstellung handelt. Denn auch bei jeder Einwirkungshandlung ist stets eine logische Sekunde denkbar, in der zwar schon störend, aber noch nicht substanzverändernd auf die Sache eingewirkt wird.

Der Begriff der Unmittelbarkeit müsste jedenfalls genauer bestimmt werden.

---

[163] Insoweit ist genauestens zu unterscheiden zwischen dem Funkenflug vom brennenden Nachbargrundstück (störende Einwirkungshandlung), dem dadurch entfachten Feuer im Bahndamm (störender Einwirkungszustand) und den in Folge an den Bahnanlagen selbst verursachten Schäden (Folgewirkungen). Es sind nur zwei Arten von Störungen denkbar: Solche, bei denen bereits die Einwirkungshandlung selbst die Beeinträchtigung darstellt (z.B. das unberechtigte Betreten eines Grundstücks), und solche, bei denen die Einwirkungshandlung einen Zustand herbeiführt, der dann seinerseits störend wirkt (z.B. der Brandherd in den Bahnanlagen). Im letzteren Fall wird für den Betroffenen die Einwirkungshandlung selbst nicht mehr von Interesse sein, wenn er an der Beseitigung des gegenwärtigen störenden Zustands interessiert ist. Die Einwirkungshandlung ist nur maßgeblich, wenn es darum geht, die Ursache für weitere zukünftige Störungen nach § 1004 I 2 BGB zu unterbinden.

Muss sich der störende Zustand *unverzüglich* in dem Sachschaden fortsetzen, um die erforderliche enge Bindung an die störende Beeinträchtigung zu schaffen? Beschmiert jemand den Lack eines Autos mit einer Flüssigkeit, die erst nach mehreren Stunden eine ätzende Wirkung auf den Autolack ausübt, dann erfolgt die Substanzveränderung zeitlich verzögert. Kann auch hier von einem unmittelbaren Zusammenhang gesprochen werden, obwohl der Störer in dieser Zwischenphase jederzeit die Flüssigkeit vom Autolack hätte entfernen können, so dass weniger die Flüssigkeit als solche, sondern vielmehr das Unterlassen ihres rechtzeitigen Entfernens für die Lackschäden ursächlich ist? Fehlt es dann bereits an der nach der Vorstellung des Reichsgerichts erforderlichen engen Bindung der Substanzveränderung an die Störung? Andererseits ist nicht ganz einsichtig, warum derjenige Störer, dem zeitlich sogar noch die Möglichkeit offen stand, die Substanzveränderungen zu unterbinden, für die entstandenen Schäden nur bei Verschulden haften soll, obwohl ihn eine über das Setzen der Störungsursache hinausgehende Verantwortlichkeit trifft, während im Falle, dass die Substanz sofort sachbeschädigend wirkt, eine Haftung aus § 1004 I 1 BGB gegeben wäre. Bezieht man aber auch die zeitlich verzögerten Sachzusammenhänge mit ein, dann würde im Ergebnis nach § 1004 I 1 BGB ein Schadensersatzanspruch nur noch wegen des Ursachenzusammenhangs gewährt. Als Folge wären von einer verschuldensunabhängigen Schadensersatzhaftung nach § 1004 I 1 BGB nur noch die Fälle ausgeschlossen, in denen weitere Umstände hinzutreten mussten, um die Substanzveränderung herbeizuführen, wie z.B. ein offenes Feuer, damit sich das ansonsten ungefährliche Gas entzünden konnte. Unabhängig davon, ob es dabei - wie bei dem vom Reichsgericht zu entscheidenden Explosionsfall - zur Verkettung unglücklicher Umstände gekommen ist oder nicht, wäre nach der reichsgerichtlichen Rechtsprechung erforderlich, würde andererseits aber auch ausreichen, dass mindestens eine weitere Ursache vorläge, um den engen Zusammenhang mit der zu beseitigenden Störung auszuschließen.

Das Reichsgericht bliebe dann jedoch eine Erklärung dafür schuldig, warum es in den Fällen, in denen die dauerhafte Substanzveränderung *unmittelbar* auf der Störungsursache beruht, ein haftungsbegründendes Verschulden des Anspruchsgegners für verzichtbar hält. Die Begründung, dass es sich bei solchen zwangsläufigen Schädigungen um einen Teil des Einwirkungsvorgangs selbst handele und nicht um Wirkungen dieses Vorgangs[164], vermag nicht zu überzeugen. Der Brandherd im Bahndamm ist gewandert. An der jeweiligen Feuerstelle kann

---

[164] RGZ 127, 29 (34).

man die Schädigungen als einen Teil des Einwirkungsvorganges ansehen. Zieht das Feuer aber weiter, dann hinterlässt es als Folge seiner Einwirkung das verbrannte Material. Worin der Unterschied dieses verbrannten Materials zu den Schäden in den übrigen Haftungsfällen aus § 823 I BGB bestehen soll, ist nicht erkennbar.

Vielmehr scheint auch in der reichsgerichtlichen Rechtsprechung Vater des Gedankens der Wunsch zu sein, möglichst gerechte Haftungsergebnisse zu erzielen. Ähnlich wie bei den Kausallehren könnte die Argumentation lauten: Wenn der Anspruchsgegner das Feuer im Bahndamm verursacht hat und die Beseitigung des Brandherdes schuldet, dann widerspricht es dem gesunden Rechtsempfinden, dem Betroffenen den daraus eindeutig resultierenden Schaden nur bei schuldhaftem Handeln des Störers zu ersetzen. Der Anspruchsgegner habe die eigentliche Störung und damit alle zwangsläufigen Folgewirkungen zu vertreten. Dann sei es auch angemessen, dass ihm die unmittelbaren Folgen, seien sie auch schädigender Art, zugerechnet werden. Der betroffene Eigentümer könne schließlich erst Recht nichts für die Sachschäden.

Wie schon bei den Kausallehren lässt sich aber auch hier entgegenhalten, dass diese Betrachtung einseitig erfolgt und der Legitimation durch ein dem Verschulden äquivalenten Umstand bedarf, um auch dogmatisch die Belastung des Störers erklären zu können. Eine solche dogmatische Legitimation lassen die Entscheidungsgründe des Reichsgerichts allerdings vermissen.

Vermag somit die Argumentation des Reichsgerichts im Ergebnis nicht zu überzeugen, so lassen sich doch zwei Aspekte herausstellen:

Zum einen sieht das Reichsgericht den von einer Einwirkungshandlung hervorgerufenen tatsächlich störenden Zustand (Brandherd) selbst als zu beseitigende Beeinträchtigung an! Zum anderen will das Reichsgericht Veränderungen an der Sachsubstanz grundsätzlich als nur nach dem Deliktsrecht zu ersetzende Folgen des Einwirkungsvorgangs verstanden wissen, es sei denn, dass sie gerade unmittelbarer Teil dieses Vorgangs i.S.d. reichsgerichtlichen Rechtsprechung sind.

2. Urteile des Bundesgerichtshofes

Der BGH vertritt in seiner Rechtsprechung ebenfalls einen weitgefassten Beeinträchtigungsbegriff, indem er nicht nur rechtliche, sondern tatsächliche Eingriffe in fremdes Eigentum vom Beseitigungsanspruch erfasst sieht[165].

In einer älteren Entscheidung äußert sich der BGH in Anlehnung an das Urteil des Reichsgerichts zum unlöschbaren Feuer im Bahndamm[166] vorsichtig dahingehend, dass es zweifelhaft sei, ob unter der Beeinträchtigung i.S.v. § 1004 I 1 BGB nicht nur der unmittelbare Vorgang der Einwirkung auf die Sache verstanden werden könne, sondern auch die dadurch an der Sache selbst hervorgerufenen Veränderungen, d.h. die weiteren Folgen jeder Einwirkung, mit erfasst seien[167]. Als maßgeblich für die Abgrenzung eines Anspruchs aus § 1004 I 1 BGB von einem solchen aus §§ 823 I, 249 ff. BGB sah das Gericht an, ob die Einwirkung noch fortdauere oder aber bereits abgeschlossen sei. Begehrt werden könne jedenfalls nur, dass die Beeinträchtigung für die Zukunft beendet werde, die Beseitigung der bereits eingetretenen Einwirkungsfolgen sei eine Frage des Schadensersatzes nach §§ 823 ff., 249 ff. BGB[168].

Die Judikatur des BGH zu § 1004 I 1 BGB jüngerer Zeit lässt Aufschlüsse darüber zu, wie der BGH zu dem Problem der Abgrenzung der verschuldensunabhängigen Beseitigungshaftung von der verschuldensabhängigen Schadensersatzhaftung steht. Zwar sah sich das höchste deutsche Zivilgericht bis heute noch nicht gezwungen, dieses Abgrenzungsproblem allgemein lösen zu müssen[169], jedoch lassen sich aus ausgewählten Urteilen etwa der „Wurzelrechtsprechung"[170], der „Milchpulverentscheidung"[171] und der zuletzt stark kritisier-

---

[165] Siehe hinsichtlich der älteren Rechtsprechung die Zusammenstellung von Urteilen bei *Picker*, Beseitigungsanspruch, S. 19, vgl. auch *Gursky* JZ 1996, 682, 685.

[166] RGZ 127, 29 (34 f.), siehe oben S.39.

[167] BGHZ 28, 110 (113) mit folgendem Sachverhalt: Infolge von Kriegseinwirkungen ragte die Brandmauer des Beklagten teilweise auf das Nachbargrundstück des Klägers hinüber. Aus diesem Grunde errichtete der Kläger seine Mauer im Abstand von 24 cm zur Brandmauer des Beklagten anstatt unmittelbar an die Grundstücksgrenze zu bauen. Den dadurch entstandenen Zwischenraum füllte der Kläger aus Angst vor dem Eindringen von Feuchtigkeit und Ungeziefer mit Bimsbeton aus. Der BGH lehnte eine Anwendung von § 1004 I 1 BGB ab, weil der Kläger nicht die Beseitigung des Mauerüberhanges forderte, sondern Aufwendungsersatz vom Beklagten für die Ausfüllung des Zwischenraums mit dem Bimsbeton verlangte. Der BGH ging daher auf die Abgrenzung von Schadensersatz und Beeinträchtigung über die zitierten Äußerungen hinaus nicht näher ein. Im Ergebnis gab er dem Zahlungsbegehren des Klägers aus dem Gesichtspunkt des nachbarlichen Gemeinschaftsverhältnisses statt.

[168] BGHZ 28, 110 (113).

[169] Vgl. dazu Fn. 8.

[170] BGHZ 97, 231 ff.; 106, 142 ff.; BGH JZ 1992, 310 ff. mit ablehnender Anmerkung *Gursky*, S. 312 ff.; BGH NJW 1995, 395 ff. mit ablehnender Anmerkung *Kahl*, LM § 1004 Nr.217, Bl. 662 f. und *Keissel*, JZ 1995, 411 ff.; BGH NJW 1990, 3195 ff.; BGH NJW 1991, 2826 ff.; BGH NJW 1997, 2234 ff.

[171] BGHZ 110, 313 ff. = JZ 1990, 919 ff. m. Anm. *Gursky*; dazu auch *Picker*, FS Gernhuber,

ten Entscheidung des BGH zur Bodenkontamination[172] bestimmte Wertungen und Grundsätze der höchstrichterlichen Rechtsprechung herausarbeiten[173].

a) „Wurzelrechtsprechung"

aa) Abwasserleitung

Wenn eine Abwasserleitung durch eingedrungene Pflanzenwurzeln verstopft wird, kann der Betroffene nach ständiger Rechtsprechung des BGH[174] aus § 1004 I 1 BGB verlangen, dass die durch den Wurzelwuchs herbeigeführte Funktionsunfähigkeit der Abwasserleitung beseitigt wird.

Der Anspruch aus § 1004 I 1 BGB erstreckt sich auf alle Arbeiten, die zur Beseitigung der Störung erforderlich sind. Dazu zählt der BGH die Freilegung des verstopften Abwasserrohres durch Bodenaushub und die Entfernung der störenden Wurzelteile genauso wie das Entfernen und Ersetzen des durch den Wurzelwuchs zerstörten Rohres, wenn dies notwendig ist[175]. Dahinter steckt die Vorstellung, dass der Störer die Baumwurzeln als die Ursache der Beeinträchtigung aus dem Abwasserrohr zu entfernen habe. Ist dafür aber nötig, den Erdboden oberhalb der verstopften Rohrleitung auszuheben, um an die Ursache der Abflussbehinderung heranzukommen, muss dies vom Beseitigungsanspruch konsequenterweise mitumfasst sein. Dies verwischt nicht die Grenze zwischen Besei-

---

S. 315, 316 ff., die beide die Rechtsusurpationslehre verteidigen, vgl. auch BGH NJW 1996, 321 (Beseitigung kontaminierter Teppichbodenreste nach Zerstörung durch einen Brand).

[172] BGH NJW 1996, S.845 ff. = LM § 1004 BGB Nr.223 m. Anm. *Kohl* = JZ 1996, 682 f. m. Anm. *Gursky*. Dazu auch *Lobinger*, JuS 1997, 981 ff.

[173] Nicht behandelt wird BGHZ 62, 388 – Tiefgaragenbau, dazu ausführlich *Kotz*, S.40.

[174] BGH, Urt. v. 07.03.1986 (V ZR 92/85) = BGHZ 97, 231 (233) = NJW 1986, 2640 = JZ 1986, 742 = LM § 1004 BGB Nr. 168; BGH, Urt. v. 2.12.1986 (V ZR 26/88) = BGHZ 106, 142 (144) = NJW 1989, 1032 = MDR 1989, 341 = LM § 1004 BGB Nr. 183; BGH, Urt. v. 8.2.1991 (V ZR 346/89) = LM § 1004 Nr.197 = BGH NJW 1991, 2826 = JZ 1992, 310 = JR 1992, 146; BGH, Urt. v. 21.10.1994 (V ZR 12/94) = BGH NJW 1995, 395, 396 = LM § 1004 Nr.217 = JZ 1995, 410 = MDR 1995, 146; vgl. auch OLG Düsseldorf NJW 1986, 2648. Oft hat der betroffene Eigentümer selbst schon Maßnahmen zur Beseitigung der Verstopfung ergriffen, kann dann aber vom Störer die Kosten nach § 812 I 1, 2.Fall. BGB ersetzt verlangen, wenn dieser als Störer zur Beseitigung der Beeinträchtigung nach § 1004 I 1 BGB verpflichtet war. Ein Beseitigungsanspruch wurde vom BGH auch bejaht, wenn das Wurzelwerk des Nachbarbaumes unterhalb des Erdreiches in die Fugen eines Mauerwerkes eingedrungen ist, BGH NJW 1990, 3195, 3196.

[175] BGHZ 97, 231 (236); 106, 142 (146), vgl. auch BGHZ 135, 235 (238 f.) = NJW 1997, 2234; BGH NJW 2005, 1366, 1368 mit Anm. *K. Schmidt*, JuS 2005, 751.

tigungs- und Schadensersatzanspruch, sondern führt nur zu einer partiellen Überlappung beider Ansprüche[176]. Es ist insoweit zu unterscheiden zwischen der anspruchsbegründenden Eigentumsbeeinträchtigung selbst (Wurzeln im Rohr), dem Anspruchsziel (Beseitigung der Wurzeln) und dem Weg dorthin. Der Anspruchsteller kann dem Störer grundsätzlich nicht vorschreiben, in welcher Art und Weise er die Eigentumsbeeinträchtigung zu beseitigen hat. Gibt es aber nur eine Methode, um das Anspruchsziel zu erreichen, dann ist diese grundsätzlich auch geschuldet. Gleiches gilt, wenn zwar weitere Maßnahmen möglich sind, aber nicht ernsthaft in Betracht gezogen werden können[177]. Dies muss auch dann gelten, wenn dadurch erneut in das Eigentum des Betroffenen einzugreifen ist. Dass jenes für die Beseitigung geschaffene Erdloch aber nicht wieder zugeschüttet werden muss, ist der späteren Entscheidung des BGH zur Bodenkontamination zu entnehmen[178].

Muss das Abwasserrohr für das endgültige Entfernen der Wurzeln zerstört werden, dann sieht der BGH darin eine erneute Beeinträchtigung des klägerischen Eigentums. Denn dadurch werde der erforderliche Anschluss des Hauses an das öffentliche Kanalnetz aufgehoben. Wenn dieser Missstand nur durch die Verlegung einer neuen Rohrleitung behoben werden könne, werde auch diese Neuverlegung als Beseitigung der Eigentumsbeeinträchtigung vom Störer geschuldet[179]. Zur Beseitigung der Eigentumsbeeinträchtigung i.S.v. § 1004 I 1 BGB gehört nach Ansicht des BGH sogar, dass zunächst versucht wird, das verstopfte Rohr zu reinigen und durch nähere Untersuchung der Rohrleitung die Verstopfungsursache festzustellen, bevor mit kostspieligen Erdbewegungen begonnen wird[180].

---

[176] BGH NJW 2004, 603, 604; a.A. *Stickelbrock*, AcP 197 (1997), 456, 466; *Lettl*, JuS 2005, 871, 875, die immer nur die Beseitigung der Wurzeln, welche die Verstopfung auslösen, gewähren wollen.

[177] BGH NJW 2004, 1035, 1037.

[178] Vgl. S. 68 ff.

[179] BGHZ 97, 231 (236); da der Kläger die Erstattung von Aufwendungen verlangte, die dem Beklagten bei der Beseitigung der Beeinträchtigung selbst entstanden wären, bedurfte es keiner Abgrenzung zwischen dem Umfang des Beseitigungsanspruchs nach § 1004 I 1 BGB und einem verschuldensabhängigen Schadensersatzanspruch nach § 823 I BGB.

[180] BGH NJW 1995, 395, 396; BGHZ 97, 231 (236), zumindest wenn der Beklagte nicht behauptet, dass er bei der Ursachenermittlung für die Abwasserrohrverstopfung in anderer Weise vorgegangen wäre.

bb) Tennisplatz

In konsequenter Fortführung dieser Rechtsprechung hat der BGH einen Klageantrag nach § 1004 I 1 BGB für begründet gehalten, in welchem der Kläger die Beseitigung des Wurzelwerks der auf dem Nachbargrundstück stehenden Pappeln begehrte, weil diese den Bodenbelag seiner Tennisplätze verwölbten[181]. Der Anspruch aus § 1004 I 1 BGB umfasse nicht nur die Beseitigung der störenden Baumwurzeln, sondern auch die anschließende Wiederherstellung der Tennisplätze, denn der Beklagte müsse auch diejenigen Eigentumsbeeinträchtigungen beseitigen, die zwangsläufig durch das Entfernen des Wurzelwerkes einträten[182]. Zweifelhaft ist allerdings, ob sich daraus die Schlussfolgerung ziehen lässt, dass der BGH grundsätzlich eine Einstandspflicht für die *Folgen der Erststörung* (Schäden, verursacht durch das Hinüberwachsen der Wurzeln) anerkennen will. Vielmehr soll die negatorische Beseitigungspflicht nur auf die Erststörung begrenzt werden und ausschließlich dann eine darüber hinausgehende Pflicht angenommen werden, wenn diese Erststörung nicht ohne weitere Schäden zu beseitigen ist[183]. Soweit das Wurzelwerk einer Fichte zu Druckschäden an der Mauer der Garage auf dem Nachbargrundstück geführt hat, begründen diese keinen Beseitigungsanspruch aus § 1004 I 1 BGB, weil es an der Gegenwärtigkeit der Einwirkung fehlt. Ihre Beseitigung kann deshalb nur im Wege des Schadensersatzes, die Beseitigung der Wurzeln nach § 1004 I 1 BGB und die Vermeidung weiterer Schäden gem. § 1004 I 2 BGB verlangt werden[184].

b) Truppenübungsplatz

Nach Ansicht des BGH ist vom Störer auch der Sand vom Grundstück zu beseitigten, der deshalb angeschwemmt wird, weil die Nutzung des Nachbargrundstücks als Truppenübungsplatz zu einer Bodenverfestigung mit verstärktem

---

181 BGH NJW 1997, 2234 ff. = BGH JR 1998, 240 ff. m. Anm. *Herrmann.*

182 BGH NJW 1997, 2234, 2235 mit Verweis auf BGHZ 97, 231 (236); NJW 1995, 395, 396; vor allem auch die Entscheidungsgründe in BGH NJW 1996, 845, 847, siehe dazu unten S.68 ff., vgl. ferner BGH NJW-RR 2003, 953 – Fernwärmeleitung; BGH NJW 2004, 603 – Betonplatten. *Roth* (JZ 1998, 94), *Medicus* (FS für Hagen, 157 ff.), *Lettl*, JuS 2005, 871, 878 und *Neuner*, JuS 2005, 385, 391 folgen dem BGH nur darin, dass der Störer die Wurzeln vom Grundstück des Klägers zu entfernen, nicht aber auch den Tennisbelag wiederherzustellen hat. *Vollkommer*, NJW 1999, 3539 will einen Anspruch aus § 867 S.2 BGB analog auf die Wiederherstellung des Tennisbelags gewähren; vgl. unten S.340.

183 So zu Recht auch *Herrmann* JR 1998, 242, 243.

184 BGH NJW 2004, 1035, 1036,

Wasserablauf geführt hat[185]. Die Rechtsprechung reduziert die Abwehr der Beeinträchtigung also nicht nur auf die Beseitigung der Störungsquelle, hier durch Erstellung eines Dammes mit Rückhaltevorrichtung, sondern sieht auch die daraus unmittelbar resultierenden Folgen, die Anschwemmung der Sandmengen, als zu beseitigende Beeinträchtigung i.S.v. § 1004 I 1 BGB an[186]. Die Verantwortlichkeit des Beklagten ergibt sich aus der Tatsache, dass er es unterlassen hat, rechtzeitig einen Rückhaltedamm zu errichten[187]. Der Ersatz weiterer Schäden, die dem Kläger infolge der Versandung der Liegenschaften und durch die infolge der Bachbettversandung bewirkte Erhöhung des Grundwasserspiegels entstanden sind, können jedoch gegenüber dem Beklagten nur aus § 823 I BGB geltend gemacht werden[188]. Um gerechte Ergebnisse in der praktischen Anwendung von § 1004 I 1 BGB erzielen zu können, führt der BGH die bereits beim Reichsgericht erkennbare Tendenz fort, § 1004 I 1 BGB auf solche Veränderungen der beeinträchtigten Sache zu erstrecken, die sich als unmittelbare Folge der Einwirkung erweisen.

c) BGH, Urt. v. 8.3.1990 – III ZR 81/88 (Milchpulverentscheidung)[189]

Die Klägerin hatte einen Teil ihres mit Hallen bebauten Grundstücks an eine GmbH vermietet. Diese lagerte dort für die Beklagte Milchpulver ein. Durch ein von keinem der Beteiligten verschuldetes Großfeuer waren erhebliche Mengen von Milchpulver durch Hitzeeinwirkung unbrauchbar geworden. Zudem hatte sich ein anderer Teil des Pulvers mit Löschwasser und Niederschlagswasser vermischt und war so in Kellerräume, Zisternen und in das Erdreich eingeschwemmt worden. Die Klägerin begehrte von der Beklagten eine Beteiligung an den hohen Beseitigungskosten.

Die Entscheidung ist in mehrfacher Hinsicht von Interesse. Zum einen erteilt der BGH der Rechtsusurpationslehre eine eindeutige Absage:

Der BGH differenziert zwischen den Beseitigungskosten, die allein durch den Abtransport des verbliebenen Pulvers entstanden sind, und denen, die durch den Brand verursacht wurden.

Das *Vorhandensein des Milchpulvers* auf dem Grundstück der Klägerin habe eine Eigentums-

---

[185] BGHZ 49, 340 ff.

[186] BGHZ, 49, 340 (348). Die Sichtweise des BGH trägt der Tatsache Rechnung, dass es weniger der Anschwemmungsvorgang selbst als vielmehr dessen Resultat, die Sandbedeckung des Bodens, ist, welche die Beeinträchtigung i.S.v. § 1004 I 1 BGB ausmacht. Beides ist kaum voneinander zu trennen, so dass es nur konsequent erscheint, die Sandbedeckung als fortdauernde Beeinträchtigung i.S.v. § 1004 I 1 BGB anzusehen.

[187] BGHZ 49, 340 (348).

[188] BGHZ 49, 340 (349).

[189] BGHZ 110, 313 ff. = JZ 1990, 919 ff., dazu auch *Kotz*, S.49.

störung im Sinne des § 1004 BGB dargestellt, nachdem der Mietvertrag gekündigt worden sei. Störerin sei die Beklagte gewesen, weil sie das Milchpulver willentlich auf das Grundstück der Klägerin gebracht und so einen „Verursachungsbeitrag“ für die Störung gesetzt habe. Wäre der Brand ausgeblieben, hätte dies die Beklagte auch nicht von der Verpflichtung befreit, das in der Halle der Klägerin eingelagerte Milchpulver zu entfernen, sobald der Mietvertrag nicht mehr in Kraft war. Die Eigentumsstörung, die nach dem Brand vorlag, sei der Beklagten dagegen nicht zuzurechnen, weil sie für den Ausbruch des Feuers nicht verantwortlich gemacht werden könne, das in der Hallenanlage der Klägerin und in deren Fabrikationsbereich seinen Ausgang genommen habe[190].

Es kommt also allein auf die Kausalität und nicht auf die Eigentumsverhältnisse an der störenden Sache an[191]. Die zur Haftung verpflichtende Eigentumsbeeinträchtigung ergibt sich folglich aus dem Verbringen des Milchpulvers auf das Grundstück und die Beendigung des Mietvertrages, unabhängig davon, ob das Milchpulver durch den Brand unbrauchbar geworden ist oder die Beklagte ihr Eigentum daran aufgibt.

Zum zweiten wird wie beim Fall der Gasexplosion[192] im Ergebnis nur für den unmittelbar durch die Kausalhandlung hervorgerufenen Störungszustand gehaftet (vorhandene Milchpulverreste), nicht aber für Sachveränderungen, die erst durch das Hinzutreten weiterer (unvorhersehbarer) Kausalfaktoren (Wasserzufuhr durch Löscharbeiten) verursacht werden.

Zum dritten wählt der BGH als Maßstab für die Verteilung der Haftung den „Rechtsgedanken des § 254 BGB“[193]. Da die Klägerin durch die Unterhaltung der Hallenanlage den Ausbruch des Feuers verursachte und damit die entscheidende causa für die „Weiterung“ setzte, welche die zunächst von der Beklagten veranlasste Eigentumseinwirkung durch den Brand nahm, muss die Beklagte nicht für Mehraufwendungen aufkommen, die dadurch entstehen, dass das Milchpulver durch die Löscharbeiten in Räumlichkeiten eingeschwemmt wurde. Schon gar nicht muss sie für solche Aufwendungen Ersatz leisten, die aus-

---

[190] BGHZ 110, 313 (315 f.); *Gursky*, JZ 1990, 921, 922 f., *Picker*, FS Gernhuber, S.315, 319 ff. lösen den Fall dagegen über die vertraglichen Rücknahmepflichten.

[191] Auch die Anhänger der Rechtsusurpationslehre kommen allerdings zu einer Haftung der das Milchpulver Einlagernden, jedoch wird dies aus der Vertragsbeziehung der Parteien und nicht aus der negatorischen Haftung heraus begründet: § 473 II HGB bzw. § 696 S.2 BGB (*Picker*, FS Gernhuber, S.315, 319).

[192] S.o. RGZ 63, 374 ff.

[193] BGHZ 110, 313 (317), vgl. dazu auch RGZ 127, 29 (35); 138, 327 (330); BGHZ 106, 142 (144), die allerdings bislang stets Fälle betrafen, in denen im Wege der Selbsthilfe die Störung beseitigt und sodann Kostenerstattung beansprucht wurde. Zur Anwendung des § 254 BGB beim Beseitigungsanspruch selbst vgl. BGH NJW 1997, 2234 ff. m. Anm. *Herrmann*.

schließlich wegen des Brandes notwendig wurden[194]. Ist also der Betroffene für die Beeinträchtigung seines Eigentums mitursächlich, dann ist eine Abwägung nach den jeweiligen Auswirkungen des Einzelbeitrags vorzunehmen, weil sich daran die Kostentragungspflicht orientiert[195]. Soweit daraus geschlossen wird, dass der BGH den Abtransport des verbliebenen Milchpulvers als bloßes Teilstück der insgesamt erforderlichen Grundstückssanierung betrachte[196], erscheint dies so nicht ganz richtig: Vielmehr wird eigentlich die Abwägung nach § 254 BGB nur im Hinblick auf das in Kellerräume, Zisternen und in das Erdreich eingeschwemmte milchpulverhaltige Gemisch vorgenommen. Dann ist ein unverschuldeter Brand allgemeines Lebensrisiko des Eigentümers und somit auch alle durch den Brand und seine Löschung zwangsläufig verursachten Folgen. Vor allem aber gestattete die Klägerin die Einlagerung des Milchpulvers in ihre Hallen und war sich damit auch den davon ausgehenden Gefahren während der Dauer des Mietvertrages bewusst.

Zur Frage, ob Substanzschäden (Brandschäden, Bodenkontamination durch verseuchtes Löschwasser) unter § 1004 I 1 BGB fallen, musste der BGH keine abschließende Stellung nehmen, weil es insoweit jedenfalls an der Kausalität fehlte. Die Abwägung nach § 254 BGB hat er vor allem auf das Entfernen des Wassers und des Löschmittels aus den Kellerräumen und den Zisternen und weniger auf die Bodenkontamination bezogen[197]. In der folgenden Entscheidung hat der BGH jedoch die Verseuchung von Erdreich eindeutig als einen Fall der Eigentumsbeeinträchtigung i.S.v. § 1004 I 1 BGB anerkannt.

d) BGH, Urt. v. 1.12.1995 – V ZR 9/94 (Bodenkontamination)[198]

Da die Entscheidung des BGH zur Bodenkontamination vielfach zum Anlass genommen wurde, das Verständnis der herrschenden Ansicht zur Reichweite der negatorischen Haftung zu kritisieren, soll auch dieses BGH-Urteil hier näher betrachtet werden. Es vermittelt einen guten Einblick in die aktuelle Sichtweise

---

[194] BGHZ 110, 313 (316 f.).

[195] Kritisch dazu *Kotz*, S.51, weil die Einlagerung des Milchpulvers den ganzen Schaden verursacht habe.

[196] *Picker*, FS Gernhuber, S. 315, 318.

[197] BGHZ 110, 313 (317): "Damit erstreckt die Ersatzpflicht der Beklagten sich namentlich nicht auf Kosten, die zusätzlich durch die Entfernung des Wassers und der Löschmittel aus den *Kellerräumen und Zisternen* und durch nunmehr gebotene Entsorgungsmaßnahmen entstanden sind."

[198] BGH NJW 1996, 845, dazu *Kotz*, S.54.

des BGH, wenn es darum geht, die negatorische von der deliktischen Haftung abzugrenzen.

Die Kläger erwarben 1990 von den Eheleuten R ein Betriebsgelände, das neben dem Grundstück des Beklagten B lag, und errichteten dort ein Bürogebäude mit Tiefgarage und Aussenanlage, das sie mittlerweile auch bezogen haben. Nachdem die Aushubarbeiten 1991 begonnen hatten, stellte die Baufirma im Februar 1991 eine erhebliche Bodenbelastung durch Tetrachlorethyl und höhere Konzentrationen Perchlorethylen fest. Die Entsorgung des Aushubs verursachte daher hohe Kosten. Die Eheleute R erklärten sich vergleichsweise bereit, 1,3 Millionen DM an den Kläger zu zahlen. In dem zu entscheidenden Rechtsstreit nahmen die Kläger den B auf Zahlung weiterer Entsorgungskosten in Anspruch und behaupteten, dass die Verseuchung des Bodens von dem benachbarten Betriebsgelände des B erfolgt sei. Desweiteren beantragten die Kläger festzustellen, dass B zum Ersatz aller weiteren Kosten für die Beseitigung und Entsorgung des kontaminierten Bodens verpflichtet sei. Das LG wies die Klage ab. Die Berufung blieb erfolglos. Die Revision des Klägers führte zur Aufhebung und Zurückverweisung.

Der BGH bejahte einen Anspruch der Kläger gegen B auf Beseitigung der Bodenkontamination aus § 1004 I 1 BGB. Die ursprünglich vom Grundstück des B stammenden Schadstoffe beeinträchtigten das klägerische Eigentum in tatsächlicher Hinsicht, solange sie sich im Boden befänden[199]. Unerheblich sei, dass B seinen Betrieb mittlerweile aufgegeben habe, denn an einer einmal eingetretenen Verantwortlichkeit könne sich durch das Verhalten des Pflichtigen nichts ändern[200]. Ansonsten müsse derjenige, der z.B. Steine auf das fremde Grundstück werfe, diese nur deshalb nicht entfernen, weil er mit dem Werfen aufgehört habe[201]. Es sei allein maßgeblich, dass die Schadstoffe infolge eines B zuzurechnenden – wenn auch schuldlosen – Verhaltens auf das fremde Grundstück gelangt seien und dort bis zu ihrer Entfernung die Quelle der Eigentumsstörung bildeten, unabhängig davon, ob die Schadstoffe dem Störer gehörten oder nicht[202]. Die Auffassung, der Störer müsse sich nur hinter die Grenzen seines Rechtskreises zurückziehen, werde dem vom Gesetz selbst aufgestellten Unterschied zwischen der Beseitigung der Beeinträchtigung (§ 1004 I 1 BGB) und deren Unterlassung (§ 1004 I 2 BGB) nicht gerecht. Bei der Abgrenzung des negatorischen Beseitigungsanspruchs vom deliktischen Schadensersatzanspruch gehe es immer um die Frage, ob derjenige, der mit einem Stein eine Scheibe

---

[199] BGH NJW 1996, 845, 846 (li. Sp.), vgl. auch BGH NJW 2005, 1366, 1367.

[200] BGH, aaO., mit Verweis auf *Westermann*, Lb, 6. Aufl., § 36 I.3.; BGHZ 111, 158, sog. Schrotbleifall, in dem der beklagte Verein seinen Schießbetrieb eingestellte hatte.

[201] BGH NJW 1996, 845, 846 (re. Sp.).

[202] BGH, aaO., mit Verweis auf *Mertens*, NJW 1972, 1783, 1785; BGH NJW 2005, 1366, 1367.

eingeworfen habe, negatorisch verpflichtet sei, nur den Stein zu beseitigen oder auch die zerbrochene Scheibe zu ersetzen. Damit vergleichbar, handele es sich bei den Schadstoffen nicht primär um Behinderungen und Beschädigungen, die sich als weitere Folge aus dem störenden Eingriff in das Grundeigentum ergeben, sondern zunächst um die auf das Grundstück der Kl. gelangten Substanzen selbst (Entfernung des Steins)[203]. Warum Stoffe, die in das Erdreich eingedrungen seien, anders behandelt werden sollten, als solche die sich auf der Erdoberfläche befänden, sei nicht einsichtig[204]. Der Senat gesteht zwar ein, dass in solchen Fällen der Bodenkontamination eine enge Verbindung zwischen dem Boden und den eingedrungenen Stoffen bestehe, was als Folgeschaden aus dem störenden Eingriff verstanden werden könne, andererseits sei nicht einsichtig, warum der Beseitigungsanspruch entfallen solle, nur weil der Störer aus technischen Gegebenheiten heraus mehr tun müsse als die „reine" Störung zu beseitigen[205].

Der BGH differenziert in seiner Sichtweise zwischen der Einwirkungshandlung (Betreiben der Anlage) und dem durch die Einwirkungshandlung verursachten störenden Zustand (Bodenkontamination). Das Gericht sieht nicht nur die Einwirkungshandlung, sondern auch den herbeigeführten Zustand als eine zu beseitigende Beeinträchtigung an. Eine Bodenkontamination sei keine weitere Folge aus dem störenden Eingriff in das Grundeigentum, sondern es handele sich nach wie vor um die ursprünglich auf das Grundstück gelangte Substanz selbst, die eben nur im weiteren Verlauf der Geschehnisse in den Boden eingedrungen sei[206]. Der BGH unterscheidet also danach, ob durch eine Einwirkungshandlung ein störender Zustand geschaffen worden ist, der eine weitergehende Sachbeschädigung hervorruft[207], oder ob der störende Zustand selbst die Sachbeschädigung darstellt, sich die eingedrungenen Stoffe mit dem Erdboden also derart verbinden, dass die Schadstoffe technisch nur noch durch einen Bodenaushub beseitigt werden können. Die höchstrichterliche Rechtsprechung nimmt also in den Fällen, in denen die Beeinträchtigung nicht mehr in natura beseitigt werden

---

[203] BGH NJW 1996, 845, 846 (re. Sp.).

[204] BGH, aaO.; zuletzt auch BGH NJW 2005, 1366, 1368.

[205] BGH NJW 1996, 845, 847 (re. Sp.).

[206] Bereits das Reichsgericht hat im Bahndammfall angenommen, dass sich das Feuer im Bahndamm nur „weiterfresse", sich dieselbe „Beeinträchtigung" also nur fortentwickle, s.o. RGZ 127, 29 ff.

[207] So in der Bahndammentscheidung des Reichsgerichts, als das Feuer das Material im Bahndamm verbrannte; das Löschen des Feuers war ein vom Austausch des verbrannten Materials getrennt zu behandelnder Vorgang.

kann, weil sie nunmehr eine Substanzveränderung herbeigeführt hat, eine Abwägung zwischen den Interessen des Störers und denen des Eigentümers vor, wobei sie dem Schutzinteresse des Eigentümers den Vorrang einräumt, wenn sie auch verschuldensunabhängig Schadensersatz gewährt.

Auf den ersten Blick scheint dies der Rechtsprechung des Reichsgerichts in der Bahndammentscheidung zu entsprechen. Bei genauerem Vergleich der einschlägigen Fallkonstellationen wird allerdings deutlich, dass sich der Bodenkontaminationsentscheidung nicht entnehmen lässt, dass der BGH den Anwendungsbereich des § 1004 I 1 BGB so weit wie das Reichsgericht erstrecken will. Der maßgebliche Unterschied besteht darin, dass sich bei der Verseuchung des Erdreichs die Beeinträchtigung in der Sachveränderung so fortgesetzt hat, dass die Beseitigung der Beeinträchtigung, wenn man eine solche weiterhin annehmen will, nur im Wege des Erdaushubs und dessen Entsorgung möglich ist, beides also eine untrennbare Einheit darstellt. Das Löschen des Schwelbrands im Bahndamm und der Austausch des Dammaterials sind dagegen zwei voneinander trennbare Akte.

Der BGH behandelt die Fälle verseuchten Erdreichs also wie die, in denen die Beseitigung der Störung nur durch Beschädigung einer anderen Sache erreicht werden kann. Er unterscheidet also genauestens, ob die Beseitigung einer Beeinträchtigung eine Sachbeschädigung erfordert oder aber, ob eine beschädigte Sache ersetzt werden soll.

e) Grundsätze der BGH-Rechtsprechung

Wenn auch der BGH bislang keine endgültigen Kriterien für eine Grenzziehung zwischen dem negatorischen Beseitigungsanspruch und dem deliktsrechtlichen Schadensersatzanspruch entwickeln wollte, sind aus seiner Rechtsprechung zumindest folgende Grundsätze erkennbar:

1. Der Beseitigungsanspruch umfasst nicht nur die isolierte Beseitigung einer Störungsquelle, sondern auch die anschließende Wiederherstellung des in der Benutzbarkeit beeinträchtigten Grundstückszustands, auch wenn dafür die Beseitigung eines Substanzschadens erforderlich ist[208].

2. Der BGH lehnt es ab, die §§ 1004 I 1, 823 I, 249 ff. BGB in ihren Anwendungsbereichen absolut voneinander zu trennen, etwa (wie die Rechtsusurpationslehre) nach tatsächlichem und rechtlichem Eingriff zu unterscheiden, weil er

---

[208] So deutet auch *Wenzel*, NJW 2005, 241, 243 die BGH-Rechtsprechung.

die Ergebnisse einer solchen konsequenten Trennung, nämlich die Möglichkeit sich der Haftung durch Dereliktion oder durch Aufgabe der störenden Tätigkeit zu entziehen, als unbillig empfindet. Der Abwehranspruch gemäß § 1004 BGB besteht daher unabhängig davon, ob die störenden Substanzen dem Eigentümer gehören oder nicht und auch unabhängig davon, ob er die störende Tätigkeit mittlerweile aufgegeben hat.

3. Es besteht ein und dieselbe Beeinträchtigung und keine weitere Folge des Eingriffs, wenn die störende Substanz von der Erdoberfläche in den Erdboden eindringt (Bodenkontamination). Geschuldet wird deshalb bei einer Bodenkontamination der Aushub des Erdbodens und dessen Entsorgung (von einem Bodenaustausch ist nicht die Rede![209]).

4. § 1004 I 1 BGB gibt einen uneingeschränkten Anspruch auf Beseitigung der Beeinträchtigung. Ist dafür die Verletzung weiteren Sacheigentums erforderlich, so wird auch die Wiederherstellung dieses Eigentums geschuldet, unabhängig von der Höhe der Kosten, die der Störer zu tragen hat (Tennisplatz, Wurzelrechtsprechung).

Diese Grundsätze werden vom BGH allerdings nicht dogmatisch fundiert begründet. Der Zwang, die vorgelegten Fälle entscheiden zu müssen, legt der Judikatur Fesseln an, wenn es darum geht, Lösungen nicht nur praktisch und billig auszurichten, sondern auch rechtlich-theoretisch zu begründen.

Es wird bei der Rechtsprechung des BGH, wie auch schon beim Reichsgericht deutlich, dass aus § 1004 I 1 BGB auch der Ersatz von Substanzschäden gewährt wird, wenn diese mit dem beeinträchtigenden Zustand zusammenfallen oder aber auch andere als die beeinträchtigte Sache in ihrer Substanz verletzt werden müssen, um die Beeinträchtigung beseitigen zu können. Es gilt also die Tendenz, § 1004 I 1 BGB zugunsten des Eigentümers auszuweiten.

Die Abgrenzung von § 1004 I 1 BGB zu § 823 I BGB wird vom BGH in einer neueren Entscheidung allerdings deutlicher gemacht[210]:

Das Wurzelwerk einer auf dem Nachbargrundstück befindlichen Fichte war zwar nicht grenzüberschreitend gewachsen, es übte aber unter dem Einfluss von Wind als zusätzlichem Naturereignis auf Grund der Hebelwirkung des Baumes einen das Nachbargrundstück schädigenden Druck aus, der dazu führte, dass sich an der grenzseitigen Garagenwand sowie an einer neben der Garagenzufahrt verlaufenden Stützmauer Risse gebildet hatten.

Eine Beeinträchtigung des Eigentums stehe wegen der eingetretenen Substanz-

---

[209] Vgl. auch *Stickelbrock*, AcP 197 (1997), 456, 480.
[210] BGH NJW 2004, 1035, 1036.

verletzung außer Frage. Die bereits eingetretenen Schäden am Mauerwerk begründeten allerdings nicht die für den Beseitigungsanspruch nach § 1004 I 1 BGB erforderliche Gegenwärtigkeit der Einwirkung. Es handele sich hierbei vielmehr um die Folgen aus dem störenden Eingriff in das Grundeigentum der Klägerin, deren Beseitigung ausschließlich im Wege des Schadensersatzes verlangt werden könne. Demgemäß ziele der geltend gemachte Abwehranspruch auch auf die Ursache der Eigentumsbeeinträchtigung, die nach den getroffenen Feststellungen in dem über die Wurzeln abgeleiteten Winddruck auf den Stamm des Baumes zu sehen sei. Insoweit gehe es der Klägerin darum, künftig weitere Störungen ihres Eigentums in Gestalt zusätzlicher Schäden am Mauerwerk abzuwenden. Dies sei mittels des Unterlassungsanspruchs gem. § 1004 I 2 BGB geltendzumachen.

f) Bewertung der BGH-Rechtsprechung

Die Judikatur zu § 1004 I 1 BGB wird teilweise heftig kritisiert[211]: Die Rechtsprechung zeige „ein mehr oder weniger freies Judiz"[212]. Die Entscheidung des BGH im Falle der Bodenkontamination habe erneut deutlich gemacht, dass stets zu stark am Ergebnis orientiert argumentiert werde und sich die ratio decidendi „in einem Ausdruck des Mitleids mit dem Opfer der Altlast" erschöpfe[213]. Dem BGH wird sogar vorgeworfen, sich hinsichtlich der Abgrenzungsfrage in die bereits aus dem Bereicherungsrecht bekannte Formel vom „Verbot jeder schematischen Lösung" flüchten zu wollen, anstatt endlich durch eine richtungsweisende Entscheidung präjudizierende Rechtsklarheit zu schaffen[214]. Dies sei in dem Urteil zur Bodenkontamination[215] versteckt mit der Aussage angekündigt worden, dass nicht versucht werden müsse, das schwierige

---

[211] Vgl. etwa *Buchholz/Radke*, Jura 1997, 454, 455; *Kotz*, S.60 f.; *Lobinger*, JuS 1997, 981, 982, *Picker*, Beseitigungsanspruch, S.18 f.; *Stickelbrock*, AcP 197 (1997), 456, 465 f.

[212] *Buchholz/Radke*, Jura 1997, 454, 455. Dass Gerichte verschiedener Instanzen denselben Sachverhalt rechtlich unterschiedlich bewerten, so einer der Kritikpunkte *Pickers* (S.20) im Hinblick auf die Beseitigungsansprüche bei Rohr- und Dammbruchfällen, mag zwar die Rechtsprechung im Ergebnis unberechenbar machen. Dies ist aber eine hinzunehmende Begleiterscheinung der richterlichen Entscheidungsfreiheit und genauso legitim wie das Vertreten verschiedener Ansichten in der wissenschaftliche Auseinandersetzung über das Problem. Daher kann nur kritisiert werden, dass die höchstrichterliche Rechtsprechung uneinheitlich sei.

[213] *Buchholz/Radke*, Jura 1997, 454, 455.

[214] *Lobinger*, JuS 1997, 981, 982.

[215] BGH NJW 1996, 845, 846.

Abgrenzungsproblem von § 1004 I 1 BGB zu § 823 I BGB allgemein zu lösen[216]. An die Stelle einer klaren dogmatischen Abgrenzung setze der BGH eine einzelfallorientierte Abwägung zwischen den Interessen des Störers und denen des Eigentümers; er ziehe sich damit auf eine Politik des „muddling through" von Einzelfall zu Einzelfall zurück, was zu einer heillosen Kasuistik und einer erheblichen Rechtsunsicherheit führe[217]. Der BGH kapituliere offensichtlich vor seinem gesetzlichen Auftrag[218], diese für die Praxis wichtige

---

[216] *Lobinger*, aaO., vgl. auch *Armbrüster*, NJW 2003, 3087, 3088; *Medicus*, BR, Rn.629: Eine formelartige Abgrenzung sei noch nicht gelungen.

[217] *Buchholz/Radke*, Jura 1997, 454, 456; *Kotz*, S.60 f.

[218] *Lobinger* stützt diesen gesetzlichen Auftrag zur Rechtsvereinheitlichung auf Art.95 I, III GG, § 132 II, IV GVG. In Art. 95 I GG ist aber nur geregelt, dass auf dem Gebiet der ordentlichen Gerichtsbarkeit als oberster Gerichtshof der BGH errichtet wird, in Art. 95 III GG, dass zur Wahrung der Einheitlichkeit der Rechtsprechung ein gemeinsamer Senat der in Art. 95 I GG genannten Gerichte zu bilden ist. § 123 II, IV GVG regelt die Vorlage von Rechtsfragen zur Entscheidung des Großen Senats. Eine Verpflichtung des BGH, praxisrelevante Rechtsfragen allein zur Förderung einer einheitlichen Rechtsprechung klären zu müssen, ergibt sich aus den genannten Normen nicht. Es ist vielmehr auch gar nicht die Aufgabe des BGH, Rechtsprobleme, die für den konkret zu entscheidenden Fall ohne Bedeutung sind, in den Entscheidungsgründen zu erläutern. Solche zusätzlichen Ausführungen obiter dictum sind zwar grundsätzlich nicht untersagt, von diesem Mittel machen die Gerichte aber zu Recht nur zurückhaltend Gebrauch. Ihre Aufgabe sind die Streitentscheidungen, nicht die abstrakte wissenschaftliche Arbeit. War also die Abgrenzungsfrage von § 1004 I 1 BGB zu § 823 I BGB aus Sicht des BGH im konkret zu entscheidenden Rechtsfall nicht von Nöten, so kann dem BGH auch kein Vorwurf daraus gemacht werden, dass er im Rahmen seiner Entscheidung das Abgrenzungsproblem nicht allgemein zu lösen versucht hat. Nach Auffassung des BGH kommt als Anspruchsgrundlage für die Beseitigung der Bodenkontamination nur § 1004 I 1 BGB in Betracht. Die Beeinträchtigung des Grundstückseigentums i.S.v. § 1004 I 1 BGB sieht der BGH in der Zuführung der Schadstoffe, die vom benachbarten Betriebsgelände her erfolgte. Nach Ansicht des BGH ist die Bodenverunreinigung eindeutig keine weitere Folge aus der Schadstoffzuführung, vielmehr sind dieselben schädigenden Substanzen nur von der Erdoberfläche in den Boden eingedrungen. Sie stellen damit eine fortdauernde Beeinträchtigung dar. Der Unterschied zu einem auf das Grundstück geworfenen Stein bestehe allein darin, dass der Stein auf der Erdoberfläche liegen bleibt, während die Schadstoffe in den Boden gewandert sind und damit nicht nur die Erdoberfläche, sondern auch die Erdmassen verseucht haben. Das beeinträchtigte Grundstück blieb dabei jedoch dasselbe. Dass sich durch die Verbindung der Schadstoffe mit dem Boden die Eigentumsverhältnisse an den schädigenden Substanzen geändert haben und die getrennte Entfernung der vorhandenen Schadstoffe nun technisch nicht mehr durchführbar ist, dies jetzt vielmehr einen Bodenaushub mit entsprechender Entsorgung erfordert, soll nach Ansicht des BGH an der Berechtigung des Beseitigungsanspruchs nichts ändern. Von diesem Standpunkt aus stellt sich aber gar nicht die Frage nach der Abgrenzung von § 1004 I 1 BGB zu § 823 I BGB. Dem BGH kann daher auch nicht der Vorwurf gemacht werden, zu dieser Rechtsfrage keine Stellung genommen zu haben. Ihm könnte nur vorgehalten werden, den Anwendungsbereich von § 1004 I 1 BGB zu weit ausgeweitet zu haben. Und darauf zielt im Ergebnis auch die Kritik der Anhänger der

Abgrenzungsfrage klarzustellen. So könne keine Rechtssicherheit und Rechtsklarheit geschaffen werden[219]. Die Systematik des Bürgerlichen Haftungsrechts setze jeder der Billigkeit verpflichtenden Kasuistik Grenzen[220].

Dieser Kritik kann insgesamt nicht der Vorwurf erspart bleiben, dass sie meist wenig substantiiert erfolgt und stark zielgerichtet argumentiert: Weil der BGH die Tatbestände von § 1004 I 1 BGB und von § 823 I BGB nicht absolut trennen will, werden seine Urteile inhaltlich einfach abglehnt. Eine Bewertung der Rechtsprechung ist aber erst möglich, wenn man überprüft, ob sich eine absolute tatbestandliche Trennung von negatorischer und deliktischer Haftung überhaupt rechtfertigen lässt oder aber, ob sich die Ansprüche nicht doch zumindest teilweise überschneiden, wie es auch die Rechtsprechung annimmt. Dem soll im folgenden durch die Analyse der Ansichten im Schrifttum nachgegangen werden.

IV. Ansichten im Schrifttum

1. Die Rechtsusurpationslehre Pickers

Picker hat in seiner 1972 erschienenen Dissertation ein Konzept entwickelt, nach welchem das Abgrenzungsproblem der negatorischen von der deliktischen Haftung ausschließlich durch das richtige Verständnis des Tatbestandsmerkmals „Beeinträchtigung“ in § 1004 I 1 BGB gelöst werden soll: Dieses richtig zu erfassen, sei „der Angelpunkt für die Lösung aller mit § 1004 in Zusammenhang stehenden Fragen“[221]. Alle zuvor in Rechtsprechung und Literatur unternommenen Versuche, eine Lösung für die genaue Abgrenzung des § 1004 I 1 BGB von den §§ 823 I, 249 ff. BGB zu finden, seien gescheitert, weil sie den Beeinträchtigungsbegriff zu weit ausgelegt hätten[222], um anschließend die negatorische (Erfolgs-)Haftung im Rahmen der Kausalität bzw. bei der Störerbestimmung wieder zu begrenzen. In Wirklichkeit sei die Abgrenzung des § 1004 I 1 BGB

Rechtsusurpationlehre ab; dass nämlich der BGH nicht die Beeinträchtigung als solches bereits durch den Eigentumsverlust infolge der Verbindung der Schadstoffe mit dem Erdboden entfallen ließ. Das zeigt aber, dass sich die Kritik von *Lobinger* an der Rechtsprechung darauf reduziert, dass die Rechtsprechung beharrlich nicht der von *Picker* entwickelten Rechtsusurpationslehre folgt.

[219] *Lobinger*, JuS 1997, 981, 982.

[220] *Kotz*, S.61.

[221] *Picker*, Beseitungsanspruch, S.49.

[222] *Picker*, aaO., S.49 ff., insbesondere S.52.

von § 823 I BGB „ein Scheinproblem“[223], denn es handele sich um zwei grundlegend „wesensverschiedene Tatbestände“[224]. Die actio negatoria sei kein um das Verschulden „verkürzter“ Tatbestand der unerlaubten Handlung[225]. Es sei falsch, sie zu einer „Art sekundärem Deliktsanspruch“[226] oder einer „reinen Erfolgshaftung“[227] machen zu wollen. Nur wenn man den Schaden und die Beeinträchtigung als zwei grundlegend verschiedene „Formen von Eigentumsverletzungen“[228] ansehe, zwischen denen begrifflich keine Überschneidung denkbar sei, könnten die §§ 823 I, 249 ff., 1004 I 1 BGB eindeutig voneinander getrennt werden[229]. Weiterer Zurechnungsmerkmale bedürfe es dann nicht mehr. Dass sich *Picker* damit von der Kausalhaftung löst, findet vielfach Zustimmung[230]. Dies wird als ein Schritt nach vorn empfunden[231].

a) Die Thesen Pickers

aa) Die Definition der Eigentumsbeeinträchtigung nach der Rechtsusurpationslehre

Picker will den negatorischen Abwehranspruch auf die Fälle beschränken, in denen die „*rechtliche* Integrität“ des Eigentums verletzt wird[232]. Dafür genüge

---

[223] *Picker*, Beseitigungsanspruch, S.52.
[224] *Picker*, aaO., S.49.
[225] *Picker*, aaO., S.26 (2.Absatz a.E.), S.30 (2. Absatz).
[226] *Picker*, aaO., S.31 (oben).
[227] *Picker*, aaO., S.31 (3. Absatz).
[228] Die von *Picker* (S.52*)* verwendeten Begriffe scheinen hier ungenau gewählt zu sein. Der (Vermögens-)Schaden i.S.d. §§ 249 ff. BGB ist die haftungsausfüllende Rechtsfolge und nicht eine Form der haftungsbegründenden Eigentumsverletzung.
[229] *Picker*, aaO., S.52.
[230] So hat sich *Stoll*, AcP 162 (1963), 203, 223 f. schon gegen die „kausale Handlungslehre“ ausgesprochen und sich dahingehend geäußert, dass der eigentliche Anwendungsbereich der actio negatoria der der Zustandshaftung sei. Im Anschluß an *Picker* (vgl. S.30 f.) wird nunmehr wieder verstärkt der Vorwurf geäußert, dass die Kausalitätsgrundsätze eine Deliktsähnlichkeit des § 1004 I 1 BGB herbeiführten, *MünchKomm/Medicus*, § 1004 Rn.11, 12-14; *Staudinger/Gursky*, § 1004 Rn.71. Kritisch auch *Hohloch*, S.159, die Kausalität ablehnend *Pinger*, EBV, S.191, 192; *Heinze* S.65 ff.; teilweise *Olzen*, S.18 (1.Absatz).
[231] *Herrmann*, Der Störer, S.72; *AK/Kohl*, § 1004 Rn.18 lobt die Ausarbeitung *Pickers* als einer der wenigen glanzvollen nur dogmatischen Arbeiten der neueren Zeit, deren Verdienst darin bestehe, der Rechtsprechung und der Literatur „ihre Ungereimtheiten vor Augen zu führen und einen völlig neuen Weg“ aufzuzeigen.
[232] *Picker*, Beseitigungsanspruch, S.49.

nicht ein bloß faktisches Hindernis[233], welches der ungestörten Ausübung des Eigentums entgegenstehe, vielmehr sei erforderlich, dass das Eigentum „als Recht" verletzt werde[234]. Es reiche nicht aus, sei aber andererseits auch nicht notwendig, dass die fremde Sache in ihrer Substanz verändert worden sei[235]. Vielmehr müsse auf Seiten des Eigentümers das „*rechtliche* Können", nämlich die Freiheit, mit der Sache nach Belieben zu verfahren, eingeschränkt sein. Sei dagegen nur das „*tatsächliche* Können", die reale Möglichkeit, die Sache zu gebrauchen, betroffen, werde ausschließlich ein verschuldensabhängiger Anspruch aus § 823 I BGB gewährt[236].

Um den Eingriff in die *rechtliche Integrität* näher zu bestimmen, bezieht sich *Picker* in seiner Betrachtungsweise auf den Rechtskreis des Anspruchsgegners, mithin des Störers. *Picker* umschreibt den nach der Rechtsusurpationslehre erforderlichen Eingriff wie folgt: Kennzeichnend sei, dass sich der Anspruchsgegner Teilinhalte aus dem fremden Eigentum anmaße und so die Befugnisse des Eigentümers einschränke[237]. Ähnlich wie die Vermögensverschiebung im Bereicherungsrecht, bei der ein Widerspruch zwischen der tatsächlichen und der von Rechts wegen gemäßen Güterverteilung bestehe, sei die negatorische Haftung als Fall einer „Rechtsusurpation" oder einer „Überlagerung von Rechtskreisen" aufzufassen[238]. *Picker* nimmt dabei an, dass von Gesetzes wegen die „Rechtskreise" von Rechtssubjekten, also auch des betroffenen Eigentümers und des Störers, eindeutig gegeneinander abgegrenzt sind. Jeder Eigentümer habe grundsätzlich einen Anspruch darauf, mit seinen Sachen nach Belieben verfahren zu können und darin durch Dritte nicht eingeschränkt zu werden. Greife der Störer unberechtigt in den fremden Eigentumsraum über, so führe dies zu einer Überlagerung der Rechtskreise und damit zu einer Verschiebung der tatsächlichen Herrschaftsbereiche beider Beteiligter[239]. Der Eigentümer sei dann in seiner Herrschaftsmacht eingeschränkt, faktisch enteignet, während der Störer genau die Rechtsposition innehabe, die dem Eigentümer nun fehle, aber von Gesetzes wegen zustünde[240]. Gem. § 1004 I 1 BGB soll der betroffene Eigentümer vom

---

233 Etwa das auf dem fremden Grundstück ohne Erlaubnis erbaute Gartenhaus oder der sich auf dem Grundstück befindlicher Stein, der dort unerlaubterweise hingeworfen wurde.
234 *Picker*, Beseitigungsanspruch, S.49.
235 *Picker*, aaO., S.49 f.
236 *Picker*, aaO., S.51.
237 *Picker*, aaO., S.51.
238 *Picker*, aaO., S.52 (1.Absatz), 129 (3. Absatz).
239 *Picker*, aaO., S.50.
240 *Picker*, aaO., S.50 (1.Absatz).

Störer nur fordern können, dass dieser die angemaßte Rechtsposition freigebe, damit der Eigentümer wieder uneingeschränkt seine Sache gebrauchen könne.

Den maßgeblichen Unterschied zwischen dem negatorischen und dem deliktischen Tatbestand sieht *Picker* also in der ganz unterschiedlichen Zielsetzung der §§ 823 I, 1004 I 1 BGB: Für einen Anspruch aus § 823 I BGB genüge es, dass auf Seiten des Betroffenen ein Nachteil, nämlich eine Einbuße am Eigentum *als Vermögenswert* vorliege[241]. Haftungsbegründend sei bei der deliktischen Haftung zwar die Rechtsgutsverletzung; das Ziel des § 823 I BGB sei es aber, dem Eigentümer die damit verbundene Minderung seines Vermögens zu ersetzen. Ob der Schädiger selbst aus der unerlaubten Handlung Vorteile ziehe[242] und gegebenenfalls welche, sei dagegen für die Begründung des deliktischen Anspruchs völlig unerheblich. Die deliktische Haftung bezwecke nur, durch die Gewährung von Schadensersatz die Vermögenseinbuße vom Geschädigten auf den Schädiger zu verlagern[243]. Der entstandene Nachteil solle nicht aus der Welt geschafft, sondern lediglich vom betroffenen Eigentümer an den Schädiger weitergeleitet werden[244].

Ganz anders beurteilt *Picker* die haftungsbegründenden Umstände und die Zielsetzung bei der negatorischen Haftung[245]. Es genüge nicht, dass ein Nachteil auf Seiten des Eigentümers vorliege; vielmehr müsse sich der Störer durch die Einwirkung eine Rechtsposition anmaßen, die dem betroffenen Eigentümer dadurch fehle, ihm aber von der Rechtsordnung her zustünde[246]. Beim Deliktsrecht sei also allein der Vermögensnachteil beim Betroffenen haftungsbegründend; bei der negatorischen Haftung müsse dagegen die Eigentumsausübung dadurch ge-

---

[241] *Picker*, Beseitigungsanspruch, S.51. Damit nennt *Picker* den maßgeblichen Unterschied im Schutzzweck der §§ 1004 I 1, 823 I, 249 ff. BGB, ohne dies aber näher auszuführen: Durch die Deliktstatbestände soll das Vermögen in seinem Bestand und seinem Wert geschützt werden.

[242] Meist dürfte bei der unerlaubten Handlung, man denke beispielsweise nur an die Vielzahl von Verkehrsunfällen, der Nachteil des betroffenen Eigentümers in einer bloßen Substanzschädigung seiner Sache bestehen. Daraus wird der Schädiger für sich selten einen Vorteil ziehen können. Seine Rechtsposition könnte bei der unerlaubten Handlung daher ohnehin nur in den Fällen eine Rolle spielen, in denen er die deliktische Handlung dadurch begeht, dass er sich – entsprechend der Vorstellung *Pickers* bei der negatorischen Haftung – das fremde Recht anmaßt, beispielsweise die fremde Sache dem Eigentümer entzieht. Dies sind dann die Fallkonstellationen, in denen die dinglichen und die deliktischen Tatbestände nebeneinander erfüllt sind.

[243] *Picker*, aaO., S.51.

[244] *Picker*, aaO., S.51.

[245] *Picker*, aaO., S.51.

[246] *Picker*, aaO., S.51.

stört werden, dass jemand unbefugtermaßen Eigentumsrechte wahrnehme und sie so dem eigentlich Befugten vorenthalte[247]. Die dafür erforderliche Überlagerung von Rechtssphären bedeute, dass „das Minus" auf Seiten des Berechtigten, nämlich die Einschränkung in der Befugnis, mit seiner Sache nach Belieben verfahren zu können, bedingt sein müsse durch „das Plus" einer faktischen Rechtsusurpation auf Seiten des Anspruchsgegners[248]. Die „Einseitigkeit der Blickrichtung" – wie sie im Deliktsrecht ausschließlich bezogen auf den Vermögensnachteil des Betroffenen erfolgt und von der h.M. auch auf den negatorischen Tatbestand übertragen wird, hält *Picker* bei § 1004 I 1 BGB für falsch. Es müsse dort immer zugleich auch die gegnerische Position in die Betrachtung miteinbezogen werden[249], denn § 1004 I 1 BGB bezwecke, die Verschiebung der tatsächlichen Eigentumsausübung wieder rückgängig zu machen[250]. Der Schutz des Eigentums vor fremden Eingriffen sei zwar der Anlass für die Schaffung des Beseitigungsanspruchs gewesen, die negierende Klage ziele ihrem Wesen nach letztendlich aber darauf ab, dem Anspruchsgegner einen nicht gerechtfertigten Vorteil zu entziehen, ihm etwas abzusprechen, was ihm von der Rechtsordnung nicht zugewiesen sei, vergleichbar der ungerechtfertigten Vermögensverschiebung im Bereicherungsrecht[251]. Der Anspruchsgegner stehe der ungestörten Eigentumsausübung im Wege und dieser Missstand solle beseitigt werden, um die der Rechtsordnung entsprechende Sachlage wiederherzustellen[252]. Bei der negatorischen Haftung liege deshalb niemals ein endgültiger, nur noch zu verlagernder Nachteil im Sinne einer Wertvernichtung vor, vielmehr soll dem Störer eine für ihn vorteilhafte Rechtsstellung entzogen werden, die ihm von Rechts wegen nicht zukomme und deshalb wieder dem Eigentümer verschafft werden müsse[253].

bb) Die Bestimmung des Gegners des negatorischen Anspruchs nach der Rechtsusurpationslehre

Der Anspruch aus § 1004 I 1 BGB ist nur solange begründet, wie der Anspruchsgegner die ihm nicht gebührende Rechtsstellung noch innehat. Das

---

[247] *Picker*, Beseitigungsanspruch, S.51.
[248] *Picker*, aaO., S.50.
[249] *Picker*, aaO., S. 49 (2.Absatz).
[250] *Picker*, aaO., S.51; vgl. auch *König*, NJW 2005, 191, 192.
[251] *Picker*, aaO., S.49.
[252] *Picker*, aaO., S.50.
[253] *Picker*, aaO., S.51.

fremde Eigentum muss rechtlich überlagert sein, entweder durch ein Handeln selbst, beispielsweise das unberechtigte Betreten fremden Bodens, das Unterhalten eines störenden Betriebes[254], die andauernde rechtsgeschäftliche Verfügung[255], auch der Schadenszufügungsakt während seiner Dauer[256], oder durch den Zustand einer Sache, die im Eigentum oder Besitz[257] des Störers steht[258]. Befindet sich die störende Sache auf dem fremden Grundstück (zu Unrecht dort abgestelltes Auto, ein rechtswidrig vorübergehend errichtetes Gebäude, § 95 I BGB!), wird die Rechtsusurpation damit erklärt, dass sich der Störende die Fremdbefugnis des beeinträchtigten Eigentümers eigenmächtig anmaße, über den Gebrauch der zugeparkten Grundstücksfläche zu entscheiden. Bei der negatorischen Haftung für störende Anlagen und bei der negatorischen Haftung nach störendem Naturwirken soll der Rechtsschutz nach § 1004 I 1 BGB davon abhängen, wie die Eigentumsräume gegeneinander abzugrenzen sind. § 1004 I 1 BGB sei insoweit nur das rechtliche Instrument, die Wertentscheidung über Inhalt und Umfang des geschützten Rechts durchzusetzen, die sich aus den positiv-rechtlichen Regelungen (etwa den §§ 903 ff. BGB) und gewohnheitsrechtlicher Anerkennung ergeben[259]. So würden etwa Einwirkungen, die von künstlichen Veränderungen des Eigentums herrühren, im Gesetz für unzulässig erklärt (§§ 903, 906, 907 f. BGB). Bei durch Menschenhand geschaffene künstliche Einrichtungen sei unerheblich, wer diese hervorgerufen oder in der Unterhaltung vernachlässigt habe; vielmehr sei der „Repräsentant" der Sache zu ihrer Korrektur verpflichtet: Sein Eigentum überlagere das des Gestörten, solange er seine Sachen nicht innerhalb seiner Rechtsgrenzen halte[260]. Beruht die Störung dagegen auf Naturereignissen und nicht auf einer Anlage, soll die negatorische Haf-

---

[254] *Picker*, Beseitigungsanspruch, S.82 (2. und 3.Absatz).
[255] *Picker*, aaO., S.83
[256] *Picker*, aaO., S.84; der Widerrufsanspruch bei „fortwirkenden" Ehrverletzungen soll dagegen nicht auf § 1004 I 1 BGB gestützt werden können, weil die ehrkränkende Mitteilung beendet sei und nur noch das Gerede der Leute beeinträchtige, so dass nur eine Wiedergutmachung verlangt werden könne (S.89 f.), vgl. unten S.348.
[257] Zum Besitzer als Störer *Picker*, aaO., S.144 ff.
[258] Als Beispiele führt *Picker* die Fälle an, in denen eine Anlage körperlich in einen fremden Eigentumsraum hineinragt, die Ausbauchung einer Grenzmauer (S.91, 1.Absatz), ein auf fremden Boden abgestelltes Fahrzeug oder wenn Trümmer eines rechtlich selbständig gebliebenen Bauwerks auf dem Grundstück lagern (S.91, 2.Absatz). Hierzu zählt *Picker* auch die Fallkonstellationen, in denen unzulässige Immissionen von einer Anlage ausgehen (S.91, 1. Absatz), obwohl es sich dabei um die Störung durch eine Handlung, nämlich das Betreiben der Anlage, handelt.
[259] *Picker*, aaO., S.95 ff.
[260] *Picker*, aaO., S.98 ff.

tung neben dem in § 910 BGB geregelten Fall des Überhangs davon abhängig sein, ob solche natürlichen Ausstrahlungen der landschaftlichen Eigenart der Gegend entsprechen und somit ortsüblich sind, oder auch eine rechtswidrige Eigentumsüberlagerung darstellen[261]. Bei negativen Einwirkungen soll sich die negatorische Haftung danach richten, bis zu welcher Intensität man die negative Einwirkung für zulässig erachten will[262].

Dass von dem Zustand einer Sache eine Eigentumsbeeinträchtigung ausgehen könne, wird damit erklärt, dass auch diese von der Rechtsordnung geschützt werde, so dass der betroffene Eigentümer sie nicht einfach entfernen dürfe, obwohl er in seiner Eigentumsbefugnis beschränkt sei[263]. Ob die Eigentumsstörung durch eine Handlung oder durch den Zustand einer Sache bewirkt werde, sei letztendlich gleichgültig. Denn beiden Störungsarten sei es gemeinsam, dass ein fremdes Recht in Anspruch genommen werde, es also zu einer Verschiebung der Rechtspositionen komme[264]. Eine genaue Unterscheidung zwischen der Handlungs- und der Zustandshaftung sei daher nicht nötig, weil nur in der Art und Weise, nicht aber im Ergebnis unterschiedlich auf das fremde Eigentum eingewirkt werde, und nur das Ergebnis der Einwirkung – die Anmaßung der fremden Rechtsposition – sei für den negatorischen Anspruch haftungsbegründend[265]. Störer seien der Handelnde, weil er das fremde Recht usurpiere, bzw. derjenige, dem die störende Sache rechtlich zugeordnet werden könne, weil durch diese Zuordnung Dritte und damit auch der betroffene Eigentümer von der uneingeschränkten Einwirkung auf die störende Sache ausgeschlossen würden[266].

Das Erfordernis der rechtlichen Überlagerung dient *Picker* also vordringlich dazu, den Anwendungsbereich von § 1004 I 1 BGB zugunsten einer eindeutigen Störerbestimmung einzuschränken. Dies wird daran deutlich, dass er die Art der überlagernden Rechte im Zusammenhang mit der Störerperson erörtert. Störer ist nach seiner Ansicht, wer die störende Handlung ausübt oder im Falle der Zustandshaftung, wem die störende Sache zuzurechnen ist. Während es einfach ist, den Handelnden ausfindig zu machen, muss bei den Fällen der Zustandshaftung erst eine rechtliche Verbindung zwischen dem Anspruchsgegner und der stören-

---

261 *Picker*, Beseitigungsanspruch, S.104.
262 *Picker*, aaO., S.109.
263 *Picker*, aaO., S.92 (1.Absatz). Dass die Sache geschützt sei, ist allerdings unsauber formuliert, weil immer nur Träger von Rechten und Pflichten gesetzlichen Schutz genießen.
264 *Picker*, aaO., S.91 (1.Absatz).
265 *Picker*, aaO., S. 91 (1.Absatz).
266 *Picker*, aaO., S.130 (3. Absatz).

den Sache ermittelt werden. Diese kann nach der Rechtsusurpationslehre auf Grund dinglicher Rechte (Eigentum, auch Sicherungseigentum, Pfandgläubiger, Gläubiger eines Grundpfandrechts), wegen Besitzes und wegen Ansprüchen aus Besitz (§§ 867, 1007, 989 ff. BGB) bestehen[267]. Da *Picker* die Kausallehren ablehnt, benötigt er eine andere Zurechnungsgrundlage. Er sieht diese darin, dass der beeinträchtigte Eigentümer Selbsthilfe nur in bestimmten Grenzen üben kann und außerhalb dieser Grenzen den ungestörten Gebrauch seiner Sache nicht ohne Mitwirkung des Störenden wiederherstellen kann. Die Notwendigkeit einer solchen Mitwirkung soll daher für den Anspruchsgegner bestimmend sein. Dies sei bei den genannten Rechtspositionen gegeben.

Auch bei der negatorischen Haftung für Eigentumsbeeinträchtigungen durch Dritte, wie etwa Mieter, Pächter, Arbeitnehmer, lärmende Gäste eines Lokals, Benutzer einer öffentlichen Einrichtung, soll die Einstandspflicht von Vermietern, Verpächtern, Arbeitgebern, Betreibern von Lokalitäten und öffentlichen Einrichtungen allein danach zu beurteilen sein, ob letztere selbst durch die von den Dritten ausgehenden Störungen die Grenzen ihres Rechtskreises überschreiten. Beim Vermieter soll dies der Fall sein, wenn das störende Verhalten des Mieters in *Verwirklichung des Mietvertrages* beim Gebrauch der Mietsache erfolgt, weil der Vermieter dann ein Gebrauchsrecht ausüben lässt, das dem Umfang seiner eigenen Berechtigung nicht entspricht und das deshalb die Inanspruchnahme des fremden Rechts einschließt[268]. Entsprechendes gilt, wenn ein Auftraggeber durch eine Baufirma störende Abbrucharbeiten vornehmen lässt[269]. Der Unternehmer soll dann haften, wenn das störende Verhalten seiner Angestellten oder seiner Kunden *zu dem Betrieb* des Unternehmens gehört, also die Tätigkeit der Personen Bestandteil der Betriebstätigkeit ist und die Störungen folglich Ausstrahlungen des Betriebes sind und nicht nur bei Gelegenheit stattfinden[270].

cc) Die Rechtsfolge des § 1004 I 1 BGB nach der Rechtsusurpationslehre

Da *Picker* die Eigentumsbeeinträchtigung in der Rechtsusurpation bzw. der Überlagerung von Rechtskreisen sieht, besteht die Rechtsfolge des § 1004 I 1

---

[267] *Picker*, Beseitigungsanspruch, S. 128 ff. *Herrmann*, Der Störer, S.82 faßt das Verständnis *Pickers* vom Beeinträchtigungsbegriff insgesamt so zusammen: Bei Handlungen erfordert die Beeinträchtigung die Usurpation eines Rechts, bei störenden Sachen ist dagegen die Usurpation eines Rechts durch ein Recht erforderlich.

[268] *Picker*, aaO., S.151; *Westermann*, BGB-SR Rn.71.

[269] *Picker*, aaO., S.152 Fn.83.

[270] *Picker*, aaO., S.154 f.

BGB konsequenterweise darin, dass sich der Störer wieder „hinter die Grenzen seines Rechtskreises“ zurückzieht. So soll es ausreichen, dass der Anspruchsgegner sein störendes Handeln beendet (z.B. keine Steine mehr auf das fremde Grundstück wirft) und im Falle der Zustandsstörung das Eigentum an der störenden Sache aufgibt (Dereliktion)[271] oder der Betroffene kraft Gesetzes, zum Beispiel durch Verbindung des störenden Bauwerkes mit dem Grundstück oder durch Eindringen von Schadstoffen in den Erdboden (§§ 946, 93, 94 BGB), auch Eigentum an der störenden Sache erwirbt[272], so dass er nicht mehr in Drittrechte eingreifen muss, wenn er die Beeinträchtigung selbst beseitigen will. Dass die betroffene Sache in ihrem *tatsächlichen* Zustand verändert worden ist, jetzt also beispielsweise ein Grundstück mit einer vom Eigentümer nicht gewollten Hütte bebaut ist, hält *Picker* für unerheblich. Die Rechtsfolge des § 1004 I 1 BGB ist nach seiner Ansicht gerade nicht auf die Wiederherstellung des ursprünglichen *tatsächlichen* Zustands gerichtet, denn dann wäre sie ein Deliktsanspruch zweiten Grades. Vielmehr kommt es nach der Rechtsusurpationslehre nicht auf den tatsächlichen störungsfreien Sachgebrauch, sondern allein auf die Beschränkung der rechtlichen Nutzungsmöglichkeit des Eigentümers an. Diese sei aber allein darin zu sehen, dass der betroffene Eigentümer nicht im Wege der Selbsthilfe nach Belieben gegen die Person des Störers bzw. gegen die störende Sache vorgehen könne.

dd) Zusammenfassung der wichtigsten Aussagen

1. Eine Beeinträchtigung i.S.v. § 1004 I 1 BGB erfordert stets, dass der Anspruchsgegner das fremde Eigentum zumindest teilweise usurpiert. Die Erweiterung der Einwirkungssphäre auf Seiten des Störenden muss der Verkürzung der Sachherrschaft des gestörten Eigentümers entsprechen. Abzustellen ist daher nicht allein auf den Rechtsnachteil des Eigentümers, sondern auch auf den Rechtsvorteil des Störers.
2. Die Verkürzung der Sachherrschaft besteht darin, dass die rechtliche Integrität des Eigentums verletzt ist. Während für § 823 I BGB die Einschränkung des tatsächlichen Könnens, der realen Möglichkeit des Gebrauchs der Sache, ausreicht, ist für § 1004 I 1 BGB eine Einschränkung des rechtlichen Kön-

---

[271] *Picker*, Beseitigungsanspruch, S. 113 (3. Absatz ff.), auch S.92 (oben), vgl. auch *Gursky*, JZ 1990, 921.
[272] *Picker*, aaO., S.116 ff., auch S.92 (oben).

nens notwendig. Es muss dafür die Freiheit des Eigentümers, mit der Sache nach Belieben zu verfahren, betroffen sein.

3. Die Rechtsusurpation kann durch ein Handeln, dann nur während seines Andauerns, oder durch den Zustand einer Sache, die dem Störer rechtlich zugeordnet wird, erfolgen. Im Falle der Zustandshaftung wird der Betroffene deshalb in seinem Eigentum eingeschränkt, weil die störende Sache ihrerseits rechtlich geschützt ist, also nicht ohne weiteres beseitigt werden kann.
4. Da die Beeinträchtigung in der Rechtsüberlagerung besteht, entfällt der Beseitigungsanspruch, wenn die störende Sache ihrerseits nicht mehr gegen fremde Eingriffe des betroffenen Eigentümers geschützt ist. Dies ist der Fall, wenn das Eigentum an der störenden Sache aufgegeben wurde oder diese mit der gestörten Sache derart verbunden wurde, dass sich das Eigentum an der gestörten Sache nunmehr auf die störende Sache erstreckt (§§ 93, 94 BGB).

b) Die Präzisierung der Rechtsusurpationslehre

aa) Die Notwendigkeit, die Rechtsusurpationslehre zu präzisieren

Die tiefergehende Betrachtung der wesentlichen Aussagen *Pickers* wirft Fragen auf, die in seiner Arbeit oft gar nicht, vielfach thematisch nicht im richtigen Zusammenhang, in dem man es erwarten würde oder zumindest sehr oberflächlich beantwortet werden: Welcher „Teil" des fremden Eigentumsrechts muss vom Störer usurpiert werden? Wie ist der sich mit dem Rechtsnachteil des betroffenen Eigentümers deckende Rechtsvorteil auf Seiten des Störers im System des Eigentumsschutzes dogmatisch einzuordnen? Was ist unter dem Eingriff in die „rechtliche Integrität", der Einschränkung des „rechtlichen Könnens" in Abgrenzung zum „tatsächlichen Können" genau zu verstehen? Wie lässt sich der rechtliche Schutz einer störenden Sache, welcher es dem Eigentümer verwehrt, die Sache eigenhändig zu beseitigen, dogmatisch beschreiben? Wie ist das *Pickersche* Verständnis mit der Erweiterung der negatorischen Haftung auf andere absolute Rechtspositionen zu vereinbaren[273]?

Es wird deshalb öfters gerügt, dass *Picker* seine Lehre unübersichtlich dargestellt habe, weil es seiner Arbeit an einem logisch klar nachvollziehbaren Aufbau mangele, bei dem strikt zwischen der Erläuterung fremder und eigener An-

---

[273] *Picker* geht insoweit nur auf den Widerruf nach § 1004 I 1 BGB bei Ehrverletzungen ein (vgl. unten S.348).

sichten unterschieden werde[274], dass seine Ausführungen dogmatische Details vermissen lassen und aus diesem Grunde viel zu „bildhaft“ seien[275] und dass dem Begriff der Verletzung der rechtlichen Integrität und der Überlagerung von einer fremden Rechtssphäre eine gewisse sprachliche Unschärfe zukomme[276]. Diese Kritik läuft allerdings leer, wenn das Lösungskonzept trotzdem in sich schlüssig ist[277]. Es soll sich deshalb in Anlehnung an ergänzende Ausführungen von Anhängern[278] und Kritikern[279] der Lehre um eine Präzisierung der Pickerschen Thesen bemüht werden, damit eine substantielle Beurteilung des neuen Denkansatzes erfolgen kann. So wird die Gefahr vermieden, dass die Rechtsusurpationslehre aufgrund von Missverständnissen falsch gewürdigt wird[280].

---

274 So kritisiert *Herrmann*, Der Störer, S.73 (Fn.15), dass der Gedankengang *Pickers* nicht immer leicht verfolgbar sei. Da die geübte Kritik und die Darstellung seiner eigenen Auffassung und deren Begründung nicht in klar voneinander abgegrenzten Abschnitten erfolgten, sondern über die einzelnen Teile der Arbeit verstreut seien, müsse man sich mittels des Studiums der verschiedenen Abschnitte wesentliche Aussagen und Argumente selbst zusammenstellen. Das Fehlen von Obersätzen und Definitionen verwendeter Begriffe, mache es erforderlich, die Ansätze der Untersuchung in Eigeninitiative fortzuführen und zu Ende zu denken.

275 *Herrmann*, Der Störer, S.79, 93, 98; *dies.*, JuS 1994, 276.

276 *Soergel/Mühl*, § 1004 Rn.29.

277 So zu Recht *Picker*, FS Gernhuber, S. 315, 348; *Buchholz/Radke*, Jura 1997, 454, 462; *Kotz*, S.82.

278 Insbesondere *Gursky*, JR 1989, 397 ff., *ders.*, JZ 1990, 921 ff.; *Buchholz/Radke*, Jura 1997, 454 ff.; *Lobinger*, JuS 1997, 981 ff., auch *Picker* selbst hat sich um eine Präzisierung bemüht: FS Gernhuber, S.315 ff.; FS für Lange, S.625 ff.

279 *Herrmann*, Der Störer, S.83, hat zwar nicht speziell das Abgrenzungsproblem der §§ 1004 I 1, 823 BGB behandelt, sondern sich mit der Frage des Störers bei der negatorischen Haftung auseinandergesetzt. Da Picker aber ein Gesamtkonzept entwickelt hat, aus dem sich bei Vorliegen einer Eigentumsbeeinträchtigung zwangsläufig auch der Anspruchsgegner ergibt, ohne dass es weiterer Zurechnungskriterien bedarf, mußte sich auch *Herrmann* mit der Rechtsusurpationslehre auseinandersetzen.

280 So der Vorwurf *Pickers*, FS Gernhuber, S. 315, 345 ff. gegenüber seinen Kritikern: Sein neuer Lösungsansatz könne nur überzeugen, wenn man sich von dem herkömmlichen Denkschema löse und sich gänzlich auf seinen neuen Ansatz einlasse. Dafür muss dieser aber richtig durchdrungen werden.

bb) Die bildhafte Darstellung Pickers

(1) Der angemaßte Rechtsvorteil als haftungsbegründende Eigentumsbeeinträchtigung

Wenn der Beeinträchtigungsbegriff damit umschrieben wird, dass nicht lediglich „eine Einbuße an dem uneingeschränkten Genuss des Eigentums" vorausgesetzt wird[281], sondern erforderlich ist, dass ein Dritter „das eingebüßte Stück Eigentum ausübt"[282] und dass dabei das „rechtliche Können (...), die Freiheit des Eigentümers mit der Sache nach Belieben zu verfahren" betroffen sein muss, so stellt dies keine für eine Subsumtion taugliche Definition des negatorischen Tatbestandes dar. Der vom Störer erlangte Rechtsvorteil soll sich mit dem Rechtsnachteil des betroffenen Eigentümers decken[283]. Wie der Rechtsnachteil des Eigentümers, die „Einbuße an dem uneingeschränkten Genuss des Eigentums", genau auszusehen hat, bleibt zunächst offen, weil sich unter der Einschränkung des „rechtlichen Könnens" in Abgrenzung zum „tatsächlichen Können" des Eigentümers dogmatisch nichts konkretes vorstellen lässt. Da die Art der Eigentumsverletzung die maßgebliche Weichenstellung für die Anwendungsbereiche der negatorischen und der deliktischen Haftung ist, muss die Lehre in das System des gesetzlichen Eigentumsschutzes genauer verankert werden[284]. Ansonsten erweist es sich als schwierig, die Befugnis, mit der Sache nach Belieben zu verfahren, von der Möglichkeit ihres realen Gebrauchs zu trennen. Dies wird deutlich, wenn man sich nur den Wortlaut des § 903 S.1 BGB vor Augen führt: Der Gesetzgeber hat dort, wenn er davon spricht, dass der Eigentümer mit der Sache nach Belieben verfahren könne, nicht zwischen rechtlichen und tatsächlichen Befugnissen des Eigentümers unterscheiden wollen[285], sondern er hat beides einheitlich unter die für den Eigentümer positive Wirkung des Eigentums gefasst.

Eine abstrakte Definition des Beeinträchtigungsbegriffs fehlt in den Ausführungen *Pickers*. Seine bildhaften Beschreibungen lassen offen, was genau Gegens-

---

[281] *Picker*, Beseitigungsanspruch, S.51.

[282] *Picker*, aaO.

[283] Die Formulierungen „das Plus einer faktischen Rechtsusurpation" müsse „das Minus der Einschränkung des Einwirkungsbeliebens" bedingen (*Picker*, aaO., S.50, 1. Absatz), „was dem Gestörten fehle, müsse der Störer inne haben" (*Picker*, aaO., S. 51, 2.Absatz), kann nur so gedeutet werden, daß Vor- und Nachteil einander entsprechen müssen.

[284] *AK/Kohl*, § 1004 Rn.23 stellt zu Recht fest, dass die wichtige Vorfrage, was denn eigentlich Inhalt des Eigentums sei, von *Picker* völlig ausgespart werde.

[285] *Palandt/Bassenge*, § 903 Rn.5.

tand der Rechtsusurpation sein soll[286]. Es fragt sich, ob dies anhand der von Picker dargestellten Fallgruppen[287] näher bestimmt werden kann.

(2) Die Fallgruppen der Rechtsanmaßung

Als Formen der Beeinträchtigung fremden Eigentums werden abschließend

1. der Gebrauch der fremden Sache durch das Handeln eines Dritten[288],
2. der unberechtigte rechtsgeschäftliche Verfügungsakt über die fremde Sache[289],
3. der Akt der Sachschädigung[290] und
4. die Beeinträchtigung durch den Zustand einer störenden Sache[291]

verstanden. In allen diesen Fällen sei es die „Ausübung eines der vom Gesetz formierten Gebrauchsrechte“[292], die Einschränkung der „rechtlichen

---

[286] So kritisiert *Herrmann*, Der Störer, S. 80 dass es an einer alle erforderlichen Kriterien enthaltenen Definition des Beeinträchtigungstatbestandes gänzlich fehle. *Picker* mache juristisch ungenaue Ausführungen „globalen Inhalts“, beschreibe Situationen bildhaft und veranschauliche das von ihm Gemeinte durch Gleichnisse, die der „physischen Welt“ entstammten, aber keine einzelnen „rechtlichen Merkmale“ enthielten. Die Obersätze „globaler Art“ gehörten einem „anderen Seinsbereich“ an und vermittelten nur eine ungefähre Vorstellung von den nach *Picker* zu erfüllenden rechtlichen Voraussetzungen.

[287] *Picker*, Beseitigungsanspruch, S.82-113.

[288] *Picker*, aaO., S.82: Jemand betritt fremden Boden oder betätigt sich dort, der Nachbar unterhält einen störenden Betrieb und übt damit eine Tätigkeit aus, die neben dem zu engen eigenen zugleich den fremden Eigentumsraum in Anspruch nimmt.

[289] *Picker*, aaO., S.83 f. Es soll nur für die Dauer des Verfügungsaktes selbst eine Eigentumsbeeinträchtigung vorliegen. Das Ergebnis eines solchen Verfügungsaktes, der Eigentumsübergang kraft guten Glaubens, stelle als Erfolge der Verfügung einen für § 1004 I 1 BGB irrelevanten Schaden dar und könne deshalb allenfalls einen Anspruch aus § 823 I BGB begründen (S.84). So erklärt *Picker*, warum nach § 1004 I 2 BGB zwar der Verfügungsakt eines Unberechtigten vorbeugend verhindert (S.84), andererseits aber nach § 1004 I 1 BGB nicht verlangt werden kann, dass der ursprüngliche Rechtszustand wiederhergestellt wird.

[290] *Picker*, aaO., S.84 ff., wobei wie bei der Eigentumsverfügung nur für die Dauer des Schädigungsaktes selbst eine Eigentumsbeeinträchtigung vorliegen soll, während die Folgen des abgeschlossenen Eingriffs einen Schaden i.S.v. § 823 I BGB darstellen.

[291] *Picker*, aaO., S.91. Als Beispiele wird die Ausbauchung einer Grenzmauer oder das auf dem fremden Grundstück abgestellte Auto angeführt. Auch die Immissionen ausstoßende Anlage wird von *Picker* zu dieser Fallgruppe gezählt (obwohl sie von ihm auch bereits als ein Unterfall der „Handlungshaftung“ angesehen wurde, S.82), weil die Anlage den Nachbarraum durch ihre Ausstrahlung mit in Anspruch nehme.

[292] *Picker*, aaO., S.82.

Herrschaftsmacht"[293] als „Befugnis, über die Sache tatsächlich *und* rechtlich zu verfügen"[294] und „die nicht nur körperliche, sondern zugleich (...) rechtliche Überlagerung des Eigentums", welche die Haftung nach § 1004 I 1 BGB begründeten.

In den Fällen eines gegenwärtig andauernden Handelns, also bei einem Gebrauchs-, Verfügungs- oder Schädigungsakt, wird wie selbstverständlich die Eigentumsstörung i.S.v. § 1004 I 1 BGB darin gesehen, dass durch die Tätigkeit als solche die fremde Rechtssphäre überlagert wird.

Aufschlussreicher sind die Ausführungen zur Eigentumsbeeinträchtigung durch störende Sachen: *Picker* leitet in solchen Fällen die Rechtsanmaßung daraus her, dass die störenden Sachen – wegen ihrer rechtlichen Zuordnung - selbst vor Eingriffen des betroffenen Eigentümers geschützt seien: „Weil kraft dieser (rechtlichen) Zuordnung jeder Dritte von der Einwirkung auf die störende Sache ausgeschlossen ist, hat der Störer gleichsam einen geschützten Raum in der Eigentumssphäre des Gestörten inne und ist dieser in seiner Freiheit als Eigentümer beschränkt."[295] Die störende Sache könne nur problemlos beseitigt werden, wenn sie herrenlos oder kraft Gesetzes in das Eigentum des Geschädigten übergegangen sei[296].

Allerdings lässt Picker offen, wie sich der rechtliche Schutz der störenden Sache dogmatisch genau begründen lässt. Der Überlegung, dass bereits die Störung an sich es in einzelnen Fällen als gerechtfertigt erscheinen lassen könnte, dass die störende Sache vom Gestörten selbst entfernt wird, auch wenn sie sich im Besitz oder Eigentum des Störers befindet[297], wird nicht weiter nachgegangen. Welche Abwehrrechte der Störer gegen Eingriffe in seinen Besitz und sein Eigentum hat, bleibt genauso unerörtert wie mögliche Rechtfertigungsgründe, die dem betroffenen Eigentümer gestatten könnten, die störende Sache doch selbst zu beseitigen.

Folglich fehlt es an überzeugenden dogmatischen Konstruktionen und Definitionen, welche die Thesen *Pickers* stützen und den praktischen Umgang mit der Rechtsusurpationslehre fördern, was wiederum zur Folge hat, dass die Schwächen des Konzepts verschleiert werden. Es ist deshalb erforderlich, die Thesen in das System des gesetzlichen Eigentumsschutzes einzuordnen.

---

[293] *Picker*, Beseitigungsanspruch, S.83.
[294] *Picker*, aaO., Hervorhebung vom Autor selbst.
[295] *Picker*, aaO., S.130 (letzter Absatz).
[296] *Picker*, aaO., S.113 ff.
[297] Vgl. nur die Rechtfertigungsgründe der §§ 904, 859 BGB.

cc) Die Thesen Pickers im System des gesetzlichen Eigentumsschutzes

(1) Der Beeinträchtigungsbegriff als Ansatzpunkt der Gesamtlösung

Für eine Gesamtlösung den Beeinträchtigungsbegriff als das maßgebliche Haftungskriterium heranzuziehen, ist nachvollziehbar, denn im Tatbestand von § 1004 I 1 BGB ist nur dieses Merkmal einer so weitgehenden normativen Auslegung zugänglich[298]. Eine überzeugende Definition der Beeinträchtigung muss alle für einen Anspruch aus § 1004 I 1 BGB konstituierenden Elemente sowie gleichzeitig solche Kriterien enthalten, welche die deliktische Haftung ausschließen[299]. Zudem soll nach *Picker* der Anspruchsgegner feststehen, wenn eine Eigentumsbeeinträchtigung bejaht wird. Die Definitionsmerkmale müssen so hinreichend bestimmt sein, dass unter den Beeinträchtigungsbegriff eindeutig subsumiert werden kann. Nur dann können die konkreten Fallkonstellationen den Normen richtig zugeordnet und damit die erforderliche Rechtssicherheit im Umgang mit den §§ 823 I, 249 ff., 1004 I 1 BGB gewährleistet werden.

Es fragt sich, ob der Eingriff in die *rechtliche Integrität* des Eigentums als Abgrenzungskriterium diese Anforderungen überhaupt tauglich erfüllen kann. *Picker* definiert den Beeinträchtigungsbegriff vom Ergebnis der Einwirkung her, indem er einerseits den rechtlichen Nachteil, den der Eigentümer erleidet (Einschränkung des rechtlichen Könnens), und gleichzeitig den Vorteil, den der Störer daraus ziehen muss (Anmaßung einer Rechtsposition, die nach der Rechtsordnung dem Eigentümer zugestanden wird), umschreibt. Da sich der erlittene Nachteil des Eigentümers und der ungerechtfertigte Vorteil des Störers inhaltlich decken sollen, wäre es ausreichend, wenn eine der beiden Rechtsposi-

---

[298] Im Tatbestand von § 1004 BGB finden sich ansonsten nur die Ausschlußklausel, das Eigentum als Schutzobjekt, der Störerbegriff und in Abs.2 die Duldungspflicht. Dass die Beeinträchtigung in anderer Art und Weise als durch Entziehung oder Vorenthaltung des Besitzes erfolgen muß, dient nur dazu, die Fälle des Vindikationsanspruches von der negatorischen Haftung auszuschließen. Das Eigentum als Schutzobjekt ist ein feststehender Rechtsbegriff, der inhaltlich keiner einschränkenden Auslegung zugänglich ist. Die Frage nach dem Störer dient der Zurechnung der Beeinträchtigung, kann aber nicht den Haftungsumfang von § 1004 festlegen. Auch die Pflicht zur Duldung setzt vom Wortlaut und der Systematik (zwei getrennte Absätze) her eine Beeinträchtigung voraus, kann diese also nicht erst in ihrem Umfang bestimmen.

[299] Dabei ist es denkbar – so wie es *Picker* vertritt – dass das für die negatorische Haftung konstituierende Merkmal der Rechtsanmaßung durch den Dritten gleichzeitig auch eine für die deliktische Haftung ausschließende Funktion hat. Wichtig ist nur, dass die Anwendungsbereiche beider Normen so gegeneinander abgegrenzt werden, dass es zu keinerlei Überschneidungen kommt, soweit es um die Beseitigung von Sachschäden geht.

tionen hinreichend umschrieben würde. Beide Umschreibungen sind aber zu allgemein gehalten. Zudem ist zweifelhaft, ob überhaupt eine solche Deckungsgleichheit von erlittenem Nachteil und angemaßten Vorteil nach der Rechtsusurpationslehre erreicht wird.

(2) Der Eingriff in die rechtliche Integrität des Eigentums als taugliches Abgrenzungskriterium?

Die nach der Rechtsusurpationslehre ausschließlich dem Anwendungsbereich von § 823 I BGB zugeordneten Sachverhalte dürfen nicht auch die rechtliche Integrität des Eigentums betreffen, denn dann wäre nach der Definition *Pickers* immer auch § 1004 I 1 BGB mitverwirklicht, so dass kein abschließender Anwendungsbereich für die unerlaubte Handlung verbliebe.

Auf den ersten Blick ist eine Trennung von Eingriffen in die tatsächliche und in die rechtliche Integrität des Eigentums nicht von vornherein abwegig. Die Befugnisse, die dem Eigentümer aus seiner Rechtsstellung heraus für den Umgang mit seiner Sache kraft Gesetzes eingeräumt sind, lassen sich in solche tatsächlicher Art[300] und solche rechtlicher Art[301] unterteilen. Warum soll es dann nicht auch grundsätzlich möglich sein, bei den Eingriffen in fremdes Eigentum begrifflich zwischen solchen mit Auswirkungen auf die tatsächliche Integrität und solchen mit Auswirkungen auf die rechtliche Integrität des Eigentums zu unterscheiden?

Verdeutlicht man sich jedoch die Rechtsnatur des Eigentums, wird erkennbar, dass begrifflich Einwirkungen beschränkt in die tatsächliche Integrität nicht denkbar sind[302]. Vielmehr ist bei jeder Einwirkung auf eine fremde Sache immer auch das Eigentum als dingliches Recht betroffen. Dies wird deutlich, wenn man sich die Funktion des Eigentums vor Augen führt. Unsere Rechtsordnung kennt natürliche und juristische Personen als Träger von Rechten und Pflichten und Sachen als Objekte rechtlicher Zuordnung. Mittels des Eigentums als subjektivem Recht wird eine Sache einer Person rechtlich zugeteilt. Sachen werden nicht als solche von der Rechtsordnung vor Eingriffen geschützt, vielmehr ist allein die formale rechtliche Zuordnung eines Gegenstandes zu einer bestimm-

---

[300] Dies sind der Besitz, Benutzung/Nichtbenutzung, Veränderung, Verbrauch, Vernichtung einer Sache.

[301] Dies sind die Übereignung, Eigentumsaufgabe, Belastung mit beschränkten dinglichen Rechten oder Regelung der Benutzung einer Sache.

[302] *Herrmann*, Der Störer, S.82.

ten Person im zivilrechtlichen Sinne schutzwürdig, denn Träger von Rechten können nur Rechtssubjekte, nicht aber Rechtsobjekte sein. Deshalb wird nicht die Sache als solche in ihrer Existenz und Unversehrtheit vor Eingriffen Dritter gesichert, sondern ausschließlich das Eigentumsrecht an ihr. Erst mit dem Erwerb des Eigentums an einer herrenlosen Sache wird diese auch rechtlich schutzwürdig[303]. Ist eine Sache in ihrer Substanz beschädigt, ist damit stets auch in die rechtliche Integrität des Eigentums eingegriffen[304], so dass nach der Definition *Pickers* immer auch § 1004 I 1 BGB erfüllt wäre.

Es gilt deshalb herauszufinden, was genau damit gemeint ist, wenn der vom Eigentümer erlittene Nachteil einen Eingriff in die „rechtliche Integrität" des Eigentums darstellen soll.

(3) Die Unterscheidung von rechtlichem und tatsächlichem Können

Picker verlangt, dass für die Erfüllung des negatorischen Tatbestandes das „rechtliche Können" des Eigentümers, also seine „Freiheit, mit der Sache nach Belieben zu verfahren", und *nicht nur* „die reale Möglichkeit ihres Gebrauchs", wie sie mit jeder Beschädigung der Sache verbunden ist, betroffen sein müsste[305]. Diese Umschreibung des vom Eigentümer erlittenen Rechtsnachteils wirkt zunächst eher verwirrend als erklärend, denn ist der Eigentümer in seiner tatsächlichen Gebrauchsmöglichkeit eingeschränkt, sei es in Folge einer Sachbeschädigung oder einer reinen Nutzungsbeeinträchtigung, dann kann er vom Wortsinn her stets auch nicht mehr nach Belieben mit ihr verfahren. Wird beispielsweise ein Auto unberechtigt zuparkt oder der Lack des Fahrzeugs rechtwidrig beschädigt, dann ist es allein dem Eigentümer des Autos vorbehalten gewesen, dies zu tun. Er kann die Sache selbst nun nicht mehr in der vorgenommenen Weise schädigen bzw. sie nicht mehr beliebig gebrauchen.

Die Umschreibung des „rechtlichen Könnens", so wie sie *Picker* vornimmt, ist daher wertend zu verstehen. Er sieht das rechtliche Können als ein „Mehr" im Vergleich zum tatsächlichen Können („*nicht nur*" die reale Möglichkeit soll eingeschränkt sein) und nicht als etwas anderes als das tatsächliche Können an.

---

[303] Vgl. *Herrmann*, Der Störer, S.82. Die Beschädigung herrenloser Sachen löst deshalb auch keinen Anspruch aus § 823 BGB aus.

[304] *Herrmann*, aaO., S.82, *Olzen*, S.36 f. Dies wird auch an Hand des Wortlautes von § 823 I BGB dadurch deutlich, dass die Sachbeschädigung den Deliktstatbestand nur verwirklicht, weil sie eine Verletzung des Eigentums(rechts) darstellt.

[305] *Picker*, Beseitigungsanspruch, S.51.

Worin besteht nun aber dieses „Mehr“, welches das rechtliche Können ausmacht, und das zur Erfüllung der negatorischen Haftung über eine bloße Gebrauchsbeeinträchtigung hinaus eingeschränkt sein muss?

(4) Die rechtlichen Grenzen der Selbsthilfe als die eigentliche Eigentumsbeeinträchtigung

Ob das „rechtliche Können“ betroffen ist, kann nur nach der Art beurteilt werden, in welcher der Eigentümer in dem *tatsächlichen* Gebrauch seiner Sache beeinträchtigt wird. Dem Eigentümer ist das Recht vorbehalten, über den Besitz und die Nutzung seiner Sache zu entscheiden, sie zu vernichten, zu verbrauchen oder zu verändern. Der tatsächliche Gebrauch einer Sache kann durch die Eingriffshandlung selbst oder durch die von ihr herbeigeführten dauerhaften Folgen, etwa auch die Beschädigung einer Sache, beeinträchtigt werden. Während im Hinblick auf den entstandenen Schaden nur eine Folgenbeseitigung denkbar ist, besteht bei der Eingriffshandlung selbst noch eine tatsächliche Abwehrmöglichkeit des Eigentümers, um das Eintreten weiterer Folgen zu verhindern.

Unter der Einschränkung des „rechtlichen Könnens“ versteht *Picker*, dass sich der betroffene Eigentümer das Stück *tatsächliche* Herrschaftsmacht, das ihm der Störer vorenthält, zwar *tatsächlich* zurückholen kann (*tatsächliches* Können), indem er auf die Person des Störers oder dessen störende Sache einwirkt, ihm diese Selbsthilfe *rechtlich* aber nicht grenzenlos gestattet ist (Einschränkung des *rechtlichen* Könnens)[306]. Wehrt sich der Eigentümer nämlich selbst gegen den Störer oder die störende Sache, dann läuft er Gefahr, rechtswidrig in die ebenfalls geschützte Rechtsposition des Störers einzugreifen und sich dadurch ihm gegenüber schadensersatzpflichtig zu machen, weil er seinerseits die von der Rechtsordnung gesetzten Grenzen seiner Abwehrbefugnis überschreitet.

Der Sinn und Zweck des § 1004 I 1 BGB wird also nicht darin gesehen, dass der Störer verpflichtet sein soll, den ursprünglichen vor der Störung tatsächlich bestehenden Zustand wiederherzustellen, vielmehr soll dem Eigentümer nur die unbegrenzte Rechtsmacht eingeräumt werden, dies selbst tun zu dürfen. Ein Anspruch gem. § 1004 I 1 BGB wird nicht gewährt, weil der Eigentümer in seinem Recht eingeschränkt ist, seine Sache tatsächlich zu nutzen[307], sondern weil er

---

[306] *Gursky*, JR 1989, 397, 398.

[307] Dies versteht *Picker* unter der „realen Möglichkeit, die Sache zu gebrauchen“.

sich gegen diese Beeinträchtigung nicht uneingeschränkt wehren kann[308]. Der betroffene Eigentümer kann dem Störer deshalb keine aktive Beseitigung der Beeinträchtigung abverlangen, sondern er kann grundsätzlich nur fordern, dass der Störer auf seine rechtlich geschützte Position verzichtet, die es dem Eigentümer bis dahin verwehrt hat, selbst uneingeschränkt gegen die Störung vorzugehen. Hat der Anspruchsgegner kein Interesse mehr an der störenden Sache, dann erfüllt er den Beseitigungsanspruch, indem er seine Rechtsposition einfach aufgibt. Möchte er die Sache dagegen erhalten, dann steht es ihm frei, diese selbst auf seine eigenen Kosten wegzuschaffen. In diesem Fall ist gewährleistet, dass es zu keinem weiteren Interessenkonflikt kommt, weil die störende Sache beim Entfernen durch den Gestörten selbst beschädigt oder zerstört werden könnte. § 1004 I 1 BGB wird demnach nicht als ein Anspruch auf Wiederherstellung des ursprünglichen Zustands – in welchem Umfang auch immer – verstanden, sondern die Norm soll allein dem Rechtsfrieden dienen, weil dem Eigentümer eine grenzenlose Selbsthilfe verwehrt ist und er stattdessen einen Beseitigungsanspruch geltendmachen kann.

Somit ist bereits nach dem Geltungsgrund von § 1004 I 1 BGB eine Überschneidung mit dem auf Restitution gerichteten Schadensersatzanspruch gar nicht denkbar. Im Falle des Schadensersatzes kann der betroffene Eigentümer seine Sache jederzeit selbst wieder herrichten, ohne in die Rechtssphäre des Störers eingreifen zu müssen. §§ 823 I, 249 ff. BGB ermöglichen ihm allerdings, dies stattdessen vom Schädiger zu verlangen oder aber von ihm zumindest die Kosten der Wiederherstellung ersetzt zu bekommen. Im Falle des negatorischen Beseitigungsanspruchs sei es dem betroffenen Eigentümer dagegen verwehrt, den ursprünglichen Zustand eigenhändig wiederherzustellen, denn er müsse dafür auf das Eigentum oder die Person[309] des Störenden einwirken, was ihm aber untersagt sei, weil auch der „Störer" gleichsam einen geschützten Raum in der Eigentumssphäre des Gestörten inne habe.

Dies alles zeigt, dass der Anwendungsbereich des § 1004 I 1 BGB nach der

---

[308] ... und deshalb in seiner Freiheit, mit der Sache nach Belieben zu verfahren, eingeschränkt ist. Vgl. auch *Lobinger*, JuS 1997, 981, 982. Diesen Begründungsansatz nimmt *Altenhain*, Ehrschutz, S.109 für den Widerruf ehrverletzender Äußerungen auf.

[309] *Picker* stellt nur die geschützte *Sach*beziehung des Störers dar, beschränkt seine Ausführungen also darauf, dass die Störung von einer Sache ausgeht (Beseitigungsasnpruch, S.92, 1.Absatz; S.114, 2. Absatz; S.117, 1. Absatz; S.130, 3.Absatz, 131, 1.Absatz). Wird die Störung durch eine Handlung verursacht, dann ist die Beeinträchtigung i.S.v. § 1004 I 1 BGB darin zu sehen, dass der gestörte Eigentümer nicht uneingeschränkt gegen den handelnden Störer vorgehen kann.

Rechtsusurpationslehre ausschließlich danach bestimmt wird, inwieweit der Eigentümer rechtlich in der Lage ist, sein Eigentum von Störungen Dritter selbst zu befreien. Der Anwendungsbereich der negatorischen Haftung soll die rechtlichen Grenzen unterliegende Selbsthilfe des gestörten Eigentümers ergänzen. Die Behinderung des Eigentums besteht im „Nicht-antasten-Dürfen" der störenden Sache bzw. der Person, welche die störende Handlung begeht[310]. Die Beeinträchtigung des Eigentums ist damit ein Reflex des Rechtsgüterschutzes des Störers.

Es fragt sich zwangsläufig, wie dieser Rechtsgüterschutz des Störers rechtlich ausgestaltet ist. *Picker* selbst führt dazu nichts weiter aus. Nur einmal heißt es: „Der negatorische Anspruch des Gestörten ist nichts anderes als das rechtliche Instrument, den negatorischen Schutz des Störers zu überwinden, (...)"[311]. Damit drückt er aus, dass er den Inhalt des negatorischen Beseitigungsanspruchs bestimmen will, indem er den negatorischen Schutz des Störers definiert. Dass diese Konstruktion in einem Zirkelschluss enden muss und deshalb nicht weiterhelfen kann, ist offensichtlich[312].

Vielmehr ist zu untersuchen, ob dem Rechtsinhaber der störenden Sache Ansprüche zustehen für den Fall, dass der Eigentümer zur Selbsthilfe greift und die störende Sache antastet[313]. Solche Ansprüche bestimmen sich wiederum nach der Art des verletzten Rechtsguts und der störenden Einwirkungen, weil festgestellt werden muss, in welchem Umfang nunmehr der Störer vor Abwehrhandlungen des Eigentümers geschützt ist. Ist der Störer Eigentümer der störenden Sache, so kommt insbesondere ein Anspruch aus § 1004 I 1 BGB in Betracht, bei Schädigung aus § 823 I BGB. Der unmittelbare oder mittelbare Besitzer kann gegen den Störer vor allem Besitzschutzansprüche aus den §§ 861, 862, 869 BGB, einen Schadensersatzanspruch aus § 823 I BGB und einen Bereicherungsanspruch aus § 812 I 1, 2. Fall BGB geltend machen[314]. Welche Ansprüche der Störer im einzelnen hat, kann allerdings dahingestellt bleiben, weil dem betroffenen Eigentümer jedenfalls ein Rechtfertigungsgrund, etwa aus §§ 910, 228,

---

310 *Herrmann*, Der Störer, S.85. Sie beschränkt diesen Gedanken zwar auf den Schutz einer störenden Sache und erstreckt ihn nicht auch auf den der störenden Person (vermutlich, weil *Picker* bei der Handlungshaftung ebenfalls eine nähere Begründung für entbehrlich hält), doch muß konsequenterweise dies auch auf die Fälle übertragen werden, in denen eine „Handlungshaftung" vorliegt.

311 *Picker*, Beseitigungsanspruch, S.131.

312 *Herrmann*, Der Störer, S.86.

313 *Herrmann*, aaO., S.85.

314 Vgl. dazu auch *Herrmann*, aaO., S.86.

859 I BGB, zur Seite steht[315].

Dies bestreiten auch die Anhänger der Rechtsusurpationslehre nicht, doch sehen sie die Eigentumsbeeinträchtigung darin, dass die Befugnis zur Einwirkung auf die störende Sache immer *im Umfang* begrenzt ist[316]. Der Eigentümer dürfe die störende Sache nicht nach Belieben, etwa auf die für ihn kostengünstigste Weise, beseitigen, sondern unterliege stets dem Verhältnismäßigkeitsgrundsatz bei der Wahl seiner Maßnahme, so dass immer eine „Schutzenklave" für den Störer im Eigentumsraum des Gestörten bestehe, die diesen daran hindere, mit seiner eigenen Sache nach Belieben zu verfahren und ihn damit in seiner Freiheit zu begrenzen[317]. Da der Verhältnismäßigkeitsgrundsatz nicht aufgegeben werden kann, verbleibt nur die Möglichkeit, dass der Störer seine Rechtsposition ganz aufgibt, indem er die Handlung beendet bzw. seine Rechte an der störenden Sache preisgibt. Damit beschränkt sich die praktische Bedeutung von § 1004 I 1 BGB darauf, dass der betroffene Eigentümer ein Wahlrecht hat, die Sache im Wege der Selbsthilfe – dann aber in den zulässigen Grenzen - sofort zu entfernen, was er häufig auch tun wird, weil er die Beeinträchtigung möglichst bald beenden will, oder aber zuvor gem. § 1004 I 1 BGB einen Anspruch auf Aufgabe der entgegenstehenden Rechtsposition geltend zu machen, um die Sache anschließend entfernen zu können, ohne dann Gefahr zu laufen, dass er sich wegen Missachtung der Rechtfertigungsgrenzen schadensersatzpflichtig machen kann. § 1004 I 1 BGB auf die Fälle zu beschränken, in denen sich der Störer ein fremdes Recht anmaßt, bedeutet folglich, dem Anspruch seine in der Praxis weitgehend eigenständige Bedeutung zu nehmen und ihn zu einem Alternativrecht neben der Selbsthilfe herabzustufen. Die Rechtsusurpationslehre hat auf den Anwendungsbereich von § 1004 I 1 BGB damit stark einschränkende Auswirkungen.

(5) Die Rechtsanmaßung als Vorteil des Störers

Picker beschreibt das haftungsbegründende Moment für den Anspruch aus § 1004 I 1 BGB allerdings nicht damit, dass der gestörte Eigentümer in seinem Selbsthilferecht eingeschränkt ist. Damit rechtfertigt er nur seine Auffassung. Vielmehr stellt er primär darauf ab, dass sich der Störer ein fremdes, ihm nicht zustehendes Recht anmaße. Dies soll die grundsätzlich neue Ausrichtung der

---

[315] *Herrmann*, Der Störer, S.89.
[316] *Gursky*, JR 1989, 397, 399.
[317] *Gursky*, JR 1989, 397, 399.

Lehre sein. Es fragt sich jedoch, ob überhaupt ein solches Umdenken weg vom Nachteil des Eigentümers hin zum Rechtsvorteil des Störers erfolgt ist.

Insbesondere am Beispiel der unzulässigen Immissionen ist in der Literatur immer wieder kritisiert worden, dass in diesem grundlegenden Anwendungsbereich von § 1004 I 1 BGB die Rechtsusurpationslehre versage, weil die Beschränkung der Herrschaftsausübung des Eigentümers nicht mit einem Vorteil auf Seiten des Störers korrespondiere[318]. *Gursky* hat die Rechtsusurpationslehre daraufhin dahingehend konkretisiert, dass der Störer durch sein Verhalten bzw. die räumliche Lage oder die Ausstrahlung seiner Sache in die Eigentumssphäre des Anspruchstellers hineinwirke, weil sich ein solcher Übergriff in die Rechtssphäre des betroffenen Eigentümers als die faktische Ausübung einer Entscheidungskompetenz begreifen lasse, welche die Rechtsordnung dem betroffenen Eigentümer zuweise. Maßgeblich sei also, dass sich der Störer objektiv (tatsächlich!) so verhalte, als stünde ihm eine entsprechende Dienstbarkeit zu, welche Abwehrrechte des Grundstückseigentümers gegen sein (tatsächliches!) Verhalten ausschlössen[319].

Dies zeigt, dass auch in der Rechtsusurpationslehre letztendlich darauf abgestellt wird, dass der Eigentümer im Gebrauch seiner Sache *tatsächlich* eingeschränkt ist. Genauso wird aus dem *tatsächlichen* Verhalten des Störers auf dessen Rechtsusurpation geschlossen. Die Annahme eines rechtlichen Vorteils ergibt sich nur aus der gesetzlichen Wertung, dass keine grenzenlose Selbsthilfe des Betroffenen gegen die *tatsächliche* Störung erlaubt ist. Haftungsbegründend für § 1004 I 1 BGB wirkt demnach, dass der Störer durch sein Verhalten eine Rechtsgüterkollision herbeiführt. Diese Rechtsgüterkollision hält solange an, wie der Störer an seinem eigenen Recht bzw. Rechtsgut festhält.

Damit entfernt *Picker* § 1004 I 1 BGB aus dem herkömmlichen System des Eigentumsschutzes, welches auf die schutzwürdigen Interessen des Eigentümers an seiner Sache abstellt.

Diese Interessen eines jeden Eigentümers lassen sich in zwei Gruppen einteilen:

1. Der Eigentümer kann seine Sache grundsätzlich unbeschränkt nutzen (Nutzungsrecht)[320] und über sie nach Belieben verfügen (Verfügungsgewalt)[321]. Dies

---

[318] *Herrmann*, Der Störer, S.93 f.; *Jabornegg/Strasser*, Nachbarrechtliche Ansprüche, S.102 f.; *MünchKomm/Medicus*, § 1004 Rn.26; *Westermann*, BGB-SR Rn.64a.

[319] *Gursky*, JR 1989, 397, 398 (Die Zusätze in den Klammern stammen vom hiesigen Verf.).

[320] Dazu zählen die Entscheidungen des Eigentümers über Besitz/Nichtbesitz, Nutzung/Nichtbenutzung und die Wahlmöglichkeit, seine Sache zu verändern, sie zu verbrauchen oder gar zu vernichten. Dass dem Besitz insoweit eine besondere Bedeutung zukommt, weil

sind *aktive* Rechte, die sich *unmittelbar* aus dem Eigentum herleiten.

2. Davon getrennt zu behandeln ist das *passive* Interesse des Eigentümers, dass seine Sachen von Dritten in ihrer Substanz nicht angetastet werden sollen, das sogenannte Integritätsinteresse, um immer auch das Vermögen zu erhalten.

Das im Umfang begrenzte Selbsthilferecht ist aber streng von den aus dem Eigentum originär hervorgehenden Befugnissen zu trennen, weil es jedem Rechtsgutsinhaber von der Rechtsordnung zur Abwehr rechtswidriger Eingriffe in seine Rechtsgüter gewährt wird, also bereits eine Rechtsgutsverletzung bzw. eine Eigentumsbeeinträchtigung voraussetzt und folglich nicht zur Definition derselben beitragen kann. Die Rechtsusurpationslehre löst sich damit vom System des unmittelbaren Eigentumsschutzes – weg von den oben genannten aktiven Befugnissen des Eigentümers - und argumentiert ausschließlich auf der Ebene der Rechtfertigungsgründe.

Dies führt aber dazu, dass sich der Nachteil seitens des Eigentümers und der Vorteil seitens des Störers nicht decken: Der Eigentümer ist immer dreifach benachteiligt: Tatsächlich im Umgang mit seiner Sache, was immer auch die Beeinträchtigung seines Nutzungsrechts bedeutet, und weiterhin rechtlich, weil ihm durch das Gesetz untersagt ist, sich nach Belieben im Wege der Selbsthilfe gegen den Eingriff zu wehren. Der Störer ist kongruent aber nur zweifach bevorteilt: Einmal tatsächlich, weil er die fremde Sache unerlaubt nutzt, ohne dazu ein Recht zu haben, zum anderen rechtlich, weil ihn der Eigentümer nur in den Grenzen erlaubter Rechtfertigung abwehren darf. Soweit *Picker* aus dem tatsächlichen Verhalten auf die Anmaßung fremden Rechts schließt, erlangt der Störer ein solches aber nicht, ist also insoweit rechtlich auch nicht begünstigt.

Daraus folgt: Sollen sich der Vorteil des Störers und der Nachteil des Eigentümers decken, weil nur bei einer Rechtskreisüberschneidung die Haftung derart begründet sein soll, dass mit dem Vorteil des Störers unmittelbar auch der Nachteil des Eigentümers entfällt, kann demnach entweder isoliert nur auf die tatsächlichen Folgen des Eingriffs oder aber isoliert auf die Schranken bei der Rechtfertigung abgestellt werden.

Ersteres scheidet aus, weil beim Abstellen auf die tatsächliche Beeinträchtigung gerade die Abgrenzungsproblematik zu § 823 I BGB gegeben ist. Der tatsächli-

---

er die Voraussetzung für die Nutzung einer Sache ist, spiegelt sich systematisch darin wider, dass der Vindikationsanspruch in § 985 BGB gesondert geregelt wurde.

[321] Dazu zählen die Entscheidungen über die Übereignung, die Eigentumsaufgabe und die Belastung mit beschränkt dinglichen Rechten, also alle solche Maßnahmen, welche die Rechtslage an der Sache *unmittelbar* verändern.

che Vorteil des Störers würde nur dann gänzlich entfallen, wenn der ursprüngliche Zustand ohne Störung wiederhergestellt würde[322]. Es wäre also wie bei § 823 I BGB Naturalrestitution geschuldet.

Die Eigentumsbeeinträchtigung muss folglich in der im Umfang beschränkten Selbsthilfe des Eigentümers bestehen; demgemäß der kongruente rechtliche Vorteil im Schutz des Störers vor unverhältnismäßiger Abwehr durch den Eigentümer. Dieser Rechtsvorteil ist dem Störer aber kraft Gesetzes zugesichert, so dass insoweit von keiner Rechtsanmaßung die Rede sein kann.

Der Vorteil des Störers soll deshalb auch darin gesehen werden, dass er sich so verhält, als ob er ein beschränktes dingliches Gebrauchsrecht an der fremden Sache inne hat, sich also ein fremdes Nutzungsrecht anmaßt. Dann sind aber der rechtliche Vorteil beim Störer (angemaßtes Nutzungsrecht) und der rechtliche Nachteil, auf den die Rechtsusurpationslehre beim Eigentümer abstellen will (eingeschränktes Selbsthilferecht), nicht deckungsgleich.

Das hat folgende Konsequenz: Um den Anwendungsbereich von § 1004 I 1 BGB zu umschreiben bzw. den Begriff der Eigentumsbeeinträchtigung zu definieren, kann nicht auf die Anmaßung des Nutzungsrechts beim Störer, sondern nur auf die dadurch verursachte beschränkte Selbsthilfe beim Eigentümer abgestellt werden.

dd) Zusammenfassung der Präzisierung

1. Gegen jede Beeinträchtigung im Gebrauch seiner Sachen kann sich der Eigentümer im Wege der Selbsthilfe wehren. Die Selbsthilfe ist aber zum Zwecke des Rechtsfriedens im Umfang nur beschränkt zulässig. Dadurch wird der Störer vor unverhältnismäßiger Abwehr geschützt. In dieser Einschränkung gerechtfertigten Abwehrhandelns sieht *Picker* den Rechtsgrund für einen Anspruch aus § 1004 I 1 BGB. Der Eigentümer sei dann in seinem „rechtlichen Können" eingeschränkt. Im Gegensatz dazu soll eine tatsächliche Beeinträchtigung des Eigentums, egal ob sie substanzschädigend ist oder nicht, keinen verschuldensunabhängigen negatorischen Beseitigungsanspruch begründen, weil nur das „tatsächliche Können" betroffen sei.

2. Die negatorische Haftung gem. § 1004 I 1 BGB darauf stützen zu wollen,

322 Soweit der Störer das Eigentum an der störenden Sache aufgibt, ist er dennoch tatsächlich dadurch begünstigt, dass er die störende Sache, etwa den Müll, nicht anderweitig beseitigen muss.

dass der Störer ein fremdes Recht usurpiere, ist eine schiere Gedankenkonstruktion, die dogmatisch nicht fassbar ist: In den Fällen der Nutzungsbeeinträchtigung besteht der unmittelbare Vorteil des Störers im angemaßten *tatsächlichen* Gebrauch der fremden Sache. Ihm entspricht auf Seiten des Eigentümers stets eine kongruente Einschränkung seines *tatsächlichen* Sachgebrauchs und damit immer auch seines aus dem Eigentum hervorgehenden Rechts, seine Sache nach Belieben zu nutzen. Ist der Eigentümer dadurch immer auch *rechtlich* beeinträchtigt, so erlangt der Störer durch seinen Eingriff doch nur einen *tatsächlichen* Vorteil. Rechtlich ist er nur durch das eingeschränkte Selbsthilferecht des Eigentümers geschützt. Dieser Rechtsvorteil ist dem Störer aber kraft Gesetzes zugesichert, so dass insoweit von keiner Rechtsanmaßung die Rede sein kann.

3. Das Eigentum ist nur solange i.S.v. § 1004 I 1 BGB beeinträchtigt, wie der Eigentümer im Umfang seines Selbsthilferechts begrenzt ist. Umgekehrt entfällt es, wenn die schädigende Einwirkungshandlung oder der störende Zustand durch die im Eigentum des Störers stehende Sache endet oder aber diese störende Sache in das Eigentum des Betroffenen übergegangen ist. Die verbleibende Sachveränderung ist dann nur die Folge des Störereingriffs.

4. § 1004 I 1 BGB hat damit eine das Selbsthilferecht ergänzende Funktion, indem es dem Eigentümer ein Wahlrecht dahingehend einräumt, im Wege der Selbsthilfe den Eingriff abzuwehren, sich dann aber an die Grenzen der Rechtsordnung halten zu müssen, oder aber sich mittels des Anspruchs aus § 1004 I 1 BGB ein grenzenloses Selbsthilferecht zu verschaffen.

5. Der Handelnde und derjenige, dem im Falle der Zustandshaftung die störende Sache zugeordnet werden kann, sind als Störer i.S.v. § 1004 I 1 BGB anzusehen. Eine störende Sache ist demjenigen zuzuordnen, dessen Mitwirken außerhalb der Rechtfertigungsgrenzen zur Beseitigung der störenden Sache erforderlich ist, weil er ansonsten durch eine unverhältnismäßige Abwehrmaßnahme in seinen Rechten verletzt würde.

c) Kritik in Rechtsprechung und Schrifttum an der Rechtsusurpationslehre

Die in Rechtsprechung und Schrifttum geäußerte Kritik an der Rechtsusurpationslehre stützt sich vielfach auf reine Plausibilitätsargumente und wird nur zum Teil dogmatisch begründet.

aa) Plausibilitätsargumente

Es sind insbesondere die praktischen Ergebnisse der Rechtsusurpationslehre, die als ungerecht empfunden werden[323], weil sie zu „erheblichen Schutzlücken und Ungereimtheiten" führen[324], vor allem in den Dereliktions- und Altlastenfällen[325]. § 1004 I 1 BGB sei nach der neuen Lehre praktisch ein Gefahrenbeseitigungsanspruch, der dem Zweck diene, dem Eigentümer die seinem rechtlichen Dürfen und Können entsprechende Handlungsfreiheit zu verschaffen[326].

Es sei nicht nachvollziehbar, warum der Störer in den Erdboden eingedrungene Schadstoffe oder dort versickertes Öl[327] deshalb nicht entfernen müsse, weil der ungewollte Fremdstoff kraft Gesetzes in das Eigentum des Gestörten übergegangen sei[328]. Es könne auch nicht richtig sein, dass derjenige, der Steine auf ein fremdes Grundstück werfe, diese nicht verschuldensunabhängig beseitigen müsse, weil er inzwischen mit dem Werfen aufgehört habe. An einer einmal eingetretenen Verantwortlichkeit könne sich durch das Verhalten des Pflichtigen nichts ändern[329]. Genauswenig mache es einen Unterschied, ob Holz, das unbefugterweise auf ein fremdes Grundstück verbracht worden sei, dort deshalb liege, weil es da gelagert werden solle oder weil es dort als unbrauchbar unter Aufgabe des Eigentums abgeladen worden sei. Der fremde Grund werde gleichermaßen zu Unrecht in Anspruch genommen, im zweiten Fall sogar intensiver, weil der Handelnde das Holz dort auf Dauer lassen wolle. Auch die Beseitigungskosten seien stets gleich hoch[330].

Da vermag auch nicht zu überzeugen, dass die Ergebnisse *Pickers* in den Fällen versickerten Öls nach einem Tanklastwagenunfall, zu Unrecht abgestellter Pkws

---

[323] So zutreffend *AK/Kohl*, § 1004 Rn.23. Vgl. *Baur*, AcP 175 (1975), 177 ff. *MünchKomm/Medicus*, § 1004 Rn.25; *Soergel/Mühl*, § 1004 Rn.4, 29, 42, 112; *Ermann/Hefermehl*, § 1004 Rn.7, 14 a.E.; *Olzen*, S.33-39 (vor allem S.37 unten, S.38, 1. Absatz); *Bamberger/Roth/Fritzsche*, § 1004 Rn.35; *Westermann*, BGB-SR Rn.64a; *Stickelbrock*, AcP 197 (1997), 456, 471.

[324] *Bamberger/Roth/Fritzsche*, § 1004 Rn.35.

[325] *Herrmann*, JuS 1994, 276; *MünchKomm/Medicus*, § 1004 Rn.25; vgl. ferner *Baur*, AcP 175 (1975), 177, 179; *Soergel/Mühl*, § 1004 Rn.4; *Erman/Hefermehl*, 10. Aufl., § 1004 Rn.7; *Palandt/Bassenge*, § 1004 Rn.1.

[326] *Henckel*, AcP 174 (1974), 97, 103.

[327] *Baur*, AcP 175 (1975), 177 ff., dazu erwidert *Picker*, AcP 176 (1976), 28, 50, Fn.69: Im Boden versickertes Öl sei wie ein Ölfleck in der Kleidung zu behandeln.

[328] BGH NJW 1996, 845, 846 (re. Sp.), *Bamberger/Roth/Fritzsche*, § 1004 Rn.58; vgl. aber *Picker*, AcP 176 (1976), 28, 50, Fn.69.

[329] BGH NJW 1996, 845, 846 (re.Sp.).

[330] *Larenz/Canaris*, SchR II/2, § 86 II.2.b) (S.677); *Stickelbrock*, AcP 197 (1997), 456, 472.

oder rechtswidrig entsorgten Mülls deshalb als wenig belastend empfunden werden, weil sie praktisch kaum relevant seien, handele der Störer doch meist schuldhaft[331]. Für die Abgrenzungsfrage kann es aber nur auf solche Fallkonstellationen ankommen, in denen § 823 I BGB gerade nicht erfüllt ist. Des weiteren kann die Verschuldensfrage in solchen Fällen zweifelhaft sein. Der Eigentümer hat dann einen erheblichen Vorteil, wenn er keinen Verschuldensnachweis erbringen muss. Dies kann vor allem auch bedeutsam sein, wenn er verschuldensunabhängig Regressansprüche gem. §§ 677 ff. oder §§ 812 ff. BGB geltendmacht, nachdem er die Eigentumsbeeinträchtigung und damit die Beweisgrundlage selbst beseitigt hat.

Dem halten die Anhänger der Rechtsusurpationslehre entgegen, dass auch die herrschende Ansicht ihre Auffassung nicht überzeugend begründe[332]. So werde es als selbstverständlich erachtet, dass im klassischen Beispiel des Steinewerfers der betroffene Eigentümer die Beseitigung der Steine gem. § 1004 I 1 BGB verlangen könne[333]. Es stelle eine willkürliche Ungleichbehandlung dar, wenn ein Geisteskranker, der auf einem fremden Grundstück ein zum wesentlichen Bestandteil des Grundstücks werdendes Gebäude errichtet, aus § 1004 I 1 BGB auf die Beseitigung dieses Gebäudes hafte, während er im Falle der Zerstörung des fremden Gebäudes vorbehaltlich § 829 BGB von jeder Schadensersatzpflicht frei bleiben solle[334]. Es sei ebensowenig befriedigend zu erklären, weshalb ein 6-jähriger Junge, der die Scheibe im Nachbarhaus einschieße, für den Schaden nur ausnahmsweise hafte (§ 829 BGB), für die Beseitigungskosten (Entfernung der Steine) aber voll aufkommen solle[335], oder warum derjenige, der von einer fremden Sache den Anstrich teilweise abgekratzt habe, nur nach

---

331 So aber *AK/Kohl*, § 1004 Rn. 23; *Gursky*, JR 1989, 397, 402; *Stickelbrock*, AcP 197 (1997), 456, 465; *Lobinger*, JuS 1997, 981, 983.

332 *Buchholz/Radke*, Jura 1997, 454, 461.

333 *Gursky* JZ 1996, 683, 684; *Lobinger*, JuS 1997, 981, 983.

334 *Gursky*, JR 1989, 397, 398.

335 *Neuner*, Sachenrecht, Rn.205; *ders.*, JuS 2005, 385, 388. Will man deshalb die Kausalhaftung als einen massiven Wertungswiderspruch zum allgemeinen, das Zivilrecht durchdringenden Schutz von Geschäfts- und Deliktsunfähigen sehen, so erfordert dies keineswegs, die Kausalhaftung insgesamt in Frage zu stellen, vielmehr können solche empfundenen Wertungswidersprüche, etwa durch die analoge Anwendung der §§ 827, 828, 829 BGB oder durch eine allgemeine Grenzziehung in der Rechtsfolge von § 1004 I 1 BGB korrigiert werden, um einen angemessenen Ausgleich der Interessen vom geschäfts- und deliktsunfähigen Störer, gegebenenfalls von dessen Aufsichtspersonen und vom beeinträchtigten Eigentümer zu schaffen. Wegen der unten aufgeführten Grenzen im Anwendungsbereich von § 1004 I 1 BGB ist m.E. ein weitergehender Schutz der Geschäfts- und Deliktsunfähigen entbehrlich.

§ 823 I BGB haften solle, während ein anderer, der die Sache mit Farbe beschmiere, verschuldensunabhängig den alten Zustand wiederherzustellen habe[336]. Die differentia specifica liege in der nur zufälligen äußeren Erscheinungsform der Eigentumsverletzung[337].

Es ist wichtig zu erkennen, dass die Ergebnisse der Rechtsusurpationslehre letztendlich die Konsequenz aus dem Umdenken, weg von der Kausalitätshaftung hin zu einer Haftung wegen Rechtsanmaßung, sind. Die Kritik kann sich deshalb nicht ausschließlich darauf stützen, dass es diesen Ergebnissen an Plausibilität fehle, sind sie doch nur die konsequente Folge des Umdenkens. Ansonsten wäre der Vorwurf, dass sich die Kritiker nicht hinreichend von ihrer herkömmlichen Vorstellungsweise einer Kausalhaftung lösten und deshalb den neuen Ansatz befangen beurteilten, richtig[338]. Überzeugende Einwände gegen den neuen Denkansatz müssen sich deshalb mit dem dogmatischen Unterbau der Rechtsusurpationslehre auseinandersetzen.

Genausowenig können sich die Anhänger der Rechtsusurpationslehre ausschließlich darauf berufen, dass nur die erhebliche Rechtsunsicherheit des herrschenden Lösungsansatzes beendet werden könne[339], indem man sich auf den Kern des dinglichen Rechtsverwirklichungsanspruchs zurückbesinne[340]. Auch die Beendigung dieser Rechtsunsicherheit kann nur mittels einer dogmatisch gut begründeten Alternativlehre erfolgen. Eine Auseinandersetzung mit der Rechtsusurpationslehre kann somit nur auf dogmatischer Ebene erfolgen.

bb) Dogmatische Argumente

Im folgenden sollen im streitigen Schrifttum häufig vorzufindende dogmatische Argumente bewertet werden, bevor selbst Stellung genommen wird.

---

336 *Gursky*, Fälle und Lösungen, Fall 6; *Lobinger*, JuS 1997, 981, 982: Wenn Sprühlack auf ein Auto gerate und nur durch gänzliches Abschleifen des Wagens wieder entfernt werden könnte, dann werde dieser Fall doch auch wie das Verkratzen des Autos behandelt, also in beiden Fällen nach § 823 I BGB. Es ist dann aber auch stets das Vermögens- und nicht das Gebrauchsinteresse betroffen.
337 *Gursky*, JZ 1996, 683, 685.
338 *Picker*, FS Gernhuber, S. 315, 345 ff.; ähnlich auch *Buchholz/Radke*, Jura 1997, 454, 461.
339 *Gursky*, JR 1989, 397, 398; *Staudinger/Gursky*, § 1004 Rn.2; *Picker*, Beseitigungsanspruch, S.31 ff.; 84 ff.: *Lobinger*, JuS 1997, 981, 982.
340 *Gursky*, JR 1989, 397, 398.

(1) Unterscheidung Beseitigungs- und Unterlassungsanspruch

An der Usurpationslehre wird oft kritisiert, dass sie den vom Gesetz selbst aufgestellten Unterschied zwischen der Beseitigung der Beeinträchtigung (§ 1004 I 1 BGB) und deren Unterlassung (§ 1004 I 2 BGB) verkenne, wenn der Störer nach § 1004 I 1 BGB nur die tatsächliche Inanspruchnahme fremden Eigentums beenden und sich hinter die Grenzen seines Rechtskreises zurückziehen müsse[341]. Diese Kritik ist ergebnisorientiert, denn sie setzt eine bestimmte Sichtweise von Beseitigungs- und Unterlassungsanspruch voraus, die aber nicht zwingend ist. Beide Ansprüche ergänzen sich gegenseitig im Rahmen der negatorischen Haftung, so dass sich ihre Anwendungsbereiche auch gegenseitig bedingen. Wendet man mit der h.M. § 1004 I 1 BGB bei der Beseitigung tatsächlich störender Zustände an, dann wird man entsprechend die Beendigung von Störungshandlungen und das Unterbleiben solcher, die erstmalig drohen, dem Unterlassungsanspruchs zuordnen. Sieht man dagegen die Eigentumsbeeinträchtigung in einer Rechtsusurpation, dann ist der Anwendungsbereich von § 1004 I 1 BGB konsequent auch auf die Beendigung der aktuell stattfindenden Störungshandlung zu erstrecken. Beseitigungs- und Unterlassungsanspruch rücken in den Fällen der Handlungsstörung so eng zusammen, dass sie nahtlos ineinander übergehen[342]. § 1004 I 2 BGB ist dann darauf beschränkt, zukünftig drohende Rechtsusurpationen abzuwehren. Im Gesamtergebnis sieht sich der Eigentümer jedenfalls auch dann in seinem Rechtsschutz nicht schlechter gestellt. Es ist auch nicht zwingend, den Beeinträchtigungsbegriff im Sinne von § 1004 I 1 BGB und im Sinne von § 1004 I 2 BGB einheitlich auslegen zu wollen. Der Eigentümer kann auch drohende Zerstörungen von Sache mit dem Unterlassungsanspruch abwehren[343], obwohl Zerstörungen jedenfalls nicht unter § 1004 I 1 BGB fallen, mithin der Anwendungsbereich beider Ansprüche nie inhaltlich übereinstimmt. Zum anderen ergibt sich nur beim negatorischen Beseitigungsanspruch die Überschneidungsproblematik mit den §§ 823 I, 249 ff. BGB, so dass es durchaus gerechtfertigt sein kann, ausschließlich § 1004 I 1 BGB im Anwendungsbereich teleologisch zu reduzieren.

---

[341] BGH NJW 1996, 845, 846 (re. Sp.); *Stickelbrock*, AcP 197 (1997), 456, 471; in diese Richtung wohl auch *Henckel*, AcP 174 (1974), 97, 101.

[342] *Gursky*, JR 1989, 397, 400; *Kotz*, S.83.

[343] *Bamberger/Roth/Fritzsche*, § 1004 Rn.35; *Erman/Hefermehl*, § 1004 Rn.10.

(2) Unzulässige Immissionen

Oft wird eingewandt, dass die Rechtsusurpationslehre bei einem der wichtigsten Anwendungsbereiche des negatorischen Rechtsschutzes, nämlich bei den unzulässigen Immissionen, versage, die aber der Gesetzgeber mit § 906 BGB bewusst der negatorischen Haftung unterstellt habe[344]. Durch das Betreiben der Anlage, also die Handlung selbst, werde das fremde Eigentum nicht usurpiert und die Immissionsteilchen überlagerten das fremde Eigentum deshalb nicht, weil der Emittent an ihnen weder Eigentum noch Besitz habe[345]. Dem wird entgegengehalten, dass sich der Emittent dennoch so verhalte, als stünde ihm eine Dienstbarkeit (§§ 1018 Var.3, 1090 I BGB) an dem betroffenen Grundstück zu, die es ihm erlaube, seine Anlage so zu betreiben, dass der Nachbar in der Nutzung seines Grundstücks tatsächlich eingeschränkt werde[346]. Der mit dem angemaßten Vorteil des Störers korrespondierende rechtliche Nachteil des betroffenen Nachbarn liege in der fortdauernden Missachtung seiner Abwehrbefugnisse, ferner in der durch die Immissionen bewirkten Einschränkung seines Nutzungsbeliebens[347]. Insoweit sei die mit den unzulässigen Immissionen verbundene Anmaßung einer Servitut historisch gesehen sogar ein Beweggrund für die Anerkennung der actio negatoria gewesen[348]. Oben wurde bereits dargelegt, dass aber auch die Anhänger der Rechtsusurpationslehre eigentlich auf den tatsächlichen Nachteil des betroffenen Eigentümers abstellen und nicht auf einen angemaßten rechtlichen Vorteil.

(3) Entziehung der Kostentragungspflicht

Ferner wird kritisiert, dass sich der Störer durch die Dereliktion seiner Kostentragungspflicht für die Beseitigung entziehen könne, was im Widerspruch zum gesetzlichen Basissatz stünde, dass der Störer die Kosten für die Beseitigung der Beeinträchtigung zu tragen habe[349]. Genaugenommen entzieht sich der Störer

---

[344] So *Jarbornegg/Strasser*, Nachbarrechtliche Ansprüche, S.102 f.; *MünchKomm/Medicus*, § 1004 Rn.26; *Herrmann*, Der Störer, S.93 f., 99 f.; *dies.*, JuS 1994, 273, 276; *Bamberger/Roth/Fritzsche*, § 1004 Rn.35.

[345] *Herrmann*, JuS 1994, 273, 276; *Neuner*, Sachenrecht, Rn.206.

[346] *Gursky*, JR 1989, 398 f.; *Picker*, FS Gernhuber, S. 315, 348 f.; *Buchholz/Radke*, Jura 1997, 454, 462; *Kotz*, S.86; *Neuner*, JuS 2005, 385, 388.

[347] *Gursky*, JR 1989, 397, 398.

[348] *Picker*, Beseitigungsanspruch, S.166 ff.; *ders.*, FS Gernhuber, S. 315, 341 f.; *Buchholz/Radke*, Jura 1997, 454, 463; *Kotz*, S.86.

[349] *Larenz/Canaris*, SchR II/2, § 86 III.3.d) (S. 689), § 86 V.2. (S.696); BGH NJW 2005,

aber seiner Pflicht, den ursprünglichen Zustand tatsächlich wiederherzustellen. Das aber ist die logische Konsequenz aus dem Grundkonzept der Usurpationslehre. Dieser Einwand ist somit ebenfalls ergebnisorientiert, weil er stillschweigend voraussetzt, dass eine Wiederherstellung der physischen Integrität der gestörten Sache geschuldet sei.

(4) Dereliktions- und Ursupationswille

Überzeugender ist, dass die neue Sichtweise nur schwer mit dem Wortlaut der §§ 1004, 1005 BGB zu vereinbaren ist, weil bei einer Möglichkeit zur Wahl zwischen der Beseitigung der Störung und der Dereliktion des Eigentums das gerade nicht gewollte Modell eines Anspruchs gegen den Störer auf Duldung der Beseitigung, wie es etwa vergleichsweise § 1005 BGB vorsieht, eingeführt würde[350]. Dass der „Verlust des Eigentums" die „Opfergrenze" negatorischer Haftung sein soll, lässt sich dem geltenden Recht nicht entnehmen und wäre, wenn überhaupt, nur durch eine analoge Anwendung von § 251 II 1 BGB zu rechtfertigen. Problematisch ist allerdings, dass sich die Dereliktion der störenden Sache oft nach außen nicht erkennen lässt, etwa so lange sich die störende Sache noch auf dem benachbarten Grundstück befindet, der Wegfall der Haftung deshalb nur durch die Aufgabe des Usurpationswillens begründet werden kann. Damit wäre aber nur ein Willensmoment für die Haftung relevant. Lehnt Picker es aber ab, dass die Entstehung der Haftung vom Aufrechterhaltungswillen des Störers abhängen soll[351], muss dies auch für den Wegfall der Haftung gelten[352]. Inkonsequent erscheint insoweit auch, wenn *Picker* Störungen durch Natureinwirkungen von der Haftung nach § 1004 I 1 BGB grundsätzlich ausnehmen will, denn auf die Ursache der Rechtsusurpation kann es nicht ankommen, sondern nur auf deren Ergebnis[353].

(5) Rechtsusurpation als verdeckte Kausalhaftung

Teilweise wird angeführt, dass die Rechtsusurpationslehre nicht ohne die Feststellung eines Ursachenzusammenhangs auskomme. Es sei immer auch maß-

---

1366, 1367.

[350] *Larenz/Canaris*, SchR II/2, § 86 III.3.d) (S.689).

[351] Vgl. *Picker*, Beseitigungsanspruch, S.46 f.

[352] *Stickelbrock*, AcP 197 (1997), 456, 473.

[353] *Stickelbrock*, aaO.

geblich, wie etwa ein störendes Fahrzeug auf das fremde Grundstück gelangt sei[354]. Habe etwa der Grundstückseigentümer das Auto gestohlen, so sei er einem Anspruch aus § 985 BGB ausgesetzt. Habe dagegen der Kraftfahrzeugeigentümer dieses unberechtigterweise auf dem Grundstück abgestellt, so sei er nach § 1004 I 1 BGB beseitigungspflichtig[355].

Diese Ansicht verkennt allerdings, dass die negatorische Haftung nicht durch die causa, sondern deshalb begründet ist, weil ein der dinglichen Rechtlage widersprechender Zustand besteht. Das gilt unabhängig davon, ob man die Eigentumsbeeinträchtigung in der dadurch verursachten rechtlichen oder der tatsächlichen Einschränkung des Eigentümers sieht. Je nach der Art des rechtswidrigen Zustands ergibt sich, auf welcher Anspruchsgrundlage (§§ 985, 1004, 1005 BGB) der Abwehranspruch beruht[356]. Die causa spielt dann allenfalls bei der Beurteilung des Besitzrechts bzw. der Duldungspflicht eine Rolle.

(6) Auswirkungen auf das Insolvenzverfahren

Welche Folgen die unterschiedlichen Sichtweisen für den negatorischen Beseitigungsanspruch im Insolvenzverfahren haben, hilft für die Beurteilung des Theorienstreits nicht weiter. So wird von den Anhängern der Rechtsusurpationslehre angeführt, dass dingliche Ansprüche insolvenzbeständig sein müssten, damit sie ihre Rechtsverwirklichungsaufgabe erfüllen könnten und der vom Gesetzgeber gewollte umfassende absolute Schutz des Eigentums gegeben sei. Erstrecke man aber § 1004 I 1 BGB auch auf den Bodenaustausch im Falle einer Bodenkontamination, so würde der Sache nach Schadensersatz geschuldet und der Beseitigungsanspruch wie eine normale Insolvenzforderung zu behandeln sein. Dies aber bedeute, dass in den Fällen reiner Gebrauchseinschränkungen ein insolvenzfester Anspruch, ansonsten eine bloße Insolvenzforderung vorläge, was die dogmatische Uneinheitlichkeit zeige[357]. Allerdings reagiert die Insolvenzordnung auf den Inhalt und die Gestalt eines Anspruchs und nicht um-

---

[354] So *Jabornegg/Strasser*, Nachbarrechtliche Ansprüche, S.105 f. Der negatorischen Haftung infolge einer rechtsusurpierenden Handlung liegt zwar auch ein kausales Störerverhalten zugrunde, doch wirkt nicht die Kausalität, sondern die faktische Usurpation von Eigentümerbefugnissen haftungsbegründend, so dass auch nur so lange gehaftet wird, wie die Handlung andauert, *Gursky*, JR 1989, 397, 400. *Herrmann*, Der Störer, S. 96 f., sieht darin das Kausalitätsprinzip bestätigt.

[355] *Jabornegg/Strasser*, aaO.

[356] Vgl. *Gursky*, JR 1989, 397, 401.

[357] *Gursky* JZ 1996, 683, 685 f.

gekehrt. Ferner zeigt sich in dieser dogmatischen Uneinheitlichkeit nur, dass § 1004 I 1 BGB viele unterschiedliche Fallgestaltungen erfasst. Praktisch haben die Ansichten wenig Auswirkungen: In den Fällen reiner Gebrauchsbeeinträchtigung ist der Anspruch nach beiden Ansichten insolvenzfest, im übrigen kommt es der Rechtsverwirklichung noch eher nahe, eine Insolvenzforderung als gar keinen Anspruch zu gewähren.

Als Fazit ist somit nicht von der Hand zu weisen, dass viele Einwände der herrschenden Ansicht gegen die Usurpationslehre ergebnisorientiert erfolgen. Richtigerweise ist deshalb die eigene Bewertung des *Pickerschen* Ansatzes nur dogmatisch zu begründen. Weil *Picker* seine Rechtsusurpationslehre insbesondere anhand der allgemeinen Auslegungskriterien entwickelt hat, sollen sie im folgenden auch an diesen gemessen werden, bevor sich dann eigene dogmatische Überlegungen anschließen.

d) Die Überprüfung der Pickerschen Lehre anhand der Auslegungskriterien

aa) Die Auslegung sachenrechtlicher Vorschriften

Einen Text „auslegen" heißt, sich die verschiedenen möglichen Bedeutungen eines Ausdrucks oder einer Wortfolge zu vergegenwärtigen und sich für eine unter mehreren möglichen Deutungen aufgrund von Überlegungen zu entscheiden, die gerade diese als die „zutreffende" erscheinen lassen[358]. Das „Auslegen" ist also ein „vermittelndes Tun", durch das sich der Auslegende den Sinn eines Textes oder eines Wortes, den er in dem konkret verwendeten Zusammenhang als problematisch empfindet, zum Verständnis bringt[359]. Es geht um das Erfassen sprachlicher Äußerungen, das Verständnis des ihnen zukommenden normativen Sinns[360]. Die Notwendigkeit einer Sinnermittlung ergibt sich gerade auch bei der – wie hier - anstehenden Frage, ob zwei Normen, die unterschiedliche Voraussetzungen haben, sich in ihren Rechtsfolgen aber (zumindest teilweise) überschnitten, nebeneinander zur Anwendung kommen sollen, oder ob dabei auftretende Normwidersprüche im Wege der Auslegung ausgeräumt werden können[361]. Um die „richtige" mehrerer Deutungsmöglichkeiten eines Ausdrucks

---

[358] *Larenz*, Methodenlehre, S.204.
[359] *Larenz*, aaO., S.204.
[360] *Larenz*, aaO., S.204.
[361] *Larenz*, aaO., S.313.

oder einer Wortfolge zu ermitteln, müssen der Gesamtwortlaut des Rechtstextes, seine systematische Stellung, die Überlegungen des Gesetzgebers, die ratio der Norm sowie gegebenenfalls die Verfassungskonformität der Regelung berücksichtigt werden[362]. Es ist ferner zu beachten, dass auch eine gesetzliche Vorschrift einer zeitlichen Entwicklung unterliegt, so dass das Ziel jeder Gesetzesauslegung sein muss, den *heute* als maßgeblich zu erachtenden Sinn einer Norm zu ermitteln[363].

Oft wird angeführt, dass dem Wortlaut einer Norm im Sachenrecht größere Beachtung geschenkt werden müsse[364] oder es wird allgemein auf die Beachtung des Typenzwanges, der Spezialität, der Abstraktion, der Absolutheit oder der Publizität verwiesen[365]. Auf diese allgemeine Auslegungsproblematik bei sachenrechtlichen Vorschriften muss hier aber nicht weiter eingegangen werden, denn das wesentliche teleologische Argument für eine einschränkende Auslegung sachenrechtlicher Normen kann nur sein, dass die zuverlässige Zuordnung dinglicher Positionen dies verlangt[366]. Insoweit ist aber zwischen den dinglichen Rechten, durch die eine Sache einer Person zugeordnet wird, und den dinglichen Ansprüchen zum Schutz dieser Rechtspositionen zu unterscheiden. Letztere setzen die sachenrechtliche Zuordnung voraus und stehen als Abwehransprüche dem Schuldrecht so nahe, dass die Aufgabe der Sinnermittlung keine prinzipiell andere als bei den Normen des Schuldrechts ist. Bei der Auslegung des Beeinträchtigungsbegriffs i.S.v. § 1004 I 1 BGB soll nicht der Eigentumsbegriff selbst bestimmt werden, sondern es ist zu ermitteln, in welchem Umfang dem Eigentum durch § 1004 I 1 BGB negatorischer Schutz gewährt wird. Somit sind bei der Auslegung von § 1004 I 1 BGB die allgemeinen Grundsätze uneingeschränkt anwendbar.

---

362 Zum klassischen „Kanon" der Auslegungsmethoden *Bydlinski*, Methodenlehre, S.437.

363 *Larenz*, Methodenlehre, S.318; *Wank*, Auslegung, S. 38 f., dies gilt sowohl nach der (geltungszeitlichen) *subjektiven Theorie*, die auf den Willen des Gesetzgebers abstellt, als auch nach der *objektiven Theorie*, die den „normativen Gesetzessinn" ermittelt (aaO., S.41).

364 BGHZ 88, 302 = BGH NJW 1984, 308.

365 Vgl. *MünchKomm/Quack*, Einl SachenR, 3. Aufl., Rn.13, der allerdings insoweit kritisiert, dass die Verwirklichung der sachenrechtlichen Prinzipien nicht Mittel, sondern Ergebnis der Auslegung zu sein hat, es allerdings als ein legitimes systematisches Auslegungsargument ansieht, dass nach einem Auslegungsergebnis diese Prinzipien Beachtung finden.

366 *MünchKomm/Quack*, aaO., Rn.13.

bb) Der Wortlaut von § 1004 I 1 BGB

(1) Der Begriff der „Beeinträchtigung" des Eigentums

Jede Auslegung eines Textes hat mit dem Wortsinn zu beginnen[367]. Die Gesamtformulierung des § 1004 I 1 orientiert sich an der Darstellung *Windscheids*[368], der der allgemeinen Tendenz in der Pandektenwissenschaft um die Wende vom 18. zum 19. Jahrhundert folgend, das Schutzobjekt Eigentum in den Vordergrund der negatorischen Haftung stellte, während bis dahin die actio negatoria bei dem Objekt ihrer Abwehr, der Servitut, eingeordnet und dargestellt wurde. *Windscheid* verstand unter (dem) Eingriff in das „Eigenthumsrecht" ... eine „*Verletzung*" desselben, welche nicht in der Entziehung des Besitzes der Sache bestand. Dem lag die von *Windscheid* präzisierte Auffassung zugrunde, dass der negatorische Anspruch der Vindikation in seinem Wesen gleichartig sei und sich von derselben nur durch die Art der Eigentums*verletzung*, deren Beseitigung erstrebt werde, unterscheide, was genau so in die Motive übernommen wurde[369]. Während in den Motiven also ausdrücklich beim negatorischen Eingriff von der Art einer Eigentums*verletzung* die Rede ist, hat die Kommission im Wortlaut der Norm vermieden, von einer Eigentumsverletzung zu sprechen, statt dessen den Begriff der Beeinträchtigung gewählt[370]. Ob dadurch nur eine begriffliche oder aber auch eine inhaltliche Abgrenzung zu § 823 I BGB erfolgen sollte, blieb jedoch leider offen.

Dem Wort „Beeinträchtigung" selbst ist nur der Sinn zu entnehmen, dass aus der Sicht des Eigentümers nachteilhaft auf dessen Sache eingewirkt werden muss[371]. In § 1004 I 1 BGB fehlen etwa Worte wie „und zieht der Störer daraus Vorteil". Dass der Gesetzgeber den Begriff inhaltlich nicht präziser gefasst hat, könnte für einen weiten Anwendungsbereich der negatorischen Haftung sprechen. Allerdings ließe sich eine Einschränkung des § 1004 I 1 BGB auf die Fälle der Rechtsusurpation im Wortlaut der Norm nur schwer zum Ausdruck bringen. Wie bereits festgestellt, wäre etwa eine ausdrückliche Unterscheidung zwischen

---

[367] *Larenz*, Methodenlehre, S.320; *Wank*, Auslegung, S.47.
[368] *Windscheid*, Lb Pandekten, 2. Aufl., § 198.
[369] Motive III, S.422.
[370] In den unterschiedlichen Anträgen zur Beratung des BGB wurden zur Umschreibung der gegenwärtigen objektiven Verletzung des Eigentums i.S.v. § 1004 BGB die Ausdrücke Eingriff, Störung, Beschränkung gewählt (vgl. Prot. I 4255 = *Schubert*, Vorentwürfe SR I, S.851).
[371] Beeinträchtigung ist daher jede vom Eigentümer nicht gewollte Einwirkung, auch wertsteigernde oder verbessernde Maßnahmen (OLG Brandenburg OLG-NL 1996, 133).

Eingriffen in die tatsächliche und die rechtliche Eigentumsintegrität ohne Erklärungswert geblieben.

Ob ein Tatbestandsmerkmal wie das der „Beeinträchtigung“ überhaupt normativ verstanden werden kann, ist eine grundsätzliche Frage der Wortlautauslegung. Der Gesetzgeber kann zur Umschreibung der Tatbestandsmerkmale nur auf die Begriffe der Alltagssprache zurückgreifen. Deshalb kann jedes Wort durch die Einstellung in das Gesetz eine normative Färbung gewinnen[372]. Dies meint *Picker*, wenn er davon spricht, dass die „Eigentumsbeeinträchtigung“ trotz ihres deskriptiven Charakters als ein rein juristischer Begriff zu verstehen sei[373]. Normative Tatbestandsmerkmale zeichnen sich dadurch aus, dass sie unpräzise sind, weil ihre Bedeutung nicht eindeutig festgelegt ist[374]. Dafür ist ausreichend, dass ein Tatbestandsmerkmal von verschiedenen Sprechergruppen, z.B. Laien und Juristen, unterschiedlich verstanden werden kann oder auch innerhalb einer Sprechergruppe einem unterschiedlichen Gebrauch zugänglich ist[375]. Rechtstexte bedürfen daher nicht nur dort einer Auslegung, wo sie *besonders* unklar oder widersprüchlich erscheinen; vielmehr sind im Grundsatz alle Rechtstexte der Auslegung sowohl fähig wie bedürftig[376], soweit die verwendeten Ausdrücke nur verschiedene Deutungsmöglichkeiten zulassen.

Eine Eigentumsbeeinträchtigung bedeutet aber nur, dass für den Eigentümer *nachteilhaft* auf dessen Eigentum eingewirkt wird. Offen bleibt, in welcher Form und in welchem Umfang diese Einwirkung zu erfolgen hat. Der Beeinträchtigungsbegriff steht damit sowohl einer weiten Auslegung, die jede tatsächliche und rechtliche Einwirkung als Tatbestandserfüllung ansieht, als auch der engen Auslegung der Rechtsusurpationslehre offen.

Zugleich zeigt sich: Geht es wie hier um die Auslegung eines einzelnen Wortes, dann kann der Wortsinn niemals eigenständiges Auslegungskriterium sein. Denn entweder ist der Wortsinn eindeutig, dann ist bereits jeder Auslegung die Grundlage entzogen. Oder der Wortsinn ist mehrdeutig, dann aber kann nur an-

---

372 *Wank*, Auslegung, S.49.

373 *Picker*, Beseitigungsanspruch, S.50.

374 *Darnstädt*, JuS 1978, 441, 442.

375 *Darnstädt*, aaO.

376 *Larenz*, Methodenlehre, S.196, der zu Recht betont, dass es sich bei der Auslegungsbedürftigkeit um keinen Mangel handelt, dem durch eine präzisere Wortlautfassung abgeholfen werden könnte. Die Auslegungsbedürftigkeit folgt vielmehr daraus, dass alle Rechtstexte in einer Umgangssprache oder in einer an sie angelehnten Fachsprache abgefaßt werden, die ganz natürlich Bedeutungsspielräume zulassen, worin sich gerade der Ausdrucksreichtum und die Anpassungsfähigkeit der Sprache zeigt.

hand der übrigen Auslegungskriterien der maßgebliche Anwendungsbereich der Norm ermittelt werden.

(2) Der Gesamtwortlaut von § 1004 I 1 BGB

(a) Die negative Formulierung des Tatbestandes

Weil die „positive Bezeichnung aller zuständlichen Eigenthumsverletzungen ... auf unüberwindliche Schwierigkeiten stoße" erschien es den Verfassern des BGB zweckmäßig, für den negatorischen Tatbestand die Umschreibung zu wählen, dass „das Eigentum in anderer Weise als durch Entziehung oder Vorenthaltung des Besitzes beeinträchtigt" sein müsse[377]. Diese bewusst vorgenommene Ausgrenzung des § 985 BGB aus dem Anwendungsbereich von § 1004 I 1 BGB hat *Picker* zu der Schlussfolgerung bewogen, dass die Beeinträchtigung zwar nach ihrem äußeren Erscheinungsbild anders geartet sei als der Besitzentzug, aber von der „juristischen Eigenart" her doch diesem entsprechen müsse[378]. Bei § 985 BGB liege das Kriterium für den Herausgabeanspruch auf der Hand; es sei die Besitzstellung des Anspruchsgegners und damit die Anmaßung einer dem Eigentümer gebührenden Rechtsstellung[379]. Dies ergebe sich daraus, dass der Vindikationsanspruch nicht erst dann erlösche, wenn der Berechtigte seinen Besitz zurückerlange, sondern es stattdessen genüge, dass sich die Sache nicht mehr im Besitz des Anspruchgegners befinde[380]. In den Fällen, in denen dem Eigentümer die Sachverfolgung (§ 1005 BGB) gestattet werde, weil der Anspruchsgegner zwar die Herausgabe der Sache verweigere, aber auch nicht die Sachherrschaft ausüben wolle, bleibe es wegen der fehlenden Rechtsanmaßung bei einer erzwingbaren Duldungspflicht[381]. Die Eigentumsbeeinträchtigung

---

[377] Motive III, S.423.
[378] *Picker*, Beseitigungsanspruch, S.54, so auch *Gursky*, Fälle und Lösungen, Fall 6, S.45.
[379] *Picker*, aaO., S.54; vgl. auch *Lobinger*, JuS 1997, 981, 982 f.; *Gursky*, Fälle und Lösungen, Fall 6, S.45.
[380] *Picker*, aaO., S.54; *Lobinger*, JuS 1997, 981, 983.
[381] *Picker*, aaO., S.54. Allerdings erkennt Picker selbst, dass sich der Vindikationsanspruch und die Regelung in § 1005 BGB in ihrem Rechtscharakter deutlich voneinander unterscheiden. § 1005 BGB ist zwar auch ein dinglicher, aber kein negatorischer Anspruch, weil er nicht einen fremden Eingriff abwehren, sondern die Rückerlangung der Sache durch den Eigentümer ermöglichen soll, und damit gesetzestechnisch, vergleichbar dem § 904 BGB als Rechtfertigungsgrund dient, *Picker*, aaO., S.54, Fn. 7. Dass in den Fällen des § 1005 BGB also die Sache nicht herausverlangt werden kann, hängt also allein damit zusammen, dass der Eigentümer selbst für den Besitzverlust verantwortlich ist.

i.S.v. § 1004 I 1 BGB sei aber, wie es schon in den Motiven heiße, „das Analogon des dem Inhalte des Eigentums widerstreitenden Besitzstandes“[382]. Im Ergebnis komme es also auch bei § 1004 I 1 BGB nur auf die vorteilhafte Rechtsposition auf Seiten des Anspruchsgegners, nicht aber auf den erlittenen Nachteil des Betroffenen an[383].

Es ist aber keineswegs zwingend, die negative Umschreibung des § 1004 I 1 BGB so zu deuten, dass auch die Eigentumsbeeinträchtigung von der rechtlichen Eigenart her in Anlehnung an die Besitzvorenthaltung i.S.v. § 985 BGB die Anmaßung einer Rechtsposition auf Seiten des Anspruchsgegners erfordert. Dies ist nur dann unweigerlich richtig, wenn der Gesetzgeber für den Vindikationsanspruch gewollt hat, dass die Rechtsanmaßung durch den unberechtigten Besitzer anspruchsbegründend wirkt und desweiteren der Wortlaut von § 1004 I 1 BGB keine Zweifel daran aufkommen lässt, dass die Verfasser des BGB durch die negative Tatbestandsumschreibung den § 1004 I 1 BGB wie den Vindikationsanspruch ausgestalten wollten.

(b) Rechtsanmaßung als das für § 985 BGB gewählte haftungsbegründende Kriterium?

Die tatsächliche Gewalt über eine Sache inne zu haben, ist grundsätzlich eine ihrem Eigentümer zugeordnete Befugnis, die sich der Anspruchsgegner anmaßt, wenn er die Sache unberechtigt in seinem Besitz hat. Er kommt nur solange als Gegner des Vindikationsanspruchs in Betracht, wie er die Sachherrschaft ausübt[384]. Für die Begründetheit des Herausgabeanspruchs spielt es keine Rolle, auf welche Weise der Nichtberechtigte in den Besitz der Sache gelangt ist[385] oder ob der Eigentümer die Sache zuvor überhaupt schon einmal im Besitz hatte. Genausowenig kommt es darauf an, ob der Besitz vom Belangten willentlich vorenthalten wird[386]. Mithin macht nicht die Ursache, sondern nur die Tatsache des Besitzes jemanden zum Gegner des Vindikationsanspruchs[387].

Allerdings hatten die Verfasser des BGB keine Wahl bei der Ausgestaltung des

---

[382] Motive III, S.422.
[383] *Picker*, Beseitigungsanspruch, S.54.
[384] So zutreffend *Picker*, aaO., S.54; *Altenhain*, Ehrschutz, S.63.
[385] So wurde bereits in den Motiven erwähnt, dass die Entstehung des dinglichen Anspruchs aus § 985 BGB nicht von einem Vorenthalten der Sache seitens des Beklagten abhängig gemacht werde, Motive III, S.397.
[386] Es kann dagegen nicht auf den Besitz(begründungs)willen selbst verzichtet werden.
[387] *Münzberg*, Verhalten, S.379 ff.; vgl. auch Motive III, S.424.

Herausgabeanspruchs. Die Wiederverschaffung des Besitzes als Anspruchsziel des § 985 BGB setzt unweigerlich voraus, dass der Anspruchsgegner die Sachherrschaft innehat. Hört der Anspruchsgegner auf, Besitzer zu sein, ist der Vindikationsanspruch ihm gegenüber für die Zukunft unbegründet. Der Anspruch aus § 985 BGB muss dann gegen den neuen unberechtigten Besitzer gerichtet werden. Bei der rei vindicatio ist also keine Fallkonstellation denkbar, in welcher sich der Anspruchsgegner nicht die dem Eigentümer zugeordnete Besitzstellung zu Eigen macht. Mithin ist die Rechtsusurpation kein von den Gesetzgebern des BGB frei gewähltes Tatbestandsmerkmal, sondern sie ist als das unentbehrliche Kennzeichen zur Bestimmung des richtigen Anspruchsgegners anzusehen[388].

Das Erfordernis der Besitzanmaßung darf deshalb nicht darüber hinwegtäuschen, dass § 985 BGB als dinglicher Anspruch vorrangig den Schutz des Eigentümers bezweckt. Ziel des Herausgabeanspruchs ist es, dem Eigentümer die ihm zustehende Besitzposition zu verschaffen und nicht nur dem unberechtigten Besitzer dieselbe zu entziehen[389]. So kann Anspruchsgegner des Herausgabeanspruchs auch der mittelbare Besitzer sein, obwohl dieser die Sache nicht in der Hand hat[390]. Als weniger kann von ihm die Übertragung des mittelbaren Besitzes gefordert werden (§ 870 BGB).

Dass die Rechtsusurpation nicht der eigentliche Haftungsgrund für § 985 BGB ist, wird daran deutlich, dass für die Herausgabe der Sache keineswegs genügt, dass der unrechtmäßige Besitzer ihre Wegnahme duldet; er muss dem Eigentümer vielmehr den unmittelbaren Besitz an der Sache dort, wo sie sich befindet, überlassen[391]. Zwar ist es denkbar, dass der Belangte sich der Herausgabepflicht

---

[388] Dies wird auch durch die Motive III, S.393 gestützt: „Ein Gegner des Herstellungsanspruches ist bei dem Recht an der Sache durch *den Inhalt des Rechtes* von vornherein noch nicht gegeben, da nach diesem Inhalte der Berechtigte nur in einem Verhältnis zur Sache, nicht in einem Verhältnis zu bestimmten anderen Personen stehe (...).“ Aus diesem Grunde bedarf es eben des Kriteriums der Rechtsanmaßung um den Besitzer als Anspruchsgegner zu bestimmen.

[389] So heißt es in den Motiven III, S.392: „Der Anspruch ist auf weiter nichts als auf die Herstellung des rechtmäßigen tatsächlichen Zustandes für die Zukunft gerichtet.“ Es wird somit also das Anspruchsziel verfolgt, dem Eigentümer den ihm zustehenden Besitz an der Sache zu verschaffen.

[390] *Jauernig/Jauernig*, § 985 Rn.5.

[391] *Erman/Ebbing*, 11. Aufl., § 985 Rn.23. Vgl. Motive III, S.398: „Wollte man den rein dinglichen Anspruch, wie es in der römisch-rechtlichen Doktrin vielfach geschieht, lediglich auf ein Unterlassen – des ferneren Besitzes oder der ferneren Inhabung – gehen lassen, so würde man den Inhalt des Anspruchs zu eng fassen, denn mit der bloßen Unterlassung ist dem Eigentümer noch nicht ein sicherer Weg zur Herstellung des seinem Recht entsprechenden

dadurch entzieht, dass er böswillig den Besitz an der herauszugebenden Sache aufgibt, allerdings kann dann der Eigentümer gegen ihn einen Anspruch auf Schadensersatz aus § 990 BGB geltend machen[392]. Zwar muss der unverklagte gutgläubige Besitzer die Sache grundsätzlich nur an ihrem Standort herausgeben und sie nicht zum Eigentümer bringen. Allein wenn er bösgläubig oder verklagt ist und die Sache nach dem Zeitpunkt der Bösgläubigkeit oder Rechtshängigkeit entgegen den Eigentümerinteressen anderweitig verbracht hat, muss er sie an ihren früheren Standort schaffen[393]. Dass er grundsätzlich nur die Bereitstellungskosten, nicht auch die Abholungskosten zu tragen hat, ergibt sich allein aus der gesetzlichen Wertung, dass der gutgläubige Besitzer grundsätzlich zu schützen ist.

Es kann auch kein Umkehrschluss aus der Regelung des § 1005 BGB auf die juristische Eigenart von § 985 gezogen werden. Zwar sind beide Normen Eigentumsverwirklichungsansprüche[394], sie verfolgen aber ganz unterschiedliche Regelungszwecke, was sich auf ihre inhaltliche Ausgestaltung auswirkt. Während § 985 BGB den Anspruch des Eigentümers gegen den unberechtigten Besitzer auf Herausgabe der Sache begründet, normiert § 1005 BGB einen Anspruch auf Gestattung der Abholung beweglicher Sachen von einem fremden Grundstück, wenn es dem Grundstückseigentümer hinsichtlich der fremden Sache am Besitzwillen fehlt. Mittels § 1005 BGB soll so die verbotene Besitzstörung überwunden werden, wenn sich der Eigentümer seine Sache selbst wiederholen muss, weil es für § 985 BGB am Besitz des Anspruchsgegners fehlt. Daraus kann aber nicht geschlussfolgert werden, dass dem Eigentümer in § 1005 BGB nur ein Duldungs-, und kein Herausgabeanspruch gewährt wird, weil es halt an der Rechtsanmaßung fehle. Dass der Eigentümer einmal die Sache selbst herausverlangen kann, im anderen Fall seine Wiederbeschaffung nur zu dulden ist, ergibt sich aus der Rechtsnatur des Besitzes. Der Besitzwille kann nicht gebrochen, sondern muss als Folge von § 985 BGB aufgegeben werden. Hat der Besitzer den Besitzwillen ausgeübt, macht ihn dies mitverantwortlich. Ist dagegen die fremde Sache beispielsweise ohne seine Kenntnis auf sein

---

Zustandes eröffnet."

392 *MünchKomm/Medicus*, § 985 Rn.16, dies erkennt sogar *Lobinger*, JuS 1997, 981, 983, der aber den Einwand erhebt, dass dieser Anspruch auch verschuldensabhängig sei.

393 Vgl. BGHZ 79, 213 ff., *Erman/Ebbing*, 11. Aufl., § 985 Rn.23; a.A. *Gursky* JZ 1984, 604, 609; *AK/Joerges*, § 985 Rn.31; *MünchKomm/Medicus*, § 985 Rn.24, wonach die Sache immer an dem Ort herauszugeben ist, an dem sie sich befindet, im Falle der Ortsverlagerung ein Schadensersatzanspruch analog §§ 989, 990 BGB begründet wird.

394 *Staudinger/Gursky*, Vorbem zu §§ 985-1007 Rn.1.

Grundstück gelangt, kann er auch nicht zur Herausgabe der Sache verpflichtet werden. Während bei § 985 BGB die Gebrauchsbeeinträchtigung vom unberechtigten Besitzer ausgeht, ist bei § 1005 BGB der Anspruchsteller der Störende. Dem betroffenen Grundstückseigentümer beim Abholungsanspruch als Unbeteiligtem eine aktive Mitwirkung aufzuerlegen, erscheint genauso unbillig wie von dem i.S.v. § 1004 I 1 BGB gestörten Eigentümer zu verlangen, ein zu Unrecht auf seinem Grundstück errichtetes Bauwerk zu beseitigen.

Bei § 985 BGB ist die Anmaßung der Besitzposition nicht das eigentliche anspruchsbegründende Moment, sondern diese ist durch die Struktur des Anspruchs bedingt. Es können somit keine Schlüsse auf die „juristische Eigenart" der dinglichen Ansprüche im allgemeinen und des § 1004 I 1 BGB im speziellen gezogen werden.

(c) Ausgestaltung des § 1004 BGB in Anlehnung an § 985 BGB?

Selbst wenn man die Anmaßung der Besitzposition als das für die Haftung nach § 985 BGB maßgebliche Kriterium ansehen möchte, heißt das noch lange nicht, dass aus dem negativ formulierten Tatbestand des § 1004 I 1 BGB geschlossen werden kann, dass der negatorische Beseitigungsanspruch auf die Fälle der Rechtsanmaßung zu beschränken ist. Ein wichtiger Unterschied zwischen § 985 BGB und § 1004 I 1 BGB besteht nämlich – wie gesehen - darin, dass ein Herausgabeanspruch gegen den früheren Besitzer ins Leere geht, während ein Beseitigungsanspruch auch nach Beendigung der störenden Einwirkung sinnvoll ist, solange deren Ergebnis – die Beeinträchtigung – noch besteht[395].

Dem Wortlaut von § 1004 I 1 BGB ist nur zu entnehmen, dass die Fälle der Vindikation auch von der actio negatoria erfasst würden, wenn kein ausdrücklicher Ausschluss erfolgt wäre. Ein Konkurrenzverhältnis zwischen Normen besteht aber auch dann, wenn sich ihre Anwendungsbereiche nur zum Teil überlagern. Mithin ist also möglich, dass der negatorische Tatbestand in seiner Anwendung weiter reicht als der Vindikationsanspruch. Kann der Eigentümer auf seine Sache nicht zugreifen, ist er stets im Umgang mit seiner Sache beeinträchtigt, und zwar unabhängig davon, ob man § 1004 I 1 BGB auf die Fälle der Rechtsanmaßung beschränkt oder darüber hinaus auf tatsächliche Einwirkungen erstrecken will. Während dem Gesetzgeber bei der Ausgestaltung des Tatbestands von § 985 BGB keine Alternative blieb, ist § 1004 BGB nicht zwingend

---

[395] *Armbrüster*, NJW 2003, 3087, 3088.

auf Fälle der Rechtsanamßung zu beschränken. Darin besteht der grundlegende Unterschied zwischen der *Verschaffungs*pflicht nach § 985 BGB und der *Beseitigungs*pflicht nach § 1004 BGB I 1 BGB.

Aus dem Gesamtwortlaut von § 1004 I 1 BGB ergeben sich somit keine eindeutigen Anhaltspunkte für oder gegen die Rechtsusurpationslehre.

cc) Gesetzessystematik

Gesetzessystematisch ist § 1004 I 1 BGB als dinglicher Anspruch im Sachenrecht geregelt. Er dient also der Wahrung dinglicher Rechte. Dies legt den Schluss nahe, dass beim Anwendungsbereich der Vorschrift auf einen möglichst umfassenden tatsächlichen Schutz des dinglichen Rechts und der dadurch vermittelten Befugnisse abzustellen ist[396] und nicht nur auf die Entziehung eines angemaßten Störervorteils. Allerdings lässt sich aus der Einordnung als dinglicher Anspruch keine verbindliche Aussage über die Weite des Anwendungsbereichs von § 1004 I 1 BGB machen.

Aus der Parallele des negatorischen Beseitigungsanspruchs zu § 985 BGB lässt sich nur der systematische Rückschluss ziehen, dass beide dingliche Ansprüche sind, die in der Funktion ihres Wortlauts dem Eigentum bei unterschiedlichen Sachverhalten Schutz gebieten sollen.

dd) Gesetzesmaterialien

Picker stützt die Rechtsusurpationslehre ganz wesentlich auf historische Materialien. Deshalb sind diese auch hier entsprechend umfangreich zu erörtern.

Er beruft sich auf die *Motive*, weil es dort heißt, dass die Beeinträchtigung „das Analogon des dem Inhalte des Eigentums widerstreitenden Besitzstandes“[397] sei und dass der Entwurf davon ausgehe, dass „der negatorische Anspruch der Vindikation in seinem Wesen gleichartig ist und von derselben nur durch die Art der Eigentumsverletzungen, deren Beseitigung erstrebt wird, sich unterscheidet“[398]. Die zum Vindikationsanspruch gezogene Parallele hilft aber nicht weiter, weil - wie oben festgestellt - bei § 985 BGB keine Rechtsusurpation haftungsbegründend wirkt und die Gleichartigkeit im Wesen auch dann gegeben

---

[396] Vgl. *König*, NJW 2005, 191, 192..
[397] Motive III, S.423.
[398] Motive III, S.422.

ist, wenn man die Gemeinsamkeit auf die Eigenschaft als dingliche Ansprüche reduziert. Beide dienen jedenfalls der Verwirklichung der Eigentumsrechte. Dass sich § 1004 I 1 BGB von § 985 BGB durch die Art der Eigentumsverletzungen unterscheiden soll, deren Beseitigung erstrebt wird, spricht eher für ein weites Verständnis des Beeinträchtigungsbegriffs.

Die Verfasser des BGB haben die Schaffung rein dinglicher Ansprüche für notwendig erachtet, weil sie die im Besonderen Schuldrecht geregelten Vorschriften nicht für ausreichend hielten, um den tatsächlichen Zustand zu schützen, den das Eigentum seinem Inhalte nach verlangt[399]. Die Motive führen allgemein zu den dinglichen Ansprüchen aus, dass das Eigentum einen seinem Inhalt entsprechenden „*tatsächlichen* Zustand" verlange[400]. Damit sei ein gegen andere Personen sich richtendes Recht des Eigentümers auf Herstellung *dieses Zustandes* gegeben, sofern das Verhalten dieser anderen Person der Herstellung des rechtsgemäßen Zustandes im Wege stehe[401]. Welcher tatsächliche Zustand geschuldet sei, ergebe sich aus dem Inhalt des Eigentums[402]. An späterer Stelle[403] wird der Vindikationsanspruch dahingehend konkretisiert, dass er dem Eigentümer Besitz oder Inhabung der Sache verschaffe, d.h. dass ein *tatsächlicher* Zustand herbeigeführt wird. Ferner heißt es, dass die rein dinglichen Ansprüche darauf beruhten, dass ein Widerspruch zwischen Recht und *Wirklichkeit* bestehe und sie eine Ausgleichung dieses Widerspruchs forderten[404]. Die Wirklichkeit bezieht sich aber auf Tatsachen. Der Ausgleich des Widerspruchs kann dann auch nur durch eine Zustandsveränderung herbeigeführt werden.

Auch im übrigen ergeben sich aus den Motiven Widersprüche zu der Rechtsusurpationslehre:

---

[399] Motive III, S.394.

[400] Motive III, S.392. Darin sieht auch *Soergel/Mühl*, § 1004 Rn.29 einen Haupteinwand gegen die *Pickersche* Lehre. An späterer Stelle wird sogar eindeutig davon gesprochen, dass der negatorische Beseitigungsanspruch eine „zuständliche **körperliche** Beeinträchtigung" (Hervorhebung durch den Verf.) voraussetze, Motive III, S.426.

[401] Motive III, S.392 f. Wenn es heißt, dass das Verhalten der anderen Person der Herstellung des rechtsgemäßen Zustandes im Wege stehe, könnte dies im Sinne der Pickerschen Lehre dahingehend verstanden werden, dass die Vindikationslage dadurch gekennzeichnet ist, dass der Rechtsgüterschutz beim Störer einer eigenmächtigen Wegnahme der Sache durch den Eigentümer entgegensteht. Daraus ergibt sich aber nicht zwangsläufig, dass auch die Rechtsfolge der actio negatoria nur darauf gerichtet sein kann, diesen Rechtsgüterschutz aufzugeben. Vielmehr ergibt sich aus dem Gesamtzusammenhang, dass bei der Vindikation jedenfalls die Verschaffung von Besitz und Innehabung der Sache geschuldet sein soll.

[402] Motive III, S.393.

[403] Motive III, S.423.

[404] Motive III, S.394.

Aufschlussreich ist etwa, dass nach Ansicht der Gesetzesverfasser der Gegner des Herstellungsanspruchs bei dem Recht an der Sache durch den Inhalt des Rechts von vornherein noch nicht gegeben sei, da nach diesem Inhalt der Berechtigte nur in einem Verhältnis zur Sache, nicht in einem Verhältnis zu bestimmten anderen Personen stehe[405]. Nach der Rechtsusurpationslehre soll Anspruchsgegner aber gerade derjenige sein, der sich eine aus diesem Personen-Sach-Verhältnis ergebende Befugnis anmaßt, so dass er sich aus dem Rechtsinhalt heraus bestimmen lässt.

Nach den Motiven soll der negatorische Anspruch dann gegeben sein, wenn eine zur Vindikation nicht genügende Verletzung des Eigentums stattfindet[406]. Wäre allein die Rechtsusurpation das haftungsbegründende Merkmal für die dinglichen Ansprüche, dann wäre eine solche Gradation nicht denkbar. Mithin kommt es für die Abstufung auf die tatsächlichen Folgen an. Ansonsten hätten sich die Gesetzesverfasser auch nicht der aus ihrer Sicht unüberwindlichen Schwierigkeit ausgesetzt gesehen, alle „zuständlichen Eigentumsverletzungen", die zwar das „Analogon des dem Inhalte des Eigenthumes widerstreitenden Besitzstandes" bilden, aber nicht in der Entziehung der Besitzes oder der Inhabung bestehen, nicht umschreiben zu können. Sie hätten § 1004 I 1 BGB dann nicht negativ in Abgrenzung zu § 985 BGB formulieren müssen, sondern hätten einfach auf die Rechtsusurpation als Tatbestandsmerkmal abstellen können.

Vor allem aber wird in den Motiven klargestellt, dass die Verpflichtung des Beklagten nicht lediglich auf eine Unterlassung gerichtet ist und nicht nur insoweit eine positive Tätigkeit verlangt werden kann, als die fernere Unterlassung, z.B. eines projectum, immissum habere, die Entwicklung einer solchen Tätigkeit erfordere, sondern man vielmehr den Beklagten für verpflichtet zu erklären habe, „die Naturalrestitution zu bewirken"[407]. Der Hauptunterschied zwischen der Naturalrestitution bei der actio negatoria und beim Schadensersatz wird darin gesehen, dass als Rechtsfolge des negatorischen Beseitigungsanspruchs niemals Geldentschädigung geschuldet werden kann, wenn die Naturalrestitution nicht mehr möglich ist[408]. Eindeutig soll ein tatsächlicher Zustand wiederhergestellt werden. Die Gesetzesverfasser überließen es allerdings Doktrin und Praxis, ob bei der actio negatoria nur die Wiederherstellung des ursprünglichen Zustandes geschuldet sei oder auch die Herstellung eines ähnlichen Zustands, z.B. das Zu-

405 Motive III, S.393.
406 Vgl. Motive III, S.236.
407 Motive III, S.425.
408 Motive III, S.425.

schütten eines Grabens, möglich erscheine[409].

Aus der Pflicht des Störers, die Verletzung zu beseitigen, wird gefolgert, dass er das dafür Erforderliche auch auf eigene Kosten vorzunehmen habe[410]. Dies wird unabhängig von einer Schadensersatzpflicht des Anspruchsgegners angenommen, weil der Haftungsgrund beim Beseitigungsanspruch gerade nicht in einem schuldhaften Handeln liege. Der betroffene Eigentümer soll von einer (im Einzelfall durchaus drückenden) Kostenlast freigestellt wird. Die kostenbelastete Beseitigungspflicht stets dem Anspruchsgegner aufzuerlegen, wird zur Vermeidung von Folgestreitigkeiten als sinnvoll erachtet[411].

Aus den Motiven geht demnach hervor, dass die Gesetzesverfasser die Rechtsfolge des negatorischen Beseitigungsanspruchs über die Beendigung einer Rechtsanmaßung hinaus verstanden wissen wollten, indem sie ausdrücklich die Naturalrestitution als geschuldet ansahen. Das Problem, die Weite der Rechtsfolge von § 1004 I 1 BGB gerade auch in Abgrenzung zu §§ 823 I, 249 ff. BGB konkretisieren zu müssen, wurde zwar gesehen, aber nicht gelöst. Klar ist aber, dass der Lösungsansatz der Rechtsusurpationslehre den Motiven widerspricht, also von den Gesetzesverfassern eindeutig nicht bezweckt war. Es verbleibt somit nur der Vorwurf, dass es sich bei dem Verständnis der actio negatoria in den Motiven um eine Fehlentwicklung handeln könnte, was *Picker* glaubt anhand der Entwicklungsgeschichte belegen zu können. Dies gilt es nachzuvollziehen.

ee) Entwicklungsgeschichte der actio negatoria

Picker sieht sich in seiner Auffassung, dass die negatorische Haftung ähnlich der Vermögensverschiebung im Bereicherungsrecht als Fall einer Rechtsusurpation oder einer Überlagerung von Rechtskreisen aufgefasst werde müsse, durch die römisch-rechtlichen Ursprünge der actio negatoria und den historischen Fortgang der Klage bestätigt[412]. Die Verfälschung der actio negatoria hin zum Verständnis der heute herrschenden Meinung sei das Ergebnis einer dogmatischen Fehlentwicklung, die im 19. Jahrhundert ihren Ausgang genommen habe[413]. Wenn man sich darauf zurückbesinne, dass die Verwirklichung des § 1004 I 1

---

[409] Motive III, S.425.
[410] Motive III, S.425.
[411] Motive III, S.425 f.
[412] *Picker*, Beseitigungsanspruch, S.49 (2. Absatz gegen Ende), S.61 (2.Absatz).
[413] *Picker*, aaO., S.61 (2.Absatz).

BGB auf die Fälle der Anmaßung eines fremden Rechts beschränkt werde, setze man im geltenden Recht nur fort, was bereits die römische und die gemeinrechtliche actio negatoria ausgezeichnet habe[414].

(1) Aussagekraft der rechtsgeschichtlichen Entwicklung für die heutige Auslegung von § 1004 I 1 BGB

Es fragt sich allerdings, inwieweit die rechtsgeschichtliche Entwicklung der actio negatoria bei der Abgrenzung der negatorischen von der deliktischen Haftung überhaupt zu berücksichtigen ist. Zwar baut das BGB auf der historischen Rechtsschule und der Pandektistik[415] des 19. Jahrhunderts auf[416], doch zählt die rechtsgeschichtliche Entwicklung nicht zu den üblichen allgemeinen Kriterien der Normauslegung, die sich vielmehr auf die Entstehungsgeschichte der Vorschrift in ihrer aktuellen Fassung beschränkt. Dies hängt damit zusammen, dass die Bedeutung von Gesetzen dem Wandel der Zeit unterliegt. So hat auch der negatorische Rechtsschutz im Laufe der Zeit an Stellenwert gewonnen, indem der Anwendungsbereich des § 1004 I 1 BGB über seinen Wortlaut hinaus erheblich erweitert wurde, um Lücken der negatorischen Abwehr im Gesetz zu schließen, die sich mit den zunehmenden Veränderungen in der Sozialordnung immer stärker bemerkbar gemacht haben. Während in der (vorindustriellen) Gesellschaft vor allem das Grundeigentum vor Eingriffen schutzwürdig galt, wurde der negatorischen Haftung im Zeitalter beginnender Industrialisierung im deutschen Recht die Aufgabe zugewiesen, nun auch die Konflikte zwischen agrarisch, handwerklich und/oder wohnlich genutztem Grundeigentum und hochentwickelten technischen Grundstücksnutzungen zu regeln[417]. Dies kann bei der Auslegung des Beeinträchtigungsbegriffs nicht außer Acht gelassen werden. Teilweise wird der historischen Entwicklung der actio negatoria deshalb schon gar keine Aussagekraft für ihre inhaltliche Abgrenzung zur deliktischen Haftung nach geltendem Recht beigemessen[418].

---

[414] *Picker*, Beseitigungsanspruch, S.61 (2. Absatz). *Buchholz/Radke*, Jura 1997, 454, 455, Fn.10 sprechen deshalb auch davon, dass *Picker* die Eigenständigkeit der negatorischen Haftung „wiederentdeckt" habe.
[415] Als „in Gesetzesparagraphen gegossenes Pandektenkompendium" bezeichnete *Otto v. Gierke*, Entwurf, S.2, das Bürgerliche Gesetzbuch.
[416] *Buchholz/Radke*, Jura 1997, 454, 455.
[417] *AK/Kohl*, § 1004 BGB Rn.4.
[418] *Herrmann*, Der Störer, S. 8 f.; nach *Larenz/Canaris*, Methodenlehre-Studienausgabe, Kap.4, 2 c, S.150 kommt es auf die Vorstellungen der „eigentlichen Gesetzesverfasser", die

In der Methodenlehre wird die Problematik historischer Auslegung vor allem erörtert, wenn es um die Zielsetzung der Gesetzesauslegung geht und es sich fragt, ob der historisch-psychologische Wille des Gesetzgebers zu erforschen (subjektive Theorie) oder der dem Gesetz selbst inne wohnende Sinn (objektive Theorie) zu ermitteln ist[419]. Stellte man nur auf die Regelungsabsicht des Gesetzgebers, auf seine Wertungen, Bestrebungen und sachlichen Überlegungen zum Zeitpunkt der Normentstehung ab, würde verkannt werden, dass ein Gesetz eine ihm eigene Wirksamkeit entfaltet und über das hinausgehen kann, was der Gesetzgeber beabsichtigt hat, wenn es sich wandelnde Lebensverhältnisse erfasst, die so im einzelnen nicht absehbar waren[420]. Das Gesetz entwickelt dann eine objektive Eigenbedeutung: „Wer das Gesetz jetzt auslegt, sucht in ihm eine Antwort auf die Fragen seiner Zeit.“[421]. Ziel der Gesetzesauslegung kann demnach nur sein, den heute rechtlich maßgeblichen, also normativen Sinn des Gesetzes zu ermitteln, wobei aber auch die der gesetzlichen Regelung zugrundeliegende Wertentscheidung des historischen Gesetzgebers als Auslegungsgrenze zu berücksichtigen ist, weil ansonsten nicht mehr von „Auslegung“, sondern nur noch von „Hineinlegung“ gesprochen werden kann[422].

Ist aber bereits der Wille des historischen Gesetzgebers hinter einem darüber hinausgehenden normativen Sinnzusammenhang einer Vorschrift zurückzustellen, hat dies erst Recht für die weiter zurückliegende Entwicklungsgeschichte vergleichbarer negatorischer Regelungen zu gelten, wenn sich nicht eindeutige Bezüge zu § 1004 I 1 BGB in der heute geltenden Fassung herstellen lassen.

Zwar knüpften die Verfasser des BGB an die historischen Wurzeln an, wenn es in den Motiven heißt, dass es diese Ansprüche sind, „welche für das Eigentum das römische Recht in den Vorschriften über die rei vindicatio und über die negatoria actio, die neueren Gesetzgebungen in den Abschnitten über den Eigentumsschutz näher bestimmen und welche der Entwurf, dem *geltenden Recht folgend*, an dieser Stelle regelt“[423]. Gerade anhand der letzten Formulierung wird aber deutlich, dass sich bei der Schaffung der dinglichen Ansprüche im BGB an

---

sich in der Gesetzesbegründung niedergeschlagen haben, nicht an. Maßgebend seien vielmehr nur die Vorstellungen, die in den parlamentarischen Beratungen zum Ausdruck gebracht wurden.

419 Vgl. dazu *Larenz*, Methodenlehre, S.316 ff.; *Bydlinski*, Methodenlehre, S.428 ff.

420 *Larenz*, aaO., S.317.

421 *Larenz*, aaO., S.318, vgl. auch *Bydlinski*, Methodenlehre, S.436; *Mennicken*, Gesetzesauslegung, S.106; *Husserl*, Recht und Zeit, S.26.

422 *Larenz*, aaO., S.318.

423 Motive III, S.392 (Hervorhebung durch den hiesigen Verfasser).

den damals aktuellen landesrechtlichen Kodifikationen und nicht uneingeschränkt an den römischen Wurzeln der actio negatoria orientiert werden sollte. Die Verfasser gedachten, dem Eigentum den aus ihrer Sicht aktuell erforderlichen Rechtsschutz zukommen zulassen. Das römischrechtliche Verständnis der actio negatoria kann folglich für die normative Auslegung des § 1004 I 1 BGB nur dann aufschlussreich sein, wenn sich die römischrechtlichen Wurzeln der negatorischen Haftung in dem geltenden Recht, das den Schaffern des BGB als Vorbild galt, fortgesetzt haben. Nur darauf gilt es die historische Entwicklung der actio negatoria zu untersuchen[424].

(2) Die historische Entwicklung der actio negatoria

(a) Römisches Recht

Ausgangspunkt der rechtsgeschichtlichen Entwicklung sind die actiones negatoriae[425] im nachklassischen römischen Recht. Es wird vermutet, dass diese Klagearten durch Abspaltung aus der Eigentumsklage (rei vindicatio) entstanden sind zu einer Zeit, als dem Eigentum selbständig beschränkte dingliche Rechte ausgegliedert wurden[426]. Der Eigentümer wehrte sich mit Hilfe dieser speziellen Klagen gegen die Behauptung des Anspruchsgegners, ihm komme ein bestimmtes dingliches Gebrauchs- oder Nachbarrecht am fremden Grundstück zu[427]. Ziel der Klagen war die Feststellung, dass das Eigentum von dem angemaßten Recht frei sei, sowie die Herstellung des Zustandes, der bestünde, wenn die Störung schon zur Zeit der Klageerhebung beseitigt worden wäre[428]. Ersetzt wurde nur der infolge der Klageerhebung entstandene Verzögerungsschaden[429]. Tatsächliche Einwirkungen auf das Eigentum konnten mittels der

---

[424] Eine ausführliche Darstellung der Rechtsgeschichte der negatorischen Haftung findet sich bei *Picker*, Beseitigungsanspruch, S. 61 ff. und bei *Hohloch*, S. 21 ff. Die Darstellung der historischen Wurzeln kann sich hier deshalb darauf beschränken, die These einer Fehlentwicklung zu entkräften.

[425] Ob in der klassischen Zeit die Bezeichnung „actiones negatoriae" schon gebräuchlich war, ist unklar, vgl. dazu *Kaser* I, S.367 f. Jedenfalls gab es im klassischen römischen Recht noch nicht den einheitlichen Klagetyp der actio negatoria, sondern verschiedene spezielle Klagearten zur Abwehr von Rechtsanmaßungen. Der einheitliche Klagetyp entwickelte sich erst in der nachklassischen Zeit, dazu vgl. *Bohácek*, Bull.46 (1939) 142, 185 ff.

[426] *Kaser* I, S.367.

[427] *Kaser* I, S.437; *Picker*, Beseitigungsanspruch, S.62; *Altenhain*, Ehrschutz, S.57.

[428] vgl. *Kaser* I, S.368; *Bohácek*, Bull. 44, 42 f.

[429] Weil nur die Einbußen seit der Klageerhebung zu ersetzen sind, wird teilweise nicht der Eigentumsschutz, sondern das „Prozeßverhältnis" zwischen den Parteien als Haftungsgrund

actiones negatoriae nicht abgewehrt werden[430]. Dass diese Klagen in ihren Anwendungsbereichen so eng gefasst wurden, ergab sich aus dem kasuistisch aufgebauten streng formalisierten System des Eigentumsschutzes im römischen Recht. Dem Eigentümer standen neben den spezialisierten Klagetypen noch weitere Rechtsbehelfe zur Verfügung, um Eigentumseingriffe abzuwehren, die dann teilweise auch Schadensersatz gewährten. Hatte der Beklagte beispielsweise ein Bauwerk errichtet, das zum Nachteil des Klägers den Ablauf von Regenwasser hinderte, so haftete der Eigentümer der Anlage, wenn er diese selbst errichtet hatte, dem Benachteiligten nach einem anderen Rechtsbehelf auf volle Restitution[431]. Drohte dem Grundstückseigentümer von einem Nachbargrundstück Schaden, besonders durch ein mangelhaftes Bauwerk, dann gab der Praetor dem Nachbarn auf, jenem in Stipulationsform Sicherheit für künftige Schäden zu leisten, cautio damni infecti[432]. Bei bloßen Schadenszufügungen, die sich nicht als Ausübung eines Rechts an der Sache denken ließen, kamen zwar nicht die actiones negatoriae zur Anwendung, aber Rechtsschutz gewährten dann in dem einen oder anderen Fall die übrigen dem Eigentümer zur Verfügung stehenden Rechtsbehelfe[433]. Vor allem aber galt, dass der Eigentümer in allen den Fällen, für die keine besonderen Rechtsbehelfe geregelt waren, faktische Störungen im Wege der Selbsthilfe[434] beseitigen konnte. Die negatorischen Klagen wurden also nur zur Abwehr spezieller Eingriffe in fremdes Eigentum geschaffen, das Eigentum im übrigen durch andere Rechtsbehelfe bzw. im Wege der Selbsthilfe (vis privata) ausreichend geschützt[435].

(b) Kaiser Justinian

Im Gesetzgebungswerk Kaiser Justinians gab es die rechtspolitischen Bemühungen, die private Gewaltanwendung im Wege der Selbsthilfe, ein Indiz für einen wenig geregelten Rechtszustand, vor allem auch bei nachbarlichen Konflikten, einzudämmen, und durch gesetzlich geregelte Klagen zu ersetzen[436]. Um die

---

angesehen (vgl. *Picker*, Beseitigungsanspruch, S.72 mwN, *Hohloch*, S.32, Fn.66; *Schulz*, AcP 105 (1909), S.74 ff.).

430 *Kaser* I, S.368; *Schulz*, S.375; *Siber*, S.106; *Picker*, Beseitigungsanspruch, S.62.

431 „actio aquae pluviae arcendae", vgl. *Kaser* I, S.345.

432 Vgl. *Kaser* I, S.345.

433 *Hohloch*, S.23.

434 vis privata, vgl. *Picker*, aaO., S.63, *Hohloch*, S.23.

435 *Picker*, aaO., S.62 f.; *Hohloch*, S.23; *Kaser* I, S.196.

436 *Hohloch*, S.23.

Fälle, die bislang im Wege der Selbsthilfe geregelt wurden, nun auch vom Gerichtsschutz erfassen zu können, musste zwangsläufig der stark beschränkte Anwendungsbereich der negatorischen Klagen im justinianischen Recht aufgegeben werden. Die einzelnen negatorischen Klagen wurden zu dem einheitlich als actio negatoria genannten Klagetyp zusammengefasst und die formalen Anforderungen an den klagebegründenden Eingriff gelockert[437]: Der Eigentümer wurde jetzt auch gegenüber rein tatsächlichen Einwirkungen des Gegners geschützt, soweit sich dessen Verhalten als Ausübung einer Servitut wenigstens denken ließ. Denn die faktische Ausübung von Servitut und Nießbrauch verschaffte dem Ausübenden ohne Rücksicht auf seine wirkliche Berechtigung eine „possessio iuris", die nun ihrerseits dem Eigentümer gegenüber durch prohibitorische Interdikte geschützt war[438]. Im justinianischen Recht konnte also gegen gewisse bloß tatsächliche und bloß schädigende Einwirkungen auf das Grundstück negatorisch geklagt werden[439]. Zwar wurde systematisch in der justinianischen Kodifikation die Klage nicht mehr zusammen mit der rei vindicatio geregelt; die gemeinsame Intention der actiones negatoriae, das Eigentum zu schützen, trat zurück. In den Vordergrund wurde das Objekt der Abwehr, die Servitut, gestellt[440] und die actio negatoria im Zusammenhang mit der actio confessoria[441], der Klage, welche die Ausübung der Servitut gewährleisten sollte, geregelt. Dadurch wurde aber nur die formale Strenge der Frühzeit abgestreift, inhaltlich wurde die Klage nach wie vor gewährt, wenn das Eigentum als Schutzobjekt gefährdet war und sich die Eigentumsbeeinträchtigung wenigstens als Ausübung einer Servitut denken ließ[442].

---

[437] vgl. *Bohácek* Bull. 46, 190; *Kaser* II, S.215 N.43, S.183 f.; I S.375.

[438] *Kaser* II, S.215 Fn.43, S.183 f.; I S.375; *Picker*, Beseitigungsanspruch, S.63.

[439] So konnten mit der actio negatoria die Zufuhr von Rauch aus einer Käserei in das darüberliegende Stockwerk - D 8, 5, 8, 5, vgl. *Kaser* II, S.195 Fn.64, S.215 Fn.43 -, die Feuchtigkeit aus einem geborstenen Wasserrohr – D. 8, 5, 13 -, das Einsickern von Feuchtigkeit durch eine in der Nachbarschaft angelegten Mistgrube - D. 8, 5, 17, 2 - oder die Grundstücksbeeinträchtigung durch die Ausbauchung einer an der Grundstücksgrenze gebauten Wand - D. 8, 5, 14, 1 -, durch einen windschiefen Baum – D. 43, 27, 2 - oder durch herüberwachsendes Wurzelwerk – D. 47, 7, 6, 2

[440] *Picker*, Beseitigungsanspruch, S.64 (oben); *Hohloch*, S.24.

[441] Hierzu *Jörs/Kunkel*, Römisches Privatrecht, S.150; *Kaser* I, S.374. Es handelt sich dabei um eine negatorische Klage, die als Gegenstück zur actio negatoria den Inhaber des beschränkt dinglichen Rechts schützt. Im klassischen römischen Recht trug sie die Bezeichnung „vindicatio servitutis", in der nachklassischen Zeit „actio confessoria".

[442] *Picker*, Beseitigungsanspruch, S.64, *Hohloch*, S.25.

(c) Mittelalter und gemeines Recht

Noch bis zum Beginn des 19. Jahrhunderts wurde die Klage nicht zusammen mit der rei vindicatio, sondern mit der actio confessoria dargestellt[443]. Nach wie vor setzte die Klage nicht voraus, dass sich der Gegner tatsächlich auf eine Servitut berief. Ausreichend war stets, dass sich sein Verhalten als die Ausübung einer Servitut denken ließ[444]. Jeder Eingriff, auf den dies nicht zutraf, konnte mit der actio negatoria nicht abgewehrt werden. Die bloße Schadenszufügung wurde zu dieser Zeit von der Klage deshalb auch nicht erfasst[445]. Bis zu dieser Zeit war die Rechtsusurpation das maßgebliche Kriterium für die Anwendung der actio negatoria.

(d) 19. Jahrhundert

(aa) Pandektenwissenschaft

Mit der Wende vom 18. zum 19. Jahrhundert verstand die Pandektenwissenschaft die actio negatoria wieder als „Eigentumsfreiheitsklage" und ordnete sie auch systematisch wieder bei der rei vindicatio ein[446]. Man besann sich zurück auf das Schutzobjekt Eigentum. Alle „partiellen" Eingriffe in das Eigentum mit Ausnahme des von der Vindikation erfassten totalen Besitzentzugs sollten von der actio negatoria erfasst werden. In der Pandektenwissenschaft wird der Tatbestand der actio negatoria erstmals in der noch heute in § 1004 I 1 BGB vorzufindenden Formulierung negativ definiert: „... unter (dem) Eingriff in das Eigenthumsrecht wird ... eine Verletzung des Eigenthumsrechtes verstanden, welche nicht in der Entziehung des Besitzes der Sache besteht"[447].

(bb) Partikulargesetzbücher

Diese Auffassung der Pandektenwissenschaft hatte erheblichen Einfluss auf die Partikulargesetzbücher des 19. Jahrhunderts. Mit ihnen meinen die Motive wohl

---

[443] *Picker*, Beseitigungsanspruch, S.64.
[444] *Hohloch*, S.26.
[445] *Picker*, aaO., S.65, *Hohloch*, S.26.
[446] vgl. *Heise*, Grundriß eines Systems des Civilrechts (2. Buch 2. Kap. S. 40 ff., 42), *Puchta*, Rheinisches Museum Bd.1 (1827), 165, 166 f.; *Puchta*, Pandekten § 172; *Thibaut*, § 625; *v. Vangerow*, § 353; *Windscheid/Kipp*, Lb Pandekten, § 198.
[447] Vgl. vor allem *Windscheid/Kipp*, Lb Pandekten, § 198.

das „geltenden Recht“, an dem sich der Entwurf von § 1004 I 1 BGB orientierte[448]. In den einschlägigen Vorschriften des Partikularrechts – teils mit Geltung, teils im Entwurf steckengeblieben - wird die Auffassung erkennbar, die negatorische Klage auch bei tatsächlichen, nicht mit einer Rechtsusurpation im Zusammenhang stehenden Eigentumsbeschränkungen anzuwenden. So wird im Wortlaut von § 321 des Sächsischen BGB (1863) zwischen rein tatsächlichen Beeinträchtigungen und der Behauptung, ein das Eigentum des anderen beschränkendes Recht inne zu haben, unterschieden; der Eigentümer kann auf „Anerkennung der Freiheit seines Eigenthums, Aufhebung der Beschränkung, Ersatz des ihm zugefügten Schadens und Androhung einer Strafe für weitere Störungen klagen“[449]. Der Unterschied der sog. Negatorienklage zum Vindikationsanspruch wird darin gesehen, dass sich erstere gegen „partielle Beschränkungen“ richtet, während letztere das Eigentum in seiner Totalität schützt. Die actio negatoria wird nicht mehr auf die Eigentumsverletzung durch servitutische Rechte beschränkt[450]. Auch in Bayern vollzog sich ein Wandel weg von der Servitutenklage[451] hin zum Rechtsschutz gegen tatsächliche Beeinträchtigungen: So soll der Eigentümer gegen jeden, welcher, ohne ihm die Sache zu entziehen, auf dieselbe einwirkt oder ihn in der Verfügung über die Sache hindert, Anspruch auf Beseitigung oder Unterlassung des Eingriffs haben[452]. Die „Rechtsusurpationsklage“ ist davon getrennt geregelt und gegen denjenigen gerichtet, der ohne in das Eigentumsrecht tatsächlich einzugreifen, sich ein Recht an der fremden Sache beilegt[453]. Für das Großherzogtum Hessen war sogar vorgesehen, dass der Eigentümer nicht nur die Aufhebung der Eigentumsbeschränkung, sondern auch den dadurch zugefügten Schaden ersetzt verlangen kann. Ferner sollte die Leistung einer Sicherheit gegen künftige Störungen gefordert werden können[454]. Damit ist die aus dem klassischen römischen und justinianischen Recht bekannte Trennung zwischen der Pflicht, die Eigentumsfreiheit wiederherzustellen, und der Pflicht, die aus der Anmaßung fremder

---

[448] Siehe oben S.121.
[449] Vgl. *Hohloch*, S.27.
[450] Vgl. *Siebenhaar/Siegmann*, Sächsisches BGB § 321, S.289.
[451] So noch Codex Maximilianeus Bavaricus Civilis oder Bayerisches Landrecht (1756) II.7 § 11.
[452] Entwurf eines bürgerlichen Gesetzbuches für das Königreich Bayern (München 1864), Art. 176 I.
[453] Art. 177 I des Entwurfs des bürgerlichen Gesetzbuchs für das Königreich Bayern.
[454] Art. 5 des dritten Titels des Entwurfs eines bürgerlichen Gesetzbuchs für das Großherzogtum Hessen, 1845.

Rechte entstandenen Schäden zu ersetzen, durchbrochen[455]. In den Partikularrechten hat folglich die Ausweitung des Anwendungsbereichs der negatorischen Haftung ihren Abschluss gefunden: Aus einem Rechtsinstitut, ursprünglich beschränkt auf die Zurückweisung von unerlaubten Rechtsanmaßungen, ist über die Abwehr tatsächlicher unerlaubter Einwirkungen auf fremdes Eigentum, die sich zunächst noch als Servitut wenigstens denken ließen, nunmehr, unter Aufgabe des Servitutserfordernisses, ein Anspruch auf verschuldensunabhängigen Ersatz der durch eine solche Eigentumsbeeinträchtigung verursachten Schäden geworden.

(e) Die Entstehungsgeschichte von § 1004 I 1 BGB

An diesen weiten Anwendungsbereich der actio negatoria in den Partikulargesetzbüchern knüpft die Umsetzung der negatorischen Haftung im BGB an. Noch aussagekräftiger als die Motive zur Schaffung der dinglichen Abwehrrechte ist deren Gesamtbetrachtung mit den zum BGB vorbereitenden Materialien von *Johow*, dem Redakteur des Teilentwurfs zum Sachenrecht[456], und der systematischen Zusammenstellung der unveröffentlichten Quellen zur Beratung des BGB. Deshalb sollen diese Materialien hier genauer betrachtet werden. Der Vergleich ergibt, dass die Gesetzgeber des BGB mit § 1004 I 1 BGB bewusst die Abkehr von der reinen Abwehr unerlaubter Rechtsanmaßungen hin zu einem Rechtsinstitut vollziehen wollten, das zu einem umfassenden *tatsächlichen* Schutz des Eigentums mit beiträgt.

(aa) Der sachenrechtliche Teilentwurf *Johows*

Die §§ 205 – 209 des Teilentwurfs sahen noch eine sehr eng gefasste negatorische Eigentumsklage vor. Sie sollte im Grundsatz gegen denjenigen erhoben werden können, „welcher durch sein Verhalten dem Kläger genügend Anlass zu der Annahme giebt, dass er sich ein Recht an dem Grundstück zuschreibe" (§ 205)[457]. Materiellrechtlich erscheint dies als Abkehr von dem sehr weiten Verständnis der actio negatoria, wie sie sich in der Praxis des gemeinen Rechts im 19. Jhdt. entwickelt hatte, zurück zur reinen Abwehr von Rechtsusurpationen, wie sie von den Wurzeln des römischen Rechts her bekannt

---

[455] *Hohloch*, S.32.
[456] *Johow*, Teilentwurf zum BGB, Begründung, S. 993.
[457] § 205 des Teilentwurfs, Textteil 34.

ist. Die genauere Betrachtung zeigt aber, dass *Johow* die negatorische Abwehrklage in ihrem Anwendungsbereich gar nicht so eng fassen wollte. Dies wird deutlich, wenn man zum einen die rechtliche Einordnung, zum anderen die Funktion der actio negatoria, wie sie *Johow* versteht, nachvollzieht.

Prozessual bedurfte es zunächst einer – allerdings zur damaligen Zeit für die negatoria üblichen – (dinglichen) Feststellungsklage, mit der allein die Unrechtmäßigkeit des Eingriffs geklärt werden sollte, um dann mit einer, wenn auch gleichzeitig erhebbaren, aber doch selbständigen (obligatorischen) Klage, die Unterlassung oder die Beseitigung der Beeinträchtigung erwirken zu können[458]. Wegen dieser prozessualen Zweiteilung verlagerte sich die Abgrenzungsproblematik von Delikt und actio negatoria genaugenommen auf die obligatorische Klage. Zu den Voraussetzungen dieser selbständigen obligatorischen Klage lässt sich *Johow* allerdings nicht näher aus. Seine Ausführungen konzentrieren sich vielmehr auf die negatorische Feststellungsklage. Der Anspruchsgegner sollte sich für sie nicht wirklich ein Recht anmaßen müssen[459]. Ausreichend, aber auch mindestens erforderlich für ein Feststellungsinteresse sollte sein, dass er sein Verhalten wenigstens mit der Behauptung eines ihn dazu ermächtigenden Rechts schlüssig verteidigen könnte[460]. Das Feststellungsinteresse bei § 205 wurde also immer dann abgelehnt, wenn eine solche Rechtsanmaßung von vornherein nicht denkbar war[461]. Dieser Ansatz ist aus dem Justinianischen Recht bekannt[462] und dient auch *Johow* zur Eingrenzung des Anwendungsbereichs der negatorischen Haftung.

Dem *Johowschen* Teilentwurf lag folgende Rechtsauffassung zugrunde: Der nichtbesitzende Eigentümer könne nur gem. § 985 BGB von dem unberechtigten Besitzer die Räumung des Besitzes fordern. „Thatsächlichen Eingriffen" könne sich dagegen nur der Besitzer erwehren. Denn nur er übe die physische und unmittelbare Herrschaft über die Sache aus[463]. Abgeleitet wird dies aus der strengen Trennung von Eigentum als der rechtlichen Möglichkeit der ausschließlichen Herrschaft über die Sache und dem Besitz als der faktischen Möglichkeit[464]. Danach finde das Eigentum allein im Besitz seine endliche und vollständige Verwirklichung. Mithin sei eine dingliche Klage neben der Vindikation nur

---

[458] Vgl. *Hohloch*, S.34.
[459] *Johow*, Teilentwurf, Begründung, S.994.
[460] *Johow*, Teilentwurf, Begründung, S.994.
[461] *Johow*, Teilentwurf, Begründung, S.994.
[462] Siehe oben S.123 f.
[463] *Johow*, Teilentwurf, Begründung, S.986 f.
[464] *Johow*, Teilentwurf, Begründung, S.986.

sinnvoll, wenn letztere den Besitz nicht vollständig verschaffen könne oder aber die Negatorienklage nicht zur Durchsetzung eines Anspruchs diene, sondern ihr eine gänzlich andere Funktion zukomme[465]. Konsequenterweise will *Johow* den negatorischen Beseitigungsanspruch deshalb nur bei Grundstücken anwenden, weil nach seiner Ansicht die Anmaßung begrenzter Rechte bei beweglichen Sachen stets mit einem Besitzentzug verbunden sei, so dass immer der Vindikationsanspruch greife[466].

Dass es bei Grundstücken neben dem Vindikationsanspruch noch der negatoria bedarf, nimmt *Johow* an, wenn ein beschränktes dingliches Recht am Grundstück gegen dessen Eigentümer durchgesetzt werden soll, quasi der actio confessoria aus dem römischen Recht vergleichbar, weil sich nur so gegen das „stärkere" Eigentumsrecht durchgesetzt werden könne[467]. Das im römischen Recht insoweit noch sehr weitläufige Verfahren – der Inhaber des beschränkten dinglichen Rechts berief sich gegen den Grundstückseigentümer auf seinen Quasibesitz, wenn dieser ihn in der Rechtsausübung behinderte, der Eigentümer erhob dagegen die Negatorienklage, um sich der nach seiner Ansicht unerlaubten Rechtsanmaßung zu erwehren, woraufhin der Rechtsinhaber die confessoria erheben musste, um sein Recht gegenüber dem Eigentümer durchzusetzen – wird dadurch vereinfacht, dass nach dem Teilentwurf sofort petitorisch gegen den Eigentümer geklagt werden muss[468].

Des weiteren sollte für die negatoria ein Bedürfnis bestehen, wenn ohne verbotene Eigenmacht hergestellte Projektionen, welche über oder unter der Erde in das Nachbargebiet hineinragen (z.B. Wurzeln oder Äste eines Baumes), die räumliche Herrschaft des besitzenden Eigentümers beschränken. Der Betroffene sollte dann keine Besitzklagen geltend machen können und auch keine Selbsthilfe üben dürfen, weil der störende Nachbar die Projektionen mit seinem Grundstück als Erweiterungen desselben besitze. Deshalb sei zwar das Eigentum, nicht aber der Besitz verletzt. Der Richter müsse erst die Rechtswidrigkeit der Projektion feststellen. Daraus ergebe sich die Verpflichtung des Störers, das von ihm im Nachbarbereich unerlaubt eingenommene Gebiet zu räumen. Die negatoria habe dann ganz die Funktion der Vindikation, indem sie dem Kläger die räumliche Herrschaft verschaffe, die er vorher nicht hatte[469]. Dies aber zeigt,

---

[465] *Johow*, Teilentwurf, Begründung, S.988.
[466] *Johow*, Teilentwurf, Begründung, S.993.
[467] *Johow*, Teilentwurf, Begründung, S.988.
[468] Vgl. *Johow*, Teilentwurf, Begründung, S.988.
[469] *Johow*, Teilentwurf, Begründung, S.989.

dass auch *Johow* eine Verpflichtung des Störers zur Wiederherstellung des tatsächlichen Zustandes nicht gänzlich ausschließt. Vielmehr wird in einem späteren Teil der Begründung sogar bewusst eine Abkehr von der sehr eng gefaßten Rechtsfolge der actio negatoria im römischen Recht vollzogen, als erörtert wird, welche Folgerungen sich für die Zukunft aus der ergehenden Rechtsfeststellung ergeben[470]. Da das negatorische Feststellungsurteil ausspreche, dass dem Beklagten ein begrenztes Recht oder eine nachbarliche Befugnis nicht zustehe, würde zu seiner Befolgung für die Zukunft nicht ausreichen, dass der Prozessgegner sich nunmehr passiv verhalte. Während dies im römischen Recht so noch galt[471], sieht der Teilentwurf in der negatorischen Feststellung „die Unerlaubtheit einer gewissen gegnerischen, insbesondere nachbarlichen Handlungsweise", so dass ein jeder, welcher durch das Urteil gebunden wird, ein Verbot daraus für sich zu entnehmen habe[472]. In § 207 des Teilentwurfs ist deshalb auch geregelt, dass der Richter Handlungen, die gegen die Rechtsfeststellung verstoßen, unter Strafandrohung verbieten kann. Vor allem aber wird in den Fällen, in denen die Störungsquelle im Haben einer Anlage liegt (Baum mit grenzüberschreitenden Wurzeln und Ästen, ein das Regenwasser zurückstauender Damm), es als nicht ausreichend erachtet, dass der Störer lediglich duldet, dass der Gestörte die Störungsquelle selbst beseitigt. Vielmehr soll die Verpflichtung des Eigentümers bestehen, seine Sache zu bändigen und fremdem Eigentum gegenüber unschädlich zu machen[473]. In der Tat erscheint es wenig einsichtig, dass der Gestörte vor die Alternative gestellt sein soll, den früheren Zustand auf eigene Kosten wiederherzustellen oder sich damit zu begnügen, den Schaden später zu liquidieren. So folgt auch *Johow* der Abkehr von der strengen römischen Anschauung und orientiert sich in die Richtung des gemeinen Rechts: In diesen Bestimmungen sei zwar die klare Auseinanderhaltung des dinglichen und des obligatorischen Rechts zu vermissen, wie sie sich bei den römischen Juristen findet, aber eine gewisse Tendenz zur Wiederherstellungspflicht ließe sich nicht verkennen[474]. *Johow* sieht den Beklagten deshalb als verpflichtet an, seine Sachen in einen solchen Zustand zu bringen,

---

470 *Johow*, Teilentwurf, Begründung, S.1004 ff.

471 Das römische Recht beruhte noch auf dem Fundamentalsatz, dass ein dingliches Rechtsverhältnis andere Personen nur zum passiven Verhalten verpflichten könne, jede positive Leistungspflicht – also auch die Naturalrestitution – aber einen genügenden obligatorischen Verpflichtungsgrund erfordere, vgl. *Johow*, Teilentwurf, Begründung, S.1007.

472 *Johow*, Teilentwurf, Begründung, S.1005.

473 *Johow*, Teilentwurf, Begründung, S.1008.

474 *Johow*, Teilentwurf, Begründung, S.1008.

dass keine Beeinträchtigung stattfindet[475], wobei er das eigentlich Bedeutsame dieser Erkenntnis weniger in der Pflicht zur Beseitigung unzulässiger Anlagen sieht als darin, dass stets der Besitzer wegen seiner tatsächlichen Sachherrschaft auch für die von ihm nicht schuldhaft errichteten Anlagen negatorisch haften soll[476]. Begründet wird dies unter anderem mit der praktischen Erwägung, dass ansonsten Anlass zu Folgestreitigkeiten geboten sein könnte, wenn fremder nachbarlicher Boden zu betreten wäre, um die Störungsquelle zu beseitigen. Konsequenterweise sollen unerlaubt auf dem Klägergrundstück errichtete Anlagen der freien Verfügung des Grundeigentümers verfallen. Daraus ergibt sich in der Rechtsfolge der negatoria eine Differenzierung danach, in welcher Rechtssphäre sich die Störungsquelle befindet. Des Rechtsfriedens willens soll jeder im Grundsatz den störenden Zustand in seinem eigenen Rechtskreis beseitigen müssen, auch wenn er ihn nicht verursacht hat. Ist der Betrieb nach einer Umgestaltung weiterhin zulässig (unterirdische statt oberirdischer Wasserleitung), so soll diese Verwandlung dem Servitutsinhaber vorbehalten sein[477]. Insbesondere der Gesichtspunkt des Rechtsfriedens findet sich auch bei der Rechtsusurpationslehre wieder, wenn es darum geht, erklären zu müssen, warum der Gestörte verpflichtet sein kann, die Folgen eines schuldlos begangenen Fremdeingriffs selbst zu beseitigen und dann auch mit den Kosten für diese Eigenbeseitigung belastet zu werden[478].

Im übrigen werden die Besitzklagen in ihrem Anwendungsbereich weit gefasst und auch die verschiedenen Arten von Immissionen als Besitzhandlungen angesehen, auch wenn sie gar nicht beabsichtigt sind[479]. Dennoch sieht *Johow* auch in diesem Bereich ein Anwendungsbedürfnis für die negatoria, wenn man ihr eine Präjudizialnatur zuerkenne. So könne der Betroffene mittels der Feststellungsklage die materielle Rechtslage klären lassen, ohne das nach seiner Ansicht unerlaubte Verhalten seines Nachbarn sofort untersagen zu müssen und so gegebenenfalls späteren Ersatzforderungen ausgesetzt zu sein[480]. Ihre Bedeutung besteht dann in der erweiterten Zulassung eines Präjudizialverfahrens, ist also

---

[475] Dies hat in die Formulierung des § 208 II Einzug gehalten: „Soweit Anlagen auf dem Grundstücke des Beklagten nach der ergehenden Rechtsfeststellung unzulässig sind, ist er verpflichtet, dieselben auf seine Kosten zu beseitigen."

[476] *Johow*, Teilentwurf, Begründung, S.1009.

[477] *Johow*, Teilentwurf, aaO.

[478] *Picker*, Beseitigungsanspruch, S.167 ff.

[479] *Johow*, Teilentwurf, Begründung, S.989.

[480] *Johow*, Teilentwurf, Begründung, S.990.

prozessualer Natur[481].

Dass der Zweck der negatoria auch im Teilentwurf nicht darauf beschränkt werden sollte, die Anmaßung fremden Rechts abzuwehren, zeigt sich in § 206. Dort wurde gesondert vom Grundfall die negatorische Klage auf Feststellung des nachbarlichen Rechtsverhältnisses gegen den Inhaber eines benachbarten Grundstücks geregelt, „wenn derselbe durch sein Verhalten dem Kläger genügend Anlass zu der Annahme giebt, dass er sich nachbarliche Befugnisse, die ihm nicht zustehen, anmaße oder derartigen Befugnissen des Klägers seine Anerkennung versage“[482]. Im Vergleich zu § 205 will *Johow* damit genau die auch schon in römischen Rechtsquellen geregelten Fälle erfassen, in denen von einer Meinungsdifferenz über das Bestehen oder Nichtbestehen einer Dienstbarkeit nicht die Rede sein könne, weil sich eine Mauer auf das Nachbargrundstück neige, der Wind einen Baum auf das Nachbargebiet beuge, die Wurzeln eines Baumes über die Grenze hinaus wüchsen, beim Betrieb eines Steinbruchs Splitter auf das Nachbargrundstück fielen, geborstene Röhren ihr Wasser auf das Nachbargrundstück ergössen oder der Rauch aus einer Käseräucherei den höher gelegenen Nachbarn belästigte[483]. Es handele sich in diesen Fällen nicht darum, die Behauptung einer Dienstbarkeit abzuwehren; angenommen werde vielmehr, dass die geringen Übergriffe den Servituten vergleichbar als nachbarliche Lizenzen auf Grund des Nachbarrechts betrachtet werden könnten[484]. Es ginge dann wie bei den Dienstbarkeiten um die Abgrenzung von Rechtssphären, wobei keine Dienstbarkeitsanmaßung abgewehrt, sondern das nachbarliche Rechtsverhältnis geregelt werden soll. Die Grenze für das Feststellungsinteresse sei dort anzusetzen, wo die Anmaßung einer nachbarlichen Lizenz an sich ganz undenkbar sei, etwa bei einem nächtlichen Lärmmacher oder einem Fenstereinwerfer[485].

Lohnenswert ist es, den Teil der Begründung des Teilentwurfs näher zu betrachten, der sich ausführlicher mit der Abgrenzung der ratio von Schadensersatzanspruch und Beseitigungsanspruch auseinandersetzt: „Die Wiederherstellungspflicht bei beschädigenden Anlagen muss man wohl unterscheiden von der .... Pflicht, sein künftiges Verfahren mit der ergangenen Rechtsfeststellung in Einklang zu bringen, und deshalb widerstreitende Anlagen nicht fortzuerhalten

---

481 *Johow,* Teilentwurf, Begründung, S.992.

482 Ebenda.

483 *Johow,* Teilentwurf, Begründung, S.997.

484 *Johow,* Teilentwurf, Begründung, S.997 f. *Picker* hingegen wertet auch diese Fälle als eine Rechtsanmaßung, weil sich der Nachbar so verhalte, als ob er ein Recht hätte, das Nachbargrundstück zu beeinträchtigen.

485 *Johow,* Teilentwurf, Begründung, S.998.

(....).“[486]. Beim Schadensersatz sei der Grund der Wiederherstellungspflicht das „obligierende Delikt“, während bei der Feststellungsklage nur das „gegenwärtige habere, die praesens possessio, Verpflichtungen mit sich führe. Die Verbindlichkeit zur Wiederherstellung des früheren Zustandes, das natürliche restituere, ist nur eine besondere Art des Schadensersatzes, bei welcher der frühere Vermögenszustand nicht durch Zahlung einer Geldsumme, sondern durch Wiederherstellung des früheren Sachzustandes wieder angeglichen wird.“[487]. Die Schadensersatzansprüche seien „persönlicher Natur“. Der Eigenthumsbeweis spiele bei der Schadensforderung nur für die Frage eine Rolle, ob und welcher Schaden gestiftet sei. Er sei nur äußerlich mit dem Anspruch auf Feststellung des Rechtsverhältnisses verbunden. Ansonsten müsste auch der redliche Besitzer der Vindikation alles in den früheren Zustand versetzen[488].

Zwei Dinge gehen daraus hervor:

Zum einen nimmt *Johow* in diesem Teil der Begründung die Abgrenzung der actio negatoria zum Schadensersatzanspruch nur am Beispiel der schädigenden Anlage vor, so dass sich daraus nur mit Vorsicht allgemeine Schlüsse ziehen lassen. Bei den grenzüberschreitenden Immissionen besteht die Besonderheit, dass sich die Anlage als Störungsquelle auf dem Gegnergrundstück befindet, während die Haftung durch die Auswirkungen auf das Eigentümergrundstück begründet wird, mithin Störungsquelle und Störungsergebnis räumlich auseinanderfallen. Letztendlich handelt es sich aber um einen Fall der Handlungsstörung, vergleichbar dem unerlaubten Beschreiten eines Grundstücks, weil allein das Betreiben der Anlage und nicht ihre bloße Existenz Ursache der Störung ist. In solchen Fällen fortdauernder störender Handlungen soll der Betroffene einen Anspruch auf Beendigung der störenden Einwirkung für die Zukunft haben. Unerwähnt bleiben hier die Fälle, in denen die Störungsquelle in einem veränderten Zustand der betroffenen Sache selbst liegt (etwa der auf einem fremdem Grundstück abgeladene Müll). Die Begründung von *Johow* wird deshalb wohl teils so gedeutet, dass die Fälle eines störenden Zustands gar nicht erfasst werden sollen, sondern die negatorische Beseitigungsklage auf die Beeinträchtigung durch störende Handlungen beschränkt wird[489]. Maßgeblich soll demnach sein, dass der Anspruchsteller *tatsächlich* beeinträchtigt ist (Immissionen, anderweitiger tatsächlicher Nutzungsnachteil) und eine solche *tatsächliche Beein-*

---

[486] *Johow,* Teilentwurf, Begründung, S. 1003.
[487] *Johow,* Teilentwurf, aaO.
[488] *Johow,* Teilentwurf, Begründung, S.1002 f.
[489] *Hohloch*, S.36.

trächtigung nur durch ein Tun des Störers derart aufrechterhalten wird, dass mit der bloßen Beendigung der Handlung sogleich auch die Störung entfällt. Besteht die Eigentumsbeeinträchtigung dagegen in einer Veränderung des Zustands der betroffenen Sache, dann ist nicht ein Tun, sondern allenfalls das Unterlassen der Beseitigung des störenden Zustands ursächlich. Eine Pflicht dazu würde aber nur nach schuldhaftem Handeln bestehen, mithin allein ein Schadensersatzanspruch gegeben sein. Allerdings wurde oben bereits festgestellt, dass *Johow* diese strenge Trennung von Handlungs- und Zustandshaftung nicht durchhielt, zumindest beim Wurzel- und Ästeüberwuchs aus der Feststellung der Rechtswidrigkeit heraus die Pflicht bejahen wollte, das dadurch im Nachbarbereich tatsächlich eingenommene Gebiet zu räumen.

Demnach wird im Teilentwurf *Johows* der Anwendungsbereich von § 1004 I 1 BGB im Vergleich zur heute herrschenden Lehre zwar eingeschränkt, aber auch die Notwendigkeit gesehen, zumindest teilweise verschuldensunabhängig die Pflicht des Störers zuzulassen, den rechtmäßigen tatsächlichen Zustand wiederherzustellen. Genannt ist eine solche Verpflichtung zumindest für die Fälle, in denen der störende Zustand in unerlaubten Projektionen besteht. Wie weit *Johow* darüber hinaus eine solche Verpflichtung fassen will, geht aus der Begründung nicht hervor. Damit hat der Teilentwurf zwar mit der Rechtsusurpationslehre gemeinsam, dass auf die Abgrenzung der Rechtssphären abgestellt wird, doch während *Johow* letztendlich offensichtlich auch die Notwendigkeit erkennt, dass die tatsächlichen Verhältnisse dem angepaßt werden müssen, wählt die Rechtsusurpationslehre einen anderen Ansatz: Die Beeinträchtigung wird in der rechtlichen Überlagerung von Rechtspositionen von Betroffenem und Störer gesehen, wodurch der Eigentümer in seiner tatsächlichen Selbsthilfe eingeschränkt wird. Folglich kann niemals die Beseitigung tatsächlicher Folgen verlangt werden, gefordert werden kann nur, dass die überlagernde störende Rechtsposition, etwa durch Eigentums- oder Besitzaufgabe, preisgegeben wird. Der erste maßgebliche Unterschied besteht also in der Art des Begehrens (Feststellungsbegehren und Leistungsbegehren), der zweite im Umfang des Anspruchs: Während bei der Handlungshaftung nach beiden Ansichten die Beendigung der Handlung angestrebt wird, ergeben sich unterschiedliche Rechtsfolgen bei der Zustandshaftung. Geht die Beeinträchtigung allein von der unerlaubten Präsenz einer Fremdsache aus, an deren Erhaltung der Störer noch interessiert ist, etwa der auf dem fremden Grundstück abgestellte Pkw, könnte nach dem Teilentwurf *Johows* mit der negatoria die Feststellung der Rechtswidrigkeit dieses Zustandes verlangt werden, gegebenenfalls mit der sich daraus ergebenden Pflicht, das Fahrzeug zu beseitigen, während nach der Lehre *Pickers* der

Betroffene konsequenterweise nur die Aufgabe der störenden Rechtsposition, also hier des Eigentums, gerichtlich durchsetzen kann[490], dem Störer aber vorbehalten ist, statt dessen das Fahrzeug im eigenen Interesse selbst zu beseitigen. Genau in dieser Konstruktion liegt aber ein wichtiger Unterschied beider Ansätze, bei dem unter anderem auch die Kritik an der Lehre von der Rechtsusurpation ansetzt[491].

Zum zweiten ist herauszustellen, dass in der Begründung zum Teilentwurf ein wichtiger Unterschied in der ratio der Negatorienklage und der Schadensersatzklage genannt wird: Während der negatorische Beseitigungsanspruch die „Eigentumsfreiheit" in ihren *tatsächlichen Voraussetzungen* schützt, soll durch den Schadensersatz der frühere *Vermögenszustand* und zwar nicht durch die Zahlung einer Geldsumme, sondern durch die Wiederherstellung des früheren Sachzustandes ausgeglichen werden. Zwangsläufig kommt es deshalb zu Überschneidungen mit der Rechtsfolge aus § 1004 I 1 BGB. *Johow* will jegliche Beseitigung von Schadensfolgen aus dem Anwendungsbereich des negatorischen Beseitigungsanspruchs ausschließen, aus denen sich kein *gegenwärtiger Eigennutzen* des Störers mehr ergibt (Lärmverursacher nach Beendigung der lärmverursachenden Handlung, Fenstereinwerfer). In solchen Fällen fehlt es an dem notwendigen Interesse für die Feststellung über die Reichweite zweier Rechtssphären, die aktuell miteinander kollidieren. Darunter fallen aber nicht solche Fälle, in denen etwa Müll auf einem fremden Grundstück abgeladen wird. Der Eigennutzen des Störers besteht dann darin, dass er diesen nicht anderweitig entsorgen muss. Kommt diese Überschneidung in einer tatsächlichen Zustandveränderung zum Ausdruck, so wird letztendlich auch die Befreiung des dinglichen Rechts von diesen tatsächlichen Einschränkungen angestrebt. Darin besteht der wichtigste Unterschied zu der Lehre *Pickers*.

(bb) Die Umsetzung dieses Teilentwurfs im BGB

Die Beratungen zum Vorentwurf bei der Entstehung von § 1004 I 1 BGB zeigen, dass gerade nicht an diesem Teilentwurf *Johows* festgehalten werden sollte, sondern dass sich die Gesetzesverfasser des BGB an der weiten von *Windscheid*[492] bekannten Formulierung orientierten, mithin den negatorischen Anspruch der Vindikation in seinem Wesen gleichartig ansahen und von

---

[490] Siehe oben S.82 f., unten S.173.
[491] Vgl. oben S.105.
[492] Vgl. oben S.109.

derselben nur durch die Art der Eigentumsverletzung, deren Beseitigung begehrt wird, unterscheiden wollten[493]. Aufschlussreich sind diesbezüglich die unveröffentlichten Quellen zur Beratung des Bürgerlichen Gesetzbuches. So ist die 1. Kommission ausdrücklich von den §§ 205 – 209 des Teilentwurf *Johows* abgerückt und Änderungsanträgen gefolgt, die alle gemeinsam haben, dass von der alleinigen Feststellung der Unbeschränktheit des Eigentums abgerückt und immer auch ausdrücklich ein Anspruch auf Wiederaufhebung des Eingriffs bzw. der Störung gewährt wird[494]:

„Das System, auf welchem der Entwurf beruht, ist ein anderes als dasjenige, welches den Anträgen zu Grunde liegt. Der Entwurf betrachtet als das Wesentliche in der negatoria das präjudicium und stellt deshalb das Recht auf Erhebung der Feststellungsklage, wenn das Verhalten des Gegners dazu genügenden Anlass giebt, an die Spitze. Er verkennt nicht, dass unter besonderen Voraussetzungen noch andere aus der partiellen Verletzung des Eigenthums sich ergebende Ansprüche anerkannt werden müssen, bringt dieselben aber in Verbindung mit dem Resultate der Rechtsfeststellung, so dass sie als Annexe der Feststellung erscheinen. Die Anträge 1-4[495] dagegen erachten gerade diese Ansprüche für den alleinigen Gehalt der negatoria, die Rechtsfeststellung aber als etwas ihr durchaus nicht Eigenthümliches, zumal seit der Geltung des § 231 der C.Pr.O.[496] (...).“

Die Beratungsprotokolle zeigen dabei eindeutige Abweichungen im Verständnis der negatorischen Haftung sowohl zum Teilentwurf *Johows*, aber auch zur Lehre *Pickers*. Deutlich wird, dass die Feststellung als ein rein prozessuales Rechtsinstitut verstanden wird, die negatoria aber als ein Leistungsanspruch. Insoweit liegt eine Abweichung zu *Johow*, nicht aber zu *Picker* vor, weil auch die Rechtsusurpationslehre zumindest einen Leistungsanspruch des Betroffenen gewährt, der nur nicht auf die Beseitigung der tatsächlichen Veränderungen geht.

Mit gewissen isolierten Teilauszügen der Kommissionsprotokolle ließe sich die von Picker vertretene Auffassung bei wohlwollender Auslegung der Formulierungen auch noch vereinbaren:

So wird das Charakteristische der Vindikation darin gesehen, „dass die objektive Verletzung des Eigenthums durch den *Zustand* des fremden Besitzes oder der fremden Inhabung ohne Rücksicht auf culpa oder dolus des Beklagten einen Anspruch nicht blos auf ein Dulden, sondern auf eine positive Leistung des Beklagten, die *Herausgabe* erzeuge, (...). In analoger Weise müsse auf die partielle Verletzung des Eigenthums, welche zwar nicht in dem Besitze

---

[493] Motive III, S.422 - 429, vgl. oben S.117. A.a. *Kotz*, S.94, aber ohne nähere Ausführungen.
[494] Vgl. Prot. I 4255 = *Jakobs/Schubert*, S.851. Der wichtigste Unterschied beider Auffassungen besteht darin, dass nur der Leistungsanspruch, nicht aber die Feststellungsklage verjährt.
[495] Die Kommission beschloß ausdrücklich, diesen Anträgen zu folgen.
[496] § 231 CPO entspricht § 256 I ZPO.

oder der Inhabung eines Nichtberechtigten bestehe, aber doch einen gegenwärtig noch fortdauernden objektiv mit dem Rechte des Klägers in Widerspruch stehenden Zustand herbeigeführt habe, einen Anspruch auf *Beseitigung dieses Zustandes* erzeugen[497]. Das Analogon sei freilich nicht leicht näher zu bezeichnen. Gemeinsam sei das Erforderniss, dass eine objektive Verletzung des Eigenthums vorliegen müsse (...)[498].

Versteht man hier den Begriff des „Zustands" im Sinne einer Rechtsanmaßung, dann ließe sich dieser Teil des Beratungsprotokolls auch mit der Rechtsusurpationslehre in Einklang bringen. Unstimmig erscheint dann aber die ausdrücklich angeordnete Herausgabeverpflichtung. Sie ließe sich allerdings damit erklären, dass zur Vermeidung von Folgestreitigkeiten der unberechtigte Fremdbesitzer nicht nur den Besitz an der Sache aufgeben, sondern sie auch aus seiner tatsächlichen Einflusssphäre freigeben müsse, damit der Eigentümer rechtlich unbeschränkt auf sie zugreifen könne. Das Erfordernis der Herausgabe ergibt sich dann aus der Besonderheit der Vindikationslage, während bei der negatoria die Beeinträchtigung typischerweise nicht darin besteht, dass der Störer die fremde Sache im Besitz hat.

Offensichtlich hat die Beratungskommission aber das maßgebliche Merkmal der dinglichen Ansprüche nicht in der Rechtsanmaßung gesehen, weil ansonsten das Analogon zur Vindikation durchaus „leicht näher zu bezeichnen" gewesen wäre.

Eindeutiger wird die abweichende Auffassung der Beratungskommission in der folgenden Textstelle zum Inhalt des negatorischen Anspruchs:

Der negatorische Anspruch müsse „auf die Wiederaufhebung des objektiv dem Rechte widersprechenden Zustandes durch positive Leistung des Beklagten gehen. Die Auffassung der Motive S. 1007, 1008, dass es sich auch hier nur um ein Unterlassungs-, nicht um ein Leistungsgebot handle, nämlich um die künftige Unterlassung eines unbefugten (projectum, immissum) habere"[499] wurde abgelehnt. Betont wurde auch hier nochmals der maßgebliche Unterschied in der ratio der Haftungsansprüche, nämlich dass der (negatorische) Anspruch auf Restitution „wohl unterschieden werden müsse, von dem aus dem Delikt entspringenden Anspruch auf Restitution, welcher bezwecke, den Verletzten wieder in die Vermögenslage zu bringen, als wenn die Verletzung sich nicht zugetragen hätte, während der hier in Rede stehende Restitutionsanspruch nicht einen etwa entstandenen Vermögensabbruch ausgleichen, sondern die weitere Dauer eines mit dem Rechte im Widerspruch stehenden thatsächlichen Zustandes beseitigen solle."[500]. Der negatorische Anspruch habe lediglich eine objektive Rechtsverletzung zur Voraussetzung und eine solche genüge nicht zur Begründung einer

---

[497] Prot. I 4255 = *Jakobs/Schubert*, S.851.
[498] Prot. I 4256 = *Jakobs/Schubert*, S.851.
[499] Prot. I 4258 = *Jakobs/Schubert*, S.852.
[500] Prot. I 4258 = *Jakobs/Schubert*, S.852.

Schadensersatzpflicht, wenn nicht Umstände hinzuträten, welche die Verletzung zugleich als Delikt erscheinen ließen[501].

Gerade der letzte Satz lässt vermuten, dass offensichtlich die Beratungskommission die negatoria derart als ein „Minus" zum Deliktsrecht angesehen hat, dass in beiden Fällen eine objektive Rechtsverletzung haftungsbegründend wirkt, wobei für den deliktischen Anspruch eben weitere Umstände hinzukommen müssen, etwa ein Verschulden im haftungsbegründenden Tatbestand oder überhaupt die Minderung fremden Vermögens, die es dann mittels des deliktischen Anspruchs in der Rechtsfolge auszugleichen gilt.

Die von *Johow* vorgesehene ausdrückliche Regelung, dass der Beklagte auf seinem Grundstück befindliche unzulässige Anlagen auf eigene Kosten zu beseitigen habe (§ 207 II), wurde nicht übernommen, denn der Eigentümer habe gegen den Verletzer generell einen Anspruch auf die Beseitigung der Verletzung, woraus sich ergebe, dass der Anspruchsverpflichtete Alles zur Erfüllung seiner Pflicht Erforderliche auf eigene Kosten vorzunehmen habe[502]. Die 1. Beratungskommission hat sich bewusst dafür entschieden, die Kostenlast der Beseitigung nicht von einem schuldhaften Handeln abhängig zu machen[503]. Ausdrücklich wird der Unterschied zu der abweichenden Kostenregelung bei der Grundbuchberichtigung dargestellt[504]: Mit ihr sei aus Rücksicht auf den positiven Charakter des Grundbuchrechts eine Ausnahme gemacht und insbesondere erwogen worden, dass im allgemeinen dem unrichtig Gebuchten nicht die Sorge für die Richtigerhaltung des Grundbuchinhalts auferlegt werden könne, während sehr wohl aus praktischen Gründen die Verpflichtung eines jeden sich rechtfertigen lasse, seine Sache in einem Zustande zu erhalten, der fremdes Recht nicht beeinträchtigt[505]. Dass die Kostenlast des Anspruchsverpflichteten auf solche Fälle beschränkt werden soll, in denen die Störungsquelle im alleinigen Machtbereich des Störers liegt und er sie nur deshalb zur Vermeidung von Folgestreitigkeiten selbst zu beseitigen hat, lässt sich der Begründung nicht zwingend entnehmen.

Der negatoria wurde neben dem Besitzschutz eine eigenständige Bedeutung zuerkannt. Die Zweifel, ob auch ein Nichtbesitzer negatorisch klagen könne, wurden als unberechtigt angesehen und - wie auch schon im Teilentwurf – der

---

501 Prot. I 1461 = *Jakobs/Schubert*, S.854.
502 Prot. I 4260 = *Jakobs/Schubert*, S.853.
503 Prot. I aaO., vgl. auch Motive, S.1007-1009.
504 *Picker* hingegen beruft sich hinsichtlich der Kostenlast beim Gestörten gerade auf die Parallele zu § 897 BGB, vgl. *Picker*, Beseitigungsanspruch, S. 165, Fn.29.
505 Prot. I 4260 = *Jakobs/Schubert*, S.853.

Besitz nicht als Voraussetzung der negatorischen Klage festgeschrieben[506]. Dies könnte die Vermutung nahelegen, dass auch die Beratungskommission den Haftungsgrund beim negatorischen Anspruch nicht darin sah, dass in die tatsächliche Sachherrschaft eingegriffen wurde, sondern allein auf die Einschränkung der Rechtsposition abstellte. Dann könnte die Eigentumsbeeinträchtigung in der Anmaßung fremder Eigentumsrechte liegen, genau so, wie es die Rechtsusurpationslehre annimmt. Dass auch der nichtbesitzende Eigentümer soll negatorisch klagen können, führt aber nicht zwingend zu einer solchen Schlussfolgerung. Vielmehr ist es denkbar, dass auch dann die Beeinträchtigung des tatsächlichen Sachgebrauchs haftungsbegründend wirkt. Dies lässt sich so konstruieren, dass diese tatsächliche Sachnutzung des Eigentümers darin besteht, die Sache dem unmittelbar nutzenden Besitzer zum ungestörten Gebrauch überlassen zu können, weil dieser ein Besitzrecht hat. Meist wird der Eigentümer eine solche ungestörte Sachnutzung obligatorisch schulden. Der Rechtsgedanke, einem anderen zur Verwirklichung seines Rechts zu verhelfen, findet sich in Anlehnung an § 869 S.2 BGB a.E. auch in § 986 I 2 BGB, wenn der Eigentümer die Herausgabe der Sache vom unmittelbaren Besitzer an eine Zwischenperson verlangen kann[507]. Es soll grundsätzlich dem Eigentümer vorbehalten sein zu entscheiden, wer seine Sache besitzt. Dies muss er konsequenterweise auch durchsetzen können, wobei er andererseits stets an ein Besitzrecht der Zwischenperson gebunden ist. Gibt es eine solche besitzberechtigte Zwischenperson, so kann der Eigentümer grundsätzlich auch nur dieser die Sache verschaffen. Herausgabe an sich selbst kann er nur verlangen, wenn der Dritte den Besitz nicht wieder übernehmen kann oder will oder der Dritte zuvor nie im Besitz der Sache gewesen ist[508]. Setzt somit der Vindikationsanspruch nicht zwingend den unmittelbaren Besitz des Eigentümers voraus, kann dies auch bei der Besitzstörung nicht erforderlich sein. Häufig wird auch hier den Eigentümer die Verpflichtung treffen, dem Besitzer die ungestörte Sachnutzung zu gewährleisten, etwa das verpachtete Grundstück frei von Müll zu überlassen oder dafür zu sorgen, dass der vermietete Pkw sogleich genutzt werden kann und nicht zugeparkt ist. Genauso wird der Eigentümer und Vermieter von Miet-

---

[506] Prot. I 4270 = *Jakobs/Schubert*, S.858.

[507] Nach dem Wortlaut von § 986 I 2 BGB soll die Norm zwar nur in solchen Fällen Anwendung finden, in denen die Zwischenperson in einem Besitzmittlungsverhältnis zum Dritten steht und nicht zur Weitergabe der Sache befugt war, in einem Erst-Recht-Schluss wird die Vorschrift aber auch auf solche Fälle erweitert, in denen der unmittelbare Besitzer, z.B. als Dieb, der Zwischenperson keinen Besitz mittelt, *MünchKomm/Medicus*, § 986 Rn.25.

[508] *Palandt/Bassenge*, § 986 Rn.7.

räumlichkeiten sicherzustellen haben, dass die Nutzung derselben nicht durch Dritteinflüsse beeinträchtigt wird. So wie ihm als mittelbarer Besitzer deshalb die Geltendmachung der Ansprüche aus den §§ 861, 862 BGB eingeräumt wird (§ 869 S.1 BGB), muss er sich erst Recht in der stärkeren Position als Eigentümer solcher Eingriffe erwehren können, auch wenn er nicht im Besitz der Sache ist. Da bei der actio negatoria jedoch die Wiederherstellung des rechtmäßigen Zustands sach- und nicht personengebunden ist, bedarf es keiner dem § 986 I 2 BGB vergleichbaren Regelung.

Bewusst wurde auch die Beschränkung des negatorischen Beseitigungsanspruchs auf den Eigentumsschutz von Grundstücken abgelehnt. Abgestellt wurde dabei auf den Unterschied von petitorischem und possessorischem Anspruch: Weil den beweglichen Sachen auch der provisorische Besitzschutz zugestanden werde, dürfe nicht die Erörterung der Rechtslage unnötig hinausgeschoben werden[509]. Die Beratungskommission sah somit die eigenständige Bedeutung der dinglichen Ansprüche darin, dass die Wiederherstellung der den Rechtsverhältnissen entsprechenden Zustände nicht nur vorübergehend, sondern endgültig war.

Der Feststellungsklage wurde neben der actio negatoria nur als Klageart ein prozessualer Belang zuerkannt. Da es aber für das Feststellungsinteresse als nicht ausreichend erachtet wurde, dass aus dem Verhalten oder den Äußerungen des Gegners Rechtsbehauptungen zu entnehmen seien, welche sich gegen das Eigentum richten[510], wurde sie damit neben dem Leistungsanspruch praktisch bedeutungslos.

Die Vorkommission des Reichsjustizamtes[511] und die 2. Kommission[512] übernahmen sachlich die Ergebnisse der 1. Beratungskommission. Lediglich die Formulierung wurde stärker dem Wortlaut der heute gültigen Fassung von § 1004 I 1 BGB angeglichen. Aus den Motiven selbst ergeben sich keine darüber hinausgehenden Erkenntnisse[513].

(3) Zusammenfassung zur historischen Entwicklung der actio negatoria

Die historischen Zusammenhänge bei der Entstehung von § 1004 I 1 BGB zeigen, dass eine bewusste Abkehr vom Verständnis der actio negatoria als Fest-

---

[509] Prot. I 4264 = *Jakobs/Schubert*, S.855.
[510] Prot. I 4265 = *Jakobs/Schubert*, S.855.
[511] Prot-RJA 966 = *Jakobs/Schubert*, S.859.
[512] *Jakobs/Schubert*, S.860.
[513] Vgl. oben S.116 ff.

stellungsklage hin zu einer Leistungsklage vollzogen wurde, welche zum Schutz der tatsächlichen Voraussetzungen einer ungestörten Eigentumsausübung beitragen sollte.

Dass die actio negatoria ursprünglich als eine Feststellungsklage verstanden wurde, darf bei ihrer dogmatischen Einordnung nicht außer Acht bleiben. Die Rechtsusurpation als Tatbestandserfordernis diente nämlich zur Eingrenzung des Feststellungsinteresses, um die Feststellungsklage auf die Fälle zu begrenzen, in denen die Abgrenzung zweier Rechtskreise strittig war.

Mit der Feststellungsklage wurde aber auch bereits mittelbar das Ziel verfolgt, die tatsächlichen Verhältnisse wiederherzustellen, die dem Urteil entsprachen. Im Idealfall sollte sich der Anspruchsgegner von selbst an das Feststellungsurteil halten und seine künftige Handlungsweise anpassen. Im Gegensatz zum römischen Recht, das dafür ein rein passives Verhalten des Störers als ausreichend erachtete, setzte sich im gemeinen Recht immer stärker die Tendenz durch, dass der Störer auch die rechtswidrigen Folgen zu beseitigen hat. Ansonsten sollte eine obligatorische Leistungsklage gleichzeitig oder nachfolgend erhoben werden können. Nachdem die prozessuale Zweiteilung in Feststellungs- und Leistungsklage aufgegeben wurde, verlor das Erfordernis seine eingrenzende Funktion, so dass sich zwangsläufig die actio negatoria von der Rechtsanmaßung löste. Das unmittelbare Klageziel war seitdem, den tatsächlichen Zustand herzustellen, welcher der geltenden Eigentumslage entspricht. Dass dabei die klare Abgrenzung von Delikt und actio negatoria aus dem römischen Recht verloren ging, wurde erkannt und hingenommen.

Die eigentliche Problematik bei der Übernahme der Rechtsanmaßung für § 1004 I 1 BGB besteht also darin, ein ursprünglich für die Feststellungsklage geltendes Tatbestandskriterium auf einen Leistungsanspruch, den § 1004 I 1 BGB in der nun geltenden Wortlautfassung zweifellos darstellt, übertragen zu wollen. *Picker* vollzieht zwar in seiner Lehre diesen Wandel von der Feststellungs- zur Leistungsklage, hält aber am einschränkenden Moment für die Feststellungsklage fest und grenzt so zwangsläufig den Anwendungsbereich des Leistungsanspruchs sehr stark ein. Was der Feststellungsklage fremd, der Leistungsklage aber immanent ist, nämlich von einem anderen ein Tun oder Unterlassen verlangen zu können, setzt *Picker* dadurch um, dass der Gestörte vom Anspruchsgegner die Beendigung der Rechtsanmaßung durch Dereliktion oder zumindest durch Besitzaufgabe verlangen kann, um dann uneingeschränkt Selbsthilfe üben zu können. Ignoriert wird insoweit die sich aus den Protokollen der Beratungskommission eindeutig ergebende Ausweitung der Rechtsfolge des § 1004 I 1 BGB hin zur Naturalrestitution.

Mithin können wegen des starken Wandels im dogmatischen Grundverständnis der actio negatoria für die Auslegung in ihrer heute geltenden Fassung aus der Rechtsgeschichte nur dann Erkenntnisse gewonnen werden, wenn auch die Begleitumstände, welche den Anwendungsbereich der negatorischen Haftung in den Epochen bestimmt haben, hinreichend gewürdigt werden. Folglich kann die rechtsgeschichtliche Erweiterung des Anwendungsbereichs der negatorischen Haftung nur dann als eine Fehlentwicklung verurteilen werden, wenn es gelingt nachzuweisen, dass es der allein richtige Weg wäre, auch beim Wechsel zur Leistungsklage an der Notwendigkeit einer Rechtsusurpation auf Seiten des Anspruchsgegners festzuhalten. Dies ist im Wege der teleologischen Auslegung zu ermitteln.

ff) Teleologische Auslegung

Ein rechtsgeschichtlicher Befund kann nicht ohne weiteres in geltendes Recht übertragen und dort verabsolutiert werden. Eine Abkehr von den Motiven kann nur überzeugen, wenn sich die zugrundeliegenden Beweggründe der Gesetzesverfasser für ein weites Verständnis des § 1004 I 1 BGB mittlerweile überholt haben.

Dafür müssten entweder Sachverhalte, die zum Entstehungszeitpunkt unter den Anwendungsbereich der Norm fielen, zeitbedingt, etwa wegen veränderter technischer Entwicklungen, nunmehr weggefallen sein oder andere Vorschriften müssten eine Teilfunktion von § 1004 I 1 BGB übernommen haben. Einem solchen „Wandel der Normsituation" kommt, soweit die bisherige Auslegung einer Vorschrift überprüft und geändert werden soll, eine wichtige Bedeutung zu[514]. Zu beachten ist allerdings, dass sich auch die „neue" Auslegung nicht über den Zweck eines Gesetzes hinwegsetzen darf, wenn dieser nicht unerreichbar und gegenstandslos geworden ist, dass sie andererseits aber auch nicht zwingend an das Normverständnis des historischen Gesetzgebers gebunden ist[515].

Die Weite der negatorischen Haftung wurde im Zeitalter der Industrialisierung und Technisierung verstärkt den zunehmenden Konflikten zwischen Grundeigentum und technischen Grundstücksnutzungen angepasst, um den rechtswidrig

---

[514] *Larenz*, Methodenlehre, S.350.
[515] *Larenz*, aaO., S.351.

Betroffenen einen Anspruch auf Naturalrestitution unabhängig von einem schuldhaften Handeln des Anspruchsgegners zuzugestehen[516]. Wer eine gefährliche Handlung vornehmen bzw. eine gefährliche Anlage betreiben durfte, sollte verschuldensunabhängig für dadurch bei anderen verursachte Schäden einzustehen haben, wenn sich die geschaffene Gefahr realisierte. Heute werden viele solcher Fälle durch spezielle Gefährdungstatbestände geregelt. Teils wird deshalb vertreten, den Anwendungsbereich des § 1004 I 1 BGB mit *Picker* nunmehr darauf zu beschränken, dass grundsätzlich nur die Rechtsanmaßung aufzugeben ist. Darin wird die verbleibende eigenständige Bedeutung des § 1004 I 1 BGB gesehen[517]. Einen negatorischen Beseitigungsanspruch auf Naturalrestitution soll aber dennoch gewährt werden, wenn sich Gefahren realisieren, für die keine Gefährdungstatbestände bestehen, die aber den geregelten Fällen vergleichbar sind. So wenn Benzin aus einem verunglückten Tanklastzug im Erdboden versickert[518].

Mögen die durch die verstärkte Technisierung und Industrialisierung entstandenen „modernen" Gefahren mit ein Grund dafür gewesen sein, die Rechtsfolge von § 1004 I 1 BGB auf die Naturalrestitution zu erstrecken, so haben die Gesetzesverfasser bei der negatorischen Haftung nicht nur solche Gefährdungsfälle im Auge gehabt, sondern den Beseitigungsanspruch vielmehr auch auf Fälle erstrecken wollen, in denen weniger gefährliche Situationen zu einer Überschneidung von Rechtskreisen und damit zu einer Beeinträchtigung fremden Eigentums geführt haben[519]. Hat § 1004 I 1 BGB mit Einführung der Gefährdungshaftungstatbestände zwar an Bedeutung verloren, so kommt ihm immer noch eine eigenständige Funktion in allen anderen Fällen zu, in denen es an einem speziellen Gefährdungstatbestand fehlt. Der Stellenwert des negatorischen Beseitigungsanspruchs ist in unserem Informations- und Medienzeitalter sowie wegen des engen sozialen Zusammenlebens sogar noch größer geworden, so dass mittlerweile nicht mehr nur das Eigentum, sondern auch andere Rechte und Rechtsgüter durch Erweiterung der negatorischen Haftung in Bestand und

---

[516] *AK/Kohl*, § 1004 Rn.4.

[517] *Hohloch*, S.158 ff.

[518] *Hohloch*, S.177 f. Bei „besonders gefährlichen Aktivitäten" will auch *Kohl* im Wege der Rechtsfortbildung einen negatorischen Beseitigungsanspruch auf Folgenbeseitigung anerkennen. Darunter fasst er die Fälle, in denen eine Rohrleitung mit gefährlichen Chemikalien platzt, ein Öltankwagen verunglückt und versickerndes Öl das Erdreich verseucht oder ein Eigentümer sein Bauwerk sprengt. Als Maßstab soll gelten, dass mit statistischer Wahrscheinlichkeit besonders hohe Schäden verursacht werden (*AK/Kohl*, § 1004 Rn.65).

[519] In den einschlägigen Stellen der Motive III, S. 422 ff. finden sich keine Hinweise darauf, dass § 1004 I 1 BGB nur in „Gefährdungsfällen" angewendet werden sollte.

Funktion verschuldensunabhängig geschützt werden müssen. Deshalb erscheint es als eine zu starke Einschränkung, die Folgenbeseitigung nach § 1004 I 1 BGB beim Eigentum auf solche Fälle reduzieren zu wollen, in denen sich besonders gefährliche Aktivitäten realisiert haben, für die es keine Gefährdungshaftungstatbestände gibt.

Vielmehr fragt sich, ob der Sinn und Zweck von § 1004 I 1 BGB dahin geht, die tatsächlichen Voraussetzungen eines unbeschränkten Sachgebrauchs sicherzustellen. Dafür sprechen die Motive: Das Bedürfnis, besondere Vorschriften an dieser Stelle zu regeln, wurde darin gesehen, dass jene Arten der Haftung teils zu weit führen würden und einer Beschränkung bedürfen (gemeint ist, dass die §§ 823 ff. BGB durch die §§ 987 ff. BGB abgemildert werden müssen), teils zum erforderlichen Schutz des Eigentums nicht genügten (abgestellt wird damit wohl auf das haftungsbeschränkende Verschuldenserfordernis bei § 823 I BGB)[520]. Letzteres weist darauf hin, dass Überschneidungen in den Rechtsfolgen von § 1004 I 1 BGB und § 823 I BGB gewollt sind, dem Eigentümer also zumindest der ungestörte Gebrauch seiner Sachen verschuldensunabhängig sichergestellt werden soll, auch wenn dafür die Sachsubstanz teilweise wiederhergestellt werden muss.

gg) Verfassungskonformität der Auslegung

Unter mehreren möglichen Auslegungsalternativen ist immer diejenige vorzugswürdig, die mit den Prinzipien der Verfassung am besten übereinstimmt[521]. Es fragt sich, ob die Rechtsusurpationslehre überhaupt mit geltendem Verfassungsrecht zu vereinbaren ist oder ob der Eigentümer vielmehr unverhältnismäßig belastet wird, wenn er grundsätzlich zur Selbstbeseitigung der störenden Umstände verpflichtet sein soll.

Die Abwehrbefugnis ist Hauptinhalt der verfassungsrechtlichen Eigentumsgarantie[522]. Die Eigentumsschutz gewährenden Normen müssen daher jede einzeln unter Berücksichtigung ihrer Gesamtwirkung verfassungskonform dahingehend ausgelegt werden, dass sie dem Eigentümer insgesamt zur Realisierung seiner Befugnisse bestmöglichen Schutz gewähren. Die §§ 985, 987 ff., 1004, 1005, 906ff. und 823 ff. BGB ergänzen sich in ihren Anwendungsbereichen gegenseitig. Zusammen sollten sie einen lückenlosen Schutz gewähren. Schließt man be-

---

[520] Motive III, S.394.
[521] *Larenz*, Methodenlehre, S.339; *Bydlinski*, Methodenlehre, S.455.
[522] BVerfGE 24, 440 f.

stimmte Sachverhalte aus dem Anwendungsbereich einer Norm aus, dann sollten diese Sachverhalte von einer anderen eigentumsschützenden Norm hinreichend erfasst werden oder die Verweigerung des Eigentumsschutzes gerechtfertigt sein.

Der von Rechtsprechung und Literatur immer wieder vorgebrachte Grundeinwand gegen die Rechtsusurpationslehre, dass sie nämlich den Anwendungsbereich der negatorischen Beseitigungshaftung willkührlich zu sehr einschränke[523], ist unter diesem Gesichtspunkt zu untersuchen. Sie muss sich messen lassen an zwei Verfassungsgrundsätze, nämlich dem Schutz der Eigentumsfreiheit nach Art. 14 GG und dem allgemeinen Gleichheitsgrundsatz, dass einander entsprechende Sachverhalte nicht rechtlich unterschiedlich beurteilt werden dürfen bzw. unterschiedliche Sachverhalte in ihrer rechtlichen Beurteilung nicht gleich zu behandeln sind.

Geschützt wird durch die verfassungsrechtliche Eigentumsgarantie der elementare Freiheitsraum im vermögensrechtlichen Bereich, der in engem Zusammenhang mit der persönlichen Freiheit steht. So soll dem Eigentümer die eigenverantwortliche Gestaltung seines Lebens mit gesichert werden. Der rechtliche Gehalt des Eigentums ist gekennzeichnet durch Privatnützigkeit, d.h. dass das Eigentum seinem Rechtsträger als Grundlage privater Initiative und im eigenverantwortlichen privaten Interesse von Nutzen sein soll[524]. Die Eigentumsgarantie ergänzt insoweit die Handlungs- und Gestaltungsfreiheit nach Art. 2 GG[525]. In den Schutzbereich fällt insbesondere auch die Nutzung der Eigentumsposition. Interpretiert man mit *Picker* den Anwendungsbereich von § 1004 I 1 BGB dahingehend, dass nur die Rechtsusurpation, nicht aber die tatsächliche Nutzungsbeeinträchtigung beseitigt werden muss, dann schränkt § 1004 I 1 BGB als Inhalts- und Schrankenbestimmung die Eigentumsfreiheit faktisch stärker ein als die herrschende Meinung. Fraglich ist, ob sich dies noch in den verfassungsrechtlich zulässigen Grenzen hält, wird doch die Handlungsfreiheit des Störers zu Lasten des Eigentumsschutzes ausgeweitet und die Fälle, in denen die Gebrauchsbeeinträchtigung mit einem gesetzlichen Eigentumserwerb zusammenfällt, wie bei der Bodenkontamination (§§ 946, 93 BGB) oder wenn die Störung von einer nutzlosen Sache (Müll) verursacht wird, unter das

---

523 So *MünchKomm/Medicus*, § 1004 Rn.25; *Palandt/Bassenge*, § 1004 Rn.1; *Erman/Hefermehl*, 10. Aufl., § 1004 Rn.7; *Soergel/Mühl*, § 1004 Rn.29; *Larenz/Canaris*, SchR II/2, § 86 V.2. (S.695); *Herrmann*, JuS 1994, 273, 276.

524 *MünchKomm/Säcker*, § 903 Rn.3.

525 BVerfGE 14, 288, 293 = NJW 1963, 29; BVerfGE 79, 292, 304 = NJW 1989, 970.

„allgemeine Lebensrisiko" gefasst. Gerechtfertigt wird dies damit, dass durch die grundsätzliche Verpflichtung des Eigentümers zur Selbstbeseitigung des beeinträchtigenden Zustands Folgestreitigkeiten vermieden würden und so der Rechtsfrieden gewahrt werde, weil der Störer zur Beseitigung der Beeinträchtigung nicht nochmals auf die fremde Sache einwirken müsse. Dies ist ein durchaus legitimer Zweck und die einschränkende Auslegung ist zur Erreichung dieses Zwecks geeignet und erforderlich. Insoweit kommt dem Gesetzgeber auch ein erheblicher Beurteilungs- und Prognosespielraum zu[526]. Es fragt sich nur, ob nicht die Belastung des Eigentümers mit der Eigenmaßnahme und den Beseitigungskosten als unverhältnismäßig zu bewerten ist.

Der Nachteil des Eigentümers muss stets in einem angemessenen Verhältnis zu den mit der Regelung verfolgten Interessen stehen, d.h. er muss dem Eigentümer nach Intensität, Schwere und Tragweite der Beeinträchtigung[527] zumutbar sein[528]. Es muss ein ausgewogenes Verhältnis zwischen den schutzwürdigen Allgemein- und dem benachteiligten Individualinteresse gegeben sein[529]. Dabei ist zu berücksichtigen, dass Eigentum grundsätzlich auch verpflichtet (Art. 14 II 1 GG), so dass dem Privatrecht die Aufgabe zukommt, das Eigentum in seinem Bestand und Wert zu sichern und zugleich seine Sozialpflichtigkeit zu konkretisieren[530]. Dazu gilt: Soweit es um die Funktion des Eigentums als Element der Sicherung der persönlichen Freiheit geht, genießt es einen besonders ausgeprägten Schutz[531]. So sind etwa an das Verbot einer Veräußerung, einem elementaren Bestandteil der Handlungsfreiheit im Bereich der Eigentumsordnung, besonders strenge Maßstäbe anzulegen[532], während die Befugnis des Gesetzgebers zur Inhalts- und Schrankenbestimmung um so weiter ist, je mehr das Eigentumsobjekt in einem sozialen Bezug steht und einen sozialen Zweck hat[533]. Das bedeutet aber gleichzeitig, dass das Eigentum nie stärker eingeschränkt werden darf, als es der Schutzzweck erfordert, dem die Regelung dient.

Begründet wird die Beschränkung des Anwendungsbereichs von § 1004 I 1 BGB auf die Rechtsusurpation unter anderem damit, dass bei Störungen durch

---

[526] BVerfGE 8, 71 (80); 53, 257 (293); *Papier*, in: Maunz-Dürig, Art. 14, Rn.312 ff.; *Jarass/Pieroth*, Art. 14, Rn.38.
[527] So die Kriterien nach BVerfGE 31, 229 (243).
[528] BVerfGE 74, 203 (214 ff.); BGHZ 81, 152 (175).
[529] BVerfGE 58, 81 (114); 72, 66 (77 f.); 87, 114 (138).
[530] *MünchKomm/Säcker*, § 903 Rn.13.
[531] BVerfGE 14, 288 (293 f.); 42, 64 (77); 42, 263 (293 ff.).
[532] BVerfGE 21, 87 (90 f.); 21, 306 (310 f.); 26, 215 (222).
[533] BVerfGE 21, 73 (83); 31, 229 (242); 36, 281(292); 37, 132 (140); 42, 263 (294).

fremde Sachen Folgestreitigkeiten dadurch vermieden würden, dass der beeinträchtigte Eigentümer grundsätzlich immer selbst und auf eigene Kosten die tatsächliche Störungsquelle zu beseitigen habe und dem Besitzer und dem Eigentümer der störenden Sache die Wahl bleibe, diese selbst zu entfernen, wenn er Interesse daran habe, sie zu erhalten. Insoweit stehen sich aber das beeinträchtigte Eigentum des Anspruchstellers und das Eigentum des Störers gegenüber, so dass genauso überzeugend angeführt werden kann, dass die Sozialpflichtigkeit des Störereigentums den Anspruchsgegner zur Beseitigung der tatsächlichen Störungsursache verpflichte, kann doch der betroffene Eigentümer selbst am wenigsten für die Beeinträchtigung.

Maßgeblich kann damit nur folgender Gesichtspunkt sein: Das schuldhafte Handeln allein soll haftungsbegründend für jede Form der Naturalrestitution wirken und der Eigentumsschutz zugunsten einer möglichst weitgehenden Handlungsfreiheit des einzelnen eingeschränkt werden, um so allgemein die Rechtssicherheit zu gewährleisten, dass nur bei Verschulden eine Folgenbeseitigung verlangt werden kann. Die Rechtssicherheit, nur bei Verschulden auf Naturalrestitution haften zu müssen, und die damit verbundene Handlungsfreiheit ist in der Tat ein hohes Rechtsguter, das es als zumindest vertretbar erscheinen lässt, in der praktisch geringen Anzahl von Fällen nicht schuldhaft verursachter Eigentumsbeeinträchtigung dem betroffenen Eigentümer einen negatorischen Anspruch auf Naturalrestitution zu versagen. Dagegen lässt sich aber vorbringen, dass eine solche undifferenzierte Sozialpflichtigkeit des beeinträchtigten Eigentums unangemessen erscheint: Zum einen wird das betroffene Eigentum häufig gar keinen verstärkten sozialen Bezug haben, der es rechtfertigen würde, es zugunsten der Allgemeinheit einzuschränken (etwa wenn Müll auf ein fremdes Grundstück geworfen wird, anders dagegen häufig bei Belastungen von Nachbargrundstücken). Die Verhältnismäßigkeit kann also nur einzelfallbezogen angemessen beurteilt werden kann, so dass gegen eine solche pauschale Lösung wie bei der Rechtsusurpationslehre erhebliche Bedenken bestehen. In den Fällen hoher Kosten müsste zumindest immer auch eine Billigkeitshaftung des Störers nach § 829 BGB erwogen werden, um die Vermögensbelastung des betroffenen Eigentümers anhand der im Deliktsrecht tatbestandlich festgelegten Kriterien im Einzelfall begrenzen zu können.

Bedenken könnten auch im Hinblick auf den Gleichbehandlungsgrundsatz aufkommen. Nach der Rechtsusurpationslehre wird bei jeder tatsächlichen Beeinträchtigung fremden Eigentums, ob mit oder ohne Substanzverletzung, ein Anspruch auf Naturalrestitution nur nach schuldhaftem Handeln gewährt. Darin könnte ein Verstoss in der Gleichbehandlung von wesentlich Ungleichem gesehen werden[534], weil ein verschuldensunabhängiger Anspruch auf Naturalrestitution auch in solchen Fällen ausgeschlossen ist, in denen eine Beseitigung der störenden Zustände mit verhältnismäßig geringem Kostenaufwand möglich wäre und deshalb den Störer nicht belasten würde, etwa wenn er nur ein altes Auto vom Grundstück wegzufahren hätte. Während beim negatorischen Beseitigungsanspruch eine hohe Kostenlast eher die Ausnahme darstellt, ist dies in den Fällen der Substanzschädigung anders, weil dabei die Naturalrestitution in der Regel mit einer Vermögensverlagerung verbunden ist und deshalb den Anspruchsgegner nicht unerheblich belastet, so dass er sich von vornherein in seiner allgemeinen Handlungsfreiheit eingeschränkt fühlen wird, weil er Fremdschäden vermeiden will. Sieht man also das Verschuldensprinzip als das Ergebnis einer Abwägung von Eigentümer- und Störerinteresse an, so erscheint es unbillig, dem Eigentümer grundsätzlich die Selbstbeseitigung aufzuerlegen, selbst wenn der Störer, wenn auch schuldlos, die Störung verursacht hat und sie mit einfachen Mittel wieder beseitigen könnte. Die Interessenabwägung scheint dann zu gebieten, beide Fälle unterschiedlich zu behandeln. *Picker* hingegen sieht den sachlichen Grund für die Gleichbehandlung beider Fallkonstellationen darin, dass stets der Rechtsfrieden zu wahren sei. Nach schuldhaftem Handeln soll aber etwas anderes gelten. Insoweit vermag nicht so Recht zu überzeugen, warum der *objektiv* erhaltenswürdige Rechtsfrieden von dem *subjektiven* Verschuldenserfordernis beim Störer abhängen soll. So werden etwa auch die Grenzen der Selbsthilferechte nicht danach variiert, ob der Störer schuldhaft oder nicht schuldhaft in den fremden Rechtskreis eingegriffen hat. Rechtssicherheit erfordert vielmehr eine objektiv eindeutige Einschätzung. Hinter der *Pickerschen* Lehre steckt deshalb genaugenommen der Gedanke, dass es von der Interessenabwägung her dem Störer nur bei schuldhaftem Handeln zumutbar ist, die Sache beseitigen und die Kosten dafür tragen zu müsse bzw. Folgestreitigkeiten hinsichtlich der Kosten auf sich nehmen zu müssen. Damit weist die *Pickersche* Lehre aber das gleiche Problem auf wie die herrschende Meinung, dass nämlich eine standardisierte Lösung, die entweder immer eine verschuldensunabhängige oder aber eine mit *Picker* nur an ein Verschulden gebundene Beseitigungspflicht vorsieht, den Interessen im Einzelfall nicht immer gerecht werden kann.

Zusammenfassend ergeben sich erhebliche verfassungsrechtliche Bedenken, wenn die Rechtsusurpationslehre dem Störer durch sein Verhalten uneinge-

---

[534] Zu diesem Unterfall eines Verstoßes gegen den Gleichheitssatz vgl. BVerfGE 72, 141, (150); 84, 133 (158); BGHZ 112, 163 (173).

schränkt die Möglichkeit einräumen will, dem betroffenen Eigentümer die Selbstbeseitigung auf eigene Kosten aufzuerlegen. Die fehlende Flexibilität in den Lösungen und die damit verbundene Belastung des Eigentums lassen erhebliche Zweifel an der Verhältnismäßigkeit aufkommen.

hh) Die Gerechtigkeit der Falllösung als Auslegungskriterium

Es fragt sich, ob bei der Auslegung einer Norm neben den üblichen Auslegungskriterien auch das Streben nach effektiven, praktikablen und sachgerechten Einzelfallentscheidungen als ein mitbestimmender Faktor zu berücksichtigen ist[535].

Ist eine Norm auszulegen, wirken die Wissenschaft und die Rechtsprechung in der Weise zusammen, dass erstere der Rechtsprechung gleichsam vorarbeitet, indem sie Auslegungsprobleme und Wege zu ihrer Lösung aufzeigt, jene aber die Ergebnisse bei der Einzelfallanwendung auf die Probe stellt und damit die Jurisprudenz immer wieder zur Überprüfung nötigt[536]. Ein Richter kann somit nie an das Ergebnis einer wissenschaftlichen Auslegung gebunden sein. Er kann und muss sogar davon abweichen, wenn er der Überzeugung ist, dass eine gerechte Fallentscheidung eine andere Auslegung der Norm verlangt. Wichtig ist allerdings, dass er die Norm nie allein gerade für den zur Entscheidung anstehenden Einzelfall auslegt, sondern sicherstellt, dass sein Auslegungsweg auch für alle anderen gleichartigen Fälle Bestand haben kann[537]. Eine dogmatische Durchdringung der Rechtsmaterie[538] und ein klarer Lösungsansatz sind damit zwar wünschenswert, aber nicht die unbedingte Voraussetzung für eine Lösung des Abgrenzungsproblems.

Vielmehr sind die anerkannten Mittel der Gesetzesauslegung der Wortlaut, die Entstehungsgeschichte, die Gesetzessystematik, der Sinn und Zweck der Vorschrift sowie das Gebot der Verfassungskonformität[539]. Daneben ist das Streben nach einer gerechten Falllösung stets legitim, denn schließlich steht die gesamte Rechtsordnung unter der verpflichtenden Anforderung der Gerechtigkeit, aus der allein sich ihr Geltungsanspruch im normativen Sinne letzthin zu rechtferti-

---

[535] Vgl. dazu *Larenz*, Methodenlehre, S.348 ff.; *Wank*, Auslegung, S.79 ff.

[536] *Larenz*, aaO., S.314.

[537] *Larenz*, aaO., S.314.

[538] So zutreffend *Buchholz/Radke*, Jura 1997, 454, 455.

[539] Vgl. dazu im einzelnen *Larenz*, aaO., S.320 ff.

gen vermag[540]. Deshalb wird ein Gesetz auch stets die gerechte Lösung eines Rechtsproblems anstreben, also einen ausgewogenen Ausgleich entgegenstehender Interessen herbeizuführen bezwecken[541]. Aus diesem Grunde ist es nicht von vornherein unvorstellbar, dieses jedem Gesetz immanente Ziel auf dem Wege der Gesetzesauslegung erreichen zu wollen.

Allerdings, und dies zeigt sich gerade auch bei der hier betrachteten Abgrenzungsproblematik der §§ 1004 I 1, 823 I, 249 ff. BGB ganz deutlich, ist das Gerechtigkeitsempfinden zu stark subjektiv geprägt, letztendlich also völlig vom Rechtsverständnis des konkreten Betrachters abhängig. So empfinden *Picker* und seine Anhänger die Folgen der Rechtsusurpationslehre als konsequent und damit im Ergebnis als gerecht, weil sie den nicht schuldhaft handelnden Störer als schutzwürdig ansehen. Anders dagegen die Rechtsprechung und die übrigen Kritiker der *Pickerschen* Lehre, die wegen des engen Anwendungsbereichs, der § 1004 I 1 BGB nach der Rechtsusurpationslehre verbleibt, diesen Lösungsansatz für die Abgrenzung der negatorischen von der schadensersatzrechtlichen Haftung ablehnen, mithin die Interessen des Betroffenen stärker in den Vordergrund stellen. Dies aber zeigt, dass in solchen Fällen nicht mehr das Gesetz als Richtmaß der Entscheidungsfindung dient, sondern die Gefahr besteht, dass in das Gesetz hineingelesen wird, was man in ihm zu finden hofft[542]. Es muss jedoch gelten, die Wertentscheidung des Gesetzgebers, die in der konkreten Norm Ausdruck gefunden hat, durch Auslegung zu ermitteln. Nicht maßgeblich ist, wie der Gesetzgeber die Norm nach dem Rechtsgefühl des einzelnen hätte ausgestalten müssen, sondern, wie er sie konkret ausgestaltet hat. Die Gerechtigkeit einer Fallentscheidung ist somit zwar das wünschenswerte Ziel jeder richterlichen Tätigkeit, aber kein Auslegungskriterium neben den anderen anerkannten[543], auch wenn die Gerichte eine Interpretation bevorzugen werden, die konsensfähig ist[544]. Regelungen des Gesetzgebers, die als unbillig empfunden werden, können stets kritisiert, aber nicht beliebig korrigiert, sondern nur durch Auslegung konkretisiert werden. Ansonsten würde das Richterrecht das Gesetzesrecht ersetzen. Damit zeigt sich, dass es keine zwingende Voraussetzung für eine gute Lösung des Abgrenzungsproblems der §§ 1004 I 1, 823 I, 249 ff. BGB ist, dass eine solche Lösung Aussicht auf Anerkennung in der Rechtsprechung

---

540 *Larenz*, Methodenlehre, S.348.
541 *Larenz*, aaO., S.348.
542 *Larenz*, aaO., S.348.
543 *Larenz*, aaO., S.349.
544 *Wank*, Auslegung, S.82.

hat. Soweit die höchstricherliche Rechtsprechung einem Lösungsvorschlag aus der Rechtswissenschaft nicht folgt, kann dies nur Anlaß sein, diesen Lösungsvorschlag nochmals anhand der richterlichen Kritik zu überdenken, nicht aber den Lösungsvorschlag zwingend der richterlichen Argumentation anzupassen. Nach „fallgerechten" Lösungen zu streben, gibt somit nur immer wieder Anstoss dazu, die Auslegung einer Vorschrift neu zu durchdenken und neue Gesichtspunkte aufzufinden. Insoweit kann das Streben nach Fallgerechtigkeit allenfalls dort Grenzen setzen, wo das bestimmte Verständnis einer Norm zu evident ungerechten Ergebnissen führt[545]. Sind folglich bei einer Vorschrift mehrere Auslegungsalternativen denkbar, bei denen zwar über die „Fallgerechtigkeit" ihrer Ergebnisse gestritten werden kann, diese aber nicht evident ungerecht sind, hilft der Gerechtigkeitsgedanke nicht weiter. Für den konkreten Streitstand um die Auslegung von § 1004 I 1 BGB bedeutet dies, dass jeder Lösungsvorschlag vertretbar erscheint, wenn er nicht augenfällig ungerecht ist und wenn er auf das geltende Recht zurückgeführt werden kann.

ii) Rechtsvergleichende Auslegung

Die rechtsvergleichende Auslegung dient in der Regel nur als ergänzende und absichernde Argumentation, weil dieser Methode notwendigerweise eine subsidiäre Rolle zukommt, so dass sie nur zur Bestätigung oder Ablehnung zunächst denkmöglicher Auslegungshypothesen dienen kann[546]. Hinweise können deshalb nur besonders allgemein vertretenen Lösungen und nur verwandten Rechtsordnungen entnommen werden. Die Verbindung von fremdem Recht zur Auslegung des eigenen Rechts kann nur auf der Ebene der Rechtsidee als universalem Bestandteil des Rechts erfolgen[547].

Die rechtsvergleichende Betrachtung mit solchen dem deutschen Recht in der rechtsgeschichtlichen Entwicklung verwandten Rechtsordnungen, nämlich dem schweizerischen, österreichischen und dem französischen Recht, zeigt, dass die Problematik, einerseits einen umfassenden negatorischen Rechtsschutz zu gewähren und andererseits dabei keine Restitutionsformen zuzulassen, die den im Deliktsrecht getroffenen Wertungen widersprechen, auch in diesen Rechtsordnungen auftaucht[548]. Das österreichische und das schweizerische Recht verfügen

---

[545] Vgl. *Larenz*, Methodenlehre, S.349.
[546] *Bydlinski*, Methodenlehre, S.461.
[547] *Bydlinski*, aaO.
[548] *Hohloch*, S.19.

ebenso über ein ausgeprägtes kodifiziertes negatorisches Rechtsschutzsystem, das jeweils auf die actio negatoria des römischen und gemeinen Rechts zurückzuführen ist. Die negatorischen Ansprüche wurden folglich wie im BGB systematisch gesondert vom deliktischen Schadensersatzsystem fortgebildet[549]. Im französischen Recht fehlt es dagegen an einem solchen ausgeprägten „System". Die actio négatoire des französischen Rechts wurde nicht kodifiziert, zählte aber gleichwohl zum geltenden (Gewohnheits)Recht, allerdings beschränkt auf die Servitutenabwehr wie im römischen Recht[550]. Auch im französischen Recht bildete sich mit der Zeit ein praktikabler präventiver Rechtsschutz durch Ausformung besonderer Rechtsbehelfe heraus, die aber als Unterlassungs- oder Beseitigungsklagen unter Zurückdrängung des Verschuldensprinzips aus dem Deliktsrecht entwickelt worden sind[551]. Der deliktische und der negatorische Rechtsschutz haben sich hier also nicht unabhängig voneinander entwickelt[552].

Das englische und das amerikanische Recht gewähren zwar auch präventiven Schutz gegen Eingriffe in die Eigentums- und Persönlichkeitssphäre, aber die actio negatoria, die den gemeinsamen Hintergrund der kontinentalen Rechte bildet, existiert naturgemäß nicht[553]. An der rechtsgeschichtlichen Vergleichbarkeit und der daraus hervorgehenden Zweispurigkeit des deutschen Haftungssystems fehlt es folglich ganz, so dass diese beiden Rechtssystem hier außer Acht gelassen werden können.

(1) Österreichisches Recht

Der negatorische Rechtsschutz im österreichischen Recht weist in seiner Entwicklung erhebliche Parallelen zum deutschen Recht auf. In den neueren Gesetzen des Immaterialgüterrechtsschutzes und des Wettbewerbsrechts sind verschuldensunabhängige Unterlassungs- und Beseitigungsansprüche geregelt[554]. Im Allgemeinen Bürgerlichen Gesetzbuch (ABGB) wurde allerdings noch die Rechtsauffassung des gemeinen Rechts kodifiziert. So heißt es in § 523 ABGB: „In Ansehung der Servituten findet ein doppeltes Klagerecht statt. Man kann

---

[549] *Hohloch*, S.19.
[550] *Hohloch*, S.90.
[551] *Hohloch*, S.20.
[552] Vgl. *Kötz*, AcP 174 (1974), S.149 ff.
[553] *Hohloch*, S.20; *Stoll*, Consequences of Liability, S.154-161.
[554] *Hohloch*, S.70.

gegen den Eigentümer das Recht der Servitut behaupten; oder der Eigentümer kann sich über die Anmaßung einer Servitut beschweren. Im ersten Fall muss der Kläger die Erwerbung der Servitut, oder wenigstens den Besitz derselben als eines dinglichen Rechts, im zweiten Fall muss er die Anmaßung der Servitut an einer Sache beweisen." Entgegen dem Wortlaut und der systematischen Stellung der Vorschrift, die im Dienstbarkeitsrecht eingeordnet ist, wird heute jedoch anerkannt, dass der Anwendungsbereich der Eigentumsfreiheitsklage umfassender ist und (entsprechend der Formulierung von § 1004 I 1 BGB) bis auf den Fall der Vindikation bei totalem Entzug der Sachherrschaft alle denkbaren Fälle einer rechtlichen und lediglich tatsächlichen Eigentumsbeeinträchtigung umfasst[555]. Das Anspruchsbegehren geht auf die Wiederherstellung des vorigen Standes. Es dient der Abwehr bereits erfolgter, aber noch fortdauernder Störungen des Eigentums, so dass etwa verlangt werden kann, dass eigenmächtig auf dem fremden Grundstück gelagertes Holz von diesem wegzuschaffen ist. Der Beklagte hat in jedem Falle die Kosten der Wiederherstellung zu tragen, unabhängig vom seinem Verschulden und der Kostenhöhe[556].

Daneben gewährt § 1330 II ABGB ohne das Erfordernis eines Verschuldens einen Anspruch auf Widerruf von kredit- und geschäftsschädigenden Behauptungen[557]. Gem. § 339 ABGB kann der im Besitz Gestörte verschuldensunabhängig die „Untersagung des Eingriffs" verlangen[558]. In Anlehnung an die gesetzlich geregelten Fälle wird ferner eine allgemeine Beseitigungsklage anerkannt: Wer durch einen Gesetzesverstoß einen störenden Zustand geschaffen habe, störe, solange er den Zustand nicht beseitigt habe, weiter. Daraus folge eine Verpflichtung zum wiederherstellenden Tätigwerden[559]. Im österreichischen Recht wird also sogar entgegen dem ausdrücklichen Gesetzeswortlaut entsprechend der herrschenden Ansicht zu § 1004 BGB von einem weiten Anwendungsbereich des negatorischen Beseitigungsanspruchs ausgegangen. Des weiteren hat sich eine dem deutschen Recht vergleichbare Rechtsfortbildung bei der negatorischen Haftung vollzogen, so dass auch hier die Abgrenzung der negatorischen Beseitigung nach § 1004 I 1 BGB vom Schadensersatzanspruch nach § 823 I BGB als ungelöstes Rechtsproblem auftaucht.

---

[555] *Hohloch*, S.65, *Klang*, § 523 Anm.III 1a); *Ehrenzweig*, I 2 § 276 (S.301); *Stubenrauch*, I § 523 Anm. II 1 (S.729); *Unger*, GrünhutsZ 13 (1886), S.723 f.

[556] *Hohloch*, S.66 f.

[557] dazu näher *Hohloch*, S. 67.

[558] Dazu *Hohloch*, S.69 f.

[559] So OGH v. 19.6.1966, SZ XXXIX 133, S.377, 381.

(2) Schweizerisches Recht

Das Schweizerische Zivilgesetzbuch (ZGB) weist zahlreiche Bestimmungen auf, in denen ein negatorischer Anspruch geregelt ist. Die dem § 1004 I 1 BGB vergleichbare Eigentumsfreiheitsklage findet sich in Art. 641 II, 2. Fall ZGB: Danach hat der Eigentümer einer Sache das Recht, „sie von jedem, der sie ihm vorenthält, herauszuverlangen und jede ungerechtfertigte Einwirkung abzuwehren". Der Anwendungsbereich von Art. 641 II, 2. Fall ZGB wird demnach genauso wie der von § 1004 I 1 BGB negativ abgegrenzt. Abweichend vom römischen und gemeinen Recht, das auch dem negatorischen Rechtsschutz des ZGB als Vorbild gedient hat[560], soll durch die Klage der Eigentümer gegen jede Beeinträchtigung seines Rechts geschützt werden, die nicht in der Vorenthaltung seines Besitzes besteht. Die Klage erfasst somit alle ungerechtfertigten Einwirkungen auf das fremde Eigentum, also auch solche, welche die tatsächliche Verfügung des Eigentümers, seinen Gebrauch oder seine Nutzung hindern bzw. beeinträchtigen[561]. Da die Erhaltung des Eigentums in ungestörtem Zustand bezweckt wird, reicht ein bestehender und andauernder rechtswidriger Störungszustand aus. Weder eine Sachbeschädigung noch eine irgendwie geartete Usurpation eines Rechts an der oder auf die Sache ist erforderlich[562]. Rechtsprechung und Doktrin akzeptieren den weiten Anwendungsbereich der Vorschrift. Einwände, wie sie *Picker* im deutschen Recht erhoben hat, sind nicht festzustellen[563].

Eine Besonderheit des negatorischen Eigentümerschutzes im schweizerischen Recht besteht in Art. 679 ZGB, der den praktisch bedeutsamen Teilbereich des Immissionsschutzes und überhaupt des Grundstücksschutzes regelt: „Wird jemand dadurch, dass ein Grundeigentümer sein Eigentumsrecht überschreitet, geschädigt oder mit Schaden bedroht, so kann er auf Beseitigung der Schädigung oder auf Schutz gegen drohenden Schaden und auf Schadensersatz klagen." Bemerkenswert ist, dass zwischen der Beseitigung der Schädigung und Schadensersatz unterschieden wird und dass der Schadensersatzanspruch verschuldensfrei gewährt wird. Nach heutigem Verständnis kann nur der betroffene Nachbar aus Art. 679 ZGB klagen, während Beklagter der Grundstückseigentümer ist, der sein Grundeigentumsrecht überschreitet, unabhängig davon, ob die

---

[560] Vgl. *Hohloch*, S.29 f.
[561] *Hohloch*, S.74; *Meier-Hayoz*, Art. 641 ZGB Rn.64, 66.
[562] *Hohloch*, S.75 mwN.
[563] *Hohloch*, S.30.

Störungsquelle vor dem Eigentumserwerb geschaffen worden ist oder Hilfspersonen bzw. sonstige Dritte (Mieter, Pächter, Gäste) für die Störung unmittelbar verantwortlich sind[564]. Soweit Art. 679, 1. Fall ZGB eine Beseitigungsklage einräumt, kann allerdings der betroffene Eigentümer nicht die Wiederherstellung des früheren Zustandes seines verletzten Eigentums fordern, weil es sich bei Art. 679, 1. Fall ZGB um eine besondere Ausgestaltung der Eigentumsfreiheitsklage des Art. 641 II ZGB handelt, die nicht den Erfolg der Einwirkung rückgängig machen soll[565]. Letztendlich spielt dies aber deshalb keine Rolle, weil jedenfalls immer auch verschuldensunabhängig auf Schadensersatz gehaftet wird (Art. 679, 3. Fall ZGB). Diese verschuldensfreie Schadenshaftung wird durch die besondere Situation der Nachbarbeziehung gerechtfertigt, denn das bloße Innehaben eines Grundstücks stellt noch keine Gefahr dar, welche eine Gefährdungshaftung rechtfertigen würde. Weil sich aber infolge der Industrialisierung die Eigentumsausübung von Grundstück zu Grundstück stark unterscheidet und sich die gegenseitigen Belastungen nicht mehr wie bei gleicher Bewirtschaftung unterm Strich oft ausgleichen, erscheint eine Korrektur auf dem Haftpflichtsektor erforderlich, so dass der Grundeigentümer zur Leistung aus dem Vermögen auch in den Fällen verpflichtet wird, in denen ihn kein Vorwurf trifft[566]. Während im deutschen Recht derartige Probleme durch einen erweiterten Anwendungsbereich von § 1004 I 1 BGB gelöst wurden, weist das schweizerische Recht somit besondere Vorschriften auf, um der Sachlage gerecht zu werden. Eine solche verschuldensfreie Haftung aus der besonderen Situation der Nachbarbeziehung heraus zu rechtfertigen, erscheint jedoch sehr weitgehend. Im deutschen Recht wird insoweit sogar die Begründung einer Sonderverbindung allein aufgrund der Nachbarschaft abgelehnt, weil das nachbarliche Gemeinschaftsverhältnis nur die Rechtsausübung in bestimmten Umfang beschränke, aber keine selbständigen Ansprüche erzeuge[567].

Auch dem Persönlichkeitsschutz wird mit Art. 28 I ZGB in einer gesonderten Vorschrift Rechnung getragen: „Wer in seinen persönlichen Verhältnissen unbefugterweise verletzt wird, kann auf Beseitigung der Störung klagen". Nach Abs.2 soll daneben eine Klage auf Schadensersatz und auf Leistung einer Geldsumme als Genugtuung nur in den vom Gesetz vorgesehenen Fällen zulässig

---

[564] *Hohloch*, S.78.

[565] *Hohloch*, S.79 mwN; *Meier-Hayoz*, Art. 679 ZGB Rn.30; *Neuenschwander*, S.299; *Stark*, S.203.

[566] *Stark*, S.222.

[567] BGHZ 42, 374 ff.; *Medicus*, BR, Rn.799; *Baur/Stürner*, SR, § 5 Rn.16, vgl. auch *Brox*, JA 1984, 182 ff.; a.A. *Westermann*, Lb, § 62 I.2.

sein. In Anlehnung an die ausdrückliche Unterscheidung von Störungsbeseitigung und Schadensersatz wurde Art. 28 I ZGB in der Rechtsprechung zunächst jegliche restituierende Funktion abgesprochen, so dass kein Anspruch auf Berichtigung unwahrer Äußerungen bzw. Veröffentlichungen bestehen sollte[568]. Die Beseitigungsklage wurde als eine Unterart der Unterlassungsklage angesehen. Sie sollte nur gegen fortdauernde Störungshandlungen und nicht gegen Störungswirkungen begründet sein[569]. Für letztere sollten allein die an das Verschulden gekoppelten schadensrechtlichen Spezialbestimmungen zuständig sein, auf die in Art. 28 II ZGB verwiesen wird. Im Schrifttum wurde dagegen aus den Gesetzesmaterialien herausgelesen, dass es auch geschuldet sein soll, die Persönlichkeitsrechtsverletzung abzustellen, wenn etwa ein urteilsunfähiger Täter handelte oder ein entschuldbarer Irrtum vorliegt. Die Beseitigungsklage diene auch dem ausgleichenden, die Unterlassungsklage dagegen dem vorbeugenden Rechtsschutz[570]. Nunmehr sieht auch die Rechtsprechung im Fortbestand einer rechtswidrigen Äußerung (Zeitungsartikel) und des Äußerungsträgers (Zeitung) einen rechtswidrigen Störungszustand[571]. Das widerrechtlich Geäußerte würde Dritten weiterhin bekanntgemacht werden. Dadurch wäre es möglich, das Ansehen des Verletzten bei weiteren Personen zu mindern. Dagegen wird verschuldensunabhängig die Beseitigungsklage auf Widerruf, etwa in Form von Richtigstellung, Ehrenerklärung, Abstandnahme, Urteilsveröffentlichung, eingeräumt, der Beseitigungsklage also restituierende Funktion zuerkannt.

Gemäß Art. 928 II ZGB kann der Besitzer gegen den ihm im Besitz Störenden Klage auf Beseitigung der Störung, Unterlassung fernerer Störung und Schadensersatz erheben, wobei diese Schadensersatzklage im Vergleich zu der des Grundstücksnachbarn ein Verschulden voraussetzt[572].

Dass es im Schweizerischen Recht mit Art. 28 I ZGB eine Vorschrift gab, in welcher der negatorische Schutz der Privatsphäre, der Persönlichkeit, der Ehre des Einzelnen, aber auch der wirtschaftlichen Betätigung und Entfaltung – insoweit wurde die Norm auch auf das Wettbewerbsrecht erstreckt – geregelt ist, hat dazu geführt, dass eine Fortentwicklung von Art. 641 ZGB – so wie bei § 1004 BGB im deutschen Recht - zu einer allgemeinen Negatoria und

---

[568] BG v. 9.6.1942, BGE 68 II 129 (132).

[569] St. Rspr. seit BG v.13.5.1924, BGE 40 II 163 (164), dann zuletzt BG v. 9.10.1952, BGE 78 II 289 (292).

[570] *Huber*, Erläuterungen II unter Verweis auf Sten.Bull. 15, 462, 916.

[571] Hat sich bereits in BG v. 9.6.1942, BGE 68 II 129 angedeutet, eindeutig dann in BG v. 21.3.1969, BGE 95 II 483.503, 496 ff.

[572] Dazu *Hohloch*, S.87.

Quasinegatoria in der schweizerischen Rechtsprechung ausgeblieben ist und im Schrifttum nur selten angeregt wurde[573]. Letztendlich dürfte dies auch darauf zurückzuführen sein, dass die gesetzlich statuierten Beseitigungsansprüche, insbesondere wenn man etwa den Patentschutz etc. noch dazu zählt, alle praktisch wichtigen Anwendungsbereiche abdecken, so dass für eine Rechtsfortbildung wie im deutschen Recht wenig Bedürfnisse bestanden[574].

(3) Französisches Recht

Vor der Schaffung des Code civil wurde mit der action négatoire in Anlehnung an die actio negatoria des römischen, insbesondere des justinianischen Rechts ein Klagetyp anerkannt, mit welchem der Eigentümer des Grundstücks Rechtsschutz für die Abwehr von angemaßten Servituten verlangen konnte. Nachdem diese Klageart nicht in den Code civil aufgenommen wurde, blieb sie dennoch bis heute gewohnheitsrechtlich in Gebrauch, nach wie vor beschränkt auf die Servitutenabwehr, wobei den Beklagten die Darlegungs- und Beweislast hinsichtlich der von ihm beanspruchten Servitut obliegt, weil die Freiheit des Eigentums von Dienstbarkeiten vermutet wird[575]. Der enge Anwendungsbereich der action négatoire hat dazu geführt, dass aus ihr, anders als bei § 1004 I 1 BGB, kein allgemeiner negatorischer Rechtsschutz abgeleitet wurde.

Daneben gibt es gesetzlich normierte Rechtsgrundlagen[576], die dem Eigentümer ausdrücklich ein Recht auf Beseitigung einer Eigentumsstörung einräumen (Art. 555 Cc: Beseitigung rechtswidriger Bauten und Anpflanzungen, Art. 672 I Cc: Anpassung der gegen den gesetzlichen Mindestabstand verstoßenden Pflanzen, Art. 673 I Cc: Abschneiden der auf das Nachbargrundstück herüberragenden Zweige), mit denen dem Nachbarn bestimmte störende Handlungen untersagt werden können (Servitutsberechtigter kann sich auch gegen störende Maßnahmen des Eigentümers des herrschenden Grundstücks wehren, Art. 702 Cc) und die teilweise über das Nachbarrecht hinausgreifen (Überbau, Verlegung, Überspannung elektrischer Leitungen über Grundstücken, Überfliegen von Grundstücken). Während diese Rechtsbehelfe des Eigentumsschutzes nach herrschender Ansicht nicht zum Schadensersatzrecht gezählt werden, besteht bei den Rechtsbehelfen zum Schutz anderer absoluter Rechte Zweifel darüber, ob diese recht-

---

[573] *Hohloch*, S.89.
[574] *Hohloch*, aaO.
[575] *Hohloch*, S.90 f.
[576] Zu ihrer Systematik und den Details der Rechtsgrundlagen, siehe *Hohloch*, S.92 f.

lich als Unterart der deliktischen Schadensersatzklage oder mehr der negatorischen Haftung zuzuordnen sind[577]. Bei den Immaterialgüterrechten wird der zivilrechtliche Rechtsschutz durch die sog. „action en contrafacon“ verwirklicht[578]. Ein allgemeines Persönlichkeitsrecht, wie es im Wege der Rechtsfortbildung im deutschen Recht entwickelt wurde, kennt das französische Recht nicht. Der Schutz des Namensrechts ist im Code civil nicht geregelt. Dem Namensträger wird die „action en contestation de nom“ als Abwehrklage zuerkannt, wobei Uneinigkeit besteht, ob dafür ein Verschulden des Störers erforderlich ist oder nicht[579]. Auch der Schutz des Rechts am eigenen Bild wird teilweise negatorisch und teilweise schadensrechtlich eingeordnet[580]. In Art. 9 Cc wird dagegen der Schutz der Privatsphäre vor Eingriffen Dritter, insbesondere durch die Massenmedien, gewährleistet. Es werden Unterlassungs- und Beseitigungsansprüche neben den Schadensersatzanspruch gestellt. Obwohl Art. 9 Cc systematisch gerade nicht im Deliktsrecht geregelt ist, wird sie im Schrifttum mehrheitlich demselben zugerechnet[581].

An dem einheitlichen Konzept eines verschuldensunabhängigen negatorischen Rechtsschutzsystems fehlt es folglich im französischen Recht. Stattdessen ist dort ein anderer Weg gewählt worden: Die wichtigsten privaten Rechte und Rechtsgüter werden durch den Ausbau des deliktischen Schadensrechts umfassend geschützt. Dies ermöglichte die Weite der deliktischen Generalnorm in Art. 1382 Cc, die großzügig nur die Verpflichtung des Schädigers zum Ersatz des angerichteten Schadens normiert, ohne genau festzulegen, welcher Stellenwert dabei etwa der Rechtswidrigkeit und welcher dem Verschulden zukommt. Genausowenig ist geregelt, was genau geschuldet wird, also der Inhalt des Schadensersatzanspruchs[582]. Es oblag deshalb der Rechtsprechung und der Doktrin dies zu entwickeln. Daraus ergab sich die Möglichkeit, unter den Schadensbegriff auch die bloße Gefährdung des jeweiligen Rechtsgutes zu fassen und unter Vernachlässigung des Verschuldens einen wirksamen präventiven Rechtsschutz herzuleiten. Die Grenzziehung zwischen verschuldensunabhängiger negatori-

---

[577] *Hohloch*, S.96.
[578] *Hohloch*, S.97.
[579] *Hohloch*, S.100, der die Grundlage des Streits in der Kontroverse über die Rechtsnatur des Namensrechts sieht (ob es dem Eigentumsrecht vergleichbar ist, ob eine öffentlich-rechtliche Funktion besteht oder ob ein Persönlichkeitsrecht gegeben ist).
[580] Dazu *Hohloch*, S.101.
[581] *Bécourt*, Gaz.Pal. 1970 Doctr. 201-206, 204; *Badinter*, J:C:P: 1968.I.2136; *Lindon*, J:C:P: 1970.I.2357 no. 3-6; *Pradel*, D.S. 1971 Chron.111-116.
[582] Lange Zeit wurde sogar die Naturalrestitution als Regelfall des Schadensersatzes abgelehnt und stattdessen der Geldersatz als solcher angesehen, vgl. *Hohloch*, S.109.

scher und verschuldensabhängiger deliktischer Haftung ist dann aber auch hier schwer zu ziehen. Einfacher ist dagegen die dogmatische Begründung der negatorischen Haftung, lässt sie sich doch einfach aus Art. 1382 Cc ableiten. Auf dieser Grundlage ist unabhängig von einem Verschuldensvorwurf eine Jauchegrube zu beseitigen bzw. zu verhindern, dass widerrechtlich Wasser auf das Grundstück des Unterliegers abfließt[583]. Es gilt dann den schadensstiftenden Zustand zu beseitigen. Wichtiger noch ist die Ableitung der vorbeugenden Unterlassungsklage, weil es widersinnig wäre, eine Klage erst dann zuzulassen, wenn der Schaden bereits eingetreten ist[584].

Genauso wie das Eigentum werden die Immaterialgüterrechte und die Privatsphäre im Grundsatz nur durch das System schadensrechtlicher Ansprüche nach Maßgabe der Artt. 1382 ff. Cc geschützt[585].

(4) Ergebnis der rechtsvergleichenden Betrachtung

Die rechtsvergleichende Betrachtung der negatorischen Haftung im deutschen, österreichischen, schweizerischen und französischen Recht zeigt, dass das Abgrenzungsproblem der Anwendungsbereiche von § 1004 I 1 BGB und § 823 I BGB auch in den anderen Rechtsordnungen nicht in einer Art und Weise gelöst wird, die ohne weiteres auf das deutsche Recht übertragbar wäre.

Da sich das *österreichische* Recht mit dem BGB gleichlaufend entwickelt hat, d.h. zum Schutz privater absoluter Rechte und Rechtsgüter der negatorische Beseitigungsanspruch in seinem Anwendungsbereich bewusst ausgedehnt wurde, wird auch hier die Schwierigkeit, einen solchen Beseitigungsanspruch von dem auf die Naturalrestitution gerichteten Schadensersatzanspruch abzugrenzen, sehenden Auges in Kauf genommen. Erkenntnisreich ist insoweit nur, dass dies offensichtlich als so billig und erstrebenswert erscheint, dass der eindeutig andersformulierte Wortlaut von Art. 523 ABGB einfach übergangen wird.

Im *schweizerischen* Recht ist Art. 641 II ZGB in seinem Anwendungsbereich genauso weit gefasst wie § 1004 I 1 BGB. Nur für den Sonderfall des Nachbarkonflikts beim Grundstückseigentum wird aus dem Nachbarschaftsverhältnis heraus ein verschuldensunabhängiger Schadensersatzanspruch konstruiert

---

[583] Req. 9.8.1880, D.P. 1881.1.206 = S. 1881.1.358.
[584] Etwa Cour Rennes 23.3.1843, S.1844.2.204.
[585] *Hohloch*, S.113 f.

(Art. 679 ZGB)[586]. Es ist aber fraglich, ob es angemessen erscheint, den Störer allein aus dem Nachbarschaftsverhältnis heraus so zu belasten. Das Problem wird auf diese Weise undifferenziert auf seinem Rücken ausgetragen. Jedenfalls lässt sich diese Sichtweise nicht auf das deutsche Recht übertragen, das dem Nachbarschaftsverhältnis rechtlich keine derartige Bedeutung zumisst.

Der *französisch*rechtliche Ansatz, die negatorische Haftung aus Art. 1382 Cc abzuleiten, ergibt sich allein aus der weiten Formulierung der deliktsrechtlichen Generalnorm im französischen Recht. Ermöglicht dies dem Richter auch eine gewisse Flexibilität in seiner Entscheidung, so ist das Abgrenzungsproblem als solches letztendlich doch nicht gelöst, muss doch in jedem Einzelfall entschieden werden, ob nur mit oder auch ohne Verschulden gehaftet wird.

In den anderen Rechtsordnungen finden sich keine der Rechtsusurpationslehre vergleichbare Lösungsansätze. Insgesamt zeigt sich vielmehr, dass ein einschränkendes Verständnis des negatorischen Beseitigungsanspruchs nur denkbar ist, wenn gleichzeitig die Schadensersatzhaftung in den entsprechenden Fällen erweitert wird, damit keine Haftungslücken auftreten.

kk) Zusammenfassung zur Auslegung

Es lässt sich anhand des Wortlauts der Norm, der Entstehungsgeschichte von § 1004 I 1 BGB, dem Sinn und Zweck der Vorschrift, der systematischen Stellung des Anspruchs im Gesetz und der Rechtsvergleichung nicht schlussfolgern, dass § 1004 I 1 BGB nur dann zur Anwendung kommen soll, wenn sich das Verhalten des Störers als eine Rechtsanmaßung deuten lässt. Vielmehr ergibt sich aus den Motiven, dass bewusst eine Abkehr von dem sehr engen rechtsgeschichtlichen Verständnis der negatorischen Haftung hin zu einem weiten Verständnis des negatorischen Beseitigungsanspruchs im BGB vollzogen wurde und dabei die Überschneidungen in der Rechtsfolge beider Normen bewusst in Kauf genommen wurde.

---

[586] Die Vorteile liegen auf der Hand: Die §§ 249 ff. BGB wären anwendbar, der Störer hätte immer auch die Kosten der Beseitigung zu tragen und über den Umfang der Haftung gebe es keinen Streit (es würde immer Totalreparation geschuldet, also auch das durch den geworfenen Stein zertrümmerte Fenster wäre zu ersetze).

e) Eigene dogmatische Bewertung

aa) Keine Anmaßung einer „abgespaltenen" Eigentümerbefugnis

Der Eigentümer kann Teile seiner Befugnisse im Umgang mit seiner Sache einem anderen mittels eines beschränkten dinglichen Rechts einräumen. Dabei wird aber kein Recht aus dem Eigentum „abgespalten", sondern ein eigenständiges dingliches Recht neben dem Eigentum geschaffen, das der Eigentümer dann in der Ausübung seines eigenen Rechts zu beachten hat[587]. Folglich maßt sich der Störer keine Befugnisse des Eigentümers an, sondern gibt allenfalls vor, Inhaber eines solchen beschränkten dinglichen Rechts, also Begünstigter einer Verfügung zu sein. Dies ist nicht nur eine sprachliche Feinheit, sondern führt im Vergleich zur Rechtsusurpationslehre zu abweichenden Beurteilungen:

(1) Eine Rechtsusurpation kann danach allenfalls in solchen Fällen vorliegen, in denen ein beschränktes dingliches Recht überhaupt eingeräumt werden kann. Dies ist aber nur gegeben, wenn der Störer einen eigenen rechtlichen Vorteil aus seinem Verhalten zieht, nicht aber, wenn er dem Rechtsinhaber nur einen tatsächlichen Nachteil zufügt. In jeder Zufügung eines Nachteils eine Rechtsanmaßung der Art zu sehen, dass sich der Störer das dem Rechtsinhaber vorbehaltene Recht anmaßt, mit der Sache nach Belieben umgehen zu können, würde stets einen nicht immer gegebenen Rechtsusurpationswillen unterstellen. Wird etwa ein fremdes Auto bewusst zugeparkt, um dessen Eigentümer am Wegfahren zu hindern, erscheint es wohl lebensfremd, annehmen zu wollen, der Zuparker maße sich ein beschränktes dingliches Recht an dem fremden Fahrzeug an.

(2) Der Rechtsinhaber ist durch das Verhalten des Störers nur mittelbar rechtlich beeinträchtigt. Er ist nämlich nach wie vor Inhaber aller ihm zustehenden rechtlichen Befugnisse. Die Behauptung des Störers, er sei Inhaber eines beschränkten dinglichen Rechts an der fremden Sache, wirkt sich nicht unmittelbar auf den Umfang dieser Eigentümerbefugnisse aus. Der Rechtsinhaber muss nämlich das Verhalten des Störers auf der Grundlage eines bloß behaupteten, aber nicht bestehenden dinglichen Rechts nicht dulden. Die Einschränkung ist vielmehr rein tatsächlicher Art, weil er mit seiner Sache als Folge der Störungshandlung nicht mehr tatsächlich nach Belieben verfahren kann. Rechtliche Einschränkungen ergeben sich also nicht unmittelbar aus dem Verhalten des Störers, sondern

---

[587] Vgl. zum Wesen des Eigentums, u.a. zur Totalität (Ungeteiltheit): *MünchKomm/Säcker*, § 903 Rn.4, 7 ff.; *Soergel/Baur*, 13. Aufl., § 903 Rn.6; *Staudinger/Seiler*, Vorbem zu §§ 903 ff. Rn.2, siehe auch oben S. 18 und unten S. 265 ff.

sie sind allenfalls die Folge der gesetzlichen Wertung, dass der Gestörte zur Erhaltung des Rechtsfriedens nur im Rahmen gesetzlicher Regelungen gegen den Störer bzw. dessen tatsächliche Beeinträchtigung vorgehen darf. Damit ist auch dogmatisch die These der Rechtsusurpationslehre widerlegt, dass es bei der negatorischen Haftung nicht auf den Nachteil des Eigentümers, sondern auf den Vorteil des Störers ankomme.

(3) Selbst wenn man mit der Rechtsusurpationslehre davon ausgehen wollte, dass das Verhalten des Störers als Anmaßung fremden Rechts zu verstehen ist, so ergibt sich folgende Problematik: Die Befugnis zur Nutzung einer fremden Sache kann genauso wie das Recht zum Besitz dinglich oder auch nur schuldrechtlich begründet sein, etwa ein Mietrecht im Vergleich zur dinglichen Dienstbarkeit. Bei der Miete maßt sich der angebliche Mieter kein Eigentumsrecht an, sondern nur ein relatives Recht zum Besitz der fremden Sache und deren Nutzung, das der Eigentümer bei der eigenen Rechtsausübung zu achten hätte. In diesem Fall erkennt der Mieter das fremde Eigentum uneingeschränkt an und erklärt nur, dass er ein relatives Nutzungsrecht an der Sache innehabe. Folglich kann nicht bei jeder tatsächlichen Beeinträchtigung auch eine Anmaßung fremden Eigentums unterstellt werden. Es lässt sich aber allein aus dem Verhalten heraus nicht sicher bestimmen, ob sich der Störer nun ein beschränktes dingliches oder ein schuldrechtlich begründetes Recht anmaßt. Festgestellt werden kann dies nur durch den Willen des Störers, der sich aber gerade objektiv aus seinem Verhalten heraus nicht eindeutig erschließen lässt.

bb) Dogmatische Systemwidrigkeit

Gesetzliche Schuldverhältnisse kommen dadurch zustande, dass in einen fremden Rechtskreis eingegriffen wird[588]. Bei § 1004 I 1 BGB sieht *Picker* diesen Eingriff in der Rechtsanmaßung. Die Präzisierung der Lehre hat allerdings ergeben, dass auch sie letztendlich auf die *tatsächlichen Auswirkungen* der Störung abstellt. Nicht, dass der Störer behauptet, er sei dazu befugt, sein Auto auf dem fremden Grundstück abzustellen, sondern die Blockade des Parkplatzes durch das fremde Fahrzeug, so dass der Grundstückseigentümer die zugestellte Fläche nicht selbst nutzen kann, stellt für ihn einen Nachteil dar. Dabei bewirkt jede tatsächliche Beeinträchtigung, dass der Eigentümer in dem Recht, mit seiner Sache nach Belieben verfahren zu können, betroffen ist. Um § 1004 I 1 BGB

---

[588] Vgl. oben S.20.

vom Schadensersatz abgrenzen zu können, müsste der tatsächliche Nachteil, den der Rechtsinhaber bei der Rechtsanmaßung erleidet, von dem tatsächlichen Nachteil unterschieden werden, der beim Schaden i.S.v. § 823 I BGB vorliegt. Da dies nicht gelingt, sieht *Picker* eine rechtliche Benachteiligung des Eigentümers darin, dass er zur eigenhändigen Beseitigung der *tatsächlichen* Störung nicht unbeschränkt in den fremden Rechtskreis des Störers eingreifen darf, wenn er etwa dessen störende Sachen, wie das falsch geparkte Auto beseitigen oder dessen Willen brechen will, falls dieser eine störende Handlung vornimmt, etwa das fremde Grundstück unerlaubt überquert.

Die Rechtsusurpationslehre bedeutet somit eine Abkehr von den dogmatischen Grundzügen der klassischen Haftung, die eine Ausgleichsfunktion hat. *Picker* bringt selbst zum Ausdruck, dass er § 1004 I 1 BGB nicht als einen Fall der klassischen Haftung versteht, vielmehr den negatorischen Beseitigungsanspruch mit dem Bereicherungsrecht vergleichen will[589], ohne aber die von ihm behauptete Parallele zuvor genau untersucht zu haben. Eine solche Abkehr vom klassischen Konzept ist aber nur denkbar, wenn sie auch dogmatisch überzeugend begründet werden kann. Im Bereicherungsrecht genügt es aber keineswegs, wenn der Bereicherte das Eigentum oder den Besitz an einer Sache einfach aufgibt; das Erlangte muss vielmehr dem Anspruchsteller zurückübereignet bzw. zurückgegeben werden. In Betracht kommt für einen solchen Vergleich nur die *Eingriffskondiktion*. Sie setzt einen Eingriff in den fremden Zuweisungsgehalt, also in die dem Bereicherungsgläubiger zugewiesene Rechtsposition voraus. Dies muss nicht durch menschliches Verhalten, d.h. durch eine Handlung des Bereicherungsschuldners, verursacht worden sein, vielmehr kann es auch auf einem Naturereignis beruhen[590]. Es ist das Ziel der Bereicherungshaftung, solche Vermögenspositionen abzuschöpfen, die der Bereicherungsschuldner ungerechtfertigt innehat. Dafür ist unerheblich, wie es zu dieser Bereicherung gekommen ist.

Soweit mit der *Rechtswidrigkeitstheorie*[591] am bereichernden Eingriff angeknüpft und die Gewährung von Kondiktionsansprüchen davon abhängig gemacht wird, ob dieser Eingriff nach allgemeinen Grundsätzen rechtswidrig war, ist die Vermögensverschiebung schon gar nicht Gegenstand der Betrachtung.

---

589 *Picker*, Beseitigungsanspruch, S.50.

590 *Jauernig/Stadler*, Vor § 812 Rn.5; § 812 Rn.62, differenzierter *MünchKomm/Lieb*, § 812 Rn.183 ff.

591 Begründet von *Schulz*, AcP 105 (1909), 1 ff., vgl. dazu *MünchKomm/Lieb*, § 812 Rn.195, 199 ff.

Nach der *Zuweisungstheorie* sind Kondiktionsansprüche zu gewähren, wenn der Schutzbereich des beeinträchtigten Rechtsguts gerade diejenige Nutzungs- und Verwendungsmöglichkeit umfasst, die der potentielle Kondiktionsschuldner durch Eingriff usurpiert[592]. Soweit man aus dem Tatbestandsmerkmal „auf Kosten dessen" folgert, dass bei der Eingriffskondiktion jedenfalls der Vermögensvorteil des Bereicherten *unmittelbar* durch einen Vermögensnachteil des Entreicherten zustande gekommen sein muss[593], ergibt sich daraus das Erfordernis der Einheitlichkeit des Bereicherungsvorgangs. Außerdem werden auf diese Weise der Bereicherungsgegenstand, der Umfang des Bereicherungsanspruchs und die Person des Anspruchsgegners bestimmt[594]. Dennoch lässt sich keine Parallele zur Rechtsusurpation i.S.v. § 1004 I 1 BGB ziehen:

Wie bei der Präzisierung gesehen, sind bei der Eigentumsbeeinträchtigung der *tatsächliche* Vorteil des Störers, der sich aus seiner Handlung (Überqueren des Grundstücks) bzw. der Nutzung der fremden Sache ergibt (Abstellen des Autos auf dem Parkplatz eines fremden Grundstücks) und der *tatsächliche* Nachteil des Gestörten, diese Dinge deshalb nicht zugleich tun zu können, unmittelbar miteinander verbunden. Zwar wird dadurch gleichzeitig immer auch unmittelbar das *Recht* des Gestörten, mit der Sache tatsächlich nach Belieben verfahren zu können, eingeschränkt, doch steht diesem *Rechts*verlust des Gestörten kein unmittelbarer *Rechts*gewinn des Störers gegenüber. Er ist vor allem nicht anstelle des Eigentümers nunmehr dazu berechtigt, mit der fremden Sache in der störenden Art und Weise umzugehen. Soweit der Störer vor eigenmächtigen Übergriffen des Gestörten rechtlich geschützt ist, beruht dies auf der gesetzlichen Wertung, zur Erhaltung des Rechtsfriedens die eigenmächtige Abwehr von rechtswidrigen Eingriffen Dritter nur bei Vorliegen eines Rechtfertigungsgrundes zuzulassen. Es handelt sich dabei um einen allgemeinen Rechtsgrundsatz, der dem Betroffenen generell Schranken bei der Selbsthilfe gegen fremde Eingriffe auferlegt, also abstrakter Art ist und nicht erst konkret durch das Verhalten des Störers hervorgerufen wird. Auch der Störer wird dadurch nicht besonders in seiner Rechtsposition geschützt. Vielmehr sind seine Rechte und Rechtsgüter wie die eines jeden anderen generell vor Eingriffen Dritter gesichert. Der Störer erlangt also kein Recht unmittelbar auf Kosten des Gestörten. Deshalb wird der Vergleich mit dem Bereicherungsrecht teilweise sogar von Anhängern der Lehre

---

592 *MünchKomm/Lieb*, § 812 Rn.196, 204 ff.
593 *Palandt/Thomas*, § 812 Rn.31; *MünchKomm/Lieb*, § 812 Rn.17.
594 *Palandt/Thomas*, aaO.

abgelehnt[595], was aber gleichzeitig bedeutet, dass sich die Rechtsusurpationslehre überhaupt nicht in das bislang bekannte System gesetzlicher Schuldverhältnisse eingliedern lässt, sondern etwas neues und einzigartiges darstellt.

cc) Zielverfehlung

Dass sich die Anmaßung fremden Rechts nicht als Grund für die negatorische Haftung ansehen lässt, führt dazu, dass die Usurpationslehre ihr eigentliches Ziel verfehlt: Sie verfolgt eine klare begriffliche und inhaltliche Trennung von Schaden und Eigentumsbeeinträchtigung, um die Anwendungsbereiche der §§ 1004 I 1, 823 I BGB eindeutig voneinander abgrenzen zu können. Der Schaden soll tatsächlicher, die Eigentumsbeeinträchtigung soll rechtlicher Art sein. Eine klare begriffliche Trennung müsste aber konsequenterweise bedeuten, dass in den Fällen einer Rechtsanmaßung niemals auch die Beseitigung der tatsächlichen Störung nach § 823 I BGB verlangt werden kann, auch dann nicht, wenn den Störer ein Verschulden beim Hervorrufen des störenden Zustands trifft. Wurde das Auto vorsätzlich unberechtigt auf dem fremden Parkplatz abgestellt, dann erforderte eine klare begriffliche Abgrenzung, dass mit der Rechtsusurpation nur § 1004 I 1 BGB, nicht aber daneben auch § 823 I BGB anwendbar ist, mit der Folge, dass selbst der absichtlich Handelnde nicht darauf verklagt werden könnte, das Auto wegzuschaffen. So weit will aber auch die Rechtsusurpationslehre nicht gehen. Sie kann es auch gar nicht, weil vielmehr ebenso nach ihrem Verständnis immer infolge der gleichzeitig tatsächlichen Beeinträchtigung ein Schaden vorliegt. Diesen beurteilt sie nämlich genauso wie die herrschende Ansicht als eine Rechtsgutsverletzung, während sie die Eigentumsbeeinträchtigung quasi auf der Ebene der Rechtfertigung des Abwehrhandelns einordnet. Eine klare begriffliche Trennung ist mithin nicht möglich.

dd) Beschränktes Selbsthilferecht als Zirkelschluss

Durch die Rechtsusurpationslehre wird die Frage, ob eine Eigentumsbeeinträchtigung i.S.v. § 1004 I 1 BGB vorliegt, mit dem Problemkreis vermischt, ob und inwieweit der Gestörte die Ursache dieser Beeinträchtigung eigenhändig beseitigen darf. Letzteres wird allein durch Rechtfertigungsgründe geregelt. Diese

---

[595] Etwa *Staudinger/Gursky*, § 1004 Rn.12.

setzen aber bereits eine Rechtsgüterkollision voraus. Deshalb handelt es sich um einen Zirkelschluss, aus einer fehlenden bzw. nur eingeschränkten Rechtfertigung für einen Eingriff in den Rechtskreis des Störers auf eine Beeinträchtigung des Eigentums des Gestörten schließen zu wollen, ist die Eigentumsbeeinträchtigung doch Voraussetzung dafür, dass überhaupt eine Rechtfertigungslage besteht. Die Fragen der Eigentumsbeeinträchtigung und der Rechtfertigung ihrer eigenhändigen Beseitigung sind deshalb streng voneinander zu trennen. Der Beseitigungsanspruch stellt sich vielmehr hinsichtlich des Besitzes als ein „Korrelat des Selbsthilferechts" bzw. bezüglich des Eigentums als ein „Korrelat des Notwehrrechts" dar, so dass beide auf demselben Grund, nämlich dem tatsächlichen rechtswidrigen Zustand beruhen und nebeneinander bestehen, weil es ein Selbstwiderspruch der Rechtsordnung wäre, wenn der Betroffene selbst Gewalt ausüben müsste und statt dessen nicht auch die Hilfe staatlicher Gericht in Anspruch nehmen könnte[596].

Da die Rechtsusurpation darin bestehen soll, dass sich der Eigentümer der Eigentumsbeeinträchtigung nicht beliebig selbst erwehren kann, dürfte § 1004 I 1 BGB konsequenterweise dann nicht zur Anwendung kommen, wenn der Eigentümer innerhalb der Rechtfertigungsgrenzen handelt, er etwa das zuparkende Auto abschleppen lässt, so dass er seinen eigenen Pkw wieder benutzen kann. Die Rechtsbeeinträchtigung dann darin zu sehen, dass er das fremde Auto nicht auch beschädigen oder gar zerstören darf, erscheint interessenfern. Der Betroffene will gar nicht in dieser Weise gegen den Störer vorgehen, so dass er zwar abstrakt, nicht aber konkret in seinen Befugnissen eingeschränkt ist, er also gar keinen haftungsbedeutsamen Nachteil hat. Damit würde aber der Anwendungsbereich des negatorischen Beseitigungsanspruchs durch die nicht immer sehr rechtssicher zu bestimmenden Rechtfertigungsgrenzen festgelegt und stark eingeschränkt. Um das Beispiel von oben aufzufassen, könnte der Betroffene letztendlich nur dann einen Anspruch aus § 1004 I 1 BGB geltend machen, wenn er das Auto beschädigen oder zerstören will, wäre ansonsten aber immer gezwungen, Selbsthilfe zu üben. Vor allem aber hätte er die Kosten dieser Selbsthilfe, etwa auch die Abschleppkosten, selbst zu tragen, ist doch der Störer nicht nach § 1004 I 1 BGB zur tatsächlichen Beseitigung der Eigentumsbeeinträchtigung verpflichtet. Das Abschleppen des fremden Fahrzeugs stellt somit keine Fremdgeschäftsführung i.S.v. § 683 BGB dar und der Störer ist auch nicht um die Ersparnis der

---

[596] *Larenz/Canaris*, SchR II/2, § 86 II.2.b) (S.677).

Abschleppkosten i.S.v. § 812 BGB bereichert. Die Rechtsusurpationslehre zwingt also auch bei den Ansprüchen auf Kostenerstattung zum Umdenken.

Es liegt deshalb näher, den Beseitigungsanspruch auch für die Fälle vorzusehen, in denen der Gestörte auf die an sich zulässige Selbsthilfe bzw. auf das an sich zulässige Notwehrrecht und die damit verbundene Gewalt verzichtet hat oder eine solche mangels Kenntnis von der Rechtfertigungslage nicht ausüben konnte. Gerechtigkeitsgesichtspunkte zwingen dann dazu, die Beeinträchtigung jedenfalls auf Kosten des Störers beseitigen zu lassen, wenn sie als solche noch fortdauert und mit Gewalt abgewehrt werden könnte, falls die betreffende Handlung eine gegenwärtige wäre. Im fortdauernden Vorhandensein der Störungsquelle liegt dabei die Gemeinsamkeit mit den Fällen noch gegenwärtigen Handelns[597]. Haftungsbegründend wirkt dann die Rechtswidrigkeit der Sachlage und als Störer ist verantwortlich, wer sie herbeigeführt hat. Der bloße Zufall, dass Selbsthilfe und/oder eine Unterlassungsklage aus rein zeitlichen Gründen ausscheiden, darf nicht zu einer wesentlichen Verkürzung der Rechtsstellung des Gestörten führen[598].

ee) Parallele Rechtslage bei § 862 BGB

(1) Besitz als tatsächliche Sachherrschaft

Der betroffene Eigentümer wird oft auch Besitzer seiner Sache sein, so dass er nicht nur einen Abwehranspruch aus § 1004 I 1 BGB geltend machen kann, sondern auch einen Anspruch wegen Besitzstörung aus § 862 I 1 BGB innehat[599]. Zwischen § 862 I 1 BGB und § 1004 I 1 BGB besteht dann Anspruchskonkurrenz[600]. Mithin muss sich die Rechtsusurpationslehre auch an dieser Anspruchskonkurrenz messen lassen. Lässt sie sich nämlich nicht auch beim Besitzstörungsanspruch anwenden, dann würde nach dem *Pickerschen* Ansatz beim Zusammentreffen der Ansprüche aus § 1004 I 1 BGB und § 862 I 1 BGB der Eigentümer aus dem possessorischen Abwehranspruch eine weitergehende Rechtsfolge begehren können als aus dem Eigentumsrecht, obwohl das Recht an

---

[597] *Larenz/Canaris*, SchR II/2, § 86 II.2.b) (S.677).
[598] *Larenz/Canaris*, aaO.
[599] *MünchKomm/Medicus*, § 1004 Rn.27.
[600] *Palandt/Bassenge*, § 862 Rn.2. Dass § 1004 I 1 BGB den § 862 I 1 BGB von vornherein im Wege der Anspruchskonkurrenz verdrängt, ist dagegen mit dem Grundgedanken eines umfassenden Besitzschutzes nicht zu vereinbaren und würde den besitzenden Eigentümer schlechter als den nur Besitzenden stellen.

einer Sache der stärkere Ausdruck einer Personen-Sach-Beziehung ist als die bloße tatsächliche Sachherrschaft.

Teil wird vorgebracht, dass die einschränkende Auslegung des § 1004 I 1 BGB durch die Usurpationslehre deshalb praktisch leerlaufen müsse, weil der regelmäßig konkurrierende Besitzstörungsanspruch aus § 862 BGB nicht in gleicher Weise einschränkend ausgelegt werden könne[601]. Dem wird entgegengehalten, dass § 862 BGB versteckt auf § 1004 I 1 BGB verweise, so dass bei beiden Normen dieselben Grundsätze und dieselbe Kasuistik gelten müssten, mithin die Rechtsusurpation als hypothetisches Element im Rahmen der Verweisungsanalogie auch für § 862 BGB fruchtbar sei[602]. Eine Besitzstörung liege danach vor, wenn irgendein Dritter durch sein Verhalten oder durch Zustand, Lage oder Ausstrahlung seiner Sache die Schutzgrenzen der Besitzsphäre so überschreite, dass für den hypothetischen Fall, der Betroffene wäre nicht nur Besitzer, sondern Eigentümer, eine Rechtsusurpation und damit eine Eigentumsbeeinträchtigung bejaht werden müsste[603].

Die Rechtsusurpationslehre auf den Besitz erstrecken zu wollen, bestätigt die oben bei der Präzisierung der Lehre gewonnene Erkenntnis, dass es auch bei ihr eigentlich nicht auf die Anmaßung fremden Rechts, sondern auf den tatsächlichen Nachteil seitens des Eigentümers ankommt:

Gem. § 862 I 1 BGB kann der Besitzer, der durch verbotene Eigenmacht im Besitz gestört wird, von dem Störer die Beseitigung der Störung verlangen. Allerdings lässt das Gesetz – genauso wie bei der Eigentumsbeeinträchtigung i.S.v. § 1004 I 1 BGB - offen, was genau unter einer solchen Besitzstörung zu verstehen ist[604]. In § 858 I 1 BGB ist nur legaldefiniert, dass derjenige, der den unmittelbaren Besitzer[605] im Besitz stört, in verbotener Eigenmacht widerrechtlich handelt, sofern nicht das Gesetz die Störung gestattet. Aus dem Zusammenhang der Vorschriften über die Begründung und den Verlust des unmittelbaren Besitzes (§§ 854, 856 BGB) ergibt sich allerdings eindeutig, dass unter dem unmittelbaren Besitz die *tatsächliche Gewalt* über die Sache verstanden wird. Der unmittelbare Besitz ist die vom Verkehr anerkannte *tatsächliche Herrschaft* einer Person über eine Sache, also ein tatsächliches Verhältnis und kein subjek-

---

[601] *MünchKomm/Medicus*, § 1004 Rn.27; *Neuner*, Sachenrecht, Rn.206; *ders.*, JuS 2005, 385, 388.
[602] *Gursky*, JR 1989, 397, 400; *Buchholz/Radke*, Jura 1997, 454, 463.
[603] *Gursky*, JR 1989, 397, 400.
[604] Vgl. *Gursky*, JR 1989, 397, 400.
[605] Vgl. *MünchKomm/Joost*, § 858 Rn.2.

tives Recht[606]. Unter der Besitzstörung ist folglich jede Beeinträchtigung der tatsächlichen Sachherrschaft, die nicht in einem Besitzentzug besteht, zu verstehen[607], wobei die Abgrenzung zur Besitzentziehung oft – genauso wie bei den §§ 985, 1004 I 1 BGB - schwierig ist. Ansprüche aus Besitzentziehung und Besitzstörung sind wie beim Eigentum und insbesondere bei Grundstücken oft fließend und nur quantitativer Art. So wird das Parken auf einem fremden Grundstück als Besitzentziehung hinsichtlich der betroffenen Fläche angesehen[608] und kann bezüglich der Restfläche eine Besitzstörung sein[609], während etwa durch das Parken vor einer Ausfahrt der Besitz am „zugeparkten" Pkw deshalb nicht entzogen wird, weil der Störer seinerseits keinen Besitz am Auto erlangt hat, so dass § 862 BGB statt § 861 BGB eingreift[610].

Somit sind beim Besitzschutz jedenfalls der Besitz und das Recht zum Besitz streng voneinander zu trennen. Geschützt wird durch die §§ 859 ff. BGB keine Rechtsposition, sondern nur der (tatsächliche) Besitzstand[611]. Es handelt sich um sog. possessorische Besitzschutzansprüche, deren Geltendmachung kein Recht zum Besitz voraussetzt[612]. Es soll der ursprüngliche tatsächliche Zustand wiederhergestellt werden bis die Rechtslage gerichtlich endgültig geklärt ist. Dem entspricht auch § 863 BGB, wonach grundsätzlich unbeachtlich ist, wenn derjenige, der verbotene Eigenmacht übt, sich darauf beruft, ein Recht zum Besitz der Sache zu haben[613]. Deshalb genießt auch der unrechtmäßige Besitzer, wie der Dieb, Besitzschutz[614]. Ob jemand Besitzer ist, wird nach der Verkehrsanschauung beurteilt und diese richtet sich nach den äußerlich erkennbaren tatsächlichen Umständen[615].

Unter der Besitzstörung kann folglich auch nur ein Eingriff in die Ausübung der tatsächlichen Sachgewalt verstanden werden. Die Vor- und Nachteile eines Eingriffs können deshalb auch nur *tatsächlicher* Art sein, weil der Zuweisungsgehalt des Besitzes *tatsächlicher* Art ist. Folglich kann auch eine der Rechtsusur-

---

606 *Palandt/Bassenge*, Einf v § 854 Rn.1.
607 *MünchKomm/Joost*, § 858 Rn.5.
608 Karlsruhe OLGZ 78, 206; LG Frankfurt NJW 1984, 183; *Schwarz/Ernst* NJW 1997, 2550 mwN.
609 *Palandt/Bassenge*, § 858 Rn.3.
610 Ablehnend allerdings *Eckert* JuS 1994, 625, 626 f., der eine Freiheitsverletzung i.S.v. § 823 I BGB annehmen will.
611 *Palandt/Bassenge*, Einf v § 854 Rn.1.
612 *Jauernig/Jauernig*, §§ 861-864 Rn.1.
613 *Jauernig/Jauernig*, §§ 861-864 Rn.1.
614 *Palandt/Bassenge*, § 854 Rn.1.
615 Vgl. BGHZ 101, 186.

pation vergleichbare „anmaßende" Besitzstörung nur *tatsächliche* Gestalt haben. Sie besteht dann darin, dass der Störer die fremde Sache anstelle des Berechtigten *tatsächlich* nutzt. Folglich muss aber auch die Rechtsfolge von § 862 I 1 BGB auf die Beseitigung dieser *tatsächlichen* Störung gerichtet sein.

(2) Einschränkung der Abwehrrechte gem. §§ 859 ff. BGB

Folglich kann der Besitzer nur in seinen Abwehrrechten nach §§ 859 ff. BGB gestört werden, nicht aber in einem Besitz- und Nutzungsrecht. So wie sich beim Eigentum der Störer allenfalls anmaßen kann, ein beschränktes dingliches Recht an der Sache inne zu haben, so kann er bei der Besitzstörung auch nur behaupten, Inhaber eines Besitzrechts zu sein. Genauso wie aber der Eigentümer durch die Anmaßung eines beschränkten dinglichen Rechts keine seiner Befugnisse verliert, bleiben auch die aus dem Besitz hervorgehenden Abwehransprüche des Besitzers vom Verhalten des Störers in ihrem *gesetzlich festgelegten* Bestand und Umfang unberührt (nach § 863 BGB wäre sogar ein tatsächlich bestehendes Besitzrecht unbedeutend), so dass kein *unmittelbarer* Rechtsverlust erlitten wird.

Haftungsbegründend wirkt deshalb auch beim Besitzschutz allenfalls, dass § 859 BGB dem Verhältnismäßigkeitsgrundsatz unterliegt. Der Besitzschutz lässt sich folglich nur in die Rechtsusurpationslehre miteinbeziehen, wenn man sich endgültig davon verabschiedet, dass bei der negatorischen Haftung die Anmaßung fremden Rechts haftungsbegründend wirkt. Nur wenn man auf den tatsächlichen Nachteil abstellt, lässt sich für das Eigentum und den Besitz ein einheitliches Konzept bestimmen: Die tatsächliche Sachherrschaft des Besitzers vermittelt nämlich kein (positives) Besitz- und Nutzungsrecht, das beeinträchtigt werden könnte. Der Besitzer darf sich aber dennoch durch Selbsthilfe verbotener Eigenmacht erwehren und unterliegt insoweit auch den Grenzen der Verhältnismäßigkeit. Die Rechtfertigungsschranken betreffen folglich nur das Selbsthilferecht hinsichtlich der eingeschränkten Sachnutzung, aber kein Nutzungsrecht. Wenn die Rechtsusurpationslehre daraus beim Eigentum eine Rechtsbeeinträchtigung konstruiert, dann ist dies nur deshalb möglich, weil jede tatsächliche Beeinträchtigung zwangsläufig auch einen Eingriff in das Recht, mit der Sache nach Belieben zu verfahren, bedeutet.

(3) Folgen für die Annahme einer Rechtsusurpation

Hielt man an dem Erfordernis der Rechtsanmaßung fest, dann wäre der Eigentümer, weil er ein Besitz- und Nutzungsrecht inne hat, schlechter gestellt als der Besitzer, der nur eine rein tatsächliche Beziehung zur Sache unterhält: Obwohl beide bei ihrer Selbsthilfe gleichermaßen dem Verhältnismäßigkeitsgrundsatz unterliegen, beschränkte dieser lediglich den Eigentümer in seinen sonstigen Abwehrrechten.

Betrachtet man umgekehrt die vor Selbsthilfe geschützten Rechtspositionen des Störers, durch die eine Rechtsusurpation vermittelt werden soll, so ist erkennbar, dass dafür ebenso der Besitz als rein tatsächliche Sachbeziehung ausreicht und es keines anmaßbaren dinglichen Rechts bedarf:

Ein vermietetes Auto wird vom Dieb D entwendet, der es unerlaubt auf einem fremden Grundstück abstellt. Der Mieter weiß, wo sich das Auto befindet und hat somit einen generellen Besitzwillen, lehnt es aber ab, das Fahrzeug vom fremden Grundstück zu schaffen, weil er der Ansicht ist, dass dafür allein der Dieb verantwortlich sei. Wenn der Grundstückseigentümer nun bei der Selbsthilfe die gesetzlichen Grenzen überschreitet, etwa das Auto schwer beschädigt, verletzt er nicht nur fremdes Eigentum, sondern er begeht auch gegenüber dem Mieter als unmittelbarem Besitzer verbotene Eigenmacht (§ 858 I BGB), welcher sich der Mieter selbst erwehren könnte (§ 859 BGB) bzw. die den Grundstückseigentümer, soweit man den Besitz einem sonstigen Recht nach § 823 I BGB gleichstellt, auch gegenüber dem Besitzer schadensersatzpflichtig macht.

Da aber nach der Rechtsusurpationslehre dem Bereicherungsrecht vergleichbar die Schutzposition des Störers vor der grenzenlosen Selbsthilfe des Betroffenen mit der beeinträchtigten Rechtsposition deckungsgleich sein soll, zeigt sich, dass eigentlich auch beim Eigentum die Beeinträchtigung der tatsächlichen Personen-Sach-Beziehung haftungsbegründend wirkt.

Folgte man der Rechtsusurpationslehre, dann würde eine parallele Handhabung der §§ 858 ff., 1004 I 1 BGB den § 862 I 1 BGB in seinem Anwendungsbereich entwerten: Da gegen zukünftige Handlungen ein Unterlassungsanspruch nach § 862 I 2 BGB vorgesehen ist und gegenüber gegenwärtigen Handlungen de facto meist nur Selbsthilfe (§ 859 BGB) in Betracht kommt, würde der Beseitigungsanspruch nach § 862 I 1 BGB allenfalls beim Handeln mit Dauercharakter (etwa Lagern von Waren auf fremdem Boden) Anwendung finden. Die „pointierte Stellung“ des Beseitigungs- vor dem Unterlassungsanspruch würde einer solchen geringen praktischen Bedeutung von § 862 I 1 BGB nur wenig gerecht[616].

Deutliche Konsequenzen hat die Rechtsusurpationslehre beim Besitzschutz, wenn sich der gestörte Besitzer im erlaubten Rahmen von § 859 BGB wehren will. Zwar darf er auch dann nicht nach Belieben gegen den Störer vorgehen, will dies aber auch gar nicht, so dass er nur abstrakt, nicht aber konkret in seinen Befugnissen eingeschränkt ist. Damit aber würde nach der Rechtsusurpationslehre der Anwendungsbereich von § 862 BGB, gerade auch weil sich der unmittelbare Besitzer nach § 859 I BGB relativ weitgehend mit Gewalt der Besitzstörung erwehren darf, erheblich an Bedeutung verlieren. Es würde nicht die Herstellung eines tatsächlichen Zustands geschuldet und § 862 I 1 BGB käme nur zur Anwendung, wenn der betroffene Besitzer nicht nach § 859 I BGB vorgehen kann, nicht auch, wenn er gar keine Selbsthilfe üben will, dies aber könnte. Ein Wahlrecht zwischen berechtigter Selbstbeseitigung der Störung nach § 859 I BGB und einem Anspruch auf Fremdbeseitigung durch den Störer nach § 862 I 1 BGB dürfte konsequenterweise nicht bestehen. Dies würde aber dem umfassend bezweckten Schutz der tatsächlichen Sachgewalt kaum gerecht werden. § 862 BGB soll dem bisherigen Besitzer die Möglichkeit einer zügigen gerichtlichen Durchsetzung (§ 863 BGB) des ungestörten Besitzes geben, wenn er die Besitzstörung nicht selbst nach § 859 BGB beseitigen kann oder will, so dass der Anspruch inhaltlich mit dem Ziel der Selbsthilfe nach § 859 I BGB identisch ist[617]. Vor allem aber würde § 862 I 1 BGB einen unterschiedlichen Anwendungsbereich haben, je nachdem, ob der Sacheigentümer unmittelbarer oder mittelbarer Besitzer der Sache ist. Beim mittelbaren Besitzer ist es nämlich umstritten, ob dieser auch Gewalt gegen verbotene Eigenmacht gem. § 859 BGB ausüben darf[618]. Dagegen spricht, dass § 859 BGB nicht in § 869 BGB neben den §§ 861 f. BGB erwähnt wird. Sieht man § 869 BGB allerdings nicht als selbständigen Besitzschutz an, sondern als Anordnung, dass der mittelbare Besitzer den Besitzschutz des Besitzmittlers geltend machen kann, wäre es denkbar, beim mittelbaren Besitzer auch § 859 I BGB anzuwenden.

---

[616] *Larenz/Canaris*, SchR II/2, § 86 II.2.b) (S.677).

[617] Vgl. *MünchKomm/Joost*, § 861 Rn.1.

[618] Bejahend: *Heck*, SR, § 8 3.; *Westermann*, Lb, § 26 III.2.; *Baur/Stürner*, SR, § 9 Rn.23; *Staudinger/Bund* § 869 Rn.2; *Lopau* JuS 1980, 501, 503, *Palandt/Bassenge* § 869 Rn.2; *Jauernig/Jauernig*, § 869 Rn.2; ablehnend *MünchKomm/Joost*, § 869 Rn.7; RGZ 146, 182 (190); OLG Freiburg JZ 1952, 334; *Soergel/Mühl*, 13. Aufl., § 869 Rn.4; *Erman/Lorenz*, 11. Aufl., § 869 Rn.4; *BGB-RGRK/Kregel* § 869 Rn.1.

Andererseits sprechen eindeutig die Materialien dagegen[619] und dass es demjenigen, der tatsächlich betroffen ist, auch vorbehalten sein sollte, sich mit Gewalt gem. § 859 BGB zu wehren. Der mittelbare Besitzer kann sich dann immer noch auf die allgemeinen Bestimmungen – etwa Notwehr, Nothilfe, Selbsthilfe (§§ 227, 229 BGB) - berufen. Da aber § 859 I BGB im Umfang weiter reicht als die übrigen Rechtfertigungsgründe, würde der Eigentümer, der gleichzeitig unmittelbarer Besitzer der Sache ist und deshalb auch Selbsthilfe nach § 859 I BGB üben kann, in seinem Anspruch aus § 862 I 1 BGB stärker eingeschränkt als der Eigentümer, der nur mittelbarer Besitzer ist und sich allein auf die allgemeinen Rechtfertigungsgründe berufen darf. Dies erscheint aber unbillig.

ff) Dereliktion als Rechtsfolge

Wer das Eigentum an der störenden Sache aufgibt, soll vom Beseitigungsanspruch frei werden. Es fragt sich allerdings, ob man überhaupt Eigentum aufgeben können soll mit dem Ziel, sich eigentumsimmanenten Belastungen zu entziehen. Eine teleologische Einschränkung der §§ 928, 959 BGB erscheint in solchen Missbrauchsfällen geboten und lässt sich damit begründen, dass mit der Zuweisung der vollen Sachherrschaft die Verantwortlichkeit für den Zustand der Sache einhergehen muss[620]. Aber auch ansonsten gilt: Die Eigentumsaufgabe ist ein einseitiges Verfügungsgeschäft, so dass Geschäftsfähigkeit erforderlich ist. Sie erfordert ferner die Besitzaufgabe, was einen Verzichtswillen voraussetzt. Wer so sein Eigentum wirksam aufgeben kann, wird regelmäßig auch verschuldensfähig sein. Eine bewusste Dereliktion muss deshalb zur Haftung nach § 823 I BGB wegen einer Eigentumsverletzung führen. Dies erkennt auch *Picker*, sieht es aber als wenig problematisch an, weil nur der durch die Dereliktionsmaßnahme angerichtete Schaden zu ersetzen sei. Wenn etwa der Eigentümer eines im Hafen liegenden und dort von Bomben getroffenen Schiffes dessen zerstörtes Vorderteil abtrennt und als Schrott im Hafenbecken zurückließe, so habe er nur Schadensersatz in der Höhe zu leisten, in der sich dadurch die Beseitigungskosten des Hafeneigentümers gegenüber dem bis dahin bestehenden Zustand erhöhten. Es werde also eine neue, nunmehr auf Wiedergutmachung gerichtete Haftung begründet[621]. Durch die Dereliktion werden dem betroffenen Eigentü-

---

[619] Vgl. *MünchKomm/Joost*, § 869 Rn.7.
[620] *Neuner*, Sachenrecht, Rn.207; *ders.*, JuS 2005, 385, 389 f.
[621] *Picker*, FS Gernhuber, S.315, 339.

mer aber erst die gesamten Beseitigungskosten auferlegt, so dass darin auch sein zu ersetzender Schaden besteht. Dann aber erscheint es angemessen, den Störer von vornherein nach § 1004 I 1 BGB haften zu lassen.

Die Möglichkeit der Dereliktion führt ohnehin zu praktisch wenig überzeugenden Ergebnissen, wobei zwischen den Fällen, in denen die Störung in einem Zustand besteht, und den Fällen einer störenden Handlung unterschieden werden kann:

Beim störenden Zustand (etwa das auf einem fremden Grundstück unerlaubt abgestellte Auto) besteht nach der Rechtsusurpationslehre die Eigentumsbeeinträchtigung darin, dass der gestörte Eigentümer nicht nach Belieben gegen die störende Sache vorgehen kann. In der Aufrechterhaltung dieser Eigentumsposition soll die Rechtsusurpation und damit die Eigentumsbeeinträchtigung zu sehen sein. Denn ist die störende Sache herrenlos, so kann der betroffene Eigentümer jederzeit mit ihr nach Belieben verfahren, sie etwa auch zerstören, so dass sie ihn zwar tatsächlich, aber nicht mehr rechtlich im Umgang mit seinem Eigentum einschränkt[622]. In der Konsequenz kann nur ein Anspruch auf Dereliktion bestehen.

Es fragt sich aber, ob ein solcher Anspruch überhaupt denkbar ist. Eine Einwilligung in die Verletzung des eigenen Rechtsguts kann nämlich grundsätzlich nicht erzwungen werden. Sie stellt nur dann einen wirksamen Rechtfertigungsgrund dar, wenn sie freiwillig erklärt wurde. Sein Eigentum gänzlich aufzugeben, ist letztendlich aber weitreichender als in die Verletzung seines Eigentums einzuwilligen, so dass erhebliche Zweifel bestehen, ob die Dereliktion überhaupt in einem Prozess eingeklagt werden kann.

Die Eigentumsaufgabe ist ein einseitiges Verfügungsgeschäft. Sie verlangt weiterhin, dass der Eigentümer neben seiner Willenserklärung den Besitz der Sache aufgibt (§ 959 BGB), so dass bei einer Dereliktion immer auch gleichzeitig die Abwehrrechte aus dem Besitz entfallen. Eine Willenserklärung gilt prozessual als abgegeben, sobald das Urteil rechtskräftig geworden ist (§ 894 ZPO). Der Anwendung von § 894 ZPO bei der Eigentumsaufgabe steht nicht entgegen, dass zu der Dereliktionserklärung mit der Besitzaufgabe noch eine weitere Handlung des Schuldners hinzutreten muss[623]. Für die zusätzlich

---

622 Dies verkennt *Neuner*, JuS 2005, 385, 389, wenn er die Möglichkeit der Dereliktion nicht als notwendige theoretische Möglichkeit der Usurpationslehre sieht. Es wird entgegen *Neuner* gerade kein „faktischer“, sondern eben ein „formaler“ Rückzug aus dem fremden Rechtskreis geschuldet.

623 Vgl. *Baumbach/Lauterbach/Alberts/Hartmann*, ZPO, § 894 Rn.1.

erforderliche Aufgabe der tatsächlichen Gewalt über die Sache (§ 856 I BGB) gelten die §§ 104-185 BGB nicht, weil nur ein natürlicher Wille, die Sachherrschaft aufzugeben, erforderlich ist[624]. Die Erklärung, den Besitz aufgeben zu wollen, reicht indes nicht aus[625]. Allein entscheidend ist die nach der Verkehrsauffassung nach außen erkennbare Beendigung der tatsächlichen Sachherrschaft[626]. Die Folge ist, dass die Besitzaufgabe anders als die Dereliktion vollstreckt werden muss. Die Vollstreckung kann nicht nach §§ 883, 897 ZPO erfolgen, weil die Sache für die Besitzaufgabe nicht zu übergeben ist, so dass eine Wegnahme der Sache durch den Gerichtsvollzieher zwecks Weitergabe an den Gläubiger ausscheidet. Allerdings wird durch § 897 ZPO deutlich, dass die Vollstreckung mehrerer Schuldbestandteile, hier also der Willenserklärung und der Besitzaufgabe, getrennt erfolgt. Die Vollstreckung tatsächlicher unvertretbarer Handlungen, die nicht durch einen Dritten vorgenommen werden können, sonach ausschließlich vom Willen des Schuldners abhängig sind, jedoch nicht in der Abgabe einer Willenserklärung bestehen, erfolgt gem. § 888 ZPO[627]. Danach müsste der Störer gegebenenfalls durch Zwangsgeld oder sogar durch Zwangshaft zur Besitzaufgabe angehalten werden. Ist es demnach formal zwar offensichtlich möglich, eine Dereliktion im Wege der Zwangsvollstreckung durchzusetzen, so dass sie von einem anderen zumindest formal erzwingbar erscheint, so zeigt sich doch, dass diese Vorgehensweise für den Eigentümer zumindest umständlich ist, weil sie stets der Mitwirkung des Störers bedarf, die im Prozess aber nur mit großem Zeitaufwand durchgesetzt werden kann. Dies stellt einen erheblichen Nachteil im Vergleich zu sofort durchführbaren Selbsthilfe dar. Dies aber zeigt, dass die Dereliktion vom Gesetzgeber grundsätzlich nicht darauf ausgelegt ist, erzwungen zu werden, sondern in § 959 BGB vielmehr nur die freiwillige Eigentumsaufgabe und die damit verbundene Frage, wann eine Sache als herrenlos anzusehen ist, geregelt wird.

Folglich handelt sich bei der Rechtsusurpationslehre um eine dogmatisch außergewöhnliche Konstruktion, die dem Gesetz ansonsten völlig fremd ist, weil es Rechtsgüterkollisionen durch Rechtfertigungsgründe, nicht aber durch den Zwang zur Aufgabe einer Rechtsposition regelt. Begründet wird diese Konstruktion mit der besonderen Art des Eingriffs: Es gehe nicht darum, die tatsächlichen Verhältnisse wiederherzustellen, sondern darum, die Rechtsusurpa-

---

[624] *Palandt/Bassenge*, § 856 Rn.1.
[625] Vgl. BGH NJW 1979, 714.
[626] *Palandt/Bassenge*, § 856 Rn.1.
[627] *Zöller/Stöber*, ZPO § 888 Rn.2.

tion zu beenden. Deshalb soll es dem Störer freistehen, wenn er seine Rechte an der störenden Sache nicht aufgeben will, diese selbst aus dem Rechtskreis des Gestörten wegzuschaffen. Er macht dies dann aber ausschließlich im Eigeninteresse, um den Verlust oder die Beschädigung seiner eigenen Sachen zu vermeiden. Nach § 1004 I 1 BGB soll er dazu nicht verpflichtet sein. Auf diese Weise sollen Folgestreitigkeiten über die Frage, ob der Gestörte bei der Selbsthilfe die störende Sache gegebenenfalls ungerechtfertigt beschädigt hat, vermieden werden, denn der Störer wird, soweit er am Eigentum der störenden Sache festhalten will, diese selbst fortschaffen. Es ist aber grundsätzlich nicht die Aufgabe der Rechtsfolge, Interessenwidersprüche präventiv zu vermeiden, vielmehr werden die Interessen im haftungsbegründenden Tatbestand in Ausgleich gebracht. Die Prävention kommt dann z.B. im Verschuldensmaßstab, etwa bei der Gefährdungshaftung zum Ausdruck. Insoweit entscheidet sich der Gesetzgeber im Haftungstatbestand, ob der Störer verschuldensunabhängig haften soll oder nicht. Die darin enthaltene Wertung wird nicht auf der Rechtsfolgenseite korrigiert. Eine Haftungsentscheidung wird vielmehr durch die Tatbestandsmerkmale eingegrenzt. Vor allem ist der Eingreifende aber auch nicht schutzwürdig!

Die Argumentation, dass die Eigenbeseitigung durch den Störer bei § 1004 I 1 BGB nur der Vermeidung von Folgestreitigkeiten dienen soll, kann aber ohnehin nicht überzeugen. Denn daneben bleiben immer noch die Rechtfertigungsgründe für eine Eigenabwehr des Gestörten bestehen und damit die Gefahr, dass er doch unter Missachtung des Verhältnismäßigkeitsgrundsatzes in den Rechtskreis des Störers eingreift. Um Folgestreitigkeiten gänzlich auszuschließen, müsste die Rechtsusurpationslehre jede Eigenabwehr des Gestörten neben dem negatorischen Beseitigungsanspruch verbieten. Dies aber wäre contra legem und würde den Eigentümer in seiner Handlungsfreiheit unzumutbar einschränken, weil die Inanspruchnahme staatlicher Hilfe meist zeitaufwendiger ist als wenn der Betroffene gegen die störende Sache im Rahmen der zulässigen Rechtfertigung selbst vorgeht. Er könnte so häufig nur Schadensersatz geltend machen.

Die tatsächliche Störungsbeseitigung wird damit einer *Obliegenheit* vergleichbar behandelt: Der Eigentümer kann sie nicht vom Störer erzwingen. Schafft der Störer aber seine Sache nicht selbst fort, so hat er hinzunehmen, dass der betroffene Eigentümer von ihm verlangen kann, das Recht ganz aufzugeben. Obliegenheiten sind Verhaltensanforderungen, deren Nichtbeachtung lediglich einen

Rechtsnachteil nach sich zieht („Pflichten gegen sich selbst")[628]. Sie finden sich im Gesetz aber typischerweise, wenn es ausschließlich um die Wahrung von Eigeninteressen geht[629] und – wie etwa bei der Untersuchungs- und Rügepflicht im Handelsrecht (§ 377 HGB) - schnell Rechtssicherheit geschaffen werden soll. Wird etwa bei § 377 HGB nicht rechtzeitig gerügt, dann gilt die erbrachte Leistung als ordnungsgemäße Erfüllung, so dass zwar der Käufer, nicht aber der Verkäufer Nachteile erfährt. Auch bei anderen Obliegenheiten wie dem Annahmeverzug nach § 300 BGB, dem Mitverschulden nach § 254 BGB oder der Anzeige einer verspätet zugegangenen Annahmeerklärung (§ 149 BGB) ist kennzeichnend, dass die Nichtvornahme zu keiner Benachteiligung von Fremdinteressen führt, weshalb sie für den „Berechtigten" weder einen Erfüllungsanspruch noch bei Verletzung eine Schadensersatzforderung begründet[630]. Bei der Eigentumsbeeinträchtigung verhält sich dies aber anders: Beseitigt der Störer die Störungsursache nicht, so ist der Eigentümer weiterhin in seinem Recht, mit der Sache nach Belieben umzugehen, beeinträchtigt. Er hat deshalb nach wie vor einen negatorischen Beseitigungsanspruch gegen den Störer. Ein Wahlrecht des Störers, wie es die Rechtsusurpationslehre vorsieht, ist deshalb sowohl für ein haftungsrechtliches als auch für ein bereicherungsrechtliches Verständnis des negatorischen Beseitigungsanspruchs untypisch.

Die Folge ist, dass bei störenden Zuständen § 1004 I 1 BGB allein von dem nach dem objektiven Empfängerhorizont zu bestimmenden Willen des Störers abhängt, ob er an seinem Eigentum festhalten will oder nicht. Diese Entscheidung wird primär dadurch bestimmt, ob die störende Sache für ihn von Wert ist. In den Fällen der Abfallbeseitigung wird deshalb stets von einer Dereliktion auszugehen sein, während das Eigentum an einem auf dem fremden Grundstück unberechtigt abgestellten Auto nur selten aufgegeben wird. Rechtsunsicherheit entsteht allerdings dadurch, dass die Dereliktion als Willenserklärung mit der Wirkung ex tunc angefochten werden kann und so der Selbstbeseitiger zum Schadensersatz verpflichtet sein kann[631]. § 1004 I 1 BGB ist damit als eine Norm zu verstehen, die im Ergebnis offensichtlich den Störer schützen soll, indem sie ihm ein Wahlrecht zwischen der Aufgabe der Rechtsposition und der eigenhändigen Beseitigung der Störung einräumen soll. Die Interessen von Gestörtem und Störer werden aber dadurch zu einem gerechteren Ausgleich ge-

---

[628] *Köhler*, AT, § 17 Rn.45.

[629] *Palandt/Heinrichs*, Einl v § 241 Rn.11.

[630] *Palandt/Heinrichs* Einl v § 241 Rn.11; BGHZ 24, 382; BGH NJW 1995, 402.

[631] *Staudinger/Gursky*, § 959 Rn.1; *Palandt/Bassenge*, § 959 Rn.1

bracht, dass dem Gestörten ein Rechtfertigungsgrund einräumt wird, der ihm das Recht verleiht, in die fremde Rechtsposition einzugreifen, ohne dass diese dafür gänzlich aufgegeben werden muss. Hinreichenden Schutz gewährt dann der Verhältnismäßigkeitsgrundsatz.

Geht die Eigentumsbeeinträchtigung von einer störenden Handlung aus, ergibt sich die Besonderheit, dass die Störung nur durch die Beendigung dieser Handlung beseitigt werden kann. Es ist dem Eigentümer aber auch hier untersagt, mit grenzenloser Gewalt gegen den Störer vorzugehen. In Anlehnung an die Fälle des störenden Zustands müsste der Störer konsequenterweise nur dazu verklagt werden können, zuzustimmen, dass der betroffene Eigentümer zur eigenhändigen Störungsbeseitigung unmittelbaren Zwang auf ihn ausüben darf. Während auf das unpersönliche Eigentum verzichtet werden kann (§ 959 BGB), ist ein solcher Rechtsgutsverzicht bei den auf die Person des Rechtsinhabers ausgerichteten Rechten und Rechtsgütern, wie der Willens- oder Fortbewegungsfreiheit, nicht möglich. Der Störer könnte folglich nur auf eine Einwilligung in die Rechtsgutsverletzung verklagt werden. Es kann dahinstehen, ob dies nicht bereits gegen die guten Sitten verstieße[632], denn eine solche Klage ist jedenfalls deshalb nicht denkbar, weil die Rechtswirksamkeit der Einwilligung stets eine Entschließungsfreiheit des Einwilligenden voraussetzt[633]. Mithin kann sie nicht prozessual erzwungen werden. Da die Rechtsusurpationslehre aber die störenden Handlungen ebenfalls unter § 1004 I 1 BGB und nicht unter § 1004 I 2 BGB fassen will, kommen ihre Anhänger nicht umhin, im Ergebnis zuzulassen, dass der Gestörte hier den Störer darauf verklagen kann, aktiv die störende Handlung zu beenden. Dies lässt aber Zweifel daran aufkommen, ob es richtig ist, störende Handlungen als eine Rechtsanmaßung anzusehen, sie mithin unter § 1004 I 1 BGB zu fassen, oder ob gar die Rechtsusurpation als Abgrenzungskriterium zu den Schadensersatzfällen überhaupt geeignet ist, zwingt sie doch offensichtlich bei den störenden Handlungen zu Kompromissen.

Fielen aber die störenden Handlungen nicht unter § 1004 I 1 BGB, dann würde auch die wichtige Fallgruppe der Immissionen nach dem Verständnis der Rechtsusurpationslehre nicht mehr vom negatorischen Beseitigungsanspruch erfasst werden können. Weil der Störer an den für ihn nutzlosen Immissionsbestandteilen, welche die Eigentumsbeeinträchtigung verursachen, kein Interesse hat, kann der Gestörte diese selbst unbeschränkt abwehren. Die eigentliche Störungsquelle ist deshalb die Verursachung der Immissionen, also das Betreiben

---

[632] Vgl. *Palandt/Thomas*, § 823 Rn.42.
[633] *Palandt/Thomas*, aaO.

der Immissionsquelle. Da jedoch § 906 BGB zu entnehmen ist, dass es ganz offensichtlich dem Willen des Gesetzgebers entspricht, dass die Immissionen als Eigentumsbeeinträchtigung i.S.v. § 1004 I 1 BGB zu verstehen sind, können auch die Anhänger der Rechtsusurpationslehre nicht darauf verzichten, den Anwendungsbereich von § 1004 I 1 BGB auf störende Handlungen zu erstrecken. Dann ist aber das Gesamtkonzept der Rechtsusurpationslehre in sich nicht stimmig, weil die Fälle der Zustandsstörung und der Handlungsstörung unterschiedlich zu behandeln sind, so dass die Lehre insgesamt in Frage zu stellen ist.

gg) Eigentumserwerb gem. §§ 946 f., 93 f. BGB

Die Eigentumsbeeinträchtigung entfällt nach der *Pickerschen* Auffassung, wenn der betroffene Eigentümer kraft Gesetzes auch Eigentum an der störenden Fremdsache erlangt hat. In Betracht kommen dabei vor allem die Tatbestände originären Eigentumserwerbs durch Verbindung (§§ 946 f. BGB) und durch Vermischung (§ 948 BGB), da sie keine Mitwirkung des Erwerbenden verlangen. Praktisch bedeutsam sind hier die Fälle der Bodenkontamination, weil nach der Rechtsusurpationslehre der Grundstückseigentümer gem. §§ 946, 93 f. BGB Eigentum an den Schadstoffen erwirbt und deshalb keinen negatorischen Beseitigungsanspruch geltend machen kann.

Die §§ 946 f. BGB, welche die Eigentumsverhältnisse bei der Verbindung beweglicher Sachen mit einem Grundstück bzw. bei der Verbindung beweglicher Sachen miteinander regeln, setzen die §§ 93 ff. BGB um[634]. Danach können an wesentlichen Bestandteilen einer Sache oder eines Grundstücks, die nicht nur Scheinbestandteile nach § 95 BGB sind, keine gesonderten Rechte vorkommen. Gem. §§ 946 f. BGB erlöschen deshalb die an den wesentlichen Bestandteilen bis dahin bestehenden Rechte und sie teilen künftig das rechtliche Schicksal der Hauptsache, so dass einheitliches Eigentum an der ganzen Sache besteht[635]. Schwierigkeiten, die aus der unterschiedlichen Zuordnung wesentlicher Bestandteile entstehen könnten, sollen so vermieden werden[636].

Diese gesetzliche Regelung hat *wirtschaftliche* Gründe[637]. Ziel der §§ 946 f., 93 ff. BGB ist es, die nutzlose Zerstörung *wirtschaftlicher Werte* zu verhindern, die

---

634 Vgl. *MünchKomm/Füller*, § 946 BGB, Rn.1, 4.

635 *Westermann*, BGB-SR, Rn. 343; *Schwab/Prütting*, SR, Rn.452; *Erman/Michalski*, 11. Aufl., § 93 Rn.10, *MünchKomm/Füller*, § 946 Rn.10.

636 *MünchKomm/Quack*, § 946, 3. Aufl., Rn.1; *Westermann/Gursky*, § 52 I 1.

637 *Palandt/Heinrichs*, § 93 Rn.1.

eintreten würde, wenn Bestandteile voneinander zu trennen wären, die ihren wirtschaftlichen Zweck und damit ihren Wert nur in der von ihnen gebildeten Einheit haben[638]. Der sachenrechtliche Rechtsverlust wird dann wirtschaftlich dadurch ausgeglichen, dass das Opfer des Eigentumsverlustes einen schuldrechtlichen Bereicherungsanspruch geltend machen kann (§ 951 I BGB) und nur ausnahmsweise ein Wegnahmerecht hat (§ 951 II BGB). Der Gesetzgeber hat damit solche Fälle regeln wollen, in denen der originäre Eigentumserwerb das Vermögen des Erwerbers mehrt, so dass Folgestreitigkeiten aus der ursprünglichen Sachzuordnung drohen. Für die Frage, ob der Bestandteil einer Sache ein solcher wesentlicher Art i.S.d. §§ 93 f. BGB ist, kommt es deshalb auch darauf an, ob der eine oder der andere Bestandteil nach der Trennung noch in der bisherigen Art *wirtschaftlich* genutzt werden kann[639]. Diese wirtschaftliche Ausrichtung der Vorschriften sollte bei der Auslegung ihres Anwendungsbereichs beachtet werden[640].

Bei der Bodenkontamination sind die Schadstoffpartikel, die in das Eigentum des Grundstückseigentümers übergehen sollen, für diesen gänzlich nutz- und wertlos. Es kann aber nicht der Zweck des Gesetzes sein, jemandem ungewollt Eigentum an für ihn schädlichen und damit nutzlosen Sachen aufzudrängen[641]. Deshalb ist zu erwägen, die §§ 946, 93 f. BGB hier schon gar nicht für anwendbar zu halten, sie vielmehr in ihrem Anwendungsbereich dahingehend einzuschränken, dass sie von vornherein solche für den Erwerber objektiv unwirtschaftlichen Sachverbindungen nicht erfassen. Dafür spricht auch, dass die in § 94 BGB genannten Beispiele für fest mit dem Grund und Boden verbundene Sachen nur solche nennen, die in der Regel den Vermögenswert des Grundstücks steigern (Gebäude, Erzeugnisse des Grundstücks, Samen und Pflanzen). Die Folge wäre, dass der Störer Eigentümer der Schadstoffe bliebe und sich dieses Eigentums erst durch Dereliktion entledigen müsste, was ihn aber nach der hier vertretenen Ansicht der Gefahr aussetzte, deswegen aus unerlaubter Handlung zu haften. Zumindest müsste man in letzter Konsequenz dem betroffenen Grundstückseigentümer aus Billigkeitsgründen die Option einräumen, sein Eigentum an der belasteten Sache aufgeben zu können, kann er doch „erst Recht

---

638 *Palandt/Heinrichs*, § 93 Rn.1; *Erman/Michalski*, 11. Aufl., § 93 Rn.1a; *MünchKomm/Füller*, § 946 Rn.1, § 947 Rn.1; vgl. auch RGZ 58, 341; BGHZ 18, 226 (231 f.); 20, 154 ff.

639 *Palandt/Heinrichs*, § 93 Rn.3; BGHZ 18, 226; 61, 80.

640 Vgl. *Palandt/Heinrichs*, § 93 Rn.1.

641 So aber *Picker*, Beseitigungsanspruch, S. 117: Der tatsächlich beeinträchtigte Eigentümer werde nicht benachteiligt, sondern vielmehr durch die §§ 946 ff., 93 ff. BGB in einer Weise begünstigt, die seinen negatorischen Schutz erübrige(!).

nichts“ für die Bodenkontamination. Dies würde aber zu einer „Sozialisierung“ eigentumsimmanenter Risiken, wie der Dekontamination eines verseuchten Grundstücks, führen[642].

Gegen die restriktive Handhabung der §§ 946, 93 f. BGB könnte allerdings angeführt werden, dass es zu einer Rechtsunsicherheit führte, wenn man die Anwendbarkeit dieser Vorschriften davon abhängig machen wollte, ob die Verbindung für den Begünstigten im Einzelfall auch von Vorteil ist. Nicht umsonst sind die §§ 946 ff. BGB als zwingende Vorschriften ausgestaltet (wodurch allerdings vor allem verhindert werden soll, dass der Vorrang eines Eigentumsvorbehalts vereinbart werden kann) und für den Eigentumserwerb des Grundstückseigentümers soll es grundsätzlich gleichgültig sein, wer die Verbindung vorgenommen hat, mit wessen Mitteln dies geschehen ist, ob der Handelnde redlich war oder nicht oder mit welcher Willensrichtung er sonst tätig geworden ist[643]. Klar ist auch, dass es dem Eigentumserwerb nicht entgegensteht, wenn der Wert des Bestandteils (millionenschweres Haus) den Wert des Grundstücks übersteigt[644], weil dies den regelmäßigen Wertverhältnissen entspricht und dem System des Gesetzes mit seinen speziellen Publizitätserfordernissen für Grundeigentum[645]. Dass allerdings auch auf eine objektive Wertsteigerung im Vermögen des Erwerbers verzichtet werden kann, lässt sich der Rechtsprechung und dem Schrifttum bislang nicht entnehmen. Ein originärer Eigentumserwerb ohne Wertsteigerung ließe sich aber allenfalls damit rechtfertigen, dass die Schadstoffe nur mit für den Störer wirtschaftlich unzumutbarem Aufwand aus dem kontaminierten Boden entfernt werden könnten, also quasi eine Untrennbarkeit vorläge, und deshalb dem Grundstückseigentümer zwangsläufig das Eigentum an ihnen zugewiesen werden müsse. Aber auch in den Fällen des Vermischens und Vermengens (§ 948 BGB), in denen die physikalische Untrennbarkeit zum Miteigentum bzw. zum Alleineigentum des Inhabers der Hauptsache führt, ist in der Regel eine Wertsteigerung auszugleichen. Soweit Alleineigentum erlangt wird, ergibt sich in der Wertung kein Unterschied zu den Fällen des § 946 BGB, bei Miteigentum sollen Folgestreitigkeiten in der Vermögensauseinandersetzung durch die §§ 741 ff. BGB geregelt werden. Das Gesetz ändert folglich die Eigentumsverhältnisse nur dann, wenn Folgestreitigkeiten von der sachenrechtlichen auf die schuldrechtliche Ebene verlagert werden

---

[642] *Neuner*, Sachenrecht, Rn.206.
[643] *Baur/Stürner*, SR, § 53 Rn.5; *MünchKomm/Quack*, § 946, 3. Aufl., Rn.5.
[644] *Erman/Michalski*, 11. Aufl., § 94 Rn.1.
[645] *MünchKomm/Quack*, § 946, 3. Aufl., Rn.1.

sollen. Damit verliert der originäre Eigentumserwerb seinen Sinn, wenn solche Folgestreitigkeiten offensichtlich ausscheiden, weil kraft Gesetzes Eigentum an objektiv wertlosen Substanzen erlangt wird. Anders als durch einen Vermögenszuwachs kann das Aufdrängen von Sacheigentum wertungsmäßig auch gar nicht gerechtfertigt werden, weil ansonsten die Interessen des Eigentümers unbillig belastet würden; dies vor allem auch vor dem Hintergrund, dass die eigentumsmäßige Zusammenfassung von wirtschaftlichen Einheiten nach Billigkeitsgesichtspunkten dort ihre Grenze finden muss, wo bei ihrer Schaffung fremdes Eigentum verletzt wird. Zwar ist dies so nur für den Eigentumserwerb des die Grundstücksgrenze unberechtigt Überbauenden entschieden worden, mit der Folge, dass er nicht Alleineigentümer des Bauwerks ist, sondern das Eigentum am Gebäude an der Grundstücksgrenze vertikal geteilt wird[646]. Dies muss konsequenterweise aber auch dann gelten, wenn nutzloses Eigentum unter der Verletzung eines fremden Rechts aufgedrängt wird, und dies ist bei der Bodenkontamination stets der Fall, unabhängig davon, ob man der Rechtsusurpationslehre folgt oder nicht, denn die Zuführung von Schadstoffen ist jedenfalls eine Eigentumsverletzung i.S.v. § 823 I BGB, auch wenn dafür mit der Rechtsusurpationslehre mangels eines Verschuldensnachweises nicht gehaftet wird.

Dass es auch nicht nur auf die physikalische Untrennbarkeit ankommt, ergibt sich aus § 94 II BGB, der anordnet, dass zu den wesentlichen Bestandteilen eines Gebäudes auch solche zur Herstellung des Gebäudes eingefügten Sachen gehören, die mit dem Gebäude nicht fest verbunden sind[647], etwa auch Fenster und Türen. Hier kommt es darauf an, ob die Sachen mit dem Baukörper eine Einheit bilden[648], die *wirtschaftlich* nicht auseinandergerissen werden soll, weil das Gebäude ansonsten ohne die fraglichen Einbauteile nach seinem Gesamtcharakter noch als unfertig anzusehen ist[649]. Dass es nicht auf die objektiv feste Verbindung, sondern auf die Zwecksetzung ankommt, wird ferner durch § 95 BGB zum Ausdruck gebracht. Danach liegt nur ein Scheinbestandteil vor, wenn die feste Verbindung oder Einfügung der Sache mit dem Grundstück zu einem nur vorübergehenden Zweck geschieht, ihr Wegfall also von vornherein beabsichtigt oder nach der Natur des Zwecks sicher ist[650].

---

[646] BGH NJW 1985, 789, 791.
[647] *Erman/Michalski*, 11. Aufl., § 94 Rn.1; *Jauernig/Jauernig*, § 94 Rn.3; BGH NJW-RR 1990, 587.
[648] Vgl. *Jauernig/Jauernig* § 94 Rn.3.
[649] BGHZ 40, 272 (275); *MünchKomm/Quack*, § 946, 3. Aufl., Rn.4.
[650] Vgl. *Palandt/Heinrichs*, § 95 Rn.2.

Dass es in der Wertung ungerecht erscheint, die §§ 946, 93 f. BGB bei jeder objektiven Verbindung zweier Sachen für anwendbar zu halten, zeigt sich im Vergleich mit den Fällen einer aufgedrängten Bereicherung, in denen der vorübergehende Besitzer eines Grundstücks ein solches vertragswidrig bebaut und dadurch objektiv eine Wertsteigerung herbeiführt, die der Eigentümer aber subjektiv ablehnt. Es ist zu berücksichtigen, dass diese Vermögensmehrung nicht gewollt ist und der Eigentümer deshalb auch nicht zu einer Vergütung nach §§ 818 II, 951 I 1 BGB verpflichtet sein kann. Es werden statt dessen teils sogar Wege geboten, wie er sich des Gebäudes entledigen kann, sei es, dass mit dem BGH § 1001 S.2 BGB entsprechend angewendet wird oder eine Einrede nach § 1004 I 1 BGB bestehen soll[651], die allerdings nach der Rechtsusurpationslehre wegen des Eigentumserwerbs nicht erhoben werden könnte. Andere beschränken die Höhe des Bereicherungsanspruchs nur auf den für den Bereicherten nach einem subjektiven Maßstab realisierbaren Wert[652]. Dann muss der Eigentümer aber erst Recht schutzwürdig sein, wenn das aufgedrängte Eigentum nicht einmal eine Wertsteigerung bedeutet, sondern – wie etwa bei der Bodenkontamination - objektiv unbrauchbar ist. Lässt man den Eigentumserwerb gem. §§ 946, 93 f. BGB in solchen Fällen zu, dann muss man dem Eigentümer zumindest einen verschuldensunabhängigen Beseitigungsanspruch zugestehen, denn die übrigen Lösungsansätze für die aufgedrängte Bereicherung scheiden wegen der Wertlosigkeit des Erwerbs aus. Ansonsten könnte der Störer gerade in den Fällen von Abfallbeseitigung und Bodenkontamination darauf spekulieren, dass eine solche erst nach langer Zeit entdeckt wird und dann meist die Verschuldensfrage nicht mehr geklärt werden kann. Dem Gestörten nützte es dann nichts, wenn die Ursächlichkeit feststeht. Alternativ zu einer negatorischen Haftung wäre nur denkbar, eine Verschuldensvermutung mit Beweislastumkehr anzunehmen. Dies vermag aber nur zu überzeugen, wenn es im Einklang mit den Grundsätzen der Verschuldenshaftung steht, die aber letztendlich – wie hier aufgezeigt wird- nur dem Vermögens- und nicht dem Gebrauchsschutz dient.

Die Rechtsusurpationslehre führt auch bei der Verbindung beweglicher Sachen bzw. bei der Vermischung, Vermengung zu Ergebnissen, die mit dem Gesetz nur schwierig in Einklang zu bringen sind. In § 947 I BGB wird angeordnet, dass die Eigentümer der beweglichen Sachen, die als wesentliche Bestandteile einer einheitlichen Sache verbunden werden, Miteigentum an dieser Sache erlangen, wenn nicht eine der Sachen als Hauptsache anzusehen ist (§ 947 II

---

[651] *Baur* AcP 160 (1961), 465, 492 m.w.N.

[652] *Reuter/Martinek*, § 15 III 2.b); *Klauser* NJW 1958, 47; 1965, 513, 516.

BGB). § 948 I BGB ordnet die entsprechende Anwendung von § 947 BGB an, wenn bewegliche Sachen miteinander untrennbar vermischt oder vermengt werden. Auf das Miteigentum sind die §§ 1008 ff. BGB und die Vorschriften für die Gemeinschaft anzuwenden (§§ 741-758 BGB). Jeder Teilhaber soll jederzeit die Aufhebung der Gemeinschaft verlangen können (§ 749 BGB). Das Miteigentum ist durch Auseinandersetzung und Teilung in Natur (§ 752 BGB) oder durch Verkauf (§ 753 BGB) aufzulösen. Führt der Störer unerlaubt eine Verbindung seiner Sache mit der Fremdsache herbei oder vermischt, vermengt seine Sachen untrennbar mit Fremdsachen, so dürfte der dadurch Benachteiligte nach der Rechtsusurpationslehre gem. § 1004 I 1 BGB vom Störer verlangen, dass er seinen Miteigentumsanteil aufgibt. Das Gesetz hat für solche Fälle aber die Aufhebung des Miteigentums durch Auseinandersetzung besonders geregelt und dabei zwischen dem „Ob" und dem „Wie" der Aufhebung unterschieden[653] und die konkrete Durchführung der Aufhebung durch Teilung besonders ausgestaltet. Die Teilung ist dann stets durch Leistungsklage herbeizuführen. Dies gilt unabhängig davon, ob nach der wohl überwiegenden Auffassung der Anspruch unmittelbar auf die nach Vereinbarung oder Gesetz geschuldete konkrete Teilung zu richten ist[654] oder zunächst die Aufhebungsvereinbarung und davon getrennt deren Durchführung eingeklagt werden soll. Diese Sonderregelungen sollen auch unabhängig davon gelten, wie das Miteigentum entstanden ist. Da sie keinen Anspruch auf Verzicht des Miteigentumsanteils vorsehen, würden sie umgangen, wenn daneben mittels des negatorischen Beseitigungsanspruchs eine Eigentumsaufgabe erzwungen werden könnte. Dass in solchen Fällen der Vergleich der Rechtsusurpation mit dem Bereicherungsrecht hinkt, zeigt sich daran, dass wegen der Umwandlung des Alleineigentums in Miteigentum kein Bereicherungsanspruch aus §§ 951, 812 BGB zugebilligt wird, weil zum einen entweder die Bereicherung oder die Vermögensminderung fehlt[655], zum anderen die §§ 742 ff. BGB insoweit Sonderregeln darstellen, während aber ein Beseitigungsanspruch aus § 1004 I 1 BGB konsequenterweise bestehen müsste.

hh) Kostenlast

Dereliktion bedeutet immer auch, sich mit der Beseitigungspflicht zugleich der Kostentragungspflicht entziehen zu können. Die Anhänger der Rechtsusurpati-

---

[653] Vgl. *Palandt/Sprau*, Vorb §§ 749-758 Rn.1.

[654] So *Palandt/Sprau*, Vorb §§ 749-758 Rn.1; *K. Schmidt*, JR 79, 317; *MünchKomm/Schmidt*, § 749 Rn.18 f.; *Staudinger/Langhein*, § 749 Rn.16 ff.

[655] *Schuler*, NJW 1962, 1842, 1843.

onslehre führen an, dass das legislatorische Ziel der Kostentragungspflicht nicht darin bestehe, den „Gestörten" wie bei der schadensrechtlichen Restitutionspflicht vor den für die Beeinträchtigungsbeseitigung erforderlichen Aufwendungen dadurch zu bewahren, dass man diese dem Störer auferlege. Vielmehr sei es allein darum gegangen, eine möglichst friedliche Auflösung kollidierender Rechtskreise sicherzustellen, indem der Störer seine Sache selbst zurücknimmt und nicht der „Gestörte" Hand anlegt[656]. Die negatorische Kostenbelastung sollte den Schuldner daher nicht sanktionieren, sondern ihn sogar schützen, ihm sein Eigentum bewahren, weil er bei der Beseitigung am schonendsten mit seinen eigenen Sachen umgehen wird[657].

Diese These wird auf den Vergleich mit der Kostenregelung beim Grundbuchberichtigungsanspruch aus § 894 BGB gestützt[658]. Die Kosten für die Berichtigung des Grundbuchs fallen gemäß § 897 BGB grundsätzlich dem „Gestörten" zur Last, weil der „Störer" unabhängig von einem Verschuldens- und Verursachungsbeitrag die Zustimmung zur Berichtigung wegen der Eintragung im Grundbuch schuldet. Es wird also strikt zwischen dem Anspruch auf Berichtigung des Grundbuchs (§ 894 BGB) und den Kosten einer solchen Berichtigung (§ 897 BGB) getrennt. Die Anhänger der Rechtsusurpationslehre führen dies darauf zurück, dass es auch auf Seiten des störenden Buchberechtigten an einer materiellrechtlichen Position fehle, hinsichtlich derer ein Bewahrungsinteresse vorliegen könnte.

Dies kann aber nicht überzeugen. Die Fälle einer Grundbuchberichtigung sind mit denen der Eigentumsbeeinträchtigung nur eingeschränkt vergleichbar[659]. Die Zustimmung zur Grundbuchberichtigung muss stets derjenige erteilen, dessen Recht durch die Berichtigung betroffen wird. Dies gilt wegen seiner formalen Rechtsstellung als Buchberechtigter, unabhängig davon, ob er seine Eintragung im Grundbuch zu verantworten hat oder nicht[660]. Deshalb werden ihm nicht automatisch auch noch die Kosten der Berichtigung auferlegt, sondern nur dann, wenn sich aus einem zwischen dem Anspruchsteller und dem Verpflichteten be-

---

[656] *Lobinger*, JuS 1997, 981, 983; *Picker*, Beseitigungsanspruch, S.168 ff., *ders.*, FS Gernhuber, S. 315, 341 f.; *ders.*, AcP 176 (1976), 28, 51 Fn.71.

[657] *Lobinger*, JuS 1997, 981, 983; *Picker*, AcP 176 (1976), 28, 51 Fn.71.

[658] So aber *Lobinger* JuS 1997, 981, 983, Fn.28.

[659] Obwohl nach der Vorstellung des historischen Gesetzgebers § 1004 I 1 BGB dazu bestimmt war, gemeinsam mit § 985 BGB *und § 894 BGB* das in seinem Schutzumfang klar umrissene Eigentum zu verwirklichen, *AK-Kohl*, § 1004 Rn.2; *Soergel/Mühl*, § 1004 Rn.1.

[660] Vgl. *Erman/Lorenz*, 11. Aufl., § 897 Rn.1.

stehenden Rechtsverhältnis ein anderes ergibt (§ 897, 2.HS BGB), etwa aus unerlaubter Handlung wegen Urkundenvernichtung[661]. Bei § 1004 I 1 BGB hielt es der Gesetzgeber aber für richtig, den Störer immer auch die Kosten der Beseitigung tragen zu lassen[662]. Dies ergibt sich daraus, dass er keine von § 1004 I 1 BGB abweichende Kostenregelung geschaffen hat, die Beseitigungsverpflichtung also mit der Kostentragung gekoppelt ist. Das aber bedeutet: Der Gesetzgeber ging bei § 1004 I 1 BGB von einem Zurechnungsgrund aus, der es stets als angemessen erscheinen lässt, den Verantwortlichen auch zur Erstattung der Beseitigungskosten heranzuziehen[663]. Die Frage der Kostentragung ist deshalb bei der Interessenabwägung grundsätzlich mit zu berücksichtigen. Insoweit erscheint es aber unangemessen, denjenigen, der schuldlos seine Sache unberechtigt auf dem fremden Grundstück zurückgelassen hat, von der kostenpflichtigen Beseitigung zu befreien, wenn er das Eigentum aufgibt, denn der gestörte Eigentümer kann noch weniger dafür, dass sich die Sache auf seinem Grundstück befindet[664]. Insoweit vermag es auch nicht zu überzeugen, die Extremlösungen, dass entweder der Störer oder der Beeinträchtigte das volle Kostenrisiko zu tragen habe, dadurch vermeiden zu wollen, dass grundsätzlich an der Usurpationstheorie dogmatisch festgehalten wird, die Möglichkeit der Dereliktion für den Störer aber ausgeschlossen sein soll, weil sie eigentumsimmanenten Schranken unterliege und als Kompensation für diesen Dereliktionsausschluss die Beseitigungskosten zwischen dem Störer und dem Eigentümer in Anlehnung an das Polizeirecht, analog § 426 I 1 BGB sowie mit Bezug auf die Grundsätze des Rechtsinstituts des Wegfalls der Geschäftsgrundlage in der Regel halbiert werden sollen[665]. Die Möglichkeit der Dereliktion aber nicht isoliert in Frage gestellt werden, ohne gleichzeitig die Usurpationslehre im ganzen in Frage zu stellen, denn die Möglichkeit des Störers, das Eigentum aufzugeben, ist die zwangsläufige Folge ihres dogmatischen Verständnisses[666]. Eine vermittelnde Lösung unter Festhalten an der Rechtsusurpationslehre ist so nicht denkbar; es ist vielmehr der vergebliche Versuch, über die dogmatischen Schwächen dieser Lehre hinwegzutäuschen.

---

[661] *MünchKomm/Wacke*, § 897 Rn.3.

[662] Vgl. dazu auch *Larenz/Canaris*, SchR II/2, § 86 II. 2.b) (S.677).

[663] *Canaris*, JZ 1993, 377, 387, vgl. auch *Larenz/Canaris*, SchR II/2, § 86 V. 2. (S.696), spricht insoweit von einem „Basissatz", wenn der Störer in jedem Fall die Beseitigungskosten zu tragen hat.

[664] Zum Konkurrenzverhältnis von § 1004 I 1 BGB zu § 894 BGB vgl. unten S.405.

[665] So *Neuner*, JuS 2005, 385, 390 f.

[666] Insoweit verkennt *Neuner*, JuS 2005, 385, 389, dass es nach der Rechtusurpationslehre halt auf die rechtliche und nicht auf die faktische Beeinträchtigung ankommt.

f) Ergebnis zur Rechtsusurpationslehre

Zusammenfassend lässt sich feststellen, dass die von *Picker* entwickelte Rechtsusurpationslehre dogmatisch nicht zu überzeugen vermag. Folgt man der *Pickerschen* Auffassung, dann wird § 1004 I 1 BGB in seinem Anwendungsbereich zu einem Fremdkörper im Rechtssystem des BGB. Die klare Abgrenzung von negatorischer und deliktischer Haftung in der Form, dass es zu gar keinen Überschneidungen der §§ 1004 I 1, 823 I, 249 ff. BGB in ihren Anwendungsbereichen kommt, wird durch eine Einschränkung des negatorischen Beseitigungsanspruchs in einem Ausmaß erkauft, dass die Vorschrift den praktischen Erfordernissen an einen dinglichen Rechtsverwirklichungsanspruch nicht mehr genügt. § 1004 I 1 BGB wird vielmehr als ein Anspruch angesehen, welcher nur die im Umfang wegen des Verhältnismäßigkeitserfordernisses eingeschränkten Rechtfertigungsgründe ergänzt. Das ist strukturfremd für das Zivilrecht.

2. Lösungsansätze im übrigen Schrifttum

Die Lösungsansätze im übrigen Schrifttum haben gemeinsam, dass sie im Gegensatz zur Rechtsusurpationslehre zwischen der anspruchsbegründenden Eigentumsbeeinträchtigung und der Zurechnung dieser Beeinträchtigung unterscheiden[667]. Sie gehen von einer negatorischen Kausalhaftung aus, um den Störer als Anspruchsgegner bestimmen zu können.

In welchem Umfang ein negatorischer Beseitigungsanspruch besteht, wird kumulativ durch die Definition des Beeinträchtigungsbegriffs und die Weite der Zurechnung bestimmt. Soll der Tatbestand von § 1004 I 1 BGB durch *tatsächliche* Beeinträchtigungen verwirklicht werden können, muss folglich das Gesamtverständnis von Eigentumsbeeinträchtigung und Störerbestimmung dem an das Verschulden gekoppelten Deliktsrecht eine hinreichend eigenständige Bedeutung lassen. Andererseits bedeutet dies, dass bei Überschneidungen von § 1004 I 1 BGB mit den §§ 823 I, 249 ff. BGB die negatorische Haftung nicht nur durch ein enges Verständnis der Eigentumsbeeinträchtigung selbst, sondern auch bei der Zurechnung beschränkt werden kann. Mithin ist also denkbar, den Beein-

---

[667] *Stickelbrock*, AcP 197 (1997), 456, 468 betont, dass – soweit man nicht der Rechtsusurpationslehre folgen will – der Begriff der Beeinträchtigung und die Frage nach dem Störer streng getrennt werden sollten, a.A. *MünchKomm/Medicus*, § 1004, Rn.22, der eine Eigentumsbeeinträchtigung ausschließt, wenn diese nicht auf menschliches Verhalten zurückgeführt werden kann.

trächtigungsbegriff eng und die Zurechnung weit zu fassen. Es kann aber auch die Eigentumsbeeinträchtigung auf alle Fälle tatsächlicher Eingriffe erstreckt und die Auswahl der Störer eng verstanden werden. Beide Tatbestandsmerkmale können aber genauso gut einander ergänzend die Weite des negatorischen Beseitigungsanpruchs gemeinsam beschränken. Eigentumsbeeinträchtigung und Zurechnung stehen also in Wechselwirkung zueinander.

Im folgenden sollen vor diesem Hintergrund die im übrigen Schrifttum vorzufindenden Lösungsansätze erörtert werden.

a) Die Lehre von Rudolf Schmidt

Unter den Vertretern eines möglichst weiten Anwendungsbereichs von § 1004 I 1 BGB ist im älteren Schrifttum das Werk von *Rudolf Schmidt* hervorzuheben[668]. Er betrachtete jede Beschädigung oder teilweise Zerstörung einer Sache als Beeinträchtigung i.S.v. § 1004 I 1 BGB, sofern sie eine Wiederherstellung in Natur zuließe[669]. Der ungestörte Eigentumsgenuss, den § 1004 I 1 BGB gewähren wolle, werde auch durch die Beschädigungen und Veränderungen an der Sache selbst beeinträchtigt. Deshalb sei die negatorische Haftung die Grundlage für einen Anspruch auf *Ausbesserung* des physisch verletzten Eigentums[670]. Der Anwendungsbereich des § 1004 I 1 BGB sollte daher allein dort seine Grenze haben, wo nur eine Neuherstellung der betroffenen Sache möglich sei. Deshalb wurde nur die vollständige Zerstörung einer Sache von der negatorischen Haftung ausgenommen[671]. Ferner sollte § 1004 I 1 BGB nicht die Vermögensfolgeschäden erfassen, weil in diesen Fällen die Sachsubstanz nicht unmittelbar betroffen sei, also gar keine ausbesserungsfähige Beschädigung vorliege. Ansonsten kam es nach diesem sehr weitgehenden Lösungsansatz zu Überschneidungen mit dem Schadens-

---

[668] *Schmidt*, Der negatorische Beseitigungsanspruch, Stuttgart 1924. In diese Richtung argumentieren auch *Kniep*, S.434 f., 444, *Linkelmann*, ArchBürgR 24 (1904), 238 f., 241, 243 N.7; JW 1909, 8; *Siber*, Rechtszwang, S.95; *Eccius*, Gruchot 53, 1; *Strohal*, JherJB 38 (1898), S.133 ff.; *Wolff/Raiser*, SR, § 87 Fn.14.

[669] *Schmidt*, S.41 ff., 46 ff., 52 ff. *Schmidt* grenzte dabei die Naturalrestitution nicht einmal insoweit ein, dass er nur die Wiederherstellung des ursprünglichen Zustands in natura (z.B. die Mauer genau mit den ursprünglichen Steinen), sondern auch die Herstellung eines vergleichbaren Zustandes erlaubte. *Picker* glaubt, dass *Schmidt* nur deshalb den § 1004 I 1 BGB in seiner Rechtsfolge so weit fasse, weil er die Annahme der Kausalhaftung rechtfertigen müsse (*Picker*, Beseitigungsanspruch, S.28).

[670] *Schmidt*, S.47, 55; *Wolff/Raiser*, SR, § 87 I. 4. (insbesondere Fn.14).

[671] *Schmidt*, S.46.

ersatzanspruch gem. §§ 823 I, 249 ff. BGB. *Schmidt* bemühte sich also, den Anwendungsbereich des § 1004 I 1 BGB so weit als möglich auszudehnen. Die Bedeutung der deliktischen Haftung beschränkte er darauf, dass sie über die Beseitigung der Beeinträchtigung hinausgehende Rechtsfolgen gewähre, nämlich einen Anspruch auf Neuherstellung zerstörter Sachen und auf den Ersatz mittelbarer Vermögensschäden[672]. Im Gegenzug wurde nur der Handelnde als Störer i.S.v. § 1004 I 1 BGB verpflichtet[673]. Einen für den Zustand seiner Sachen verantwortlichen Störer gab es daneben nicht.

Diese Auffassung *Schmidts* wurde als zu weit gefasst empfunden und vermochte sich deshalb nicht durchzusetzen[674]. Mit dem Wortlaut der Normen ist sie allerdings zu vereinbaren. Denn es ist allgemeine Ansicht, dass der Begriff der Eigentumsverletzung in § 823 I BGB alle Eigentumsbeeinträchtigungen i.S.v. § 1004 I 1 BGB mitumfasst[675], die Eigentumsverletzung in ihren Auswirkungen also nur weiter reichen muss als die Beeinträchtigung fremden Eigentums, was aber auch nach der Lehre *Schmidts* gewährleistet ist. Zudem bereitet es in der praktischen Anwendung keine Schwierigkeiten, die Zerstörung einer Sache, d.h. dass ihre Wiederherstellung unmöglich ist[676], zu erkennen und unmittelbare, also die Sache selbst betreffende, in Abgrenzung zu mittelbaren Vermögensfolgeschäden zu unterscheiden.

Jedoch vermögen die von *Schmidt* zur Stützung seiner These angeführten Argumente nicht zu überzeugen:

Schmidt begründete seine Auffassung zum einen rechtsgeschichtlich. Nach gemeinem Recht war es dem Eigentümer eines Grundstücks schon vor einem Schadenseintritt möglich, vorbeugend feststellen zu lassen, dass der Betreiber einer aktuell ungefährlichen Anlage ihm verschuldensunabhängig Schadensersatz schulde, wenn die Anlage in der Zukunft das Grundstückseigentum beschädigen sollte (cautio damni infecti). Nach *Schmidt* müsse dann aber erst Recht ein

---

[672] Vgl. *Schmidt*, S.46.

[673] *Schmidt*, S.4 ff., 9 ff.; vgl. auch *E. Wolf*, SR, S.150 ff.

[674] Kritik an der Lehre von *Schmidt* wurde u.a. von *Zitelmann*, Zeitschrift für internationales Privat- und öffentliches Recht 19 (1909), 458, 488 f.; *Offtermatt*, S.44 f.; *Memelsdorff*, S.16 ff. geäußert, insoweit etwas oberflächlich die Abhandlung der Ansicht Schmidts in der Einleitung bei *Picker*, Beseitigungsanspruch, S.20.

[675] *MünchKomm/Mertens*, 3. Aufl., § 823 Rn.86; *Soergel/Zeuner*, § 823 Rn.32; *v. Bar*, Haftpflicht, S.7 ff.

[676] Die im Rahmen von § 251 BGB entwickelten Grundsätze der *wirtschaftlichen* Unmöglichkeit würden insoweit allerdings keine Rolle spielen, weil *Schmidt* unter Ausbesserung offensichtlich auch eine solche mit unverhältnismäßigem Aufwand versteht, wenn sie denn nur zur Wiederherstellung der Sache in natura führt.

verschuldensunabhängiger Ausbesserungsanspruch gewährt werden, wenn das fremde Eigentum tatsächlich schon beschädigt worden sei[677]. Dass nach § 907 BGB der Nachbar Beseitigung oder Nichterrichtung schädlicher Anlagen fordern könne, um so einen drohenden Schaden zu vermeiden, reiche nicht aus, weil dafür die unzulässige Einwirkung mit Sicherheit vorauszusehen sein müsse[678].

Von dem Anwendungsbereich einer weitergehenden Regelung auf den einer weniger weitgehenden Regelung zu schließen, ist ein häufig in der Rechtswissenschaft angewendetes Mittel[679]. Eine so weitgehende präventive Feststellungsklage wie im gemeinen Recht ist heute jedoch nicht mehr zulässig. Vorbeugender Rechtsschutz gegen Anlagen wird, unabhängig von einem Verschuldenserfordernis, unter den Voraussetzungen der §§ 907, 908 BGB und § 1004 I 2 BGB gewährt. Unterscheiden sich diese Ansprüche auch im Detail voneinander[680], so dienen alle doch ausschließlich der Abwehr drohender Störungen, wenn *die alsbaldige* objektiv ernstliche *Gefahr* ihres Eintritts besteht und nicht bereits, wenn ein rein potentieller Schaden droht[681]. Jedenfalls genügt nicht schon die bloße Möglichkeit einer Beeinträchtigung; die Besorgnis muss auf Tatsachen und nicht nur auf subjektiven Befürchtungen beruhen[682]. Die präventive Feststellung, dass einem Eigentümer die infolge irgendwelcher etwaiger zukünftiger Störungen seines Eigentums entstandenen Schäden zu ersetzen sind, kann nicht begehrt werden[683]. Schon aus diesem Grunde ist dem von *Schmidt* vorgenommenen Erst-Recht-Schluss nach geltendem Recht die Basis entzogen.

Ferner schließt *Schmidt* aus dem Wortlaut des § 2288 I BGB, dass auch die Beeinträchtigung i.S.v. § 1004 I 1 BGB die Sachbeschädigung mit umfassen müsse[684]. Dies lässt sich aber dem bis heute unverändert gebliebenen Wortlaut

---

[677] *Schmidt*, S.48.

[678] *Schmidt*, S.48.

[679] Vgl. im einzelnen dazu *Klug*, Juristische Logik, S.132 ff.

[680] Nach § 908 BGB ist es entgegen § 907 BGB nicht erforderlich, dass der schädigende Gebäudeeinsturz mit Sicherheit nicht zu erwarten ist (*MünchKomm/Medicus*, § 908 Rn.1). Nach § 1004 I BGB kann nur die Beseitigung und Unterlassung von Einwirkungen verlangt werden, während § 907 BGB einen Anspruch auf Beseitigung der ganzen Anlage als Störungsursache gewährt.

[681] *Jauernig/Jauernig*, § 1004 Rn.11.

[682] RGZ 63, 374 (379); OLG Karlsruhe WRP 1974, 634; *BGB-RGRK/Pikart*, § 1004 Rn.103; *MünchKomm/Medicus*, § 1004 Rn.96.

[683] Auch nach § 908 BGB kann bei einem drohenden Gebäudeeinsturz nur verlangt werden, dass der Störer die zur Abwendung der Gefahr erforderlichen Vorkehrungen trifft.

[684] *Schmidt*, S.46. In dem Wortlaut von § 2288 I BGB - „Hat der Erblasser den Gegenstand

der erbrechtlichen Norm so nicht zwingend entnehmen. Da in § 2288 I BGB genauso die Zerstörung als Unterfall der Beeinträchtigung genannt wird, müsste konsequenterweise dann auch diese unter den Anwendungsbereich des § 1004 I 1 BGB fallen.

Es ist ohnehin zweifelhaft, ob aus der Formulierung einer erbrechtlichen Norm, die dem Schutz der durch Erbvertrag eingegangenen Bindungen dient, überhaupt ohne weiteres Rückschlüsse auf den Anwendungsbereich von § 1004 I 1 BGB gezogen werden können. Eine Vergleichbarkeit der Tatbestände könnte entfallen, denn der Erblasser als Anspruchsgegner ist schon deshalb weniger schutzwürdig als der Störer, weil er den Erbvertrag selbst abgeschlossen hat und die Haftung nach § 2288 I BGB zusätzlich ein subjektives Erfordernis, die Nachteilszufügungsabsicht, verlangt. Zum anderen bezweckt § 2288 BGB die *Wert*erhaltung des im Vermögen des Erblassers befindlichen Vermächtnisgegenstandes[685]. Deshalb ist es denkbar, den Tatbestand, also auch den Beeinträchtigungsbegriff i.S.v. § 2288 I BGB, weiter zu fassen. Letztlich muss dem hier aber nicht abschließend nachgegangen werden, weil sich bereits aus § 2288 I BGB nicht die von *Schmidt* gezogene Schlussfolgerung ergibt. In § 2288 I BGB wird zwischen der Beeinträchtigungsabsicht als dem subjektiven Erfordernis und der Zerstörung und Beschädigung als dem Ergebnis der objektiven Einwirkung unterschieden. Es muss nur der Wille des Erblassers bestanden haben, dem Vermächtnisnehmer einen Nachteil zuzufügen; der Wille muss jedoch nicht das genaue Ausmaß der Einwirkung, also z.B. die Beschädigung oder Zerstörung, umfassen. Eine Beeinträchtigungsabsicht i.S.v. § 2288 I BGB besteht also auch dann schon, wenn die fremde Sache zwar zerstört oder beschädigt wurde, dies aber in einem solchen Ausmaß gar nicht bezweckt oder vorauszusehen war. Die in § 2288 BGB verwendeten Begriffe Beeinträchtigung einerseits, Zerstörung und Beschädigung andererseits müssen also nicht inhaltlich deckungsgleich sein. Vor allem aber muss auch berücksichtigt werden, dass § 2288 I BGB von vornherein einen Wertersatzanspruch normiert, also ein über die Beseitigung der Beeinträchtigung hinausgehendes Anspruchsziel verfolgt.

Des weiteren ist an der Auffassung *Schmidts* kritikwürdig, dass sie zu nicht gerechtfertigten Zufallsergebnissen führt. Denn ist die Glasscheibe wesentlicher Bestandteil eines Fensters, dann wird das Fenster beschädigt, so dass § 1004 I 1

---

eines vertragsmäßig angeordneten Vermächtnisses in der Absicht, den Bedachten zu *beeinträchtigen*, *zerstört*, beiseite geschafft oder *beschädigt*, ... “ – wird auch die Sachbeschädigung als ein Unterfall der Beeinträchtigung angesehen.

[685] Vgl. *Erman/Schmidt*, 11. Aufl., § 2288, Rn.1.

BGB als Anspruchsgrundlage greift. Wird eine isolierte Scheibe dagegen zerworfen, so ist der Schädigungsgrad der vollständigen Zerstörung überschritten und die negatorische Haftung entfiele. In beiden Fällen wäre der Haftungsumfang aber gleich, nämlich die Scheibe müsste ersetzt werden. Es wäre reiner Zufall, ob beispielsweise ein Glaser die Scheibe bereits eingesetzt hätte oder nicht. Zwar lässt sich diese Unterscheidung noch dogmatisch erklären, weil der Gesetzgeber sich dafür entschieden hat, dass einzelne Sachen unter gewissen Voraussetzungen als wesentliche Bestandteile anderer anzusehen sind und deshalb nicht isoliert betrachtet werden können. Dies ändert jedoch nichts daran, dass es den Eindruck von Willkür erweckt, wenn einmal die

Scheibe ersetzt werden muss, im anderen Fall dagegen nicht.

Vor allem aber lässt sich die Lehre *Schmidts* nur schwer dogmatisch rechtfertigen:

Wer einen Folgenbeseitigungsanspruch nach § 1004 I 1 BGB in einem solchen Umfang wie *Schmidt* fordert, der muss dies eingehend in Anlehnung an die §§ 823 I, 249 ff. BGB begründen, sei es, dass er das Verschuldensprinzip von vornherein nicht auf die Naturalrestitution erstreckt (Verschuldensprinzip als Ausnahme), oder aber, dass er vom Grundsatz des haftungsrechtlichen Verschuldensprinzips eine Ausnahme schaffen will (Verschuldensprinzip als Regel). Anders ausgedrückt ergeben sich zwei denkbare Begründungsansätze: Lässt man eine Naturalrestitution nach § 1004 I 1 BGB zu, dann muss man entweder darlegen, warum das Verschuldenserfordernis nur für die Fälle der Sachzerstörung und bei Ersatz von Vermögensfolgeschäden gelten soll. Soll das Verschuldensprinzip grundsätzlich auch bei der Naturalrestitution gelten, dann gilt es zu begründen, warum beim negatorischen Beseitigungsanspruch ausnahmsweise darauf verzichtet werden kann.

Aus den Thesen *Schmidts* geht nicht eindeutig hervor, ob er vom Verschulden als grundsätzlichem Haftungsprinzip ausging und dieses dann über die extensive Anwendung von § 1004 I 1 BGB in seiner Bedeutung einschränkte, oder aber das Verschuldensprinzip von vornherein auf die Vermögensfolgeschäden und die Sachzerstörung beschränkt sein sollte. Jedenfalls hielt er aber am Verschuldensprinzip fest. Folglich hätte er entweder ein sachliches Kriterium anführen müssen, das auf der Tatbestandsseite als Äquivalent für das aufgegebene Verschuldensmoment die Einstandspflicht rechtfertigt[686] oder aber er hätte begrün-

[686] In Anlehnung an seine Überzeugung, dass das Verschulden nicht haftungsverschärfend, sondern nur haftungsbegründend wirken kann, beschränkt sich etwa *Picker,* AcP 178 (1978),

den müssen, warum auch bei der Beschädigung fremder Sachen grundsätzlich auf das Verschuldenserfordernis verzichtet werden kann. Jedenfalls erscheint es nicht möglich, ein Kriterium zu ermitteln, welches es rechtfertigt, die negatorische Haftung ausnahmslos auf alle Formen von Beschädigungen einer Sache, die nicht das Ausmaß einer Zerstörung erreichen, zu erstrecken. Betrachtet man nämlich nur das Ergebnis einer Einwirkung, die Beschädigung, und lässt die Einwirkungsursachen selbst unberücksichtigt, kann nicht mehr zwischen den verschiedenen Formen von Beschädigungen differenziert werden, was insoweit auf eine reine Gefährdungshaftung kraft Kausalität hinausliefe. Das Verschulden als Grundlage für die Haftungsverteilung wäre damit, was die Beschädigung fremder Sachen anbelangt, ohne Bedeutung. Faktisch würde das Verschuldensprinzip für die Sachbeschädigung ganz aufgegeben. Es kann aber keinen Gefährdungshaftungstatbestand noch eine sonstige Billigkeitshaftung geben, die ausnahmslos jede Sachbeschädigung dem Gefahren- und Risikobereich des Verletzers zuordnet. Durch verschuldensunabhängige Haftungsregelungen werden Gefahr- und Risikosphären von Gläubiger und Schuldner abstrakt gegeneinander abgegrenzt[687], so dass nur noch die Frage verbleibt, wessen Sphäre die Rechtsgutsverletzung zuzuordnen ist. Eine solche vom Einzelfall losgelöste Haftungszuweisung kann aber abstrakt nur für die extremen Fallkonstellationen eindeutig bestimmt werden, denn sie wird um so schwieriger, je stärker man sich dem Grenzbereich zweier Risikosphären nähert. Dann kann meist doch nur durch Wertungen im konkreten Einzelfall eine Haftungsentscheidung getroffen werden. Es bedarf deshalb jedenfalls einer genaueren Differenzierung bei den Beschädigungsfällen.

Die Weite des Anwendungsbereichs gleicht *Schmidt* auch nicht durch eine erheblich eingeschränkte Zurechnung aus. Denn er sieht jede verursachende Handlung als haftungsbegründend an. Wer den Begriff der Eigentumsbeeinträchtigung i.S.v. § 1004 I 1 BGB so weit fassen will wie er, hat vielmehr im Gegenzug die Störerzurechnung der Art einschränken, dass der Anwendungsbereich des negatorischen Beseitigungsanspruchs im Vergleich zur deliktischen Haftung angemessen eingegrenzt wird.

Viele Ansichten setzen deshalb auch bei der Störerbestimmung an.

499, 503 auf diesen Gesichtspunkt.

687 Vgl. *Koller*, Die Risikozurechnung bei Vertragsstörungen in Austauschverträgen, 1979; *Berger*, Schadensverteilung bei Bankbetriebsstörungen, zugleich ein Versuch der Konkretisierung des Risikogedankens und des Haftungssystems in Fällen der Manifestation von Betriebs- und Organisationsrisiken, 1980.

b) Einschränkungen bei der Zurechnung

Bei der Suche nach einem Zurechnungsgrund, der die verschuldensunabhängige Haftung auf Naturalrestitution gemäß § 1004 I 1 BGB legitimieren kann, wird nach herrschender Ansicht auf die Verursachung der Eigentumsbeeinträchtigung als dem maßgeblichen Haftungskriterium des Beseitigungsanspruchs abgestellt[688].

aa) Die grundsätzliche Rechtfertigung der Kausalhaftung

Den kausalitätsbezogenen Lehren liegt die Wertung zugrunde, dass zwar der Störer bei fehlendem Verschulden nicht deliktsrechtlich hafte, er aber als Verursacher zumindest eher für die Schädigung verantwortlich zu machen sei als der Eigentümer, der nur Betroffener sei und daher erst Recht nichts für die Beeinträchtigung seines Eigentums könne[689]. Diese Wertung liegt nahe und scheint dem gesunden Rechtsempfinden zu entsprechen[690]. Der Verursacher ist „näher dran"[691]; darum soll er und nicht der betroffene Eigentümer auf Beseitigung der Beeinträchtigung haften müssen.

Es fragt sich allerdings, ob diese Argumentation nicht zu eng gefasst ist, wird doch außer Acht gelassen, dass sich der Gesetzgeber bereits dafür entschieden hat, die Haftung auf Schadensersatz wegen Verletzung fremden Eigentums in § 823 I BGB nur bei Verschulden des Verletzers zuzulassen. Das darf nicht unberücksichtigt bleiben, wenn die Interessen des betroffenen Eigentümers und die des Störers gegeneinander abgewogen werden. Der vorgenommene Erst-Recht-Schluss ist daher nicht logisch nachvollziehbar. Es geht nämlich nicht darum zu erklären, warum der Eigentümer nicht haften soll; vielmehr ist positiv zu rechtfertigen, warum der Störer verschuldensunabhängig auch Naturalrestitution zu leisten hat. Ein Erst-Recht-Schluss kann deshalb nur überzeugen, wenn er sich allein auf die Störerperson bezieht und von der

---

[688] Vgl. die Rechtsprechung RGZ 92, 22 (24); 108, 329 (331); BGHZ 49, 340 (347); 59, 378 (380); 110, 313 (317); im Schrifttum etwa *BGB-RGRK/Pikart*, § 1004, Rn.52; *Herrmann*, Der Störer, S. 402 ff., 556; *dies.*, JuS 1994, 273, 277 ff., *Lutter/Overrath* JZ 1968, 345, 347 ff.; Müller, SR, Rn.733; *Gerlach*, Privatrecht, S.197 f., 215, *Bamberger/Roth/Fritzsche*, § 1004 Rn.13 ff., 52, *Schmidt*, S.1 ff.; vgl. die zahlreichen weiteren Nachweise bei *Picker*, Beseitigungsanspruch, S.25 und die nachfolgenden Ausführungen.

[689] *Münzberg*, Verhalten, S.388.

[690] *Buchholz/Radke*, Jura 1997, 454, 457.

[691] *Buchholz/Radke*, Jura 1997, 454, 457; *Larenz/Canaris*, SchR II/2, § 86 II.2.b) (S.677).

Geltung einer weitergehenden Rechtsnorm auf die Geltung einer weniger weitgehenden Rechtsnorm erfolgt[692]. Anders ausgedrückt: Nur wenn die „stärkere“ Rechtsnorm gilt, muss erst Recht auch die „schwächere“ Rechtsnorm gelten, wobei als „stärker“ die Rechtsnorm mit den weniger strengen Voraussetzungen, als „schwächer“ die Rechtsnorm mit den strengeren Voraussetzungen zu verstehen ist[693]. Ein Erst-Recht-Schluss wäre damit aber nur von der Anwendung des § 1004 I 1 BGB auf die des § 823 I BGB möglich, nicht umgekehrt.

Gemeint ist mit der oben getroffenen Aussage deshalb vielmehr, dass die Verursachung nicht nur im Deliktsrecht, sondern immer dann ein geeignetes Kriterium zur Haftungsbestimmung ist, wenn es darum geht, die Rechtskreise zweier Personen gegeneinander abzugrenzen. Denn sobald jemand eine Gefahr hervorruft oder begünstigt, die einen anderen zu schädigen droht, fällt diese eben nicht mehr unter das allgemeine Lebensrisiko des Beeinträchtigten. Insoweit vermag auch die Kritik nicht zu überzeugen, dass durch die Kausalhaftung § 1004 I 1 BGB zu „deliktsähnlich“ ausgelegt werde: Das Prinzip der Einstandspflicht für verursachtes Unrecht stellt einen vom Verschulden gänzlich unabhängigen Haftungsgrund dar. Dies ergibt sich aus dem Grundsatz „casum sentit dominus“, wonach die Folgen eines zufälligen Ereignisses grundsätzlich von demjenigen zu tragen sind, den sie treffen. Sobald aber ein anderer ein solches Ereignis verursacht, ist es eben nicht mehr zufällig, was es rechtfertigt, ihn für die Folgen einstehen zu lassen. Sein Verhalten ist dafür kausal, dass sich die Rechtskreise überschneiden. Das Verschulden ist dagegen nur dort eine sinnvolle Kategorie, wo die Rechtsordnung das betreffende Verhalten bereits missbilligt, so dass es für sich allein keine zureichende Haftungsgrundlage darstellt[694], sondern bei der Schadensersatzpflicht ergänzend wirkt. Das Unrecht bildet also grundsätzlich den Haftungsgrund, das Verschulden bei den unerlaubten Handlungen ein zugehöriges Zurechnungskriterium: Aus ersterem ergibt sich, warum der betroffene Eigentümer geschützt wird, aus letzterem, warum der Schädiger mit der Ersatzpflicht im Umfang der §§ 249 ff. BGB belastet wird.

Der *Grund* der Haftung (Kausalität) ist davon getrennt zu beurteilen, ob es

---

692 *Klug*, Juristische Logik, S.132.

693 *Klug*, Juristische Logik, S.133; *Nawiasky*, Allgemeine Rechtslehre, S.148 umschreibt den Erst-Recht-Schluss so: „Wenn man schon für das Kleinere eintreten muß, dann erst recht für das Größere.“

694 *Larenz/Canaris*, SchR II/2, § 75 I.2. (S.351).

gerechtfertigt erscheint, den Störer, obwohl er nicht schuldhaft gehandelt hat, dennoch ausschließlich wegen seines Verursachungsbeitrags im *Umfang* auf Naturalrestitution haften zu lassen, ihm insoweit also das „Schutzschild des Verschuldens" zu entziehen. Der Kritik an den kausalitätsorientierten Zurechnungslehren[695], die eine solche Trennung von Beeinträchtigung und Verursachung grundsätzlich nicht für möglich halten, kann nicht zugestimmt werden. Vielmehr ist es nicht ausgeschlossen, die Kausalität auch beim negatorischen Beseitigungsanspruch als haftungs*begründendes* Tatbestandsmerkmal heranzuziehen.

Es fragt sich allerdings, ob die Kausalität einer Handlung allein als besonderer Zurechnungsgrund geeignet sein kann, ersatzweise für das fehlende Verschulden des Störers eine Schadensersatzhaftung zu legitimieren[696].

Bereits der Vergleich der Tatbestände der §§ 1004 I 1, 823 I, 249 ff. BGB macht deutlich, dass die reine Kausalität das erforderliche Verschulden schon deshalb nicht ersetzen kann, weil auch die Erfüllung von § 823 I BGB neben der Verantwortlichkeit des Verletzenden eine haftungsbegründende Kausalität voraussetzt[697]. Wird der Tatbestand oder die Rechtsfolge des § 1004 I 1 BGB nicht zusätzlich anderweitig eingeschränkt, wäre die negatorische Haftung dann in der Tat nichts anderes als ein lediglich um das Verschulden reduzierter Deliktstatbestand[698]. Vor allem aber ist das Verschuldenserfordernis ein Wertungskriterium und kann daher auch nur gleichwertig durch ein eben solches ersetzt werden. Die „reine" Kausalität in der Form der „conditio sine qua none-Formel" wird jedoch objektiv bestimmt und ist deshalb stets wertungsfrei[699]. Bei naturwissenschaftlicher Kausalitätsbetrachtung sind Gestörter und Störer zu gleichen Anteilen verantwortlich[700]. Da die Bedingungen alle äquivalent sind, müssen also zumindest ergänzende Zurechnungskriterien gefunden werden, um eine Haftung des schuldlosen Störers begründbar zu machen[701].

---

[695] Vgl. etwa *Picker*, Beseitigungsanspruch, S.26 ff.

[696] In diese Richtung prüfen auch *Buchholz/Radke*, Jura 1997, 454, 457 die kausalitätsorientierten Zurechnungslehren auf ihre Plausibilität.

[697] *Kotz*, S.70.

[698] So der Vorwurf von *Picker*, Beseitigungsanspruch, S.31; *Staudinger/Gursky*, § 1004 Rn.71; *Gursky*, JR 1989, 397, 398.

[699] *Picker*, Beseitigungsanspruch, S.25 ff., *ders.*, FS Gernhuber, S.315, 321 ff.; *Kotz*, S.70.

[700] *Larenz/Canaris*, SchR II/2, § 86 V.1.a) (S.695); *Buchholz/Radke*, Jura 1997, 454, 457; vgl. auch *Canaris*, Vertrauenshaftung, S.473 ff.

[701] *Neuner*, JuS 2005, 385, 387; *Canaris*, Vertrauenshaftung, S.474 betont, dass die Ursächlichkeit für ein differenziertes Rechtsempfinden nichts erklärt.

Insoweit vermag auch nicht zu überzeugen, einen weitreichenden Anwendungsbereich der negatorischen Haftung damit rechtfertigen zu wollen, dass es sich um eine Gefährdungshaftung handele[702]. Dies verdreht das Haftungssystem dahingehend, dass nicht eine erlaubte, abstrakt gefährliche Handlung ex ante, sondern ex post der Eintritt eines Verletzungserfolges haftungsbegründend wirkt[703]. Zu weit geht deshalb auch die Ansicht, dass die negatorische Haftung sogar eine notwendige Kompensation einer durch das verfehlte Verschuldensprinzip zu stark eingeschränkten deliktischen Haftung sei; sie folglich der billigen Rücksichtnahme und dem Interesse der Beteiligten entspräche[704].

Mithin kann eine Abgrenzung des § 1004 I 1 BGB von den §§ 823 I, 249 ff. BGB über die Kausalität nicht erfolgen, ohne § 1004 I 1 BGB auch auf der Tatbestands- oder der Rechtsfolgenseite im Vergleich zum Deliktsrecht einzuschränken. Selbst wenn § 1004 I 1 BGB nicht auf den Ersatz von Vermögensfolgeschäden und vollständig zerstörten Sachen erstreckt wird, so verbliebe doch ein nicht unerheblicher Anwendungsbereich, in dem sich der negatorische Beseitigungsanspruch und die §§ 823 I, 249 ff. BGB überschnitten, wie die Lehre von *Rudolf Schmidt* gezeigt hat[705].

bb) Haftungseinschränkende Kriterien bei der Kausalhaftung

Teilweise soll die Beseitigungspflicht auf *adäquat verursachte Folgen* beschränkt bleiben[706]. Ganz unerhebliche und sehr fernliegende Störungen sollen als sozialinadäquate Einbußen von vornherein aus der Betrachtung ausscheiden[707]. Durch die Adäquanztheorie werden aber nur gänzlich unwahrscheinliche Kausalverläufe abgelehnt[708]. Die Zurechnung wird durch sie im Ergebnis daher

---

702 *Wiethölter*, S.55. Ein Unterschied zu den gesetzlich geregelten Fällen der Gefährdungshaftung verbliebe dennoch, weil bei ihnen gem. §§ 249 ff. BGB auch Vermögensfolgeschäden zu ersetzen wären.

703 *Picker*, Beseitigungsanspruch, S.34.

704 *Offtermatt*, S.51; siehe auch RGZ 103, 174 (176); 159, 129 (137).

705 Siehe oben S.168 ff.

706 *Pleyer*, AcP 156 (1957), 291, 294; *Kübler*, AcP 159 (1960), 236, 277; *Lutter/Overrath*, JZ 1968, 345, 349; *Eichler*, Institutionen II/1, S.264.

707 Vgl. BGHZ 16, 371 = WM 1955, 1002 zur Frage der Störung durch einen Imker, der Maßnahmen der Schädlingsbekämpfung auf einem fremden Grundstück durchführte, auch OLG Nürnberg RdL 1970, 95.

708 *Palandt/Heinrichs*, Vorbem v § 249, Rn.58, 60; *Lutter/Overrath*, JZ 1968, 345, 348; *Brox/Walker*, AS, § 30 Rn.8.

kaum weiter eingeschränkt[709]. Darüber hinaus wird die Verursachung der Eigentumsverletzung im Rahmen von § 823 I BGB ebenfalls der Adäquanzprüfung unterzogen, so dass es sich auch dabei um kein über den Deliktstatbestand hinausgehendes Zurechnungskriterium handelt.

Teils wird das *„verkehrsrichtige Verhalten"* als haftungsausschließendes Moment bei § 1004 I 1 BGB angesehen[710]. Damit werde aber ein Fehlverhaltensvorwurf in die negatorische Haftung hineingelesen und diese damit dem Deliktsrecht stark angepasst[711]. Es sei jedoch der grundsätzlich falsche Ansatz, die Beseitigungspflicht nach § 1004 I 1 BGB als Haftung für ein Fehlverhalten verstehen zu wollen[712], denn es ist der Unwert des Erfolges und nicht der Unwert des kausalen Aktes, der bei § 1004 I 1 BGB wie auch bei allen anderen dinglichen Ansprüchen haftungsbegründend wirkt. § 1004 I 1 BGB ist nicht als Erweiterung einer Schadensersatzhaftung zu verstehen, sondern als ein Anspruch zur Verwirklichung absolut geschützter Rechtspositionen. Störer i.S.v. § 1004 I 1 BGB ist deshalb nicht derjenige, der in der Vergangenheit durch rechtswidriges Handeln oder durch pflichtwidriges Unterlassen fremdes Eigentum verletzt hat (wohl aber bei § 823 I BGB), sondern derjenige, der durch seine aktuelle Untätigkeit das Fortdauern des Beeinträchtigungszustandes bedingt, obwohl er zum Handeln verpflichtet wäre, wobei sich dann eine solche Handlungspflicht durchaus aus vorangegangenem Tun ergeben kann.

Soweit vorgeschlagen wird, ein „bewegliches System" der kausalen Verantwortung dem § 1004 I 1 BGB zugrunde zu legen, so dass die Störungsbeseiti-

---

[709] *Lutter/Overrath*, JZ 1968, 345, 348. Soweit der BGH verschiedentlich formuliert hat, die Adäquanz diene der Feststellung der Grenze, bis zu der die Haftung noch zugemutet werde könne (BGHZ 3, 267; 18, 288), könnte der Eindruck entstehen, dass bei der Adäquanzprüfung auf die Billigkeit und Zumutbarkeit im Einzelfall abgestellt werden müsse. Dies würde der Adäquanz allerdings eine zu große Bedeutung beimessen. Deutlich wird dies, wenn man die Formeln betrachtet, welche zu ihrer Umschreibung dienen. „Die Möglichkeit des Schadenseintritts darf nicht so entfernt sein, dass sie nach der Erfahrung des Lebens vernünftigerweise nicht in Betracht gezogen werden kann (RG 78, 272), sie darf nicht außerhalb aller Wahrscheinlichkeit liegen (RGZ 152, 401; 158, 38). „Das Ereignis muß die Möglichkeit eines Erfolges der eingetretenen Art generell nicht unerheblich erhöht haben" (RGZ 69, 59; BGHZ 3, 266; 57, 255). „Das Ereignis muß im allgemeinen und nicht nur unter besonders eigenartigen, unwahrscheinlichen und nach dem gewöhnlichen Verlauf der Dinge außer Betracht zu lassenden Umständen geeignet sein, einen Erfolg der eingetretenen Art herbeizuführen." (BGHZ 7, 204; 57, 141; NJW 95, 127).

[710] *Lutter/Overrath*, JZ 1968, 345, 347 ff.; vgl. auch *Larenz*, FS Dölle, S.198 f.; *v. Caemmerer*, Juristentagsfestschrift II, S. 49, 130 f.

[711] Dies erkennen *Lutter/Overrath*, aaO., auch selbst, vgl. auch *Stoll*, JZ 1958, 141 f.

[712] *Picker*, Beseitigungsanspruch, S.26.

gungspflicht erst durch eine „gesteigerten Verantwortung" bzw. einem kausalen Handlungsbeitrag von „größerem Gewicht" begründet wird[713], schafft dies erhebliche Rechtsunsicherheit.

Es kann auch nicht überzeugen, dass sich der Anspruch aus § 1004 I 1 BGB gegen *eine Handlung* richten soll, während § 985 BGB die Änderung eines Zustandes erstrebe[714]. Beides sind Rechtsverwirklichungsansprüche, die eine gemeinsame Zwecksetzung haben: Sie richten sich gegen einen Störungszustand, dass nämlich ein Fremder rechtswidrig in der Nutzung seiner Sachen eingeschränkt ist. Es kommt also immer auf die Wirkung und nicht auf die Ursache an[715]. Beide Ansprüche unterscheiden sich nur nach der Art der zu beseitigenden Beeinträchtigungszustände, nicht aber hinsichtlich des Haftungsgrundes[716]. *Schmidt*, der nur den kausal Handelnden als Störer anerkennt, will den Rechtsnachfolger auch nur zur Duldung der Selbsthilfemaßnahme des Betroffenen verpflichten[717], was aber schwer damit zu vereinbaren ist, dass vor allem aktuelle Nachbarstreitigkeiten durch den Beseitigungsanspruch gem. § 1004 I 1 BGB geregelt werden sollen. Es erscheint auch unbillig, dass sich der Eigentümer, der die Störung durch seine Sache verursacht hat, den Beseitigungskosten durch Veräußerung der Sache entziehen kann[718]. Das öffentliche Recht, etwa das Polizei- und Ordnungsrecht schafft insoweit keinen genügenden Ausgleich[719]. Unpraktisch erscheint auch, dass Anspruchsteller konsequenterweise nur derjenige sein kann, der zur Zeit der Handlung Eigentümer der beeinträchtigten Sache war, so dass dem Einzelnachfolger der Anspruch abgetreten werden muss[720].

---

713 *Otte*, AcP 195 (1995), 303, 305.

714 So *Schmidt*, S.11ff., der auf diesen unbewiesenen Satz seine gesamte Arbeit stützt. Dies kritisierend *Picker*, Beseitigungsanspruch, S.227 f.

715 *Picker*, Beseitigungsanspruch, S.27; dies verkennt auch *Herrmann*, JuS 1994, 273, 277, die (wohl zur Ablehnung der Rechtsusurpationslehre) jegliche Strukturgleichheit zwischen § 985 BGB und § 1004 I 1 BGB leugnen will, weil die Beeinträchtigung i.S.v. § 1004 auf ganz verschiedene Art und Weise erfolgen könne. Das ist aber die Ursache und nicht die Wirkung!

716 *Picker*, Beseitigungsanspruch, S.27.

717 *Schmidt*, S. 22 f. Ähnlich *v. Tuhr*, Bd.I, § 15 III. (S.245 ff.), der in allen Fällen der Zustandshaftung dem Beeinträchtigten nur einen Anspruch auf Duldung zugestehen will, und zwar des Inhalts, dass der Beeinträchtigte selbst und auf seine Kosten die Ursache der Beeinträchtigung beseitigen darf, ohne dass sich der Eigentümer oder Besitzer der störenden Sache dagegen wehren könne, vgl. auch *v. Caemmerer*, Juristentagsfestschrift II, S. 49, 129 f.

718 *Kübler*, AcP 159 (1960), 236, 278.

719 *Kübler*, aaO.

720 *Schmidt*, S.11.

Desgleichen stellt das *„Veranlassungsprinzip"* *Münzbergs* ausschließlich auf das vorangegangene Handeln ab: Störer ist, wer durch sein positives Tun die Störung verursacht (unerlaubtes Abstellen des Pkw auf einem fremden Grundstück) oder wer die Störung pflichtwidrig nicht verhindert hat, wobei die Pflicht dazu letztendlich auch wieder auf irgendeinem veranlassenden positiven Tun beruhen muss (der Pkw wurde an einen Handelnden verliehen)[721], das dann haftungsbegründend wirken soll, unabhängig davon, ob es rechtmäßig oder rechtswidrig war[722]. *Münzberg* erkennt zwar, dass sich der Beseitigungsanspruch nicht gegen das Störerverhalten, sondern gegen den störenden Zustand richtet, meint aber denjenigen als Störer anerkennen zu müssen, aus dessen Bereich die Beeinträchtigung kommt[723]. Dies ist aber zu deliktsähnlich gedacht und wird nicht den auf *Rechtsverwirklichung* gerichteten dinglichen Ansprüchen gerecht. Bei § 1004 I 1 BGB handelt es sich gerade um keinen Folgenbeseitigungsanspruch! Die Vorschrift ist nicht als Erweiterung einer Schadensersatzhaftung zu verstehen, sondern als ein Anspruch zur Verwirklichung absolut geschützter Rechtspositionen.

Teils wird die Handlungspflicht bei der Zustandshaftung jedenfalls *aus vorangegangenem Tun* begründet[724], teils aus dem *Gedanken der Sach- und Gefahrbeherrschung*[725], teils wird eine *„Bereichshaftung für den eigenen Rechtskreis"*[726] angenommen. Nach einer weiteren Ansicht soll als Störer i.S.v. § 1004 I 1 BGB nur angesehen werden, wer zurechenbar einen gefahrträchtigen Zustand herbeigeführt hat (*„Gefährdungstheorie"*), während die schlichte Inne-

---

[721] *Münzberg*, Verhalten, S. 383 ff., 390; ähnlich *Offtermatt*, S.20 ff., 26, 49.

[722] *Münzberg*, Verhalten, S.383, 390 ff.

[723] *Münzberg*, Verhalten, S.384.

[724] *Wolff/Raiser*, SR, § 87 I.2.c; *Offtermatt*, S.20 ff.; *Münzberg*, Verhalten, S.389 f. m. Fn. 799; BGH NJW 1958, 1043; modifizierend *Larenz/Canaris*, SchR II/2, § 86 II.2. (S.675 ff.).

[725] *Wolff/Raiser*, aaO.

[726] *Larenz/Canaris*, SchR II/2, § 86 V.3.a) (S.697); *Heinze*, S.83, 88 ff.; auch im frz. Recht gab es den Vorschlag, beim Personen- und Eigentumsschutz in Fortbildung der Rechtsprechung zur Sachhalterhaftung das Verschuldensprinzip aufzugeben, gleichgültig, ob es sich um „fait de l'homme" oder „fait de la chose" handele; jedermann müsse verschuldensunabhängig garantieren, dass sein Verhalten keinen Schaden für eine fremde Person oder eine fremde Sache verursache (théorie de la garantie), *Starck*, Essai d'une théorie générale de la responsibilité civile considerée en sa double fonction de garantie et de peine privée, 1947; *ders.*, Domaine et fondement de la responsibilté sans faute: Rev. Trim. Civ. 1958, 475 ff.; *ders.*, Droit civil, Obligations (1972) nos. 58 ff., 187; *Tunc*, A little-noticed theory, U.Pa.L.Rev. 121 (1972/73) 618 ff. In Deutschland wurde dies aber weitgehend abgelehnt, weil die „wertblinde Verursachung" nicht als Anknüpfung für die Haftung ausreiche, vor allem auch nicht bei der Mitursächlichkeit mehrerer Personen und im Bereich der Verkehrssicherungspflichten, *v. Caemmerer*, RabelsZ 42 (1978), 5, 22 mwN.

habung einer Sache keinen Beseitigungsanspruch nach § 1004 I 1 BGB auslösen soll[727].

Andere stellen nur auf das *Eigentum an der verletzenden Sache* ab, weil nach einem allgemeinen Grundgedanken derjenige, der die monopolisierten Vorteile (Innehabung, Nutzungs- und Verfügungsmöglichkeit) habe, auch die Nachteile übernehmen müsse, was in Art. 14 II GG verankert sei[728]. Erst durch die sinnvolle Verknüpfung von Beherrschungsrecht und Verantwortung, von Nutzungsmöglichkeit und Risikotragung könne das Rechtsinstitut Eigentum der ihm zugedachten Funktion in unserer Sozialordnung in vollem Umfang gerecht werden[729]. In den Fällen der Störungen durch Naturwirkungen oder generell durch höhere Gewalt (einschließlich der Verursachung durch Dritte) soll aber eine Verantwortlichkeit kraft Eigentums nur entstehen, wenn sich *die der Sache selbst innewohnende Gefährlichkeit* verwirklicht[730]. In dieser Einschränkung zeigt sich bereits, dass die Sozialpflichtigkeit des Eigentums nur bedingt als Haftungsbegründung taugt, weil sie auf die Wahrung öffentlicher und weniger auf den Ausgleich privatrechtlicher Interessen ausgerichtet ist. Konsequenterweise müsste sich der Störer durch Dereliktion der Verantwortung entziehen können. In einem Erst-Recht-Schluss soll dann aber doch unbillig sein, dass nach Dereliktion der betroffene Eigentümer die Kosten der Beseitigung soll allein tragen müssen, wenn im öffentlichen Recht die Dereliktion deshalb gesetzlich ausgeschlossen ist, weil die Beseitigungskosten nicht der Allgemeinheit zur Last fallen sollen[731]. Dies überzeugt aber nicht, denn im öffentlichen Recht soll vielmehr aus Effektivitätsgründen verhindert werden, dass sich der Inhaber der tatsächlichen Sachherrschaft, der eine rechtlich ungehinderte Beseitigungs-

---

[727] *Armbrüster*, NJW 2003, 3087, 3088.

[728] *Pleyer* AcP 156 (1957), 291, 300 ff.; *ders.*, AcP 161 (1962), 500 ff.; *Pinger*, AcP 175 (1975), 534; *Gottwald*, PdW, Fall 106; *Stickelbrock*, AcP 197 (1997), 456, 493 ff.; *Schwab/Prütting*, SR, Rn.574; *Müller*, SR, Rn.752; vgl. auch *Kübler*, AcP 159 (1960), 236, 276 ff.; *Schlütter*, S.36 ff.; ablehnend BGH NJW 1996, 321, 323 (kontaminierte Teppichbodenreste); *MünchKomm/Medicus*, § 1004 Rn.46; *Herrmann*, Der Störer, S. 112 ff.; *dies.*, JuS 1994, 273, 276; *Baur/Stürner*, SR, § 12 Rn.16, der den §§ 907, 908 BGB die Wertung entnimmt, dass die beeinträchtigende Wirkung auf künstlichen Veränderungen des Grundstücks beruhen muss. Umfassende Darstellung des Streitstandes bei *Stickelbrock*, AcP 197 (1997), 456, 493 ff.

[729] *Pleyer*, AcP 156 (1957), 291, 305.

[730] *Pleyer*, AcP 156 (1957), 291, 299, 302, insbesondere 307; *ders.*, JZ 1959, 305, 307; kritisierend *Herrmann*, Der Störer, S.65, 112 ff., 113; *Stickelbrock*, AcP 197 (1997), 456, 498 ff. will die Grenzen auf den allgemeinen Rechtsgrundsatz der Zumutbarkeit und Angemessenheit der Inanspruchnahme stützen, was aber als rechtsunsicher erscheint.

[731] *Stickelbrock*, AcP 197 (1997), 456, 497.

möglichkeit hat, seiner Verantwortung entziehen kann[732], während im Zivilrecht die Abwägung einander entgegenstehender Interessen im Vordergrund zu stehen hat.

Auch fehlt es an einer überzeugenden Rechtfertigung der Eigentümerhaftung: Dass die Beseitigung der ohne menschliches Zutun eingetretenen Störung alternativ nicht dem Staat auferlegt werden kann, bedeutet nicht, dass die Beeinträchtigung dann nicht unter das allgemeine Lebensrisiko des Betroffenen fallen darf. Eine Parallele zur Gefährdungshaftung darin sehen zu wollen, dass auch derjenige, der durch gefährliche Mittel seine eigenen Interessen fördere, als Ausgleich für die mit der Interessenförderung verbundene Gefährdung Dritter einzustehen habe, wird der Gefährdungshaftung nicht gerecht. Damit würde jeder Eigentumsnutzung eine latente Gefahr unterstellt, wenn sich eine solche ex post verwirklicht. Darüber hilft auch nur bedingt hinweg, dass die Beseitigungshaftung in der Rechtsfolge enger ist als die Gefährdungshaftung[733]. Verfehlt ist zudem die Begründung, dass auch nach Polizei- und Ordnungsrecht der Eigentümer die von seinen Sachen ausgehenden Störungen zu beseitigen oder zumindest die Kosten dafür zu tragen habe[734], denn der Haftung im öffentlichen Recht und im Zivilrecht liegen unterschiedliche Erwägungen zu Grunde[735]. Die „Polizeipflicht" als solche begründet nicht zwangsläufig eine bürgerlich-rechtliche Pflicht zur Beseitigung einer gefahrdrohenden Störung: So kann der Grundstückseigentümer polizeilich verpflichtet werden, den Felsabsturz auf eine unten vorübergehende Straße zu verhindern, auch wenn er für diesen Zustand nicht kausal verantwortlich ist, was aber wiederum für die negatorische Haftung Voraussetzung ist[736]. Das öffentliche Interesse kann es im Einzelfall also erfordern, dass jemand zwar polizeipflichtig, aber nicht zivilrechtlich verantwortlich ist, sich also im Bereich der Gefahr- und Störungsabwehr unterschiedliche Pflichten ergeben. Auch der Versuch im Bereich der Zustandsstörerhaftung durch die Annäherung der zivilrechtlichen Kriterien an das Haftungskonzept im Polizei- und Ordnungsrecht solche Grenzziehungsprobleme zu vermeiden, um Wertungswidersprüche in der Rechtsordnung zu verhindern, ist nur wenig überzeu-

---

[732] So spricht das BVerwG, JZ 1986, 896, 897 davon, dass die Verantwortlichkeit Ausfluss der tatsächlichen und rechtlichen Sachherrschaft ist.

[733] So *Stickelbrock*, AcP 197 (1997), 456, 496.

[734] So aber *Gottwald*, PdW, Fall 106; *Schwab/Prütting*, SR, Rn.574; dagegen BGHZ 122, 283 = NJW 1993, 1855 (umgestürzter Baum), NJW 1995, 2633 (Ungeziefer), OLG Düsseldorf, NJW-RR 1995, 1231 (Samenflug): keine bloße Haftung des Grundstückseigentümers.

[735] Vgl. *Baur/Stürner*, SR, § 12 Rn.30 ff.

[736] Vgl. *Baur/Stürner*, SR, § 12 Rn.32.

gend gelungen[737], weil die effektive Gefahrenabwehr als öffentlich-rechtliches Regelungsmotiv im Zivilrecht nur eine untergeordnete Bedeutung hat.

Die Sozialpflichtigkeit des Eigentums bedeutet zwar, dass diesem immanente Grenzen aus den Anforderungen des gesellschaftlichen Zusammenlebens gesetzt sind, so dass es in seinem Schutzbereich, etwa bei § 906 BGB, eingeschränkt ist, der Eigentümer also Beeinträchtigungen in einem gewissen Rahmen zu dulden hat. Eine grundsätzliche negatorische Haftung aus dem Eigentum herzuleiten, ginge aber viel zu weit und liefe darauf hinaus, eine Gefährdungshaftung kraft Eigentums anzuerkennen[738]. Die wäre aber in einer auf Handlungsfreiheit angelegten und angewiesenen Rechtsordnung von vornherein nicht realisierbar[739]. Die Sozialbindung des Eigentums gem. Art. 14 II GG gibt somit zwar auch den Rahmen für das Zivilrecht vor, hat aber für die konkrete privatrechtliche Ausgestaltung keinen unmittelbaren Erklärungswert[740].

cc) Rechtsprechung

In der Rechtsprechung wird bei der Zurechnung in wertender Betrachtungsweise von Fall zu Fall entschieden[741]. Ein einheitliches den Anwendungsbereich von § 1004 I 1 BGB abstrakt einschränkendes Zurechnungskriterium ist nicht erkennbar. Allerdings lassen sich die Entscheidungen in folgende Fallgruppen systematisieren[742]:

---

[737] Siehe *Stickelbrock*, AcP 197 (1997), 456 ff.

[738] *Baur*, AcP 160 (1961), 465, 478; *Picker*, FS Gernhuber, S.315, 325; *Kotz*, S.65 ff.; Erman/Ebbing, 11. Aufl., § 1004, Rn.124; auch BGHZ 28, 110 (112), RGZ 134, 231 (233f.). Nicht überzeugen kann dagegen das Argument, dass die Sozialpflichtigkeit eine Abhilfepflicht des Eigentümers der störenden Sache genauso wie eine Duldungspflicht des Eigentümers der gestörten Sache begründen könne (so *Picker*, aaO.). Wenn der Eingriff rechtswidrig ist, dann besteht keine Duldungspflicht, so dass allenfalls eine Abhilfepflicht begründet werden kann.

[739] *Picker*, FS Gernhuber, S. 315, 325.

[740] BVerfGE 56, 249 (260); BGHZ 28, 110 (112). Art. 14 II GG wende sich nur an den Gesetzgeber (*Jauernig*, JZ 1986, 605 mwN).

[741] So ausdrücklich BGH NJW 1999, 2896, 2897; NJW 2003, 2377, 2379 – Überschwemmung wegen Rohrbruch.

[742] Einzelne dazu passende Urteilen finden sich bei *Jauernig/Jauernig*, § 1004 Rn.15 ff.; *Palandt/Bassenge*, § 1004 Rn.15 ff.; *Erman/Hefermehl*, 10. Aufl., § 1004 Rn.14 ff.; *Wenzel*, NJW 2005, 241 f.

(1) Handlungsstörer

Schuldner des § 1004 I 1 BGB ist als *Handlungsstörer*, wer die Beeinträchtigung durch seine Handlung oder durch pflichtwidriges Unterlassen *adäquat* verursacht hat[743]. Dabei kann unterschieden werden zwischen dem *unmittelbaren Störer*, dessen Handlung selbst bereits die Beeinträchtigung bewirkt hat (Betreten des Grundstücks, Abladen von Müll, Immissionserzeugung), und dem *mittelbaren Störer*, der die Beeinträchtigung, welche durch die Handlung eines Dritten, durch Natureinwirkungen oder unvorhersehbare technische Defekte bewirkt wurde, durch seine Willensbetätigung adäquat verursacht hat[744]. Letzteres kann geschehen sein, weil er die Dritthandlung veranlasst (Beauftragung mit grenzüberschreitenden Bauarbeiten) oder gestattet hat (Betreiber einer Gaststätte, deren Gäste Lärm verursachen; Betreiber eines Tennisplatzes oder eines Flughafens; Vermieter/Verpächter bzgl. der Störung des Mieters/Pächters), eine Naturwirkung ausgelöst (anlockendes Füttern von Katzen, Tauben; Erbauen eines lärmende Frösche anlockenden Fischteiches) oder verstärkt hat (Abschrägen eines Daches, so dass Schneelawinen auf den Gehsteig fallen) bzw. überhaupt die Voraussetzungen eines technischen Defekts geschaffen hat (Unterhaltung und Gebrauch des infolge eines technischen Mangels an elektrischen Leitungen oder Geräten in Brand geratenen Hauses[745]).

Kennzeichnend für den Störer ist stets ein Verursachungsbeitrag, der dazu führt, dass die Eigentumsbeeinträchtigung nicht das Ergebnis des allgemeinen unabwendbaren Lebensrisikos ist, sondern grundsätzlich vermieden werden kann.

So wurde bei der Beeinträchtigung durch Fluglärm eine Beklagte als Störerin i.S.v. § 1004 I 1 BGB angesehen, weil sie durch besondere Anlagen auf ihrem eigenen Grundstück die Beeinträchtigung des Nachbargrundstücks in „ursächlich adäquater Weise veranlasst, aufrechterhält und in der Lage ist, diese Stö-

---

743 BGH NJW-RR 2001, 232; Müller, SR, Rn.735; *Wenzel*, NJW 2005, 241. Das Adäquanzerfordernis verhindert, dass alle, auch außerhalb der allgemeinen Lebenserfahrung auftretenden Störungen zugerechnet werden. Geht die Störung von einer Sache aus, kommt es nicht darauf an, dass der Verursacher Besitzer oder Eigentümer derselben ist, vgl. BGHZ 110, 313 ff. - Milchpulverentscheidung; im Gegensatz zu *Gursky*, JZ 1990, 921 ff. und *Picker*, FS Gernhuber, S. 315 ff.

744 BGHZ 49, 340 (349) = NJW 1968, 1281; BGHZ 144, 200 (203) = NJW 2000, 2901 –Drogenhilfezentrum.

745 BGHZ 142, 66 = NJW 1999, 2896.

rung zu beseitigen“[746].

Bei einer Sandschwemme vom Truppenübungsplatz sei Störer nicht nur, wer die störende Beeinträchtigung selbst durch seine Tätigkeit oder in Verbindung mit einem pflichtwidrigen Unterlassen unmittelbar hervorbringt, sondern auch, wer die unmittelbare Beeinträchtigung von Nachbarn in anderer adäquater Weise durch seine Willensbetätigung verursacht habe, also etwa sein Eigentum zu einem Gebrauch überlässt, der die störende Wirkung nicht nur unter ganz besonderen Umständen zu bewirken geeignet ist, und der weiter in der Lage ist, die rechtswidrige Beeinträchtigung eines Nachbarn, die von dem überlassenen Grundstück ausgeht, zu unterbinden[747]. Bei wild abfließendem Wasser vom Oberlieger wurde etwa darauf abgestellt, ob der Beklagte an dem Grundstück Veränderungen vorgenommen hatte, die den Wasserabfluss begünstigten[748], bei einem abbröckelnden Felshang, ob dies etwa durch ein von Menschenhand geschaffenes Tempelfundament gefördert wurde[749]. Störer sei auch der Eigentümer eines Hauses, das infolge eines technischen Defekts an elektrischen Leitungen oder Geräten in Brand gerät und das Nachbargrundstück beschädigt. Dass sich der Störer an die bestimmungsgemäße, eigentlich nicht gefahrgeneigte Nutzung seines Grundstücks gehalten habe, schließe eine Haftung nicht grundsätzlich aus: Entscheidend sei, dass der Brand nicht Folge eines von niemandem zu beherrschenden Naturereignisses (etwa Blitzschlag), also des allgemeinen Lebensrisikos, gewesen sei, sondern dass allein der Störer als Nutzer und Unterhalter des Hauses auf den Zustand der Elektrik habe Einfluss nehmen können, auch wenn konkret kein Anlass für ein vorbeugendes Tätigwerden bestanden haben mag[750]. Bei Wurzelschäden wurde teilweise auf Eigentum und Besitz des Baumes[751], bei Überwuchs teils darauf abgestellt, wer ihn gepflanzt habe[752]. Andere wiederum sehen es als bedeutsam an, wer den

---

[746] BGHZ 59, 378 (380).
[747] BGHZ 49, 340 (347).
[748] OLG Düsseldorf NJW-RR 1991, 1115, 1116; BGHZ 90, 255 (264); vgl. auch BGH MDR 1996, 579, 580 (Steinschlag vom Hanggrundstück); BGHZ 90, 255 (266) = NJW 1984, 2207 – Pestizidabschwemmung/Niederschlagswasser; BGH NJW 2004, 3701 – Windbruch nach Teilrodung.
[749] RGZ 149, 205 (210).
[750] BGH NJW 1999, 2896, 2897.
[751] LG Köln NJW-RR 1990, 865, 866.
[752] LG Landshut NJW-RR 1989, 1420; BGH NJW 1986, 2640, 2641 = BGHZ 97, 231; BGHZ 135, 235 = NJW 1997, 2234. Der BGH hat anerkannt, dass in Fällen, in denen Baumwurzeln in Abwasserleitungen eindringen, dieses natürliche Wurzelwachstum vom Willen des Pflanzenden getragen werde (BGHZ 97, 231 ff.; 106, 142 ff., BGH ZIP 1993, 200, 205).

Baum unterhalte[753] oder unterhalte *und* gepflanzt habe[754]. Bei herabstürzenden Schneelawinen vom Dach des Nachbarn wurde beim Anspruch aus § 1004 I 2 BGB (!) auf den „Zustandsstörer" abgestellt, zumindest aus der vom Beklagten geschaffenen Dachneigung eine „Mitbedingung" abgeleitet[755]. Bei einer Raupeninvasion, die von einem Rapsanbau ausging, wurde der Rapsanbauer als „Verursacher" und damit Störer angesehen[756]. Der „Betreiber" einer Mülldeponie wurde dafür verantwortlich gemacht, dass von der Deponie angezogene Saatkrähen die Saat auf dem Nachbarfeld aufpickten[757].

(2) Haftung wegen Verkehrssicherungspflichtverletzung

Fehlt es an einer vorangegangenen die Störung begünstigenden Handlung (z.B. Erdrutsch von einer unbearbeiteten Erdoberfläche, Samenflug), wirkt das Unterlassen verhindernder Maßnahmen haftungsbegründend, wenn eine Pflicht (etwa Verkehrssicherungspflicht) zu ihrer Vornahme bestand (Unterhaltung eines Gebäudes) und die Gefahr erkennbar und vermeidbar war[758].

Wurden etwa Wollläuse von einer Lärche, die der Beklagte gepflanzt hatte, angezogen, und griffen diese auf die Kiefer des Nachbarn über, lehnte der BGH die Störereigenschaft ab, weil mit dem Pflanzen des an sich ungefährlichen Baumes keine konkrete Gefahrenquelle geschaffen worden sei[759]. Dem Eigentümer sei eine Naturstörung nur dann zuzurechnen, wenn er sie durch eine eigene Handlung ermöglicht habe oder wenn die Beeinträchtigung durch pflichtwidriges Unterlassen herbeigeführt worden sei. Es muss sich also aus der Art der Nutzung des Grundstücks, von dem die Störung ausgeht, eine „Sicherungs-

---

753 BGH NJW 1989, 1032; dazu *K. Schmidt* JuS 1989, 670; BGH NJW 1995, 395, 396.

754 BGH NJW 1991, 2826. *Larenz/Canaris*, SchR II/2, § 86 II.3.c) (S.680) will den Anspruch aus § 1004 I 1 BGB nur ausscheiden lassen, wenn der betreffende Baum schon vor der rechtlichen Entstehung der Grundstücke, also vor deren Parzellierung, vorhanden war. Es kommt aber auf den jeweiligen Zustand des Grundstücks an und es erscheint unzumutbar, in der Vergangenheit zu forschen, ob der Naturzustand irgendwann einmal verändert worden ist (*Stickelbrock*, AcP 197, 456, 492).

755 LG Schweinfurt NJW-RR 1986, 1143, vgl. auch AG Köln NJW-RR 1992, 275, 276 hinsichtlich einer umfallenden Pappel.

756 LG Coburg NJW-RR 1991, 716.

757 OLG Zweibrücken NJW-RR 1986, 688, 689.

758 BGH NJW 1993, 1855, 1856; NJW 1995, 2896 – Wollläuse; NJW–RR 2001, 1208 – Mehltau; vgl. auch BGH NJW 2004, 1035 – Druckstempel; BGH NJW 2004, 1037 – Kiefernadeln; NJW 2004, 603 – Betonplatte/Baumwurzeln.

759 BGH NJW 1995, 2633, 2635 (r. Sp. o.).

pflicht", d.h. eine Pflicht zur Verhinderung möglicher Beeinträchtigungen des Nachbargrundstücks ergeben[760]. Ob eine Sicherungspflicht besteht, ist nach der Verkehrsauffassung und gemäß der Konfliktlösungsregelung der §§ 903 ff. BGB danach zu beurteilen, ob sich die Art der Nutzung im Rahmen ordnungsgemäßer Bewirtschaftung hält, auch wenn hierdurch nach-teilige Einwirkungen auf das Nachbargrundstück ausgehen können. Von Bedeutung sind außerdem die Wesentlichkeit möglicher Beeinträchtigungen, die Ortsüblichkeit und Zumutbarkeit von Vorkehrungen gegen mögliche Störungen[761]. So sei der Betreiber eines Weinberges, der für ein Jahr mit der Bewirtschaftung aussetze, weder unter dem Gesichtspunkt einer allgemeinen Verkehrssicherungspflicht noch unter dem Aspekt des nachbarlichen Gemeinschaftsverhältnisses verpflichtet, seine Reben gegen den Befall mit Mehltau durch Einsatz chemischer oder mechanischer Mittel zu schützen, um ein Übergreifen des Schädlingsbefalls auf das Nachbargrundstück zu verhindern. Weil ansonsten der landwirtschaftlichen Grundstücksnutzung zu enge Grenzen gesetzt würden, müssen Ausgleichsansprüche dem Verordnungs- und Gesetzgeber vorbehalten bleiben[762]. Es sei unter anderem entscheidend, ob sich die Grundstücksnutzung im Rahmen einer ordnungsgemäßen Bewirtschaftung halte und dem das Nachbarrecht bestimmenden Gebot der gegenseitigen Rücksichtnahme entspreche[763]. Dies wurde bei der Zuführung chemischer Unkrautvernichtungsmittel durch Niederschlagswasser verneint[764].

Beim Eindringen von Wasser infolge eines Rohrbruchs im Duschraum des Nachbarhauses[765] oder beim Übergreifen von Baumwurzeln wurde die Verantwortlichkeit auch aus dem normierten Recht des Nachbarn, die Beeinträchtigung seines Grundstücks abzuwehren (§§ 836, 907 BGB), hergeleitet[766]. Knickt ein an

---

760 BGH NJW 1995, 2633, 2634 (l.Sp.), vgl. auch BGH NJW 1984, 2207, 2209; 1991, 2770, 2771; BGHZ 122, 283 (284) = NJW 1993, 1855, dazu auch *Herrmann*, NJW 1997, 153, 154; BGH NJW 1999, 2896, 2897, zuletzt BGH NJW 2004, 603, 604 – Betonplatte/Kirschbaumwurzel; NJW 2004, 1035, 1036 – Mauerrisse; NJW 2004, 1037, 1039 = BGHZ 157, 33 – Kiefernadeln; *Wenzel*, NJW 2005, 241, 242.

761 *Wenzel*, NJW 2005, 241, 242.

762 BGH NJW-RR 2001, 1208 f. – Mehltau; a.A. *Roth*, JuS 2001, 1161 ff., der einen Anspruch aus § 823 I BGB wegen der Verletzung einer Verkehrssicherungspflicht bejaht.

763 BGH NJW 2004, 1037, 1039 = BGHZ 157, 33.

764 BGHZ 90, 255 (261, 267) = NJW 1984, 2207 – Pestizidabschwemmung.

765 BGH WM 1985, 1041; vgl. auch BGH NJW 2003, 2377, 2379 (Bruch einer im Straßengrundstück verlegten Wasserleitung): „ ... die Gesichtspunkte der Veranlassung, der Gefahrbeherrschung und der Vorteilsziehung" sprächen auch für die Störereigenschaft.

766 Vgl. BGH NJW 1999, 2896, 2897.

sich gesunder Baum infolge eines heftigen Sturms um, werde jedoch nicht gehaftet, weil dies im Rahmen des allgemeinen Lebensrisikos des Geschädigten liege[767]. Anders als bei den Wurzelfällen sei ein zusätzliches, von außen einwirkendes besonderes Naturereignis ursächlich, das nicht mittelbar auf den Willen einer Person zurückgeführt werden könne[768]. Unterhält der Eigentümer auf seinem Grundstück aber einen Baum, der allein infolge seines Alters auf das Nachbargrundstück stürzen könne, so sei er Störer i.S.d. § 1004 I 1 BGB[769]. Gehaftet wird ab dem Augenblick, in dem eine Gefährdung, etwa eine fehlende Standfestigkeit des Baumes, erkennbar ist. Regelmäßig wird der Eigentümer dann aber auch deliktsrechtlich verpflichtet sein[770].

(3) Aufrechterhaltungswille als Haftungsgrund

Für einen Anspruch aus § 1004 I 1 BGB soll es auch ausreichen, dass etwa der Eigentümer sein gestohlenes Auto, welches der Dieb auf einem fremden Grundstück abgestellt hat, dort trotz Aufforderung nicht wegholt[771]. In Anlehnung an die Formulierung in den Motiven[772] wird derjenige als Störer angesehen, der durch seinen *Willen* den das Eigentum beeinträchtigenden Zustand aufrechterhält[773] oder von dessen *Willen* die Beseitigung des Beeinträchti-gungszustandes abhängt[774]. Bei der Beeinträchtigung des Nachbargrundstücks wird davon

---

[767] BGHZ 122, 283 (286) = NJW 1993, 1855 = LM H. 9/1993 § 906 BGB Nr.91 „Wiebke-Fall".

[768] BGH NJW 1993, 1855, 1856.

[769] BGH NJW 2003, 1732 m. Anm. Berger, LMK 2003, 145. Auch bei naturgeschützten Bäumen obliegt trotz des Naturschutzes die Verkehrssicherungspflicht dem Eigentümer, auch wenn ihm die freie Verfügungsbefugnis entzogen ist (vgl. dazu *Otto*, NJW 1996, 356 ff.). Die Sicherungspflicht endet nicht mit dem Ablauf landesrechtlicher Ausschlussfristen für das Zurückschneiden oder die Beseitigung von Bäumen oder sonstigen Anpflanzungen, denn die von der Frist betroffenen Rechte wirken nur zu Gunsten des Nachbarn und nicht auch zu seinen Lasten (*Wenzel*, NJW 2005, 241, 242, vgl. auch BGH NJW 2004, 1035).

[770] *Wenzel*, NJW 2005, 241, 242.

[771] BGH NJW-RR 1996, 659; LG Bielefeld r+s 1995, 180.

[772] In den Motiven III, S.424 heißt es: Der Anspruch hat, analog wie bei der Vindikation, seine Richtung gegen die Person desjenigen, durch dessen Willen der mit dem Inhalte des Eigenthumes in Widerspruch stehende Zustand aufrechterhalten wird. Die Haftung ergibt sich nicht aus einer der Vergangenheit angehörenden einzelnen Handlung des Beklagten." Zu Ursprung, Inhalt und Bedeutung der Willensformel *Herrmann*, Der Störer, S.12 ff.; 37 ff.; 57; *dies*, JuS 1994, 273, 275 (l. Sp. unten)

[773] Vgl. BGHZ 90, 255 (266) = NJW 1984, 2207, 2209; NJW 1991, 2770, 2771; OLG Düsseldorf NJW-RR 1990, 144, 145; LG Koblenz NJW-RR 1991, 655.

[774] Vgl. BGH LM Nr.14 zu § 1004.

gesprochen, dass diese wenigstens mittelbar auf den Willen des Eigentümers oder Besitzers zurückgehen muss[775], was in wertender Betrachtung von Fall zu Fall festzustellen sei[776].

Die konkrete Formulierung der Willensformel richtet sich offensichtlich danach, ob sich die Störungsquelle im Herrschaftsbereich des Störers (dann Aufrechterhaltung) oder in dem des betroffenen Eigentümers (dann Beseitigung, etwa beim Überbau oder dem rechtswidrig abgestellten Pkw muss zur Störungsbeseitigung in das Eigentum des Störers eingegriffen werden, was aber nur innerhalb der Rechtfertigungsgrenzen möglich ist) befindet. Nur durch das subjektive Moment des auf Aufrechterhaltung des Störungszustands gerichteten Willens soll sich der Störer zum einen von anderen bloß Untätigen abgrenzen, die nicht zur Beseitigung verpflichtet sein sollen. Zum anderen soll bei Störungen durch Sachen eine Haftung begründet werden, für die der bloße Umstand des Eigentums zur Störerbestimmung nicht als ausreichend erachtet wird[777]. Richtig daran ist, die negatorische Haftung nicht nur in der Verursachung des störenden Zustands sehen zu wollen, sondern zumindest auch in dem Ergebnis der Störung zu erblicken[778]. Allerdings kann der Wille allein nicht haftungsbegründend wirken[779], sondern er muss durch eine objektiv begründbare Handlungspflicht ergänzt werden, die sich aber allenfalls aus einem vorangegangenen Tun oder aber aus einer aktuell schutzwürdigen Rechtsposition, etwa dem Eigentum oder dem Besitz[780], ergeben kann[781]. Stellte man ausschließlich auf den

---

[775] BGH NJW 1985, 1773, 1774; NJW 1993, 925; NJW 1993, 1855, 1856; NJW 1999, 2896, 2897 mwN, dazu *Littbarski*, EwiR 1/99, 947 f.; BGH NJW 2003, 2377, 2379.

[776] BGH NJW 2003, 2377, 2378 f.

[777] Vgl. BGH NJW 1984, 2207, 2209 = BGHZ 90, 255; NJW 1993, 1855, 1856 = BGHZ 122, 283; NJW 1999, 2896, 2897.

[778] Die Frage von *Herrmann* (NJW 1997, 153), ob der Wille auf die Störung oder das zur Störung führende Verhalten gerichtet sein muss, stellt sich, soweit man auf die Zustandshaftung abstellt, nicht.

[779] Vgl. dazu *Larenz/Canaris*, SchR II/2, § 86 V.1.a) (S.694); *Stickelbrock*, AcP 197 (1997), 456, 489; *Picker*, Beseitigungsanspruch, S.43 f.; *ders.*, FS Gernhuber, S. 315, 324 f. mwN.: Solange nicht klargestellt sei, dass und warum der Untätige soll beseitigen müssen, laufe die Lehre auf die Begründung hinaus, dass er hafte, weil er nicht haften wolle.

[780] In den Motiven heißt es, dass es regelmäßig der Eigentümer, unter besonderen Umständen auch der besitzende Nichteigentümer oder der Inhaber der Anlage sein könne. Es ist aber auch vom Halter der Anlage die Rede, wobei der Eigentümer, Besitzer oder Inhaber gemeint sei (Motive III, S.425 f.).

[781] Soweit *Stoll*, AcP 162 (1962), 203, 220 ff. (dazu auch *Picker*, Beseitigungsanspruch, S.42 f.) auf die in das fremde Eigentum „übergreifende Willensherrschaft" als Haftungsgrund für § 1004 I 1 BGB abstellen will und die Beseitigungspflicht auf die rechtswidrige Willensbetätigung bezieht, so dass der Beklagte durch seine Willenshaltung gegenüber dem störenden

Aufrechterhaltungswillen ab, so ließe sich nur schwer begründen, warum der Störer zur Beseitigung der *tatsächlichen* Störungsumstände verpflichtet sein sollte. Vielmehr wäre dann - der *Pickerschen* Lehre vergleichbar – nur die Aufgabe des Störerwillens geschuldet. Der Wille kann also nur ergänzende Funktion haben. Da er dann aber ohnehin aus dem objektiven Verhalten hergeleitet werden muss, ist dieses letztendlich haftungsbegründend.

Insgesamt fasst die Rechtsprechung die Zurechnung also sehr weit: Der unmittelbar und der mittelbar Verursachende, der Verkehrssicherungspflichtige und der Zustandsstörer mit Aufrechterhaltungswillen sollen Störer i.S.v. § 1004 I 1 BGB sein. Praktisch sollen so nur die Fälle des unabwendbaren Lebensrisikos aus der negatorischen Haftung ausgeschlossen werden. Ein weitgefasster auf tatsächliche Einwirkungen erstreckter Beeinträchtigungsbegriff wird dadurch nicht wesentlich eingeschränkt.

dd) Die Fortentwicklung der Kausalitätstheorie durch *Herrmann*

Um dem „unübersichtlichen Spektrum an Haftungskriterien“[782] ein Ende zu setzen, teilt *Herrmann* die denkbaren Sachverhalte der negatorischen Haftung nach Störungsquellen wie folgt ein[783]:

- Durch bloßes Handeln (ein fremdes Grundstück wird überquert oder dort geerntet, lärmendes Verhalten),
- nur durch Sachen (Steinschlag auf das darunter liegende Grundstück)
- oder durch ein Zusammenspiel von Handlungen und Sachen (Überbau, Unrat auf fremdem Boden, Immissionen durch eine Anlage).

Sie sieht eine Haftung nur dann als begründet an, wenn zwischen der Störungsquelle und der Person des Störers „ein verknüpfendes Moment“ ermittelbar ist, das tatsächlich vorliegen und dogmatisch begründbar sein muss[784]. Die Fälle der

---

Zustand bestimmt sein soll, kann letztendlich aber auch er auf keine dahingehenden objektiven Anhaltspunkte verzichten.

[782] So *Herrmann*, NJW 1997, 153.

[783] Diese Einteilung der Sachverhalte ist bereits stark an dem Ziel ausgerichtet, die Kausalität als das allein maßgebliche Zurechnungskriterium der negatorischen Haftung zu bestimmen. Vgl. dazu die von einem dogmatischen Vorverständnis losgelöste Einteilung der Störungsfälle in Störungen durch gegenwärtiges Handeln, durch ein in der Vergangenheit liegendes Handeln, durch von Grundstücken oder von sonstigen Gegenständen ausgehende Störungen bei *Larenz/Canaris*, SchR II/2, § 86 II. (S.675 ff.).

[784] *Herrmann*, JuS 1994, 273, 277; *dies.*, NJW 1997, 153, 155; *dies.*, Der Störer, S.131.

reinen Handlungshaftung und des Zusammenwirkens von Handeln und Sache behandelt *Herrmann* gleich: Stets sei der Handelnde Störer, weil er die Störung verursache[785]. Dies gelte unabhängig davon, ob er die Tätigkeit mit einem Werkzeug, einem Gerät, einer Anlage (Immissionen) ausübe oder etwa Unrat auf dem fremden Grundstück ablade oder Wasser auf dieses ableite. Als verknüpfendes Element zwischen der Person des Störers und der Störungsquelle komme immer nur die Handlung selbst und damit die Kausalität in Betracht[786].

Demgegenüber sollen sich in der Fallgruppe, in der die Beeinträchtigung ausschließlich von einer Sache ausgeht, immer nur Gefahren realisieren können, die stets mit einem Grundstück des Störers zusammenhängen, weil bei der Störung durch bewegliche Sachen immer eine Handlung dahinterstehe[787]. Bei der Störung durch Sachen ohne Mitwirkung von Handlungen würden der Störer und die Störungsquelle haftungsbegründend durch den *Eigenbesitz* (und nicht durch das Eigentum) miteinander verbunden[788]. Dies leitet *Herrmann* aus den §§ 836 ff., 908 BGB her. Gem. §§ 836 ff. BGB haften der Eigenbesitzer eines Grundstücks (§ 836 BGB), der Gebäudebesitzer (§ 837 BGB) und der Gebäudeunterhaltspflichtige (§ 838 BGB), wenn durch Bauwerksmängel infolge fehlerhafter Errichtung oder mangelhafter Unterhaltung eine Person verletzt oder eine Sache beschädigt wird. Ein Verschulden wird dabei vermutet (vgl. § 836 I 2 BGB). Die Inhaber der tatsächlichen Gewalt trifft wegen der Sachnähe die „Sicherungspflicht", dass keine Gefahren und Beeinträchtigungen von „ihrem" Gebäude für andere ausgehen. Diese Haftung wegen *pflichtwidrigen Unterlassens* der Unterhaltungspflicht überträgt *Herrmann* auf die Struktur des § 908 BGB, der als „negatorisches Pendant" zu den §§ 836 ff. BGB dem Eigentümer des Nachbargrundstücks bereits präventiv bei drohendem Gebäudeeinsturz einen Anspruch gegen den ansonsten aus den §§ 836 I, 837, 838 BGB Haftenden dahingehend einräumt, dass dieser die zur Abwendung der Gefahr erforderlichen Vorkehrungen trifft. Dies habe für alle grundstücksbedingten Störungen zu gelten, die Bauwerksmängeln vergleichbar seien (Feuchtigkeit durch Giebelanbau), sich auf andere Weise störend auswirkten (Immissionen, Überbau, Schneelawinen vom Dach) oder jedenfalls außerhalb von Bauwerken vom übrigen Grundstücksbe-

---

[785] *Herrmann*, Der Störer, S.453 ff.; 458 ff.; *dies.*, JuS 1994, 273, 281.
[786] *Herrmann* JuS 1994, 273, 281.
[787] *Herrmann* JuS 1994, 273, 279; *dies.*, NJW 1997, 153, 155.
[788] *Herrmann*, JuS 1994, 273, 277; zur Weite des Besitzbegriffes *Herrmann*, Der Störer, S. 209 ff., 233 ff.; nunmehr eine fehlenden Sachnähe des mittelbaren Besitzers annehmend *Herrmann*, NJW 1997, 153, 155 (a.A. noch *Herrmann*, Der Störer, S. 266 ff.); siehe auch *Otte*, AcP 195 (1995), 303 ff.

reich ausgingen (Bodenbeschaffenheit, Vegetation, Bodengestaltung, Lagerung von solchen die Nachbargrundstücke beeinträchtigenden Sachen und Stoffe)[789]. Da § 908 BGB ein Spezialfall der negatorischen Haftung sei, lasse sich die Haftung „kraft kausalen Unterlassens" im Wege eines Analogieschlusses auf § 1004 I 1 BGB übertragen[790], so dass in allen Fallgruppen der negatorischen Haftung ein kausales Handeln haftungsbegründend wirke. Den Besitzer treffe nach § 1004 BGB folglich immer die Pflicht, dafür zu sorgen, dass die auf seinem Grundstück befindlichen künstlichen und natürlichen Anlagen in einem solchen Zustand gehalten werden, dass Gefahren (§ 1004 I 2 BGB) und Beeinträchtigungen (§ 1004 I 1 BGB) fremden Eigentums vermieden werden. Bei Verletzung dieser Pflicht hafte er nach § 1004 I 1 BGB für die daraus hervorgehenden Störungen, und zwar auch dann, wenn die Störungsursache von Natureinflüssen oder Rechtsvorgängern herrührten, so dass diese problematischen Fallgruppen nunmehr sicher gelöst werden könnten[791]. Eine Verantwortlichkeit bestehe allerdings nur dann, wenn der Betreffende überhaupt die *Möglichkeit* habe, seine Sicherungspflicht zu erfüllen, was die *Kenntnis* von der Notwendigkeit eines Eingriffs und die *praktische Durchführbarkeit* der Handlung voraussetze[792]. Welche Maßnahmen zur ordnungsgemäßen Instandhaltung eines Grundstücks gehörten, ergebe sich aus der allgemeinen Verkehrsauffassung (§ 242 BGB). So sei etwa keine Vorsorge gegen alle denkbaren Natureinflüsse zu treffen, etwa ein gesunder Baum vor einem sturmbedingtem Entwurzeln zu retten[793]. Die Anforderungen an die Sicherungspflicht im einzelnen hingen von der Eigenart des betreffenden Gebiets ab (Dichte der Besiedlung, Kultivierungsniveau der Gegend, ländliches Gebiet/Villengegend)[794]. Das weist auf eine Wertung hin, die einer solchen bei

---

[789] *Herrmann*, JuS 1994, 273, 279; *dies.*, NJW 1997, 153, 155.

[790] *Herrmann*, JuS 1994, 273, 279; *dies.*, Der Störer, S. 375 ff., 388 ff., 400 ff.; siehe auch *Stickelbrock*, AcP 197 (1997), 456, 473.

[791] *Herrmann*, JuS 1994, 273, 279; *dies.*, NJW 1997, 153, 155. Soweit *Herrmann* dort einen Vergleich mit der deliktischen Verkehrssicherungspflicht zum Streuen der im Winter vereisten und verschneiten Wege zieht, wird aber deutlich, dass der Haftungsgrund nicht in dem pflichtwidrigen Unterlassen der Unterhaltungspflicht liegen muss, sondern in der Interessenabwägung, dass die erst durch den Natureinfluss geschaffene Gefahr zu beseitigen ist, so dass dann nur die dingliche Position die Garantenstellung begründet! Dass die Streupflicht das Ergebnis einer Interessenabwägung ist, wird daran deutlich, dass sie etwa in den Nachtstunden nicht besteht, weil es dem Schlafenden nicht zumutbar ist, aufzustehen, benutzen doch zu wenige in dieser Zeit den Gehweg.

[792] *Herrmann*, JuS 1994, 273, 279; *dies.*, Der Störer, S. 406, 286.; *dies.*, NJW 1997, 153, 155.

[793] *Herrmann*, JuS 1994, 273, 280.

[794] *Herrmann*, NJW 1997, 153, 155 f.

der ortsüblichen Benutzung i.S.v. § 906 BGB entspricht. Im Vergleich zur Rechtsprechung bemüht sich *Herrmann* also darum, die Zurechnung einzuschränken. Allerdings vermag ihre Auffassung nur bedingt zu überzeugen.

Angegriffen wird zum einen die dogmatische Herleitung der Haftung wegen Unterlassens: Zweifelhaft sei, ob bei § 908 BGB der Eigenbesitzer hafte, weil er die Sicherung des Gebäudes unterlassen habe, oder er diese nicht unterlassen dürfe, weil er ansonsten haften würde[795]. Würde man § 908 BGB aber im letzteren Sinne auffassen, müsste es dem Anspruchsgegner freistehen, die drohende Gefahr zu beseitigen oder stattdessen die Haftung auf Schadensersatz in Kauf zu nehmen. § 908 BGB ist aber als Anspruch ausgestaltet, so dass Maßnahmen zur Gefahrbeseitigung erzwungen werden können. Teils wird § 908 BGB aber als gar nicht analogiefähig angesehen, weil es sich um einen streng kasuistisch gefassten Tatbestand handle, aus dem keine allgemeinen Schlüsse gezogen werden könnten[796]. Zumindest seien die Voraussetzungen einer Analogie hinsichtlich des negatorischen Beseitigungsanspruchs deshalb nicht erfüllt, weil es auf der Rechtsfolgenseite an der erforderlichen Vergleichbarkeit der Tatbestände fehle: Die präventive Einhaltung von Verkehrspflichten könne teils leichter erreicht werden (etwa wenn bereits das Aufstellen eines Warnschildes genügt) als die Beseitigung von Beeinträchtigungen, welche stets die Naturalrestitution erfordere[797].

Kritikwürdig erscheint in der Tat, dass *Herrmann* den § 908 BGB zu isoliert im Hinblick auf die Verweisungsnormen §§ 836ff. BGB auslegt und ihn zu wenig systematisch in Anlehnung an § 907 BGB einordnet, ist § 908 BGB doch als ein gesetzlich geregelter Sonderfall des in § 907 BGB angeordneten Abwehranspruchs wegen gefahrdrohender Anlagen anzusehen, der insofern eine Erweiterung des Eigentumsschutzes bedeutet, als im Unterschied zu § 907 BGB nicht erforderlich ist, dass der schädigende Einsturz mit Sicherheit zu erwarten ist[798]. § 908 BGB beruht allein auf den Erwägungen der Gesetzesverfasser, dass § 907 BGB bei einem drohenden Gebäudeeinsturz nicht gegeben sei, weil dies nicht auf dem Bestand und der Benutzung einer konkreten Anlage beruhe, sondern dass es ein allgemeines Naturgesetz sei, dass Gebäude wie alle

---

[795] *Picker*, FS Gernhuber, S. 315, 327.

[796] *Picker*, aaO., S.326; *ders.*, Beseitigungsanspruch, S.132 f. Zweifelhaft ist allerdings, dass es sich um akribisch beschriebene Eigentumsinhaltsbestimmungen und nicht um Sonderregelungen zu § 1004 I 1 BGB handeln soll, die nur in den Voraussetzungen über diesen hinausgehen.

[797] *Buchholz/Radke*, Jura 1997, 454, 458; *Stickelbrock*, AcP 197 (1997), 456, 493.

[798] *MünchKomm/Säcker*, § 908 Rn.1.

irdischen Dinge mit der Zeit zu Grunde gingen[799]. Allerdings wird heute nach allgemeiner Ansicht § 907 BGB auch angewendet, wenn nur die Anlage willentlich errichtet ist und die Einwirkung ausschließlich auf natürlichen Vorgängen beruht[800]. Es liegt deshalb näher, den Haftungsgrund des § 908 BGB wie bei § 907 BGB nur in der drohenden Gefahr des Schadenseintritts zu sehen, also im Gefahrzustand selbst und nicht in der Kausalität pflichtwidrigen Unterlassens, vor allem, weil bereits mit Eintritt des Gefahrenzustands die Rechtspflicht des § 908 BGB entsteht, während nach den §§ 836 ff. BGB die Beseitigung des Gefahrenzustands nicht verlangt werden kann[801]. Die Haftung der §§ 906 ff. BGB rechtfertigt sich aus der räumlichen Nähe von Nachbargrundstücken und der damit verbundenen erhöhten Gefahr gegenseitiger Einflüsse. Da der betroffene Grundstückseigentümer wegen der „Immobilität" seiner Sache den von Nachbargrundstücken ausgehenden Einwirkungen nicht „ausweichen" kann, erscheint es angemessen deren Eigenbesitzer bereits vorbeugend haften zu lassen; zum einen, weil sie den Gebrauchsvorteil haben, zum anderen wegen der sich aus der Sachnähe ergebenden Zugriffsmöglichkeit. Bei den §§ 836 ff. BGB wird dagegen auch Dritten gegenüber gehaftet, die nicht Nachbarn sind, weshalb es eines kausalen Zurechnungsaktes bedarf.

§ 908 BGB als einen Fall pflichtwidrigen Unterlassen anzusehen, bedeutet eine Rückkehr zur früheren Rechtsprechung, die der gesetzlichen Verweisung auf § 836 I BGB entnehmen wollte, dass der baufällige Zustand eine Folge fehlerhafter Errichtung oder mangelhafter Unterhaltung des Gebäudes oder Werkes sein müsse[802]. Heute wird § 908 BGB aber allgemein so verstanden, dass sich die Verweisung nicht auf die Voraussetzungen des § 836 BGB bezieht, sondern nur die Bezeichnung des Anspruchgegners ersetzen soll[803]. So zwingen die Strukturunterschiede von § 908 BGB und den §§ 836 ff. BGB auch *Herrmann* zu Kompromissen: Während bei den §§ 836 ff. BGB über das Verschulden die Erkennbarkeit der Handlungspflicht berücksichtigt werden kann, fehlt es bei § 908 BGB an einem solchen Verschuldenserfordernis.

---

[799] Prot III S.161 f.; vgl. dazu auch *Herrmann*, Der Störer, S.206.
[800] *MünchKomm/Säcker*, § 908 Rn.1.
[801] *Herrmann*, Der Störer, S.346.
[802] RGZ 70, 200 (206); beiläufig wohl auch OLG Düsseldorf MDR 1972, 948.
[803] *MünchKomm/Säcker*, § 908 Rn.3; *Staudinger/Roth*, § 908 Rn.8; *Soergel/Baur*, 13. Aufl., § 908 Rn.2; *Picker*, Beseitigungsanspruch, S.106, Fn 254; a.A. RGZ 70, 200 (206); *BGB-RGRK/Augustin*, § 908 Rn.11 ff.; *Herrmann*, Der Störer, S.342 f., 347 mwN., die eine strukturelle Gleichheit von § 908 BGB und den §§ 836 ff. BGB annimmt und die Diskussion hinsichtlich der alleinigen Voraussetzung der Unterhaltsverpflichtung als belanglos ansieht.

Dennoch will *Herrmann* auch hier die Erkennbarkeit der Gefahr als Anspruchsvoraussetzung sehen, also ein Quasiverschulden in die Norm hineinlesen[804]. Genauso soll zwischen der allgemeinen Unterhaltungspflicht und der an den Eigenbesitz geknüpften Pflicht zur Beseitigung der Gefahr unterschieden werden, wenn jemand Besitzer eines bereits gefährlichen Gebäudes wird[805]. Wäre das pflichtwidrige Unterlassen der Unterhaltungspflicht haftungsbegründend, dann käme gegebenenfalls auch der frühere Besitzer als Anspruchsgegner in Betracht, was aber bei § 908 BGB gerade ausgeschlossen ist[806]. Vor allem ist bei der Haftung wegen drohender Gefahren kein praktischer Unterschied erkennbar, ob wegen des bloßen Besitzes oder wegen eines pflichtwidrigen Unterlassens gehaftet werden soll. Wenn ein Gebäude einzustürzen droht, ist es zwangsläufig vom Besitzer nicht ordnungsgemäß unterhalten worden[807].

Deshalb bestehen berechtigte Zweifel, ob von der Struktur eines auf Schadensersatz gerichteten Deliktsanspruchs auf die eines Unterlassungsanspruchs geschlossen werden kann, um dann daraus allgemeine Schlüsse für den negatorischen Beseitigungsanspruch zu ziehen[808]. So schützt § 1004 I 1 BGB nicht nur gegen Gefahrenquellen, sondern auch gegen bloße Störungen anderer Art und geschuldet wird stets die Beseitigung der Störungsquelle, während einer Verkehrssicherungspflicht auch durch schwächere Maßnahmen wie dem Aufhängen eines Warnschildes genügt werden kann[809]. Letztendlich muss dies aber nicht abschließend entschieden werden, wenn sich der Kern der Kritik weniger gegen die kausale Zurechnung als solche als gegen ihre konkrete Umsetzung

---

[804] *Herrmann*, Der Störer, S.344. *Picker*, FS Gernhuber, S.315, 328 bewertet dieses Vermeidbarkeitserfordernis sogar dahingehend, dass § 1004 I 1 BGB vollends in § 823 BGB aufgehe.

[805] *Herrmann*, Der Störer, S.346.

[806] *Herrmann* (aaO, S.362) deutet § 836 II BGB dagegen so, dass keine Verantwortlichkeit für die Zeit nach Besitzende begründet wird, sondern eine solche bestehende Verantwortlichkeit zeitlich begrenzt werden soll. Bei § 908 BGB habe der Gesetzgeber selbst den eigentlichen Haftungsgrund nicht erkannt. Der Haftungsausschluss ließe sich aber damit erklären, dass es dem früheren Besitzer wegen nunmehr fehlender Sachnähe unmöglich sein soll, die Gefahr abzuwenden (S.363).

[807] So bewertet auch *Palandt/Bassenge*, § 1004, Rn.19 die Ansicht *Herrmanns* letztendlich als eine Haftung unmittelbar kraft Besitzes. *Picker*, FS Gernhuber, S.315, 327 beschreibt dies so: Es würde wegen Untätigkeit eine Einstandspflicht begründet, die in der Aufgabe gerade dieser Untätigkeit bestände.

[808] Vgl. auch die Besprechung der Habilitationsschrift durch *Otte*, AcP 195 (1995), 303 ff.

[809] *Larenz/Canaris*, SchR II/2, § 86 V.1.c) (S.695); *Neuner*, JuS 2005, 385, 388: Die §§ 908, 836 BGB begegneten ganz speziellen Gefährdungen und Schädigungen, während § 1004 I 1 BGB der Abwehr jeder Art von Eigentumsbeeinträchtigung diene.

durch *Herrmann* richtet. Genau dies ist der Fall: Soweit die Zurechnung aus den §§ 908, 836 ff. BGB hergeleitet werden soll, ist zweifelhaft, ob es billig erscheint, dass sich die Störereigenschaft nur aus kausalem Handeln und pflichtwidrigem Unterlassen ergeben kann. Im übrigen zielt die Kritik darauf, dass die Auffassung *Herrmanns* kombiniert mit dem weiten Beeinträchtigungsbegriff i.S.d. herrschenden Lehre zu weit reiche[810]:

So wird kritisiert, die Ansicht *Herrmanns* führe zu einer den Besitzer geradezu strangulierenden Haftung für jedes Geschehen auf dem störenden Grundstück[811]. Dem einzelnen werde so durch unübersehbare Haftungsrisiken jeglicher Freiraum zur Entfaltung seiner Persönlichkeit genommen[812]. Dies liefe quasi auf eine Gefährdungshaftung für jede einfache Gefahr hinaus[813]. Für die vom Grundstück ausgehenden Gefahren werde nach den §§ 836 ff. BGB aber nur bei vermutetem Verschulden gehaftet, so dass daneben eine verschuldensunabhängige Haftung die Verwirklichung besonderer Gefahren erfordere. Müsste damit aber wenigstens in einigen Fällen ein alternatives Haftungskriterium ergänzend herangezogen werden, erweise sich die Kausalität nicht als das allein maßgebliche Haftungsmerkmal des § 1004 I 1 BGB[814]. Richtig daran ist, dass die Kausalitätsfrage letztendlich nur zusammen mit der Weite der negatorischen Haftung beurteilt werden kann, mithin die Störerbestimmung in Wechselwirkung mit der Rechtsfolge des negatorischen Beseitigungsanspruchs zu sehen ist[815]. Das heißt aber nicht, dass die Kausalität als mitbestimmendes Haftungskriterium gänzlich abzulehnen ist[816]. Die Kritik richtet sich nicht gegen die Kausalität als solche, sondern gegen die Weite der negatorisch geschuldeten Naturalrestitution[817].

---

[810] Stickelbrock, AcP 197 (1997), 456, 478 f. glaubt etwa bei Störungen durch Naturereignisse nicht auf das Erfordernis einer adäquaten Zurechnung verzichten zu können.
[811] *Picker*, FS Gernhuber, S. 315, 327; *Buchholz/Radke*, Jura 1997, 454, 458.
[812] *Picker*, aaO., *Buchholz/Radke*, aaO.
[813] *Buchholz/Radke*, aaO.
[814] *Buchholz/Radke*, aaO.
[815] *Herrmann* schenkt dieser Wechselwirkung zu wenig Aufmerksamkeit, indem sie glaubt, die Störerhaftung unabhängig von der Weite des negatorischen Beseitigungsanspruchs beurteilen zu können, weil dieser jedenfalls keinen Ersatz von Folgeschäden zulasse, vgl. *Herrmann*, Der Störer, S.132-134, 158, 478.
[816] Zutreffend *Otte*, AcP 195 (1995), 303, 305.
[817] Vgl. *Buchholz/Radke*, Jura 1997, 454, 458, die kritisieren, dass eine verschuldensunabhängige über die §§ 836 ff. BGB weit hinausreichende Haftung begründet würde.

ee) Stellungnahme

(1) Der richtige Ansatz für die Bestimmung des Störers

Die Einzelfragen um die Bestimmung des Störers sind sehr komplex[818]. Hier kann sich aber darauf beschränkt werden, zu untersuchen, ob sich über die Zurechnung der Anwendungsbereich von § 1004 I 1 BGB derart eingrenzen lässt, dass es im Gegenzug gerechtfertigt sein kann, die Eigentumsbeeinträchtigung beim negatorischen Beseitigungsanspruch weit zu verstehen.

(a) Die dogmatische Grundproblematik

Es erweist sich offensichtlich als schwierig, dogmatische Kriterien für die Bestimmung des Störers zu finden. Dies ist damit zu erklären, dass der negatorische Beseitigungsanspruch der Regelung von Rechtskonflikten dient und insoweit darauf ausgerichtet sein muss, widerstreitende Interessen in einen gerechten Ausgleich zueinander zu bringen. Sind aber die Fallkonstellationen, die vom negatorischen Beseitigungsanspruch erfasst werden sollen, so vielgestaltig, dass sich bereits die Gesetzesverfasser nicht in der Lage sahen, den Tatbestand des § 1004 I 1 BGB im Hinblick auf den Beeinträchtigungsbegriff und die Störereigenschaft genauer zu formulieren, so zeigt dies die eigentliche Schwierigkeit auf: Die Einzelfallgerechtigkeit beim negatorischen Beseitigungsanspruch lässt sich nur schwer abstrahieren[819]. Es erscheint deshalb angesichts des generalklauselartigen Charakters von § 1004 I 1 BGB als der richtige Weg, aus der Vielzahl der zu begutachtenden Sachverhalte Fallgruppen herauszubilden. Dabei kann nach den denkbaren Störungsquellen differenziert werden.

(b) Der Haftungsgrund der negatorischen Haftung

Um das „verknüpfende Element“ zwischen der Beeinträchtigung und dem Störer zu finden, ist es zunächst wichtig, zu präzisieren, wann ein Anspruch aus § 1004

---

[818] Vgl. etwa zum Eingriffsrecht des haftenden Besitzers in fremdes Eigentum *Herrmann*, Der Störer, S.414 ff., 440 f., 559; zur Haftungsbefreiung des Arbeitnehmers *Herrmann*, aaO., S. 492 ff., 563 f. (zur Frage, ob der abhängige Arbeitnehmer nur bei eigener Entschließungsfreiheit mit entsprechendem Verantwortungsbereich haften soll *MünchKomm/Medicus*, § 1004 Rn.43 mwN), zu den Verursachungsbeiträgen mehrerer Störer *Herrmann*, aaO., S.531 ff., 564 f.

[819] Vgl. auch *Larenz/Canaris*, SchR II/2, § 86 II. (S.675).

I 1 BGB begründet ist.

Für einen negatorischen Beseitigungsanspruch ist maßgeblich, dass der Eigentümer *gegenwärtig* nicht nach Belieben mit seiner Sache umgehen kann, weil die dafür erforderlichen *tatsächlichen* Voraussetzungen nicht gegeben sind. Deshalb ist *Picker* zuzustimmen, wenn er denjenigen als Störer ansehen will, der den störenden Zustand *aufrecht erhält* (nach seiner Ansicht der das fremde Recht Usurpierende), und nicht denjenigen, der die Störung *herbeigeführt hat*[820]. Damit stellt die Usurpationslehre eine wichtige dogmatische Grundstruktur der negatorischen Haftung klar: Der Störer haftet wegen des ihm zuzurechnenden *rechtswidrigen Zustands*! Zu kritisieren ist an der Lehre *Pickers* jedoch, dass sie die Eigentumsbeeinträchtigung nur in der Rechtsusurpation und nicht in den *tatsächlich* störenden Umständen sieht[821].

Dieser störende Zustand kann zum einen in einer andauernden *rechtswidrigen Handlung* wie das Betreten eines Grundstücks oder das allabendliche Betreiben eines lärmenden Tanzlokals[822] bestehen. Dies sind die klassischen Störungsfälle, da solche störenden Handlungen, wären sie rechtmäßig, der Ausübung eines dinglichen Rechts, einer Dienstbarkeit oder eines Nießbrauchs, gleichkämen[823]. Da gegen ein solches Handeln Notwehr (und meist auch Selbsthilfe nach § 859 BGB) zulässig ist, wäre es ein Selbstwiderspruch der Rechtsordnung, wenn sie nicht statt der – prinzipiell unerwünschten – Ausübung von Gewalt durch die Privatrechtssubjekte diesen den Schutz der staatlichen Gerichte zur Verfügung stellen und einen entsprechenden Anspruch gewähren würde. In der Rechtswidrigkeit des Handelns ist somit nach allen Ansichten ein überzeugender Gerechtigkeitsgrund für die negatorische Abwehr zu sehen[824]. Nach hier vertretener Ansicht ist dagegen aber ein Unterlassungsanspruch gem. § 1004 I 2 BGB geltend zu machen[825].

Noch bedeutsamer ist der Beseitigungsanspruch bei der Beeinträchtigung durch einen tatsächlichen Zustand, weil Selbsthilfe und Notwehr dann zeitlichen Grenzen unterliegen. Da der Zustand aber nicht geduldet werden muss

---

[820] Vgl. bereits Motive III, S.237 f.: Als Anspruchsteller wurde derjenige angesehen, durch dessen Willen die Eigentumsverletzung aufrechterhalten wird. Ein jeder der Anlagen halte, sei verpflichtet sie in einem solchen Zustand zu halten, dass sie fremde Rechte nicht berühre.
[821] Vgl. dazu auch die Ausführungen bei *Gursky* JZ 1990, 921.
[822] *Picker*, Beseitigungsanspruch, S.130: Die äußerlich selbständigen Einzelakte seien dann durch den Sinnzusammenhang zu einem „Verhalten" verbunden.
[823] *Herrmann*, JuS 1994, 273, 281.
[824] *Larenz/Canaris*, SchR II/2, § 86 II. 1. (S.675).
[825] Vgl. unten S.368 ff.

(§ 1004 II BGB), ist ein entsprechender Anspruch zu gewähren und so der Schutz staatlicher Gerichte sicherzustellen. Gleichzeitig ist der Beseitigungsanspruch die Voraussetzung dafür, dass der Anspruchsgegner jedenfalls auch die Kosten der Beseitigung bei einer Ersatzvornahme zu tragen hat.

Die übliche terminologische Einteilung in Handlungs- und Zustandsstörer darf nicht darüber hinwegtäuschen, dass der eigentliche Grund für die negatorische Haftung stets die zurechenbare und noch gegenwärtig wirkende tatsächliche Einschränkung im Umgang mit der eigenen Sache ist[826]. Die Einteilung dient nur dazu, die denkbaren Fälle negatorischer Haftung nach der Störungsquelle[827] oder dem Grund der Einstandspflicht[828] zu veranschaulichen. Störer ist folglich derjenige, der das rechtswidrig (nicht zwingend von ihm) abgestellte Auto oder den rechtswidrig (nicht zwingend von ihm) abgeladenen Müll auf dem fremden Grundstück willentlich belässt bzw. den Betrieb einer Schadstoffe ausstoßenden Anlage nicht unterbindet, obwohl er verpflichtet ist, die Störungsursache tatsächlich zu beseitigen. Dies meinen auch die Motive, wenn es dort heißt, dass der Anspruch seine Richtung gegen die Person desjenigen hat, durch dessen Willen der mit dem Inhalte des Eigentums in Widerspruch stehende Zustand aufrechterhalten wird, und es nicht auf eine der Vergangenheit angehörende einzelne Handlung ankommt[829]. Dies lässt sich vor allem am Sinn und Zweck der dinglichen Ansprüche festmachen, weil sie der Rechtsverwirklichung dienen! Verwirklicht wird aber das Eigentum, wenn die tatsächlichen Voraussetzungen für den ungestörten Umgang mit der Sache geschaffen werden, also die „Weiterwirkung" der fortdauernden Störung beendet wird[830]. Es kommt

---

[826] Insoweit zutreffend *Jauernig/Jauernig*, § 1004 Rn.15, *Baumberger/Roth/Fritzsche*, § 1004 Rn.13; *Westermann*, Lb, 6. Aufl., § 36 I.1., die dieser Einteilung jede praktische Bedeutung absprechen, weil die Übergänge fließend seien, kritisch zu dieser Begrifflichkeit auch *Olzen*, Jura 1991, 281, 286. Ausführlich zur Unterteilung in Handlungs- und Zustandshaftung *Stickelbrock*, AcP 197 (1997), 456, 468 ff. mit vielen Nachweisen.

[827] *MünchKomm/Medicus*, § 1004 Rn.42 ff. bezeichnet im Hinblick auf die Störungsquelle nur als „Tätigkeitsstörer", wer durch die Handlung so stört, dass das Ende des Tuns auch das Ende der Störung bedeutet, und alle anderen als „Untätigkeitsstörer", wenn sie die Gefahrenquelle geschaffen haben und sie beseitigen können; dem folgend *Olzen*, Jura 1991, 281, 286; *Westermann*, BGB-SR Rn.70; *Erman/Ebbing*, 11. Aufl., § 1004, Rn.110; Schapp/Schur, SR, Rn.156; Schreiber, SR, Rn.146; kritisch dagegen *Stickelbrock*, AcP 197 (1997), 456, 474 f.: Diese Einteilung bringe keinen entscheidenden Vorteil.

[828] *Larenz/Canaris*, SchR II/2, § 86 III 1. (S.683) fasst unter den Handlungsstörer sowohl denjenigen, der durch das fortdauernde positive Tun die Störung bewirkt als auch denjenigen, der für eine in der Vergangenheit abgeschlossene Störungshandlung verantwortlich ist.

[829] Motive III, S. 237 f., 424. Vgl. auch RGZ 92, 22 (24); 108, 329 (331).

[830] *Pleyer*, AcP 156 (1957), 291, 293 Fn.6.

dafür ausschließlich darauf an, die gegenwärtige primäre Störungsquelle zu beseitigen[831].

Im Vergleich dazu haben die §§ 249 ff. BGB einen Vergangenheitsbezug: Es soll der *ursprüngliche Zustand* hergestellt werden. Ein Gegenwartsbezug entsteht nur dadurch, dass die zwischenzeitlich hypothetischen Veränderungen zu berücksichtigen sind. Geht es aber um den ursprünglichen Zustand, so ist es gerechtfertigt, nur auf die Ursache für die Veränderung des Zustands abzustellen. Der deliktischen Haftung kommt insoweit auch Sanktionscharakter zu, welcher der negatorischen Haftung gänzlich fehlt, weil es nicht um die Vermögensminderung, sondern allein um die Freiheitsbeschränkung im Umgang mit der eigenen Sache geht. Bei § 823 I BGB wirkt deshalb auch nur die Schadensherbeiführung haftungsbegründend, nicht aber, dass es der Schädiger unterlässt, den Schaden zu beseitigen. Anders dagegen bei den §§ 1004, 985 BGB, bei denen es nicht darauf ankommt, dass die Eigentumsbeeinträchtigung herbeigeführt worden ist, sondern dass diese nicht beseitigt wird.

(2) Die Pflicht zur Beseitigung der Eigentumsbeeinträchtigung

(a) Störungen durch in der Vergangenheit liegendes Handeln

Sieht man die Eigentumsbeeinträchtigung im tatsächlich veränderten Gebrauchszustand der fremden Sache, so zeigt sich die für die Abgrenzungsproblematik verantwortliche Nähe zum Schadensersatzrecht. Unterscheiden sich § 1004 I 1 BGB und die §§ 823 I, 249 ff. BGB zwar im zeitlichen Bezugspunkt und daraus begründet in ihrer Rechtsfolge, so sind die Gründe für die Zurechnung und die für sie geltenden Gerechtigkeitswertungen bei beiden Ansprüchen im Grundsatz doch dieselben, wenn ein Handeln haftungsbegründend wirkt: Es geht stets darum, die Fälle des allgemeinen Lebensrisikos aus dem Anwendungsbereich der Haftung auszuschließen. Insoweit ist es also gleichgültig, ob jemand durch sein Tun oder durch pflichtwidriges Unterlassen einen Schaden oder eine Eigentumsbeeinträchtigung hervorruft.

Hinsichtlich des pflichtwidrigen Unterlassens kann auf die beim Deliktsrecht entwickelten Kriterien zur Handlungspflicht zurückgegriffen werden, weil eine solche unabhängig von einem Verschulden begründet wird. Das Verschulden wirkt nämlich bei den unerlaubten Handlungen zur kausalen Unrechtshaftung

---

[831] *Larenz/Canaris*, SchR II/2, § 86 VI.1.a) (S.700).

nur ergänzend[832]. Gehaftet wird wegen der Einstandspflicht für einen bestimmten räumlich-gegenständlichen Herrschaftsbereich, weil Verantwortung und Bestimmungsgewalt zusammengehören, wenn deren Inhaber zur Beherrschung der Gefahr in der Lage ist und einen Vorteil aus der Gefahrenquelle zu ziehen vermag (Rechtsgedanke der §§ 831 I, 833, 836f. BGB), für die tatsächliche Übernahme einer Aufgabe und der damit verbundenen Verantwortungspflicht (Rechtsgedanke der §§ 831 II, 832 II, 834, 838 BGB), oder für gefahrerhöhendes vorangegangenes Tun (geschichtlich gewachsener Grundsatz), das bei der negatorischen Haftung nicht rechtswidrig gewesen sein muss, weil es nur darauf ankommt, dass der dadurch verursachte störende Zustand nunmehr rechtswidrig ist[833]. Da zur Begründung der Beseitigungspflicht auf die Aufrechterhaltung des störenden Zustands selbst nicht abgestellt wird, liegt auch kein Zirkelschluss vor[834].

Beim *Widerruf unrichtiger Behauptungen* lässt sich die Beseitigungspflicht des weiteren damit begründen, dass nur der Täter in der Lage ist, seine ehrverletzende oder kreditschädigende Äußerung glaubhaft zu widerrufen, so dass der Betroffene darauf angewiesen ist[835]. Insoweit bestehen Parallelen zu der Haftung wegen gegenwärtigen rechtswidrigen Handelns, das auch nur der Handelnde selbst beenden kann. Ist eine Ehrverletzung zunächst durch einen Rechtfertigungsgrund gedeckt, der später wegfällt, ist nunmehr ein Widerrufsanspruch gegen den Äußernden begründet. Die Beeinträchtigung liegt in der fortdauernden öffentlichen Wirkung der Äußerung (fortwirkende Gefahrenquelle), die jetzt eben nicht mehr vom Betroffenen zu dulden ist.

Im übrigen rechtfertigt sich der Beseitigungsanspruch damit, dass derjenige, der „näher dran" ist, die mit der Beseitigung verbundenen *Kosten* soll tragen müssen. Dies wird teils damit erklärt, dass der Gestörte den Beseitigungsanspruch geltend mache anstatt rechtmäßig Selbsthilfe bzw. Notwehr geübt zu haben. Da der Störer damit der Gefahr entgangen sei, dabei verletzt worden zu sein, soll er im Gegenzug wenigstens die Kosten der von ihm verursachten Eigentumsbeeinträchtigung tragen müssen[836]. Der Beseitigungsanspruch ist danach stets eine vollwertige Alternative zur gerechtfertigten Eigenabwehr der

---

[832] Vgl. dazu im einzelnen *Larenz/Canaris*, SchR II/2, § 76 III., insbesondere 3. (S.406 ff.).
[833] *Larenz/Canaris*, SchR II/2, § 86 II.2.a) (S.676); *Pikart*, WM 1976, 606, a.A. *v. Caemmerer*, Juristentagsfestschrift II, S.49, 130 f.
[834] So die Kritik *Larenz/Canaris*, SchR II/2, § 86 V.1.b) (S.695).
[835] *Larenz/Canaris*, SchR II/2 § 86 II.2.a) (S.676); *Stickelbrock*, AcP 197 (1997), 456, 472, vgl. auch unten S. 347 ff.
[836] *Larenz/Canaris*, SchR II/2 § 86 II.2.b) (S.677).

Eigentumsstörung. An dieser Argumentation ist allerdings zu kritisieren, dass Notwehr und Selbsthilfe nur gegen rechtswidrige Handlungen zulässig sind, das vorangegangene Tun bei der negatorischen Haftung aber nicht zwingend rechtswidrig gewesen sein muss. Maßgeblich ist deshalb vielmehr, dass es angemessen ist, dem Verursacher von Unrecht auch die Kosten für dessen Beseitigung aufzuerlegen.

Allerdings muss diese Kausalhaftung Grenzen unterliegen. Stellte man nämlich auf die reine Verursachung ab und hätte der Handelnde stets die gesamten Beseitigungskosten zu tragen, auch wenn ihn kein Verschulden trifft, so würde ihn die Gefahr einer teuren Haftung nicht unwesentlich in seinem Verhalten hemmen. Da er sich oft gegen diese Haftungsgefahr versichern wird, stellt sie zudem einen belastenden Wirtschaftsfaktor dar. Dass die Sachzerstörungen und der Ersatz von Vermögensfolgeschäden aus dem Anwendungsbereich von § 1004 I 1 BGB ausgenommen sind, gleicht dies nicht aus, wenn der negatorische Beseitigungsanspruch mit der herrschenden Ansicht auf tatsächliche Einwirkungen erstreckt wird.

Deshalb muss nach einem Eingrenzungskriterium gesucht werden, das mehr als Kausalität, aber weniger als Verschulden fordert. Es muss sich also um ein die Kausalität ergänzendes *objektives* Merkmal handeln, welches keinen Fehlverhaltensvorwurf in die verschuldensunabhängige negatorische Haftung hineinbringt. Dies ist darin zu sehen, dass sich der Störer *„sozial auffällig"* verhalten haben muss. Ein *„sozial übliches Verhalten"* reicht für eine negatorische Haftung nicht aus. Insoweit lässt sich als Maßstab *der Grundgedanke von § 906 II 1 BGB* verallgemeinern: Ein ortsübliches Verhalten, das nicht durch Maßnahmen verhindert werden kann, die dem Handelnden wirtschaftlich zumutbar sind, darf keinen Anspruch auf Beseitigung der Eigentumsbeeinträchtigung gem. § 1004 I 1 BGB begründen. Nun ist der Begriff der Ortsüblichkeit auf die Benutzung eines Grundstücks ausgerichtet. Als Vergleichsmaßstab dient, ob eine etwa gleichartige Nutzung einer Mehrheit von Grundstücken derselben örtlichen Lage nach Art und Umfang gleichartige Störungen hervorbringt, wobei die Kriterien für eine gleichartige Nutzung zeitgemäß zu beurteilen sind und die Abgrenzung des Vergleichsgebiets der tatrichterlichen Würdigung obliegt[837]. Der Störende soll dann weiterhandeln dürfen, obwohl er andere wesentlich beeinträchtigt. Der dahinter stehende Grundgedanke lässt sich aber auch für andere Verhaltensweisen heranziehen: Wenn sich jemand objektiv so verhalten

[837] *Wenzel*, NJW 2005, 241, 245.

hat, wie sich auch andere Mitmenschen in der konkreten Situation verhalten hätten, also „sozial üblich“, wobei auf die Anschauungen vergleichbarer Bevölkerungskreise abzustellen ist, und er hat dabei fremdes Eigentum beeinträchtigt, so hat der Betroffene die Folgen zu dulden. Ob ein Verhalten als sozialüblich bewertet werden kann, ist aus der Sicht eines objektiven Dritten zu beurteilten. Im Wege der Rechtsfortbildung muss dann aber auch ein angemessener Ausgleich in Geld gem. § 906 II 2 BGB analog zugestanden werden. Solche Ausgleichsansprüche hat die Rechtsprechung z.B. auch anerkannt, wenn die Ansammlung von Drogensüchtigen oder von Drogendealern vor einem Drogenhilfezentrum zu dulden ist[838]. Der Unterschied von „sozial üblichem Verhalten“ zur Adäquanz bei der Kausalität besteht in der Bewertungsgrundlage: Einmal das Verhalten, zum anderen die Ursachenkette. Der Unterschied zum Verschulden besteht in der objektiven statt subjektiven Beurteilung.

Ferner ist Literatur und Rechtsprechung zuzustimmen, wenn neben dem Handelnden selbst (unmittelbare Haftung) auch derjenige als Störer haften soll, der sich das fremde Handeln zurechnen lassen muss oder der es gar hervorgerufen hat und in der Lage ist, es zu verhindern oder abzustellen[839] (mittelbare Haftung). Insoweit stellen sich dieselben von einem Verschulden unabhängigen Kausalprobleme wie im Deliktsrecht. Die Bewertung von Täterschaft und Teilnahme lässt sich deshalb in *analoger Anwendung von § 830 BGB* vornehmen[840]. Die Vorschrift enthält ein verallgemeinerungsfähiges Rechtsprinzip für kausales Unrecht, wobei insbesondere nach Abs. 2 Gehilfen und Anstifter Tätern gleichstehen. Daraus ergibt sich, dass auch der Auftraggeber einer Störungshandlung selbst als Handlungsstörer negatorisch haftet[841]; ebenso der Vermieter oder Verpächter, wenn das störende Verhalten des Mieters oder Pächters vom Vertrag gedeckt ist (Räume zum Betrieb einer Gastwirtschaft, Grundstück für eine

---

[838] BGHZ 144, 200 = NJW 2000, 2901.

[839] BGHZ 49, 340 (347) = NJW 1968, 1281; BGH NJW 1982, 440; BGHZ 144, 200 = NJW 2000, 2901, 2902. Zahlreiche Fallbeispiele aus der Rechtsprechung bei *Baumberger/Roth/Fritzsche*, § 1004 Rn.18. Vgl. zur Unmöglichkeit bei § 1004 I 1 BGB *Medicus*, BR, § 19, Rn.447, des weiteren dazu *Olzen*, Jura 1991, 281, 286 f.; *Müller*, SR, Rn.739 ff.

[840] *Larenz/Canaris*, SchR II/2 § 86 III 2.b) (S.684); *Müller*, SR, Rn.733a; LG Köln, NJW-RR 1990, 865.

[841] Vgl. BGHZ 106, 229 (235); BGH NJW 1962, 1342, 1344; *Herrmann*, Der Störer, S.487; *MünchKomm/Medicus* § 1004 Rn. 44, 53; *Staudinger/Gursky* § 1004 Rn. 88; *Larenz/Canaris*, SchR II/2 § 86 III.2.b) (S.684); *Pleyer*, AcP 161 (1962), 500, 501.

Mülldeponie)[842]. Hierzu sind wohl auch solche Fälle zu zählen, in denen jemand Anlass für das störende Verhalten Dritter gibt, weil dieses vom Zweck des eigenen Handelns mitumfasst ist (Flugzeuglärm am Flughafen[843], Straßenlärm durch Gäste vor der Gastwirtschaft, Verunreinigungen und sonstige Belästigungen durch Fahrgäste an der Omnibushaltestelle[844])[845]. Die negatorische Handlungshaftung besteht dagegen nicht, wenn das Verhalten des unmittelbaren Störers nicht vom Willen des mittelbaren erfasst ist[846], weil dann der Kausalzusammenhang unterbrochen ist. Maßgeblich hat dafür zu sein, inwieweit das störende Drittverhalten im Zusammenhang mit dem vom mittelbaren Störer verfolgten Zweck voraussehbar gewesen ist. Ob der Vermieter in Fällen fehlenden Kausalzusammenhangs durch Androhung oder Ausspruch einer Kündigung gegen den Mieter vorgehen muss, ist eine Frage der (Zustands-)Haftung wegen Eigentums oder Besitzes.

Daneben können Störungshandlungen von Verrichtungsgehilfen und Aufsichtsbedürftigen dem Geschäftsherrn bzw. dem Aufsichtspflichtigen gem. *§§ 831 f. BGB analog* zugerechnet werden. Beim Geschäftsherrn entfällt dann die Haftung für alle Störungen des Verrichtungsgehilfen, die nicht bei der Ausübung der Verrichtung, sondern bei Gelegenheit erfolgt sind. Teils wird die entsprechende Anwendung der §§ 831 f. BGB abgelehnt, weil jene Vorschriften die Haftung ganz bewusst an ein Verschulden des Geschäftsherrn bei der Auswahl und Leitung des Verrichtungsgehilfen bzw. bei der Beschaffung von Gerätschaften knüpften[847]. Da der Umfang der Beseitigungspflicht aus § 1004 I 1 BGB aber hinter dem des Schadensersatzanspruchs zurückbleibt, muss für die Zurechnung genügen, dass der Verrichtungsgehilfe bzw. Aufsichtsbedürftige mit Wissen und Wollen des Geschäftsherrn bzw. Aufsichtspflichtigen handelt. Die Tatsache, dass er sich des Verrichtungsgehilfen bedient, führen den Geschäftsherrn und den Verrichtungsgehilfen zu einer

---

842 Vgl. BGH NJW 1959, 2013, 2014; 1967, 246 (Überschreiten einer Dienstbarkeit durch den Mieter); BGHZ 95, 307 (308) = NJW 1985, 2823; BGHZ 144, 200 = NJW 2000, 2901, 2902; OLG Celle DWW 1987, 294 f. (Lärm durch Kunden gewerblicher Mieter), zu den Details vgl. *Lutter/Overrath*, JZ 1968, 345 ff.

843 BGHZ 59, 378 (380).

844 BGH WM 1960, 1276.

845 *Larenz/Canaris*, SchR II/2, § 86 II.4.b) (S.682) sieht in solchen Fällen das Unternehmen als eine eigene Störungsquelle an.

846 *Pikart*, WM 1976, 606, 608; BGH JuS 1986, 999 (störende Kinder auf einem Spielplatz, Anm. *K. Schmidt*); *Eichler*, Institutionen II/1, S.292: Keine Haftung für Radio oder Klavier des Mieters.

847 *Pleyer*, AcP 161 (1962), 500, 505 f.

Risiko- und Haftungsgemeinschaft zusammen, unabhängig davon, ob der Verrichtungsgehilfe vorsätzlich oder nur fahrlässig handelt[848]. Andererseits kann auf das Merkmal der Weisungsgebundenheit nicht verzichtet werden, so dass nicht haftet, wer einen Bekannten bittet, für ihn mit dem Pkw einen Arzt zu holen, wenn dieser dabei eine Eigentumsbeeinträchtigung verursacht[849]. Es ist somit auch nicht notwendig, die negatorische Verantwortlichkeit des Unternehmers für Fehlleistungen seiner Arbeitnehmer aus der bloßen Innehabung des Unternehmens selbst herzuleiten[850], denn insoweit ergibt sich die gleiche Gefahr, einen ungeschriebenen Gefährdungshaftungstatbestand zu schaffen, wie bei der Ableitung der negatorischen Haftung aus dem bloßen Eigentum[851]. Die Möglichkeit für den Geschäftsherrn bzw. Aufsichtspflichtigen, sich zu exkulpieren, muss jedoch zwangsläufig entfallen, weil sie an das vermutete Verschulden gekoppelt ist. Andererseits ist nicht ersichtlich, warum nicht auch der Arbeitnehmer und der Verrichtungsgehilfe selbst passivlegitimiert sein sollen[852]. Eine Analogie zu § 855 BGB bzw. das Argument, dass auch § 985 BGB nicht gegen den Besitzdiener gerichtet sein könne[853], vermag nicht zu überzeugen, weil für die Haftung nach § 985 BGB unbedeutend ist, wie der rechtswidrige Besitzstand herbeigeführt wurde. Allenfalls kann der Gestörte nach § 242 BGB gezwungen sein, vorrangig den Arbeitgeber oder Geschäftsherrn in Anspruch zu nehmen[854]. Ist die Beeinträchtigung durch mehrere Störer verursacht worden, hat der Eigentümer nach dem Rechtsgedanken des § 840 BGB grundsätzlich die Wahl, an wen er sich halten will[855]. Ist mit vertretbarem Aufwand nicht feststellbar, welchem von zwei potentiellen

---

848 a.A. *Pleyer*, AcP 161 (1962), 500, 504.

849 So zu Recht im Ergebnis *Pleyer*, AcP 161 (1962), 500, 502 f., der allerdings die Anwendbarkeit der §§ 831 f. BGB gänzlich ablehnt und die Nichthaftung damit begründet, dass sich der Hintermann verkehrsrichtig verhalten habe, weil ihn gerade kein Auswahlverschulden treffe.

850 So aber *Pleyer*, AcP 161 (1962), 500, 508 ff.

851 Siehe oben S.180 ff.

852 Zur Einstandspflicht eines Unternehmers für störende Handlungen seiner Mitarbeiter *Pleyer*, AcP 161 (1962), 500. BGH NJW 1979, 551: Weisungsgebundener Arbeitnehmer sei Handlungsstörer, wenn er eine hinreichend selbständige und eigenverantwortliche Stellung innehabe. Sie müsse entfallen, wenn der Handelnde keinerlei Entschlussfreiheit habe, etwa auf Befehl der Besatzungsmacht tätig werde (BGH NJW 1955, 1474), kritisch *Müller*, SR, Rn.737.

853 So *Larenz/Canaris*, SchR II/2, § 86 III.2.c) (S.685).

854 *Herrmann*, Der Störer, S.502 weitet dagegen die Regeln über die gefahrgeneigte Tätigkeit aus, die aber letzten Endes doch auch an das Verschulden anknüpfen.

855 *Schwab/Prütting*, SR, Rn.574; *Baur/Stürner*, SR, § 12 Rn.19; zu Einzelheiten *Bamberger/Roth/Fritzsche*, § 1004 Rn.25 f. mwN.

Störern die Störung zuzurechnen ist, kann § 830 I 2 BGB analog angewendet werden[856].

(b) Von Gegenständen ausgehende Störungen

Da der Grund der negatorischen Haftung im Vergleich zur deliktischen Haftung in einem zurechenbaren rechtswidrigen tatsächlichen Zustand besteht, kann sich die negatorische Verantwortlichkeit über den Verursacher hinaus auf den Eigentümer oder Besitzer einer störenden Sache erstrecken[857]. So soll auch derjenige haften, der eine Beeinträchtigung adäquat mittelbar verursacht habe und von dessen Willen die Beseitigung der Beeinträchtigung oder ihre künftige Unterlassung abhänge[858], wobei die Abgrenzung zum mittelbaren Handlungsstörer darin bestehe, dass die Beeinträchtigung nur durch den Zustand einer Sache oder Anlage begründet werde[859]. Dies gilt es näher zu untersuchen. Denn ist die Zurechnung so weit zu fassen, dann scheidet sie erst Recht als alleiniges Abgrenzungskriterium zu den §§ 823 I, 249 ff. BGB aus.

(aa) Die Störereigenschaft bei Grundstücken

Die Störungen, die von einem Grundstück ausgehen, werden entweder durch die Benutzung dieses Grundstücks (etwa Betreiben einer Anlage) oder durch die Folgen des Grundstückszustandes (etwa Steinschlag, abgeschwemmte Sandmassen) verursacht.

Wechselseitige Einwirkungen von *Grundstücken* sind in den §§ 906 ff. BGB geregelt. Während die Zuführung unwägbarer Stoffe nach § 906 BGB – wie überhaupt alle Fälle der Grundstücksbenutzung - eine Handlungshaftung begründet, betreffen die §§ 907 ff. BGB die negatorische Haftung für den gefahrdrohenden Bestand und die gefahrdrohende Benutzung von Anlagen und Gebäuden auf einem Grundstück. Es fragt sich, ob aus diesen Vorschriften all-

---

[856] *Bamberger/Roth/Fritzsche*, § 1004 Rn.52.

[857] A.A. etwa *Armbrüster*, NJW 2003, 3087, 3088. Er sieht den Verstoß gegen die Verkehrssicherungspflicht als nicht *notwendige*, aber doch zumindest *hinreichende* Voraussetzung an, um die Störereigenschaft in Abgrenzung zu den reinen Naturereignissen begründen zu können.

[858] BGH LM Nr.14 = BB 1954, 914; BGH NJW-RR 2001, 232 mwN; *Baumberger/Roth/Fritzsche*, § 1004 Rn.20f mit zahlreichen Beispielen aus der Rechtsprechung.

[859] BGH NJW 1998, 3273.

gemeine Kriterien für die Bestimmung des „Zustandsstörers“ ermittelbar sind.

§ 908 BGB verweist beim drohenden Gebäudeeinsturz auf die §§ 836-838 BGB, wonach im Grundsatz der Eigenbesitzer des Grundstücks (§ 836 III BGB, wenn sich der Eigenbesitz auch auf das Gebäude oder Werk erstreckt), *neben ihm* der Gebäudeunterhaltspflichtige (§ 838 BGB) oder *anstelle* des Grundstücksbesitzers der Gebäude- bzw. Werksbesitzer (§ 837 BGB, etwa bei § 95 BGB!) haftet. Es handelt sich bei § 908 BGB um keinen Fall der Kausalhaftung wegen pflichtwidrigen Unterlassens[860], sondern um eine Einstandspflicht für den jeweiligen Zustand des Grundstücks[861]. Verantwortlich soll derjenige sein, der am besten in der Lage scheint, die bautechnische Sicherheit eines Gebäudes oder eines anderen von Menschenhand geschaffenen Werkes zu gewährleisten, beschränkt allerdings auf den Eigenbesitzer i.S.v. § 872 BGB, weil dieser regelmäßig den (wirtschaftlichen) Nutzen aus der Haltung der Sache zieht und er deshalb auch die Kosten entsprechender Sicherheitsmaßnahmen tragen soll[862].

Zwei Dinge lassen sich daraus ableiten: Zum einen wird offensichtlich in der vorherigen Veränderung des störenden Grundstücks durch menschliche Handlungen[863] das maßgebliche Abgrenzungskriterium zu den rein naturbedingten Störungen gesehen, die unter das allgemeine Lebensrisiko fallen, weil die Beeinträchtigung in gleicher Weise auf der Lage beider Grundstücke beruht, so dass es keinen hinreichenden Grund gibt, etwa dem „Oberlieger“ bei Abschwemmungen oder Steinfall die Beseitigungs- und Präventionskosten aufzubürden[864]. Aus diesem Grunde sind auch Bäume und Sträucher gem. § 907 II BGB aus dem Anwendungsbereich dieser Vorschrift ausgenommen, weil bei ihnen deutlich gemacht werden soll, dass es nicht darauf ankommt, wer sie gepflanzt hat oder unterhält. Sie sollen vielmehr wie alle übrigen Natureinwirkungen behandelt werden. Es soll also nur bei pflichtwidrigem Unterlassen negatorisch gehaftet werden[865]. Allerdings wird man bei Beein-

---

860 A.A. *Herrmann*, Der Störer, vgl. oben S.190 ff.

861 *Larenz/Canaris*, SchR II/2, § 86 II.3.b) (S.679).

862 *MünchKomm/Wagner*, § 836 Rn.27.

863 Diese kann im Herstellen oder Halten einer Anlage (§§ 906 ff. BGB) genauso wie in der Veränderung des Grundstücks durch Vertiefung (§ 909 BGB) oder in dem Abriss einer Giebelmauer unter Verstoß gegen § 922 S.3 BGB bestehen; vgl. BGHZ 49, 340 (347) – Truppenübungsplatz, zum Erfordernis des Werks aus Menschenhand *Staudinger/Roth*, § 907 Rn.12; § 908 Rn.4; § 909 Rn.7; *MünchKomm/Säcker*, § 907 Rn.2.

864 *Larenz/Canaris*, SchR II/2, § 86 II.3.c) (S.679); *Baur*, AcP 160 (1961), 465, 479 f.; *Kübler*, AcP 159 (1960), 236, 280. Weitere Beispielsfälle aus der Rechtsprechung bei *Bamberger/Roth/Fritzsche*, § 1004 Rn.23 f.

865 A.A. etwa *Larenz/Canaris*, SchR II/2, § 86 II 3.c) (S.680), *Canaris*, FS Medicus, 1999,

trächtigungen, die auf Naturereignissen oder der natürlichen Beschaffenheit des Grundstücks beruhen, dem Beeinträchtigten das Recht zugestehen müssen, sich selbst dagegen absichern zu können. Muss dafür das Nachbargrundstück in Anspruch genommen werden, obliegt dem Nachbarn eine Duldungspflicht[866] aus § 242 BGB auf der Grundlage des nachbarlichen Gemeinschaftsverhältnisses.

Zum anderen ist für den Zustandsstörer kennzeichnend, dass er den Störungszustand nicht selbst herbeigeführt haben muss, aber dafür einzustehen hat, wenn auf dem von ihm beherrschten Grundstück ein erhöhtes Beeinträchtigungsrisiko für Nachbargrundstücke geschaffen wurde[867]. So wirkt hier ebenfalls, wenn auch nicht das eigene, so doch ein vorangegangenes Tun als Gerechtigkeitskriterium. Maßgeblich ist dabei für die Störereigenschaft nicht nur, wer auf Grund seiner tatsächlichen Verfügungsgewalt zur Gefahrsteuerung am besten in der Lage ist (das könnte nämlich auch der unmittelbare Fremdbesitzer, etwa der Mieter statt der Vermieter, sein). Vielmehr ist wegen der vom Verschulden unabhängigen Kostentragungslast darauf abzustellen, dass nur derjenige als Zustandsstörer herangezogen wird, der die Sache nach außen hin erkennbar als ihm gehörend besitzt (§ 836, 837 BGB), wer also den natürlichen Willen hat, die Sache wie ein

---

S.25, 53 ff.; *Armbrüster*, NJW 2003, 3087, 3089, die aus den §§ 907 II, 910 BGB herauslesen wollen, dass ein Anspruch aus § 1004 I 1 BGB gänzlich ausgeschlossen sein soll. § 910 BGB normiert aber nur ein Selbsthilferecht, das andere Rechtfertigungsgründe nicht gewähren, um möglichst schnell und unkompliziert, ohne Inanspruchnahme gerichtlicher Hilfe, die Beeinträchtigung beseitigen zu können (vgl. *MünchKomm/Säcker*, § 910 Rn.1; *AK/Kohl*, § 1004 Rn.40, ausführlich *Gursky*, Fälle und Lösungen, Fall 5; *ders*., JZ 1992, 312, 313; *Picker*, JuS 1974, 357, 359 ff.; *Roth*, JZ 1998, 94; *Schmid*, NJW 1988, 29, 30; Wenzel, NJW 2005, 241, 242; st. Rspr. BGHZ 60, 235, 241 f. = NJW 1973, 703; BGHZ 97, 231, 234 = NJW 1986, 2640, NJW 1979, 2515 L; zuletzt BGH NJW 2004, 603). Der durch Baumwurzeln beeinträchtigte Grundstückseigentümer muss genauso gestellt werden wie jeder in anderer Art beeinträchtigte Eigentümer; das Recht zum Abschneiden der Wurzeln beinhaltet aber nicht deren Beseitigung (BGH NJW 2004, 603). Zum Streit, ob die Kosten der Selbsthilfe vom Störer ersetzt verlangt werden können, vgl. BGH NJW 2004, 603, 604 mwN; *Picker*, JuS 1974, 357, 359 ff., der einen solchen Kostenerstattungsanspruch grundsätzlich ablehnt, weil das Selbsthilferecht neben dem Beseitigungsanspruch aus Zweckmäßigkeitsgründen als eigenständiges Mittel zur Wahl stehe. Da der Gestörte deshalb nicht die Beseitigungspflicht erfülle, habe er nur einen Duldungsanspruch gegen den Störer. Ziel der Selbsthilfe sei es, gerade keinen Folgestreit über Kosten herbeizuführen.

[866] So schon *Baur*, AcP 160 (1961), 465, 480.

[867] *Baur*, AcP 160 (1961), 465, 479: „Die Verantwortlichkeit für die von Menschenhand geschaffene Anlage als potentieller Störungsquelle ist gewissermaßen nach Art einer gesetzlichen Dienstbarkeit auf dem Grundstück radiziert." Dagegen wird nicht gehaftet, wenn durch kriegerische Ereignisse ein baulich intaktes Bauwerk zerstört wird und Trümmerstücke auf das Nachbargrundstück fallen, BGHZ 19, 126 (127); *Eichler*, Institutionen II/1, S.264.

Eigentümer zu beherrschen[868]. Dass der Gesetzgeber[869] die Beseitigungspflicht und die Kostenlast der Beseitigung untrennbar miteinander verbunden hat, muss bei der Zurechnung berücksichtigt werden. Die negatorische Haftung ergibt sich dann aus dem allgemeinen Prinzip der Zusammengehörigkeit von Vorteil und korrespondierendem Risiko, was anerkanntermaßen zu den fundamentalen Gerechtigkeitskriterien gehört[870]. Es soll mithin nur derjenige verschuldensunabhängig für den Zustand des Grundstücks einzustehen haben, der neben der tatsächlichen Zugriffsmöglichkeit *auch den vermögensrechtlichen Nutzungsvorteil* nach außen hin erkennbar haben will. Dies ist regelmäßig der eigenbesitzende Eigentümer, der dann, soweit er die Kostenlast für die Beseitigung nicht tragen kann oder will, die störende Immobilie veräußern darf, weil er auch die rechtliche Verfügungsmacht innehat[871]. Dies spricht dafür, dass mit dem Eigenbesitz als Kürzel für die Kombination von selbst beanspruchtem Eigentum und Sachherrschaft letztlich nur eine widerlegbare Vermutung („Gegenstück zur Vermutung des § 1006 BGB") für das Eigentum aufgestellt wird, aus dem allein sich dann die Passivlegitimation für § 1004 I 1 BGB begründet[872].

Im Falle der Insolvenz des Eigentümers verbleibt der Handlungsstörer als Anspruchsgegner. Eine Enthaftung durch Dereliktion des Eigentums ist nicht denkbar, weil nicht das Eigentum als solches, sondern nur kombiniert mit dem vorangegangenen Hervorrufen des Unrechts haftungsbegründend wirkt. Durch die Eigentumsaufgabe wird der rechtswidrige Zustand aber nicht beseitigt bzw. die Kausalhandlung nicht rückgängig gemacht[873], sondern der Verantwortliche entzieht sich allein der Kostenlast. Beides soll aber untrennbar miteinander verbunden sein[874].

Gemäß *§ 907 BGB* kann verlangt werden, dass auf dem Nachbargrundstück

---

868 *Jauernig/Jauernig*, § 872 Rn.1, vgl. auch BGHZ 132, 257.
869 Zu den Einzelheiten in den Motiven *Larenz/Canaris*, SchR II/2, § 86 III.3.d) (S.689).
870 *Bydlinski*, Rechtsgrundsätze, S.292 f.
871 Beim Sicherungseigentum und beim Eigentumsvorbehalt hat die formale Rechtsposition des Sicherungseigentümers regelmäßig nur Haftungsfunktion mit allen sich daraus ergebenden rechtlichen Beschränkungen, so dass es richtig erscheint, den Sicherungsgeber als Störer anzusehen (vgl. BGHZ 41, 393, 397 f., wobei allerdings der unmittelbare Besitz als störerbestimmend erachtet wird, differenzierend *Larenz/Canaris*, SchR II/2, § 86 III. 3.f) (S.690), der danach unterscheiden will, ob die Störung durch die Benutzung oder den reinen Bestand der Sache verursacht wird, vgl. auch *Picker*, Beseitigungsanspruch, S.136 ff.; *Staudinger/Gursky*, § 1004 Rn.83).
872 *Larenz/Canaris*, SchR II/2, § 86 III.3.c) (S.688).
873 Vgl. BGHZ 41, 393 (397); a.A. dagegen *Picker*, Beseitigungsanspruch, S.113 ff.
874 Vgl. auch *Larenz/Canaris*, SchR II/2, § 86 III.3.d) (S.689). Vgl. auch oben S. 184 ff.

keine gefahrdrohenden Anlagen hergestellt oder gehalten werden. Hersteller ist, wer die Anlage aus eigenem Recht errichtet, Halter, wer die Anlage im eigenen Interesse nutzt[875]. Neben dem Hersteller gilt auch derjenige als Störer, der eine selbst, also ohne weitere menschliche Tätigkeit, funktionierende Anlage (wasserführender Kanal, Graben) unter seiner tatsächlichen und rechtlichen Verfügungsmacht bestehen lässt[876]. Stets werden die Gefahrzustände also durch die Störer selbst hervorgerufen, so dass es sich auch hier um Handlungshaftung handelt. Im Lichte von § 908 BGB sollte auch § 907 BGB ausgelegt werden: Danach ist ebenso der Eigenbesitzer der Anlage als Halter anzusehen, solange ein anderer sie nutzt. Ein Beseitigungsanspruch besteht dann gegen beide[877]. Da § 908 BGB nicht § 907 BGB ergänzt, sondern unter der erleichterten Voraussetzung einer bloß drohenden Gefahr verdrängt[878], liegt es sogar nahe, die Störerkriterien des § 908 BGB gänzlich auf § 907 BGB zu übertragen, also den Eigenbesitzer unabhängig davon haften zu lassen, ob er die Anlage selbst hergestellt hat, vorausgesetzt allerdings, dass sie überhaupt von Menschenhand geschaffen wurde[879].

Neben dem Eigenbesitzer ist haftbar, wer in Anlehnung an §§ 831 II, 832 II, 834 BGB die Unterhaltung eines Gebäudes oder eines mit einem Grundstück verbundenen Werkes für den Besitzer übernimmt oder das Gebäude oder das Werk vermöge eines ihm zustehenden Nutzungsrechts zu unterhalten hat (§ 838 BGB). Da in beiden Fällen für die Übernahme der Unterhaltungspflicht jedenfalls eine Vereinbarung erforderlich ist[880], weiß der Gebäudeunterhaltspflichtige, worauf er sich einlässt und ist damit nicht schutzwürdiger als der Eigenbesitzer. So werden Regelungslücken bei der Haftung vermieden, welche durch die Delegation von Sorgfaltspflichten entstehen könnten. Dass es auf den Vermögensvorteil ankommt, ergibt sich daraus, dass § 837 BGB eine verdrängende und § 838 BGB keine verdrängende Zuständigkeitsverlagerung anordnet und dass bei Wegfall der sachenrechtlichen Zuordnung auch gänzlich die Haftung entfällt: Bei § 908 BGB fehlt es nämlich an einer dem § 836 II BGB

---

[875] *Staudinger/Roth*, § 907 Rn.9.

[876] *Staudinger/Roth*, § 907 Rn.9.

[877] Vgl. die ausführliche Darstellung des Streitstandes bei *Staudinger/Roth*, § 907 Rn.10.

[878] *Staudinger/Roth*, § 908 Rn.1.

[879] *MünchKomm/Säcker* § 907 Rn.18 sieht ein Gesamtschuldverhältnis von *Eigentümer* und Nutzer vor.

[880] Eine vertragliche Vereinbarung fordert *Jauernig/Teichmann*, § 838 Rn.1; eine faktische Übernahme der Aufgabe im Einverständnis mit dem primär Sicherungspflichtigen lässt *MünchKomm/Wagner*, § 838 Rn.5 ausreichen.

entsprechenden Regelung. Nach § 908 BGB i.V.m. § 837 BGB analog muss folgerichtig allein für den störenden Zustand haften, wer auf dem fremden Grundstück ein Unternehmen als eigenes betreibt oder wer ein störendes Verhalten zeigt, das vom vertraglichen Nutzungsrecht nicht gedeckt ist[881], so dass dafür keine Gegenleistung, etwa ein Miet- oder Pachtzins, gezahlt wird.

Zusammenfassend lässt sich feststellen: Die Störereigenschaft wird mit der faktischen Möglichkeit zur Beseitigung der von Menschhand geschaffenen Störungsquelle (Gedanke der Ingerenz) begründet, wobei auch mittelbarer Besitz ausreicht (Gedanke der Haftung für den räumlich-gegenständlichen Herrschaftsbereich). Hinzukommen muss, dass dem Störer die Sache mit ihrem Vermögenswert zugeordnet ist (Korrelat zur Kostentragungslast) oder er bewusst die Verantwortung für sie übernommen hat (Gedanke der tatsächlichen Übernahme einer Aufgabe). Ansonsten liefe der Beeinträchtigte Gefahr, leer auszugehen, wenn nur der Handelnde herangezogen werden könnte und dieser unauffindbar oder zahlungsunfähig ist.

Handlungs- und Zustandsstörer haften gesamtschuldnerisch, wobei im Innenverhältnis der Handlungsstörer regelmäßig die Kosten wird alleine tragen müssen (§ 426 BGB i.V.m. § 254 BGB analog)[882]. Bei der Rechtsnachfolge trifft den neuen Eigenbesitzer die Zustandsverantwortung unter den genannten Voraussetzungen, während der Rechtsvorgänger von der Haftung befreit wird, es sei denn, dass rechtsmissbräuchlich dem Betroffenen bewusst ein insolventer Zustandsstörer vor die Nase gesetzt wird[883]. Dies käme der Dereliktion des Eigentums gleich. Jedoch muss bei mehreren Störern immer auch geprüft werden, ob sie alle zur Beseitigung der eingetretenen Beeinträchtigung tatsächlich in der Lage sind[884].

(bb) Die Störereigenschaft bei beweglichen Sachen

Es fragt sich, ob diese Grundsätze auf die von beweglichen Sachen ausgehenden Störungen übertragbar sind. Befindet sich die bewegliche Sache auf dem Störergrundstück, ergeben sich in der Wertung keine Unterschiede: Es haftet dann der

---

881 Vgl. *Larenz/Canaris*, SchR II/2, § 86 III.3.b) (S.688).

882 *Larenz/Canaris*, SchR II/2, § 86 III. 3.e) (S.690); *Stickelbrock*, AcP 197 (1997), 456, 502; *Müller*, SR, Rn.733a.

883 Zu prozessualen und materiellrechtlichen Fragen der Rechtsnachfolge vgl. *Brehm*, JZ 1972, 225, 228 ff.

884 *Pikart*, WM 1973, 2, 5.

Eigenbesitzer der beweglichen Sache (in Anlehnung an § 837 BGB), daneben gegebenenfalls der Unterhaltspflichtige (in Anlehnung an § 838 BGB). So werden auch bewegliche Sachen als Anlagen i.S.v. § 907 BGB anerkannt (etwa fahrbare Bienenstände, Fahrgeschäfte, Buden oder Zelte auf Volksfesten)[885].

Ein wesentlicher praktischer Unterschied zu den Störungen, die von Grundstücken ausgehen, besteht aber dann, wenn sich bewegliche Sachen – wegen ihrer Mobilität – auf fremden Sachen, insbesondere fremden Grundstücken befinden können (z.B. das dort unbefugt abgestellte Auto). Es bestehen dafür keine den §§ 906 ff. BGB vergleichbare Regelungen, doch lassen sich solche Störungen durch bewegliche Sachen mit besonders massiven „Immissionen" von Grundstücken vergleichen, etwa Steinbrocken als Folge von Sprengungen, die auch nicht hinzunehmen sind. Voraussetzung ist allerdings auch hier, dass die störende bewegliche Sache durch Menschenhand auf das beeinträchtigte Grundstück gelangt ist. Da bei sämtlichen Sachgefahren zwischen der von der fremden Sache ausgehenden Beeinträchtigung und den diese Beeinträchtigung verursachenden verhaltensbezogenen Sorgfaltspflichten unterschieden werden kann und der Verweis in § 908 BGB auf die §§ 836 ff. BGB nur auf erstere Bezug nimmt, lassen sich die bei den Grundstücken herausgearbeiteten Grundsätze auf die beweglichen Sachen übertragen. Es gibt auch keine Anhaltspunkte dafür, dass sich die Wertungen der §§ 906 ff. BGB nur aus der konfliktträchtigen räumlichen Nähe von Grundstücken ergeben, weil der Betroffene nicht ausweichen kann und deshalb einem faktischen Zwang unterliegt, was eine erhöhte Verantwortung des Störers begründen könnte. Die eigentliche Verantwortung ergibt sich aus der vorangegangenen Gefahrschaffung und der damit verbundenen Einwirkung und dies gilt unabhängig davon, ob die Störung von einer beweglichen Sache oder einem Grundstück ausgeht. Umgekehrt ist ja auch anerkannt, dass nicht nur Grundstücke, sondern auch bewegliche Sachen durch die Beeinträchtigung betroffen sein können[886].

Neben dem Handlungsstörer haftet also immer auch der Eigenbesitzer der störenden beweglichen Sache auf deren Beseitigung. Hier gewinnt der Eigenbesitz insoweit eine eigenständige Bedeutung, als der Eigentümer nur dann Störer sein kann, wenn er weiß, wo sich seine Sache befindet. Dies ist etwa dann wichtig, wenn der Dieb ein gestohlenes Fahrzeug auf fremdem Grund und Boden abstellt. Erst wenn der Eigentümer des Pkw davon benachrichtigt wurde, ist er Störer i.S.v. § 1004 I 1 BGB.

---

[885] *Staudinger/Roth*, § 907 Rn.14; *MünchKomm/Säcker*, § 907 Rn.2.

[886] Beispiele finden sich bei *Bamberger/Roth/Fritzsche*, § 1004 Rn.39.

ff) Ergebnis

Die Kausalität hat sich – entgegen der Ansicht *Pickers* - bei der negatorischen Haftung als ein taugliches Kriterium zur Bestimmung des Störers erwiesen. Wird die Eigentumsbeeinträchtigung durch eine in der Vergangenheit liegende Handlung verursacht, lassen sich die aus dem Deliktsrecht bekannten Kausalitätsgrundsätze auf die negatorische Haftung übertragen, denn diese Grundsätze sind von einem Verschulden unabhängig. Da die reine Verursachungshaftung aber zu weit reicht, begründet nur ein sozial auffälliges, nicht aber ein sozialtypisches Verhalten einen Anspruch gem. § 1004 I 1 BGB. Um dies unterscheiden zu können, kann der in § 906 II 2 BGB genannte Maßstab verallgemeinert werden: Ein ortsübliches Verhalten, dessen Verhinderung wirtschaftlich unzumutbar ist, begründet keine negatorische Haftung. Eine Störerverantwortlichkeit ergibt sich ferner in analoger Anwendung der §§ 830, 831 f. BGB.

Ferner haftet in Anlehnung an die §§ 908, 836 ff. BGB der Eigenbesitzer eines Grundstücks für Störungen, die von einer Veränderung des Grundstücks durch menschliche Handlungen verursacht werden, auch wenn er den Störungszustand nicht selbst herbeigeführt hat. Neben dem Eigenbesitzer ist haftbar, wer in Anlehnung an §§ 831 II, 832 II, 834 BGB die Unterhaltung eines Gebäudes oder eines mit einem Grundstück verbundenen Werkes für diesen übernimmt oder das Gebäude oder das Werk vermöge eines ihm zustehenden Nutzungsrechts zu unterhalten hat (§ 838 BGB). Diese Grundsätze sind auf die von beweglichen Sachen ausgehenden Störungen übertragbar. Befindet sich die bewegliche Sache auf dem Störergrundstück, ergeben sich in der Wertung keine Unterschiede: Es haftet dann der Eigenbesitzer der beweglichen Sache (in Anlehnung an § 837 BGB), daneben gegebenenfalls der Unterhaltspflichtige (in Anlehnung an § 838 BGB). Befindet sich die störende bewegliche Sache auf einem fremden Grundstück, haftet ihr Eigenbesitzer negatorisch, sobald er ihren Standort kennt.

Die negatorische Zurechnung enger fassen zu wollen, würde dem haftungsbegründenden Stellenwert der Kausalität nicht gerecht. Das aber bedeutet, dass die Abgrenzung der Anwendungsbereiche der §§ 1004 I 1, 823 I, 249 ff. BGB nicht nur über die Störerbestimmung erfolgen kann. Die insoweit im Schrifttum vorgenommenen Versuche, das Kausalitätskriterium weiter einzugrenzen, haben sich als untauglich erwiesen.

Im folgenden ist somit zu prüfen:

Lassen sich § 1004 I 1 BGB und §§ 823 I, 249 ff. BGB nach dem Kriterium der Rechtsusurpation nicht derart voneinander trennen, dass es zu gar keinen Überschneidungen der Haftungstatbestände kommt, so fragt sich, ob nicht der Beeinträchtigungsbegriff anderweitig so definiert werden kann, dass ergänzend zur Kausalität eine Abgrenzung der Vorschriften in ihren *Tatbeständen* möglich wird.

Alternativ könnte daran gedacht werden, allein die *Rechtsfolge* von § 1004 I 1 BGB, d.h. die Weite der Beseitigungspflicht, am Sinn und Zweck der Vorschrift, also am Ziel der Rechtsverwirklichung, eng auszurichten. Was der Störer zu leisten hat, müsste sich dann aber – getrennt vom Beeinträchtigungsbegriff - ausschließlich über die Beseitigungspflicht bestimmen lassen.

c) Tatbestandseinschränkende Lösungsansätze

Da eine begriffliche Abgrenzung von Schaden und Beeinträchtigung scheitert[887], wenn man nicht der Rechtsusurpationslehre folgt, wird meist auf der Tatbestandsseite nach einem *ergänzenden* Merkmal für die absolute Abgrenzung von negatorischer und deliktischer Haftung gesucht.

aa) Abgrenzung nach dem Zeitmoment der Einwirkung

Von der Rechtsprechung[888] und der Lehre[889] ist der Versuch unternommen worden, die Abgrenzung von Schaden und Eigentumsbeeinträchtigung nicht nach dem Ausmaß des Einwirkungsergebnisses, sondern nach der Gegenwärtigkeit der Einwirkung vorzunehmen. Der Tatbestand des § 1004 I 1 BGB erfordere eine gegenwärtige, also fortdauernde Beeinträchtigung[890], als Beeinträchtigung könne nur eine „fortwirkende Störungsursache“[891] oder eine „fortdauernde Einwirkung“[892] verstanden werden; die Einwirkung müsse „weiterhin auch noch in der Gegenwart eine Störungsquelle bilden“[893]. Eine Unterscheidung nach dem Zeitmoment liegt in Anlehnung an den präventiven Schutzzweck der negatori-

---

[887] Vgl. *Baur* AcP 160 (1961), 465, 489.

[888] Zuletzt BGH, NJW 1996, 845, 846, vgl. zur genauen Analyse der Rechtsprechung oben S. 36 ff.

[889] *Larenz/Canaris*, SchR II/2, § 86 VI.1. (S.700 f.); weitere Nachweise bei *Staudinger/Gursky*, § 1004 Rn.129.

[890] *Bamberger/Roth/Fritzsche*, § 1004 Rn.50, *Jauernig/Jauernig*, § 1004 Rn.6; *MünchKomm/Medicus*, § 1004 Rn.24; *Palandt/Bassenge*, § 1004 Rn.27.

[891] *Offtermatt*, S.36.

[892] *Westermann*, Lb, 6. Aufl., § 36 III.1.; BGHZ 28, 110 (113).

[893] *Soergel/Mühl*, § 1004 Rn.112.

schen und an den repressiven Schutzzweck der deliktischen Haftung nahe. Der negatorische Anspruch sei nur darauf gerichtet, eine *gegenwärtige* Einwirkung für die Zukunft zu beenden, nicht geschuldet sei, die Folgen einer *früheren* Einwirkung zu beseitigen[894].

Sowohl bei der deliktischen als auch bei der negatorischen Haftung werde dem Anspruchsgegner eine Leistungspflicht auferlegt: Beim Schadensersatz habe diese Pflicht den Inhalt, Ersatz zu leisten wegen vergangenem pflichtwidrigen Verhaltens, das Gebot oder Verbot des vorbeugenden Rechtsschutzes verlange dagegen die gegenwärtige Beachtung der durch den Schutz des absoluten Rechts unmittelbar vorgegebenen Handlungspflicht[895]. Weil der deliktische Schadensersatzanspruch eine Sanktion für *begangene* Pflichtverletzungen sei und damit die vermeintliche Handlungsfreiheit einschränke, setze er ein Verschulden voraus. Der vorbeugende Rechtsschutz diene aber der Motivation *künftigen* Verhaltens, mache dem Anspruchsgegner also die Grenzen seiner Handlungsfreiheit vorher bewusst (*Warnfunktion*) und schließe damit bereits aus, dass künftig in der Wahrnehmung eines vermeintlichen Freiheitsraumes Rechtspflichten verletzt würden[896]. Gleichzeitig könne der Betroffene einen Vollstreckungstitel erstreiten und so den künftigen Schutz seiner Rechte durchsetzen (*Vollstreckungsfunktion*)[897]. Nur solange das beeinträchtigende Wirken andauert, soll es nach § 1004 I 1 BGB abgewehrt werden können. Ist dagegen durch die Einwirkung der Zustand der Sache in irgendeiner Form dauerhaft verändert worden, so sollen ausschließlich die §§ 823 I, 249 ff. BGB einen Anspruch auf die Wiederherstellung des Sachzustands gewähren. Über das Anspruchsziel soll so die negatorische von der deliktischen Haftung klar abgegrenzt werden.

Dieser Lösungsansatz ist vielfach als gescheitert angesehen worden[898]. Die Unterscheidung zwischen der „abgeschlossenen Nachteilszufügung" als Schaden und der „fortwirkenden Störungsursache" als Beeinträchtigung wurde

---

[894] So auch die Vorinstanz, das OLG Stuttgart, in der Entscheidung über die Bodenkontamination, vgl. S.68 ff.
[895] *Henckel*, AcP 174 (1974), 97, 110.
[896] *Henckel*, AcP 174 (1974), 97, 113 f.
[897] *Henckel*, AcP 174 (1974), 97, 115 ff. Die Vollstreckungsfunktion verbleibt auch dann, wenn der Anspruchsgegner seine Rechte kennt und die Warnfunktion deshalb leer läuft. Das Schadensersatzrecht hat dagegen eine *Ausgleichs-* bzw. *Wiederherstellungsfunktion* und gewissermaßen auch eine *Genugtuungsfunktion*.
[898] *Picker*, FS Gernhuber, S.315, 323; *Staudinger/Gursky*, § 1004 Rn.130, *Buchholz/Radke*, Jura 1997, 454, 457.

als begrifflich undurchführbar kritisiert[899]. Regelmäßig verursache auch jeder Schaden mit Ausnahme der primären Vermögensschäden weitere Nachteile im Vermögen bzw. beim Sachgebrauch des Betroffenen, denn jede Beschädigung einer Sache schränke den Handlungsspielraum des Geschädigten deshalb fortwirkend ein, weil ihm die Nutzungsmöglichkeiten, die ihm die Sache verschaffen sollte, genommen worden seien[900]. So führe die zerstörte Fensterscheibe in dem allgegenwärtigen Beispiel des Steinewerfers[901] zu weiteren Beeinträchtigungen, da angesichts der kalten Witterung mindestens ein Teil der Wohnung unbenutzbar sei[902]. Letztlich würden fast alle Verletzungen „weiterfressen“: Jede sich entzündende Verwundung von Mensch und Tier oder der rostende Kratzer im Autolack würden eine reine Verursachungshaftung begründen[903]. Einen abgeschlossenen Nachteil gäbe es also kaum.

Um diese Kritik bewerten zu können, sollte genau differenziert werden. Zu unterscheiden ist zwischen der Einwirkungs*handlung* (z.B. Tritt gegen die Autotür, Zuparken des fremden Autos) und dem daraus hervorgehenden Einwirkungs*ergebnis* (z.B. Beule in der Autotür, kein Wegfahren möglich). Beides kann *gegenwärtig* störend wirken. Die Problematik, § 1004 I 1 BGB von den §§ 823 I, 249 ff. BGB abzugrenzen, ist aber ausschließlich beim Einwirkungs*ergebnis* einzuordnen, denn dass die Beendigung einer gegenwärtig störenden Handlung (z.B. unerlaubtes Überqueren des fremden Grundstücks) verlangt werden kann, ist unbestritten. Allenfalls bestehen Differenzen dahingehend, ob der Anspruch aus § 1004 I 1 BGB oder aus § 1004 I 2 BGB geltend gemacht werden kann[904]. Stellt man aber die Begrifflichkeiten „abgeschlossene Nachteilszufügung“ und „fortwirkende Störungsursache“ einander gegenüber, vergleicht man die ursäch-

---

[899] *Buchholz/Radke*, Jura 1997, 454, 457; *Baur*, AcP 160 (1961), 489; *Soergel/Mühl*, § 1004 Rn.112; *Picker*, FS Gernhuber, S.315, 323, ebenso *Olzen*, Jura 1991, 281, 289; *BGB-RGRK/Pikart*, § 1004 Rn.90 beruft sich auf die Umstände des Einzelfalles.

[900] *Baur*, AcP 160 (1961), 465, 469; *Picker*, Beseitigungsanspruch, S. 22; *Buchholz/Radke*, Jura 1997, 454, 457; *Armbrüster*, NJW 2003, 3087, 3088.

[901] Zu finden etwa bei *Hohloch*, S.62; *Medicus*, SchR II, Rn. 946; *MünchKomm/ders.*, § 1004 Rn.24; *Staudinger/Gursky*, § 1004 Rn.134; *Schwab/Prütting*, SR, Rn.573: Jemand wirft in der kalten Jahreszeit einen herrenlosen Stein durch die Fensterscheibe in eine fremde Wohnung, wobei die Scheibe zu Bruch geht. Der Stein bleibt auf dem Teppich liegen. Der Meinungsstreit dreht sich um die Frage, ob negatorisch nur auf die Entfernung des Steines gehaftet wird, oder ob auch Ersatz der zerstörten Scheibe, eventuell sogar Ersatz für die Kosten eines Erkältungsmedikaments für den der Witterung ausgesetzten Eigentümer verlangt werden kann.

[902] *Buchholz/Radke*, Jura 1997, 454, 457; *Neuner*, JuS 2005, 385, 388.

[903] *Picker*, FS Gernhuber, S.315, 323.

[904] Vgl. dazu unten S. 368 ff.

liche Einwirkungs*handlung* mit dem Einwirkungs*ergebnis*. Da die Handlung, die zum fortwirkenden Störungserfolg geführt hat, regelmäßig abgeschlossen ist, liegt bei einer „fortwirkenden Störungsursache“ meist auch eine „abgeschlossene Nachteilszufügung“ vor.

Käme es darauf an, ob die Einwirkungs*handlung* abgeschlossen ist, so wäre erklärbar, warum die Beseitigung einer Beule im Autoblech nur nach §§ 823 I, 249 ff. BGB, nicht aber nach § 1004 I 1 BGB verlangt werden kann, weil der schadensverursachende Tritt jedenfalls beendet ist. Umgekehrt wäre aber nicht erklärbar, warum nach § 1004 I 1 BGB der Stein vom Teppich beseitigt werden muss, obwohl die Einwirkungshandlung, der Wurf, doch auch hier abgeschlossen ist. Es ist nicht einsichtig, dass derjenige, der auf ein Grundstück Steine geworfen hat, diese nach § 1004 I 1 BGB deshalb nicht entfernen müsse, weil er mit dem Werfen aufgehört habe[905]. Konsequenterweise müsste auch derjenige, der seinen Betrieb aufgibt, von dem aus Schadstoffe in den Boden des Nachbargrundstücks gelangt sind, nach § 1004 I 1 BGB auf Beseitigung der Bodenkontamination deshalb nicht mehr haften, weil er die Einwirkungen auf das Nachbargrundstück für die Zukunft unterbunden und damit die Ursache für die Beeinträchtigung beseitigt hat. Dies alles ist wenig einsichtig. Dass der Stein vom Störer zu beseitigen ist, wird deshalb auch von denen, die im Zeitmoment das maßgebliche Abgrenzungskriterium sehen, wohl nicht in Frage gestellt.

Als Abgrenzungskriterium kann somit allenfalls der Gesichtspunkt dienen, ob der geschaffene Störungszustand zukünftig weiterwirkt, so dass ein in die Zukunft orientierter negatorischer Rechtsschutz erforderlich ist. *Es wäre also nach einem „abgeschlossenen“ oder „fortwirkenden“ Einwirkungsergebnis zu differenzieren.* Teilweise soll dann auch der verschuldensunabhängige negatorische Beseitigungsanspruch auf solche Fälle begrenzt werden, in denen die Beeinträchtigungsbeseitigung deshalb besonders dringlich ist, weil sich durch einen *fortwirkenden Störungsherd* (etwa ein fortbrennendes Feuer) der Schaden auszuweiten droht, so dass Sofortmaßnahmen ergriffen werden müssen[906].

Für die Beurteilung, ob eine drohende Verschlechterung vorliegt, kann alternativ auf die bereits verletzte Sache oder aber auf andere durch die Sachbeeinträchtigung gesondert bedrohten Rechte und Rechtsgüter abgestellt werden.

Beschränkt man sich in seiner Betrachtung auf die bereits verletzte Sache,

---

905 BGH NJW 1996, 845, 846.

906 *Offtermatt*, S.18 ff.; *Pleyer*, AcP 156 (1957), 293 Fn.6; vgl. auch RGZ 148, 114 (123); 163, 210 (214).

können alle Einwirkungsergebnisse, die anhaltend gebrauchsbeeinträchtigend sind, ob mit oder ohne Substanzverletzung, niemals als endgültig abgeschlossen angesehen werden[907]. Aber auch in den Schadensfällen, die zweifellos nur von den §§ 823 I, 249 ff. BGB erfasst sein sollen (rostender Lackschaden), trifft dies zu, wenn sich der Schaden fortdauernd verschlechtert. Würde man also den Anwendungsbereich von § 1004 I 1 BGB auf alle diese nicht abgeschlossenen Einwirkungsergebnisse erstrecken wollen, weil sie eine „fortwirkende Störungsursache" darstellen, dann näherte man sich der sehr weiten Lehre von *Rudolf Schmidt*. Da aber nicht alle Sachschäden von § 1004 I 1 BGB erfasst sein können, weil ansonsten das Verschuldensprinzip unterlaufen würde, kann das Zeitmoment nur bedeutsam sein, wenn sich zwischen abgeschlossener Beschädigung, deren Beseitigung nicht verlangt werden kann, und fortwirkender Beschädigung, die zu beseitigen ist, überhaupt unterscheiden ließe, denn nur dann würden sich im Bereich der Sachschäden Schadensersatz und Beseitigungsanspruch nicht vollständig decken[908].

Das Zeitmoment allein kann aber nicht weiterhelfen, wenn nicht gleichzeitig auch festgelegt wird, was durch den negatorischen Beseitigungsanspruch geschützt werden soll. Es muss also geklärt werden, im Hinblick auf welche schutzwürdige Rechtsposition das Einwirkungsergebnis fortwirken bzw. abgeschlossen sein soll:

Nimmt man etwa an, dass § 1004 I 1 BGB die mit dem Eigentum verbundene positive Nutzungsmöglichkeit der Sache schützt und nicht das Vermögen als solches, so werden reine Vermögensverschlechterungen wie rostende Lackschäden regelmäßig keine vom Verschulden unabhängige negatorische Haftung begründen, weil dadurch die Gebrauchsmöglichkeit des Autos nicht weiter verschlechtert wird. Es hat deshalb für die Haftung aus § 1004 I 1 BGB unberücksichtigt zu bleiben, dass eine Beule im Autoblech regelmäßig Rost ansetzt und damit der bestehende Schaden weiter vergrößert wird, weil dies nur das Vermögen schmälert, nicht aber die Gebrauchsmöglichkeit einschränkt. Betrachtet man also ausschließlich die betroffene Sache selbst, hilft einem die Differenzierung nach abgeschlossenem und fortwirkendem Einwirkungsergebnis allein nicht weiter.

Es kann also allenfalls danach differenziert werden, dass das Einwirkungsergebnis eine Bedrohung für andere Rechte und Rechtsgüter darstellt. In der Literatur

---

[907] *Mertens*, NJW 1972, 1783, 1785; *Baur*, AcP 160 (1961), 489.
[908] So zutreffend *Mertens*, NJW 1972, 1783, 1785.

wird dies vielfach abgelehnt[909]: Im Fall der eingeworfenen Scheibe hinge es ansonsten von Zufälligkeiten ab, ob ein Beseitigungsanspruch bestehe. Bei kaltem Wetter im Winter sei z.B. das Fenster zu reparieren, bei warmem Wetter im Sommer dagegen nicht[910]. Dieser Fragestellung wird im Rahmen des eigenen Lösungsansatzes noch genauer nachzugehen sein. Selbst wenn man die Bedrohung anderer Rechte und Rechtsgüter für den Anspruch aus § 1004 I 1 BGB ausreichen lassen möchte, um die Wiederherstellung einer auch in der Substanz verletzten Sache zu begründen, schafft dies noch keine ausreichend begründbare Abgrenzung für solche streitigen Fälle, in denen es an einer solchen Bedrohung fehlt. Auf ein anderes Recht oder Rechtsgut als das Verletzte abzustellen, kann also nur einen ergänzenden Erklärungswert haben.

Im Hinblick auf die bereits beeinträchtigte Sache reicht das Zeitmoment zur Abgrenzung von § 1004 I 1 BGB und den §§ 823 I, 249 ff. BGB nicht aus. Vielmehr ist nach der *Art des Störungszustandes* zu differenzieren. Daran knüpfen dann auch die meisten der übrigen Lösungsansätze an, auch wenn dies nicht immer deutlich herausgestellt wird.

bb) Abgrenzung nach der Art des Störungsergebnisses

(1) Die Störungsquelle als Beeinträchtigung

Teils wird die Abgrenzung des § 1004 I 1 BGB von §§ 823 I, 249 ff. BGB dadurch vorgenommen, dass nur die *Störungsquelle* als Beeinträchtigung i.S.v. § 1004 I 1 BGB angesehen wird, nicht aber die von ihr ausgehende weitere Störung[911]. Der Begriff der Störungsquelle wird allerdings nicht genau definiert, sondern nur an Hand von Beispielen präzisiert: Es sei das Loch in einem gebrochenen Damm als Störungsquelle anzusehen, so dass nur dessen Beseitigung

---

[909] *Mertens*, NJW 1972, 1783, 1785; *Erman/Ebbing*, 11. Aufl., § 1004, Rn.91, a.A. noch *Erman/Hefermehl*, 5. Aufl., § 1004, Rn.9; ablehnend aber auch *Erman/Peters*, 1. Aufl., § 1004, Rn.2b.

[910] *Mertens*, NJW 1972, 1783, 1785.

[911] *Jauernig/Jauernig*, § 1004 Rn.7; *Eckert*, SR, Rn.162; *Larenz/Canaris*, SchR II/2, § 86 V.3.c) (S.698), der die actus-contrarius-Theorie mit der Theorie von der Störungsquelle vereint: Mit dem actus contrarius werde die „primäre Störungsquelle" beseitigt. Vgl. auch *Mertens*, NJW 1972, 1783; *Diederichsen/Wagner*, BGB-Klausur, S.87 unterscheiden zwischen Störungs*quelle* und Störungs*folgen*. Auf die Beseitigung der „stetig sich erneuernden Quelle von Verletzungen" beschränkt auch *Fikentscher*, SchR Rn.1362 den § 1004 I 1 BGB. *Esser/Weyers*, SchR II, 7. Aufl., § 62 III. will unter der Schadensquelle einen Umstand verstehen, der von außerhalb in die Vermögenssphäre des Betroffenen hineinwirkt.

verlangt werden könne, nicht aber die Beseitigung von Überschwemmungsschäden[912]. Sei Sand vom Nachbargrundstück angeschwemmt worden, so müsse der Sand weggeschafft werden; es seien aber nicht die vom Sand zerstörten Pflanzen zu entfernen. Bei einem Gasrohrbruch sei das gebrochene Gasrohr zu erneuern, es müssten aber nicht die Explosionsschäden ersetzt werden, bei einem brennenden Bahndamm sei das Feuer zu löschen, es seien aber nicht die durch das Feuer verursachten Zerstörungen wiederherzustellen. Die verstopfenden Baumwurzeln müssten aus dem Abwasserkanal entfernt werden, es sei aber nicht der Kanal Instand zusetzen. Dagegen sei durch Öl kontaminierter Boden vollständig auszutauschen[913].

Die verschuldensunabhängige negatorische Haftung soll also offensichtlich dann nicht eingreifen, wenn die verletzte Sache in ihrer Substanz verändert worden ist (durch Wassermassen oder eingeschwemmten Sand zerstörte Pflanzen, Explosionsschäden, zerstörte Kanalrohre). Gehaftet werden soll gemäß § 1004 I 1 BGB dagegen auf Beseitigung aller nicht substanzverletzenden, jedoch den Sachgebrauch einschränkenden Veränderungen (Wasser- und Sandmassen, aber auch eingesickertes Öl) und auf Beseitigung von Substanzschäden in der Sphäre des Störers, wenn dadurch fremde Rechte und Rechtsgüter weiterhin bedroht werden (Loch im gebrochenen Damm). Zutreffender wäre es deshalb, nach Substanzverletzungen, reinen Gebrauchsbeeinträchtigungen und der Abwehr zukünftig drohender Störungen zu differenzieren.

Dem wird die Unterscheidung nach „Störungsquelle" und „weitere Störungen" nicht gerecht. Auch die eingetretene Substanzverletzung kann Quelle weiterer Störungen sein[914]. Die Begrifflichkeit „Störungsquelle" vermittelt sogar den Eindruck, dass mittels § 1004 I 1 BGB *nur die Ursache, nicht aber die Wirkung der Störung* beseitigt werden soll. Die Beeinträchtigungsbeseitigung auf die vermeintliche Störungsquelle zu beschränken, hieße aber, § 1004 I 1 BGB in seinem Anwendungsbereich ähnlich stark einzuengen, wie dies die Rechtsusurpationstheorie tut. Dies wird deutlich, wenn man den gesamten Vorgang einer Überschwemmung wegen Dammbruchs in seine aufeinander folgenden Teilschritte aufgliedert: Zuerst entsteht ein Loch im Damm. Durch dieses Loch läuft Wasser auf das durch den Damm geschützte Land aus. Der Wasserstrom wird dabei oft Erdmassen und Pflanzen mitreißen. Das Wasser bedeckt zunächst die Erdoberfläche, umschwemmt eventuell vorhandene Gebäude, bis es in den Erd-

---

[912] *Jauernig/Jauernig*, § 1004 Rn.7.
[913] *Jauernig*, aaO.
[914] *Armbrüster*, NJW 2003, 3087, 3088.

boden und in die Bausubstanz der im Wasser stehenden Gebäude eindringt. Von dem Dammbruch selbst geht ohne weiteres also noch keine Gefahr für das Nachbargrundstück aus. Das Loch in einem stillgelegten Damm bliebe beispielsweise gänzlich ohne Folgen für das dahinter liegende Land. Erst die durch das Dammloch auslaufenden Wassermassen führen zur Überschwemmung des Landes und damit zu den konkreten Veränderungen des Fremdeigentums. Die Beeinträchtigungsursache ist also ausschließlich die Überflutung des Grundstücks. Die Störungsquelle, das Loch im Damm, ist nur der Auslöser dafür, dass das Wasser auf das Grundstück gelangen kann. Dem von der Überflutung seines Landes Betroffenen kann aber nicht erklärt werden, dass er zwar einen Anspruch darauf hat, das Loch im Damm schließen zu lassen, so dass keine weiteren Wassermassen auf sein Grundstück strömen können, er sich aber mit der unverschuldeten Überschwemmung und den dadurch bereits hervorgerufenen Veränderungen an seinem Eigentum abzufinden hat. Er könnte zwar zukünftige Gefahren für sein Eigentum abwehren, müsste aber die unverschuldete Überschwemmung mit allen ihren Folgen hilflos hinnehmen! Würde § 1004 I 1 BGB in seinem Anwendungsbereich derart eingeschränkt, könnte man der Doppelbedeutung dieser Norm nicht gerecht werden. § 1004 BGB gewährt eben nicht nur einen Anspruch auf Unterlassung zukünftiger (S.2), sondern auch die Beseitigung einer gegenwärtigen Beeinträchtigung (S.1). Das Loch im Damm schließen zu müssen, verhindert aber lediglich, dass künftig weiteres Wasser auf das Grundstück fließen kann und so die Überschwemmung noch zunimmt.

Gem. § 1004 I 1 BGB muss also zumindest auch die Beseitigung der schon eingedrungenen Wassermassen verlangt werden können. Denn der von der Überschwemmung betroffene Eigentümer wird zu Recht damit argumentieren, dass er für das Eindringen der Wassermassen auf sein Grundstück weniger könne als der für den Dammbruch verantwortliche Störer. Fraglich ist allerdings, ob auch die unmittelbar durch die Überschwemmung verursachten Veränderungen auf dem Land von dem Beseitigungsanspruch mitumfasst werden. Dafür könnte sprechen, dass nur das einfließende Wasser das Wegschwemmen der Erdmassen und Pflanzen sowie die Wasserschäden in den Gebäuden verursacht hat. Die Störungsursache ist damit die gleiche geblieben: *Dieselben* Wassermassen haben die Beeinträchtigung in ihrem gesamten Ausmaß hervorgerufen[915]. Dagegen spricht, dass dann das Verschuldensprinzip sehr stark eingeengt würde. Dies wird beim eigenen Lösungsansatz noch näher zu erörtern sein.

---

[915] Der Fall eines Dammbruchs unterscheidet sich nicht von dem bereits vom RG auch in dieser Weise entschiedenen Bahndammfall, RGZ 127, 29 ff., siehe oben S.55 f.

(2) Differenzierung nach positiver und negativer Wirkung des Eigentums

Da die Eigentumsbeeinträchtigung in engem Zusammenhang mit dem Inhalt des zu schützenden Eigentums steht und die Befugnisse des Eigentümers in zwei Richtungen gehen, nämlich mit seiner Sache nach Belieben zu verfahren und andere von jeder Einwirkung auszuschließen, wird für die Abgrenzung des § 1004 I 1 BGB von den §§ 823 I, 249 ff. BGB auch danach differenziert, ob sich die Einflüsse auf die positive und/oder negative Eigentümerbefugnis auswirken[916].

Durch die Störungs*handlung* selbst sei ausschließlich die *negative* Wirkung des Eigentums, das Ausschließungsrecht, betroffen. Das Ergebnis der Störungshandlung, also der *Einwirkungserfolg*, etwa die Veränderung der Sachsubstanz, beschränke den Eigentümer darin, mit seiner Sache nach Belieben zu verfahren, und wirke sich so auf die *positive* Eigentümerbefugnis aus.

Danach ließe sich wie folgt differenzieren[917]:

1. Wenn die Eigentumsbeeinträchtigung ausschließlich in einer Störungshandlung liege (unbefugtes Betreten eines fremden Grundstücks), falle dies nicht in den Anwendungsbereich des Beseitigungsanspruchs, denn der Eigentümer könne sich dagegen mit dem Unterlassungsanspruch zur Wehr setzen.

2. Einwirkungen auf die positive Seite des Eigentums ausschließlich durch Naturereignisse, also ohne menschliches Handeln, würden ebenfalls nicht von § 1004 I 1 BGB erfasst, weil die Vorschrift stets das Vorhandensein eines Störers verlange, dieser mithin als Tatbestandsmerkmal und nicht nur zur Passivlegitimation diene.

3. Damit verblieben für den Anwendungsbereich von § 1004 I 1 BGB nur solche Einwirkungen, die sich sowohl auf die negative als auch auf die positive Eigentümerbefugnis auswirkten, und zwar in einem gegenseitigen Abhängigkeitsverhältnis wie bei Ursache und Wirkung.

Daraus ergebe sich unter Berücksichtigung des Zeitmoments: Bei Störungen, die in der Vergangenheit abgeschlossen wurden, sei nur ein Schadensersatzanspruch gegeben. Gegen Störungen, die in der Zukunft lägen, könne mit dem Unterlassungsanspruch vorgegangen werden. Für den Beseitigungsanspruch verblieben nur solche Tatbestände, bei denen in der Vergangenheit auf die negative Eigentümerbefugnis eingewirkt worden sei und daraus eine gegenwär-

---

[916] *Walchner*, S.9 f.

[917] Dazu *Walchner*, S.9 f.

tig andauernde Beeinträchtigung des positiven Eigentums (Benutzungsrecht) folge.

Die Unterscheidung danach, ob die positive oder negative Seite des Eigentums betroffen sei, hilft bei der Abgrenzung des § 1004 I 1 BGB von den §§ 823 I, 249 ff. BGB nur bedingt weiter. Dass das Ausschließungsrecht in der Vergangenheit betroffen sein musste, bedeutet nur, dass es für die negatorische Haftung stets einer Störerzurechnung bedarf. Als Kriterium für die Abgrenzung des § 1004 I 1 BGB von den §§ 823 I, 249 ff. BGB verbleibt somit ausschließlich, dass eine gegenwärtig noch andauernde Beeinträchtigung des positiven Eigentums (Benutzungsrecht) gegeben ist. Wird dies so verstanden, dass jede Art der Gebrauchseinschränkung, unabhängig davon, ob sie eine Substanzverletzung zur Folge hat oder nicht, verschuldensunabhängig zu beseitigen ist, dann ist zwar der Haftungsumfang rechtssicher festgelegt, aber mit dem bloßen Verweis auf die positive Eigentümerbefugnis nicht genügend erklärt, warum auch ein Substanzschaden ohne Verschulden ersetzt werden soll. Zutreffend ist deshalb nur, auf der Suche nach einem Abgrenzungskriterium bei Art und Umfang der Eigentumsbeeinträchtigung und nach der unterschiedlichen Zielrichtung der Ansprüche zu differenzieren.

Damit bestätigt dieser Lösungsansatz nur die bereits gewonnene Erkenntnis, dass es auf das Störungsergebnis ankommt.

(3) Wiederbenutzbarkeitstheorie

Nach der Wiederbenutzbarkeitstheorie hat der Beseitigungsanspruch zum Inhalt, die betroffene Sache wieder benutzbar zu machen, auch wenn dafür ein Substanzschaden auszugleichen ist[918]. Dies wird aus der Rechtsprechung abgeleitet, weil der BGH einen negatorischen Anspruch auf Wiederbenutzbarkeit eines Tennisplatzes gewährt, nachdem der Platzbelag durch eindringendes Wurzelwerk von Pappeln des Nachbargrundstücks zerstört wurde[919]. Die Wiederbenutzbarkeitstheorie finde zudem ihre Rechtfertigung in § 906 II 2 BGB, der dem beeinträchtigten Eigentümer einen Ausgleich für die Nichtbenutzbarkeit zugestehe. Wenn der Eigentümer gemäß § 906 II 2 BGB schon für den zu duldenden ortsüblichen und damit rechtmäßigen Eingriff in seinen Rechtskreis einen Ausgleich für die Nichtbenutzbarkeit verlangen könne, so dürfe man den

---

[918] *Wolf*, SR, Rn.320.

[919] BGH NJW 1997, 2234 = LM H. 11/1997 § 254 BGB Nr.13 m. Anm. *Wolf*; vgl. auch *Wolf*, SR, Rn.319.

rechtswidrig Eingreifenden nicht besser stellen, sondern müsse ihm zumuten, die Benutzbarkeit der Sache selbst wiederherzustellen[920]. Praktisch heißt das: Wenn bei Bauarbeiten ein Baukran auf das benachbarte Grundstück stürzt und dabei ein Dach zerstört, kann nach der Wiederbenutzbarkeitstheorie neben der Beseitigung des Krans die Wiederherstellung des Daches verlangt werden. Der Unterschied zum Schadensersatzanspruch bestehe dann darin, dass nur die Sache selbst wiederhergestellt werden müsse, die übrigen Schadensfolgen wie entgangener Gewinn aber nicht zu ersetzen seien[921].

Dass aus § 906 II 2 BGB auf den Inhalt und den Umfang des negatorischen Beseitigungsanspruchs gefolgert werden kann, vermag nicht zu überzeugen. Der Ausgleichsanspruch in § 906 II 2 BGB ist ausschließlich auf Geldzahlung gerichtet und tritt gerade an die Stelle des ausgeschlossenen Abwehranspruchs[922]. Richtig ist zwar, dass sich die Ausgleichspflicht nach der Nutzungsbeeinträchtigung beurteilt, aber zu Überschneidungen mit Schadensersatzansprüchen kommt es deshalb nicht, weil die Einwirkung zwar nicht zumutbar, aber doch rechtmäßig ist und im übrigen der Ausgleichsanspruch gegenüber dem Schadensersatzanspruch subsidiär zurücktritt[923]. Dass bei einem rechtswidrigen Eingriff gemäß § 1004 I 1 BGB geschuldet sein soll, die Benutzbarkeit der betroffenen Sache wiederherzustellen, auch wenn dadurch Substanzschäden beseitigt werden und Überschneidungen mit den §§ 823 I, 249 ff. BGB drohen, kann sich somit aus § 906 II 2 BGB nicht ergeben, der vergleichbare Abgrenzungsprobleme nicht kennt, so dass die Basis für einen Erst-Recht-Schluss fehlt.

Andererseits ist es nicht ausgeschlossen, dass § 1004 I 1 BGB die Wiederherstellung der Benutzbarkeit einer Sache gewährt. Jedoch ist dies dann in Abgrenzung von den §§ 823 I, 249 ff. BGB näher zu begründen.

(4) Die Ausgrenzung von Substanzverletzungen

Nach anderer Auffassung sollen alle Fälle aus dem Anwendungsbereich des verschuldensunabhängigen Beseitigungsanspruchs ausgegrenzt werden, in denen es zu einer Verletzung der Sachsubstanz gekommen ist[924]. Jede Eigentumsverletzung i.S.v. § 823 I BGB stelle zwar zugleich eine Eigentumsbeeinträchtigung

---

920 *Wolf*, SR, Rn.319; vgl. auch *ders.* Anm. LM H. 11/1997, § 254 BGB Nr.13.
921 *Wolf*, SR, Rn.319.
922 *Palandt/Bassenge*, § 906 Rn.31.
923 *Palandt/Bassenge*, § 906 Rn.31; BGHZ 120, 239 (249).
924 *Armbrüster*, NJW 2003, 3088, 3089; *Mertens*, NJW 1972, 1783, 1785.

nach § 1004 I 1 BGB dar. Sobald aber eine Substanzverletzung eintrete, sei der Kern des deliktsrechtlichen Eigentumsschutzes betroffen, so dass nur dessen Anwendungsbereich eröffnet sei. Ausschließlich das gegenüber § 1004 I 1 BGB erforderliche Verschulden legitimiere die weitergehende (auch die Substanzschäden einschließende) Rechtsfolge. Dies ergebe sich zwar nicht im Wege teleologischer Reduktion des § 1004 I BGB, da diese Norm ebenso dem Eigentumsschutz diene wie § 823 I BGB. Doch sei eine Abgrenzung auf der Konkurrenzebene gegeben: Soweit die Eigentumsbeeinträchtigung in einer Beschädigung der Sachsubstanz oder in deren Zerstörung liege, sei § 823 I BGB lex specialis[925]. Der Vorteil einer solchen Lösung auf der Konkurrenzebene bestehe darin, dass die Tatbestandsvoraussetzungen von § 1004 I 2 BGB und von § 1004 I 1 BGB einheitlich verstanden werden könnten, mithin beide Ansprüche auch gegenüber (drohenden) Substanzverletzungen bestehen, und der negatorische Beseitigungsanspruch dann einfach gegenüber dem Deliktsrecht zurücktrete[926].

Danach wäre bei einer Bodenkontamination oder bei Zerstörungen durch Wurzelwachstum, also bei jeglicher Form von Sachsubstanzschäden, stets ein Anspruch aus § 1004 I 1 BGB ausgeschlossen. Daneben soll immer auch ein Ausgleichsanspruch analog § 906 II 2 BGB (allgemeiner Aufopferungsanspruch) unbegründet sein, weil ansonsten wiederum ein verschuldensunabhängiger Anspruch bestünde[927].

Diese Ansicht schränkt den § 1004 I 1 BGB ähnlich stark ein wie die Rechtsusurpationslehre, vermeidet allerdings als unbillig empfundene Ergebnisse, etwa dass sich der Störer durch Dereliktion der Verantwortung entziehen kann. Da die Fälle der Substanzverletzung leicht zu erkennen sind, schafft diese Ansicht eine verhältnismäßig große Rechtssicherheit. Allerdings liefert auch sie keine überzeugende dogmatische Begründung dafür, warum Schadensersatz bei Substanzverletzungen nur nach schuldhaftem Handeln geschuldet sein soll. Soweit angeführt wird, dass sachliche Bedenken bestünden, dass die Wiederherstellung einer beschädigten Mauer verlangt werden könne, wenn diese weiter zu zerfallen drohe, nach Zerstörung der Mauer aber § 1004 I 1 BGB unbegründet sei, also ein geringerer Eingriff weiter reiche als ein stärkerer Eingriff, kann entgegengehalten werden, dass dies, soweit man auf den Schutz des Sachgebrauchs

---

925 Es handelt sich dann um einen Fall „inhaltlicher Spezialität" oder „Subsidiarität", vgl. *Wank*, Auslegung, S.115.

926 Zu alledem *Armbrüster*, NJW 2003, 3088, 3089.

927 *Armbrüster*, NJW 2003, 3088, 3089.

abstellt, sachgerecht erscheint. Der Rechtsverwirklichungsfunktion von § 1004 I 1 BGB liegt es näher, § 823 I BGB nicht als lex specialis zu § 1004 I 1 BGB anzusehen, sondern beide Ansprüche in verschiedenem Umfang nebeneinander anzuwenden[928].

Dass die weitergehende Rechtsfolge nur durch strengere Voraussetzungen legitimiert sein könne, ist nichtssagend. Richtig ist dagegen, dass durch § 1004 I 1 BGB typischerweise die Rechtskreise des betroffenen Eigentümers und des potentiell Haftpflichtigen im Sinne einer praktischen Konkordanz auszugleichen sind[929]. Warum dies aber in Einzelfällen nicht auch dazu führen kann, dass bei Substanzverletzungen der Sache wegen der damit verbundenen Nutzungsbeeinträchtigung verschuldensunabhängig zumindest die Wiederherstellung der uneingeschränkten Gebrauchsmöglichkeit verlangt werden kann, wird nicht dargelegt. Dies gilt es deshalb noch näher zu untersuchen und vor allem auch anhand von Sinn und Zweck der Vorschriften, also von ihrem Geltungsgrund her, zu beurteilen.

(5) § 1004 I 1 BGB als Folgenbeseitigungsanspruch

Ausgangslage der Überlegungen von *Hohloch* ist die nach seiner Auffassung praktisch notwendige Ausweitung von § 1004 I 1 BGB auf Fälle von Substanzverletzungen. Die damit angestrebten Anspruchsziele könnten durch die Gefährdungshaftung deshalb nicht hinreichend erfasst werden, weil sich Beeinträchtigungen nicht nur aus gefährlichen, sondern auch aus „normalen" Vorgängen ergeben sollen[930]. Deshalb müsse die deliktische Haftung durch den negatorischen Rechtsschutz ergänzt werden. Durch das Aufstellen von Verkehrssicherungspflichten die Fahrlässigkeitshaftung zu präzisieren, helfe in solchen Fällen, in denen jenseits aller Pflichtwidrigkeit und Vorhersehbarkeit eine Haftung als angebracht angesehen werde, nicht weiter. Gleiches gelte für die Verbesserung der Situation des Verletzten durch Beweiserleichterungen[931].

In Anlehnung an den Gedanken, dass mittels der negatorischen Haftung das Gleichgewicht zwischen verschiedenen Eigentumssphären gewährleistet werden soll, ist nach *Hohloch* der negatorische Beseitigungsanspruch grundsätzlich dort gegeben, „wo die geschehene Beeinträchtigung erkennen lässt, dass das Ver-

---

[928] *Wenzel*, NJW 2005, 241, 243.
[929] So *Armbrüster*, NJW 2003, 3088, 3089.
[930] *Hohloch*, S.169 f.
[931] *Hohloch*, S.169 f..

halten des Störers (d.h. sowohl sein aktives Handeln als auch der Zustand seiner Sache) nicht an dem Maßstab ausgerichtet war, der sich aus der Zuordnung der Güter zu den einzelnen Rechtssubjekten ergibt"[932]. Als Folge sei er dann zur umfassenden Wiederherstellung des früheren Zustands, also auch zur Liquidation einer schlichten Sachbeschädigung verpflichtet[933]. Wenn auch in klarer Betonung, dass man den originären negatorischen Rechtsschutz damit überschreite[934], soll der Beseitigungsanspruch in einer durch die Rechtswirklichkeit gedeckten Weise zu einem Rechtsbehelf des ausgleichenden Rechtsschutzes fortentwickelt werden.

Jedoch bleibt der Maßstab, so wie er umschrieben wird, wage. Ein Eigentümer müsse so mit seiner Sache umgehen, dass kein anderer in seinem Eigentum beeinträchtigt wird. Dies aber endet in einem Zirkel!

Insoweit helfen auch die angeführten Beispiele nicht weiter: Es soll umfassende Folgenbeseitigung geschuldet sein, wenn ein übergreifendes Feuer auf dem betroffenen Grundstück fortschwelt oder Abfall dort abgeladen wurde, nicht aber, wenn ein Stein in eine fremde Wohnung geworfen wurde[935]. Warum aber nur die Grenzen der Rechtssphäre in den ersten beiden Fällen missachtet worden sein sollen, nicht aber im Steinwurffall, ist nicht nachvollziehbar[936]. Selbst wenn man auf eine nachhaltige Veränderung des Eigentums abstellen wollte[937], kann dies nur schwer als rechtssicheres Abgrenzungskriterium bezeichnet werden. Auch die Versuche, das Kriterium dadurch zu präzisieren, dass es sich vorwiegend um eine Haftung in nachbarlichen Verhältnissen handele und die Veränderung meist auf Eingriffe zurückzuführen sei, die durch eine vermeintliche Rechtsausübung des Beklagten gekennzeichnet sei[938], geben keine neuen rechtssicher zu bestimmenden Anhaltspunkte[939]. Die räumliche Nähe der Parteien kann nicht haftungsbegründend wirken[940] und die vermeintliche Rechtsausübung betrifft die Beeinträchtigungshandlung und nicht das Beein-

---

[932] *Hohloch*, S.177.
[933] *Hohloch*, S.178.
[934] *Hohloch*, S.158 ff., 164 ff., 167 ff., 177 f.
[935] *Hohloch*, S.178.
[936] *Picker*, AcP 178 (1978), 499 ff. (insb. 502 ff.); *AK/Kohl*, § 1004 Rn.64.
[937] In diese Richtung deutet *Picker*, FS Gernhuber, S.315, 357, *ders.*, AcP 178 (1978), 499, 502 die Ansicht *Hohlochs*.
[938] So *Hohloch*, S.172.
[939] *Picker*, AcP 178 (1978), 499, 503; *Kotz*, S.99. Im Ergebnis rühmt *Picker* deshalb nur, dass die Arbeit den Versuch darstelle, eine neue verschuldensunabhängige Spezies der Schadenshaftung zu etablieren (*Picker*, aaO., S.504).
[940] *Picker*, FS Gernhuber, S.315, 359.

trächtigungsergebnis. Solche Ansätze sind zu sehr davon geprägt, auf der Seite des Anspruchsgegners ein Ersatzkriterium für den Verschuldensvorwurf zu suchen, ohne aber zu berücksichtigen, dass doch auch der Haftungsumfang in der Rechtsfolge im Vergleich zu den §§ 249ff. BGB eingeschränkt ist, es daher vielmehr auf die Auswirkungen beim Betroffenen als auf die Rechtsstellung des Anspruchgegners ankommt.

Selbst wenn man die Überschneidung von § 1004 I 1 BGB mit §§ 823 I, 249 ff. BGB damit zu rechtfertigen versucht, dass die Zielrichtung beider Ansprüche doch unterschiedlich sei, nämlich der negatorische Anspruch dem Eigentum seine Unversehrtheit wiedergebe, während der Schadensersatzanspruch die Gesamtvermögenssituation ausgleiche und auch auf Geldersatz gehen könne[941], bleibt man die Begründung dafür schuldig, warum auch Sachbeschädigungen verschuldensunabhängig nach § 1004 I 1 BGB beseitigt werden sollen.

(6) Negatorische Gefährdungshaftung

Kohl folgt grundsätzlich der einschränkenden Sichtweise der Rechtsusurpationslehre, sieht sie aber nur als plausibel und nicht als zwingend an[942], so dass er durch eine „Fortentwicklung" in Ausnahmefällen eine Erstreckung der Haftung auf die Folgenbeseitigung für geboten hält, und zwar als „negatorische Gefährdungshaftung"[943]. Die Beseitigung wird insoweit als ein Synonym für Schadensersatz bezeichnet, so dass die §§ 249 ff. BGB „unbeschränkt anwendbar" seien[944]. Die besondere Einstandspflicht sei in Anlehnung an die Gefährdungshaftung „für besonders gefährliche Aktivitäten" geboten, so dass etwa die Fälle des verunglückten Tankwagens, des gesprengten Bauwerks oder der geplatzten Chemikalienleitung erfasst würden[945]. Es soll eine generelle Gefährdungshaftung für alle Fälle anerkannt werden, in denen die Eigentumsnutzung mit gewisser statistisch belegbarer Wahrscheinlichkeit besonders große Schäden herbeiführe[946]. Der Grundgedanke ist, die dogmatischen Grundsätze der Gefährdungshaftung über die gesetzlich geregelten Fälle hinaus auszuweiten. Dieser Ansatz unterscheidet sich von den anderen dadurch, dass ganz bewusst

---

941 *Hohloch*, S.179.
942 *AK/Kohl*, § 1004 Rn.64.
943 *AK/Kohl*, § 1004 Rn.64 ff.
944 *AK/Kohl*, § 1004 Rn.66.
945 *AK/Kohl*, § 1004 Rn.65.
946 *AK/Kohl*, aaO.

§ 1004 I 1 BGB als Mittel des Schadensersatzrechts, eben unter der uneingeschränkten Anwendung der §§ 249 ff. BGB, verstanden wird. Dies wird in Anlehnung an die Wertungen aus § 906 BGB begründet: Steht dem Eigentümer bei zu duldenden, aber über das zumutbare Maß hinaus bestehenden Beeinträchtigungen ein Ausgleichsanspruch zu (§ 906 II 2 BGB), dann soll er erst Recht einen solchen haben, wenn sich das Risiko einer gefährlichen Anlage realisiert. Auf diese Weise würden finanzielle Risiken nicht von der Allgemeinheit, sondern vom Betreiber getragen[947].

Es fragt sich nur, ob dadurch nicht die kasuistische Haftungsbegrenzung bei der Gefährdungshaftung unzulässig durchbrochen wird. *Kohl* verneint dies, weil er trotz der gesetzlich geregelten Fälle einer Gefährdungshaftung den weiteren Bedarf für eine richterliche Rechtsfortbildung sieht[948].

Dennoch dürfte es sich um eine Gesetzesumgehung handeln, weil keine Regelungslücke vorliegt, die es zu schließen gilt. Bei einer negatorischen Generalklausel für Gefährdungen fehlt es an hinreichend bestimmt formulierten Tatbeständen und damit an der genauen Eingrenzung der einschlägigen Lebenssachverhalte, die nur ein legislatorischer Akt leisten kann, zumal die verschuldensunabhängige Haftung z.B. auch durch eine gesetzlich angeordnete Beschränkung der Haftungssumme ausgeglichen wird[949]. Dass solche ausgleichenden Haftungsbeschränkungen nicht als zwingend für die Gefährdungshaftung angesehen werden[950], stellt ihre aus der gesetzlichen Wertung heraus gegebene Rechtfertigung aber nicht in Frage. Da die Grenzen für die Bewertung einer „besonders gefährlichen Aktivität" nicht hinreichend dargelegt sind, besteht stets eine nicht hinnehmbare Rechtsunsicherheit. Eine Haftungserweiterung wegen gefährlicher Aktivitäten kann deshalb allenfalls im Wege der Analogie von § 906 II 2 BGB erfolgen[951].

d) Die actus- contrarius-Theorie

Eine von *Fritz Baur*[952] begründete Lehre, die heute u.a. auch von *Medicus*[953] und *Canaris*[954] vertreten wird, versucht den Anwendungsbereich von § 1004 I 1

---

[947] *AK/Kohl*, § 1004 Rn.65.
[948] *AK/Kohl*, aaO.
[949] *Picker*, FS Gernhuber, S. 315, 366.
[950] *AK/Kohl*, § 1004 Rn.65.
[951] *Buchholz/Radke*, Jura 1997, 454, 463 f.
[952] *Baur*, AcP 160 (1961), 489 f., *ders*., VersR (Beiheft Karlsruher Forum) 1962, 14, 16, vgl. auch *Baur/Stürner*, SR, § 12 Rn.20 f.
[953] *MünchKomm/Medicus*, § 1004 Rn.73.
[954] *Larenz/Canaris*, SchR II/2, § 86 V.3. (S.696 ff., insb. S.698), zustimmend *Kropholler*,

BGB dadurch einzugrenzen, dass als Beseitigung immer nur geschuldet wird, die das Eigentum beeinträchtigende Handlung rückgängig zumachen, also der sog. „actus contrarius“. Ausgangspunkt aller Überlegungen über den Umfang des negatorischen Beseitigungsanspruchs müsse daher die Störungshandlung bzw. die störende Anlage und die sich aus ihr unmittelbar ergebenden Einwirkungen selbst sein[955]. Nach der actus-contrarius-Theorie kann von dem negatorischen Einstandspflichtigen nur der „actus contrarius“ der störenden Tätigkeit, das gegenläufige „spiegelbildliche“[956] Verhalten, verlangt werden[957]. Danach muss der Störer seine störende Tätigkeit „rückgängig oder für die Zukunft wirkungslos machen“[958]. Darüber hinaus bestünden keine negatorischen Ansprüche, insbesondere auch keine auf Ausbesserung von Beschädigungen infolge der eingetretenen Störung.

Die Anhänger der actus-contrarius-Theorie erkannten, dass die reine Kausalität eine uferlose Haftung des Störers auch für Beschädigungen fremder Sachen zulässt. Sie sahen zudem, dass jede Eigentumsbeeinträchtigung auf einer störenden Einwirkung beruht, die sich in eine Einwirkungs*ursache* und in ein Einwirkungs*ergebnis* unterteilen lässt. Eine eindeutige Haftungsbeschränkung könne nicht über das Eigentumsergebnis, mithin die Art der Eigentumsbeeinträchtigung, sondern nur über das ursächliche Verhalten des Störers erfolgen.

Auch bei § 985 BGB werde ausschließlich die Herausgabe der Sache geschuldet (Gegenakt). Schäden seinen nur nach den §§ 989ff. BGB zu ersetzen sind[959].

Der Vergleich mit § 985 BGB scheitert aber daran, dass sich dort die haftungsbegründende Eigentumsbeeinträchtigung stets auf den Besitzentzug beschränkt und die ggf. zu ersetzenden Schäden während der Vindikationsphase entstehen, während bei § 1004 I 1 BGB die Sachbeschädigung mit der Beeinträchtigung selbst zusammentreffen kann. Da die Störungshandlung bei der negatorischen Haftung nur der Zurechnung dient und die Beeinträchtigung in einem störenden tatsächlichen Zustand besteht, ist der Bezug zur Rechtsfolge verschoben. Inso-

BGB, § 1004 Rn.6; *Lettl*, JuS 2005, 871, 872.

955 *Baur*, AcP 160 (1961), 465, 489 f.

956 So *Armbrüster*, NJW 2003, 3087, 3088.

957 *Baur*, AcP 160 (1961), 465, 489 f.

958 *Baur*, aaO.

959 *Baur*, AcP 160 (1961), 465, 489.

weit kann auch nicht auf den Sonderfall des Widerrufs nach Ehrverletzungen verwiesen werden[960], weil dort die Beeinträchtigung regelmäßig keinen Sachbezug hat[961].

Ferner wird der „actus-contrarius-Theorie" entgegengehalten, dass in der Rechtsfolge von § 1004 I 1 nicht zwischen verschiedenen Formen der Beeinträchtigungsbeseitigung unterschieden werde[962]. Diese Kritik geht allerdings ins Leere, wenn das Abgrenzungskriterium bei der actus-contrarius-Theorie genau genommen doch nicht, wie man zunächst meinen könnte, allein auf der Rechtsfolgenseite gesucht wird[963]. Ausgangspunkt für die Normabgrenzung ist vielmehr schon der Beeinträchtigungsbegriff, nicht die Beseitigungspflicht[964]. Nur die eigentliche Störungshandlung, die durch ein gegenläufiges Verhalten wieder rückgängig gemacht werden kann, soll auch eine Eigentumsbeeinträchtigung i.S.v. § 1004 I 1 BGB darstellen. Betrachtet man die actus-contrarius-Theorie aus dieser Sicht, dann ist sie auch mit dem Wortlaut von § 1004 I 1 BGB zu vereinbaren.

Allerdings fragt sich, ob das Verhalten des Verletzers als Gesichtspunkt für eine rechtssichere Abgrenzung zwischen Beeinträchtigung und Schaden ausreicht. Dafür muss der „actus contrarius" zunächst näher definiert werden. Es geht nicht um die *Rücknahme* der störenden Tätigkeit[965], dies wäre schon tatsächlich nicht möglich, sondern um den *Gegenakt* der störenden Handlung[966]. Dieser Gegenakt kann aber nur dann ein zuverlässiges Abgrenzungskriterium sein, wenn er nur in den Fällen der Beeinträchtigung und nicht auch der Schädigung fremden Eigentums zum Zuge kommt. Es wird aber schnell deutlich, dass man sich auf der Suche nach einer solchen Definition des „actus contrarius" zwangsläufig im Kreise dreht. Ausgangspunkt müssen die denkbaren Arten von Verletzungshandlungen sein, deren jeweiliger Gegenakt gefunden werden muss. Das Eigentum ist vor rechtlichen Eingriffen, wie z.B. einer Verfügung, und tatsächli-

---

960 So aber *Baur* AcP 160 (1961), 465, 490.
961 Vgl. unten S.346 ff.
962 *Henckel*, AcP 174 (1974), 97, 102 f. Fn.8.
963 Dieser Eindruck wird aber meist erweckt, wenn gesagt wird, dass man die Bedenken gegen eine verschuldensunabhängige Kausalhaftung dadurch zu zerstreuen versucht, dass man den Beseitigungsanspruch auf der Rechtsfolgenseite „wesentlich enger" fasst als einen Schadensersatzanspruch, vgl. z.B. *Buchholz/Radke*, Jura 1997, 454, 457.
964 So beschreiben auch *Larenz/Canaris*, SchR II/2, § 86 V.3.c) (S.698) das Ziel des actus contrarius mit der Beseitigung der „primären Störungsquelle" auf der Tatbestandsseite.
965 Insoweit missverständlich bei *Hohloch*, S. 62, der anmerkt, dass die *Rücknahme* des beeinträchtigenden Aktes nicht viel hilft, wenn dieser einen nachteiligen Zustand geschaffen hat.
966 *Picker*, FS Gernhuber, S.315, 328.

chen Eingriffen, die sich wiederum in substanzverletzende und nicht substanzverletzende untergliedern lassen, zu schützen. Zu allen diesen Arten von Störungshandlungen ist jedoch ein Gegenakt denkbar[967]. Eine veräußerte Sache kann zurückübereignet werden. Eine tatsächliche Behinderung in der Sachbenutzung, z.B. das Zuparken einer Einfahrt, kann durch Wegfahren des störenden Fahrzeugs beendet werden. Wurde die Sache in ihrer Substanz verändert, kann bei einer bloßen Beschädigung der ursprüngliche Zustand derselben Sache wiederhergestellt werden. Eindeutig ausgeschlossen sind nach der actus-contrarius-Theorie deshalb auch nur die Fälle der Sachzerstörung, weil dann kein Gegenakt mehr möglich ist, sondern eine Neuherstellung erforderlich wäre. Dies zeigt aber, dass sich die Verletzungshandlung als untaugliches Kriterium für die Abgrenzung von § 1004 I 1 BGB zu den §§ 823 I, 249 ff. BGB erweist, weil sich für fast jede Einwirkung mit Ausnahme der Zerstörung ein gegenläufiges Verhalten finden lässt[968]. Die Actus-contrarius-Theorie endet damit in einem Zirkelschluss: Der „actus contrarius" richtet sich nach der störenden Tätigkeit; diese darf nur eine Beeinträchtigung, aber keine Schädigung fremden Eigentums darstellen. Ob dies der Fall ist, sollte aber gerade durch den Gegenakt festgestellt werden, der sich aber nicht immer eindeutig bestimmen lässt.

An konkreten Beispielen wird dies deutlich: Werde ein Kran durch einen Windstoß auf ein Nachbargrundstück geworfen, so könne nur die Entfernung des Kranes, nicht aber Ausbesserung einer durch den Kran beschädigten Mauer verlangt werden[969]. Insoweit soll der Gegenakt auf die eigentliche Störungshandlung, das Umfallen des Kranes, reduziert werden. Als Störungshandlung kann man aber genauso gut das Aufprallen des Kranes auf die Mauer, also das Beschädigen der Mauer durch den Kran ansehen. Der Gegenakt zum Einsturz der Mauer aber ist deren Aufrichtung. Vor allem ist nicht einsichtig, warum in den Fällen, in denen die Störung nicht mittelbar durch eine Sache, sondern unmittelbar durch eine Handlung erfolgt, nur solange die Beseitigung der Beeinträchtigung geschuldet sein soll, wie die betroffene Sache nicht in ihrer Substanz verletzt ist. Dies lässt sich mittels der actus-contrarius-Lehre nicht überzeugend erklären.

Der Gegenakt hilft also nicht weiter. Man kommt letztendlich nicht umhin, Kriterien für die Abgrenzung von Eigentumsbeeinträchtigung und Eigentumsschädigung aufzustellen. Nur die Sachzerstörungen werden eindeutig aus dem

---

[967] *Mertens*, NJW 1972, 1783, 1786.
[968] Vgl. auch *Picker*, FS Gernhuber, S. 315, 328; *Armbrüster*, NJW 2003, 3087, 3088.
[969] *Baur*, AcP 160 (1961), 465, 490.

Anwendungsbereich des § 1004 I 1 BGB ausgegrenzt. Nicht entschieden ist dagegen, wenn beispielsweise Wasser auf ein Grundstück eindringt, das Mauerwerk durchfeuchtet, den Mörtel zersetzt[970], ob der Eigentümer nur die Beseitigung der Störungsquelle oder auch die Beseitigung des eingedrungenen Wassers und die Reparatur der beschädigten Wand verlangen kann. Zu allem wäre ein Gegenakt denkbar. Es muss deshalb zuvor festgelegt werden, welche Reichweite die negatorische Haftung haben soll. Damit gibt die actus-contrarius-Theorie aber keine brauchbarere Hilfestellung für die Normabgrenzung als andere Lösungsansätze. Die Lehre liefert auf die maßgebliche Frage, wie weit der Beeinträchtigungsbegriff zu fassen ist, keine Antwort, sondern setzt eine solche voraus.

Allerdings lässt sich anhand der Fallbeispiele, mit der die actus-contrarius-Theorie gestützt werden soll, die eigentliche Zielsetzung der Lehre erkennen: Es sollen alle Sachverhalte aus dem Anwendungsbereich des § 1004 I 1 BGB ausgegrenzt werden, bei denen die fremde Sache in ihrer Substanz beschädigt worden ist. So soll der Austausch des defekten Gasrohres, das Löschen des Feuers im Bahndamm oder die Beseitigung des umgestürzten Baukrans vom Grundstück geschuldet sein, nicht aber Ersatz für Sachveränderungen infolge der Explosion, des Feuers oder des Kranumsturzes geleistet werden müssen[971]. Die actus-contrarius-Theorie stellt also im Grunde das „enge“ Gegenstück zur weitgefassten Lehre von Rudolf Schmidt dar: Während dieser jeden Fall der Sachbeschädigung in den Anwendungsbereich von § 1004 I 1 BGB miteinbezog, wollen ihre Anhänger alle diese Fälle aus dem Anwendungsbereich des § 1004 I 1 BGB ausschließen.

3. Ergebnis

1. Das *Zeitmoment* reicht zur Abgrenzung von § 1004 I 1 BGB und den §§ 823 I, 249 ff. BGB nicht aus, wenn nicht gleichzeitig auch festgelegt wird, was durch den negatorischen Beseitigungsanspruch geschützt werden soll. Mithin ist nach der *Art des Störungszustandes* zu differenzieren. Aber unabhängig davon, ob auf die *Störungsquelle* im Vergleich zu den von ihr ausgehenden weiteren Störungen, auf die *positive* und *negative Seite des Eigentums*, auf die *uneingeschränkte Wiederbenutzbarkeit* der betroffenen Sache, den *Ausschluss aller Substanzschäden*, die *Folgenbeseitigung* oder die *Gefährdung*

---

[970] Beispiel nach *Mertens*, NJW 1972, 1783.
[971] *Baur*, AcP 160 (1961), 465, 490.

abgestellt wird, zeigt sich, dass die Abgrenzung des § 1004 I 1 BGB von den §§ 823 I, 249 ff. BGB nur in solchen Fällen problematisch ist, in denen die betroffene Sache in ihrer Substanz verletzt wurde.

2. Eine eindeutige Abgrenzung von § 1004 I 1 BGB und §§ 823 I, 249 ff. BGB ist somit nur denkbar, wenn entweder alle Fälle, in denen die Eigentumsstörung eine Substanzverletzung der betroffenen Fremdsache bewirkt, in den Anwendungsbereich von § 1004 I 1 BGB miteinbezogen werden (so von *Rudolf Schmidt* beabsichtigt) oder aber aus diesem ausgegrenzt werden (so etwa von der actus-contrarius-Theorie und der Rechtsusurpationslehre bezweckt). Es konnten aber weder für die eine noch für die andere Extremposition überzeugende Kriterien und Argumente vorgebracht werden.

3. Wegen des wechselseitigen Bezugs von Tatbestand und Rechtsfolge ist eine Abgrenzung von Eigentumsschaden und Eigentumsbeeinträchtigung allein auf der Rechtsfolgenseite von § 1004 I 1 BGB nicht möglich. Das Abgrenzungsproblem kann also nur auf der Tatbestandsseite gelöst werden.

4. Soll in den Fällen, in denen die fremde Sache in ihrer Substanz verletzt wurde, ein negatorischer Beseitigungsanspruch gem. § 1004 I 1 BGB bestehen, dann bedarf es einer dem Verschuldensvorwurf äquivalenten Haftungsbegründung auf der Tatbestandsseite des Anspruchs. Diese muss bei der Definition des Beeinträchtigungsbegriffs, mithin bei der Art der Eigentumsstörung ansetzen.

5. Soweit man die verschuldensunabhängige Haftung damit begründen will, dass die störende Sache ihrerseits gefährlich ist, nähert man § 1004 I 1 BGB zu stark der Gefährdungshaftung an.

§ 3 Eigener Lösungsansatz

Nachdem sich die in der Literatur und der Rechtsprechung vorgeschlagenen Lösungen für das Abgrenzungsproblem als dogmatisch wenig fundiert und überzeugend erwiesen haben, soll nunmehr anhand der bislang gewonnenen Erkenntnisse ein eigener Lösungsansatz zum Konkurrenzverhältnis von § 1004 I 1 BGB und den §§ 823 I, 249 ff. BGB hergeleitet werden.

A. Herleitung aus den dogmatischen Grundlagen

Die systematische Einordnung von § 1004 I 1 BGB in das Zivilrechtssystem (*§ 1*) und die Untersuchung der bisherigen Lösungsansätze in Rechtsprechung und Literatur (*§ 2*) haben gezeigt, dass die inhaltliche Abgrenzung von § 1004 I 1 BGB und den §§ 823 I, 249 ff. BGB problematisch ist, weil das Eigentum als geschütztes subjektives Recht stets in einer Sache verkörpert wird.

I. Der deliktische und der negatorische Schutz des Eigentums

Im Sachenrecht werden Gegenstände durch dingliche Rechte, wie das Eigentum, Personen zugeordnet und diesen damit die Befugnis verliehen, die Sachen in bestimmter Weise tatsächlich zu gebrauchen und wirtschaftlich zu verwerten. Die dinglichen Rechte stellen insoweit die Grundlage persönlicher und wirtschaftlicher Freiheit dar. Die dingliche Zuordnung ist deshalb zum einen im persönlichen Gebrauchswert und zum anderen im Vermögenswert der Sache nach außen hin absolut zu schützen. Kennzeichnend für die Verletzung dinglicher Rechte ist, dass eine solche immer nur sachbezogen erfolgen kann, weil sich ihre Ausübung und ihr Vermögenswert stets über die sie verkörpernden Sachen ergeben.

Geschützt wird zwar nie die Sache als solche, sondern immer nur der mit der dinglichen Zuordnung verbundene persönliche und wirtschaftliche Entfaltungsfreiraum des Rechtssubjekts, der erforderlich ist, um das Selbstbestimmungsrecht des frei und eigenverantwortlich handelnden Menschen zu gewährleisten. Dafür sind die Innehabung des subjektiven Rechts, die tatsächlichen und rechtlichen Voraussetzungen für die Rechtsausübung und die wirtschaftliche Selbstbestimmung eines Rechtssubjekts durch Werterhalt seines Vermögens (Material- und Gebrauchswert) sicherzustellen. Dieser absolute Schutz wird in seiner Gesamtheit durch Vorschriften wie die §§ 823 I, 249 ff. einerseits und die §§ 985, 1004 I 1, 1005 BGB andererseits gewährleistet. Für die Abgrenzung dieser Vorschriften untereinander gilt es mithin herauszufinden, welcher dieser Positionen durch sie *konkret* geschützt wird, d.h. welcher Verletzungstatbestand von welcher Haftungsnorm gesetzlich erfasst ist bzw. welcher Teil des Rechtskreises einer Person von den §§ 823 I, 249 ff. BGB und welcher Teil von § 1004 I 1 BGB geschützt wird.

Die §§ 823 I, 249 ff. BGB gewähren bei Eigentumsverletzungen Vermögensschutz. Dieser wird dadurch umgesetzt, dass in der Rechtsfolge vorrangig die Wiederherstellung der konkret verletzten Sache geschuldet wird. Vermögensbestandteil ist zwar das einzelne *subjektive Recht*, aber beim Eigentum wird dessen Vermögenswert durch den uneingeschränkten Gebrauchs- und Substanzwert der zugeordneten Sache vermittelt. Der Gesetzgeber hat sich deshalb dafür entschieden, vorrangig einfach den Gebrauchs- und Substanzwert dieser Sache zu erhalten, also das Vermögen primär in seiner Zusammensetzung und erst nachrangig dem Geldwert nach zu schützen.

Der Anwendungsbereich von § 1004 I 1 BGB ergibt sich dagegen aus der Einordnung der Vorschrift als dinglichen Anspruch. Dingliche Ansprüche schützen die durch dingliche Rechte konstituierten Personen-Sach-Beziehungen, sie „verwirklichen" die dinglichen Rechte, welche dem Rechtsinhaber das subjektive Recht verleihen, über die ihm zugeordnete Sache im Rahmen der geltenden Rechtsordnung ganz oder teilweise nach Belieben herrschen zu können. Bei subjektiven Rechten wird allgemein die zur Wahrnehmung menschlicher Interessen dienliche Rechtsmacht geschützt, bei den dinglichen Rechten speziell jene, die sich aus dem Umgang mit der zugeordneten Sache ergibt. Der Rechtsträger wird in seiner persönlichen Selbstbestimmung hinsichtlich dieser Sache geschützt, solange er Inhaber des dinglichen Rechts ist.

Der persönlichkeitsrechtliche und der vermögensrechtliche Gesichtspunkt eines subjektiven Rechts bedürfen also eines unterschiedlichen gesetzlichen Schutzes, denn der Eingriff ist unterschiedlicher Natur und hat unterschiedliche Auswirkungen, so dass auch die darauf reagierende Haftung in ihrer Rechtsfolge den Nachteilen in ihrer unterschiedlichen Art angepasst sein muss. Die jeweilige Haftungsnorm wird also durch ihre Zielsetzung geprägt. Während es beim Persönlichkeitsschutz vor allem darum geht, gegenwärtige unbefugte Eingriffe abzuwehren, um so den rechtmäßigen, von Gesetzes wegen eingeräumten Zustand wiederherzustellen, ist der Vermögensschutz primär darauf ausgerichtet, erlittene Vermögensnachteile auszugleichen. Ersteres wird deshalb typischerweise durch die negatorischen Ansprüche, letzteres durch die deliktischen Ansprüche gewahrt. Dass auch präventiv (und damit negatorisch) der Vermögensschädigung entgegengewirkt werden kann, erklärt sich damit, dass es niemandem zumutbar ist, eine Schädigung des Vermögens dulden zu müssen und nur liquidieren zu können.

II. Der Stellenwert der persönlichen Selbstbestimmung im Umgang mit der Sache

Weil die beschränkten dinglichen Rechte in den negatorischen Schutz miteinbezogen sind, sie aber nur einzelne Nutzungs-, Verwertungs- und Erwerbsrechte gewähren, zeigt sich, dass durch § 1004 I 1 BGB nicht die Sachzuordnung als solche, sondern jeweils die einzelnen dem Rechtsträger verliehenen Befugnisse geschützt werden[972]. Für die ungestörte Ausübung dieser Befugnisse müssen die Voraussetzungen in tatsächlicher und rechtlicher Hinsicht gewährleistet sein. Da die Nutzung von Eigentum immer sachbezogen ist, müssen deshalb zwangsläufig auch alle sachbezogenen Beeinträchtigungen, mit oder ohne Substanzverletzung, in den Anwendungsbereich von § 1004 I 1 BGB miteinbezogen werden, wenn diese die Sachnutzung betreffen. Nur so kann die aus dem Eigentum hervorgehende persönliche Freiheit des einzelnen umfassend sichergestellt werden. Das wird auch vom verfassungsrechtlichen Eigentumsschutz bestätigt: In Art. 14 I GG wird nicht nur der Bestand des Eigentums, sondern auch die Nutzbarkeit der Eigentumsposition unter den Schutz der Verfassung gestellt. Dass der Schadensersatz im Wege der Naturalrestitution üblicherweise an ein Verschulden gebunden ist, muss dahinter zurücktreten, weil damit nur dem Anspruchsgegner *unzumutbare Vermögensverschiebungen* vermieden werden sollen.

§ 1004 I 1 BGB schützt folglich beim Eigentum die persönliche Freiheit des Rechtsinhabers, die sich aus dem freien Umgang mit der Sache ergibt. Dies rechtfertigt es auch, die Vorschrift entsprechend bei nicht vermögenswerten Rechten und Rechtsgütern anzuwenden. Dass hier verschuldensunabhängig gehaftet wird, ergibt sich aus dem Prinzip des gegenseitigen Achtens eines schutzwürdigen Kernbereichs einer jeden Person, dem Grundprinzip allen Zusammenlebens in einer Rechtsgemeinschaft, das seinen Ausdruck in der Menschenwürde und dem allgemeinen Persönlichkeitsrecht erfährt. Subjektive Rechte verleihen dabei dem einzelnen eine Rechtsstellung, von der aus er seine schutzwürdigen Interessen verfolgen kann. So soll kraft Gesetzes gewährleistet sein, dass dem Menschen, der seiner eigentümlichen Natur und Bestimmung

---

[972] Vgl. dazu im einzelnen unten S.287.

nach darauf angelegt ist, sein Dasein und seine Umwelt frei und eigenverantwortlich zu gestalten, der dafür erforderliche „persönliche und wirtschaftliche Entfaltungsspielraum“ erhalten bleibt. Kann ein subjektives Recht nur über eine Sache ausgeübt werden, so bedeutet die Beeinträchtigung des Sachgebrauchs immer auch eine Beeinträchtigung der Selbstbestimmung des Rechtsträgers, unabhängig davon, ob sie mit einer Substanzschädigung einhergeht oder nicht.

III. Die Substanzverletzung als Ursache für das Abgrenzungsproblem

Das Abgrenzungsproblem ist also *systemimmanent*, weil sowohl der deliktischen wie auch der negatorischen Haftung eine strukturelle Betrachtung zu Grunde liegt. Wird die Sache in ihrer Substanz verletzt, dann kann dadurch sowohl der Vermögenswert geschmälert werden als auch die Nutzbarkeit der Sache betroffen sein. In solchen Fällen überschneiden sich die Rechtsfolge von § 823 I BGB, soweit gem. §§ 249 ff. BGB Naturalrestitution gewährt wird, und der Rechtsverwirklichungsanspruch aus § 1004 I 1 BGB, soweit er mit der herrschenden Ansicht darauf erstreckt wird, die tatsächlichen Voraussetzungen für die Ausübung der positiven Eigentümerbefugnisse zu gewähren. Die Abgrenzungsschwierigkeit von negatorischer und deliktischer Haftung muss sich somit zwangsläufig ergeben.

Geschützt wird einmal das Eigentum als Vermögensbestandteil, zum anderen das Innehaben und die durch das Eigentumsrecht vermittelte ungestörte Nutzungsmöglichkeit der im Eigentum stehenden Sache. Der Beseitigungsanspruch ist dabei nicht lediglich eine umfangmäßig verringerte Schadensersatzhaftung, sondern ein „aliud“[973]. Es ist also falsch, von einheitlichen Haftungsgründen der deliktischen und der negatorischen Haftung auszugehen und den Unterschied nur im Ausmaß der Haftung sehen zu wollen

Dass die Substanzverletzung die Ursache für das Abgrenzungsproblem ist, wurde durch die Literaturauswertung bestätigt: Soweit eine klare, absolute Abgrenzung von negatorischer und deliktischer Haftung versucht wird, läuft dies fast immer darauf hinaus, mittels eines Kriteriums die Fälle aus dem Anwendungsbereich von § 1004 I 1 BGB ausgrenzen zu wollen, bei denen die Sache, in welcher das Eigentum verkörpert ist, in ihrer Substanz verletzt wurde; etwa durch die Unterscheidung zwischen „fortdauernder Beeinträchtigung“ und „abgeschlossener Schadenszufügung“ oder indem ausschließlich die „Störungs-

---

[973] So zutreffend umschrieben von *Stickelbrock*, AcP 197 (1997), 456, 466.

quelle“ zu beseitigen sein soll. Die Wiederbenutzbarkeitstheorie wählt dagegen gerade den anderen Weg, indem sie alle diese Fälle miteinbeziehen und so eine Abgrenzung umgehen will.

Auch bei der Rechtsusurpationslehre verschleiern die bildhaften Umschreibungen ihr eigentliches Ziel: Um die problematischen Fälle, in denen eine Sache so in ihrer Substanz verletzt worden ist, dass gleichzeitig ihr Gebrauch beeinträchtigt wird, aus dem Anwendungsbereich des negatorischen Beseitigungsanspruchs auszuschließen, soll § 1004 I 1 BGB auch bei tatsächlichen Gebrauchsbeeinträchtigungen ohne Substanzschädigung nicht erfüllt sein, was den Anwendungsbereich der Vorschrift erheblich einschränkt.

Nicht problematisch sind deshalb Fallkonstellationen, bei denen

- der Eingriff in das fremde Eigentum die betroffene Sache *in ihrer Substanz verändert, ohne* dass dies aber eine Wirkung *auf den bestimmungsgemäßen Gebrauch* der Sache hat.
- der Eigentümer durch den Eingriff *im bestimmungsgemäßen Gebrauch* seiner Sache *eingeschränkt wird* oder diese *Gebrauchsmöglichkeit* sogar gänzlich *ausgeschlossen wird, ohne* dass die fremde Sache dadurch *in ihrer Substanz betroffen* ist.

Abgrenzungsprobleme treten auf, wenn

- eine Substanzschädigung der fremden Sache auch eine Einschränkung des *bestimmungsgemäßen Gebrauchs* bewirkt. Da die Nutzbarkeit von Grundstücken von der Mobilität der Sache unabhängig ist und sich nur aus dem Zustand des Grundstücks ergibt, verursachen Substanzeingriffe meist auch die Beeinträchtigung des bestimmungsgemäßen Gebrauchs. Dagegen definiert sich bei beweglichen Sachen deren Nutzbarkeit vor allem über die Mobilität, die von der Veränderung des Sachzustands oft gar nicht beeinflusst wird.

Da die beiden Extrempositionen, nämlich entweder alle Fälle von Substanzverletzungen aus dem Anwendungsbereich des negatorischen Beseitigungsanspruchs auszuschließen bzw. § 1004 I 1 BGB uneingeschränkt auf alle Sachbeschädigungen zu erstrecken, nicht zu überzeugen vermochten und ein weiter Anwendungsbereich des negatorischen Beseitigungsanspruchs auch nicht durch eine eng verstandene Zurechnung ausgeglichen werden kann, fragt sich, ob und unter welchen Voraussetzungen es gerechtfertigt sein kann, verschuldensunabhängig gem. § 1004 I 1 BGB die zumindest teilweise Wiederherstellung einer in der Substanz verletzten Sache verlangen zu können. Es ist folglich nur eine Konkurrenzlösung, nicht aber eine absolute Trennung von negatorischer und deliktischer Haftung denkbar.

B. Die Rechtfertigung einer verschuldensunabhängig gewährten Naturalrestitution gem. § 1004 I 1 BGB

Da vermieden werden soll, das im Deliktsrecht vorherrschende Verschuldenserfordernis durch eine zu weite Geltung der actio negatoria zu umgehen, ist eine verschuldensunabhängige Naturalrestitution gem. § 1004 I 1 BGB gegenüber dem Verschuldensprinzip zu rechtfertigen.

I. Der Grundsatz des Verschuldens im Haftungsrecht

Es fragt sich, inwieweit der Grundsatz des Verschuldens im Haftungsrecht verzichtbar ist.

1. Die positive und die negative Seite des Verschuldensgrundsatzes

Der Verschuldensgrundsatz ist aus dem römischen Recht rezepiert worden[974]. Allerdings kannte das römische Recht daneben noch die Haftung desjenigen, der fremde Sachen zu verwahren hatte, eine Art abgeschwächte Erfolgshaftung[975]. Durchgesetzt hat sich das Verschuldensprinzip im naturrechtlichen Denken des 17. Jahrhunderts. Ideen des kanonischen Rechts haben dabei mitgewirkt. Das Verschuldensprinzip hat dann das 19. Jahrhundert beherrscht[976]. *Jhering* vertrat die Ansicht, dass nicht die Zufügung des Schadens zum Schadensersatz verpflichte, sondern die Schuld; nur sie könne die Schadensersatzpflicht begründen[977]. Dem steht die Anschauung entgegen, dass das Verschuldensprinzip eine

---

[974] *Larenz*, SchR I, § 20 I. (S.277). Im englischen Recht, das im allgemeinen durch das römische Recht nicht beeinflusst wurde, gilt bei *vertraglichen* Schuldverhältnissen, dass mit der Vertragsbindung auch das Garantieversprechen abgegeben wurde, für Nachteile des Gläubigers infolge Nichterfüllung oder nicht rechtzeitiger Erfüllung aufkommen zu wollen, es sei denn, dass die Haftung für bestimmte Fälle ausgeschlossen worden sei, vgl. *Larenz*, SchR I, aaO. Eine solche Garantiepflicht im Vertragsrecht kann noch gerechtfertigt werden, weil der Haftende schließlich den Vertrag selbst geschlossen hat und auch nur gegenüber dem Vertragspartner haftet.

[975] *Jörs/Kunkel*, Römisches Privatrecht, S.171 ff.

[976] *V. Caemmerer*, RabelsZ 42 (1978), 5, 8.

[977] *Jhering*, Schuldmoment (1867), zit. nach *Jhering*, Vermischte Schriften (1897), 155 ff., 199: Dieser Satz sei so einfach wie der des Chemikers, dass nicht das Licht brennt, sondern der Sauerstoff der Luft. Beide gehörten zu den Sätzen, in denen für den Kundigen eine ganze Geschichte der Wissenschaft stecke. Sie seien die Krönung und der Gipfel des Baues.

Erbsünde unseres Haftungsrechts darstelle[978]. Der Mythos des Verschuldensprinzips sei zu bekämpfen, da es jedermann obliege, dafür zu garantieren, dass sein Verhalten keinen Schaden an Personen oder an Sachen anderer verursache, sei dies auch schuldlos[979]. Für die Naturrechtsgesetzbücher, den Code civil, das preußische Allgemeine Landrecht und das österreichische AGBGB war das Verschuldensprinzip die unangezweifelte Grundlage ihrer Regelungen. Zu der naturrechtlichen Tradition kam das wirtschaftsliberalistische Denken der Industrialisierung hinzu[980]. Die aufstrebende Industrie sollte nicht mit zusätzlichen Haftungsrisiken belastet werden, die den wirtschaftlichen und technischen Aufschwung hemmen würden. Deshalb wurde die Fahrlässigkeit, also die im Verkehr gebotene Sorgfalt, als Grenze der Haftung eingeführt[981].

Das Verschuldensprinzip hat eine positive und eine negative Seite[982]. Die positive Seite bestimmt, dass derjenige, der einen anderen schuldhaft schädigt, ihm den dadurch entstandenen Schaden zu ersetzen hat. Dies entspricht unserem gesunden Rechtsempfinden. Es ist ein Gebot des Rechtsfriedens und der Bestätigung der Rechtsordnung[983]. In der Verantwortlichkeit des Menschen für sein Handeln wird zugleich sein Person-Sein wie seine Bindung an sittliche und rechtliche Normen anerkannt[984]. Dieser als Selbstverständlichkeit verstandene Verschuldensgrundsatz hat jedoch für die Frage, ob auf das Verschulden als Haftungsvoraussetzung verzichtet werden kann, keinen Aussagewert. Aus ihm kann nämlich nicht abgeleitet werden, dass *nur* bei Verschulden gehaftet werden darf. Danach rechtfertigt das Verschulden zwar eine Ersatzpflicht, diese setzt aber ein Verschulden nicht zwingend voraus. Gäbe es die grundsätzlich verschuldensunabhängige Kausalhaftung, dann müsste in den Fällen schuldhaften Handelns erst Recht gehaftet werden.

Es liegt der positiven Seite des Verschuldensprinzips auch nicht der Gedanke zu Grunde, jemanden durch die Ersatzpflicht für seine unerlaubte Handlung bestrafen zu müssen. In diesem Fall könnte auf das Verschulden nicht verzichtet

---

978 *Ehrenzweig*, Psychoanalytische Rechtswissenschaft, 297 ff.
979 *Tunc*, Int. Enc.Comp.L.XI Ch.1 (1974).
980 *V. Caemmerer*, RabelsZ 42 (1978), 5, 8.
981 Wie die Anschauungen des wirtschaftspolitischen Liberalismus das Verschuldensprinzip beeinflusst haben, zeigt *Fleming*, Law of torts, 8, 103, 271, für das angelsächsische Recht und *Esser*, Gefährdungshaftung, 50 ff., 54 ff. hinsichtlich der Entwicklung der Gefährdungshaftung sowie rechtsvergleichend *Kötz*, AcP 170 (1970), 3 ff.; *ders./Wagner*, Deliktsrecht, Rn.24.
982 *Deutsch*, HaftungsR I, 1. Aufl., S.26 ff.
983 *V. Caemmerer*, RabelsZ 42 (1978), 5, 19.
984 *Larenz*, SchR I, § 20 I. (S.276).

werden, weil das Sanktionsrecht keine Verurteilung ohne Verschulden kennt. Im Privatrecht geht es aber nicht um die Sanktionierung fehlerhaften Verhaltens, sondern nur um die Festlegung einer gerechten Risikoverteilung[985]. So trägt der schuldhaft Handelnde das Risiko, dass er durch sein Fehlverhalten Schäden verursacht, die er dann grundsätzlich in vollem Umfang, ohne Rücksicht auf die Schwere seines Verschuldens, zu ersetzen hat[986]. Jeder muss für die Verletzung fremder Rechtsgüter einstehen, solange er dafür verantwortlich ist. Haftungsbeschränkungen sind denkbar, wenn den Geschädigten seinerseits ein Mitverschulden trifft (§ 254 BGB), das er dann als Verschulden gegen sich selbst gelten lassen muss. Daraus ergibt sich, dass das Verschulden im Haftungsrecht eine doppelte Funktion hat; es begründet die Schadensersatzpflicht und der Grad des Verschuldens entscheidet über die Haftungsanteile, wenn auch den Geschädigten eine Mitverantwortung trifft. Dieser letzte Aspekt gewährleistet, dass den Interessen der Beteiligten im Wege der Abwägung hinreichend Rechnung getragen werden kann. Darauf müsste aber auch nicht verzichtet werden, wenn das Setzen einer Ursache ausreichen würde, um eine Schadensersatzpflicht zu begründen. Dann wäre halt auf die Mitverursachung abzustellen. Da die drohende Ersatzpflicht auch der Prävention dienen soll, würde eine Verursachungshaftung sogar besonderen Anlass zu vorsichtigem Verhalten im Alltag geben.

Es darf aber nicht unberücksichtigt bleiben, dass das Verschuldensprinzip auch eine negative Seite hat, die bestimmt, dass *nur* derjenige, der schuldhaft handelt, auch haften soll. Keine Schadensersatzpflicht ohne Verschulden, lautet das Postulat[987]. Diese Haftungsbeschränkung durch das Verschuldensprinzip muss deshalb überwunden werden, wenn es darum geht, eine reine Verursachungshaftung durchzusetzen. Es ist also zunächst nach dem Sinn und Zweck des Verschuldensprinzips zu fragen, um beurteilen zu können, ob es verzichtbar ist.

---

985 *Stoll*, RabelsZ 36 (1972), 285, 302.

986 *V. Caemmerer*, RabelsZ 42 (1978), 5, 6. Allerdings wurde es als unbillig empfunden, wenn ein nur geringer Grad des Verschuldens zu außergewöhnlich weitreichenden und schweren Schäden führt, so dass in diesen Fällen eine Ermäßigung der Ersatzpflicht mit einer Reduktionsklausel vorgeschlagen wurde, wie es sie im schweizerischen Recht (Art. 43 OR) gibt, vgl. deutschen Referentenentwurf eines Gesetzes zur Änderung und Ergänzung schadensersatzrechtlicher Vorschriften (1967), § 225a; *Stoll*, RabelZ 34 (1970), 48 ff., *Deutsch*, HaftungsR I, 1.Aufl., S.334 f.

987 *V. Caemmerer*, RabelsZ 42 (1978), 5; *Larenz*, SchR I, § 20 I. (S.276); *ders./Canaris*, SchR II/2, § 75 I.d) (S.352).

2. Zweck des Verschuldensprinzips

Durch das Erfordernis eines Verschuldens soll dem einzelnen seine nötige Handlungsfreiheit gesichert werden[988]. Wer die Schädigung des anderen nicht voraussehen kann, soll handeln dürfen, ohne eine unabsehbare Haftung für zufällig eingetretene Schäden befürchten zu müssen[989]. Der Vorwurf gründet sich darauf, dass der Schädiger in der gegebenen Situation hätte anders handeln sollen und auch können, dass er sich also unrichtig verhalten habe, obgleich es ihm bei der nötigen Sorgfalt und Aufmerksamkeit oder bei „gutem Willen" möglich gewesen wäre, sich richtig zu verhalten[990]. Eine reine Erfolgshaftung wird als ungerecht empfunden. Begründet wird dies anhand von Beispielen im Deliktsrecht:

So ist es wenig einsichtig, warum jemand nur aus seiner Eigentümerstellung heraus soll haften müssen, wenn die erworbene Sache wegen eines für ihn nicht erkennbaren Konstruktionsfehlers einen anderen schädigt. Es wurde als empörend empfunden, dass der Witwe eines Maschinisten vom frz. Kassationshof ein Schadensersatzanspruch gegen den Schleppereigener zuerkannt wurde, obwohl ihr Mann bei einer Kesselexplosion ums Leben gekommen war, die ausschließlich auf einem nicht erkennbaren Konstruktionsfehler beruhte, so dass den Anspruchsgegner kein Verschulden traf[991]. Zwar gibt es im französischen Recht eine umfassende deliktische Generalklausel (Art. 1382, 1383 c.c.), welche die Schadensersatzhaftung nicht auf den Schutz bestimmter Rechtsgüter beschränkt, dennoch aber eine schuldhafte und rechtswidrige Schädigung voraussetzt. Eine verschuldensunabhängige Sachhalterhaftung ist damit unvereinbar. Die richtigen Anspruchsgegner sind der Konstrukteur oder der Lieferer des Kessels, nicht aber der Schleppereigner.

Eine vom Verschulden unabhängige Haftung würde zu einem unkalkulierbaren Risiko führen. Etwa dort, wo der Arbeitgeber seinen Arbeitnehmern die Maschinen oder Werkzeuge zur täglichen Verrichtung der Dienstleistung zur

---

[988] *V. Caemmerer*, RabelsZ 42 (1978), 5.

[989] *V. Caemmerer*, aaO., mit dem Hinweis darauf, dass dies auch schon der Beweggrund für *Jhering* und *Marcel Planiol* im französischen Recht gewesen sei.

[990] *Larenz*, SchR I, § 20 I. (S.276).

[991] Cass. civ. 16.6.1896, D.P. 1897.1.433 mit Anm. Saleilles = S.1897.1.17 mit Anm. *Esmein*. Eine Haftung allein nach der „théorie du risque" wird als ein Rückschritt in barbarische Zeiten angesehen, *Planiol*, Études sur la responsabilité civile, Du fondement de la responsabilité: Rev. crit. lég. et jurisprud. 34 (1905), 277 ff., 279; *ders*., Traité élémentaire de droit civil II (1912) no. 863, S.276; *Ferid*, Frz. Zivilrecht I, S.858.

Verfügung stellt. Aber auch auf das Freizeitverhalten hätte das Verursachungsprinzip erhebliche Auswirkungen. Eine andere Entscheidung des französischen Kassationshofes[992] macht dies deutlich: Bei einer Jahrmarktslotterie gewann jemand eine Flasche „Bordeaux", die aber statt Wein eine ätzende Flüssigkeit enthielt. Als der Gewinner seine Kameraden zum Mittrinken einlud und der erste einen Schluck Wein nahm, erlitt er schwere Verbrennungen der Speiseröhre, die zu seinem Tode führten. Wie die ätzende Flüssigkeit in die Flasche geriet und wie diese in das Regal der Lotteriegewinne kam, blieb ungeklärt. Einer gegen den Gewinner gerichteten Schadensersatzklage wurde mit der Begründung stattgegeben, dass er Eigentümer der Flasche geworden sei. Sollte dies aber für eine Schadensersatzhaftung ausreichen, würde es voraussichtlich das Ende aller Festlichkeiten bedeuten, müsste man doch stets befürchten, den eingeladenen Bekannten und Freunden verschuldensunabhängig schadensersatzpflichtig zu werden.

Zwar neigt man heute dazu, die persönliche Verantwortung immer stärker zu objektivieren und zu typisieren. Der Schuldner blicke dem Risiko ins Auge und könne sich daher versichern. Die zunehmenden technischen Risiken in unserer hochindustrialisierten Gesellschaft rechtfertigten es, die Grundlagen des Haftungsrechts neu zu überdenken, stammten diese in vielen Rechtsordnungen noch aus einer Zeit, die vorwiegend durch die Landwirtschaft und das Handwerk geprägt war[993]. Die Produzentenhaftung ist ein Beispiel für diese Tendenz, sich vom Verschuldensprinzip abzuwenden und verstärkt in die Richtung einer objektiven Haftung zu bewegen. Grundsätzlich wird aber im Haftungsrecht am Verschulden festgehalten.

Nun ist bei der negatorischen Haftung im Vergleich zur deliktischen Haftung die Rechtsfolge eingeschränkt, weil es „nur" um die Wiederherstellung der Sache selbst, nicht aber um den Ersatz von Vermögensfolgeschäden geht. Andererseits wurde oben bereits erörtert, dass dieser Unterschied in der Weite der Rechtsfolge nicht ausreicht, um eine verschuldensunabhängige negatorische Haftung rechtfertigen zu können. Vielmehr ist dogmatisch zu begründen, warum und unter welchen Voraussetzungen die zumindest teilweise Wiederherstellung einer in ihrer Substanz verletzten Sache gem. § 1004 I 1 BGB soll verlangt werden können.

---

[992] Cass. civ. 26.6.1953, J.C.P. 1953.II.7801 mit Anm. *Rodière* = S.1954.1.41 mit Anm. *H. Mazeaud* = D.1954, 181 mit Anm. *Savatier*; dazu *Esmein*, Le diable dans la bouteille: J.C.P. 1954.I.1163.

[993] *V. Caemmerer*, RabelsZ 42 (1978), 5.

II. Die Übertragbarkeit der Grundgedanken verschuldensunabhängiger Haftung

Fälle, in denen verschuldensunabhängig auf Naturalrestitution gehaftet wird, finden sich auch anderweitig im Gesetz oder sie sind im Wege der Rechtsfortbildung entwickelt worden. Es fragt sich, ob die Rechtfertigung dieser Fälle verschuldensunabhängiger Haftung auf eine solche gem. § 1004 I 1 BGB übertragbar ist.

1. Gefährdungshaftung

Während die Verschuldenshaftung *Unrechts*schäden ausgleichen soll und sie ihre Begründung darin findet, dass der Verantwortliche seine Handlungsfreiheit falsch oder zu lässig genutzt und dadurch den Schaden eines anderen verursacht hat (ausgleichende Gerechtigkeit, iustitia commutativa), bezweckt die Gefährdungshaftung *Unglücks*schäden nach dem Grundsatz zu verteilen, dass derjenige, der Gefahrenquellen beherrscht und in dessen Interesse ein gefährlicher Betrieb gestattet wird, auch die Wagnisse auf sich nehmen muss, die damit verbunden sind (verteilende Gerechtigkeit, iustitia distributiva)[994]. Die Gefährdungshaftung setzt daher weder Verschulden noch Rechtswidrigkeit voraus[995]. Sie wird vielmehr an Gerechtigkeitskriterien ausgerichtet[996].

Dabei sind durchaus Parallelen zur negatorischen Haftung erkennbar. Beide beruhen letztlich auf dem Prinzip personaler Verantwortung, also auf der Zurechnung zum Verhalten des Haftenden, die begründet, warum der Schaden von einem Privatrechtssubjekt und nicht vom Staat zu tragen ist, wenn er schon „umverteilt", also entgegen dem Grundsatz „casum sentit dominus" nicht als bloßes Unglück beim Geschädigten belassen wird[997]. Insoweit lassen sich Prinzipien der Gefährdungshaftung wie die Gefahrveranlassung und –beherrschung, etwa aber auch der Grundgedanke der Zusammengehörigkeit von Vorteil und korrespondierendem Risiko auf die negatorische Haftung übertragen.

Der maßgebliche Unterschied besteht jedoch darin, dass eine *besondere Gefahr*

---

[994] *Larenz/Canaris*, SchR II/2, § 75 I.2.i) (S.354), § 84 I.2.c) (S.607); *Esser/Weyers*, SchR II/2, § 63 I.; *Esser*, Gefährdungshaftung, S.75; *MünchKomm/Wagner*, Vor § 823 Rn.17; *Fikentscher*, SchR Rn.1319.

[995] *Larenz/Canaris*, SchR II/2, § 75 I.2.d) (S.352); *Diederichsen/Wagner*, BGB-Klausur, S.70; *Münchkomm/Wagner*, Vor § 823 Rn.18; a.A. BGHZ 117, 110 (111 f.) = NJW 1992, 1389.

[996] Dazu im einzelnen *Larenz/Canaris*, SchR II/2, § 84 I.2.b) (S.606).

[997] *Larenz/Canaris*, SchR II/2, § 84 I.2.d) (S.608).

Haftungsvoraussetzung der Gefährdungshaftung ist[998]. Diese kann sich ergeben, weil die Wahrscheinlichkeit des Schadenseintritts besonders groß ist (etwa Kfz, Tiere, technische Anlagen), weil die Höhe des Schadens katastrophale Ausmaße anzunehmen droht (z.B. Reaktorunfälle) oder das Risikopotential unbekannt hoch ist (z.B. Gentechnologie). Zu bestimmen, wann eine Gefahr „so besonders ist", das sie eine verschuldensunabhängige Gefährdungshaftung rechtfertigt, ist die eigentliche Schwierigkeit. Um den Ausnahme- nicht zum Regeltatbestand zu machen und damit erhebliche Rechtsunsicherheit zu verursachen, ist die Gefährdungshaftung mit dem Enumerationsprinzip auf die gesetzlich geregelten Fälle zu beschränken[999]. Dies macht zwar eine Analogie nicht undenkbar[1000], doch sind strenge Anforderungen an die Vergleichbarkeit der Gefahren zu stellen. Nur wenn die Gefährdungshaftung von vornherein erkennbar ist, kann sie etwa auch durch den Abschluss einer Haftpflichtversicherung abgesichert werden. Für einen Analogieschluss kann das bloße Eigentum an einer schädigenden Sache oder die personale Verantwortung des Störers nicht ausreichen. Für ein der Gefährdungshaftung vergleichbares rechtliches Unwerturteil fehlt es also bei § 1004 I 1 BGB an der entsprechenden besonderen Gefährdungssituation. Deshalb konnten bereits die oben geschilderten Lösungsansätze, welche § 1004 I 1 BGB die Bedeutung eines die enumerativ geregelten Fälle ergänzenden Gefährdungshaftungstatbestandes bzw. eines Folgenbeseitigungsanspruchs zuerkannten[1001], nicht überzeugen. Die Rechtsprechung geht vielmehr von einem dreigliedrigen Haftungssystem aus und betont die Eigenständigkeit der verschuldensunabhängigen Störerhaftung neben der Gefährdungs- und Deliktshaftung[1002].

Lässt sich aber der Verzicht auf das Verschuldenserfordernis bei der Haftung nicht durch ein erhöhtes Risiko in der Sphäre des Störers begründen, kann er nur ergänzend durch ein Gerechtigkeitskriterium zugunsten des Gestörten gerechtfertigt werden. Dies gilt es unten noch näher zu erörtern.

---

998 *Kötz*, AcP 170 (1970), 21, 28 ff.; *Koziol*, FS Wilburg, S.173, 178.

999 *Larenz/Canaris*, SchR II/2, § 84 I.1.b) (S.601); *Jauernig/Teichmann*, Vor § 823 Rn.10; *MünchKomm/Wagner*, Vor § 823 Rn.22.

1000 *M. Baur*, FS Ballerstedt, S. 305, 322 ff.; *Koziol*, FS Wilburg, S.173 ff.; *Larenz/Canaris*, SchR II/2, § 84 I.1.b) (S.601).

1001 Vgl. oben S.246 ff.

1002 BGHZ 155, 99 = NJW 2003, 2377 – Wasserrohrbruch.

2. Billigkeitshaftung nach § 829 BGB

§ 829 BGB begründet keine allgemeine Billigkeitshaftung[1003], sondern greift nur ein, wenn ein Zurechnungsausschluss gem. §§ 827 f. BGB vorliegt, also nicht in allen Fällen fehlenden Verschuldens. Zudem ist eine Ersatzpflicht nach § 829 BGB nur vorgesehen, wenn insbesondere nach den Lebens- und Vermögensverhältnissen der Beteiligten die Billigkeit eine Schadloshaltung erfordert, denn auch wer deliktsunfähig ist, kann Vermögen haben und sich im Verkehr frei bewegen. Der Ausnahmecharakter der Vorschrift erfordert, dass die Umstände in erheblichem Maße zuungunsten des Schädigers sprechen[1004]. Mit § 1004 I 1 BGB ist gemeinsam, dass die Haftung aus § 829 BGB keine rechtswidrige Handlung voraussetzt, im Gegensatz zur negatorischen Haftung aber auch der verursachte Erfolg nicht rechtswidrig zu sein hat[1005]. Für diese Einordnung als Gefährdungshaftung spricht, dass ein eingeschränkt Delikts-fähiger eine besondere Gefahr für die Mitmenschen darstellt, dass es letztlich um die Verteilung eines „Unglücksschadens" geht und die Ausrichtung der Haftung an den Vermögensverhältnissen distributiven Charakter aufweist[1006]. Damit wird letztlich auch auf das Vorliegen einer besonderen Gefahr abgestellt, die sich bei der negatorischen Haftung nicht konstruieren lässt. Als Unterfall der deliktischen Haftung orientiert sich § 829 BGB zudem – anders als § 1004 I 1 BGB – auch an den wirtschaftlichen Verhältnissen der Beteiligten, um eine effiziente Schadensverteilung zu gewährleisten[1007]. Lassen sich folglich die Billigkeitsgesichtspunkte des § 829 BGB ebensowenig wie die der allgemeinen Gefährdungshaftung auf § 1004 I 1 BGB übertragen, so bleibt doch die Erkenntnis, dass eine verschuldensunabhängige Haftung stets aus der Abwägung der einander entgegenstehenden Interessen als Ausnahme zum Grundsatz „casum sentit dominus" zu begründen ist.

3. Aufopferungshaftung nach § 906 II 2 BGB (analog)

Wenn man gem. § 906 II 2 BGB (analog) Schadensersatz gewährt, dann könnte in diesen Fällen die Abgrenzung des § 1004 I 1 BGB von den §§ 823 I, 249 ff.

[1003] *Larenz/Canaris*, SchR II/2, § 84 VII 1.a) (S.651); zur analogen Anwendung von § 829 BGB vgl. *Jauernig/Teichmann*, § 829 Rn.2.

[1004] *Jauernig/Teichmann*, § 829 Rn.4; *MünchKomm/Wagner*, § 829 Rn.16.

[1005] Vgl. *Larenz/Canaris*, SchR II/2, § 84 VII.2.a) (S.653).

[1006] *Larenz/Canaris*, SchR II/2, § 84 VII.2.b) (S.653). Zu den unterschiedlichen Ansichten der dogmatischen Einordnung von § 829 BGB vgl. *MünchKomm/Wagner*, § 829 Rn.3.

[1007] *MünchKomm/Wagner*, § 829 Rn.1.

BGB deshalb unnötig sein, weil ohnehin verschuldensunabhängig gehaftet wird. Deshalb ist hier auf die Aufopferungshaftung gem. § 906 II 2 BGB (analog) genauer einzugehen.

a) Dogmatische Grundlage

Durch die zivilrechtliche Aufopferungshaftung soll ausgeglichen werden, dass der Geschädigte eigentlich einen negatorischen Abwehranspruch hat, der ihm aber von der Rechtsordnung (z.B. §§ 904, 906 BGB) genommen wurde[1008]. Ergänzend haben sich über die gesetzlich geregelten Tatbestände hinaus ungeregelte Ausgleichsansprüche auf Grund ungeschriebener Duldungspflichten herausgebildet, wenn Immissionen von einem dem öffentlichen Interesse dienenden, gemeinwichtigen Betrieb ausgehen (§§ 906 II 2 BGB, 14 BImSchG analog)[1009] oder wenn sich auf der Grundlage des nachbarrechtlichen Gemeinschaftsverhältnisses ergibt, dass ein Abwehranspruch den Störer unverhältnismäßig schädigen würde (§ 242 BGB)[1010]. Da der Eingriff in das Eigentum in allen diesen Fällen als rechtmäßig bewertet wird und deshalb nicht Grundlage einer Haftung sein kann, erhält der Gestörte als Kompensation für den gesetzlich angeordneten Haftungsausschluss und damit seine Aufopferung einen Ausgleichsanspruch, der sich gegen den „Begünstigten" (§ 904 BGB) bzw. den Benutzer des Nachbargrundstücks (§ 906 BGB)[1011] richtet[1012]. Der Gerechtigkeitsgrund für alle Tatbestände der Aufopferungshaftung ist das Verhältnismäßigkeitsprinzip: Die Kollision zweier Rechtsgüter erfordert, dass eines zurücktritt, nach dem Verhältnismäßigkeitsprinzip aber nur gegen Zubilligung eines Ausgleichsanspruchs in Geld, weil der benachteiligte Rechtsgutsträger für die Kolli-

---

[1008] Vgl. insoweit auch § 14 BImSchG, der einen verschuldensunabhängigen Schadensersatzanspruch gewährt, wenn an sich gem. § 906 BGB ausschließbare Immissionen (BGHZ 69, 110) von einer unanfechtbar genehmigten Anlage ausgehen und Vorkehrungen, welche die benachteiligenden Wirkungen verhindern, technisch undurchführbar oder wirtschaftlich unvertretbar sind. Der Ausschluss des Anspruchs aus § 1004 BGB muss dafür aber immer auf der Genehmigung beruhen (*Larenz/Canaris*, SchR II/2, § 85 II.3., S.661; *Stickelbrock*, AcP 197 (1997), 456, 459).

[1009] BGHZ 72, 294; BGH NJW 2000, 2902; a.A. *Staudinger/Roth*, § 906 Rn.30.

[1010] BGHZ 28, 225 (231 f.); 58, 149 (159 f.); 62, 361 (366 f.); 68, 350 (353 f.); BGH NJW 2000, 1720.

[1011] BGH NJW 2003, 2378; *Jauernig/Jauernig*, § 906 Rn.7.

[1012] *Larenz/Canaris*, SchR II/2, § 85 I.1.a) (S.655); II.1.a) (S.657).

sion nicht verantwortlich ist und der Eingriff von der Schwere auch nicht unter unterhalb der Relevanzschwelle bleibt[1013].

b) Die Wechselwirkung von § 1004 I 1 BGB und § 906 II 2 BGB analog

Der „nachbarrechtliche Ausgleichsanspruch"[1014] gemäß § 906 II 2 BGB wird gewährt, wenn die ortsübliche Benutzung eines Grundstücks eine wesentliche Beeinträchtigung eines anderen Grundstücks durch Immissionen herbeiführt, welche von dem „Störer" nicht durch wirtschaftlich zumutbare Maßnahmen verhindert werden kann und welche die ortsübliche Benutzung des anderen Grundstücks oder dessen Ertrag über das zumutbare Maß hinaus beeinträchtigt. Aufopferungs- und Verschuldenshaftung schließen sich wechselseitig aus, denn die Aufopferungshaftung ist grundsätzlich an rechtmäßige Eingriffe geknüpft[1015], die geduldet werden müssen. Darin besteht auch der wesentliche Unterschied zum Anspruch aus § 1004 I 1 BGB, der nur dann gegeben ist, wenn eine solche Duldungspflicht gerade nicht besteht. In solchen Fällen muss aber auch der Abwehranspruch geltend gemacht werden und es kann nicht wahlweise Ausgleichszahlung verlangt werden[1016]. Den §§ 906 II 2, 1004 I 1 BGB liegen folglich ganz unterschiedliche Regelungszwecke zu Grunde, nämlich Aufopferungsentschädigung beim rechtmäßigen und Haftungsausgleich beim rechtswidrigen Eingriff.

Zu Überschneidungen in den Anwendungsbereichen von § 1004 I 1 BGB und § 906 II 2 BGB bzw. zum Konkurrenzverhältnis mit den §§ 823 I, 249 ff. BGB kann es somit nur kommen, wenn man - dem BGH folgend - den nachbarrechtlichen Ausgleichsanspruch analog anwendet, weil zwar keine Duldungspflicht gegeben ist, jedoch der Geltendmachung von Abwehransprüchen aus § 1004 BGB faktische Hinderungsgründe entgegenstanden. Dies soll der Fall sein, wenn der von der rechtswidrigen Eigentumsbeeinträchtigung betroffene Grundstückseigentümer von dieser Beeinträchtigung, ihrem Ausmaß oder der

---

[1013] *Larenz/Canaris*, SchR II/2, § 85 V.1.a) (S.669).

[1014] So die Terminologie bei *Jauernig/Jauernig*, § 906 Rn.6, aber auch bei BGH NJW 1990, 3195, 3196.

[1015] *MünchKomm/Wagner*, Vor § 823, Rn.25. Der Ausgleichsanspruch aus § 906 II 2 BGB ist gegenüber dem Schadensersatzanspruch subsidiär (BGHZ 72, 289, 295; 111, 158, 163; 120, 239, 249; BGH NJW 1990, 3195, 3196; a.A. *Vieweg*, NJW 1993, 2570, 2574: Ausgleichs- und Schadensersatzanspruch stünden unabhängig nebeneinander).

[1016] *Palandt/Bassenge*, § 906 Rn.21; *Buchholz/Radke*, Jura 1997, 455, 463; *Berger*, LMK 2003, 145, 146; *Roth*, JuS 2001, 1161, 1164; *ders.*, in Roth/Lemke/Krohn, Aufopferungsanspruch, S. 17, 44.

Person des Störers zu spät erfahren hat, um eine durch die rechtswidrige Einwirkung verursachte Schädigung seines Grundstücks verhindern zu können[1017]. In Anlehnung an die Lehre vom „enteignungsgleichen Eingriff" soll der rechtswidrig Verletzte dann aufopferungsrechtlich nicht schlechter stehen als gegenüber einem rechtmäßigen Eingriff[1018].

In der Literatur wird zum Teil bezweifelt, dass dieser Versuch einer Rechtsfortbildung überhaupt geglückt ist[1019]. Insbesondere die Anhänger der Rechtsusurpationslehre wollen einen solchen Geldanspruch verneinen, um bei rechtswidriger Beeinträchtigung die Herbeiführung einer Rechtsfolge zu vermeiden, welche den §§ 823 I, 249 ff. BGB vorbehalten sein soll, vor allem dann, wenn Kostenersatz nach einer selbst vorgenommen Beeinträchtigungsbeseitigung verlangt wird[1020]. Die Argumente für die Ablehnung einer analogen Anwendung von 906 II 2 BGB vermögen aber nicht zu überzeugen: Da § 906 an die Beeinträchtigung des Grundstücks anknüpfe, bedeute die weitreichende Analogie eine rechtswidrige Ungleichbehandlung von Grundstückseigentümern und Inhabern ortsungebundener Rechte und Rechtsgüter[1021]. Dies ist aber deshalb nicht der Fall, weil nur Grundstückseigentümer, nicht aber solche beweglicher Sachen rechtswidrigen Einwirkungen nicht ausweichen können[1022]. Das Prinzip der Enumeration der Gefährdungshaftungstatbestände wird auch nicht unterlaufen[1023], wenn § 906 II 2 BGB statt auf vollen Schadensersatz auf eine angemes-

---

[1017] BGHZ 72, 289 (294 f.); 85, 375 (384 f.); 90, 255 (262 f.); 111, 158 (163 f.); 113, 384 (391); BGH NJW 1990, 3195, 3196 f.; NJW-RR 1997, 1374; NJW 1999, 2896; NJW 2001, 1865; NJW 2003, 1732, 1733; NJW 2003, 2377, 2378 m. Anm. *K. Schmidt*, JuS 2003, 1128 u. *Hagen*, EwiR 1/03, § 906 BGB, S.919; BGH NZM 2004, 193; BGH NJW 2004, 1037, 1040, vgl. auch *Vieweg*, NJW 1993, 2570, 2574 ff.

[1018] *Larenz/Canaris*, SchR II/2, § 85 III.1. (S.664); BGH NJW 2003, 2377, 2378.

[1019] *Von Bar*, Karlsr. Forum 1987, 9 f.; *Wilhelm*, SR, Rn.229; *Schlechtriem*, FS Gernhuber, S.407, 417 f.; *Buchholz/Radke*, Jura 1997, 454, 463; *Neuner*, JuS 2005, 487, 491; *Roth*, LM 12/1999, § 906 Nr.101; *ders.*, JuS 2001, 1161, 1164 zustimmend für Immissionen; *Wieling*, LMK 2003, 183, 184; weitere Nachweise bei BGH NJW 2003, 2377, 2378; dem BGH zustimmend *Larenz/Canaris*, SchR II/2, § 85 III.1.a) (S.664); *Gerlach*, Privatrecht, S.227 ff.; *Hagen*, FS Lange, S.483, 501 f.; *ders.*, EWiR 1/03, § 906, S.919, 920; eine gute Übersicht über die Argumente findet sich bei *Gursky*, Fälle und Lösungen, Fall 5.

[1020] Wie im Fall BGH NJW 1996, 845, oben S.68 ff.

[1021] *Buchholz/Radke*, Jura 1997, 454, 464. Vgl. BGHZ 92, 143 (Kupolofen-Fall, § 906 II 2 BGB sei als grundstücksbezogenes Recht nicht auf bewegliche Sachen anwendbar, dazu *Marburger/Herrmann*, JuS 1986, 354 ff.).

[1022] Vgl. *Larenz/Canaris*, SchR II/2, § 85 II.5., 6. (S.662 f.).

[1023] So *Buchholz/Radke*, Jura 1997, 454, 464; *Wilhelm*, SR, Rn.228 f.; *Roth*, in: Roth/Lemke/Krohn, Aufopferungsanspruch, S.1, 25.

sene Ausgleichszahlung beschränkt wird[1024] und man sich vergegenwärtigt, dass er nur im Verhältnis von Grundstücksnachbarn gilt[1025] sowie nur bei solchen Aktivitäten, die prinzipiell verbietbar sind. Um eine generelle Gefährdungshaftung im Verhältnis zwischen Nachbarn zu verhindern, kann man ihn zusätzlich aber auch noch auf Beeinträchtigungen durch unzulässige Handlungen reduzieren und solche Beeinträchtigungen auf Grund gefährlichen Zustands auslassen[1026]. Bei § 906 II 2 BGB geht es nicht um die Haftung für Schäden, die allein auf das rechtmäßige Vorhandensein einer Anlage oder einer erlaubten Tätigkeit zurückzuführen sind, sondern um die Haftung für rechtswidrige Störungen aus der bestimmungsgemäßen Nutzung eines Nachbargrundstücks[1027]. Deshalb kann der Anspruch auch uneingeschränkt neben einem in der Höhe beschränkten Gefährdungshaftungsanspruch bestehen[1028]. Die prinzipielle Ablehnung einer analogen Anwendung von § 906 II 2 BGB erscheint vielfach nur zielgerichtet[1029], bringen doch die Anhänger der Rechtsusurpationslehre selbst zum Ausdruck, dass sie einer solchen Analogie rechtspolitisch grundsätzlich zustimmen würden, weil die Aufopferungshaftung einer langen Rechtstradition entspreche, die auch im Staatshaftungsrecht seit langem anerkannt sei[1030].

Ist damit einer analogen Anwendung von § 906 II 2 BGB grundsätzlich zuzustimmen, so ist doch die Weite der Rechtsfolge umstritten. Die Rechtsprechung bemisst die Vermögenseinbuße nach Enteignungsgrundsätzen, d.h. es wird nur der unzumutbare Teil der Beeinträchtigung ausgeglichen[1031]. Die Entschädigung entspricht dann nur ausnahmsweise dem vollen Schadensersatz[1032]. Andere

---

[1024] Die §§ 249 ff. BGB sind nicht anwendbar (*MünchKomm/Oetker*, § 249 Rn.7).

[1025] Vgl. BGH NZM 2004, 193, 194 ff.: Ein verschuldensunabhängiger Anspruch gem. § 906 II 2 BGB habe seine Grundlage im nachbarlichen Gemeinschaftsverhältnis und gelte damit für Grundstücksnachbarn, nicht aber unter Mietern desselben Grundstücks.

[1026] So *Larenz/Canaris*, SchR II/2, § 85 III.1.b) (S.665).

[1027] BGH NJW 2003, 2377, 2378.

[1028] BGH NJW 2003, 2377, 2379.

[1029] *Buchholz/Radke*, Jura 1997, 454, 464 stellen selbst darauf ab, dass gegen eine Ausweitung des § 906 II 2 BGB im Grunde dieselben Argumente sprechen, die auch für eine Beschränkung von § 1004 I 1 BGB auf die Unterlassung der faktischen Rechtsusurpation anzuführen sind.

[1030] Vgl. *Buchholz/Radke*, Jura 1997, 454, 464, die der Ausweitung von § 906 II 2 BGB zwar rechtspolitisch zustimmen, dann aber den Anwendungsbereich doch wieder parallel zu § 1004 I 1 BGB einschränken wollen, vgl. auch *Gursky*, Fälle u. Lösungen, Fall 6 a.E.; *Wieling*, LMK 2003, 183, 184.

[1031] BGHZ 49, 148, 155; 62, 361, 371; 85, 375, 386; BGH NJW 1990, 3195, 3197, NJW 2001, 1865, NJW 2003, 2377, 2380, zustimmend *Roth*, JuS 2001, 1161, 1163.

[1032] BGH NJW 1990, 3195, 3197.

wollen stets vollen Schadensausgleich gewähren[1033]. Dies entspricht aber nicht dem Wortlaut in § 906 II 2 („angemessener Ausgleich“) im Vergleich zu § 904 S.2 BGB („Schadensersatz“), bei dem bewusst darauf abgestellt wurde, dass bei einer ortsüblichen Benutzung der Betroffene wegen der Lage *seines* Grundstücks die Beeinträchtigung umgebungsbedingt mitzutragen hat[1034]. Richtigerweise kann deshalb § 906 II 2 BGB als Ausgleichsanspruch keine Naturalrestitution, sondern nur einen Geldanspruch, der an die Stelle des ausgeschlossenen Abwehranspruchs tritt, gewähren[1035]. Dann aber kann keine Naturalrestitution geschuldet sein, so dass auch in solchen Fällen entscheidungserheblich ist, ob § 1004 I 1 BGB neben den §§ 823 I, 249 ff. BGB zur Anwendung kommt.

§ 906 II 2 BGB kann folglich nur Hilfestellung geben, wenn es darum geht, den Maßstab für die Eingrenzung des Anwendungsbereichs von § 1004 I 1 BGB zu liefern, sei es, dass es die Zurechnung einzuschränken gilt oder die Grenzen der Eigentumsbeeinträchtigung genau zu umschreiben gilt.

III. Gesetzliche Haftung als Abgrenzung von Güter- und Freiheitssphären

1. Die Interessenabwägung als Fundament der gesetzlichen Haftung

Bereits bei den dogmatischen Grundlagen in *§ 1* wurde dargestellt, dass mittels der gesetzlichen Haftungstatbestände die Rechtskreise von Personen gegeneinander abgegrenzt werden sollen. Insoweit gilt es, ein Spannungsverhältnis zwischen Güterschutz und Handlungsfreiheit zu regeln: Aus der Sicht des nachteilig Betroffenen ist dessen Vermögensbestand sowie dessen persönlicher und wirtschaftlicher Entfaltungsfreiraum zu sichern. Werden die Haftungstatbestände in ihren Anwendungsbereichen weit gefasst, dann beinhaltet dies aber immer die Gefahr, dass sie den Schädiger bzw. Störer zu sehr in seinem persönlichen und wirtschaftlichen Freiraum einschränken und ihn deshalb auch von solchen Aktivitäten abhalten, die rechtmäßig oder gar sozial erwünscht sind. Um der Gerechtigkeit Genüge zu tun, ist es deshalb eine elementare Aufgabe der Rechtsordnung, dem einzelnen möglichst viele Freiräume offenzuhalten und seine Handlungsfreiheit vor übermäßigen Beeinträchtigungen durch Haftungsri-

---

[1033] *Palandt/Bassenge*, § 906 Rn.43; *Jauernig/Jauernig*, § 906 Rn.8, 15; *ders.*, JZ 1986, 605, 610 ff.

[1034] *Larenz/Canaris*, SchR II/2, § 85 II.1.b) (S.657).

[1035] *Palandt/Bassenge*, § 906 Rn.31.

siken zu bewahren[1036]. Verfassungsrechtlich kollidieren damit auf Seiten des Benachteiligten und auf Seiten des Eingreifenden jeweils Art. 2 I (allgemeine Handlungsfreiheit) und Art. 14 GG (Eigentumsschutz) miteinander. Diese Grundrechte sind deshalb durch die gesetzlichen Regelungen in einen „schonenden Ausgleich" zueinander zu bringen[1037].

Die Interessenkollision wurde im wesentlichen durch zwei fundamentale Basisentscheidungen gelöst: durch die Anknüpfung an den Verschuldensgrundsatz im Haftungsrecht und durch die Bildung inhaltlich festgelegter und klar umschriebener Haftungstatbestände[1038]. Das Verschuldensprinzip wird durch die Grundsätze der Selbstverantwortung und –bestimmung legitimiert: Nur wer in vorwerfbarer Weise einen anderen schädigt, hat als rechtlich verantwortliches Subjekt dafür einzustehen; zugleich bleibt aber ein gewisses Maß an Selbstbestimmung gewahrt, weil ein Verschuldensvorwurf nur erhoben werden kann, wenn das schädigende Verhalten vermeidbar war[1039]. Dient mithin das Verschuldensprinzip dazu, die durch Art. 2 I GG geschützte Handlungsfreiheit des Schädigers maximal zu wahren, so kann ein Verzicht auf das Verschuldenserfordernis nur dann gerechtfertigt sein, wenn das schutzwürdige Interesse des Betroffenen, einen verschuldensunabhängigen Anspruch auf Naturalrestitution zu haben, dieses schutzwürdige Interesse des Eingreifenden überwiegt. Wie die Erörterung der Lösungsansätze in Rechtsprechung und Schrifttum ergeben hat, lässt sich eine verschuldensunabhängige negatorische Haftung nicht aus der Risikosphäre des Störers heraus begründen. Sie kann vielmehr nur auf eine besondere Schutzwürdigkeit des Gläubigerinteresses gestützt werden, d.h. dass der Haftungsvorteil des Betroffenen den Nachteil des Eingreifers rechtfertigen muss. Dazu muss dem zu schützenden Gläubigerinteresse ein besonderer Stellenwert zukommen. Wann ein solcher anzunehmen ist, kann ausschließlich anhand des Inhalts des jeweils geschützten Rechts bzw. Rechtsguts, also in der Wortlautfassung von § 1004 I 1 BGB anhand des Eigentums, bestimmt werden.

[1036] *Larenz/Canaris*, SchR II/2, § 75 I.3.b) (S.356).
[1037] *Larenz/Canaris*, aaO., § 75 I.1. (S.350).
[1038] *Larenz/Canaris*, aaO., § 75 I.1. (S.350).
[1039] *Larenz/Canaris*, aaO., § 75 I.2.b) (S.351).

2. Das persönlichkeitsrechtliche Element als Rechtfertigung der verschuldensunabhängigen Haftung

§ 1004 I 1 BGB hat als Ausprägung eines allgemeinen Rechtsgedankens auch Einzug in andere Vorschriften des Bürgerlichen Gesetzbuchs gehalten. Darüber hinaus wird der Beseitigungsanspruch, soweit er nicht ausdrücklich geregelt ist, im Immaterialgüterrecht entsprechend angewandt. Immaterialgüterrechte sind Verfügungsrechte, die typischerweise auf die Verwertung von unkörperlichen, aber vermögenswerten Gütern ausgerichtet sind[1040]. Sie sind in Anlehnung an das Sacheigentum entstanden[1041] und zeigen insoweit rechtliche Parallelen. Es fragt sich, ob vergleichbare Fälle der Anspruchskonkurrenz von negatorischer und deliktischer Haftung auch in diesen weiteren Anwendungsfällen des negatorischen Beseitigungsanspruchs vorliegen, wie diese dann gelöst werden und ob sich daraus Anhaltspunkte dafür ergeben, worin das zu schützende Gläubigerinteresse besteht, welches eine verschuldensunabhängige negatorische Haftung auf Naturalrestitution beim Eigentum rechtfertigt. In Anlehnung an die Erkenntnis, das die Abgrenzung des § 1004 I 1 BGB von den §§ 823 I, 249 ff. BGB nur dann schwierig ist, wenn die im Eigentum stehende Sache in ihrer Substanz verletzt wurde, weil sich dann das Gebrauchs- und das Vermögensinteresse überschneiden können, ist vor allem interessant, ob solche Interessenkollisionen auch bei anderen absolut geschützten Rechtspositionen auftreten.

a) Die Anspruchskonkurrenz von Beseitigungs- und Schadensersatzanspruch bei anderen absolut geschützten Rechten

aa) Name und Besitz

Es gibt hinsichtlich des Namensrechts und des Besitzes eigenständige, in der Formulierung dem § 1004 BGB vergleichbare Vorschriften (§§ 12, 862 BGB)[1042]. Der Frage, wie der negatorische Beseitigungsanspruch gemäß den

---

[1040] *Staudinger/Habermann*, § 12 Rn.14; *MünchKomm/Schwerdtner*, § 12 Rn.39; *Krüger/Nieland*, FS R. Fischer (1979), S. 339, 347.

[1041] *Staudinger/Habermann*, § 12 Rn.14; *v. Tuhr*, Bd.1, § 6 IV. (S.146 f.).

[1042] Des weiteren finden sich Anspruchsgrundlagen auf Abwehr, Beseitigung und Unterlassung in §§ 907 I 1 (Vorbeugende Abwehr gefahrdrohender Anlagen), 908 (drohender Gebäudeeinsturz), 910 I (Selbsthilferegelung bei eingedrungenen Wurzeln eines Baumes oder Strauches und bei herüberragenden Zweigen), 886 (Anspruch auf Beseitigung einer Vormerkung bei dauerhafter Einrede gegen den gesicherten Anspruch), 1053 (Unterlassungsklage bei unbefugtem Gebrauch der Sache durch den Nießbraucher), 1134 (Unterlassungsklage bei Ge-

§§ 12 S.1, 862 I 1 BGB von § 823 I BGB abzugrenzen ist, wird aber in Rechtsprechung und Schrifttum bei weitem keine so große Aufmerksamkeit wie bei § 1004 I 1 BGB geschenkt. Häufig wird einfach auf die Ansichten bei § 1004 BGB verwiesen[1043]. Lässt sich daraus auch auf eine Vergleichbarkeit der Abgrenzungsproblematik schließen, so ist doch in der Praxis eine Anspruchskonkurrenz, wie sie bei § 1004 I 1 BGB und den §§ 823 I, 249ff. BGB vorliegt, beim Namens- und Besitzrecht offensichtlich weniger bedeutsam. Warum dies so ist, erscheint untersuchenswert.

(1) § 12 S.1 BGB

Durch § 12 BGB werden der bürgerliche Name einer natürlichen Person, der geführt werden muss, Wahlnamen, die willkürlich gewählt sind und abgelegt werden können (Pseudonym, Decknamen, Firma, Unternehmens-, Geschäfts[1044]- und Warenbezeichnungen, einschließlich Abkürzungen und Schlagworte, die Verkehrsgeltung[1045] erlangt haben), und namensartige Kennzeichen[1046], die unabhängig vom Namen oder der Firma geführt werden und die zumindest durch Anerkennung im Verkehr Unterscheidungskraft und damit Verwechslungsfähigkeit besitzen, besonders geschützt[1047]. Dem Verletzten[1048] werden zum

---

fährdung der Hypothek durch Verschlechterung des Grundstücks), 1169 (Anspruch auf Verzicht auf eine Hypothek wegen dauerhafter Einrede).

[1043] So etwa bei *Palandt/Heinrichs*, § 12 Rn.33, der auf die entsprechende Kommentierung bei § 1004 BGB verweist.

[1044] Beispielsweise Gaststättenbezeichnungen (RGZ 171, 23, 33 – Am Rauchfang; BGHZ 24, 238, 240 – Tabu I; BGH GRUR 1957, 547 – Tabu II; 1970, 479, 480 – Treppchen; 1963, 430, 431 – Erdener Treppchen; 1977, 165, 166 – Parkhotel, die letzten beiden Entscheidungen allerdings noch zu § 16 I UWG).

[1045] Verkehrsgeltung bedeutet, dass ein nicht unbeträchtlicher Anteil des Verkehrs in der Abkürzung oder dem Schlagwort die Bezeichnung eines bestimmten Unternehmens erblickt, *MünchKomm/Schwerdtner*, § 12 Rn.86.

[1046] Darunter fallen etwa Wappen, Vereinsembleme.

[1047] Vgl. *Palandt/Heinrichs*, § 12 Rn.1 ff.; *MünchKomm/Schwerdtner*, § 12 Rn.73, 85 ff.

[1048] Der Begriff des Verletzten wird weit gefasst. Vor allem die Erben eines verstorbenen Namensträgers sollen eigene Ansprüche aus § 12 BGB geltend machen können, wenn auch der Missbrauch unter Bezug auf den Namen des Verstorbenen geschieht (BGHZ 107, 384 - Nolde; 8, 318 – Pazifist; RGZ 109, 244, 246; RG JW 1927, 1582; *Baumbach/Hefermehl*, 17. Aufl., § 16 UWG Rn.54). Zwar entfallen mit dem Tod des Namensträgers häufig unerlaubte Eingriffsarten; so dürfte es beispielsweise schwierig sein, unter dem Namen eines verstorbenen Prominenten aufzutreten, wenn dessen Tod allgemein bekannt ist. Jedoch verliert der Name auch nach dem Tod nicht seine Funktion als Identitätsträger mit einem Wert- und Achtungsanspruch und seinen postmortalen Vermarktungswert. Vielmehr kommt ihm neben

Schutz des Namensrechts kraft Gesetzes wie bei § 1004 BGB zwei Ansprüche zugestanden: Er kann die Beseitigung der Beeinträchtigung (§ 12 S.1 BGB) und bei Wiederholungsgefahr Unterlassung (§ 12 S.2 BGB) verlangen, wenn sein Recht zum Gebrauch des Namens bestritten wird oder sich ein anderer unbefugt den fremden Namen anmaßt. Geschützt ist das Interesse daran, dass die Einzigartigkeit der Bezeichnung und die damit verbundene Identifikation des Namensträgers erhalten wird[1049], denn der Name ist das wichtigste Mittel, wenn eine natürliche oder juristische Person in der Beziehung zur Umwelt ihre Individualität, ihre Identität und ihr Unterschiedensein von anderen wahren will[1050]. Teilweise wird auch zwischen der Identitäts- und der Individualisierungsfunktion weiter differenziert[1051].

Der Name hat dabei sowohl persönlichkeitsrechtlichen als auch vermögensrechtlichen Bezug, was ihn für den Vergleich mit dem Eigentum interessant macht. Persönlichkeitsrechte sind diejenigen Rechte, die eng an die Würde und Entfaltung der Persönlichkeit geknüpft sind, gerade auch im Gegensatz zu den Rechten an „toten“ verfügbaren Gegenständen[1052], wie etwa dem Eigentum. Der persönlichkeitsrechtliche Bezug ergibt sich, weil ein Name stellvertretend für den nicht anwesenden Namensträger steht und als Wesensmerkmal untrennbar mit diesem verknüpft ist, so dass Handlungen, Eigenschaften etc. einer bestimmten Person zugeschrieben werden. Eine Persönlichkeit haben nur natürliche Personen. Bei einer Identitätstäuschung kann deshalb die bezeichnete natür-

---

dem Bildnis, neben Gesangsaufnahmen etc. des Verstorbenen nunmehr besondere Bedeutung zu, weil die Person selbst nicht mehr gegenwärtig sein kann, sondern nur noch über ihre Identitätsträger lebt. Dabei eignet sich der Name besonders zur postmortalen Vermarktung, weil er leicht nachzuahmen ist. Das Recht, den Namen des Verstorbenen zu verwerten, geht als vermögenswerter Bestandteil des Nachlasses auf den Erben über, so dass dieser insoweit Beseitigungs- und Unterlassungsansprüche aus § 12 BGB und aus § 823 I BGB in Verbindung mit dem Namen als (eigenes) sonstiges Recht geltend machen kann. Insoweit muss hier nicht der Beseitigungs- und Unterlassungsanspruch wegen Verletzung des postmortalen Persönlichkeitsschutzes aus § 1004 BGB hergeleitet werden, sondern es realisiert sich die typische Gefahr des Missbrauchs des insoweit übergegangenen Namens(verwertungs)rechts. Deutlich schwieriger ist es dagegen, dogmatisch zu begründen, warum Erben einen Anspruch auf Unterlassung und Widerruf haben, wenn „nur“ der allgemeine Wert- und Achtungsanspruch des Verstorbenen verletzt ist, weil sein fortwirkendes Lebensbild schwerwiegend entstellt wird. Als normative Grundlage dafür wird teils der aus Art. 1 I GG folgende Schutzauftrag angesehen (*MünchKomm/Schwerdtner*, § 12 Rn.23).

1049 Vgl. *Palandt//Heinrichs*, § 12 Rn.1.

1050 *Hubmann*, Persönlichkeitsrecht, § 36, S.276; *Bussmann*, S.12.

1051 *Klippel*, S.356 ff.

1052 *Staudinger/Habermann*, § 12 Rn.14.

liche Person in ihrem Ansehen und ihrem Ehrgefühl betroffen sein[1053]. Soweit es um das Ansehen und den guten Ruf einer juristischen Person des privaten oder öffentlichen Rechts geht, weil der unrichtige Eindruck bestimmter wirtschaftlicher oder politischer Handlungen entsteht, kann man nicht von einem echten Persönlichkeitsrecht sprechen, sondern vielmehr vom Schutz ideeller Interessen, die denen der Persönlichkeit nahe stehen, um ein dem Persönlichkeitsrecht verwandtes subjektives Recht[1054].

Da das Namensrecht persönlichkeits- und vermögensrechtliche Züge trägt, ist seine Einordnung in das System der Rechte und damit die Bestimmung seiner Rechtsnatur schwierig. Nach der wohl auch heute noch überwiegenden Meinung ist das Recht am Namen ein (ausschließliches) Persönlichkeitsrecht[1055]; das einen speziell geregelten Ausschnitt des allgemeinen Persönlichkeitsrechts darstellt[1056]. Nach neuerer Ansicht wird das Namensrecht, insbesondere im geschäftlichen Verkehr, als Immaterialgüterrecht verstanden[1057]. Andere sind der Auffassung, dass ein gesondertes selbständiges und übertragbares Immaterialgüterrecht neben das Namenspersönlichkeitsrecht tritt, so dass das Namensrecht

---

[1053] § 12 BGB erfasst allerdings nur diejenigen Eingriffe, in denen sich gerade die besondere Gefahr verwirklicht, die sich daraus ergibt, dass die Person durch ihren Namen bezeichnet wird, also die Gefahr der Identitätstäuschung durch Namensanmaßung oder das Bestreiten, dass ein Name als Mittel der Individualisierung geführt werden darf, vgl. *MünchKomm/Schwerdtner*, § 12 Rn.1 ff. Eingriffe, die auf den Eigenwert der Person, also auf ihre Persönlichkeit abzielen, und genauso gegenüber einer anwesenden Person hätten erfolgen können, werden nicht von § 12 BGB, sondern von den das Persönlichkeitsrecht schützenden Normen erfasst, vgl. *MünchKomm/Schwerdtner*, § 12 Rn.2.

[1054] *Staudinger/Habermann*, § 12 Rn.20. § 12 BGB wird dann entsprechend angewendet wegen des in diesen Fällen gleichfalls gegebenen Identitätsinteresses (*Enneccerus/Nipperdey* § 100 V.1.a; *Palandt/Heinrichs*, § 12 Rn.9; *BGB-RGRK/Krüger-Nieland*, § 12 Rn.55; *Larenz/Wolf*, AT, § 8 II.1.d); *Soergel/Heinrichs*, § 12 Rn.114; *MünchKomm/Schwerdtner*, § 12 Rn.51 ff..; RGZ 74, 114 (115); 100, 182 (186); 109, 213 (214); 115, 401; 163, 233 (236); BGHZ 11, 214 (215) „KfA"; 43, 245 (252, 253) „GdP"). Andere wollten nur Schutz aus § 16 UWG gewähren (*Fabricius*, JR 1972, 17) oder ein Namensimmaterialgüterrecht annehmen (*Klippel*, 567 ff., 591 f.).

[1055] *V. Gierke*, Privatrecht I, S. 717, 723; RGZ 69, 403; 100, 182; 119, 44 (47); BGHZ 8, 318 - Pazifist; 25, 163 (168); 32, 103 (111) – Vogeler; 119, 237 (240) – Universitätsemblem; BGH NJW 1978, 1107; NJW-RR 1991, 442; BVerwG NJW 1987, 2454; BVerfGE 78, 49; BVerfG NJW 1988, 1577; *v. Tuhr*, Bd.1, § 30 IV. (S.444).; *Siebert* NJW 1958, 1369, 1370; *Enneccerus/Nipperdey* § 100 I.; *Medicus*, AT Rn.1072; *Soergel/Heinrich*, § 12 Rn.20 ff., 197; *Larenz/Wolf*, AT, § 8 II.; *Eichler*, Personenrecht, S.49; *Sagel-Grande* NJ 1992, 537; *Hefermehl*, FS A. Hueck, S. 519, 521; *Köhler*, AT, § 20 Rn.13.

[1056] BGHZ 8, 318 (319); RGZ 69, 401(403).

[1057] Vgl. *Baumbach/Hefermehl*, 17.Aufl., § 16 UWG Rn.27; *Forkel*, GRUR 1988, 496.

einen Doppelcharakter aufweist[1058]. Teilweise wird die begriffliche Einordnung nach dem konkret im Einzelfall geschützten Interesse vorgenommen[1059]. Danach ist das Namensrecht ein Persönlichkeitsrecht, soweit es das „Privatsphären- und Identitätsinteresse" einer Einzelperson, also den bürgerlichen Namen und das Pseudonym schützt. Es ist ein Immaterialgüterrecht, soweit es die Bezeichnung eines Unternehmens und dessen Identitätsinteresse im Wettbewerb wahrt, also Kennzeichenschutz gewährt[1060]. Letztlich dürfte für die Lösung der in der Rechtspraxis auftretenden Sachprobleme allerdings die „klassifikatorische Einordnung" nur von geringer Bedeutung sein[1061]. Dies gilt auch für die Frage, welche rechtlichen Interessen durch § 12 BGB – gerade auch im Vergleich zu § 1004 BGB - geschützt werden, denn die beiden hauptsächlichen Unterschiede von Namensrecht und Eigentum lassen sich auch ohne eine genaue begriffliche Einordnung bestimmen: Einerseits ist der Rechtsgegenstand unkörperlich (Name), im anderen Fall körperlich (Sache), woraus sich ergibt, dass substanzverletzende Eingriffe nur beim Eigentum denkbar sind. Zum anderen werden mit dem Namensrecht auch ideelle Interessen des Namensträgers *unmittelbar* geschützt, die sich daraus ergeben, dass der Name eng mit der Person des Rechtsträgers als solcher verbunden ist. Letzteres ist beim Eigentum so nicht der Fall, stellt es doch die „unpersönliche" Verbindung einer Person zu einer Sache her und kennzeichnet nicht die Person selbst. Allerdings lässt sich eine Parallele ziehen, wenn man den ungestörten Gebrauch der eigenen Sache als Teil der allgemeinen Handlungsfreiheit und damit der schutzwürdigen freien Entfaltung der Persönlichkeit ansieht.

Der Beseitigungsanspruch nach § 12 S.1 BGB schützt vorrangig die ideellen Belange des Namensträgers. Dies spiegelt sich in den typischen Verletzungshandlungen wieder. Bei *Bestreiten des Namensführungsrechts* (§ 12 S.1, Fall 1 BGB) sind insbesondere solche persönlichkeitsrechtlichen bzw. ideellen Interessen betroffen[1062]. Es besteht dann ein Anspruch auf Beseitigung des an

---

[1058] *Klippel*, S.492 ff., 503, 531.

[1059] *Staudinger/Habermann*, § 12 Rn. 19 f.; *MünchKomm/Schwerdtner*, § 12 Rn.40; *Erman/Westermann*, 10. Aufl., § 12 Rn.2.

[1060] *Erman/Westermann*, 10. Aufl., § 12 Rn.2; *Staudinger/Habermann*, § 12 Rn.19, wobei der Name einer Gemeinde oder einer Universität weder als Persönlichkeitsrecht noch mangels Vermögensinteresse als Immaterialgüterrecht verstanden werden kann, sondern als ein dem Persönlichkeitsrecht verwandtes subjektives Recht zum Schutz ideeller Interessen aufzufassen ist.

[1061] So zu Recht *MünchKomm/Schwerdtner*, § 12 Rn.39.

[1062] *Walchner*, S.152.

das Bestreiten knüpfenden Erfolges[1063], meist durch Widerruf des Bestreitens, wobei sich dieser als „actus contrarius“ auf den gleichen Personenkreis zu beziehen hat und in derselben Art und Weise vorzunehmen ist, wie das Bestreiten selbst (Pressemitteilung, informatives Rundschreiben)[1064]. Bei der *unbefugten Namensführung* (§ 12 S.1, Fall 2 BGB) genügt ebenfalls ein ideelles Interesse und das Affektionsinteresse[1065]. Der Anspruch aus § 12 S.1 BGB geht dahin, durch eine geeignete Maßnahme die rechtswidrige gegenwärtige Einwirkung für die Zukunft zu beseitigen, wobei sich die Art der Maßnahme nach der Art der Beeinträchtigung richtet: Der Name auf einem Ladenschild ist zu beseitigen, ein Warenzeichen ist zu löschen[1066], eine unbefugt verwendete Signatur auf einem Gemälde ist zu entfernen[1067], ein zu Unrecht für einen anderen eingetragener Domain-Name ist zu löschen[1068]. Hat der Name einen Vermarktungswert, dann richten sich der Beseitigungs- und der Unterlassungsanspruch allerdings auch dagegen, dass durch den Eingriff das vermögenswerte Vermarktungsrecht weiterhin oder zukünftig beeinträchtigt wird. Jedoch ist auch die negatorische Haftung gemäß § 12 S.1 BGB ebensowenig wie die gemäß § 1004 I 1 BGB darauf ausgerichtet, die durch die Verletzung des Namensrechts bereits entstandenen Vermögensschäden auszugleichen[1069]. Dies ist nur gem. §§ 823 I, 249 ff. BGB wegen Verletzung des Namensrechts als sonstiges Recht bei schuldhaftem Handeln möglich[1070].

Die Wirkungen einer Beeinträchtigung zu beseitigen, wird nicht nach § 12 S.1 BGB geschuldet[1071]. Genausowenig sind immaterielle Schäden, etwa Schmer-

---

[1063] *Staudinger/Habermann*, § 12 Rn.264.
[1064] *Palandt/Heinrichs*, § 12 Rn.33.
[1065] *Erman/Westermann*, 10. Aufl., § 12 Rn.25; RGZ 74, 311; 114, 93; BGHZ 8, 322 f. = JZ 53, 729 m. Anm. v. *Ficker*; BGHZ 43, 245 (255); BGH WM 1985, 95; *Sack*, WRP 1984, 521; BGH NJW 1965, 861.
[1066] RGZ 117, 221.
[1067] BGHZ 107, 384 (390).
[1068] BGH NJW 2002, 2031.
[1069] *MünchKomm/Schwerdtner*, § 12 Rn. 293; *Soergel/Heinrich*, § 12 Rn. 195; *Staudinger/Habermann*, § 12 Rn. 264, 348.
[1070] Am häufigsten wird in der Praxis wohl Schadensersatz gem. §§ 823 I, 249 ff. BGB wegen der Anmaßung eines fremden Namens verlangt werden. Der Anspruch ist dann im Ergebnis auf den Ersatz eines reinen Vermögensschadens ausgerichtet, der nach Art einer Lizenzgebühr oder nach dem Verletzergewinn berechnet wird (BGHZ 60, 206; *Palandt/Heinrichs*, § 12 Rn. 36). Daneben kann für den immateriellen Schaden bei schwerwiegenden Eingriffen in das Namensrecht auch Geldersatz begehrt werden (OLG Köln GRUR 67, 323; BGHZ 30, 7).
[1071] *Erman/Westermann*, 10. Aufl., § 12 Rn.32.

zensgeld, nach § 12 S.1 BGB zu ersetzen. Auch bei der analogen Anwendung von § 12 BGB auf andere Träger von Individualisierungszeichen als natürliche Personen und auf andere Objekte als den bürgerlichen Namen sollte deshalb stets beachtet werden, den persönlichkeitsrechtlichen Bezug nicht aus den Augen zu verlieren, d.h. je stärker vermögensrechtliche Interessen in den Vordergrund treten, desto strenger sind die Anforderungen auszurichten, welche an die Zubilligung eines namensmäßigen Rechtsschutzes zu stellen sind[1072].

Eine wertungswidrige Überschneidung der Anwendungsbereiche von § 12 S.1 BGB und den §§ 823 I, 249 ff. BGB ist somit nicht möglich, wenn das Namensrecht als immaterielles Gut verletzt wurde. Denn ein Substanzschaden, wie er beim Eigentum vorkommt, scheidet bei einem nicht verkörperten immateriellen Gut aus. Soweit gem. § 823 I BGB ein Widerruf bzw. eine Gegendarstellung verlangt werden kann, wird dies unzweifelhaft bereits ohne Verschulden nach § 12 S.1 BGB gewährt, weil ein Eingriff in die Persönlichkeitssphäre als so schwerwiegend eingestuft wird, dass dahinter das Interesse des Störers, nur nach schuldhaftem Handeln haften zu müssen, zurückzutreten hat.

Die Frage nach der Anspruchskonkurrenz kann sich allerdings stellen, wenn die Verletzung des Namensrechts mit einer Sachbeschädigung einhergeht und der Anspruch auf Beeinträchtigungsbeseitigung die Wiederherstellung der beschädigten Sache erfordert. Dies kommt etwa vor, wenn der Namensgebrauch dadurch bestritten wird, dass jemand die Signatur des Künstlers auf einem Gemälde übermalt. Aber auch hier ergibt sich kein wirkliches Abgrenzungsproblem, denn es wird kaum angezweifelt, dem Namensträger aus § 12 S.1 BGB einen Anspruch darauf zu gewähren, dass sein Name als Ausdruck der Identifikation in Form der Signatur wiederhergestellt wird. Jedoch darf sich aus § 12 S.1 BGB kein darüber hinausgehender Anspruch ergeben. Wurde beim Übermalen der Signatur das Bild als Gegenstand anderweitig beschädigt, ohne dass dadurch das Urheberrecht betroffen ist, so darf die Beseitigung dieser Beschädigung nur wegen Verletzung fremden Eigentums begehrt werden. Reine Vermögensfolgeschäden werden nach § 12 S.1 BGB ohnehin nicht ersetzt. Daraus folgt, dass ein Anspruch auf Beseitigung der Beeinträchtigung nach

---

[1072] *MünchKomm/Schwerdtner*, § 12 Rn.106, vgl. *Fezer* GRUR 1976, 312, 313 (Sternhaus/Rheinsternhaus). So wird es etwa abgelehnt, den Namen von Rennpferden oder Schiffen aus nur vermögensrechtlichen Gründen nach § 12 BGB zu schützen. Es müsse grundsätzlich verhindert werden, dass durch eine Monopolisierung individueller Rechtspositionen zu stark in die auf wirtschaftlicher Handlungsfreiheit beruhende Wettbewerbsordnung eingegriffen werde (*MünchKomm/Schwerdtner*, aaO., *Fezer*, aaO.).

§ 12 S.1 BGB zwar grundsätzlich bei Substanzschäden keine Naturalrestitution im gleichen Umfang wie die §§ 823 I, 249 ff. BGB gewährt, aber ausgerichtet am schützenswerten immateriellen Interesse durchaus Naturalrestitution in geringerem Umfang geschuldet sein kann. Die Rechtsfolge muss aber stets ihre Grenzen in der Wahrung des geschützten Interesses finden. Andererseits wird es in solchen Fällen offensichtlich als unproblematisch angesehen, dass gem. § 12 S.1 BGB verschuldensunabhängig die Teilwiederherstellung einer Sache gewährt wird, da die Eigenständigkeit der §§ 823 I, 249 ff. BGB im weiterreichenden Umfang der deliktischen Rechtsfolge gesehen wird, nämlich zum einen darin, dass unbeschränkt Naturalrestitution verlangt werden kann, zum anderen im Ersatz der aus der unerlaubten Handlung hervorgehenden weiteren Vermögensfolgeschäden, etwa dem entgangenen Gewinn nach § 252 BGB.

Zusammenfassend lässt sich also feststellen:

Beim Schutz des Namens gem. § 12 S.1 BGB lassen sich im Regelfall der unmittelbare Schutz des ideelles Interesses (Abwehr der Namensbestreitung oder des unerlaubten Namensgebrauchs) und der unmittelbare Schutz des vermögensrechtlichen Interesses (entgangener Gewinn, Lizenzgebühr, Verletzergewinn) eindeutig voneinander trennen, weil diese Interessen nicht wie beim Eigentum gemeinsam in einer einheitlichen Sache verkörpert werden. Besteht gem. § 12 S.1 BGB ein Anspruch darauf, dass das ideelle Namensrecht unabhängig von einem Verschulden *unmittelbar* wiederherzustellen ist, wird dadurch *mittelbar* auch sein Vermögenswert sichergestellt. Überschneidungen von § 12 S.1 BGB mit den §§ 823 I, 249 ff. BGB kommen nur vor, wenn das Namensrecht ausnahmsweise in einer Sache verkörpert ist (übermalte Signatur auf dem Bild). Dann wird gem. § 12 S.1 BGB auch Naturalrestitution geschuldet, die sich im Umfang aber ausschließlich nach der Wiederherstellung des immateriellen Interesses und nicht nach dem Vermögensinteresse richtet. Auf das Verschulden als Haftungsvoraussetzung wird dann verzichtet.

(2) § 862 BGB

Der Besitz als die im Verkehr anerkannte tatsächliche Herrschaft einer Person über eine Sache genießt umfassenden eigenständigen zivilrechtlichen Schutz. Die §§ 861, 862 BGB geben sowohl bei beweglichen als auch bei unbeweglichen Sachen dem im Besitz Beeinträchtigten bei verbotener Eigenmacht einen sog. possessorischen Besitzschutzanspruch, wobei § 862 BGB dem Besitzer einen Anspruch auf Beseitigung der durch verbotene Eigenmacht begründeten Besitzstörung einräumt und darüber hinaus auf Unterlassung geht, sofern weiterhin Tatsachen vorliegen, aus denen sich die Wahrscheinlichkeit weiterer Störungen begründen lässt.

Es ist allgemein bekannt, dass streitig ist, ob und wie der Besitz durch § 823 I BGB geschützt wird. Ein solcher deliktischer Schutz ist aber die Voraussetzung dafür, dass sich § 862 BGB überhaupt mit den §§ 823 I, 249ff. BGB überschneiden kann.

Teilweise wird der Besitz vorbehaltlos als sonstiges Recht i.S.d. § 823 I BGB angesehen, weil er gleich einem Recht und gegenüber jedermann geschützt sei[1073]. Nach anderer Ansicht stellt jedenfalls der berechtigte Besitz ein Schutzgut des § 823 I BGB dar[1074]. *Medicus*[1075] stellt darauf ab, dass die sonstigen Rechte eigentumsähnlich[1076] sein müssen, beim Besitz daher neben der (negativen) Ausschlussfunktion gemäß den §§ 861 ff. BGB auch ein (positives) Nutzungsrecht an der Sache gegeben sein muss. Teils wird vertreten, dass der Besitz als rein tatsächliches Gewaltverhältnis dafür nicht ausreiche, weil die §§ 861 ff. BGB auch dem Dieb zugute kommen und dem Besitz damit der eigentumsähnliche Zuweisungsgehalt fehle[1077]. *Medicus* hingegen leitet die Berechtigung zur Sachnutzung nicht nur aus einem Recht zum Besitz her, sondern entnimmt sie auch gesetzlichen Wertungen, wie beim unberechtigten, aber redlichen entgeltlichen Besitzer vor Rechtshängigkeit, der kraft Gesetzes im Verhältnis zum Eigentümer die Nutzungen behalten darf (§§ 987, 988, 990, 993 I BGB)[1078]. Der schadensrechtliche Schutz des redlich erworbenen Besitzes sei auch aus § 1007 III 2 BGB herzuleiten, wonach dem redlichen früheren Besitzer ein Anspruch aus den §§ 989, 990 BGB zugestanden werde[1079]. Andere lehnen das Verständnis von *Medicus* als zu weitgehend ab, und wollen nur dem

---

1073 RGZ 59, 326; 91, 60 (65 f.); BGHZ 32, 194; 62, 243 (248); Deutsch, HaftungsR I, 2. Aufl., Rn.192.

1074 *Lopau*, JuS 1980, 501, 505; vgl. *Medicus*, AcP 165 (1965), 117 f. Dabei genießt auch der berechtigte mittelbare Besitzer den Schutz des § 823 I BGB, da der berechtigte mittelbare Besitz nach den §§ 868, 869 BGB dem berechtigten unmittelbaren Besitz gleichgestellt ist (BGHZ 32, 194, 205).

1075 *Medicus*, BR, Rn.607.

1076 Nur das Eigentum stellt ein Recht dar, während Leben, Körper, Gesundheit, Freiheit keine Rechte, sondern Rechtsgüter sind (Medicus, BR, Rn.607).

1077 *Larenz/Canaris*, SchR II/2, § 76 II.4.f) (S.396).

1078 *Medicus*, BR, Rn.607; *ders.*, AcP 165 (1965), 117, 136 und 148, ihm folgend *Soergel/Zeuner*, § 823 Rn.53; *Baur/Stürner*, SR, § 9 Rn.34.

1079 *Medicus*, BR, Rn.607.

berechtigten Besitzer einen Schadensersatzanspruch aus § 823 I BGB zugestehen[1080]. Ohne ein Recht zum Besitz fehle der Position des Besitzers jegliche subjektivrechtliche Grundlage für eine Ähnlichkeit mit den durch § 823 I BGB geschützten Rechten[1081]. Der unberechtigte Besitzer mit Nutzungsbefugnis könne ohnehin allenfalls Schadensersatz wegen *entgangener* Nutzungen verlangen. Solche *entgangenen* Nutzungen hätte der unberechtigte Besitzer aber nur unter Verletzung des fremden Rechts ziehen können. Dass er *gezogene* Nutzungen im Verhältnis zum Eigentümer endgültig behalten dürfe, ändere daran nichts, denn es sei zu unterscheiden, ob die Rechtsordnung dem Besitzer *gezogene* Nutzungen belasse oder ob sie ihm künftige Nutzungen zuweise[1082]. Der Ansicht, dass nur der berechtigte Besitz i.S.v. § 823 I BGB schutzwürdig sei, ähnelt der Lösungsansatz, der das Schutzobjekt nicht im Besitz selbst, sondern in dem obligatorischen Recht zum Besitz sieht[1083]. Dadurch soll statt der tatsächlichen Gewalt der schadensersatzrechtlich weit wichtigere Zuweisungsgehalt in den Vordergrund gerückt werden, weil nur er die Grundlage für den Schaden und die Ermittlung seiner Höhe bildet[1084]. Mit dem obligatorischen Recht zum Besitz werde ein Recht zur Nutzung der Sache zugewiesen, so dass es sich im praktischen Ergebnis nicht von einem beschränkten dinglichen Recht – etwa dem Nießbrauch oder der Dienstbarkeit – wesentlich unterscheide. Berücksichtige man den Sukzessionsschutz gemäß §§ 571, 986 II BGB und beziehe die besitzrechtlichen Abwehransprüche gemäß den §§ 861 f., 1007 BGB in die Betrachtung mit ein, so sei die Rechtsstellung des berechtigten Besitzers stark „verdinglicht"[1085].

Ob dem Besitz die Eigenschaft eines subjektiven Rechts zuerkannt werden kann, ist umstritten[1086]. In den Motiven zum BGB, die der Tradition des gemeinen Rechts folgend zwischen Besitz und (rein tatsächlicher) Innehabung unterscheiden, heißt es noch, dass der Besitz nicht als Recht, aber doch als Rechtsposition anzusehen sei[1087]. Die scharfe Trennung von rechtlicher (Eigentum) und tatsächlicher Herrschaft (Besitz) einer Person über eine Sache lässt sich heute

---

1080 *Wieser*, JuS 1970, 557 ff.; *Honsell*, JZ 1983, 531, 532.
1081 *Larenz/Canaris*, SchR II/2, § 76 II.4.f) (S.396).
1082 *Wieser*, JuS 1970, 557 f.; *ders.*, NJW 1971, 597, 598.
1083 *Larenz/Canaris*, SchR II/2, § 76 II 4.f) (S.396).
1084 *Larenz/Canaris*, aaO.
1085 *Larenz/Canaris*, aaO.; *Canaris*, FS Flume, S.392 ff.
1086 Bejahend *v. Tuhr*, Bd.1, § 6 I. (S.137); *Planck/Brodmann*, Vorb. Besitz, 5. (S.34); verneinend *Eichler*, Institutionen II/1, S.4; *Darmstaedter*, AcP 151 (1950), 311, 320; *Wieling*, FS von Lübtow, S.564, 584.
1087 Motive III, S.78.

aber nicht mehr streng durchhalten, vielmehr hat der Besitztatbestand in der modernen Rechtsordnung einen Wandel durchlaufen, d.h. dass der Besitz einerseits immer mehr rechtliche Elemente aufgenommen hat, andererseits die faktische Bindung gelockert wurde und der Besitz eine zunehmende Vergeistigung erfahren hat, wie sich etwa beim mittelbaren Besitz oder der Besitzdienerschaft zeigt[1088]. Der Besitz ist wie das Eigentum übertragbar (§§ 854, 870 BGB) und vererblich (§ 857 BGB) und kann Gegenstand eines Vermächtnisses sein (§ 2169 II BGB). Es ist zu formal, sich darauf berufen zu wollen, dass der Besitz als tatsächliche Gewalt kein Recht sei und insoweit auf einen hinreichenden deliktischen Schutz durch die §§ 823 II, 858 BGB zu verweisen. Mag § 858 BGB auch ein Schutzgesetz i.S.v. § 823 II BGB darstellen[1089], so kann doch nicht unbeachtet bleiben, dass es mit den §§ 861 f. BGB auch spezielle den §§ 985, 1004 BGB vergleichbare Abwehransprüche gibt, mithin der Gesetzgeber beim Besitz von einer inhaltlich gefestigten und klar umrissenen monopolisierten Rechtsposition ausgegangen ist. Der Besitz sollte bei § 823 I BGB deshalb wie die sonstigen Rechte behandelt werden[1090] und zwar unabhängig davon, ob auch ein Recht zum Besitz besteht oder nicht bzw. ob der Besitzer gezogene Nutzungen behalten darf oder nicht. Maßgeblich ist nur, ob dem Besitzer die possessorischen Abwehransprüche zustehen. Denn mit den §§ 861 ff. BGB hat sich der Gesetzgeber dafür entschieden, dass der Besitz absolut wirkt, also Eingriffe in die tatsächliche Sachherrschaft rechtswidrig sind, und zwar gerade unabhängig davon, ob der Besitz berechtigt ist oder nicht[1091]. Die

---

1088 *Soergel/Mühl*, Vor § 854 Rn.4.

1089 Zum Teil wird der Schutznormcharakter grundsätzlich abgelehnt, weil § 858 BGB ansonsten auch dem unberechtigten Besitzer einen Schadensersatzanspruch zuerkenne (*Medicus*, AcP 165 (1965), 114, 137) und § 858 BGB nur die Umgehung des Gerichtsweges verhindern solle, nicht aber den Schutz des Besitzers vor Schadensersatz bezwecke (*Medicus*, aaO., 114, 119). Gegen das erste Argument lässt sich jedoch anführen, gerade auch im Einklang mit der hier vertretenen Ansicht, dass die Haftung ohnehin nur auf ersatzwürdige Schäden beschränkt ist, gegen das zweite Argument, dass es durchaus miteinander zu vereinbaren ist, wenn durch dieselbe Norm Selbstjustiz i.S.d. Gemeinwohls verhindert und ein Besitzer vor Schaden bewahrt werden soll (*Wieser*, JuS 1970, 557, 559).

1090 *Westermann*, Lb, § 8 4.; BGHZ 32, 194; *Soergel/Mühl*, Vor § 854 Rn.7: Der Besitz komme in der Rechtswirklichkeit dem subjektiven Recht weitgehend gleich.

1091 Teils wird vertreten, dass der Schutzbereich des Eigenmachtsverbots durchaus enger sein könne als dessen Anwendungsbereich, denn würde nur die Verletzung schutzbedürftigen Besitzes verboten, dann bestünde die Gefahr, dass die Schutzbedürftigkeit Dritten verborgen bleibe und das Verbot nicht beachtet werde, mithin diene der weitere Anwendungsbereich nur zur Durchsetzung des engeren Schutzbereichs (*Wieser*, JuS 1970, 557, 559; *ders.*, NJW 1971, 597, 598). Es scheint aber überzeugender, dass der Gesetzgeber grundsätzlich alle Besitzer vor verbotener Eigenmacht schützen wollte, mithin jede Verletzung fremden Besitzes rechts-

Eigentumsähnlichkeit i.S.v. § 823 I BGB besteht beim Besitz dann darin, dass dem Besitzer positiv (zumindest vorübergehend) die tatsächliche Sachherrschaft vorbehalten ist und deshalb negativ andere (solange) davon ausgeschlossen werden können.

Die Einschränkungen beim Schadensersatzanspruch des Besitzers sind deshalb nicht beim haftungsbegründenden Tatbestand, sondern auf der Rechtsfolgenseite bei den §§ 249 ff. BGB zu suchen. Es kommt auf die Art des Schadens an, die der Besitzer erleidet[1092]. Zu ersetzen sind nur solche Vermögensnachteile, vor welchen der jeweilige Besitzer gem. §§ 823 I, 249 ff. BGB geschützt werden soll. So wird letztlich auch verfahren, wenn man § 858 BGB als ein Schutzgesetz i.S.v. § 823 II BGB anerkennt. Die Einschränkung des Schadensersatzanspruchs erfolgt dann ebenfalls auf der Rechtsfolgenseite, also bei der Ersatzfähigkeit des Schadens[1093], so dass nach diesem Ansatz ein Gleichlauf der Haftung nach § 823 I BGB und § 823 II BGB i.V.m. § 858 BGB gewährleistet ist.

Der Umfang des Schadensersatzanspruchs richtet sich stets danach, welche Befugnisse dem Besitzer eingeräumt sind. Wird beispielsweise einem Transporteur die ihm anvertraute Sache zwischenzeitlich entwendet, so ist er etwa von Drittansprüchen wegen verzögerter Lieferung freizustellen (Haftungsschaden). Da ihm die Nutzung nicht gestattet ist, kann er aber keinen Nutzungs(ausfall)schaden verlangen. Hat ein Dieb gem. §§ 992, 848 BGB dem Eigentümer für einen Schaden einzustehen, den ein Dritter an der Sache verursacht hat, dann kann er gegen den Dritten einen Anspruch auf Befreiung von der Ersatzpflicht geltend machen, denn dass der Besitzer ein Dieb ist, kann die Haftung des Dritten nicht entfallen lassen[1094]. Gleiches muss gelten, wenn einem unberechtigten Besitzer die Möglichkeit genommen wurde, getätigte Verwendungen vom Eigentümer ersetzt zu verlangen[1095]. Hat etwa der gutgläubige Käufer eines gestohlenen Kraftfahrzeugs (§ 935 S.1 BGB!) einen Lackschaden auf eigene Kosten beseitigen lassen, dann handelt es sich um eine notwendige Verwendung, die aber vom Eigentümer nur ersetzt verlangt werden kann, wenn er das Fahrzeug wiedererlangt oder die Verwendung genehmigt (§§ 994 I 1, 1001 S.1 BGB). Dies wird aber nicht der Fall sein, wenn das Fahrzeug bei einem Verkehrsunfall, verschuldet durch einen Dritten, zerstört wird. Auch dem

---

widrig ist und folglich den haftungsbegründenden Tatbestand erfüllt.

1092 *Wieser*, NJW 1971, 597.

1093 Vgl. *Wieser*, JuS 1970, 557, 559.

1094 *Wieser*, NJW 1971, 597.

1095 *Wieser*, aaO.

unberechtigten Besitzer ist dann der sog. Verwendungsschaden zu ersetzen[1096]. Beim Nutzungsschaden kann sich an den §§ 987 ff. BGB orientiert werden: Stellt sich im nachhinein heraus, dass kein Recht zum Besitz bestand, dann hat der Besitzer dem Eigentümer die Nutzungen herauszugeben, die er nach dem Eintritt der Rechtshängigkeit (§ 987 BGB) bzw. ab Kenntnis vom fehlenden Besitzrecht gezogen hat (§ 990 I 1 BGB). Dies bedeutet gleichzeitig, dass es dem unberechtigten Besitzer erlaubt ist, Nutzungen vor Eintritt dieses Zeitpunkts zu ziehen und zu behalten. Folglich hat der *Eigentümer* den Ausfall solcher Nutzungen zu ersetzen, wenn er diese durch sein verbotenes eigenmächtiges Handeln, etwa die Wegnahme der Sache, verursacht hat[1097]. Wird dagegen eine zu Unrecht besessene Sache durch einen Dritten schuldhaft beschädigt, so kann dem Schädiger nicht zugute kommen, dass kein Besitzrecht bestanden hat. Vielmehr ist auch dem unberechtigten Besitzer der Nutzungsausfall zu erstatten und zwar unabhängig davon, ob dieser die Nutzungen behalten darf oder aber seinerseits dem Eigentümer ersetzen muss. Letzteres betrifft nur das Rechtsverhältnis zum Eigentümer, kann den Schädiger aber nicht von seiner Haftung befreien.

Es zeigt sich, dass dem Sachbesitzer, der nicht gleichzeitig Eigentümer ist, in Anlehnung an sein schutzwürdiges Interesse gem. §§ 823 I, 249 ff. BGB nur der Nutzungs-, Haftungs- und Verwendungsschaden zu ersetzen ist[1098], nicht aber ein Schaden, der dadurch entsteht, dass die Sache in ihrer Substanz verletzt wurde. Substanzschäden, die einen Verlust des Sachwertes ergeben, erleidet nicht der Besitzer, sondern allein der Eigentümer, allenfalls noch der Anwärter auf das Eigentum. Denn die Sache gehört nicht zum Vermögensbestand des Besitzers, sondern des Eigentümers. Entsprechend kann auch nur letzterer gem. §§ 823 I, 249 ff. BGB Naturalrestitution verlangen. Da aber die Abgrenzung der negatorischen Haftung von der deliktischen nur in Fällen von Substanzverletzungen problematisch ist, kommt beim reinen Besitz der Abgrenzung des § 862 BGB von den §§ 823 I, 249 ff. BGB keine praktische Bedeutung zu.

Es kann somit nur fraglich sein, ob der Besitzer gem. § 862 BGB verschuldensunabhängig Naturalrestitution verlangen kann, wenn die Besitzstörung darauf

---

[1096] *Wieser*, JuS 1970, 557, 558; *Medicus*, AcP 165 (1965), 117, 123 ff.

[1097] Vgl. zu den insoweit nicht einheitlich entschiedenen Fällen in der Rechtsprechung *Wieser*, NJW 1971, 597, 598.

[1098] Abzulehnen ist ein Schaden des Besitzers wegen vereitelter Ersitzung, denn die Aussicht der Besitzers auf den Rechtserwerb ist nicht schutzwürdig, *Medicus*, AcP 165 (1965), 117, 126; *Wieser*, NJW 1970, 557, 558.

beruht, dass die ihm nicht gehörende Sache in ihrer Substanz verletzt wurde. Insoweit wird aber die Abgrenzung des § 862 BGB von den §§ 823 I, 249 ff. BGB in Einklang mit jener des § 1004 I 1 BGB von den §§ 823 I, 249 ff. BGB zu erfolgen haben. In der Praxis wird der Besitzer oft kein Interesse an der Wiederherstellung der Sache haben, weil ihm die Erstattung des Nutzungsausfalls genügt und die Sache nicht seinem Vermögen angehört. Die Personenverschiedenheit macht insoweit deutlich, dass die Nutzbarkeit der Sache eine vom Vermögenserhalt deutlich zu trennende eigenständig zu schützende Befugnis ist.

(3) Negatorischer Rechtsschutz der beschränkten dinglichen Rechte

§ 1004 BGB findet über ausdrückliche Verweisungsnormen auch bei einzelnen beschränkten[1099] dinglichen Rechten (Dienstbarkeiten: §§ 1027, 1090 II, 1065, 34 II WEG, 8 II BBergG[1100]; Pfandrechte: §§ 1227 BGB, 8 PKrG[1101], Erbbaurecht: § 1017 II BGB a.F. bzw. § 11 I 1 ErbbVO) Anwendung. Dies ist systematisch konsequent, denn es handelt sich dabei um aus dem Eigentum „abgespaltene" Teilbefugnisse, die sich vom Eigentum nur darin unterscheiden, dass sie nicht das Vollrecht, sondern nur eine inhaltlich beschränkte Rechtsmacht einräumen[1102]. Von den umfassenden Befugnissen des Eigentümers werden quasi einzelne Bereiche ausgesondert und dem beschränkten Berechtigten übertragen.

So werden bei den Dienstbarkeiten und dem Erbbaurecht das dingliche Nutzungsrecht[1103], gegebenenfalls kombiniert mit einem Besitzrecht, bei den Pfand-

---

[1099] Meist wird von *beschränkt* dinglichen Rechten gesprochen (so auch im Gesetz, vgl. § 233 § 2b I 2 EGBGB). Grammatikalisch richtig dürfte aber die Bezeichnung *beschränkte* dingliche Rechte sein (so auch *Jauernig/Jauernig*, Vor § 854 Rn.6), denn sie gewähren eine inhaltlich *beschränkte* Rechtsmacht (dingliches Nutzungsrecht, dingliches Verwertungsrecht, dingliches Erwerbsrecht) an der Sache.

[1100] Nach § 8 II Bundesberggesetz finden auf das Recht zur Bewilligung, das die Bodenschatzgewinnung gewährt, die für die Ansprüche aus dem Eigentum geltenden Vorschriften des bürgerlichen Rechts Anwendung. Wegen ihrer sehr speziellen Ausrichtung wird diese Vorschrift hier nicht weiter mitbehandelt.

[1101] Nach dem Pachtkreditgesetz kann der Pächter eines landwirtschaftlichen Grundstücks an dem ihm gehörenden Inventar einem Kreditinstitut zur Sicherung eines ihm gewährten Darlehens ein Pfandrecht (§ 1204 I BGB) ohne Besitzübertragung bestellen (§ 1 PKrG). Nach § 8 PKrG finden die für die Ansprüche aus dem Eigentum geltenden Vorschriften entsprechende Anwendung, wenn das Recht des Pfandgläubigers beeinträchtigt wird.

[1102] *Schwab/Prütting*, SR, Rn.18; *Jauernig/Jauernig*, Vor § 854 Rn.6: Es handele sich um „verselbständigte Eigentumssplitter".

[1103] *Schwab/Prütting*, SR, Rn.881.

rechten das dingliche Sicherungs- und Verwertungsrecht[1104], auch hier gegebenenfalls verbunden mit einem Besitzrecht, dem beschränkten Berechtigten eingeräumt. Dies darf allerdings nicht dahingehend missverstanden werden, dass die Einräumung der beschränkten dinglichen Rechte translativ erfolgt. Vielmehr werden diese Rechte konstitutiv begründet, d.h. der Eigentümer behält seine Befugnisse und in der Person des Erwerbers wird ein teilweise mit dem Eigentumsrecht deckungsgleiches Recht begründet. Die Einräumung dieser Rechte stellt eine Verfügung dar, da sie nicht nur das Eigentum belasten, sondern in der Person des Erwerbers auch ein neues Recht entstehen lassen[1105]. Die Ausübung dieses Erwerberrechts hat der Eigentümer gemäß § 1004 II BGB zu dulden. Wird auf das beschränkte dingliche Recht verzichtet oder erlischt es durch Zeitablauf, endet die Belastung des Eigentums, ohne dass das beschränkte dingliche Recht zurückübertragen werden muss.

Die dinglichen Teilrechte sind also ebenso wie das Eigentum absolut wirkende Herrschaftsrechte und deshalb wie diese zu schützen. Dass § 1004 BGB dem Schutz der dinglichen Herrschaftsmacht dient, wird daran deutlich, dass die entsprechende Anwendung dieser Vorschrift bei den beschränkten dinglichen Nutzungsrechten (z.B. Dienstbarkeiten) und dem Faustpfandrecht (§ 1227 BGB, während bei der Hypothek und in entsprechender Anwendung auch bei der Grund- und Rentenschuld sowie bei den Reallasten[1106] mit den §§ 1133 ff. BGB

[1104] *Schwab/Prütting*, SR, Rn.621 f.. Soweit die Pfandrechte auch als *Sicherungs*rechte bezeichnet werden, entspricht dies zwar ihrem vorrangigen wirtschaftlichen Zweck, dennoch ist letztendlich nur die Sach*verwertung* die eigentlich dem Eigentümer vorbehaltene Befugnis, die auf den beschränkten Berechtigten übertragen wird. Daher ist es ungenau, die Pfandrechte nur als Sicherungsrechte zu bezeichnen (so noch *MünchKomm/Quack*, Einl. vor § 854 BGB, 3. Aufl., Rn.20).

[1105] *Schack*, Rn.530.

[1106] Die Reallast ist die Belastung eines Grundstücks mit dem Inhalt, dass aus dem Grundstück an den Berechtigten wiederkehrende Leistungen zu entrichten sind (§ 1105 BGB). Im Vergleich zu Dienstbarkeiten ist sie auf positive Leistungen des belasteten Eigentümers gerichtet, im Vergleich zur Rentenschuld ist aber kein festgesetzter Kapitalwert wesentlich. Die Reallast verleiht kein unmittelbares Nutzungsrecht, sondern das Grundstück haftet nur für die Entrichtung der Leistungen durch den Eigentümer (*Schwab/Prütting*, SR, Rn.943). Während die entsprechende Anwendung der §§ 1133, 1134 f. BGB bei der Grund- und Rentenschuld anerkannt ist, wird dies für die Reallast selten erörtert. Allerdings betreffen die rechtlichen Unterschiede der Reallast zur Rentenschuld (nur für die Rentenschuld ist die Bestimmung der Ablösungssumme erforderlich und eine Umwandlung in eine normale Grundschuld nach § 1203 BGB möglich; bei Ablösung der Rentenschuld geht diese auf den Eigentümer über, §§ 1143, 1192 I BGB, während die Reallast im gleichen Falle erlischt; für die Rentenschuld haftet nur das Grundstück, während für die Reallast der Eigentümer auch persönlich haften kann, § 1108 BGB, vgl. *Palandt/Bassenge*, Überblick v. § 1105 Rn.2) nicht deren

Spezialregelungen gelten), nicht aber bei den Erwerbsrechten (etwa Vorkaufsrecht oder Aneignungsrecht, wie z.B. Jagdrecht) angeordnet wird. Je nachdem, ob das dingliche Teilrecht den Besitz unabhängig von der Nutzung der belasteten Sache eigenständig gestattet[1107] oder der Besitz nur im Rahmen des Gebrauchs der Sache ausgeübt werden soll[1108], verweist der Gesetzgeber, um den Schutz dieser Teilrechte zu gewährleisten, global auf alle dem Eigentümer zustehenden Rechte (so bei den §§ 1065, 1227[1109], 11 I ErbbVO, 34 II WEG)

---

grundsätzlich gleiche Rechtsnatur als Verwertungsrecht, das vom Vermögenswert des Grundstücks abhängt.

[1107] Ein solches eigenständiges Recht zum Besitz der belasteten Sache umfassen das Nießbrauchsrecht (§ 1036 BGB) und das Faustpfandrecht, das durch eine Übergabe der verpfändeten Sache bestellt wird (§ 1205 BGB). Auch das Erbbaurecht – das veräußerliche und vererbliche Recht, auf oder unter einem Grundstück ein Bauwerk zu haben – wird als grundstücksgleiches Recht grundsätzlich den Vorschriften für das Grundeigentum unterstellt (vgl. §§ 1017 BGB a.F., 11 ErbbRVO, *Palandt/Bassenge*, Überbl v §§ 1012-1017, ErbbRVO 1 Rn.3; *Erman/Grziwotz*, ErbbauVO Vor § 1 Rn.5). Das Grundstück verbleibt beim Erbbaurecht zwar ganz im Eigentum des Bestellers, dieser verliert aber den Besitz an der belasteten Grundstücksfläche und kann diese auch nicht mehr nutzen (*Erman/Grziwotz*, ErbbauVO Vor § 1 Rn.4). Der Erbbauberechtigte wird mit der Errichtung des Bauwerkes dessen Eigentümer (*Erman/Grziwotz*, § 12 ErbbRVO Rn.1); ist das Bauwerk bereits vorhanden, erwirbt der Erbbauberechtigte kraft Gesetzes daran Eigentum (arg. Abs.1 S.2, Abs.3, vgl. *Erman/Grziwotz*, § 12 ErbbRVO Rn.2; *Staudinger/Rapp*, § 12 ErbbRVO Rn.11; *Palandt/Bassenge*, § 12 ErbbRVO Rn.2). Der Erbbauberechtigte ist unmittelbarer, der Grundstückseigentümer mittelbarer Besitzer des vom Erbbaurecht erfassten Grundstücks (*Erman/Grziwotz*, § 12 ErbbRVO Rn.3), am Bauwerk hat der Erbbauberechtigte alleinigen Besitz (*Erman/Grziwotz*, § 12 ErbbRVO Rn.3). Zum Besitzschutz und den Rechten des Erbbauberechtigten aus dem Besitz, vgl. *Weitnauer* DNotZ 68, 303. Weiterhin wird der Dauerwohnberechtigte wie ein Nießbraucher geschützt (*Palandt/Bassenge*, § 34 WEG Rn.2).

[1108] Die Dienstbarkeiten (Grunddienstbarkeit, beschränkte persönliche Dienstbarkeit) sind auf die unmittelbare, jedoch an den Rechten des Eigentümers gemessen beschränkte Nutzung (Fruchtgenuss, Gebrauch, sonstiger Sachvorteil) einer Sache gerichtet (*Schwab/Prütting*, SR, Rn.881). Darin besteht der Unterschied zum Nießbrauch, der das Recht gewährt, alle Nutzungen aus dem belasteten Gegenstand zu ziehen (*Schwab/Prütting*, aaO., Rn.896) Die §§ 1004, 1027 BGB gewähren Schutz gegen die tatsächliche Verhinderung oder Einschränkung der erlaubten Benutzung oder die Vornahme einer verbotenen Handlung (*Schwab/Prütting*, aaO., Rn.889)

[1109] § 1227 BGB unterscheidet sich von den anderen hier erwähnten beschränkten dinglichen Rechten dadurch, dass es sich bei dem Pfandrecht um eine Kreditsicherheit handelt, primär also ein dingliches Verwertungsrecht gewährt wird, um sich für die pfandgesicherte Forderung bei Pfandreife aus dem Sicherungsgut zu befriedigen. Dazu gehört – mit Ausnahme der Registerpfandrechte, die in ein öffentliches Register eingetragen werden (z.B. Pfandrecht an Luftfahrzeugen) und einigen gesetzlichen Pfandrechten (§§ 559, 592, 704 BGB) - ein Recht zum Besitz der verpfändeten Sache („Faustpfand"). Bei Störung des Pfandgläubigers im Besitz steht ihm ein Anspruch aus § 1004 BGB zu (*MünchKomm/Damrau*, § 1227 Rn.1). In § 8 PKrG wird zwar auch allgemein auf die Ansprüche aus dem Eigentum verwiesen, obwohl

oder speziell nur auf § 1004 BGB (so bei den §§ 1027, 1090 II BGB)[1110]. Aus

---

es sich um ein Pfandrecht *ohne* Besitzübertragung handelt. Diese so allgemein gehaltene Verweisung dürfte aber in Anlehnung an § 1227 BGB erfolgt sein, ohne der Besonderheit Rechnung getragen zu haben, dass es dem Pfandgläubiger am Besitz fehlt.

[1110] Die Grundpfandrechte (Hypothek, Grundschuld, Rentenschuld, obwohl die letzten beiden, da ihnen die rechtliche Bindung zu einer Forderung fehlt, keine Pfandrechte im Rechtssinne darstellen, a.A. *Lübtow*, JuS 1963, 176 f., *Palandt/Bassenge*, Überbl v. § 1113 Rn.1) gewähren dem Sicherungsnehmer ein *dingliches Sicherungs- und Verwertungsrecht*, aber kein Recht zum Besitz (der Grundsatz der Publizität wird durch die Eintragung des Grundpfandrechts in das Grundbuch gewahrt) und kein Recht zum tatsächlichen Gebrauch des Grundstücks. Auch sie sind beschränkte dingliche Rechte, die das Eigentum in der Weise belasten, dass der jeweilige Eigentümer des Grundstücks in seiner Macht betroffen ist, sein Eigentum beliebig zu verwerten (*Jauernig/Jauernig*, Vor § 1113 Rn.1; nicht eingeschränkt ist er dagegen in seinem Recht, über das Grundstück zu verfügen!). Ist infolge einer Verschlechterung des Grundstücks die Sicherheit einer Hypothek gefährdet, werden dem Hypothekar spezielle Beseitigungs- und Unterlassungsrechte verliehen (§§ 1133 S.1, 1134 f. BGB), die auch für die Grund- und Rentenschuld – einer besonderen Art der Grundschuld (§ 1199 I BGB) - entsprechend gelten (*Palandt/Bassenge*, § 1135 Rn.4; *MünchKomm/Eickmann*, § 1133 Rn.23; vgl. § 1192 I BGB; insoweit missverständlich *Herrmann*, Der Störer, S.2, Fn.6, die für die Grund- und Rentenschuld keine vergleichbaren Bestimmungen sieht). Auf den Schutz des Hypothekars passt der Anwendungsbereich des § 1004 BGB als Abwehranspruch also offensichtlich nicht, weil der Gesetzgeber des BGB ansonsten auch auf die negatorische Haftung verwiesen und keine eigenständigen Regelungen in das BGB aufgenommen hätte. Durch die §§ 1133-1135 BGB wird der Hypothekar dagegen geschützt, dass sich, nachdem die Hypothek entstanden ist, der Verkehrswert der verhafteten Gegenstände zu seinen Lasten vermindert (*Soergel/Konzen*, § 1133 Rn.1). Eine solche Wertminderung des Sicherungsgutes hat zur Folge, dass auch der Wert der Hypothek sinkt. Der Hypothekar ist daher vor dem Verfall des Vermögenswertes der Immobiliarsicherheit zu schützen. Die Wertrelation zwischen der Hypothek und dem Grundstückswert, also die Haftungsgrundlage der Hypothek, soll erhalten werden. In der Praxis haben diese Vorschriften heute allerdings eher wenig Relevanz, denn für die von ihnen geregelten Fälle wird meist ein Kündigungsrecht zwischen den Parteien vereinbart sein. Ob aus der Existenz der §§ 1133, 1134 f. allgemeine Rückschlüsse auf den Anwendungsbereich des § 1004 BGB gezogen werden können, wird später noch näher untersucht werden. Für die Reallast (§§ 1105 ff. BGB), die Vormerkung (§§ 883 ff. BGB) und das dingliche Vorkaufsrecht (§§ 1094 ff. BGB) existieren keine Verweise auf die negatorische Haftung oder vergleichbare Regelungen. Bei der Vormerkung und dem dinglichen Vorkaufsrecht ist dies nicht erforderlich, weil der einzige denkbare Eingriff in der Vereitelung des Rechtserwerbs durch den Vorgemerkten bzw. den Vorkaufsberechtigten bestehen kann. Insoweit hat das Vorkaufsrecht die gleiche rechtliche Wirkung wie die Vormerkung (§§ 1098 II, 883 II, 888 BGB): Jede spätere Verfügung des Eigentümers über das Grundstück (Belastung, Veräußerung) oder des Berechtigten über das Recht, auf dessen Erwerb der vorgemerkte Anspruch sich richtet, ist gegenüber dem durch die Vormerkung gesicherten Gläubiger insoweit relativ unwirksam, als sie den gesicherten Anspruch vereiteln oder beeinträchtigen würden. Die Reallast verleiht kein unmittelbares Nutzungsrecht, sondern das Grundstück haftet nur für die Entrichtung der Leistungen durch den Eigentümer (*Schwab/Prütting*, SR, Rn.943).

dieser Verweisungsstruktur geht deutlich hervor, dass jeder dingliche Abwehranspruch nur einzelne aus dem Eigentum resultierende Befugnisse schützt und der umfassende Eigentumsschutz erst durch die Gesamtheit aller dinglichen Ansprüche erfolgt. § 985 BGB soll ausschließlich das von einer gleichzeitigen Sachnutzung unabhängige eigenständige Besitzrecht des Sacheigentümers gewährleisten, während mit einem Anspruch aus § 1004 BGB die Berechtigung zu einer bestimmten (beim Eigentum umfassenden, bei den Teilrechten beschränkten) Sachnutzung durchgesetzt werden kann.

Da die beschränkten dinglichen Rechte absolut wirken und sonstige Rechte i.S.v. § 823 I BGB sind, genießen sie auch deliktischen Schutz[1111]. Soweit es sich um Grundstücksrechte handelt, setzt der Anspruch aus § 823 I BGB einen grundstücksbezogenen Eingriff voraus, der sich dahin auswirkt, dass die Verwirklichung des jeweiligen Rechts als solches durch rechtliche oder tatsächliche Maßnahmen beeinträchtigt wird[1112], etwa die Verschlechterung eines Grundstücks[1113], die Veräußerung und Entfernung von Zubehörstücken[1114] oder die Grundstücksverpachtung, die einer bestehenden Grunddienstbarkeit widerspricht[1115].

Untersucht man das Verhältnis von § 1004 I 1 BGB zu den §§ 823 I, 249 ff. BGB kann zwischen den beschränkten dinglichen Rechten mit Nutzungsfunktion und solchen mit Sicherungs- und Verwertungsfunktion differenziert werden.

(a) Beschränkte dingliche Rechte mit Nutzungsfunktion

Auch bei den beschränkten dinglichen Nutzungsrechten sind die Anwendungsbereiche der §§ 1004 I 1, 823 I, 249 ff., BGB nur dann schwierig voneinander abzugrenzen, wenn die Sache, die Gegenstand des beschränkten dinglichen Rechts ist, in ihrer Substanz beschädigt wurde. In den anderen Fällen von Beeinträchtigungen lassen sich die Anwendungsbereiche der Normen klar trennen. Wird eine Grunddienstbarkeit etwa beeinträchtigt, weil die zu duldende Benutzung des belasteten Grundstücks dadurch verhindert wird, dass der Zugang zum

---

[1111] *Palandt/Thomas*, § 823 Rn.11; *MünchKomm/Wagner*, § 823 Rn.140.
[1112] BGH NJW 2001, 971, 972.
[1113] BGHZ 65, 211 (212).
[1114] BGHZ 92, 280 (292) = NJW 1985, 376; BGH NJW 1991, 695 (Anspruchsgrundlagen sind dann die §§ 823 I BGB, 823 II i.V.m. §§ 1134, 1135 BGB).
[1115] BGH VersR 1964, 1201.

Grundstück vereitelt, also die Rechtsausübung völlig unterbunden ist[1116], so kann von dem Störer bereits gem. §§ 1027, 1004 I 1 BGB unabhängig von jeglichem Verschulden die Beseitigung der die Zugangsverhinderung begründenden Umstände verlangt werden. Hat der Störer gar schuldhaft gehandelt, lässt sich der Anspruch ebenfalls aus § 823 I BGB herleiten. Der deliktische Anspruch hat dann auch hier nur eine eigenständige Bedeutung, wenn ein durch die Behinderung verursachter Vermögensfolgeschaden zu ersetzen ist, weil der Ersatz solcher Schäden und die Erstattung des Nutzungsausfalls von der negatorischen Haftung grundsätzlich nicht erfasst werden. Der Nutzungsschaden ist dabei nur dem Inhaber des beschränkten dinglichen Nutzungsrechts zu ersetzen. Hat nicht der Eigentümer, sondern ein Dritter die Störung verursacht, kann es dabei zu keinen Überschneidungen mit dem Eigentumsschutz kommen, weil der Eigentümer in keinem ihm zustehenden Recht verletzt wird.

Ist dagegen der Gebrauch der Sache betroffen, weil sie selbst in ihrer Substanz verletzt wurde und dadurch nicht oder nur eingeschränkt nutzbar ist, dann wird durch eine solche Sachbeschädigung nicht nur das beschränkte dingliche Recht als sonstiges Recht i.S.v. § 823 I BGB beeinträchtigt, sondern gleichzeitig auch das fremde Eigentum verletzt. Denkbar sind deshalb Ansprüche des beschränkten dinglichen Berechtigten aus § 1004 I 1 BGB und aus § 823 I BGB (wegen Verletzung des beschränkten dinglichen Rechts als sonstigem Recht) auf Naturalrestitution und ebenso des Eigentümers aus § 823 I BGB (wegen Eigentumsverletzung) auf Wiederherstellung der Sache in ihrer unversehrten Substanz. In solchen Fällen lassen sich § 1004 I 1 BGB und § 823 I BGB ebenso schwierig abgrenzen wie in den Fällen, in denen ausschließlich das Eigentum als Vollrecht verletzt worden ist. Dabei stellen sich Fragen, welche auch bei der reinen Eigentumsverletzung in vergleichbarer Weise auftreten: Lässt sich ein Anspruch des beschränkten dinglichen Berechtigten auf Wiederherstellung der Gebrauchsfähigkeit der Sache verschuldensunabhängig negatorisch oder nur deliktisch begründen, wenn dazu auch die Sache wieder in ihrer Substanz hergestellt werden muss? Soll der beschränkte dingliche Berechtigte die Wiederherstellung der Sache im gleichen Umfang verlangen können wie der Eigentümer selbst, ist er doch nur in seiner Nutzung beeinträchtigt, die gegebenenfalls auch in anderer Weise wiederhergestellt werden kann, ohne dass gleich die ganze Sache in den alten Zustand verbracht werden muss?

[1116] Die Ausübung der Grunddienstbarkeit kann auch nur teilweise behindert werden, z.B. indem ein Weg durch Bauten eingeengt wird (RGZ 126, 373) oder durch wörtliches Bestreiten der Grunddienstbarkeit (*Staudinger/Mayer*, § 1027 Rn.4).

Der Anspruch des Inhabers des beschränkten dinglichen Rechts gem. § 1004 I 1 BGB richtet sich in Ziel und Umfang nach seinem zu schützenden Interesse. Dies ist sein Nutzungsrecht. Wegen der Personenverschiedenheit wird besonders deutlich, dass der Eigentümer dagegen ein Interesse am Erhalt seiner Sache als Vermögensgegenstand hat. Deshalb kann der beschränkte dingliche Berechtigte grundsätzlich auch nicht gem. §§ 823 I, 249 ff. BGB den Substanzschaden ersetzt verlangen, sondern nur solche Schäden, die sich wegen der Einschränkung seines Nutzungsrechts ergeben. Insoweit kommt es genausowenig wie beim Besitz zu einer Überschneidung von negatorischer und deliktischer Haftung. Es fragt sich nur, ob der beschränkte dingliche Berechtigte gem. § 1004 I 1 BGB Naturalrestitution verlangen kann, wenn dies erforderlich ist, um die Nutzbarkeit der Sache wiederherzustellen. Auch dies kann aber nur im Einklang mit der Abgrenzung des § 1004 I 1 BGB von den §§ 823 I, 249ff. BGB beim Eigentum beantwortet werden. Demnach bestätigt sich, dass bei der Abgrenzung des § 1004 I 1 BGB von den §§ 823 I, 249 ff. BGB zwischen dem verschuldensunabhängigen *Schutz des Nutzungsinteresses* und dem verschuldensabhängigen *Vermögensschutz* abzuwägen ist.

(b) Beschränkte dingliche Rechte mit Sicherungs- und Verwertungsfunktion

Kreditsicherungsrechte gewähren - mit Ausnahme von § 1213 BGB, dem Nutzungspfand - gerade kein Recht zum Gebrauch des Sicherungsgutes[1117]. Das beschränkte Recht reduziert sich vielmehr darauf, die Sache nach Eintritt des Sicherungsfalles verwerten zu können. Soll § 1004 I 1 BGB von den §§ 823 I, 249 ff. BGB danach abgegrenzt werden, dass einmal vorrangig das Gebrauchsinteresse, zum anderen primär das Vermögensinteresse geschützt wird, dürfte § 1004 I 1 BGB bei den beschränkten dinglichen Rechten mit reiner Sicherungs- und Verwertungfunktion (Faustpfandrecht bei beweglichen Sachen, §§ 1204 ff. BGB; Grundpfandrechte bei Grundstücken, §§ 1113 ff. BGB) nicht anwendbar sein.

Es wird tatsächlich nur in § 1227 BGB, also beim Pfandrecht an beweglichen Sachen, auf die entsprechende Anwendung der für die Ansprüche aus dem Eigentum geltenden Vorschriften verwiesen. Für die Hypothek, die Grund- und

---

[1117] *Schwab/Prütting*, SR, Rn.621.

die Rentenschuld[1118] sowie für die Reallast[1119] gelten Spezialvorschriften, die in den §§ 1133 ff. BGB geregelt sind. Dies lässt vermuten, dass der Anwendungsbereich von § 1004 I 1 BGB nicht auf die Verwertungsrechte bei Grundstücken passt, hätte doch der Gesetzgeber ansonsten mit den §§ 1133 ff. BGB keine Spezialregelungen für notwendig erachtet[1120].

Für die §§ 1133 ff. BGB ist kennzeichnend, dass sie dem Hypothekar bestimmte Ansprüche zur Bewahrung der Haftungsgrundlage seines dinglichen Rechts *vor Fälligkeit* der Hypothek geben[1121]. Die Normen bezwecken so, die eingeräumte Grundstückssicherheit wertbeständig zu erhalten[1122]: § 1133 BGB bezieht sich auf eine schon eingetretene, § 1134 BGB auf eine drohende Verschlechterung des Grundstücks, welche die Sicherheit der Hypothek gefährdet; dem gleichgestellt ist nach § 1135 BGB, wenn Zubehörstücke, auf die sich die Hypothek erstreckt, verschlechtert oder den Regeln einer ordnungsgemäßen Wirtschaft zuwider von dem Grundstück entfernt werden[1123]. Der Zweck der Haftung ist, den Inhaber eines dinglichen Grundstücksverwertungsrechts davor zu bewahren, dass er einen Verlust des *Vermögenswertes* des Grundstücks, der die Grundlage für sein Sicherungs- und Verwertungsrecht darstellt, tatenlos hinnehmen muss, wenn er nicht etwa ein vertragliches Kündigungsrecht für diese Fälle vereinbart hat.

Im Vergleich zu § 1004 I 1 BGB ist es in den Fällen von § 1133 BGB, bei dem eine Vermögensgefährdung haftungsbegründend wirkt, geradezu typisch, dass die Verschlechterung des Grundstücks durch einen Eingriff in die Sachsubstanz erfolgt und somit bei Verschulden gleichzeitig eine Rechtsverletzung im Sinne des § 823 I BGB vorliegt. Unter einer Verschlechterung des Grundstücks i.S.d. hypothekenrechtlichen Spezialregelungen ist nämlich jede den Verkehrswert mindernde Veränderung des Zustands von Grund und Boden und seiner Bestandteile zu verstehen, so dass dem Hypothekengläubiger ein Ausfall in der Zwangsversteigerung droht[1124]. Dazu ist aber regelmäßig eine Substanzveränderung nötig[1125], beispielsweise der Verfall von Gebäuden, das Abbrennen unversicherter Gebäude oder die Verwahrlosung landwirtschaftlich genutzter

---

[1118] *MünchKomm/Eickmann*, § 1134 Rn.22; *Erman/Räfle*, 9. Aufl., § 1133 Rn.1.
[1119] Vgl. oben Fn. 1106.
[1120] Vgl. auch Fn. 1110.
[1121] *MünchKomm/Eickmann*, § 1133 Rn.1.
[1122] *Erman/Wenzel*, 11. Aufl., § 1133 Rn.1.
[1123] *Erman/Wenzel*, 11. Aufl., § 1133 Rn.1; *Staudinger/Wolfsteiner*, § 1133 Rn.1.
[1124] *Staudinger/Wolfsteiner*, § 1133 Rn.5.
[1125] *Erman/Wenzel*, 11. Aufl., § 1133 Rn.3.

Grundstücke[1126], eine auf bloßen Umweltveränderungen beruhende Wertminderung, etwa eine ungünstige Konjunktur oder ein Wertverlust infolge duldungspflichtiger Immissionen, genügt nicht[1127]. Die Verletzung der Sachsubstanz ist aber nicht die Rechtfertigung dafür, dass § 1133 BGB neben § 1004 I 1 BGB in das Gesetz aufgenommen wurde. Vielmehr handelt es sich bei § 1133 BGB um keine Haftungsnorm, die eine kausale Verantwortlichkeit voraussetzt, sondern es soll nur die Fälligkeit der Hypothek vorverlagert werden. Gemäß § 1133 S.1 BGB kann der Hypothekengläubiger dem Grundstückseigentümer zwar eine angemessene Frist setzen, die Gefährdung der Hypothekensicherheit zu beseitigen; die eigentliche Bedeutung des § 1133 BGB ist aber erst in Satz 2 des Tatbestandes formuliert; er berechtigt nämlich nur dazu, nach Ablauf dieser gesetzten Frist sofort und damit vorzeitig Befriedigung aus dem Grundstück zu suchen, wenn die Sicherheit der Hypothek gefährdet ist. Aus § 1133 S.2 BGB ergibt sich demnach eine Rechtsfolge, welche es rechtfertigt, die Vorschrift eigenständig neben § 1004 I 1 BGB zu regeln. § 1134 I 1 BGB stimmt als präventiver Anspruch in der haftungsbegründenden Grundstruktur mit § 1004 I 2 BGB überein. Da der Unterlassungsanspruch mit seinem präventiven Regelungsziel ohnehin immer auf die Vermeidung von Vermögensschäden abstellt, ergibt sich auch insoweit keine neue Erkenntnis für den Anwendungsbereich von § 1004 I 1 BGB.

Beim Pfandrecht an beweglichen Sachen wird über § 1227 BGB der § 1004 BGB aber für anwendbar erklärt. Begründen lässt sich dies damit, dass es für die Verwertung des Sicherungsgutes durch den Pfandgläubiger erforderlich ist, auf die Sache ungestört zugreifen zu können. Darin unterscheidet sich das Faustpfandrecht von den Grundpfandrechten. Bei letzteren erfolgt die Befriedigung des Gläubigers aus dem Grundstück und den Gegenständen, auf die sich das Grundpfandrecht erstreckt, im Wege der Zwangsvollstreckung (§§ 1147, 1192 BGB) durch Zwangsversteigerung und Zwangsverwaltung[1128], was aber nicht voraussetzt, dass sich der Inhaber des Sicherungsrechts im ungestörten Besitz des Grundstücks befindet. Das Verwertungsverfahren läuft nämlich formell und losgelöst vom Grundstück selbst ab. Die Verwertung der beweglichen Pfandsache zugunsten des Pfandgläubigers erfolgt dagegen durch Pfandverkauf (§ 1228 BGB), der regelmäßig nach den Vorgaben der §§ 1234 ff. BGB erfolgt[1129]. Für

---

[1126] *Schwab/Prütting*, SR, Rn.674.
[1127] *Staudinger/Wolfsteiner*, § 1133 Rn.5; *Erman/Wenzel*, 11. Aufl., § 1133 Rn.3.
[1128] *Palandt/Bassenge*, § 1147 Rn.5.
[1129] Praktisch selten ist, dass der Pfandverkauf nach den Vorschriften der ZPO über die

den Verkauf des Pfandes im Wege der öffentlichen Versteigerung ist aber die ungestörte Zugriffsmöglich auf das Sicherungsgut zwingend erforderlich und muss deshalb gewahrt werden, um so das ordnungsgemäße Verwertungsverfahren sicherzustellen. Darüber hinaus hat § 1004 BGB beim Faustpfandrecht auch dann Bedeutung, wenn der Pfandrechtsgläubiger ausnahmsweise die Nutzungen des Pfandes ziehen darf (vgl. § 1213 BGB), ihm also ein Gebrauchsrecht eingeräumt ist.

Mithin ist ein dingliches Sicherungs- und Verwertungsrecht, soweit es nicht auch das Recht zum Gebrauch des Sicherungsgutes miteinschließt bzw. für dessen Verwertung die ungestörte Zugriffsmöglichkeit auf das Sicherungsgut erforderlich ist, nur davor zu schützen, dass der Verwertungswert des Sicherungsgutes nicht gemindert wird. Das Pfand in seinem Wert zu sichern, wird aber nicht von § 1004 I 1 BGB, sondern nur von den §§ 823 I, 249 ff. BGB bzw. präventiv durch die §§ 1133 ff. BGB bezweckt. Die Beschädigung der verpfändeten Sache bedeutet, dass gleichzeitig das Pfandrecht und das Eigentum verletzt werden. Pfandinhaber und Eigentümer sind Gesamtgläubiger[1130], alternativ kann dem Pfandgläubiger ein Pfandrecht an der Schadensersatzforderung des Eigentümers zugestanden werden[1131]. Nach Fälligkeit der zu sichernden Forderung entsteht nur dem Pfandgläubiger ein Schaden, weil sich der Vermögenswert des Pfandes in seinem Verwertungswert erschöpft. Sollte der Eigentümer allerdings die Pfandverwertung noch durch Zahlung der Forderung abwenden, verlagert sich der Schaden auf ihn, so dass er ihn konsequenterweise geltend machen kann. Durch § 1004 I 1 BGB werden dagegen ausschließlich die Nutzbarkeit und die tatsächlichen Voraussetzungen für die Verwertbarkeit der verpfändeten Sache geschützt.

bb) Negatorischer Rechtsschutz absoluter Rechte in zivilrechtlichen Sondergesetzen

Außerhalb des Bürgerlichen Gesetzbuchs wird durch Spezialnormen die negatorische Haftung bei anderen absoluten Rechten ausdrücklich geregelt: Es sind dies insbesondere die folgenden Vorschriften: §§ 37 II 1 HGB (unzulässiger Firmengebrauch), 97 I 1 (Verletzung des Urheberrechts), 98 UrhG (Vernichtung oder Überlassung der Vervielfältigungsstücke), ehemals 24 I WZG,

---

Zwangsvollstreckung in bewegliche Sachen erfolgt (§ 1233 II BGB).

1130 *MünchKomm/Eickmann*, § 1134 Rn.19; *Müller*, SR, Rn.1786.

1131 *Staudinger/Wolfsteiner*, § 1134 Rn.17.

jetzt 14 V (unzulässiger Markengebrauch), 15 IV (unzulässiger Gebrauch der geschäftlichen Bezeichnung), 18, 128, 135 MarkenG, 139 I PatG, 15 I, 24 GebrMG, 42 I GeschmMG[1132] (§ 14a GeschmMG a.F.), 37, 37a SortenSchG, 9 HalblSchG. Während der Unterlassungsanspruch im Gesetzestext stets aufgeführt ist, findet sich eine dem § 1004 I 1 BGB vergleichbare Regelung nur in § 97 UrhG, in § 42 GeschmMG und nunmehr in § 8 UWG. Der BGH geht aber davon aus, dass überall dort, wo Spezialgesetze nur einen Unterlassungsanspruch vorsehen, mit diesem auch ein Beseitigungsanspruch gegen fortdauernde Störungen korrespondiert, auch wenn er nicht ausdrücklich im Gesetz verankert ist[1133]. Dies gilt inzwischen als gewohnheitsrechtlich anerkannt[1134]. Bei aktuellen Gesetzesänderungen wird mittlerweile der Beseitigungsanspruch häufig eingefügt, wenn er vorher nicht mitgeregelt war[1135]. Geschützt werden in den Sondergesetzen vor allem Immaterialgüterrechte. Sie räumen als absolute subjektive Rechte dem Berechtigten eine grundsätzlich uneingeschränkte Herrschaftsmacht über ein geistiges Gut ein. Es werden so die Ergebnisse geistigen Schaffens auf gewerblichem Gebiet bzw. durch das Urheberrechtsgesetz Geistesgüter auf kulturellem Gebiet geschützt[1136]. Die rechtliche Nähe zum Sachenrecht zeigt sich durch den häufig verwendeten Begriff des „geistigen Eigentums"[1137]. Daneben gibt es noch die wettbewerbsrechtlichen Abwehransprüche. Während in der alten Fassung des UWG nur der Unterlassungsanspruch verstreut aufzufinden war (vgl. §§ 1, 3, 6a, 6b, 7, 8, 14 I 2, 13 I i.V.m. §§ 4, 6, 6c UWG), sind nunmehr in der seit Juli 2004 geltenden Fassung der negatorische Beseitigungs- und Unterlassungsanspruch in § 8 UWG geregelt. Davon getrennt findet sich ein Schadensersatzanspruch in § 9 UWG.

Es fragt sich, wie der negatorische Beseitigungsanspruch vom Gesetzgeber in den sondergesetzlichen Regelungen im einzelnen ausgestaltet wurde und ob insoweit eine gemeinsame Dogmatik erkennbar ist, aus der sich gegebenenfalls Schlüsse für den Anwendungsbereich des § 1004 I 1 BGB in der Fassung seines Wortlautes ziehen lassen. Dies setzt voraus, dass das Immaterialgüterrecht und

---

[1132] In der Fassung vom 12.3.2004 (BGBl. I/2004, S.390 ff.), in Kraft getreten am 1.6.2004.

[1133] Vgl. BGH LM UWG § 1 Nr. 302 = GRUR 1977, 614, 616; BGH NJWE-WettbR 1998, 241, 242; BGH NJW 1999, 287, 288; OLG Karlsruhe NJW-RR 1998, 229, 230.

[1134] *Bamberger/Roth/Fritzsche*, § 1004 Rn.4; *GroßkommUWG/Köhler*, 1991, Vor § 13 B Rn.125; *Teplitzky*, Wettbewerbsrechtliche Ansprüche, Kap.22 Rn.11.

[1135] So bei der Gesetzesänderung des UWG, in der Fassung vom 3.7.2004 (BGBl. I/2004, Nr.32 v. 7.7.2004, S.1414 ff.), in Kraft getreten am 8.7.2004.

[1136] *Ilzhöfer*, Rn.2.

[1137] Dazu umfassend *Wadle*, Geistiges Eigentum, 1996; vgl. auch *Ulmer*, Urheber- und Verlagsrecht, § 16; *Schack*, Rn.23 bzgl. des Urheberrechts.

das Wettbewerbsrecht eine mit dem Eigentum vergleichbare rechtliche Grundstruktur aufweisen.

(1) Die rechtliche Grundstruktur des Immaterialgüterrechts und des Wettbewerbsrechts im Vergleich zum Eigentum

Im Sachenrecht werden die Befugnisse im Umgang mit einem körperlichen Gegenstand durch subjektive Rechte zugeteilt (Besitz, Eigentum) und diese Befugnis u.a. durch dingliche Ansprüche des Rechtsinhabers, etwa durch die §§ 985, 1004 BGB, geschützt. Vergleichbar wird im Immaterialgüterrecht im jeweiligen Sondergesetz ein verselbständigtes, d.h. von seinem Schöpfer ablösbares, regelmäßig unbeschränkt verkehrsfähiges geistiges Gut (Immaterialgut) gegen das geistige Gemeingut abgegrenzt (Definition des Schutzgegenstandes) und durch die Gewährung eines Ausschlussrechts einer bestimmten Person zugeordnet (Schutz- und Zuordnungsfrage)[1138].

Geschützt werden dabei etwa das subjektive Recht an der Erfindungsidee (Patent- und Gebrauchsmusterrecht), an dem Formgedanken hinsichtlich eines eigentümlichen Musters oder Modells, das eine ästhetische Wirkung entfaltet und gewerblich verwendet werden soll (Geschmacksmusterrecht), an der Idee für eine Bezeichnung von Waren und Dienstleistungen oder an einer geschäftlichen Bezeichnung (Marken- und Kennzeichnungsrecht), wobei durch letzteres vor allem auch die Werbeleistung geschützt wird, die sich in einem Symbol, Produkt oder einem Betrieb niederschlägt[1139]. Die Regelungen, die dem Schutz des geistigen Schaffens auf gewerblichem Gebiet dienen, werden üblicherweise unter der Bezeichnung „gewerblicher Rechtsschutz" zusammengefasst[1140].

Daneben steht auf dem kulturellen Sektor das Urheberrecht[1141]. Während beim

---

[1138] *Hubmann/Götting*, § 1 I.2. Zwischen dem *Immaterialgut* und dem *Immaterialgüterrecht* ist streng zu trennen. Auf ein *Immaterialgut*, wie Ideen, Erfindungen, Entdeckungen oder Geisteswerke, kann grundsätzlich von jedem zugegriffen werden. Zwar kann es sich niemand, wie bei herrenlosen Sachen, aneignen (vgl. § 958 BGB), aber es ist als geistiges Gut überall verbreitbar, also wiederholt und von allen nutzbar (*Schack*, Rn.20). Das Immaterialgut erstarkt zu einem *Immaterialgüterrecht*, wenn die Rechtsordnung es einer bestimmten Person zuordnet und damit als Rechtsobjekt verfügbar macht (*Schönherr*, FS Troller, S.62 f.).

[1139] *Hubmann/Götting*, § 1 II. 4.

[1140] Zur Akzeptanz dieses Begriffs im allgemeinen Sprachgebrauch und der Gesetzessprache (vgl. z.B. Artt. 73 Nr.9, 96 Abs.1 GG), gerade auch im Vergleich zu dem im Ausland weit verbreiteten Ausdruck „geistiges Eigentum" oder „Immaterialgüterrecht", vgl. *Hubmann/Götting*, § 1 I.

[1141] *Walchner*, S.30.

gewerblichen Rechtsschutz individuelle geistige Leistungen mit wirtschaftlichem Zweck geschützt werden, sind es beim Urheberrecht die subjektiven Rechte an Werken der Literatur, Wissenschaft und Kunst, die sinnlich wahrnehmbar sind und eine persönliche, geistige Schöpfung darstellen[1142]. Bestehen für den Grund des Schutzes in den einzelnen Rechtsgebieten des geistigen Eigentums auch unterschiedliche Ansätze, etwa beim Urheberrecht vorrangig der Individualschutz, während beispielsweise beim Erfinderschutz auch das Interesse der Allgemeinheit am erfinderischen Fortschritt gleichwertig mitberücksichtigt wird, so wird stets einheitlich der Schutz geistiger Leistungen bezweckt. Diese Gemeinsamkeit in Schutzzweck und Schutzgegenstand hat zur Folge, dass gewerblicher Rechtsschutz und Urheberrecht von gemeinsamen Rechtsgrundsätzen beherrscht werden[1143], wenn sich auch im Detail zwischen der erfinderischen Leistung im Patent- und Gebrauchsmusterrecht, der ästhetisch-gewerblichen Leistung im Geschmacksmusterrecht, der schöpferischen Leistung im Urheberrecht und der zu schützenden Werbe- und Unternehmerleistung im Kennzeichen- und Wettbewerbsrecht Unterschiede ergeben[1144].

Wie das Eigentum gem. § 903 BGB haben auch die Immaterialgüterrechte einen positiven und einen negativen Inhalt. So ist beispielsweise ausdrücklich allein der Patentinhaber befugt, die patentierte Erfindung zu benutzen (§ 9 S.1 PatG) und jedem Dritten ist dies ohne die Zustimmung des Patentinhabers verboten (S.2). Damit schützen die einschlägigen Normen die positive Befugnis, einen bestimmten Schutzgegenstand im Rahmen der geltenden Rechtsordnung zu nutzen, insbesondere für eine gewisse Zeit allein gewerblich verwerten zu dürfen, und mit der Befugnis, Nachahmungen und Ausbeutungen des Schutzgegenstandes abwehren zu können, den negativen Inhalt des subjektiven Rechts am Immaterialgut[1145]. Das Eigentum, das Urheberrecht und die Immaterialgüter weisen dieselbe gegenständliche Schutzstruktur auf: Die schutzwürdigen Interessen des Rechtsinhabers im Verhältnis zu anderen Rechtssubjekten werden durch das anerkannte Ergebnis der Schöpfung, also das geistige Werk, als Immaterialgut umschrieben und abgegrenzt. Genauso regelt das Eigentum die Beziehung des Rechtsinhabers zu jedermann, wobei die geschützten Interessen des Eigentümers mit Bezug auf die Sache festgelegt werden[1146]. Ein wesentlicher

---

[1142] *Ilzhöfer*, Rn. 555; *Hubmann/Götting*, § 4 I.3.
[1143] *Hubmann/Götting*, § 1 I. 2.
[1144] Vgl. dazu *Hubmann/Götting*, § 4.
[1145] *Hubmann/Götting*, § 5 I.4.a), b).
[1146] *Rehbinder*, Urheberrecht, Rn.74.

Unterschied des Eigentums zu den Immaterialgüterrechten besteht jedoch darin, dass das Eigentum immer in einer Sache verkörpert sein muss.

Eine Sonderstellung nimmt das Wettbewerbsrecht ein, das – bis auf die Regelungen im GWB[1147] - auch zum gewerblichen Rechtsschutz zählt, aber kein Immaterialgüterrecht ist[1148]. Es soll hier in die Betrachtung miteinbezogen werden, hat doch der negatorische Rechtsschutz gerade auch in diesem Rechtsgebiet eine nicht unerhebliche Bedeutung. Die wettbewerbsrechtlichen Abwehransprüche, die nicht nur von Mitbewerbern, sondern auch von Verbänden und bestimmten Institutionen (§ 8 III UWG) geltend gemacht werden können, setzen im Vergleich zu den Abwehrvorschriften in den anderen Rechtsgebieten nicht zwingend die Verletzung eines absoluten Rechts (Eigenart der Erzeugnisse, Ruf des Unternehmens, etc.) voraus. Es reicht vielmehr eine „unlautere" Wettbewerbshandlung" aus[1149], weil es im wesentlichen auch darum geht, eine laufende gewerbliche Betätigung und Entfaltung von Unternehmen, also einen funktionierenden Wettbewerb zu sichern[1150].

Da beim negatorischen und beim deliktischen Schutz des Immaterialgüterrechts und des Eigentums gleichermaßen ein subjektiver Regelungsansatz besteht und im Wettbewerbsrecht zwar ein objektiver Ansatz gewählt wurde, jedoch auch der Schutz von Individualinteressen der Mitbewerber bezweckt wird, ist im weiteren zu erörtern, ob der negatorische Beseitigungsanspruch im gewerblichen und kulturellen Rechtsschutz Gemeinsamkeiten zum Schutz des Eigentums aufweist, aus denen sich Rückschlüsse auf den Anwendungsbereich von § 1004 I 1 BGB in der Fassung seines Wortlauts ableiten lassen.

(2) Vernichtungsanspruch als Sonderform der Störungsbeseitigung

Durch das Produktpirateriegesetz vom 7. März 1990 wurde in den verschiedenen Rechtsbereichen der Vernichtungsanspruch als Sonderform der Störungsbe-

---

1147 Das Recht der Wettbewerbsbeschränkungen, geregelt im Gesetz gegen Wettbewerbsbeschränkungen (GWB), schützt in der Hauptsache nicht die gewerbliche Leistung des einzelnen, sondern soll vor allem im öffentlichen Interesse die Freiheit und Erhaltung des Wettbewerbs als Institution sichern, weshalb es zum Gebiet des Wirtschaftsrechts und nicht zum gewerblichen Rechtsschutz gezählt wird.

1148 *V. Gamm*, Wettbewerbsrecht, 9.Kap. Rn.1.

1149 An Stelle des Begriffs der „guten Sitten" verwendet der Gesetzgeber nunmehr den Begriff der „Unlauterbarkeit" im Gesetz, dazu *Köhler*, NJW 2004, 2121, 2122.

1150 So jetzt auch ausdrücklich in der dem Gesetz vorangestellten Schutzzweckbestimmung in § 1 S.2 UWG.

seitigung eingeführt (§ 140a PatG, zunächst § 25a WZG, heute § 18 MarkenG, §§ 98, 99 UrhG, 43 GeschmMG, 24a GebrMG, 9 HalblSchG, 37a SortenSchG)[1151].

Während ursprünglich nur entsprechende Teilregelungen auf dem Gebiet des Warenzeichen- und Urheberrechts bestanden, hat der Gesetzgeber mit dem Vernichtungsanspruch einheitlich eine Lücke bei den Schutzrechten des geistigen Eigentums geschlossen. Aus Gründen der Übersichtlichkeit und der Rechtsgleichheit wurde dabei ein gleicher Rechtsfolgenmechanismus für alle Schutzrechte vorgesehen[1152].

Der Vernichtungsanspruch geht über den allgemeinen Beseitigungsanspruch aus § 1004 I 1 BGB hinaus, indem der Verletzte verlangen kann, dass bereits ein rechtswidrig hergestelltes, aber noch nicht verbreitetes Erzeugnis vernichtet wird. Der Anspruch greift also bereits ein, wenn die *Gefahr* der künftigen Beeinträchtigung des Schutzrechts besteht, und setzt keinen fortwirkenden Störungszustand voraus[1153]. Der Rechtsschutz wird zeitlich nach vorn verlegt[1154], um wirksam zu verhindern, dass die Waren überhaupt erst auf den Markt kommen oder erneut in den Verkehr gebracht werden können[1155]. Der bloße Besitz der schutzrechtswidrigen Erzeugnisse reicht aus, ohne dass auch Anhaltspunkte für deren Verbreitung vorliegen müssen. Es kann aber nicht nur die Vernichtung der schutzrechtsverletzenden Waren, sondern auch die Vernichtung der zur Herstellung der Waren verwendeten Vorrichtungen verlangt werden[1156]. Dies dient der Abschreckung, weil so die aus der Rechtsverletzung entstandenen

---

[1151] Das Recht des unlauteren Wettbewerbs wurde allerdings bei der Regelung des Vernichtungsanspruchs ausgenommen (Begründung zum Regierungsentwurf für das Produktpirateriegesetz, BT-Drucks. 11/4792, S.19). Im Ergebnis sollte der Rechtsprechung die Ausgestaltung des wettbewerbsrechtlichen Gefahrbeseitigungsanspruchs überlassen werden (*Walchner*, S.254 f.). Insoweit lässt sich erwägen, die Grundsätze zum Vernichtungsanspruch bei den Sonderschutzrechten des geistigen Eigentums auf das Wettbewerbsrecht entsprechend anzuwenden (vgl. dazu *Walchner*, S.255 ff.).

[1152] *Walchner*, S.52; vgl. Regierungsentwurf zum Produktpirateriegesetz, BT-Drucks. 11/4792, S.18; *Asendorf*, NJW 1990, 1283, 1284; *Cremer*, Mittdtsch. PatAnw 1992, 153, 155; *Meister*, WRP 1991, 137, 141; deshalb spricht man auch von einem sog. „horizontalen Ansatz“ (*Tilmann*, BB 1990, 1565, 1567).

[1153] *Walchner*, S.53; *Tilmann*, BB 1990, 1565, 1568.

[1154] *Walchner*, S.53.

[1155] *Walchner*, S.53; Begründung zum Regierungsentwurf für das Produktpirateriegesetz, BT-Drucks. 11/4792, S.27; *Cremer*, Mittdtsch. PatAnw 1992, 153, 162; *Tilmann*, BB 1990, 1565.

[1156] *Walchner*, S.52; vgl. auch Begründung zum Regierungsentwurf für das Produktpirateriegesetz, BT-Drucks. 11/4792, S.27; *Cremer*, Mittdtsch. PatAnw 1992, 153, 162.

wirtschaftlichen Vorteile vollständig verlorengehen[1157]. Der Vernichtungsanspruch weist deshalb nicht im Tatbestand, sondern nur in der Rechtsfolge Übereinstimmungen mit dem allgemeinen Beseitigungsanspruch auf, wenn mit der Vernichtung auch eine aktive Handlung zur Beseitigung eines Zustands gefordert werden kann. Ansonsten hat sich der Vernichtungsanspruch von den Grundsätzen des § 1004 I 1 BGB gänzlich gelöst und ist eigenständig aus den einschlägigen Vorschriften in den Sondergesetzen abzuleiten[1158].

Lassen sich demnach aus dem Vernichtungsanspruch keine allgemeinen Schlüsse für den negatorischen Beseitigungsanspruch ziehen, so ist er doch die Reaktion auf den wichtigen strukturellen Unterschied beim Schutz der Immaterialgüterrechte im Vergleich zum Schutz des Eigentums: Für die Produktpiraterie ist kennzeichnend, dass der Eingriff durch die Herstellung von Fremdprodukten erfolgt. Es muss also im Gegensatz zum Eigentum nicht auf eine bestimmte, das Recht verkörpernde Sache eingewirkt werden. Denn die Nutzung eines geistigen Guts hängt gemäß seiner Natur nicht von einem bestimmten körperlichen Gegenstand ab. Der Verletzte kann nach wie vor seine Idee dadurch umsetzen, dass er auch eigene Produkte herstellt. Während sich beim Schutz der Immaterialgüterrechte also zwischen dem positiven Gebrauchsinhalt und dem negativen Abwehrinhalt des geschützten Rechts trennen lässt, ist dies beim Eigentum nicht möglich. Wegen des Sachbezugs kann ein dinglicher Abwehranspruch nur dann begründet sein, wenn der Eigentümer gleichzeitig in den ihm vorbehaltenen Befugnissen im Umgang mit seiner Sache, also der positiven Seite, betroffen ist. Weil der Vernichtungsanspruch ausschließlich die negative Seite des subjektiven Rechts schützt, hat er beim Eigentum keine Bedeutung.

(3) Patent- und Gebrauchsmusterrecht[1159]

Patente werden für Erfindungen erteilt, die neu sind, auf einer erfinderischen Tätigkeit beruhen und gewerblich anwendbar sind (§ 1 I PatG). Nach § 9 PatG hat das Patent die Wirkung, dass allein der Patentinhaber befugt ist, die patentierte Erfindung im Rahmen der geltenden Rechtsordnung zu benutzen und kein anderer sie ohne seine Zustimmung benutzen darf. Die durch ein Patent ge-

---

[1157] *Walchner*, S.53.

[1158] *Walchner*, S.65.

[1159] Auf den Schutz der Sorten- und Halbleiterschutzrechte wird nicht gesondert eingegangen. Die hier gewonnenen Erkenntnisse lassen sich entsprechend übertragen.

schützte Erfindung kann dabei entweder durch die Merkmale eines Erzeugnisses definiert (vgl. § 9 S.2 Nr.1 PatG, beschreibt den Aufbau einer Vorrichtung) oder als Verfahren gekennzeichnet sein (§ 9 S.2 Nr.2 PatG, beschreibt den Weg einer Herstellung). Vom Patent unterscheidet sich das Gebrauchsmuster (auch Designrecht genannt) durch seine geringere Erfindungshöhe, weshalb es oft auch als „kleines Patent“ bezeichnet wird[1160], reicht für das Gebrauchsmuster doch ein „erfinderischer Schritt“ (§ 1 I GebrMG), während die Erteilung des Patents voraussetzt, dass eine die Fähigkeiten eines Durchschnittsfachmanns übersteigende erfinderische Tätigkeit erbracht wurde (§§ 1 I, 4 PatG). Geschützt werden technische Geisteswerke bzw. technische Handlungsanweisungen, wobei unter Technik die vom Menschen beherrschte Anwendung von Naturkräften zu verstehen ist[1161]. Die bloße wissenschaftliche Erkenntnis, ohne dass diese in eine technische Nutzungsmöglichkeit umgesetzt wird, reicht nicht aus[1162].

Wird ein *Patent- und Gebrauchsmusterrecht* rechtswidrig verletzt, weil eine der in den §§ 9 bis 13 PatG, 11 bis 14 GebrMG verbotenen Handlungen vorgenommen wird, stehen gesetzlich geregelt dem Schutzrechtsinhaber ein verschuldensunabhängiger Unterlassungs- (§§ 139 I PatG, 24 I GebrMG) und ein an das Verschulden gekoppelter Schadensersatzanspruch (§§ 139 II PatG, 24 II GebrMG) zu, mit dem etwa der Ausgleich für eine Gewinneinbuße oder Ersatz der Aufwendungen für Anwaltskosten verlangt werden kann[1163]. Die Sondergesetze regeln abschließend, unter welchen Voraussetzungen bei Verletzung des Patents oder des Gebrauchsmusters auf Schadensersatz gehaftet wird[1164]. Die Beseitigungsklage ist im PatG und GebrMG dagegen nicht erwähnt. Da Patent- und Gebrauchsmusterrechte aber absolute Rechte sind, lässt sie sich aus der entsprechenden Anwendung des § 1004 I 1 BGB i.V.m. §§ 139 PatG, 24 GebrMG[1165] herleiten[1166]. Daneben bestehen noch die Rechtsbehelfe im Schutzrechtserteilungsverfahren, die spezialgesetzlich geregelte Beseitigungs-

---

1160 Etwa *Hubmann/Götting*, § 10 II.

1161 *Troller*, Immaterialgüterrecht, S. 61.

1162 *Troller*, aaO., S.61.

1163 Vgl. *Benkard/Bruchhausen*, PatG, Vor §§ 9-14, Rn.19.

1164 *Bernhardt/Kraßer*, PatR, § 2 III. b) 3.

1165 Beim Sorten- und Halbleiterschutz i.V.m. §§ 37 SortSchG, 9 Abs.1 HalblSchG.

1166 BGH NJW 1990, 117, 120 – Ethofumesat; *Benkard/Rogge*, PatG, § 139, Rn.38; *Bernhardt/Kraßer*, PatR, § 2 III. b) 2.; § 35 I. 5. mwN; *Bühring*, GebrauchsmG, § 24 Rn.36; *Hubmann/Götting*, § 26 II.2; *Reimer/Nastelsky*, § 47 Rn.15; *Schulte*, § 139 Rn.37; *Walchner*, S.39. Teilweise wird der Beseitigungsanspruch als ein Hilfsanspruch eingestuft (*Benkard/Rogge*, PatG, § 139, Rn.13).

ansprüche sind[1167] und sich im Anwendungsbereich mit dem negatorischen Beseitigungsanspruch gemäß § 1004 I 1 BGB überschneiden. So lässt sich etwa der Patentvindikationsanspruch als (quasi-)dinglicher Anspruch charakterisieren[1168].

Beim Schutz von Erfindungen sollte genau differenziert werden:

Das Patent- und Gebrauchsmusterrecht schützt den Erfinder nur in der *Benutzung seiner Erfindungsidee* (vgl. §§ 9 PatG, 11 I GebrMG). Ihm soll es vorbehalten sein, die Erfindung in einer Ausführungsform zu verwirklichen und erfinderische Erzeugnisse herzustellen, anzubieten, in den Verkehr zu bringen sowie zu gebrauchen[1169] bzw., was das Verfahrenspatent anbelangt, dieses selbst anzuwenden und die daraus hervorgehenden Erzeugnisse in dem für das Sachpatent geschilderten Sinne zu nutzen (vgl. § 9 S.2, Nr.2, 3 PatG). Nicht geschützt wird dagegen die konkrete Umsetzung der Erfindungsidee, also ihre verkörperte Darstellung[1170], auch wenn in § 9 S.2 Nr.1 PatG unglücklich formuliert von einem „Erzeugnis" gesprochen wird[1171]. Zwar entfaltet eine Erfindertätigkeit in der Regel ihre Wirkung erst durch einen körperlichen Gegenstand, etwa eine Maschine, das Eigentum an ihr wird aber durch die dinglichen Ansprüche geschützt. Durch das Patent- und Gebrauchsmusterrecht soll nur der geistige Gehalt der Erfindung vor Nachahmung bewahrt werden[1172]. Selbst wenn der Prototyp der Erfindung beschädigt würde, könnte die Erfindungsidee in der Herstellung einer neuen Maschine verwirklicht werden. Der geistige Gehalt der Erfindung kann somit in der Regel unabhängig von einer bestimmten Sache genutzt werden, weshalb durch die Beschädigung einer Ausführungsform nicht in das Verwertungsrecht eingegriffen wird, sondern der Erfinder allenfalls in seinem Persönlichkeitsrecht betroffen sein kann. Wird das Patent oder das Gebrauchsmuster durch die unerlaubte Herstellung von Fremdprodukten verletzt, dann greift der speziell geregelte Vernichtungsanspruch, der sich gegen die Existenz dieser rechtswidrig geschaffenen Erzeugnisse richtet.

Daneben wird bereits das Erfinderrecht geschützt, bevor die Erfindung zur Erteilung eines Patents oder Gebrauchsmusters angemeldet wird. Das Erfinder-

---

[1167] Vgl. *v. Gamm*, GeschmMG, § 14a Rn.23.

[1168] *Walchner*, S.77; *Ohl*, Patentvindikation, S.17 f.

[1169] *Walchner*, S.43. Eine bereits angemeldete und offengelegt, aber noch nicht patentierte Erfindung wird jedoch nicht negatorisch geschützt (§ 33 I letzter HS. PatG). Der Anmelder wird stattdessen in § 33 I PatG auf einen Entschädigungsanspruch verwiesen.

[1170] *Bernhardt/Kraßer*, PatR, § 32 III. b) 4.

[1171] Vgl. *Bernhardt/Kraßer*, PatR, § 32 III. b) 4.

[1172] *Hubmann/Götting*, § 4 II.

recht entsteht in der Person des Erfinders mit der Fertigstellung der Erfindung und ist ein einheitliches Recht mit persönlichkeitsrechtlichem und verwertungsrechtlichem Inhalt[1173]. Im Vordergrund steht zwar der Schutz der persönlichen Interessen des Erfinders, aber dies lässt sich – wie später auch beim Urheberrecht zu sehen sein wird - nicht streng vom wirtschaftlichen Wert des Erfindungsgedankens trennen[1174]. Werden Patent und Gebrauchsmuster, die Vermögensrechte an der verselbständigten, verkehrsfähigen Erfindungsidee sind, also reine Immaterialgüterrechte, erteilt, besteht das Persönlichkeitsrecht des Erfinders auf Anerkennung der Erfinderschaft und der Erfinderehre im Erfinderrecht fort[1175]. Nur so wird der Tatsache Rechnung getragen, dass Patent und Gebrauchsmuster reine Vermögensrechte sind. Dies kommt unter anderem darin zum Ausdruck, dass die Richtigkeit der Benennung des Erfinders vom Patentamt nicht geprüft wird (§ 37 I 3 PatG) und auch ein Korrekturverfahren nach § 63 II PatG das Verfahren zur Erteilung des Patents selbst nicht aufhält (§ 63 II 3 PatG). Der Haftung bei Verletzung des Erfinderpersönlichkeitsrechts und der Erfinderehre wird durch die Sondergesetze auch keine Grenzen gesetzt. Patent- und Gebrauchsmustergesetz regeln insoweit nicht abschließend, wann eine Rechtsverletzung vorliegt. Vielmehr kann bei Verletzung des Erfinderrechts ergänzend auf Schadensersatz-, Unterlassungs- und Beseitigungsansprüche aus bürgerlich-rechtlicher Grundlage zurückgegriffen werden[1176].

Der Hauptanwendungsbereich des allgemeinen Beseitigungsanspruchs im Bereich der technischen Erfindungen liegt bei solchen „unkörperlichen" Störungen. Diese richten sich gegen das Erfinderpersönlichkeitsrecht oder gegen das Innehaben der geschützten Rechtsposition, beispielsweise indem ein unrichtiger Erfinder in Äußerungen genannt wird[1177], durch das Bestreiten der Erfindereigenschaft[1178] oder durch unrichtige Angaben über die Erfinderidentität auf einer

---

[1173] *Hubmann/Götting*, § 5 II.1. Hinsichtlich des Wesens des Erfinderrechts besteht genauso wie oben beim Namensrecht Uneinigkeit darüber, ob es als reines Persönlichkeitsrecht mit vermögensrechtlicher Ausstrahlung (so *v.Gierke*, Privatrecht I, S. 854 ff.) oder nach der dualistischen Auffassung nebeneinander als Immaterialgüter- und Persönlichkeitsrecht besteht (*Kohler*, Hb. S.55 ff., 75 ff.).

[1174] *Hubmann/Götting*, § 5 II. 1.c).

[1175] *Hubmann/Götting*, § 5 II.3.e); a.A. RGZ 52, 231; 75, 228; 140, 55.

[1176] A.A. *Bernhardt/Kraßer*, PatR, § 2 III. b) 3., der dem PatG entnehmen will, dass das Erfinderrecht nur durch unrechtmäßige Anmeldung und durch Verstoß gegen die Vorschriften der Erfindernennung verletzt werden kann.

[1177] BGH GRUR 1978, 583, 585 – Motorkettensäge.

[1178] *Bernhardt/Kraßer*, PatR, § 20 IV.c); OLG Frankfurt GRUR 1964, 561, 562 – Plexiglas;

Ware oder in einem Buch[1179]. Dazu gehören auch die Gefährdung des Erfinderrufs durch mangelhafte Reparatur eines patentrechtlich geschützten Erzeugnisses oder die patentverletzende Herstellung minderwertiger Erzeugnisse[1180]. Ein anderer Anwendungsbereich liegt in der Störung durch Registereintragungen, etwa der unbefugten Patentanmeldung eines Nichtberechtigten[1181]. Des weiteren kann neben den für das Schutzrechtserteilungsverfahren geltenden besonderen Rechtsbehelfen, die allerdings nicht abschließend sind[1182], auch mittels des allgemeinen Beseitigungsanspruchs etwa die Einwilligung zur Zurücknahme der Anmeldung verlangt werden[1183] oder speziell im Patenterteilungsverfahren eine fehlerhafte Erfindernennung abgewehrt werden[1184]. Geschützte Rechtsgüter sind bei solchen Verletzungen nicht das Patent oder das Gebrauchsmuster als solche, sondern das Erfinderrecht, das neben Patent und Gebrauchsmuster bestehen bleibt.

Soweit nur das Erfinderpersönlichkeitsrecht gestört ist und kein Substanzschaden bei der durch die Umsetzung des Patents oder Gebrauchsmusters vom Erfinder geschaffenen Sache vorliegt, besteht kein Konflikt in der Anwendung von negatorischem Beseitigungsanspruch und Schadensersatzanspruch. Ergeben sich aus solchen Störungen Vermögens(folge)schäden werden diese nur nach schuldhaftem Handeln gemäß § 823 I BGB ersetzt. Die Höhe des Schadens kann dann in dreifacher Art berechnet werden: Der unmittelbar entstandene Schaden, einschließlich des entgangenen Gewinns; die Höhe einer angemessenen Lizenzgebühr, die ein anderer Benutzer gezahlt hätte oder durch Herausgabe des vom Verletzer selbst erzielten Gewinns[1185].

Erst soweit es für die Wiederherstellung des Persönlichkeitsrechts erforderlich ist, eine Sache in ihrer Substanz selbst zu verändern, etwa die mangelhafte Reparatur eines patentrechtlich geschützten Erzeugnisses erneut durchzuführen[1186], könnten sich Zweifel ergeben, ob die so gleichzeitig herbeigeführte Wertsteigerung der Sache mittels des Beseitigungsanspruchs unabhängig von

---

BGH GRUR 1979, 145 – Aufwärmvorrichtung. Meist wird der Widerruf der Äußerung verlangt werden.

[1179] OLG Frankfurt, GRUR 1964, 561, 562. Denkbar ist als Rechtsfolge die Schwärzung der unrichtigen Angaben.

[1180] *Walchner*, S.48 mit Verweis auf BGH GRUR 1973, 518 – Spielautomat II.

[1181] *Walchner*, S.49.

[1182] Vgl. dazu *Walchner*, S.73 ff.

[1183] *Walchner*, S.73; *Benkard/Bruchhausen*, PatG, § 6 Rn.13.

[1184] BGH GRUR 1969, 133 – Luftfilter; *Benkard/Schäfers*, PatG, § 63 Rn.9.

[1185] *Benkard/Rogge*, PatG, § 139 Rn.61 ff.; *Hubmann/Götting*, § 26 III. 3.

[1186] Vgl. BGH GRUR 1973, 518 – Spielautomat.

einem Verschulden verlangt werden kann. Im Ergebnis kann darüber aber kein Streit bestehen, denn es dürfte kaum vertretbar sein, dass ein Erfinder solche Rechtsverletzungen hinzunehmen hat, nur weil die störende Handlung nicht schuldhaft herbeigeführt wurde. Der Schutz des immateriellen Interesses muss sich deshalb in solchen Fällen durchsetzen.

Zusammenfassend lässt sich also feststellen, dass im Patent- und Gebrauchsmusterrecht unmittelbar nur die Benutzung einer Erfindung als geistige Idee geschützt wird. Nicht geschützt wird die konkrete Form ihrer körperlichen Umsetzung, also weder die Ausführungsform noch die hergestellten Erzeugnisse. Insoweit ist streng zwischen dem Schutz der Erfindung und dem Schutz des Eigentums an den Sachen zu unterscheiden, welche durch die Umsetzung der Erfindung entstanden sind. Schwierigkeiten bei der Abgrenzung des allgemeinen Beseitigungsanspruchs vom Schadensersatzanspruch treten deshalb beim Patent- und Gebrauchsmusterrecht in der Praxis selten auf, denn die Rechtsverletzungen erfolgen meist ohne Bezug zu einer Sache, in welcher das Patent oder das Gebrauchsmuster umgesetzt wurde. Aber selbst wenn dies der Fall sein sollte, muss gelten: Immer wenn die Erfindungsidee bzw. das Erfinderpersönlichkeitsrecht verletzt werden, setzt sich die verschuldensunabhängige Haftung durch, auch wenn dies die Wiederherstellung einer Sache in ihrer Substanz erfordert. Der Eingriff in die ideellen Werte wird als so schwerwiegend und ihre Beseitigung für den Anspruchsgegner als so wenig belastend angesehen, dass eine Haftung auch ohne schuldhaftes Handeln gerechtfertigt erscheint.

(4) Kennzeichenrecht

Das Kennzeichenrecht umfasst zum einen das Markenrecht, zum anderen sind dazu Ansprüche aus Name, Firma und Sortenbezeichnung (§ 37 I Nr.2 SortSchG) zu zählen, die neben dem Markengesetz anwendbar bleiben (§ 2 MarkenG), wobei § 12 BGB bereits oben behandelt wurde[1187]. Gemäß § 37 I Nr.2 SortSchG ist dem Sortenschutzinhaber das Recht vorbehalten, die Bezeichnung einer geschützten Sorte oder eine mit ihr verwechselbare Bezeichnung für eine andere Sorte derselben oder einer verwandten Art zu verwenden[1188]. Da aber nur Schutz gegen andere Sorten derselben oder einer verwandten Art gewährt wird, ist ein Anspruch wegen Verletzung der Sorten-

---

[1187] Siehe oben S.275 ff.

[1188] *Wuesthoff/Leßmann/Wendt*, SortenSchG, § 37 Rn.8.

bezeichnung praktisch von geringer Bedeutung[1189], so dass er hier nicht weiter behandelt wird. Im übrigen ist im Kennzeichenrecht der Beseitigungsanspruch mit Ausnahme von § 12 BGB nicht geregelt.

(a) Markengesetz

Marken sind Kennzeichen, die dazu geeignet sind, Waren oder Dienstleistungen eines Unternehmens von denjenigen anderer Unternehmen zu unterscheiden (§ 3 I MarkenG). Gleichzeitig weisen Marken auf die betriebliche Herkunft hin (Herkunftsfunktion), schaffen so Vertrauen in die gleichbleibende Qualität von Waren und Dienstleistungen (Vertrauens- bzw. Qualitäts- und Garantiefunktion) und sind wegen ihres Wiedererkennungseffekts Imageträger und Symbol eines Unternehmens (Werbefunktion)[1190].

Im Markengesetz stehen dem Verletzten gegenüber demjenigen, der unbefugt eine identische bzw. ähnliche verwechslungsfähige Marke oder geschäftliche Bezeichnung benutzt, folgende Ansprüche zu: §§ 14 V, 15 IV, 128 I MarkenG gewähren einen verschuldensunabhängigen Unterlassungsanspruch. Es gelten die von § 1004 I 2 BGB bekannten Grundsätze (Erfordernis einer Erst- bzw. Wiederholungsgefahr). Der Beseitigungsanspruch findet keine Erwähnung, hat allerdings in der speziellen Form des Vernichtungsanspruchs auch im Markenrecht Einzug in das Gesetz gehalten (§§ 18, 128 MarkenG), etwa wenn Tassen unberechtigt mit einem fremden Warenzeichen bedruckt werden, wobei § 18 III MarkenG ausdrücklich klarstellt, dass weitergehende Ansprüche auf Beseitigung unberührt bleiben, was sich vor allem auf eine entsprechende Anwendung von § 1004 I 1 BGB bezieht[1191]. Sind die Tassen bereits verkauft und damit in den Verkehr gebracht worden, dann liegt eine Schwächung der Kennzeichenkraft durch Marktverwirrung vor, wogegen auch mit einem allgemeinen Beseitigungsanspruch vorgegangen werden kann[1192]. Daneben besteht bei Verschulden des Verletzers ein Schadensersatzanspruch (§§ 14 VI, 15 V MarkenG).

Im Markengesetz sind zahlreiche Sonderformen des Beseitigungsanspruchs geregelt: Eine Besonderheit ist der Anspruch auf den Hinweis gemäß

[1189] *Walchner*, S.156. Allerdings kann die Sortenbezeichnung auch als Marke eingetragen werden und so der weitergehende Kennzeichenschutz erworben werden (*Walchner*, aaO.).

[1190] *Hubmann/Götting*, § 37 I. 1.

[1191] *Fezer*, MarkenR, § 18 Rn.46.

[1192] *Walchner*, S. 158.

§ 16 MarkenG bei der Wiedergabe einer eingetragenen Marke in einem Nachschlagewerk. Mit der Löschungsklage kann der Markeninhaber gegen die Eintragung einer Marke vorgehen, wenn er ältere entgegenstehende Rechte an dieser hat (§§ 51, 55 II Nr.2 MarkenG). Daneben gibt es noch Ansprüche auf Löschung wegen Verfalls (§§ 49, 55 I Nr.1 MarkenG), wegen entgegenstehender geographischer Angaben (§§ 51 I, 13 II Nr.5 i.V.m. § 55 II Nr.3 MarkenG) oder spezielle Rechtsbehelfe im Markenerteilungsverfahren (§§ 11, 17 I, 41, 42, 45 MarkenG). Auch wenn in den §§ 14, 15, 128 MarkenG nur der Unterlassungsanspruch ausdrücklich ins Gesetz aufgenommen wurde, so wird doch auch der Beseitigungsanspruch vom Anwendungsbereich dieser Vorschriften mit erfasst, weil sie sich allgemein auf die Geltendmachung von Abwehransprüchen beziehen[1193]. Dies galt auch für § 24 WZG bis das Warenzeichenrecht am 1.1.1995 durch das Markengesetz ersetzt wurde. Die bis dahin entwickelten Grundsätze können auf das Markenrecht übertragen werden. Der Beseitigungsanspruch wird sachlich als nichts anderes verstanden als die Verstärkung des Unterlassungsanspruchs in Richtung auf eine fortwirkende Beeinträchtigung, weshalb er früher auch als wiederherstellende Unterlassungsklage bezeichnet wurde. Wie der Unterlassungsanspruch ist er in die Zukunft gerichtet, soll aber keine künftige Störung unterbinden, sondern einen bereits bestehenden störenden Zustand tatsächlich beseitigen.

Da das ausschließliche Recht an einer Marke oder an einer geschäftlichen Bezeichnung nur selten infolge der Beschädigung einer Sache des Rechtsinhabers verletzt wird, kommt es auch in diesem Rechtsbereich kaum zu Schwierigkeiten, wenn die §§ 823 I, 249 ff. BGB bzw. die §§ 14 VI, 15 V MarkenG vom Beseitigungsanspruch abgegrenzt werden sollen. In den wenigen Fällen, in denen es zu Überschneidungen der Ansprüche kommen kann, muss sich ebenfalls der von einem schuldhaften Handeln unabhängige Schutz des Marken- und Kennzeicheninteresses gegenüber dem verschuldensabhängigen Vermögensschutz durchsetzen. Meist aber geht die Störung durch körperliche Gegenstände von solchen aus, die nicht dem Rechtsinhaber gehören (schutzrechtsverletzende Waren, Werbematerial, Verpackungen, Firmen- und Etablissementbezeichnungen, Reklametafeln, Aufdruck auf T-Shirts). Dann hilft der Vernichtungsanspruch (§ 18 MarkenG)[1194], der daneben die Anwendbarkeit des allgemeinen (quasi-)negatorischen Beseitigungsanspruchs nicht ausschließt (§ 18 III MarkenG!). Letzterer gewinnt etwa Bedeutung bei dem Überstreichen einer Ge-

---

[1193] *Fezer*, MarkenR, § 15 Rn.184; § 128 Rn.5; so auch BGH GRUR 2001, 420 – SPA.
[1194] Vgl. dazu *Walchner*, S.163 ff.

bäudefassade[1195] oder dem Entfernen der widerrechtlich verwendeten Beschriftung auf einem Fahrzeug[1196]. Geschuldet wird das rechtswidrige Kennzeichen zu entfernen oder unkenntlich zu machen, d.h. es zu übermalen, abzuschneiden, Flüssigkeiten in eine andere Flasche umzugießen oder die Verbindung zwischen Ware und Etikett aufzugeben[1197]. Daneben richtet sich der (quasi-)negatorische Beseitigungsanspruch vor allem gegen widerrechtliche unkörperliche Zustände (etwa die Verwendung einer fremden Marke in einem Werbeslogan, das Bestreiten eines Kennzeichenrechts). Hier kann es oft nicht ausreichen, wenn ein Werbeplakat oder ein Schild beseitigt wird, sondern es bedarf zusätzlich eines Widerrufs oder einer Urteilsveröffentlichung, um der Erinnerung der Adressaten entgegenzuwirken und das Produktimage wiederherzustellen[1198]. Auch kann der Inhaber des durch die Eintragung beeinträchtigten Kennzeichenrechts mit dem negatorischen Beseitigungsanspruch die Löschung der unzulässigen Eintragung verlangen[1199]. Bei schuldhaftem Handeln wird dies alles auch gemäß den §§ 14 VI, 15 V MarkenG erfasst, eigenständige Bedeutung erlangt aber auch hier der Schadensersatzanspruch nur, wenn ein Vermögensfolgeschaden zu ersetzen ist.

(b) Firma (§ 37 HGB)

Nach § 17 I HGB ist „die Firma der Name eines Kaufmanns, unter dem er im Handel seine Geschäfte betreibt und die Unterschrift abgibt". Die Rechtsnatur der Firma ist ebenfalls nicht so einfach zu bestimmen: Da die Firma aber einen erheblichen wirtschaftlichen Wert repräsentiert, weil mit ihr der „good will" des Unternehmens verknüpft ist, weist sie von Natur aus stärkere vermögens- bzw. immaterialgüterrechtliche Züge als das gewöhnliche Namensrecht einer Person auf. Teilweise wird die Firma deshalb sogar als reines Immaterialgüterrecht eingestuft[1200], andere sehen in ihr ein Mischrecht mit sowohl persönlichkeits- als auch immaterialgüterrechtlichen Merkmalen[1201]. Weil § 22 HGB die Vererbung

---

[1195] Vgl. BGH GRUR 1977, 614 – Gebäudefassade.

[1196] *Walchner*, S.182.

[1197] *Walchner*, S.183.

[1198] *Walchner*, S.185.

[1199] *Walchner*, S.185, zu den besonderen Rechtsbehelfen im Rahmen des Markenerteilungsverfahrens, vgl. *Walchner*, S.187 ff.

[1200] *Götting*, Persönlichkeitsrechte, S. 122, 279 Fn.2; *Fezer* ZHR 161 (1997), 52, 55.

[1201] *Hubmann*, Persönlichkeitsrecht, S.282 ff.; *Forkel*, FS Paulik, S.101, 107 f.; *Ulmer*, Urheber- und Verlagsrecht, § 18 III.1. a.E.; *K. Schmidt*, HR, § 12 I 3a; *HGB-Münchkomm/*

und Veräußerung der Firma voraussetzt, scheidet jedenfalls eine rein persönlichkeitsrechtliche Qualifikation aus[1202]. Andererseits lässt sich aber die Firma nicht streng vom Unternehmensträger trennen, sondern dient seiner Identifizierung. Gibt es damit aber einen Bezug zur Identität einer Person, sei es eine natürliche oder eine juristische Person, sind auch persönlichkeitsrechtliche Elemente vorhanden[1203]. Besonders deutlich ist die persönlichkeitsrechtliche Komponente, wenn ein Kaufmann seinen Familiennamen als Firma verwendet, aber selbst bei Sach- und Phantasiefirmen stellt die wirtschaftliche Tätigkeit einen wesentlichen Teil der freien Entfaltung der Persönlichkeit i.S.v. Art. 2 I GG dar und diese erfolgt nun einmal unter der betreffenden Firma[1204]. Die Firma sollte allerdings trotz des Mischcharakters wie ein einheitliches Recht mit zwei unterschiedlichen Komponenten qualifiziert werden[1205]. Dies bedeutet aber, dass beim Schutz der Firma nicht sauber danach getrennt werden kann, ob persönlichkeits- oder immaterialgüterrechtliche Interessen geschützt werden, sondern vielmehr ist bereits dann, wenn auch das Persönlichkeitsrecht geschützt wird, die negatorische Haftung gegeben.

Unerwähnt bleibt der Beseitigungsanspruch auch in § 37 II 1 HGB (unzulässiger Firmengebrauch). Aber auch im Firmenschutzrecht wird davon ausgegangen, dass der Verletzte gemäß § 1004 I 1 BGB i.V.m. § 37 II 1 HGB einen Beseitigungsanspruch hat. Dieser gewinnt vor allem Bedeutung, wenn der Verletzer für sich bereits eine verwechslungsfähige Firma im Handelsregister eintragen ließ. Der Berechtigte kann dann die Löschung dieser Firma gem. § 37 II 1 HGB verlangen[1206]. Denkbar ist allerdings, dass die Beeinträchtigung auch in einem unzulässigen Firmenstempel oder in einem Briefkopf besteht. Dogmatisch wird dieser Anspruch so eingeordnet, dass der Unterlassungsanspruch den Beseitigungsanspruch mitumfasst[1207]. § 37 II 1 HGB normiert also quasi alle Abwehransprüche, um einen ordnungsgemäßen Firmengebrauch zu gewährleisten. Der Abwehranspruch richtet sich nur gegen die konkrete Verletzungsform, weil dem anderen Teil die Möglichkeit erhalten bleiben muss, etwa durch die Aufnahme

---

Bokelmann § 17 Rn.11; *Canaris*, HR, § 10 Rn.7.

[1202] *Canaris*, HR, § 10 Rn.7.

[1203] *Canaris*, aaO.

[1204] *Canaris*, aaO.

[1205] *Canaris*, aaO.; *Schricker*, FS v. Gamm, S.289, 299 f.: *Röhricht/Graf/ v.Westphalen/ Ammon*, HGB, § 17 Rn.8.

[1206] *Horn/Heymann/Emmerich*, HGB, § 37 Rn.26, § 37 Anhang Rn.32; *Bandasch/Ensthaler/Nickel*, HGB, § 37 Rn.14; *Staub/Hüffer*, HGB, § 37 Rn.39.

[1207] *Horn/Heymann/Emmerich*, HGB, § 37 Rn.26.

unterscheidungskräftiger Zusätze, die Verwechslungsgefahr zu beseitigen[1208]. In den häufigsten Fällen erfolgt die Firmenverletzung durch die Verwendung einer verwechslungsfähigen Firma, also ohne den körperlichen Bezug zu einer Sache, weshalb Probleme bei der Abgrenzung der §§ 823 I, 249 ff. BGB[1209] von § 1004 I 1 BGB nicht auftreten. Ein Anspruch auf Schadensersatz hat auch hier nur eigenständige Bedeutung, wenn es um den Ersatz von Vermögensfolgeschäden geht.

(5) Wettbewerbsrecht

Das Wettbewerbsrecht schützt zum einen die Mitbewerber in ihren Leistungsergebnissen und in ihrer gewerblichen Betätigung, zum anderen den Verbraucher sowie die sonstigen Marktteilnehmer vor unlauterem Wettbewerb und schließlich die Wettbewerbsordnung als solche, indem es den Wettbewerb ermöglicht und die potentielle Gleichheit der Wettbewerbsbedingungen gewährleistet[1210].

Im Wettbewerbsrecht gliedern sich die verschuldensunabhängigen[1211] Abwehr-

---

[1208] *Horn/Heymann/Emmerich*, HGB, § 37 Rn.26.

[1209] § 37 II HGB normiert keinen eigenen Schadensersatzanspruch, sondern es wird angeordnet, dass ein nach sonstigen Vorschriften begründeter Anspruch auf Schadensersatz unberührt bleibt (§ 37 II 2 HGB).

[1210] Vgl. nunmehr die Schutzzweckbestimmung in § 1 UWG.

[1211] *Baumbach/Hefermehl*, Einl. UWG Rn.251a. Nach der alten Gesetzesfassung wurde für den Vorwurf der Sittenwidrigkeit i.S.v. § 1 UWG teils gefordert, dass der Täter sämtliche die Sittenwidrigkeit bestimmenden Umstände auch kannte (vgl. RGZ 80, 219, 221; BGHZ 10, 228, 232; BGHZ 34, 264, 271 f.; BGH GRUR 1967, 256, 257; *Rittner*, § 2 Rn.27), so dass in die negatorische Haftung ein Verschuldenserfordernis hineingetragen wurde. Bei dem *in die Zukunft* gerichteten Unterlassungsanspruch ist allerdings ohnehin nur auf die Rechtslage im Zeitpunkt der letzten mündlichen Verhandlung der letzten Tatsacheninstanz abzustellen. Zumindest in diesem Augenblick wird der Störer aber wegen vorausgegangener Abmahnungen und wegen des Prozessverlaufes die erforderliche Kenntnis besitzen (*Emmerich*, Wettbewerb, 5. Aufl., § 21 2.a). Anders hingegen beim Beseitigungsanspruch, der Kenntnis der Tatumstände bei Vornahme der Handlung voraussetzt. Dies spricht dafür, von einem rein objektiven Verständnis der Generalklausel auszugehen, wie es weitgehend im Schrifttum angenommen wird (*Baumbach/Hefermehl*, Einl. UWG Rn. 128, 140 f.; *Katzenberger*, Recht am Unternehmen, S.110, 129; *Nerreter*, Grundlagen, S. 48 ff.; *ders.*, GRUR 1937, 175; *Sack*, GRUR 1970, 502; *ders.*, WRP 1985, 1, 12 ff.; *ders.*, NJW 1985, 761, 768 f.; *Vogt*, NJW 1976, 735 f.). Ob der Vorwurf der Unlauterbarkeit i.S.v. § 3 UWG n.F. ein subjektives Element erfordert, wurde in der Gesetzesbegründung angesprochen (vgl. Begr. RegE UWG, BT-Dr 15/1487, S.16), aber Rechtsprechung und Schrifttum zur Beantwortung überlassen. Zu Recht lehnen ein solches subjektives Erfordernis *Köhler*, NJW 2004, 2121, 2122; *Baumbach/Hefermehl*, 23.Aufl., § 3 Rn.41 ab.

ansprüche wie folgt: in den Verletzungsunterlassungsanspruch, der einen vollendeten Verstoß gegen das Wettbewerbsrecht und eine Wiederholungsgefahr voraussetzt, den vorbeugenden Unterlassungsanspruch, mit dem der Erstbegehungsgefahr einer Rechtsverletzung entgegengewirkt werden soll, und den Beseitigungsanspruch[1212]. Während mittels des Unterlassungsanspruchs zukünftige Wettbewerbsverstöße erfolgsbezogen verhindert werden sollen, dient der Beseitigungsanspruch auch hier dazu, den durch einen Wettbewerbsverstoss eingetretenen Zustand fortdauernder Störungen zu beenden[1213]. Er ist seit dem 8. Juli 2004 in § 8 I 1, Fall 1 UWG geregelt. Vor seiner Einfügung im Gesetz wurde er bereits - wie auch in den anderen Sonderrechtsgebieten - ergänzend und weiterführend zum Unterlassungsanspruch anerkannt[1214]. Ihm wurde allerdings oft nur eine untergeordnete Bedeutung beigemessen[1215]. Teilweise wird er sogar unter den „Nebenansprüchen" eingeordnet[1216]. Mitverantwortlich dürfte dafür sein, dass im Wettbewerbsrecht die Störungen meist unkörperlicher Art und bereits vorüber sind, wenn ein Abwehranspruch geltend gemacht wird, so dass nur noch Wiederholungsgefahr droht, also ausschließlich ein Unterlassungsanspruch in Betracht kommt. Oft wird der Beseitigungsanspruch durch eine extensive Auslegung des Unterlassungsanspruchs zurückgedrängt. Beide Ansprüche werden dann als „Abwehransprüche" zusammengefasst und angenommen, dass sie funktionsgleich wirken können, wenn die Nichtbeseitigung einer Störung gleichzeitig die Fortsetzung einer Verletzungshandlung bedeutet[1217], etwa wenn

---

[1212] *Köhler/Piper*, Vor § 13 Rn.1; *Köhler*, NJW 1992, 135, 137; *ders.*, NJW 2004, 2121, 2125; *Rittner*, § 4 Rn.11.

[1213] *Köhler/Piper*, Vor § 13 Rn.33; *Köhler*, NJW 1992, 135, 139; *GroßkommUWG/Köhler*, Vor § 13 B. Rn.125.

[1214] *Köhler/Piper*, Vor § 13 Rn.33; *Köhler*, NJW 1992, 135, 139; *GroßkommUWG/Köhler*, Vor § 13 B. Rn.125.

[1215] *Lindacher*, GRUR 1985, 423; *Walchner*, S.203. *Melullis*, Handbuch des Wettbewerbsprozesses, Rn.1000 erkennt dem Beseitigungsanspruch im Wettbewerbsrecht nach dem Unterlassungsanspruch die größte Bedeutung zu.

[1216] *V. Gamm*, Wettbewerbsrecht, 4.Kap. Rn.17; *Marshall*, Unlauterer Wettbewerb, 4.4, S.174.; *Pastor*, Wettbewerbsprozess, S.530; *Rosenthal/Leffmann*, Einl. Rn.164.

[1217] *Baumbach/Hefermehl*, Einl. UWG Rn.307; *GroßkommUWG/Köhler*, Vor § 13 UWG B Rn.127, vgl. auch BGH GRUR 1974, 99, 101. Dass sich dieser Grundsatz aber nicht ohne weiteres durch die Rechtsprechung belegen lässt, hat *Henckel*, AcP 74 (1974), 97, 99 Fn.3, dargelegt. In den von ihm analysierten Urteilen (etwa Constanze II-Entscheidung, BGHZ 14, 163 (176); Glockenpackung II, BGH GRUR 1964, 686, 688) stellt sich wohl das Problem der Anspruchsabgrenzung auch dann nicht, wenn man die Unterscheidung nach dem Zeitmoment vornimmt. Nicht näher untersucht werden aber die eigentlich problematischen Fälle, wenn etwa ein wettbewerbswidriges Firmenschild verwendet wird, denn dann kommt es wirklich zu Überschneidungen, weil die Nichtbeseitigung des Schildes (Beseitigungsanspruch) eine Forteine wettbewerbswidrig gestaltete Hausfassade nicht verändert wird[1218]. Teils wird der geringere Stellenwert des Beseitigungsanspruchs auch damit begründet, dass dieser für den praktisch bedeutsamen vorläufigen Rechtsschutz nicht geeignet sei[1219]. Nun mag es in einigen Fällen, vor allem wenn die Beseitigung durch die Abgabe einer Willenserklärung geschieht (öffentlicher Widerruf einer rechtswidrigen Äußerung), zweifelhaft sein, ob zu einer solchen Erklärung wegen des Verbots der Vorwegnahme der Hauptsache im Wege einer einstweiligen Verfügung verurteilt werden darf[1220]. Grundsätzlich ist der vorläufige Rechtsschutz aber nur eine zeitlich vorgezogene, vorübergehende gerichtliche Entscheidung, die den materiellrechtlichen Anwendungsbereich einer Anspruchsgrundlage nicht beeinflussen kann.

Insbesondere ist bislang streitig gewesen, wie der Beseitigungsanspruch dogmatisch zu begründen war. Dabei tritt beim Wettbewerbsrecht im Vergleich zu den anderen Sonderrechtsgebieten das Problem auf, dass strukturell Verhaltensweisen sanktioniert und nicht nur bestimmte absolute, dem Eigentum vergleichbare Rechtspositionen geschützt werden. Heute ist es allerdings gleich, ob der Beseitigungsanspruch (quasi-)negatorisch aus § 1004 BGB hergeleitet wird[1221] oder ob sich der Anspruch gemäß einem neueren Ansatz unmittelbar aus den wettbewerbsrechtlichen Vorschriften ergibt[1222]. Dabei wurde teilweise angenommen, dass er im geregelten Unterlassungsanspruch mit enthalten sei[1223]. Alternativ war aber auch denkbar, dass er eigenständig aus dem UWG hergeleitet wurde. Nachdem der Gesetzgeber den Beseitigungsanspruch in § 8 I 1, Fall 1 UWG nunmehr geregelt hat, hat die Diskussion um seine dogmatische Einordnung an Bedeutung verloren. In der Begründung des Gesetzentwurfs für die UWG-Reform wird allerdings hervorgehoben, dass durch die Neuregelung keine sachli-

---

setzung der Namensnutzung bedeutet (Unterlassungsanspruch).

[1218] *Köhler*, NJW 1992, 135, 139.

[1219] *Walchner*, S.204.

[1220] *Jauernig*, NJW 1973, 1671, 1673.

[1221] BGH GRUR 1954, 163, 165 – Bierlieferungsverträge; BGH GRUR 1954, 337, 342 – Radschutz; BGH GRUR 1955, 97, 99 – Constanze II; BGH GRUR 1958, 448, 449 – Blankoverordnungen; BGH GRUR 1970, 254, 255 – Remington; *Ahrens*, Wettbewerbsverfahrensrecht, § 6 I 1, S.58; § 3, S.63 ff.; *Bussmann*, GRUR 1958, 31, 32; *v. Godin*, § 1 UWG Rn.248; *Melullis*, Handbuch des Wettbewerbsprozesses, S.532, Rn.1001; *Rosenthal/Leffmann*, Einl. Rn.166; *Tetzner*, Vorbem. Rn.60; *Schricker*, GRUR 1974, 579, 584.

[1222] BGH GRUR 1977, 614 – Gebäudefassade m. Anm. *Fezer*; *Baumbach/Hefermehl*, Einl. UWG Rn. 255, 307; *Teplitzky*, Wettbewerbsrechtliche Ansprüche, 22. Kap. Rn.11; *ders.*, WRP 1984, 365, 366; *Vogt*, Lexikon des Wettbewerbsrechts, S.42; *Gloy*, Handbuch des Wettbewerbsrechts, § 22, Rn.1, 14.

[1223] Vgl. BGH GRUR 1972, 558, 560 – Teerspritzmaschinen.

che Änderung bezweckt worden sei[1224].

Den negatorischen Abwehransprüchen stehen die verschuldensabhängigen Schadensersatzansprüche des UWG (jetzt einheitlich in § 9 S.1 UWG geregelt) und des allgemeinen Deliktsrechts gegenüber, die aber im Vergleich zum übrigen gewerblichen Rechtsschutz oft deshalb nicht geltend gemacht werden, weil der Schaden aus Wettbewerbsverstößen im Einzelfall nur schwer zu berechnen sein kann[1225]. Ein Anspruch auf Vernichtung hergestellter, noch nicht auf den Markt gebrachter wettbewerbswidriger Ware ist aber nach wie vor nicht im UWG vorgesehen. Oft werden allerdings gleichzeitig andere Rechte, wie z.B. das Markenrecht, verletzt sein und dann ein in den entsprechenden Sondergesetzen geregelter Vernichtungsanspruch zur Anwendung kommen. Ansonsten ist es gerechtfertigt, die im Rahmen des Produktpirateriegesetzes eingeführten Regelungen entsprechend anzuwenden[1226].

Es fragt sich, ob auch im Wettbewerbsrecht Schwierigkeiten auftreten, wenn der Beseitigungs- vom Schadensersatzanspruch abzugrenzen ist. Im Vergleich zu den bereits behandelten absoluten Rechten weist das Wettbewerbsrecht nicht die ansonsten vorhandenen festen Konturen einer geschützten Rechtsposition auf[1227]. Es ist deshalb auch kein sonstiges Recht i.S.v. § 823 I BGB. Wettbewerbsrechtliche Schadensersatzansprüche sind nach der neuen Gesetzesfassung einheitlich in § 9 S. 1 UWG geregelt worden, während sie früher in den §§ 1, 14, 19 UWG oder auch in § 13 VI UWG i.V.m. §§ 3, 6 – 6c, 7, 8 UWG verstreut waren. Die §§ 823 ff. BGB werden aber vom Wettbewerbsrecht nicht schlechthin verdrängt. Vielmehr kommt es darauf an, inwieweit einzelne Teilfragen eine abschließende Regelung im UWG gefunden haben, was etwa bei

---

1224 *Baumbach/Hefermehl*, 23.Aufl., § 8 UWG, Rn.1.1.

1225 *Köhler/Piper*, Vor § 13, Rn.1.

1226 Siehe oben Fn.1151.

1227 Vgl. zum Versuch, das Schutzobjekt des UWG zu definieren, *Emmerich*, Wettbewerb, § 3 I., II. mwN. Vom *Persönlichkeitsrecht* der durch unlautere Handlungen ihrer Konkurrenten geschädigten Gewerbetreibenden, über die *freie gewerbliche Betätigung*, den in der *Wettbewerbsstellung* zusammengefassten Interessen bis hin zum *Unternehmen* werden unterschiedliche vom UWG geschützte Rechtsgüter angenommen. Heute wird der Zweck des UWG weitgehend in einem umfassenden Interessen- oder Institutionenschutz gesehen, indem durch Verhaltsnormen im Interesse der Konkurrenten sichergestellt wird, dass die Wettbewerbsordnung funktionsfähig ist (*Emmerich*, Wettbewerb, § 3 III.; *Hefermehl*, FS Nipperdey, S.283, 285 ff.; *Knöpfle*, Wettbewerb, S.34, 38 ff.; *Kraft*, Interessenabwägung, S.196, 200 ff.; *L. Raiser*, in: Summum ius summa inuria, S.145 ff.; *Schrauder*, Wettbewerbsverstöße, S. 109. 130 ff.; *Ulmer*, GRUR 1937, 772 f.; *ders.*, Unlauterer Wettbewerb I, Tz.76 ff.; *Ulmer/Reimer*, Unlauterer Wettbewerb, Tz.28 ff.; dahin tendierend auch BVerfGE 32, 311, 316; BVerfGE 51, 193, 214 f.; BGHZ 35, 329, 333).

§ 823 I BGB bezüglich des subsidiär geschützten Rechts am eingerichteten und ausgeübten Gewerbebetrieb anzunehmen sein dürfte, nicht dagegen bei den §§ 824, 826 BGB[1228].

Beseitigungs- und Schadensersatzanspruch überschneiden sich allerdings auch im Wettbewerbsrecht selten so in ihren Anwendungsbereichen, dass eine Umgehung des Verschuldensprinzips droht[1229]. Die Abgrenzung von Beseitigungs- und Schadensersatzanspruch ist nur dann schwierig, wenn mittels des Beseitigungsanspruchs die Wiederherstellung einer Sache in ihrer Sachsubstanz verlangt wird. Schon der Blick auf die im UWG geregelten Fälle des Schadensersatzes zeigen aber, dass es sich meist um Verletzungshandlungen handelt, bei denen kein Bezug zu einer Sachveränderung besteht. Dies bestätigt sich auch, wenn man die praktische Bedeutung der zum bisherigen § 1 UWG entwickelten Fallgruppen (Kundenfang, Behinderung, Ausbeutung, Rechtsbruch, Marktstörung) betrachtet. Durch die Neuregelung des UWG haben sich diese im Wettbewerbsrecht relevanten Fallgestaltungen der Sache nach nicht verändert, nur die Regelungstechnik wurde vereinfacht. Während das alte UWG eine Generalklausel (Verstoss gegen die guten Sitten nach § 1 UWG a.F.) und daneben einige Spezialtatbestände kannte (z.B. §§ 3, 6-8 UWG a.F.), begnügt sich das neue UWG mit einer Generalklausel (§ 3 UWG n.F.), die an Stelle des bisherigen Begriffs der „guten Sitten" in Anlehnung an die europäisch übliche Terminologie den Begriff der „Unlauterkeit" verwendet und „unlautere Wettbewerbshandlungen, die geeignet sind, den Wettbewerb zum Nachteil des Mitbewerbers, der Verbraucher und der sonstigen Marktteilnehmer nicht nur unerheblich zu beeinträchtigen", für unzulässig erklärt. Ein Kurswechsel soll mit der neuen Begrifflichkeit aber nicht verbunden sein[1230]. Dies zeigt sich auch in den neuen, nicht abschließend geregelten Beispielstatbeständen unlauteren Handelns in den §§ 4 – 7 UWG, mittels derer die Generalklausel konkretisiert

---

1228 BGH NJW 1977, 1062 = GRUR 1977, 539, 541 – Prozessrechner; *Walchner*, S.222.

1229 Ein Verschulden war bislang ausnahmslos Vorraussetzung für einen wettbewerbsrechtlichen Schadensersatzanspruch, auch für § 1 UWG a.F., obwohl das Verschulden dort nicht ausdrücklich genannt war (*Baumbach/Hefermehl*, Einl. UWG, Rn.339; *Hubmann/Götting*, § 49 V.; BGH GR 1958, 593; 67, 596; BGH GRUR 1969, 418, 422; vgl. BGH, NJW-RR 1990, 1184 = GRUR 1990, 1012, 1014 – Pressehaftung, a.A. *v. Godin*, § 1 UWG Rn.49, 260; *Rosenthal/Leffmann*, § 1 Rn.4; *Rittner*, § 2, Rn.30; RG GRUR 1931, 164 f.; 1932, 616 f.; einschränkend aber bereits RG JW 1930, 1699). Es musste also bei § 1 UWG über die Feststellung der objektiven Sittenwidrigkeit des Handelns hinaus und - soweit man dies verlangt – auch über die Kenntnis des Täters von den entsprechenden Tatsachen hinaus, noch ein besonderes Verschulden hinzukommen (BGH, WRP 1965, 97, 100 – Kaugummikugeln).

1230 *Köhler*, NJW 2004, 2121, 2122; *Henning-Bodewig*, GRUR 2004, 713, 715.

wird. Denn in der Ausgestaltung dieser Tatbestände wird die Tendenz deutlich, die bisherige Fallgruppen-Rechtsprechung zu § 1 UWG a.F. zu kodifizieren[1231]. Die insoweit nicht ausdrücklich geregelten Fälle können von der Generalklausel in § 3 UWG erfasst sein[1232]. Es soll deshalb bei der folgenden Darstellung der Übersichtlichkeit halber auch an dieser alten Fallgruppeneinteilung festgehalten werden:

Beim *Kundenfang* wird durch sachfremde Kriterien im Wege der Täuschung, Nötigung, Belästigung, Verlockung, des Ausnutzens der Spiellust, von Gefühlen und Unerfahrenheit die freie Willensentschließung des Kunden beeinflusst[1233]. Dabei wird aber nur durch wettbewerbswidrige Täuschung regelmäßig ein fortdauernder Störungszustand geschaffen, gegen den sich mit dem Beseitigungsanspruch zu wehren ist[1234]. Dieser Störungszustand kann zwar auch in Sachen manifestiert sein, doch sind es nur selten die Sachen des Verletzten, sondern meist fremde Sachen (Firmen- und Etablissementbezeichnungen auf Schildern; Werbe- und sonstige Tafeln; Eintragungen im Fernsprechbuch; Werbegestaltung von Häuserfassaden, Verpackungen, Anhänger, Etiketten und Aufnäher bei Waren), so dass nicht gleichzeitig auch das Eigentum des Betroffenen verletzt wird. Mittels des Beseitigungsanspruchs wird der ordnungsgemäße Rechtszustand wiederhergestellt; Vermögens(folge)schäden werden nur bei schuldhaftem Handeln erstattet. Soweit die wettbewerbswidrige Handlung unkörperliche Störungszustände zur Folge hat (Marktverwirrung durch fehlerhafte Vorstellung der Kunden), können die Gegenmaßnahmen (berichtigende Werbung, Urteilsveröffentlichung) verschuldensunabhängig gefordert werden. Zu Abgrenzungsschwierigkeiten mit den das Vermögen schützenden Schadensersatzansprüchen kommt es insoweit nicht. Dass die Beendigung der Marktverwirrung und die Wiederherstellung des alten Wettbewerbszustands für den Betroffenen auch vermögenswert sind, führt genausowenig wie in den anderen Sonderrechtsgebieten dazu, sie nur nach schuldhaftem Handeln zuzulassen. Auch hier entsteht bei der Beschädigung von Sachen die Vorstellung, dass es zu einem

---

1231 *Köhler*, NJW 2004, 2121, 2123; *Henning-Bodewig*, GRUR 2004, 713, 715.
1232 *Henning-Bodewig*, GRUR 2004, 713, 716.
1233 Vgl. dazu im einzelnen *Baumbach/Hefermehl*, § 1 UWG Rn.4 ff.; *Köhler/Piper*, Einf. UWG Rn.165, § 1 UWG Rn.10. § 4 Nr.1 UWG enthält nun einen generalklauselartig formulierten Beispielstatbestand der Beeinträchtigung der Entscheidungsfreiheit der Verbraucher und sonstigen Marktteilnehmer durch einen unangemessenen unsachlichen Einfluss. § 4 Nr.2 UWG regelt die Ausnutzung der Unerfahrenheit, dazu *Henning-Bodewig*, GRUR 2004, 713, 716. § 4 Nr.4 - 6 UWG erfasst Preisausschreiben und Glücksspiele.
1234 *Walchner*, S.212.

wertungsmäßigen Konflikt mit dem vom Verschulden abhängigen Schadensersatzrecht kommt, welcher zugunsten der negatorischen Haftung zu entscheiden ist.

Auch in den übrigen Fallgruppen handelt es sich meist um Verletzungshandlungen, durch die nicht gleichzeitig eine Sache des Betroffenen beschädigt wird und nur vereinzelt treten Fälle auf, in denen es zu Überschneidungen der Ansprüche kommt:

So erfolgt die *Behinderung* des Konkurrenten in seinem Fortkommen, worunter die wettbewerbswidrige Beeinträchtigung der wettbewerblichen Entfaltungsmöglichkeiten eines Mitbewerbers zu verstehen ist[1235], etwa durch Absatz- und Werbebehinderung (z.B. Verwässerung des guten Rufes eines Produkts oder eines Kennzeichens, Vertrieb von mangelhaften Imitaten unter Täuschung über die Herkunft[1236]), Betriebsstörungen[1237], Preisunterbietung[1238], Boykottaufruf (Ausschluss eines Gewerbetreibenden vom Geschäftsverkehr)[1239], Diskriminierung (sachlich nicht gerechtfertigte unterschiedliche Behandlung von Personen)[1240] und Geschäftsehrverletzung, wobei ausschließlich unwahren oder jedenfalls nicht erweislich wahren Tatsachenbehauptungen mit dem negatorischen Widerrufsanspruch begegnet werden kann[1241], während kritische Werturteile wie Gutachten und Warentests nicht unter den Anwendungsbereich des negatorischen Beseitigungsanspruchs fallen[1242]. Soweit daneben bei schuldhaftem Handeln auch Schadensersatzansprüche bestehen (§§ 823 I, 824, 826, 823 II BGB i.V.m. §§ 185 ff. StGB und § 9 UWG), sollen danach vor allem die Vermögensfolgeschäden ersetzt werden. Allerdings kann die Absatzbehinderung nicht nur kunden- und vertriebsbezogen erfolgen[1243], sondern auch produktbezo-

---

[1235] *Köhler/Piper*, § 1 UWG Rn.385. In § 4 Nr.7 UWG n.F. ist die Herabsetzung von Mitbewerbern geregelt, in § 4 Nr.8 UWG n.F. der Tatbestand der Anschwärzung (§ 14 UWG a.F.). § 4 Nr.10 UWG n.F. erfasst nunmehr die gezielte Mitbewerberbehinderung, dazu *Köhler*, NJW 2004, 2121, 2123.

[1236] *Baumbach/Hefermehl*, § 1 UWG Rn.224.

[1237] *Köhler/Piper*, § 1 UWG Rn.470 ff.

[1238] *Köhler/Piper*, § 1 UWG Rn.490 ff; vgl. dazu auch *Emmerich*, Wettbewerb, § 6 IV.

[1239] *Baumbach/Hefermehl*, § 1 UWG Rn.280; *Emmerich*, Wettbewerb, § 6 V.

[1240] *Baumbach/Hefermehl*, § 1 UWG Rn.301 ff.

[1241] *Walchner*, S.220; RG GRUR 1933, 258, 260 – Schmiergelder; BGH GRUR 1959, 143, 144 f. – Blindenseife; BGH GRUR 1969, 368, 369 f. – Unternehmensberater; BGH GRUR 1969, 555, 557 – Cellulitis, mit Anm. Micheli, aaO., S.560; BGH GRUR 1970, 254, 255 – Remington.

[1242] BGH GRUR 1978, 258, 259.

[1243] Vgl. dazu *Köhler/Piper*, § 1 UWG Rn.390 ff., 405 ff.

gen, indem unmittelbar auf die Ware des Mitbewerbers eingewirkt wird, etwa durch Vernichtung, Beiseiteschaffen oder Beschädigung der Ware, um deren Absatz zu erschweren oder ganz zu vereiteln[1244]. Häufig wird auch unlauterer Behinderungswettbewerb betrieben, indem ein Waren- oder Unternehmenskennzeichen von der Ware beseitigt oder die Kennzeichnungskraft anderweitig beeinträchtigt wird[1245]. In diesen Fällen kommt es aber zu keinen Überschneidungen von negatorischem Beseitigungsanspruch mit Schadensersatzansprüchen, weil nämlich bei zerstörter Ware schon gar kein Beseitigungsanspruch in Betracht kommt. Dies liefe statt auf Naturalrestitution auf eine Neuherstellung hinaus. Weil beschädigte Ware aber allenfalls vom betroffenen Hersteller selbst wieder in den alten Zustand versetzt werden kann, wird praktisch immer Geldersatz verlangt, der aber nur nach schuldhaftem Handeln zu zahlen ist.

Unproblematisch dürfte die Normabgrenzung auch beim Entfernen von Kontrollnummern (Herstellernummern, Identifizierungsnummern) sein. Dabei werden hochwertige technische Geräte häufig vom Hersteller mit Fabrikationsnummern oder Typenschildern versehen, die ihm die Kontrolle des verwendeten Materials und der Fertigung, die Einhaltung des Vertriebsweges und die Überwachung gefertigter Geräte und Maschinen ermöglichen soll. Zweifelhaft ist bereits, ob durch das Entfernen der Kontrollnummer die Ware überhaupt in ihrem Vermögenswert beeinträchtigt wird, denn die Sache selbst wird regelmäßig gar nicht erst beschädigt. Da die Kontrollnummer auch nicht vom Händler selbst wieder angebracht werden kann, kommt in diesen Fällen auch kein Beseitigungsanspruch, sondern höchstens ein Unterlassungsanspruch in Betracht.

Ein Zusammentreffen von negatorischem Beseitigungsanspruch und Schadensersatzanspruch ist des weiteren denkbar, wenn betriebliche Abläufe dadurch beeinträchtigt werden, dass Maschinen, Anlagen oder etwa Computerprogramme des Mitbewerbers zerstört oder beschädigt worden sind. Insoweit trifft ein Schadensersatzanspruch wegen Eigentumsverletzung mit Ansprüchen wegen wettbewerbswidrigen Verhaltens zusammen. Allerdings wird hier regelmäßig eine vorsätzliche Beeinträchtigung vorliegen[1246] und dann greift immer auch ein Schadensersatzanspruch ein, so dass auf den negatorischen Beseitigungsanspruch nicht zurückgegriffen werden muss.

[1244] *Köhler/Piper*, § 1 UWG Rn.399.

[1245] Neben dem Wettbewerbsrecht wird in solchen Fällen regelmäßig auch das Markenrecht zur Anwendung kommen.

[1246] Vgl. *Köhler/Piper*, § 1 UWG Rn.470.

Bei der *Ausbeutung*, d.h. wenn Ergebnisse fremder Tätigkeit und fremder Aufwendungen mit verwerflichen Mitteln ausgenutzt werden, um sich einen Vorsprung vor seinen Mitbewerbern zu verschaffen[1247], etwa durch das Schmarotzen an fremden Leistungen, fremder Werbung oder eines fremden Rufes, das Ausspannen von Beschäftigten oder Kunden des Mitbewerbers und der Verrat von Geheimnissen, können zwar auch als Folge einer Schutzrechtsverletzung körperliche Gegenstände, Erzeugnisse und Vervielfältigungsstücke entstehen. Aber auch hier gilt, dass dadurch keine Sachen des Betroffenen selbst verletzt werden und sich insoweit keine Überschneidungen mit einem Schadensersatzanspruch ergeben. Das gleiche gilt für die Fälle wettbewerbswidrigen Verhaltens durch einen *Rechtsbruch*, d.h. durch die Verletzung gesetzlicher und vertraglicher Bindungen zur Erlangung eines sachlich ungerechtfertigten Vorsprungs im Wettbewerb[1248], bzw. durch eine *Marktstörung*, indem die Freiheit von Angebot und Nachfrage beseitigt wird, etwa durch Verteilung von Originalware[1249] oder die kostenlose Abgabe von Presseerzeugnissen[1250]. Da durch die wettbewerbsrechtlichen Fallgruppen „Rechtsbruch“[1251] und „Marktstörung“ vor allem die Interessen der Allgemeinheit an der Erhaltung einer funktionsfähigen Wettbewerbsordnung geschützt werden[1252], tritt hier der Individualschutz in den Hintergrund, so dass sich die Verletzungshandlungen meist ohnehin nicht auf ein bestimmtes Individualrechtsgut beziehen.

Es zeigt sich also, dass wettbewerbsrechtlich bedeutsame Verletzungen vor allem durch die Vornahme von Handlungen erfolgen und Störungen dann nur für die Dauer dieser Handlungen vorliegen. Insoweit kommt ein Unterlassungsanspruch in Betracht und ergänzend kann mittels des Beseitigungsanspruchs etwa das Wegschaffen von Proben, Werbematerial etc. verlangt werden. Sachen des Verletzten sind dagegen selten durch das wettbewerbswidrige Verhalten betroffen, so dass es zu keiner Anwendungskonkurrenz von Beseitigungs- und Schadensersatzanspruch kommt, wenn es einmal an einem schuldhaften Handeln fehlt.

Zusammenfassend lässt sich also feststellen: Im Wettbewerbsrecht erfolgen die Störungen meist auf „unkörperliche Art“, z.B. durch Einwirken auf Kunden,

---

[1247] *Baumbach/Hefermehl*, § 1 UWG Rn.438. Diese Fallgruppe wird von § 4 Nr.9 UWG erfasst.
[1248] *Köhler/Piper*, Einf. UWG Rn.165.
[1249] *Baumbach/Hefermehl*, § 1 UWG Rn.856.
[1250] *Baumbach/Hefermehl*, § 1 UWG Rn.859.
[1251] Nunmehr in § 4 Nr.11 UWG geregelt, dazu *Köhler*, NJW 2004, 2121, 2124.
[1252] *Emmerich*, Wettbewerb, § 19 I.

durch Einflussnahme auf den freien Markt oder durch Behinderung von Mitkonkurrenten. Es treten deshalb überwiegend keine Schwierigkeiten bei der Abgrenzung des wettbewerbsrechtlichen Beseitigungsanspruchs von den Schadensersatzansprüchen aus § 823 I BGB bzw. aus § 9 S.1 UWG auf, weil selbst die körperlichen Störungszustände nur selten mit der Beschädigung einer dem Verletzten gehörenden Sache zusammentreffen. Selbst wenn dies der Fall ist, kann oft nur der Geschädigte selbst die Sache wiederherstellen, so dass regelmäßig Geldersatz gefordert werden wird, was aber jedenfalls nur nach schuldhaftem Handeln möglich ist.

(6) Geschmacksmusterrecht

Das Geschmacksmustergesetz schützt Muster, die neu sind und eine Eigenart haben (§ 2 I GeschmMG). Ein Muster ist die zwei- oder dreidimensionale Erscheinungsform eines ganzen Erzeugnisses oder eines Teils davon, die eine ästhetische Wirkung entfaltet (vgl. § 1 Nr.1 GeschmMG), etwa Schmuckstücke, Stoffmuster, Vasen. Allerdings wird das Design nicht als Ausdruck einer schöpferischen Persönlichkeit, sondern als attraktives Gestaltungsmittel gewerblicher Produkte verstanden, deren ästhetische Qualität gesteigert wird. Dem Wesen nach steht das Geschmacksmusterrecht deshalb zwischen Urheberrecht und gewerblichen Schutzrechten: Im Vordergrund steht nicht nur die geistige Leistung und Schöpfung als Ausdruck- und Gestaltungsform eines bestimmten (an sich funktionsfreien) Werks, sondern die Vorlage für eine neue gewerbliche Formgebung[1253].

Der Geschmacksmusterschutz knüpft an die immaterielle Form an, die als Vorbild für die Fertigung körperlicher Erzeugnisse zu dienen geeignet ist, und die dem Mustergestalter zur ausschließlichen Nutzung zugewiesen ist. Das Geschmacksmustergesetz bietet damit solchen Gegenständen Schutz, die im Niveau hinter den Voraussetzungen zurückbleiben, die das Urheberrecht an den Schutz von Kunstwerken stellt[1254]. Vom Patent- und Gebrauchsmusterschutz unterscheidet sich das Geschmacksmusterrecht dadurch, dass es nicht technischen Handlungsanweisungen, sondern ästhetischen, d.h. auf Formen- oder

---

[1253] *V. Gamm*, GeschmMG, Einf., Rn.12; *Eichmann/v. Falkenstein/Eichmann*, GeschmMG, Allg. Rn.11 spricht insoweit von einem „Zwitter zwischen Urheberrecht und technischem Schutzrecht“.

[1254] *Eichmann/v.Falkenstein/ Eichmann*, GeschmMG, Allg. Rn.8.

Farbsinn wirkenden Gestaltungen gewerblicher Erzeugnisse Schutz gewährt[1255].

Im Geschmacksmusterrecht kann von demjenigen, der widerrechtlich eine Nachbildung des Musters herstellt oder eine solche Nachbildung verbreitet (Verbot des Vervielfältigungs- und Verbreitungsrechts), ausdrücklich Beseitigung der Beeinträchtigung (§ 42 I, Fall 1 GeschmMG), bei Wiederholungsgefahr Unterlassung (§ 42 1, Fall 2 GeschmMG), bei schuldhafter Verletzung Schadensersatz (§ 42 II 1 GeschmMG) bzw. Gewinnherausgabe (§ 42 II 2 GeschmMG) verlangt werden. In Anlehnung an das Urheberrecht, ist die Ausschließlichkeitswirkung aber nur dann gegeben, wenn Kenntnis von der immateriellen Gestaltung vorliegt. Während bei den technischen Schutzrechten (Patent, Gebrauchsmuster) eine allgemeine Ausschlusswirkung besteht, d.h. die objektive Übereinstimmung zwischen Schutzgegenstand und angegriffener Gestaltung genügt, bedarf es beim Urheberrecht und beim Geschmacksmuster einer subjektiv und objektiv vorliegenden Nachbildung, d.h. bloß zufällige objektive Übereinstimmungen reichen nicht aus[1256]. Dies darf allerdings nicht verwechselt werden mit der Frage, ob die Verletzung des Geschmacksmusterrechts auch schuldhaft erfolgte. Beim Verschulden ist nämlich zu beurteilen, ob der Störer auch wusste oder fahrlässig in Unkenntnis darüber war, dass er die Nachbildung des Musters nicht herstellen und verbreiten durfte.

Dass der Beseitigungsanspruch zunächst in § 14a a.F. GeschmMG, der erst durch Art. 146 EGStGB 1974 eingeführt wurde, also relativ jung ist, und jetzt fortgeführt in § 42 I GeschmMG ausdrücklich genannt wird, ist damit zu erklären, dass die Gesetzessystematik der des § 97 UrhG entspricht[1257], weil letztlich auch hier die in der Formgebung zum Ausdruck kommende Geistesidee als eigentliches Wesen des Geschmacksmusterrechts angesehen wird[1258]. Bei § 42 I GeschmMG und § 97 UrhG handelt es sich - neben nunmehr auch § 8 UWG - um die beiden einzigen Fälle, in denen der negatorische Beseitigungsanspruch ausdrücklich gesetzlich geregelt ist, so dass nicht auf einen quasinegatorischen Beseitigungsanspruch gemäß § 1004 I 1 BGB als Anspruchsgrundlage zurückgegriffen werden muss.

[1255] *Bernhardt/Kraßer*, PatR, § 2 I. b) 1.

[1256] *V. Gamm*, GeschmMG, § 14a Rn.5; *Eichmann/v. Falckenstein/Eichmann*, Allg. Rn.10; § 14a Rn.2.

[1257] *Eichmann/v.Falckenstein/ Eichmann*, GeschmMG, § 14a Rn.2.

[1258] *Eichmann/v.Falckenstein/Eichmann*, GeschmMG, Allg. Rn.11, der die Gemeinsamkeiten des GeschmMG einerseits mit den technischen Schutzrechten, andererseits mit dem Urheberrecht darstellt.

Die Rechtsnatur des Beseitigungsanspruchs im GeschmMG wird wie folgt beschrieben[1259]: Er ist sachlich eine Fortführung und Ergänzung des Unterlassungsanspruchs[1260] und setzt eine objektiv rechtswidrige Verletzungshandlung voraus, die zu einer bereits eingetretenen, gegenwärtig bestehenden und noch fortdauernden Störung geführt hat[1261]. Er ist auf die Beseitigung dieser eingetretenen Störung selbst und gegen ihre noch fortdauernden Auswirkungen gerichtet, gewährt aber keine Schadens(folgen)beseitigung[1262], die in den Bereich des Schadensersatzanspruchs fällt, und keine Unterbindung neuer Verletzungshandlungen, die in den Bereich des Unterlassungsanspruchs gehören. Nur in den Fällen, in denen die Beseitigung von Schadensfolgen die Beseitigung der Störung selbst mit erfasst, kann die Beseitigung auch als Schadensersatz – dann allerdings mit dem Erfordernis eines Verschuldens - verlangt werden[1263]. Im Hinblick auf die Beseitigungsmaßnahme selbst gilt: Eine bestimmte Beseitigungsmaßnahme kann grundsätzlich nicht verlangt und ausgesprochen werden, solange nicht nur eine Maßnahme denkbar ist. Ansonsten muss dem Störer selbst überlassen bleiben, auf welche Weise er die Störung beseitigen will[1264]. Die Beseitigungsmaßnahme muss notwendig und als schonendstes Mittel zur Störungsbeseitigung geeignet sein, so dass eine Interessenabwägung vorzunehmen ist[1265]. Die Kosten der Beseitigung hat dann der Verletzer zu tragen, ohne dass es eines besonderen Ausspruchs bedarf[1266].

Damit ergibt sich aus der Erwähnung des Beseitigungsanspruchs im Gesetz letztendlich keine verschärfte Haftung im Vergleich zu den Fällen, in denen der Beseitigungsanspruch nicht extra in das Gesetz aufgenommen wurde. Vielmehr hat der Beseitigungsanspruch im Geschmacksmusterrecht nur eine geringe Bedeutung[1267], zumal die praktisch bedeutsamen Anwendungsfälle auch hier in Form des Vernichtungs- und Erzeugnisüberlassungsanspruchs (§ 43 GeschmMG) bzw. des Anspruchs auf Urteilsbekanntmachung (§ 47 GeschmMG) geregelt sind. Die ausdrückliche Regelung in § 42 GeschmMG steht einer analogen

---

[1259] *V. Gamm*, GeschmMG, § 14a Rn.21 f.
[1260] BGH GRUR 1955, 487, 488 – Alpha.
[1261] BGHZ 14, 163 (173) – Constanze II; BGH GRUR 1960, 500, 502 – Plagiatsvorwurf.
[1262] BGHZ 28, 110 (113).
[1263] BGHZ 10, 104 (105, 106); 14, 163 (173) – Constanze II; 34, 99 (102) – Sportanlagenbau; 66, 182 (191 ff.) – Fall Bittenbinder.
[1264] *V. Gamm*, GeschmMG, § 14a Rn.22.
[1265] BGH GRUR 1960, 500, 503 – Plagiatsvorwurf; 1962, 315, 318 – Deutsche Miederwoche.
[1266] BGHZ 29, 314 (319) – Autobahnschäden; BGH GRUR 1962, 261 – Öl regiert die Welt.
[1267] *Eichmann/v.Falckenstein/Eichmann*, GeschmMG, § 14a Rn.39; *Gerstenberg/Buddeberg*, GeschmMG, § 14a Anm.1.

Anwendung von § 1004 I 1 BGB nicht entgegen[1268], wenn etwa die Löschung eines in das Musterregister des Deutschen Patent- und Markenamtes eingetragenen Geschmacksmusters herbei-geführt werden soll[1269].

Da sich Geschmacksmusterrecht und Urheberrecht hinsichtlich des Gegenstandes ihrer Regelung gleichen und sie deshalb in ihrer Ausgestaltung eine ähnliche rechtliche Struktur aufweisen, soll das Konkurrenzverhältnis von Beseitigungs- und Schadensersatzanspruch am Beispiel des § 97 UrhG genauer betrachtet werden. Denn im Urheberrecht ist die geistige Schöpfung meist anschaulich in einem Werkstück verkörpert und oft in einem Unikat (z.B. Gemälde, Zeichnung, Skulptur) dargestellt. Das Urheberrecht eignet sich damit besonders gut für einen Vergleich mit dem Eigentum, weshalb es hier auch ausführlicher dargestellt wird.

(7) Urheberrecht

Durch das Urheberrecht werden Werke der Literatur, Wissenschaft und Kunst geschützt, wenn sie eine persönliche geistige Schöpfung darstellen (§§ 1, 2 UrhG), also Eigentümlichkeit aufweisen, und sinnlich wahrnehmbar sind, wobei allerdings weder eine Verkörperung noch eine Veröffentlichung erforderlich ist[1270], auch wenn beides in der Praxis die Regel darstellt. Das Werkstück, sei es das Original oder ein Vervielfältigungsstück, ist nur die Form, in der das Werk in der Außenwelt körperlich in Erscheinung tritt[1271]. Geschützt wird das Werk, bei dem es sich um eine persönliche Schöpfung, also um eine Leistung von Menschhand handelt, der ein geistiger Gehalt innewohnt[1272]. Wie das Eigentum (§ 903 BGB) gewährt auch das Urheberrecht ein umfassendes ausschließliches Herrschaftsrecht (§ 15 I, II UrhG[1273]) mit positivem und negativem Inhalt[1274].

1268 *Eichmann*, aaO. Rn.39; BGH GRUR 1954, 337, 342; ausführlicher *Retzer*, FS Piper, (1996), S.424 ff.

1269 *Eichmann/v. Falkenstein/Eichmann*, § 10c Rn.7aE.

1270 *Ilzhöfer*, Rn.555; *Schack*, Rn.33.

1271 *Schack*, Rn.33.

1272 *Schack*, Rn.152.

1273 Die Aufzählung von Einzelrechten ist nur exemplarisch („insbesondere“).

1274 *Rehbinder*, Urheberrecht, Rn.80.

(a) Der wirtschaftliche und der ideelle Aspekt des Urheberrechts

Das Urheberrecht durchsetzen zu können, dem dient vor allem § 97 UrhG. Obwohl § 97 UrhG lex specialis insbesondere zu den §§ 823 I, 812 BGB und § 1 UWG ist, lässt § 97 III UrhG Ansprüche aus diesen und anderen gesetzlichen Vorschriften ausdrücklich unberührt[1275]. Die Rechtsprechung hatte den Unterlassungs- und den Beseitigungsanspruch im Urheberrecht in entsprechender Anwendung des § 1004 BGB entwickelt[1276], bevor beide Ansprüche ausdrücklich in § 97 I UrhG normiert wurden. Der hier behandelte Beseitigungsanspruch ist in § 97 I 1, Fall 1 UrhG kodifiziert. Nach der Rechtsprechung dient er zur Beseitigung eines „fortdauernden störenden Zustands", der durch einen rechtswidrigen Eingriff geschaffen wurde[1277].

Geschützt wird durch § 97 UrhG „das Urheberrecht oder ein anderes nach diesem Gesetz geschützte Recht", also alle im Urheberrecht gewährten absoluten Rechtspositionen[1278]. Zu unterscheiden ist dabei zwischen dem subjektiven Herrschaftsrecht des Urhebers, also des Werkschöpfers i.S.v. § 7 UrhG, an seinem Geisteswerk, im Vergleich zum objektiven Urheberrecht als der Summe aller Rechtsnormen, die den sozialen Tatbestand der „Werkherrschaft" regeln[1279].

Das *subjektive Urheberrecht* wird beschrieben als ein einheitliches, umfassendes, territorial beschränktes Recht eigener Art, in dem sich *immaterialgüterrechtliche* und *persönlichkeitsrechtliche* Elemente untrennbar verbinden[1280]. Das Urheberrecht hat somit eine *Doppelstruktur*, die in § 11 UrhG auch ausdrücklich Einzug in das Gesetz gehalten hat, wenn es dort heißt, dass das Urheberrecht den Urheber in seinen geistigen und persönlichen Beziehungen zum Werk und in der Nutzung des Werkes schützt. Geschützt wird also weder die Person des

---

[1275] *Schack*, Rn.674.

[1276] RGZ 84, 146; RGZ 153, 1 (27); BGHZ 17, 266 (291) – Grundig-Reporter; vgl. zur Entwicklung der Rspr. auch *Schricker/Wild*, UrhG Vor §§ 97 ff. Rn.1.

[1277] BGHZ 14, 163 (173) – Constanze II; BGHZ 34, 99 (102) – Sportanlagenbau; BGHZ 37, 187 (189, 191) – Auslandsschule; BGH GRUR 1954, 333, 337 – Molkereizeitung; BGH GRUR 1954, 337, 342 – Radschutz; BGH GRUR 1958, 448, 449 – Blanko-Verordnungen; BGH GRUR 1960, 500, 502 – Plagiatsvorwurf; BGH GRUR 1962, 315, 318 – Deutsche Miederwoche; BGH GRUR 1966, 272 – Arztschreiber.

[1278] *Schricker/Wild* UrhG § 97 Rn.1.

[1279] Vgl. *Rehbinder*, Urheberrecht, Rn.2; *Schack*, Rn.2, 4; näher zu dieser Unterscheidung *Schricker/Dietz*, UrhG Vor §§ 12 ff. Rn.6 ff. Der Begriff „Werkherrschaft" stammt von *Ernst E. Hirsch*, UFITA 36, 1962, 19 ff.

[1280] *Rehbinder*, Urheberrecht Rn.74 f.; *Schricker/Wild*, UrhG § 97 Rn.1; *Schack*, Rn.22, 41.

Urhebers noch das Werk als solches, sondern Schutzgegenstand ist die Beziehung des Urhebers zu einem bestimmten von ihm geschaffenen Werk[1281]. Dabei soll dem Urheber zum einen eine Existenzgrundlage oder zusätzliches Einkommen gesichert werden, indem er die ausschließlichen, aber übertragbaren Nutzungsrechte an seinem Werk *wirtschaftlich* allein verwerten darf[1282]. Dass die Nutzung des Werkes i.S.v. § 11 S.1 UrhG primär wirtschaftlich zu verstehen ist, ergibt sich aus § 11 S.2 UrhG, wonach zugleich sichergestellt werden soll, dass die für die Nutzung gezahlte Vergütung auch angemessen ist. Dem Urheber den wirtschaftlichen Wert seiner Geistesidee zu sichern und ihre Verwertung damit nicht der Allgemeinheit freizugeben, erhält den Anreiz zur schöpferischen Tätigkeit und schützt die Investitionen der Kulturindustrie[1283]. Dabei wird das Werk regelmäßig dadurch wirtschaftlich genutzt, dass Dritten entgeltlich das Nutzungsrecht gem. §§ 31 ff. UrhG eingeräumt wird.

Andererseits sollen *ideelle* Interessen gewahrt werden, die den Urheber mit seinem Werk verbinden, hat er es doch geschaffen, so dass es ihm nicht gleichgültig sein kann, wie sein Werk verwertet wird, wie es auf andere wirkt, in welcher Form und unter welchen Umständen es genutzt und wem es in der konkreten Ausgestaltung als Schöpfer zugeschrieben wird[1284]. Die Freiheit, darüber entscheiden zu können, ob und wie das Werk genutzt bzw. veröffentlicht wird, ist Teil des *Urheberpersönlichkeitsrechts* (vgl. § 12 UrhG).

(b) Das Urheberpersönlichkeitsrecht

Beim Urheberrecht ist folglich die rechtliche Zuordnung des Immaterialgutes zu einer bestimmten Person besonders eng ausgestaltet: So ist das Urheberrecht wegen seines starken Persönlichkeitsbezuges grundsätzlich nicht durch ein Rechtsgeschäft übertragbar (§ 29 I UrhG), während dies bei anderen Immaterialgüterrechten, wie dem Patent (§ 15 I 2 PatG) oder der Marke (§ 27 I MarkenG), möglich ist. Auch kann auf das Urheberrecht wegen seines persönlichkeitsrechtlichen Bezuges nicht mit dinglicher Wirkung verzichtet werden, d.h. eine Dereliktion wie im Sachenrecht (§ 959 BGB), also ein herrenloses Urheberrecht, kann es nicht geben[1285]. Mit seiner vermögensrechtlichen Seite ist

---

[1281] *Schack*, Rn.302.
[1282] Vgl. dazu *Schack*, Rn.5.
[1283] *Schack*, Rn.5.
[1284] *Dietz*, Urheberrecht, S.104, Anm. (158); *Rehbinder*, Urheberrecht, Rn.76.
[1285] *Schack*, Rn. 310; BGHZ 129, 66 (73) m. Anm. *Schack*. Ein Vermerk wie „Nachdruck

das Urheberrecht ein Immaterialgüterrecht, dagegen hinsichtlich der ideellen Urheberinteressen als ein Persönlichkeitsrecht[1286] zu bewerten, wobei sich nach der monistischen Theorie, der auch das UrhG folgt[1287], beide Gesichtspunkte nicht klar trennen lassen[1288]. Es ist richtig, dass der Künstler sein Werk nicht nur aus wirtschaftlichen Erwägungen, sondern auch aus ideellen Gründen veröffentlicht[1289] oder eine Entstellung seines Werkes genauso wegen seiner Urheberehre wie wegen des angestrebten Absatzes verhindern will. Genauso kann der Urhe-

---

gestattet" ist deshalb in eine Einräumung einfacher Nutzungsrechte an jedermann umzudeuten, *Fromm/Nordemann/Hertin*, UrhG Vor § 28 Rn.2; *Schack*, Rn.311.

[1286] *Schricker/Schricker*, UrhG Einl. Rn.21. Andere sehen die persönlichkeitsrechtliche Seite als integralen Bestandteil des Immaterialgüterrechts an und nicht etwa als außerhalb von ihm stehend (*Schack*, Rn.22; *Schönherr*, FS Troller, S.57, 59). Da allerdings, der monistischen Theorie folgend, nach beiden Ansichten die Untrennbarkeit der persönlichen und der materiellen Interessen am Werk angenommen wird, ergeben sich im Ergebnis keine Abweichungen. Zum Begriff und den dogmatischen Einzelheiten des Urheberpersönlichkeitsrechts, etwa auch in Abgrenzung zum allgemeinen Persönlichkeitsrecht, vgl. *Schricker/Dietz*, UrhG Vor §§ 12 ff. Rn.1 ff.

[1287] Vgl. *Rehbinder*, Urherberrecht, Rn.75; *Fromm/Nordemann/Hertin*, UrhG § 11 Rn.2. Dies zeigt sich u.a. darin, dass das Urheberrecht als einheitliches Recht grundsätzlich nicht übertragen werden kann (§ 29 UrhG) und es einheitlich nach 70 Jahren erlischt (§ 64 UrhG).

[1288] *Schricker/Schricker*, UrhG Einl. Rn.21. Nach der *monistischen Theorie*, die heute der h.M. entspricht (*Fromm/Nordemann/Hertin*, UrhG § 11 Rn.2; *Ulmer*, Urheber- und Verlagsrecht, § 17 II.2.; *v. Gamm*, UrhG, Einf. Rn.28; *Möhring*, FS Heinrich Lehmann, Bd.2, S.615, 621; *Rehbinder*, Urheberrecht, Rn.28; *Schricker/Schricker*, UrhG Einl. Rn.21) gewährleistet das Urheberrecht sowohl die wirtschaftlichen als auch die geistigen Interessen des Urhebers, weswegen die dem Urheber verliehenen ausschließlichen Nutzungsrechte (§§ 15-22 UrhG) auch seinen geistigen Interessen und die ihm verliehenen persönlichkeitsrechtlichen Befugnisse (§§ 12-14 UrhG) auch seinen wirtschaftlichen Interessen dienen, während die *dualistische Konzeption* des Urheberrechts davon ausgeht, dass die auch im Gesetz getrennt geregelten persönlichkeitsrechtlichen und vermögensrechtlichen Befugnisse voneinander unabhängig sind (vgl. zu den Theorien ausführlich *Ulmer*, Urheber- und Verlagsrecht, § 17, S. 112 ff.; *Schricker/Vogel*, UrhG Einl. Rn.69 ff.). Die verschiedenen Auffassungen haben vor allem bei der Frage, inwieweit die Befugnisse im einzelnen übertragbar sind und welcher zeitlich begrenzten Geltung sie unterliegen, Bedeutung. Hat auch die dualistische Theorie den Vorzug, das Urheberrecht eindeutig systematisch in die Gruppe der Vermögensrechte bzw. der Persönlichkeitsrechte einordnen zu können, so lässt sich für die monistische Theorie vor allem auch die amtl. Begründung (vgl. *Haertel/Schiefler*, S.146) anführen, wonach beide Seiten des Urheberechts – das Persönlichkeitsrecht und das Vermögensrecht (Verwertungsrecht) – eine „untrennbare Einheit" bilden und vielfältig miteinander verflochten sind. Das Urheberrecht geht zudem als ganzes auf die Erben über und die Schutzfrist von 70 Jahren post mortem gilt einheitlich für sämtliche urheberrechtliche Befugnisse. Vor allem aber wird sichergestellt, dass die Befugnisse in einer Hand verbleiben, so dass der Inhaber der Verwertungsrechte nicht etwas erlauben kann, was der Inhaber der Urheberpersönlichkeitsrechte verbietet (*Schack*, Rn.307).

[1289] Vgl. *Schack*, Rn.304.

ber mittels der als Verbotsrechte ausgestalteten Verwertungsrechte auch ideelle Interessen durchsetzen, indem er gem. § 32 UrhG zulässige Beschränkungen des Nutzungsrechts vereinbart[1290]. Die Folge aus der monistischen Sichtweise ist, dass jedenfalls auch die urheberrechtlichen Verwertungsrechte nicht übertragen, sondern gem. §§ 31 ff. UrhG nur Nutzungsrechte am Werk eingeräumt werden können[1291]. Die Einräumung solcher Nutzungsrechte wirkt dabei nicht translativ, sondern konstitutiv, d.h. dass der Urheber Inhaber des Urheberrechts und der Verwertungsrechte bleibt, während in der Person des Erwerbers Nutzungsrechte begründet werden, die vom Umfang her mit den entsprechenden Verwertungsrechten deckungsgleich sein oder nur einzelne Ausschnitte umfassen können[1292]. Das Urheberrecht wird mithin so belastet wie das Eigentum mit einem Nießbrauch oder Pfandrecht. Die Folge ist, dass der Urheber seine Persönlichkeits- und Verwertungsrechte auch dann noch selbst durchsetzen kann, wenn die ausschließlichen Nutzungsrechte bereits einem anderen eingeräumt wurden. Der Urheber ist kraft seines Urheber- und Verwertungsrechts neben dem Inhaber des Nutzungsrechts für Ansprüche aus § 97 I UrhG nach wie vor aktivlegitimiert[1293].

Sind somit alle vom Urheberrecht geschützten Interessen auch einheitlich durch das Werk als selbständiges, wirtschaftlich verwertbares Geistesgut bestimmt, so wird doch deutlich, dass die hinter dem Werk stehenden Urheberinteressen unterschiedlich, nämlich vermögens- und persönlichkeitsrechtlich, ausgerichtet sind. Demgemäß werden im Gesetz die Einzelbefugnisse des Urhebers neben den „sonstigen Rechten des Urhebers" (§§ 25 – 27 UrhG) ausdrücklich dahingehend geordnet, dass sie in solche zur Verwirklichung der Verwertungsinteressen („Verwertungsrechte" als Gesetzesüberschrift vor §§ 15 ff. UrhG) und solche zur Umsetzung der persönlichen Interessen („Urheberpersönlichkeitsrecht" als Gesetzesüberschrift vor §§ 12 ff. UrhG) eingeteilt werden. Die Verwertung kann in körperlicher (Vervielfältigungsrecht, § 16 UrhG; Verbreitungsrecht, § 17 UrhG; Ausstellungsrecht, § 18 UrhG) oder in unkörperlicher (Vortrags-, Aufführungs-, Vorführungsrecht, § 19 UrhG; Senderecht, § 20 UrhG; Recht der Wiedergabe durch Bild- und Tonträger, § 21 UrhG, oder von Funksendungen, § 22 UrhG) Form erfolgen. Wie beim Eigentum hat der Gesetzgeber die Befugnisse auch hier nicht abschließend aufgezählt, sondern nur Beispiele genannt („insbesondere"), so dass ein *umfassendes Ausschließlichkeitsrecht* des Urhebers

---

1290 *Schack*, Rn.318.
1291 *Schack*, Rn.309.
1292 *Schack*, Rn.530.
1293 *Schack*, Rn.531.

besteht und die Abwehrvorschriften in ihrem Anwendungsbereich nicht auf die genannten Verwertungsformen beschränkt sind, sondern auch neue geschützt werden[1294].

Lassen sich mithin beim Urheberrecht wie beim Eigentum persönlichkeitsbezogene und vermögensrechtliche Interessen unterscheiden, so fragt sich, ob in der Praxis des Urheberrechts auch ein vergleichbarer Konflikt zwischen negatorischer und deliktischer Haftung auftritt und wie dieser dann ggf. gelöst wird.

(c) Der Schutz des geistigen Werks und die Integrität des Werkstücks

In der Rechtspraxis zeigt sich, dass in Fällen, in welchen sich ein Dritter die Verwertungsrechte des Urhebers unbefugt anmaßt, ein Beseitigungsanspruch auf Grundlage von § 97 UrhG in der Regel aus denselben Gründen wie beim gewerblichen Rechtsschutz ausscheidet. Ein fortwirkender Störungszustand kommt nur bei der Fremdverwertung des Werkes in körperlicher Form, also nach der Herstellung (§ 16 UrhG) und Verbreitung (§ 17 UrhG) von Vervielfältigungsstücken bzw. bei einer unberechtigten Ausstellung (§ 18 UrhG) in Betracht, während die Fremdverwertung des Werkes in unkörperlicher Form wie beim Vortrag, bei der Aufführung, der Vorführung oder der Sendung im Radio oder TV meist durch Handlungen ohne Folgewirkungen stattfindet, gegen die dann ein Unterlassungsanspruch geltend gemacht werden kann[1295]. Gegen die unberechtigt hergestellten Vervielfältigungen kann mit dem speziell geregelten Vernichtungsanspruch (§ 98 UrhG) vorgegangen werden, der Rückruf von rechtswidrig verbreiteten Vervielfältigungsstücken kann allerdings nur mit dem Beseitigungsanspruch begehrt werden. Insoweit bestätigen sich beim Urheberrecht die bereits für den gewerblichen Rechtsschutz gewonnenen Erkenntnisse.

Zur Anwendung kommt der negatorische Beseitigungsanspruch deshalb vor allem, wenn das *Urheberpersönlichkeitsrecht* durch unbefugte Änderungen (§§ 39, 62, 92 UrhG), Verunstaltungen (§ 14 UrhG)[1296] oder fehlerhafte Urheberbezeichnungen (§ 13 II UrhG) bzw. durch die eigenmächtige Beseitigung der Urheberbezeichnung beeinträchtigt wird[1297] oder wenn durch Äußerungen und Handlungen eine fehlerhafte Vorstellung beim Publikum dadurch entsteht, dass

---

[1294] *Schack*, Rn.372.
[1295] *Walchner*, S.90.
[1296] Vgl. *Fromm/Nordemann/ders.*, UrhG § 97 Rn.30.
[1297] *Schricker/Dietz*, UrhG § 13 Rn.18 ff.

die (Mit-)Urheberschaft an einem Werk bestritten wird[1298], die schöpferische Leistung unsachlich kritisiert, sich des Innehabens des Schutzrechts gerühmt oder das Werk ohne Benennung des Urhebers verbreitet wird[1299]. Dazu kommen die Fälle, in denen ein *Unikat* in seiner Substanz verletzt wird und der Urheber dadurch in seinem Ansehen und Ruf dauerhaft beeinträchtigt ist, sei es im Fall eines übermalten Freskogemäldes oder des eigenmächtigen Umbaus des architektonisch besonders gestalteten Eingangs der ADAC-Zentrale. Ein Beseitigungsanspruch gem. § 97 I 1, Fall 1 UrhG ist dann begründet, wenn dadurch das Urheberpersönlichkeitsrecht verletzt ist. Dies gilt es näher zu betrachten.

(d) Beeinträchtigung eines unikalen Werkes

Auch beim Urheberrecht fehlt es an einer Nutzungsbeeinträchtigung, wenn sich ein Fremder etwa die dem Urheber vorbehaltenen Rechte, ein jederzeit *reproduzierbares* Werk, etwa ein abzugsfähiges Foto oder einen Roman, in körperlicher Form zu verwerten, es also zu vervielfältigen, zu verbreiten und auszustellen (vgl. §§ 15 I Nr.1, Nr.2, 16, 17, 18 UrhG), anmaßt. Dem Urheber ist es nach wie vor möglich, daneben Vervielfältigungsstücke selbst herzustellen und diese zu verbreiten oder auszustellen. Gleiches gilt, wenn von ihm bereits geschaffene Vervielfältigungsstücke oder ein reproduzierbares Werkoriginal beschädigt oder deren Gebrauch anderweitig beeinträchtigt werden. Der Rechtsinhaber ist dann immer noch in der Lage, neue Werkexemplare anzufertigen. Genauso kann er seine Idee auf eine andere Art und Weise als durch den Gebrauch genau der betroffenen Werkstücke verbreiten. Allenfalls können Vermögensfolgeschäden ersetzt verlangt werden, soweit diese werk- und nicht nur werkstückbezogen sind, weil sich auf der Rechtsfolgenseite die strikte Trennung vom Immaterialgüterrecht am Werk und dem Eigentum am Werkstück fortsetzt[1300]. Es ergeben sich insoweit keine wesentlichen Unterschiede zu den Ausführungen beim gewerblichen Rechtsschutz.

Ist das Werk aber in einem *Unikat*, etwa einem Gemälde, einer Plastik oder einem architektonisch besonders ausgestalteten Bauwerk etc. verkörpert, so dass sich das Recht des Urhebers wie beim Eigentum auf eine bestimmte Sache beschränkt, dann wird die schöpferische Leistung mit ihrer Kreativität und Eigentümlichkeit, die in einem solchen Einzelstück ihren Ausdruck findet, geschützt.

[1298] Vgl. *Ulmer*, Urheber- und Verlagsrecht, § 40, S.213.
[1299] *Walchner*, S.94.
[1300] Vgl. sogleich S.332.

Mithin konzentriert sich auch das Urheberrecht auf dieses Einzelwerk, vergleichbar dem Eigentum, das sich ebenfalls stets auf eine bestimmte Sache bezieht. Dem gleichzustellen sind die Fälle, in denen das Urheberpersönlichkeitsrecht dadurch verletzt wird, dass die Wirkung eines bestimmten (auch reproduzierbaren) Werkexemplars rechtwidrig verändert wird. So kann ein abzugsfähiges Foto durch eine Fotomontage derart manipuliert werden, dass der Eindruck entsteht, das Foto stamme so original vom Künstler. Insoweit lässt sich aber auf die Ausführungen zum *unikalen* Werk verweisen, weil es keinen Unterschied macht, ob sich der Rechtsschutz auf einen bestimmten von vielen Gegenständen konkretisiert hat oder ob von vornherein nur ein einziges Werkexemplar besteht.

(e) Das Abgrenzungsproblem im Urheberrecht

Eingriffe in ein *unikales* Werkstück kommen vor, wenn etwa ein einzigartiges Gemälde – wie im Fall des Felseneiland mit Sirenen - durch Übermalungen entstellt wird, so dass nur durch das Entfernen der Übermalungen die Störung beseitigt werden kann[1301]. Es fragt sich, ob in solchen Fällen eine der Problematik beim Eigentum entsprechende Abgrenzungsschwierigkeit vom Schadensersatzrecht auftritt. Solche sind innerhalb des Urheberrechts zwischen § 97 I 1, Fall 1 UrhG und § 97 I 1, Fall 3 UrhG, aber auch zwischen urheberrechtlichen Abwehransprüchen einerseits und einem Schadensersatzanspruch aus dem Eigentum gem. § 823 I, 249 ff. BGB denkbar, insbesondere wenn der Urheber und der Eigentümer verschiedene Personen sind.

(aa) Abgrenzung des § 97 I 1, Fall 1 von § 97 I 1, Fall 3 UrhG

Bei der Abgrenzung des § 97 I 1, Fall 1 von § 97 I 1, Fall 3 UrhG treten keine in der Praxis bedeutsamen Schwierigkeiten auf. Warum dies so ist, wird deutlich, wenn man sich die unterschiedlichen Schutzrechtsgegenstände im Urheberrecht und im Eigentum vor Augen führt.

In den Fällen der verkörperten Darstellung sind die Werkstücke zugleich Gegenstände i.S.d. Sachenrechts[1302], so dass sie auch durch die das Eigentum betreffenden Vorschriften Schutz genießen[1303]. Die urheberrechtliche und die

---

[1301] Vgl. auch RGZ 79, 397 – *Felseneiland mit Sirenen.*
[1302] *Schack*, Rn.33.
[1303] Vgl. zum Konkurrenzverhältnis von Urheberrecht und Eigentum etwa *Schöfer*, Die Rechtsverhältnisse zwischen dem Urheber eines Werkes der bildenden Kunst und dem

sachenrechtliche Rechtslage sind dabei streng auseinanderzuhalten: „Urheberrecht und Eigentum am Werkoriginal sind unabhängig voneinander und stehen selbständig nebeneinander“[1304]. Zwischen dem geistigen Werk und seiner körperlichen Darstellung (corpus mechanicum) zu differenzieren, ist deshalb bedeutsam, weil das Eigentum am Werkexemplar nicht die Rechte am geistigen Werk einschließt oder mitzieht[1305]. Umgekehrt muss mit der Einräumung sämtlicher Nutzungsbefugnisse nicht die Übereignung des Werkoriginals einhergehen[1306]. Die strenge dogmatische Unterscheidung von Sacheigentum am Werkstück und Urheberrecht am immateriellen Gut zeigt sich deutlich in § 44 UrhG, in welchem die Verfügung über das Werkoriginal und die Einräumung urheberrechtlicher Befugnisse streng voneinander getrennt werden.

Im UrhG soll nicht der Vermögenswert geschützt werden, der sich daraus ergibt, dass die das geistige Werk verkörpernde Sache, etwa das Gemälde, die Statur etc., selbst Vermögensbestandteil ist. Anders als die §§ 823 I, 249 ff. BGB beim Eigentum bezweckt § 97 I 1, Fall 3 UrhG nicht, den Veräußerungswert des Werkstücks mit Bezug auf dessen körperliche Unversehrtheit zu erhalten. Die Veräußerung des Werkexemplars ist nämlich dem Eigentümer vorbehalten und wird deshalb auch nur als Teil des Eigentums geschützt.

Im UrhG wird somit *wirtschaftlich* nicht die Unversehrtheit des Werkstücks, sondern nur der Wert der Verwertungsrechte, wie sie insbesondere in den §§ 15 bis 22 UrhG aufgeführt sind, gesichert, indem es dem Schöpfer vorbehalten wird, diese auszuüben. Die Verwertungsrechte sind die wichtigste Grundlage dafür, dass der Urheber an dem wirtschaftlichen Nutzen seines Werkes angemessen beteiligt wird[1307]. Sie sichern ihm als Gebrauchsrechte gleichzeitig auch

---

Eigentümer des Originalwerkes, 1984, S.7 ff.; *Erdmann*, Sacheigentum und Urheberrecht, FS Piper, S.655 ff.; *von Waasen*, Das Spannungsfeld zwischen Urheberrecht und Eigentum im deutschen und ausländischen Recht, 1994; *Hafner*, Das Verhältnis urheberrechtlicher Befugnisse zum Eigentum am Werkexemplar, 1994; *Schack*, GRUR 1983, 56 ff.; *Rehbinder*, Urheberrecht, Rn.90 f.

[1304] BGHZ 62, 331 (333) – Schulerweiterung; *v. Gamm*, GeschmMG, Einf. Rn.13. Dies ist ausdrücklich auch in Frankreich (Art. 29 I URG = Art. L. 111-3 I CPI) und den USA (§ 202 CA 1976) geregelt.

[1305] *Troller*, Immaterialgüterrecht, S.58; *Rehbinder*, Urheberrecht, Rn.90; vgl. auch *Schricker/Dietz*, UrhG § 14 Rn.15 ff.; *Schack*, Rn.33; vgl. auch OLG Hamburg NJR-RR 1999, 1204 – Heidemörder (Polaroidfotos).

[1306] *Schack*, Rn.34: So erwirbt der Verleger grundsätzlich nicht das Eigentum am Originalmanuskript.

[1307] *Schricker/v. Ungern-Sternberg*, UrhG § 15 Rn.2, 6. Allerdings dienen die Verwertungsrechte auch dem Schutz der ideellen Interessen des Urhebers, da sie ihm ermöglichen, über Werknutzer und Werknutzungsarten zu entscheiden, so dass sie ebenfalls zugleich vermödie Selbstbestimmung, sich mit seinem Werk in der Öffentlichkeit *wirtschaftlich* zu entfalten. Nicht geschützt wird der Urheber im *tatsächlichen* Eigengebrauch des Werkstücks, sondern nur die Verwertung des Werkes durch ihn in der Öffentlichkeit, also mit Bezug zu Dritten. Schutzzweck ist nicht die persönliche Entfaltung im Gebrauch des Werkstücks, sondern die Möglichkeit der Gewinnerzielung durch Vermarktung des Werkes. Der Eigengebrauch des Werkstücks steht genauso wie der Besitz grundsätzlich dem Eigentümer bzw. dem Besitzer zu. Dieser muss dem Urheber nur im Rahmen von § 25 UrhG den Zugang zum Original oder einem Vervielfältigungsstück gestatten; jedenfalls aber nie das Original oder ein Vervielfältigungsstück herausgeben (§ 25 II UrhG). Dass der Eigentümer eines Werkstücks im Ergebnis letztendlich wie der Eigentümer jeder anderen Sache stehen soll, ergibt sich auch aus § 44 II UrhG: Danach entspricht es der Interessenlage, dass der Eigentümer eines Werkexemplars soweit wie möglich den Eigentümern anderer Sachen gleichgestellt wird, er also bei Werken der bildenden Künste oder Lichtbildwerken auch das Ausstellungsrecht nach § 18 UrhG erlangt, weil er ansonsten ein Bild in Räumen mit Publikumsverkehr, einem Wartezimmer oder einer Eingangshalle, nicht aufhängen könnte. Insoweit wird ein stillschweigendes Einverständnis des Urhebers angenommen, der mit der Veräußerung das Werk aus seiner persönlichen Sphäre entlässt[1308]. Dass es nicht um den Schutz des Werkexemplars selbst als Vermögensbestandteil, sondern um das Monopol der Werknutzung geht, zeigt sich auch in der zeitlichen Ausgestaltung des Schutzrechts: Während das Sacheigentum ewig andauert und nur durch die Haltbarkeit der Sache begrenzt ist, handelt es sich beim Urheberrecht um ein gesetzlich befristetes Recht, das 70 Jahre nach dem Tod des Urhebers erlischt (§ 64 UrhG).

Vorbehalten sind dem Urheber damit nur die von Besitz und Eigentum des Werkstücks unabhängigen Verwertungsmöglichkeiten. Der Wert dieser Verwertungshandlungen bemisst sich stets unabhängig vom Substanzwert eines etwaigen Werkstücks, was die Schadensberechnung schwierig macht. Kommt es zu einer unberechtigten Fremdverwertung des Werkes, so stellt sich praktisch die Frage, wie dafür dem Rechtsinhaber Entschädigung zu leisten ist, ob durch den Ersatz der erlittenen Vermögenseinbuße einschließlich des entgangenen Gewinns, durch Zahlung einer angemessenen Lizenz (Lizenzanalogie) oder

---

gensrechtlichen und urheberpersönlichkeitsrechtlichen Gehalt haben und keine reinen Vermögensrechte sind (*Schricker/v. Ungern-Sternberg*, aaO., Rn.2).

[1308] *Schricker/Vogel*, UrhG § 44 Rn.7, vgl. auch amtl. Begründung UFITA 45 (1965), 240, 278.

durch die Herausgabe des Verletzergewinns (§ 97 I 2 UrhG, Abschöpfungsansatz)[1309]. Immer geht es beim Anspruch gem. § 97 I 1, Fall 3 UrhG darum, eine entgangene Vermögensmehrung dem rechnerischen Werte nach zu ersetzen und nicht das Vermögen in seinem Bestand wiederherzustellen, denn eine Verletzung des urheberrechtlichen Verwertungsrechts betrifft immer nur das Wert- und nicht das Integritätsinteresse. Der Wert einer Verwertungshandlung verwirklicht sich nämlich nur durch ihre Ausübung. Mithin sind § 97 I 1, Fall 1 UrhG und § 97 I 1, Fall 3 UrhG inhaltlich eindeutig abgrenzbar.

(bb) Abgrenzung des § 97 I 1, Fall 1 UrhG vom Eigentumsschutz gem. den §§ 823 I, 249 ff. BGB

Ein Abgrenzungsproblem besteht aber, wenn z.B. der Träger des Urheberrechts und der Eigentümer des Werkstücks zwei unterschiedliche Personen sind, das Kunstwerk, etwa ein Gemälde, übereignet wurde oder von vornherein, wie im Freskogemälde-Klassiker des RG, an der Wand eines im fremden Eigentum stehenden Gebäudes errichtet wurde.

Eine Abgrenzung beider Rechte nach dem Rechtsobjekt dahingehend, dass das Urheberrecht sich nur auf das Werk als geistiges Gut bezieht, während das Eigentum nur das körperliche Festlegungsexemplar erfasst, mag im Kern richtig sein, kann aber nicht streng durchgehalten werden, weil sich zum einen das urheberrechtliche Verbreitungs-, Vernichtungs- und Überlassungsrecht auf Werkstücke bezieht[1310], zum anderen der Eigentümer das Werk auch geistig genießen darf[1311]. Gerade die Fälle der körperlichen Verwertung (vgl. § 15 I UrhG), vor allem aber auch die Fallkonstellationen, in denen das Werk nur durch ein nicht reproduzierbares Unikat (Gemälde, architektonisch wertvolles Gebäude) wahrnehmbar ist, zeigen, dass ein effektiver Schutz der Urheberinteressen oft nur möglich ist, indem auch das Werkstück miteinbezogen wird. Mithin ist auch im Urheberrecht die Entstellung oder die sonstige äußere Veränderung des Werkexemplars nicht bedeutungslos.

[1309] Vgl. zur dreifachen Schadensberechnung etwa *Schricker/Wild*, UrhG § 97 Rn.57 ff.; *Fromm/Nordemann/ders.*, UrhG § 97 Rn.37 ff.; kritisch zur sog. dreifachen Schadensberechnung bei Marken und Abgrenzung zum Urheberrecht: *Beuthien/Wasmann*, GRUR 1997, 255, 257 f.

[1310] So wird etwa in den §§ 15 I, 16 I, 17 I UrhG ausdrücklich auf das Werk in körperlicher Form bzw. auf Vervielfältigungsstücke Bezug genommen.

[1311] Vgl. *Rehbinder*, Urheberrecht, Rn.90.

Solche Entstellungen werden als Verletzung des Urheberpersönlichkeitsrechts bewertet. Dies ergibt sich aus der Systematik von § 14 UrhG, der den Schutz des Werkes in seinem Bestand und seiner Integrität beim Urheberpersönlichkeitsrecht einordnet[1312]. Dabei werden sowohl direkte Eingriffe[1313], welche die Substanz des Werkes betreffen, als auch indirekte Eingriffe, bei denen sich die Werkbeeinträchtigung aus dem Sachzusammenhang ergibt, erfasst. Für eine Urheberrechtsverletzung ist maßgeblich, ob durch den Eingriff der geistige Gehalt des Werkes berührt wird oder nicht. Mit dem in § 14 UrhG geregelten Recht des Urhebers, der Entstellung oder einer anderen Beeinträchtigung seines Werkes entgegenzutreten, sollen also vorrangig dessen ideelle Interessen am Bestand und der Integrität seines Werkes gewahrt werden[1314]. Es geht sowohl um das Ansehen und die Ehre des Werkschöpfers, die mit der Veröffentlichung des von ihm geschaffenen Werkes und der Art seiner Nutzung und Darbietung zusammenhängen (persönliche Interessen), als auch um den Bestand und die Wirkung des Werkes selbst (geistige Interessen)[1315], wobei werk- und personenbezogene Aspekte ineinander übergehen und gleichwertig sind, weshalb es für den Integritätsschutz in § 14 UrhG auch nicht darauf ankommt, ob das geistige oder das persönliche Interesse am Werk gefährdet ist[1316]. Der Urheber kann grundsätzlich verlangen, dass die geistige und künstlerische Eigenart seines Werkes bestehen bleibt und deshalb sinnentstellende Änderungen untersagen.

Sollen die Sphären des Urhebers und des Eigentümers *untereinander* mit Bezug auf dasselbe Werk abgegrenzt werden, dann hat dies durch Abwägung der auf beiden Seiten gegebenen schutzwürdigen Interessen zu erfolgen[1317]. Während eindeutig ist, dass der Eigentümer eines Buches dieses zwar lesen und verleihen darf, weil er mit „seinem Werkstück" nach Belieben verfahren kann, dennoch

---

[1312] Der Bestand und die Integrität des Werkes werden neben § 14 UrhG von den §§ 39, 62, 93 UrhG geschützt.

[1313] Ausgehend von dem Oberbegriff Beeinträchtigung i.S.v. § 14 UrhG wird zwischen den *direkten Eingriffen*, die in die Substanz des Werkes erfolgen und den *indirekten Eingriffen*, die das Werk in einen Sachzusammenhang bringen, der sich auf das Werk auswirkt, ohne dieses selbst zu verändern, unterschieden, vgl. *Schricker/Dietz*, UrhG § 14 Rn.23 f.

[1314] *Ulmer*, Urheber- und Verlagsrecht, § 37 II.1.; § 38 I.

[1315] *Ulmer*, Urheber- und Verlagsrecht, § 38 II. 1; *Schack*, Rn.315.

[1316] *Schack*, Rn.315.

[1317] Vgl. *Rehbinder*, Urheberrecht, Rn.91. In welchem Umfang die Immaterialgüter geschützt werden, dies ist eine Frage des grundsätzlichen Interessenausgleichs zwischen dem *Ausschließlichkeitsinteresse* des Werkschöpfers und dem *Freihalteinteresse* der Allgemeinheit. Ist das Werkstück in fremdem Eigentum, dann kann das *Erhaltungsinteresse* des Urhebers mit dem *Nutzungs- und Veränderungsinteresse* des Eigentümers kollidieren.

aber nicht das Recht hat, dieses zu verfilmen, wird dadurch doch die geistige Idee genutzt, was nur dem Urheber zusteht[1318], bestehen zwischen Urheber- und Eigentümerinteressen etwa Konflikte, wenn der Eigentümer sein Gebäude gegen den Willen des Architekten umbauen oder ein Werkstück zerstören will[1319]. Hier stehen das Interesse des Urhebers am unveränderten Bestand seines Werkes und das Interesse des Eigentümers an der uneingeschränkten Nutzung der in seinem Eigentum stehenden Sache einander gegenüber. Es ist dann nach den Umständen des Einzelfalls zu entscheiden, ob das Urheberpersönlichkeitsrecht die Befugnisse des Eigentümers, gemäß § 903 BGB mit seiner Sache nach Belieben zu verfahren, beschränkt oder nicht. Das Eigentum darf nur unbeschadet des Urheberrechts und umgekehrt das Urheberrecht nur unbeschadet des Eigentums ausgeübt werden; beide finden wechselseitig jeweils in der Verletzung des anderen Rechts ihre Grenzen[1320].

Hätte ein Dritter das Gemälde übermalt, in dem Fall der nackten Sirenen etwa ein Wohnungsmieter, weil er das Fresko anstößig fand, so fragt sich, ob der Urheber verschuldensunabhängig nach § 97 I 1, Fall 1 UrhG die Beseitigung der Übermalung verlangen kann, weil sie ihn in seinem Urheberpersönlichkeitsrecht verletzt (§ 14 UrhG) und zwar unabhängig davon, ob gegebenenfalls dem Eigentümer des Gemäldes nur ein verschuldensabhängiger Schadensersatzanspruch zusteht.

Es sind unterschiedliche Interessen, die geschützt werden, und die es rechtfertigen, den Betroffenen Haftungsansprüche unter verschiedenen Voraussetzungen zuzugestehen. Für den Reichsgerichtsklassiker „Felseneiland mit Sirenen“ bedeutet dies: Für einen Beseitigungsanspruch des Urhebers wegen der Übermalung der nackten Sirenen war entscheidungserheblich, dass dadurch das Fresko in einer Weise verändert wurde, die es dem Künstler unzumutbar macht, dass ihm das Kunstwerk in dieser abgewandelten Form von Betrachtern zugeschrieben wird. Die Übermalung selbst kann er dann als andauernde Beeinträchtigung seines Urheberpersönlichkeitsrechts verschuldensunabhängig beseitigt verlangen (§ 97 I 1, Fall 1 UrhG), und zwar losgelöst von der konkreten Art und Schwere des Eingriffs, wenn nur so verhindert werden kann, dass sein Ansehen und sein Ruf mit Drittwirkung dauerhaft geschädigt werden, vergleichbar dem verschuldensunabhängigen Widerrufsrecht im Presse- und Medienwesen.

Der Unterschied von Urheberrechts- und Eigentumsschutz wird auch bei der

---

[1318] *Schack*, Rn.35.

[1319] Vgl. dazu ausführlichst *Schack*, Rn.356 ff.

[1320] BGHZ 62, 331 (333 f.) – Schulerweiterung.

Rechtswidrigkeit deutlich: Während bei der Eigentumsverletzung nur ein Rechtfertigungsgrund die Rechtswidrigkeit des Eingriffs entfallen lässt, die grundsätzlich durch die Tatbestandsmäßigkeit indiziert wird, ist bei den Rechten nach den §§ 14, 39, 62 UrhG[1321] eine Interessenabwägung in einem methodisch dreistufigen Verfahren vorzunehmen[1322]. Der Feststellung des objektiven Vorliegens einer Entstellung oder Beeinträchtigung bzw. Änderung des Werkes folgt die Frage nach deren Eignung zur Gefährdung der geistigen und persönlichen Interessen des Urhebers bevor auf der dritten Stufe eine endgültige Abwägung des Bestands- und Integritätsinteresses des Urhebers mit dem Eingriffsinteresse des Gegenübers erfolgt[1323]. Darin zeigt sich die Ähnlichkeit zum allgemeinen Persönlichkeitsrecht, bei dem ebenfalls als Rahmenrecht die Rechtswidrigkeit des Eingriffs durch eine umfassende Güter- und Interessenabwägung positiv festgestellt werden muss[1324].

Zusammenfassend lässt sich also feststellen: Im Urheberrecht ist die Abgrenzung der negatorischen von der deliktischen Haftung unproblematisch, weil im Integritätsschutz nicht das körperliche Werk unmittelbar in seinem Bestand und seiner substantiellen Integrität als Wertobjekt geschützt wird, sondern nur das mittels des Werkstücks zum Ausdruck kommende Urheberpersönlichkeitsrecht. Wird dieses Rechte tatsächlich fortdauernd beeinträchtigt, so greift immer der negatorische Beseitigungsanspruch ein. Wird also das Werkexemplar in seiner Substanz beschädigt, dann kann der Urheber verschuldensunabhängig gem. § 97 I, Fall 1 UrhG Wiederherstellung verlangen, wenn er dadurch in seinem Urheberpersönlichkeitsrecht verletzt ist. Dass durch die Beseitigung der Beeinträchtigung gleichzeitig der Urheber in die Lage versetzt wird, sein Werk auch wirtschaftlich wieder zu verwerten, ergibt sich aus der Untrennbarkeit von persönlichkeitsrechtlichem und vermögensrechtlichem Element beim Urheberrecht.

Der Urheber kann dagegen den Beseitigungsanspruch nicht ausschließlich mit der Begründung geltend machen, dass er durch die Beschädigung des Werkexemplars in seinen Verwertungsrechten verletzt sei. Dies stünde nicht in Einklang mit der gesetzlichen Einordnung des Integritätsschutzes beim Urheberpersön-

---

1321 Alle diese Vorschriften beruhen auf dem einheitlicher Grundgedanken, den Urheber in seinem Interesse an dem Bestand und der Unversehrtheit des Werkes zu schützen (*Schricker/Dietz*, UrhG § 14 Rn.3).

1322 Vgl. dazu im einzelnen *Schricker/Dietz*, UrhG § 14 Rn.18 ff.

1323 Vgl. *Schricker/Dietz*, UrhG § 14 Rn.18 ff.

1324 *Palandt/Thomas*, § 823 Rn.184.

lichkeitsrecht. Es wäre ansonsten die Gefahr gegeben, dass die hohen Anforderungen an die Feststellung der Rechtswidrigkeit umgangen würden, die im Wege der Interessenabwägung in einem methodisch dreistufigen Verfahren zu bestimmen ist. Unabdingbare Voraussetzung für § 97 I 1, Fall 1 UrhG ist die Verletzung des Urheberpersönlichkeitsrechts; unterhalb dieser Schwelle wird kein Integritätsschutz gewährt, vielmehr muss der Urheber den ihm entgangenen Gewinn geltend machen.

(8) Ergebnis

Bei den Immaterialgüterrechten, dem Urheberrecht und dem Eigentum wird jeweils ein absolutes subjektives Recht geschützt. Im Wettbewerbsrecht wird dagegen ein objektiver Regelungsansatz gewählt, d.h. rechtswidrige Eingriffe durch verbotene Handlungen beschrieben, dennoch aber auch dort der Schutz von Individualinteressen der Mitbewerber und Verbraucher bezweckt.

Die Immaterialgüterrechte und das Urheberrecht unterscheiden sich vom Eigentum darin, dass sie immaterieller Natur sind: Das Eigentum bezieht sich stets auf eine Sache, weil es eine Personen-Sach-Beziehung begründet, so dass Eigentumsbeeinträchtigungen bzw. -verletzungen immer sachbezogen erfolgen. Wird die Sache in ihrer Substanz verletzt, dann kommt es zu einer Überschneidung von § 1004 I 1 BGB mit den §§ 823 I, 249 ff. BGB, wenn dadurch das Vermögen gemindert und gleichzeitig der Gebrauch der Sache beeinträchtigt wird. Die Immaterialgüterrechte und das Urheberrecht schützen dagegen ein Geistesgut, das in einer Sache verkörpert sein kann, aber nicht sein muss. Rechtsverletzungen erfolgen deshalb meist ohne Sachbezug: Der Verletzer kann sich das *wirtschaftliche* Verwertungsrecht anmaßen, indem er die geschützte geistige Idee unerlaubt zur Herstellung oder Gestaltung von Erzeugnissen nutzt. Er muss dafür nicht auf Sachen des Rechtsinhabers zugreifen. Dieser kann sein Gedankengut daneben nach wie vor selbst verwerten. Verletzungen des Verwertungsmonopols werden mit dem Unterlassungsanspruch abgewehrt. Mittels der speziellen Vernichtungsansprüche kann die Zerstörung rechtswidrig hergestellter Waren verlangt werden. Nur soweit sich unerlaubt hergestellte Erzeugnisse noch bei gewerblichen Abnehmern befinden, kommt ein Beseitigungsanspruch auf Rückruf der Ware in Betracht[1325], während vom Endkäufer das bereits in Verkehr gebrachte Erzeugnis nicht mehr zurückverlangt werden kann,

---

[1325] *Walchner*, S.47.

weil er an der Ware ein gesichertes Recht erlangt hat. Da die Nutzung des geistigen Guts vermögenswert ist, kann weiterhin ein Schadensersatzanspruch auf Ersatz entgangenen Gewinns geltend gemacht werden. *Vermögensbestandteil* ist die geistige Idee. Fälle, in denen beispielsweise bereits in Ausnutzung des eigenen Patents vom Rechtsinhaber hergestellte Erzeugnisse beschädigt werden oder ihr Gebrauch verhindert wird, stellen keine Nutzungsbeeinträchtigung des Immaterialgutes selbst dar, weil die Nutzung nicht auf diese bestimmten Erzeugnisse beschränkt ist, sondern ihr Wert in der generellen Umsetzbarkeit liegt. Wird in die sie verkörpernde Sache eingegriffen, ist das allgemeine Haftungsrecht wegen Verletzung des Eigentums einschlägig. Auch wettbewerbsrechtliche Verstöße erfolgen meist durch nicht sachbezogene Handlungen.

Beim Immaterialgüterrecht und beim Urheberrecht wird der Rechtsinhaber aber auch in seinem Persönlichkeitsrecht geschützt, das in der schöpferischen Leistung zum Ausdruck kommt und verletzt wird, wenn man ihn z.B. als Erfinder leugnet oder wenn man ein Kunstwerk entstellt, das seinem Schöpfer dann so zugerechnet wird. Der Urheber ist in solchen Fällen in seinem Urheberpersönlichkeitsrecht verletzt. Wenn die geistige Idee in einem Unikat verkörpert ist und die Persönlichkeitsrechtsverletzung durch den Eingriff in die Substanz des Unikats verursacht wird, setzt sich die vom Verschulden unabhängige negatorische Haftung gegenüber der deliktischen Haftung durch, was u.a. in § 14 UrhG zum Ausdruck kommt.

cc) Die Abgrenzung von Schadensersatz- und Beseitigungsanspruch beim quasinegatorischen Rechtsschutz

Die negatorische Haftung blieb nicht auf die gesetzlich geregelten Fälle beschränkt, sondern wurde darüber hinaus auch beim Schutz der übrigen in § 823 I BGB genannten Rechtsgüter, wie Gesundheit oder Leben, und sonstigen absoluten Rechten, beispielsweise dem allgemeinen Persönlichkeitsrecht oder dem eingerichteten und ausgeübten Gewerbebetrieb, entsprechend angewandt[1326]. Die Gesetzeslücke ergab sich, weil die Gesetzgeber des BGB es ver-

---

[1326] *Staudinger/Gursky*, § 1004 Rn.13 will den verschuldensunabhängigen Beseitigungsanspruch auf die Fälle des Widerrufs ehrverletzender Äußerungen reduzieren, um keinen völlig konturenlosen „allgemeinen" quasinegatorischen Anspruch zu schaffen. Ein quasideliktischer Unterlassungsanspruch soll dagegen zugelassen werden, allerdings nicht gestützt auf § 1004 I 2 BGB, sondern auf den unmittelbar evidenten Satz, dass Schadensverhütung besser als Schadensausgleich sei.

säumten, die negatorische Klage in ihrem Anwendungsbereich über die im römischen und gemeinen Recht historisch gewachsenen Erscheinungsformen der actio negatoria hinaus auszuweiten, um so dem Bedürfnis nachzukommen, auch andere subjektive Rechte, Rechtsgüter oder rechtlich geschützte Interessen nicht nur deliktisch, sondern auch negatorisch zu schützen[1327].

(1) Die historische Entwicklung des quasinegatorischen Beseitigungsanspruchs

Die Fortentwicklung des Beseitigungsanspruchs in der Rechtsprechung ist mit größerer Zeitverzögerung erfolgt als die des Unterlassungsanspruchs[1328], wenn sie auch, was die dogmatische Begründung anbelangt, vergleichbar verlaufen ist[1329].

Das Reichsgericht erkannte zunächst einen auf das Deliktsrecht gestützten Beseitigungsanspruch an, indem es feststellte, dass der aus einer unerlaubten Handlung Verletzte nicht darauf beschränkt sei, für den ihm bereits erwachsenen Vermögensschaden Entschädigung zu verlangen. Sei infolge einer unerlaubten Handlung ein dauernd schädigender oder mit Nachteil bedrohender Zustand geschaffen worden, müsse dem Verletzten ein Rechtsmittel eingeräumt werden, um diese „Quelle weiterer Schädigungen zu verschließen“[1330]. Dieser sog. *deliktische Beseitigungsanspruch* hatte allerdings im Grunde gar keine eigenständige Bedeutung. Nach Ansicht des Gerichts ließ sich die Begründung für ihn nämlich aus den Bestimmungen über den Schadensersatz oder den für die Klage

---

[1327] *Hohloch*, S.40.

[1328] RGZ 35, 347 f.; 48, 114 ff. (dazu *Kotz*, S.104 ff.) zum *deliktischen Unterlassungsanspruch*, der noch eine schuldhaft begangene Handlung verlangte; RGZ 60, 6 ff. zur *vorbeugenden Unterlassungsklage* als ein vom Deliktsrecht unabhängiges Institut (auch *quasinegatorische Unterlassungsklage* genannt, *Hohloch*, S.44) Deshalb ist überwiegend auch die historische Entwicklung des Anwendungsbereichs von § 1004 BGB am Beispiel der Unterlassungsklage untersucht worden, vgl. die zahlreichen Verweise bei *Hohloch*, S. 41, Fn.7.

[1329] Siehe dazu ausführlich *Kotz*, S.101 ff., insbesondere auch S. 140 ff. BGB.

[1330] RGZ 56, 271 (286); vgl. auch RGZ 60, 12 (19 f.); 88, 129 (133 f.); 97, 343 (344 f.) Eine ähnliche Argumentation findet sich auch in den Urteilsgründen der neueren Rechtsprechung, wenn das Vorliegen einer Eigentumsbeeinträchtigung begründet werden soll: „ (...) Sind durch eine Störung irgendwelche Gegenstände oder Stoffe auf ein Grundstück gelangt, so beeinträchtigen sie die Sachherrschaft des Grundstückseigentümers, zu der es gehört, fremde Stoffe von seinem Grundstück fernzuhalten. Bis zu ihrer Entfernung bilden sie die Quelle der Eigentumsstörung, und zwar auch unabhängig davon, ob die störenden Substanzen dem Störer gehören oder nicht. (...)“ (BGH NJW 1996, 845, 846, 2.Sp. oben).

auf Unterlassung maßgebenden Gründen herleiten[1331]. Ohne den extra geschaffenen deliktischen Beseitigungsanspruchs hätte sich das Anspruchsziel also ohne weiteres auch aus der Rechtsfolge der §§ 823 ff. BGB[1332] bzw. aus den für die Unterlassungsklage maßgeblichen Gründen, dass es als ein „Gebot der Gerechtigkeit" anzusehen sei, bei rein objektiv widerrechtlichen Eingriffen Schutz davor zu gewähren, dass weiterer Schaden entstehe[1333], ergeben. In den Fällen fortdauernder Störung sollte dann der Beseitigungsanspruch in den Unterlassungsanspruch übergehen[1334].

Es verdient also keine so große Aufmerksamkeit, dass überhaupt ein solcher deliktischer Beseitigungsanspruch von der Rechtsprechung entwickelt wurde, als vielmehr die Tatsache, dass dies letztendlich dem *negatorischen Beseitigungsanspruch*, der dann in einem weiteren Entwicklungsschritt kein schuldhaftes Verhalten mehr voraussetzte, den Weg geebnet hat. Das Reichsgericht gestand zunächst nur in einem obiter dictum den Widerruf einer objektiv rechtswidrigen Behauptung dem dadurch in seinem Gewerbebetrieb gestörten Kläger zu, ohne dass es dabei auf ein Verschulden ankomme[1335]. Erst in später ergangenen Entscheidungen begründete das Gericht ausdrücklich[1336], dass es ein

---

[1331] RGZ 56, 271 (286). Dies wird von *Hohloch*, S.46 dahingehend gedeutet, dass sich das RG bereits Gedanken darüber gemacht habe, ob der Beseitigungsanspruch in Analogie zur negatoria des § 1004 BGB begründet werden könne. Dies erscheint allerdings als sehr weitgehend, denn das Gericht nimmt für die Herleitung des Beseitigungsanspruchs letztendlich nur auf die für die Klage auf Unterlassung maßgebenden Gründe Bezug.

[1332] Das RG stellte in späteren Entscheidungen sogar klar, dass es sich bei der „deliktischen" Beseitigungsklage nach seiner Auffassung um eine Schadensersatzklage gemäß den §§ 823 ff., 249 BGB handele (RGZ 88, 129, 133 f.; RGZ 97, 343, 344; RGZ 142, 116).

[1333] RGZ 60, 6, 7 (dazu *Kotz*, S.109 ff.).

[1334] Vgl. RGZ 148, 114 (123); BGHZ 14, 163 (173); BGH NJW 1957, 1676; *Soergel/Mühl*, § 1004 Rn.110.

[1335] RG v. 27.02.1931, MuW 1931, 276, 278. Es war der II. Zivilsenat und nicht der VI. Senat (dieser entwickelte den deliktischen Beseitigungsanspruch), der einen Anspruch auf Widerruf der Behauptungen, unabhängig von einem Verschulden, zuerkannte. Allerdings stützte er diesen Anspruch auf § 14 UWG, einem Schadensersatzanspruch, der bereits von Gesetzes wegen kein Verschulden erforderte (RG, aaO., S.278), so dass *Hohloch* (S.47 f.) wohl zu Recht betont, dass dieses Urteil als Trendwende hin zum quasi-negatorischen Beseitigungsanspruch überbewertet würde. In den Urteilsgründen wird obiter dictum allerdings ausgeführt, dass der Anspruch ebenso wegen der objektiven Rechtsverletzung als quasi-negatorischer Beseitigungsanspruch geltend gemacht werden könne, weil es ein Gebot der Gerechtigkeit sei, dass eine fortdauernde widerrechtliche Beeinträchtigung ohne Rücksicht auf die Schuldfrage beseitigt werden müsse (RG, aaO.).

[1336] Der II. Senat in den Entscheidungen RG v. 31.3.1931, MuW 1931, 398, 400 und RGZ 148, 114 (123). Der VI. Senat folgte ihm in der Entscheidung RGZ 163, 210, nachdem er noch in dem Urteil RGZ 142, 116 ausdrücklich die Einordnung des Widerrufs als Schadenser-

„Gebot der Gerechtigkeit" sei, den Widerruf auch ohne Verschulden des Anspruchgegners zuzulassen. Der präventive Rechtsschutz wurde vom Deliktsrecht abgekoppelt und damit gerechtfertigt, dass Schadensverhütung immer besser als Schadensausgleich sei[1337] und dass eine solche Schadensverhütung nur dann wirksam erfolgen könne, wenn man auf das Verschuldenserfordernis verzichte. Die Entscheidung für oder gegen eine Analogie der §§ 1004, 862, 12 BGB könne beim Beseitigungsanspruch nicht anders gefällt werden wie beim Unterlassungsanspruch[1338]. Dass dieser Gedanke der Schadensvermeidung bei der Entstehung des Bürgerlichen Gesetzbuches nicht hinreichend berücksichtigt worden sei, wurde als eine Folge der auch damals schon spürbaren Desorganisation des Zivilrechts angesehen[1339].

Danach drängte sich beim verschuldensunabhängigen Beseitigungsanspruch allerdings die Frage auf, wie er vom Schadensersatzanspruch gem. den §§ 823 I, 249 ff. BGB abzugrenzen ist, damit das Verschuldensprinzip nicht umgangen wird. Das Reichsgericht hat sich dahingehend geäußert, dass die Beseitigungsklage einen „... dauernden Zustand ..., der sich für den Verletzten als eine stetig neu fließende und fortwirkende Quelle der Schädigung und Ehrverletzung darstelle", verlange[1340]. Abgrenzungskriterium sollte also die Frage sein, ob die nachteiligen Auswirkungen auf das(selbe) Rechtsgut abgeschlossen sind oder aber die Gefahr besteht, dass die Beeinträchtigung des betroffenen Rechtsgutes, auch nachdem die schädigende Handlung abgeschlossen war, weiter zunehmen kann. Allerdings hat das Gericht diese Definition wohl nicht in dem Bewusstsein vorgenommen, damit eine eindeutige Abgrenzung zum Deliktsrecht schaffen zu wollen[1341]. Denn genau mit derselben Umschreibung wurde vom Reichsgericht bereits der auf die deliktischen Normen gestützte Beseitigungsanspruch umschrieben. Da dieser aber noch ein schuldhaftes Handeln voraussetzte, kann mit der gleichen Definition nicht die Entbehrlichkeit des Verschuldensmoments begründet werden. Als Abgrenzungskriterium verbleibt somit nur die unterschiedliche Funktionen der Ansprüche: § 1004 I 1 BGB soll genauso wie der Unterlas-

---

satz bestätigt hatte. Vgl. auch RG v. 27.2.1931, MuW 1931, 276 ff. (dazu *Kotz*, S.116 ff.). Zur Rechtsprechung des BGH, die nahtlos an die Rechtsprechung des RG anknüpfte (z.B. BGH VersR 1988, 827; BGHZ 106, 229 – Briefkastenwerbung; BGHZ 107, 384 – Emil Nolde; BGH NJW 1997, 55 – Notkamin) ausführlich *Kotz*, S.119 ff.

[1337] *Ennercerus/Lehmann*, SchR § 252 I.1.; *Canaris*, Lücken im Gesetz, S.112.

[1338] RGZ 148, 114 (123).

[1339] *Hohloch*, S.40.

[1340] RGZ 163, 210 (215).

[1341] *Hohloch*, S.49.

sungsanspruch absoluten Rechtspositionen einen zukunftsbezogenen Schutz gewähren, ohne dass es notwendig ist, die vollen Voraussetzungen einer unerlaubten Handlung nachweisen zu müssen[1342]. Der Schadensersatzanspruch dient dagegen der Folgenbeseitigung. Der negatorische Rechtsschutz steht damit als eigenständige zivilrechtliche Institution neben der deliktischen Haftung. Die Erweiterung der Unterlassungs- und Beseitigungsklage über die gesetzlich geregelten Fälle hinaus aus dem Deliktsrecht herleiten zu wollen, ist damit zwar mangels einer ausdrücklich im Gesetz geregelten Anspruchsgrundlage verständlich, hat aber letztendlich dazu geführt, die eigentliche zukunftsorientierte Ausrichtung der negatorischen Haftung zu verwischen und den negatorischen Beseitigungsanspruch dem Deliktsanspruch stark anzunähern. Richtig ist nur, dass sich bei der Bestimmung der durch die negatorische Haftung geschützten Interessen an den deliktisch geschützten Rechten und Rechtsgütern orientiert werden kann, weil die Zielrichtung, nämlich die Wahrung absolut geschützter Rechte, Rechtsgüter und Interessen, bei der negatorischen und der deliktischen Haftung die gleiche ist.

Die Rechtsprechung hat den Anwendungsbereich der „Generalklausel des dinglichen Schutzanspruchs“[1343] im Wege der Rechtsfortbildung deshalb konsequenterweise auf alle sonstigen Rechte i.S.v. § 823 I BGB erweitert[1344]. Ein sonstiges Recht i.S.v. § 823 I BGB liegt nämlich vor, wenn und soweit eine rechtlich geschützte Position genau die Eigenschaften aufweist, die auch das Eigentum prägen: Einen Zuweisungsgehalt und eine Ausschlussfunktion[1345]. Darüber

---

[1342] *Baur* AcP 160 (1961), 465, 466.

[1343] So die Umschreibung nach *Staudinger/Gursky*, § 1004 Rn.2.

[1344] Gewerbliche Schutzrechte (RGZ 125, 395), Urheberrechte (RGZ 153, 27), das Recht am eingerichteten und ausgeübten Gewerbebetrieb (st. Rspr, vgl. BGHZ 3, 279; 28, 328; 29, 70; 43, 361; 90, 113, 121; BGH NJW 1985, 1643), Jagd- und Fischereirecht (RGZ 107, 296; 144, 321), Wasserbenutzungsrecht (RGZ 90, 60), durch Badekonzession erworbenes Nutzungsrecht am Meeresstrand (BGHZ 44, 27, 34), allgemeines Persönlichkeitsrecht, auch über den Tod des Namensträgers hinaus (BGHZ 24, 72; 26, 349; 27, 284; 30, 7; 35, 363; 39, 124; 50, 133; 91, 233, 239; 107, 384, 391; BGH NJW 1988, 1016 und 1589; BAG NJW 1986, 1065), Einwurf von Werbematerial in Hausbriefkasten (BGH NJW 1989, 902; OLG Frankfurt NJW 1988, 1854).

[1345] *Larenz/Canaris*, SchR II/2, § 76 II.4. (S.392). Dass die Ausschlussfunktion und der Zuweisungsgehalt die maßgeblichen einschränkenden Kriterien sowohl für die Bestimmung der „sonstigen Rechte“ i.S.v. § 823 I BGB als auch für den Umfang der negatorischen Haftung sind, zeigt, wie eng die deliktischen Vorschriften und die negatorische Haftung zusammenhängen und dass beides dem optimalen Schutz absoluter Rechtspositionen dient. Die Abgrenzung des Beseitigungsanspruchs (§ 1004 I 1 BGB) vom Schadensersatzanspruch (§ 823 I BGB) kann daher nur über die Bestimmung der Schutzbereiche erfolgen.

hinaus hat die Rechtsprechung den negatorischen Schutz auf die in § 823 I BGB genannten *Rechtsgüter* Leben, Körper, Gesundheit und Freiheit erstreckt. Auch dieser Analogieschluss ist ohne weiteres nachvollziehbar, denn es gibt keine vernünftige Erklärung, zwar das Eigentum oder das Namensrecht negatorisch schützen zu wollen, nicht aber Rechtsgüter wie das Leben oder die körperliche Unversehrtheit in diesen Schutz mit einzubeziehen[1346]. Auch diese Rechtsgüter nehmen in unserer Rechtsordnung einen so grundlegenden hohen Rang ein, dass sie eines umfassenden Schutzes würdig und bedürftig sind[1347]. Dass auch den (bloßen) Rechtsgütern i.S.v. § 823 I BGB eine Ausschlussfunktion zukommt, liegt auf der Hand. Sie haben darüber hinaus zwar keinen rechtlichen Zuweisungsgehalt im Sinne des herkömmlichen Verständnisses, weil ein Rechtsgut nicht erst einem Rechtssubjekt zugeordnet wird, sondern Leben, Körper, Gesundheit und Freiheit als Persönlichkeitsgüter kraft Natur untrennbar mit einer Person verbunden sind. Dennoch ist es ausschließlich dem Rechtsgutsträger vorbehalten, über sein Leben, seinen Körper und seine Gesundheit zu entscheiden. Dies ist der Nutzung einer Sache vergleichbar und die Verleihung eines solchen ausschließlichen Nutzungsrechts ist gerade auch der eigentliche Sinn des Zuweisungsgehalts der absoluten Rechte. Es ist daher richtig, auch diese Rechtsgüter quasinegatorisch[1348] zu schützen.

Die Rechtsprechung hat den Anwendungsbereich von § 1004 I 1 BGB über die in § 823 I BGB genannten absoluten Rechte und Rechtsgüter hinaus auf *andere deliktisch geschützte Rechtsgüter*, namentlich die Ehre und den Kredit (§§ 824, 825 BGB), sowie auf alle *bloß deliktisch geschützten Interessen*[1349] entsprechend

---

[1346] *Larenz/Canaris*, SchR II/2, § 86 I.1.a) (S.673).

[1347] *Erman/Schiemann*, 11. Aufl., Vor § 823 Rn.2; *Larenz/Canaris*, SchR II/2, § 75 I.3. (S.355). *Fabricius*, AcP 160 (1961), 290 ff. sieht dies als „sozialtypisch offenkundig“ an. *Larenz/Canaris*, SchR II/2, §76 I.1.b) (S.374) sieht es als eine Entscheidung „von fundamentalem Gerechtigkeitsgehalt“ an, dass das BGB den Schutz von Leben, Körper, Gesundheit und Eigentum an die Spitze des Deliktsrechtes gestellt habe.

[1348] Die Terminologie muss sich nach dem Schutzgegenstand richten. Der Begriff „negatorischer Beseitigungs- und Unterlassungsanspruch“ sollte daher mit Bezug auf den römischrechtlichen Ursprung („actio negatoria“) auf den Schutz eigentumsgleicher absoluter (Herrschafts-)rechte beschränkt werden. Die Erweiterung dieser Haftung auf den Schutz vom Gesetz anerkannter Rechtsgüter ist quasinegatorisch, vgl. *Baur*, JZ 1966, 381 ff., *Kotz*, S.137.

[1349] Zum Verständnis der Tragweite dieser Rechtsprechung muss man sich nochmals verdeutlichen, dass das Schadensersatzrecht, wie es im Bürgerlichen Gesetzbuch geregelt ist, zwischen den sog. *absoluten Rechten* (wie Eigentum und andere dingliche Rechte) und den bloßen Rechtsgütern (wie Leben, Gesundheit, Körper, Vermögen, Erwerb und Fortkommen i.S.v. § 824 BGB) unterscheidet. Ein Anspruch aus § 823 I BGB besteht nur, wenn ein absolutes Recht oder eines der im Tatbestand genannten Rechtsgüter verletzt wurde. Im übrigen

angewandt[1350]. Dadurch wurde die negatorische Haftung insbesondere auf die durch Schutzgesetze i.S.v. § 823 II BGB abgesicherten Interessensphären erweitert[1351]. Dem wurde im Schrifttum überwiegend zugestimmt[1352]. Den negatorischen Rechtsschutz auch auf die übrigen deliktisch geschützten Interessen zu erstrecken, ist sinnvoll, weil er eine Warnfunktion hat und einen Vollstreckungstitel für den vorbeugenden Rechtsschutz liefert[1353]. Allen Deliktstatbeständen ist gemeinsam, dass sie den Außenstehenden Verhaltenspflichten auferlegen; die Zulassung des negatorischen Rechtsschutzes bedeutet dann, dass diese Pflichten zivilrechtlich nicht nur indirekt durch die Drohung mit Schadensersatz, sondern unmittelbar erzwungen werden können[1354]. Deshalb ist er als eine eigenständige Institution des Zivilrechts zu betrachten, welche die Abwehrrechte des Einzelnen gegenüber Eingriffen in seine Individualsphäre über den schadensrechtlichen Ausgleich hinaus vervollkommnet. Maßgeblich ist nur, dass unter Berücksichtigung der Wertungen der §§ 907, 908 BGB zwei Kriterien erfüllt sein müssen, nämlich (1) die hinreichende Konkretisierung der Gefahr für die Rechtsgüter des Anspruchstellers und (2) die Unabwendbarkeit der Gefahr durch das potentielle Opfer, dem die Gefahrsteuerung entweder unmöglich oder unzumutbar ist[1355]. Denn nur so wird eine Popularklage gegen Pflichtverletzun-

---

braucht es für einen Schadensersatzanspruch wegen unerlaubter Handlung der Verletzung eines Schutzgesetzes oder der Verwirklichung eines Sondertatbestandes (wie z.B. § 824 BGB), vgl. *Larenz/Canaris*, SchR II/2, § 75 I.3. (S.354 ff.).

[1350] BGH LM § 1004 BGB Nr.132; BGH NJW-RR 1997, 16, 17; näher dazu *Staudinger/Hager*, Vorbem zu §§ 823 ff. Rn.67; *Erman/Ebbing*, 11. Aufl., § 1004 Rn.10; *Soergel/Mühl*, § 1004 Rn.4, 108; *Larenz/Canaris*, SchR II/2, § 86 I.1.a) (S.673); *Esser/Weyers*, SchR II/2, § 62 I. (S.257); *Fikentscher* SchR Rn.1361.

[1351] St. Rspr. seit RGZ 60, 6 und heute gewohnheitsrechtlich anerkannt (BGHZ 30, 14; LM Nr.6 zu § 812 BGB; Nr.132 zu § 1004 BGB; RGZ 116, 153; 148, 114; 163, 216). Zu den geschützten Rechtsgütern zählen der Kredit (§ 824), das Fortkommen (RGZ 140, 402), die Freiheit der Willensbestimmung (BGH LM Nr.6 zu § 812), die Ehre (BGHZ 30, 14), die eheliche Lebensgemeinschaft (*Erman/Ebbing*, 11. Aufl., § 1004 Rn.10).[1352] *Baur*, JZ 1966, 381, 382; *Bamberger/Roth/Fritzsche*, § 1004 Rn.4; *MünchKomm/Wagner*, Vor § 823 Rn.74; *Larenz/Canaris*, SchR II/2, § 86 I.1. (S.673 f.); § 86 VII. (S.703 f.); *Erman/Schiemann*, 11. Aufl., Vor § 823 Rn.20; *Staudinger/Hager*, Vor § 823 Rn.63; BGHZ 122, 1 (2 ff.) = BGH NJW 1993, 1580, 1581 f.; vgl. auch *Kötz*, AcP 174 (1974), 145, 161; *AK/Kohl*, § 1004 Rn.1.

[1353] *Hohloch*, S.126.

[1354] *Hohloch*, S.148.

[1355] *MünchKomm/Wagner*, Vor § 823 Rn.76.

gen vermieden.

Da mithin beim quasinegatorischen Rechtsschutz die Parallele von deliktischer und negatorischer Haftung besonders deutlich wird, fragt sich, ob die Abgrenzung des (quasi-)negatorischen Beseitigungsanspruchs vom Schadensersatzanspruch gem. §§ 823 I, 249 ff. BGB so problematisch wie beim Eigentum ist.

(2) Das Abgrenzungsproblem beim quasinegatorischen Rechtsschutz

Der quasinegatorische Rechtsschutz ist praktisch weniger relevant als man zunächst glauben mag. Im wesentlichen ist er für den Schutz der Privatsphäre, der persönlichen Ehre, des wirtschaftlichen Rufes und des eingerichteten und ausgeübten Gewerbebetriebs von Bedeutung[1356]. Sehr oft kommt dann jedoch nur der quasinegatorische Unterlassungsanspruch gem. § 1004 I 2 BGB analog zur Anwendung, weil „nur" eine zukünftige Handlung vermieden werden soll: Etwa wenn sich die Deutsche Bundesbahn gegen die erneute Ausstrahlung eines mit versteckter Kamera unerlaubt gedrehten Fernsehberichts über das Diebstahlrisiko in Zügen wendet[1357], der Einwurf von Werbung in den Hausbriefkasten untersagt werden soll[1358] oder ein Rechtsanwalt einen Unterlassungsanspruch gegen den Versender von unaufgeforderter E-Mail-Werbung wegen der Verletzung des eingerichteten und ausgeübten Gewerbebetriebs geltend macht[1359]. Bei entsprechender Anwendung von § 1004 I 1 BGB fehlt den Fällen meist der für die Abgrenzungsproblematik erforderliche Sachbezug.

§ 1004 I 1 BGB wird vor allem bei unwahren Tatsachenbehauptungen[1360] in Gestalt des Anspruchs auf Widerruf entsprechend angewandt, wenn die Äuße-

---

[1356] *Soergel/Mühl*, § 1004 Rn.4; *Hohloch*, S.49.

[1357] KG Berlin NJW 2000, 2210 ff.: Das Unternehmen ist insoweit in den Schutz des allgemeinen Persönlichkeitsrechts einbezogen, soweit es zur Ausübung seiner Funktion dieses Schutzes bedarf, insbesondere wenn es in seinem sozialen Geltungsbereich als Arbeitgeber oder Wirtschaftsunternehmen betroffen ist, vgl. dazu auch BGH NJW 1992, 2641: Allgemeines Persönlichkeitsrecht einer Zeitungsverlegerin.

[1358] Vgl. dazu BGHZ 106, 229 = NJW 1989, 902, 903; KG NJW 1990, 2824, vgl. aber zur Wahlwerbung OLG Bremen NJW 1990, 2140.

[1359] LG Berlin NJW 2002, 2569 ff.: Da ein Rechtsanwalt alle E-Mails sorgfältig lesen muss, entsteht durch das notwendige Aussortieren der Werbe-Mails ein zusätzlicher Arbeitsaufwand, also eine Störung des Betriebsablaufs.

[1360] Bei Werturteilen kommt im Unterschied zu den Urteilen, in denen ein Widerruf von Tatsachenbehauptungen angeordnet wird, nur ein Anspruch auf Unterlassung in Betracht, der aber an die besonderen Voraussetzungen dieses Anspruchs gebunden ist, *Soergel/Mühl*, § 1004 Rn.123, st. Rspr.: BGHZ 10, 104 (105 f.); 65, 325 (337); 99, 133 (138).

rungen einen noch fortdauernden Zustand der Gefährdung herbeigeführt haben[1361]. Der Anspruch auf Widerruf hat sich aus dem Beseitigungsanspruch heraus zu einer selbständigen Rechtsfigur vor allem zum Schutz des allgemeinen Persönlichkeitsrechts mit eigenen Voraussetzungen entwickelt[1362]. Beim Widerrufsanspruch spielt der Wertungswiderspruch bei der Anwendung von § 1004 I 1 BGB und den §§ 823 I, 249 ff. BGB jedoch keine Rolle. Nach einhelliger Ansicht kann der Widerruf bei objektiv rechtswidriger Beeinträchtigung verschuldensunabhängig verlangt werden. Im Falle einer schuldhaften Beeinträchtigung des Persönlichkeitsrechts besteht daneben der deliktische Schadensersatzanspruch aus § 823 I BGB, womit der über die Beeinträchtigung hinausgehende – adäquat verursachte – Schaden geltend gemacht werden kann. Der Widerrufsanspruch und der Schadensersatzanspruch unterscheiden sich dadurch, dass der letztere auf Beseitigung der Wirkungen[1363], der Widerrufsanspruch dagegen auf Beseitigung der schädigenden Ursache gerichtet ist[1364].

Insoweit dürfte selbst die Rechtsusurpationslehre nicht von der herrschenden Auffassung abweichen[1365]. Auch nach dieser Lehre ist ein Widerrufsanspruch nach Ehrverletzungen anzuerkennen, selbst wenn die ehrverletzende Äußerung bereits beendet ist. Die fortdauernde Rechtsusurpation besteht dann darin, dass nur der Äußernde selbst die unwahre Tatsachenbehauptung glaubhaft widerrufen kann, er sich mithin das fremde Recht, das öffentliche Bild über eine Persönlichkeit zu prägen, solange anmaßt, bis er seine unwahre Behauptung widerruft[1366]. Solange er dies nicht tut, ist er so zu behandeln, als ob er die Behauptung ständig wiederholt. Denn es kommt nicht auf die Äußerungshandlung, sondern darauf an, dass ihre negative Wahrnehmung in der Öffentlichkeit fortbesteht, bis diese vom Gegenteil überzeugt ist[1367]. Solange bleibt das negative

---

1361 OGHZ 1, 182; *Soergel/Mühl*, § 1004 Rn.128; anschaulich *Altenhain*, Ehrschutz, S.24 ff.

1362 *Soergel/Mühl*, § 1004 Rn.120, vgl. auch BGHZ 13, 334, 337 ff.

1363 *Boehmer*, Grundlagen I, S.79.

1364 *Isay*, GRUR 1933, 1; *Soergel/Mühl*, § 1004 Rn.120.

1365 *Altenhain*, Ehrschutz, S.83 ff.; a.A. aber noch *Picker* selbst (Beseitigungsanspruch, S.89).

1366 *Altenhain*, Ehrschutz, S.133: Neben der fortschwelenden Ehrbeeinträchtigung sei aufgrund der Unwahrheit der ehrverletzenden Behauptung zugleich eine Verfälschung des Persönlichkeitsbilds des Betroffenen eingetreten, die es diesem unmöglich mache, der Öffentlichkeit ein der Wahrheit entsprechendes Bild seiner Person zu vermitteln.

1367 So auch *Kotz*, S. 191, der im übrigen bei kommerzialisierten Immaterialgüterrechten und in Anlehnung an die Differenzierung bei *Beuthien/Schmölz*, Persönlichkeitsschutz, S.19 ff., 25 ff. zwischen Persönlichkeit und (wirtschaftlich bedeutsamen) Persönlichkeitsgüterrechten die Rechtsusurpation auch in der Nutzung ohne Lizenzvereinbarung, in der sog. faktischen

Meinungsbild die ständige Grundlage der Persönlichkeitsbewertung. Auch nach der Rechtsusurpationslehre ist der Widerrufsanspruch damit als negatorischer Beseitigungsanspruch und nicht als Schadensersatzanspruch ohne Verschulden einzuordnen. *Picker* hingegen meint, dass der quasinegatorische Beseitigungsanspruch einen gegenwärtigen Angriff mit andauernder Verletzung der Ehre voraussetze. Darauf, dass der Erklärende einen ausdrücklichen Widerruf seiner Aussage unterlasse, komme es nicht an. Bestehe die ehrkränkende Äußerung in der Erinnerung der Adressaten fort, aber halte der Verletzer an seiner Behauptung nicht länger fest, so sei mangels eines andauernden Übergriffs eine Beeinträchtigung i.S.v. § 1004 BGB nicht gegeben. Folglich sei nicht der Widerruf die Aufgabe des andauernden Angriffs, sondern dieser sei Schadensersatz[1368]. Dennoch sieht auch *Picker* die Notwendigkeit, dass der Widerruf schuldlos zu leisten ist, weil nur der Verletzer die Ehre überzeugend wiederherstellen könne[1369]. Richtig ist, dass beim Widerruf genauso wie beim Eigentum die Anmaßung über die tatsächlichen Verhältnisse vermittelt wird. Dass allgemein ein verschuldensunabhängiger Anspruch auf Widerruf anerkannt wird, muss mithin auch nach der Rechtsusurpationslehre nicht als Ausnahme eines negatorischen Beseitigungsanspruchs begründet werden. Es besteht auch keine Notwendigkeit, ihn auf Ausnahmefälle andauernder Ehrverletzung zu beschränken, etwa wenn das Foto einer anständigen Frau in einem Schaufenster zusammen mit einer Gruppe von Dirnenbildern ausgestellt wird[1370].

Die Beeinträchtigung des allgemeinen Persönlichkeitsrechts kann aber auch materieller Art sein. Der Beeinträchtigungszustand ist dann in einer Sache verkörpert (etwa unerlaubte Bild- oder Tonbandaufnahmen, Zeitungsberichte, unwahre Tatsachenbehauptungen in Büchern, Veröffentlichung von Briefen und

---

Lizenzanmaßung, sehen will (*Kotz*, S.184 f.). Im Ergebnis ist dies aber unproblematisch, weil auch durch die Rechtsusurpationslehre nur die Fälle von Substanzverletzungen ausgeschlossen werden sollen und solche halt beim quasinegatorischen Rechtsschutz gar nicht auftreten. Problematisch ist allerdings, dass *Kotz* mit seinem Konzept, den negatorischen Beseitigungsanspruch so teilweise zu einem Vermögensschutzanspruch macht, was aber dem dogmatischen Haftungssystem, wie es hier herausgearbeitet wurde, nicht entspricht.

[1368] *Picker*, Beseitigungsanspruch, S.89 f. Anders *Altenhain*, Ehrschutz, S.103, welche die faktische Rechtsusurpation darin sehen will, dass der Betroffene, der durch die unwahre Tatsachenbehauptung in seinem Selbstdarstellungsrecht blockiert sei, nur im Namen des Behauptenden selbst widerrufen könne, was ihm aber als Namensanmaßung untersagt sei (S.109 ff.). Dies verdreht aber „Täter“ und „Opfer“ und wirkt sehr konstruiert.

[1369] *Picker*, aaO.

[1370] RGZ 60, 12, 20.

privaten Äußerungen[1371]). Es kann in solchen Fällen verschuldensunabhängig die Vernichtung der störenden Sache, etwa die Löschung einer heimlichen Tonbandaufnahme[1372] oder von Daten[1373] verlangt werden, um die Beeinträchtigung zu beseitigen[1374]. Da sich solche störenden Sachen nicht im Eigentum des Beeinträchtigten befinden und es ohnehin um die Beseitigung und nicht um die Wiederherstellung von Eigentum geht, kommt es zu keiner Überschneidung von § 1004 I 1 BGB analog und den §§ 823 I, 249 ff. BGB. Der Beseitigungsanspruch ist insoweit vielmehr mit dem Vernichtungs-anspruch im Immaterialgüterrecht vergleichbar. Der Schutz der persön-lichkeitsrechtlichen Eigensphäre wiegt immer schwerer als das Eigentum eines anderen an der störenden Sache.

Fälle, in denen die Verletzung des Persönlichkeitsrechts durch die Beschädigung einer Sache vermittelt wird, kommen dagegen außerhalb des Urhebergesetzes selten vor. Dies ist denkbar, wenn die beschädigte Sache kein Werk i.S.d. §§ 1, 2 UrhG darstellt. Allerdings wird sie dann oft auch keinen schutzwürdigen Persönlichkeitsbezug haben. So sind etwa Tagebücher nur urheberrechtlich geschützt, wenn sie eine persönliche geistige Schöpfung darstellen, d.h. ähnlich wie bei Briefen reicht das bloße Festhalten von Ereignissen und alltäglichen Gedanken nicht aus, wenn nicht zumindest eine gewisse Originalität von Inhalt und Darstellung vorliegt[1375]. Wird ein solches urheberrechtlich nicht schutzwürdige Tagebuch beschädigt, erscheint es zweifelhaft, ob verschuldensunabhängig wegen einer Persönlichkeitsrechtsverletzung die Wiederherstellung des Buches verlangt werden kann. Allerdings muss dies nicht abschließend entschieden werden, denn jedenfalls ist, wenn dies zu bejahen wäre, die Weite der negatorischen Haftung in Anlehnung an die oben herausgearbeiteten Grundsätze für das Urheberpersönlichkeitsrecht auszugestalten, also ebenfalls verschuldensunabhängig Naturalrestitution zu gewähren, weil sich eben das immaterielle Recht durchsetzt. Konsequenterweise müsste dann verschuldensunabhängig auch die Wiederherstellung von Körper, Gesundheit und Freiheit verlangt werden können. Bei Körper und Gesundheit wird regelmäßig die eigenhändige Hilfe des Verletzers unmöglich sein, weil ein Arzt erforderlich ist. Bei der Frei-

---

[1371] Vgl. BGH NJW 1954, 1404

[1372] BGHZ 27, 284, 291 = NJW 1958, 1344; BGH NJW 1988, 1016, 1017.

[1373] BGH NJW 1984, 1886, 1887.

[1374] Vgl. auch den speziellen Vernichtungsanspruch in § 37 KunstUrhG.

[1375] Vgl. BGHZ 15, 249, 255 – Cosima Wagner; *Schricker/Loewenheim*, UrhG § 2 Rn.111; vgl. BGH NJW 1954, 1405; BGHZ 36, 77, 83: Ein mangels individueller Formprägung urheberrechtlich nicht geschützter Brief kann durch Veröffentlichung die Geheimsphäre des Briefschreibers verletzen.

heit lässt sich ein solcher Anspruch ohne Probleme schon mit der Bedeutung des Rechts rechtfertigen.

Auch im übrigen sind kaum Fallkonstellationen beim quasinegatorischen Rechtsschutz denkbar, in denen es zu einer Überschneidung von negatorischer und deliktischer Haftung kommt. Soweit das Recht am eingerichteten und ausgeübten Gewerbebetrieb quasinegatorisch geschützt wird[1376], scheidet eine Überschneidung mit dem deliktischen Eigentumsschutz bereits deshalb aus, weil das Rahmenrecht subsidiär ist, d.h. nur dann zur Anwendung kommt, wenn keine Spezialvorschriften zum Unternehmensschutz eingreifen, also auch eine Haftung wegen Eigentumsverletzung ausscheidet[1377]. Oft werden die Vorschriften zum eingerichteten und ausgeübten Gewerbebetrieb wegen des Auffangcharakters bereits von den spezielleren Regelungen des UWG und des gewerblichen Rechtsschutzes ohnehin überlagert[1378].

Bei der Verletzung von Schutzgesetzen kommt regelmäßig nur ein vorbeugender Unterlassungsanspruch zur Anwendung, etwa wenn es darum geht, baurechtliche Auflagen des Nachbarn durchzusetzen (etwa das zeitweise Schließen von Fenstern zur Lärmvermeidung), selbst wenn zivilrechtlich keine Beeinträchtigung besteht[1379]. Eine Überschneidung von negatorischem Beseitigungsanspruch und deliktischem Schadensersatzanspruch tritt dann gar nicht auf.

Zusammenfassend lässt sich feststellen: Der quasinegatorische Beseitigungsanspruch lässt sich von der deliktischen Haftung in der Regel leicht abgrenzen, weil immaterielle Güter verletzt werden, wie z.B. das Persönlichkeitsrecht, ohne dass dabei in die Substanz einer sie verkörpernden und dem Betroffenen gehörende Sache eingegriffen wird. Die historische Herleitung des quasinegatorischen Beseitigungsanspruchs hat zudem gezeigt, dass bezweckt wird, den Beeinträchtigungszustand mit Wirkung *für die Zukunft* zu beseitigen, weil es ein Gebot der Gerechtigkeit sei, Schäden verhüten zu können, bevor diese entstehen und dann ausgeglichen werden müssen. Es handelt sich um keinen Folgenbeseitigungs-, sondern einen „Folgenvermeidungsanspruch", der präventiv und nicht repressiv wirkt.

[1376] Vgl. etwa BGH NJW 1961, 1925 (Verletzung des Rechts am Gewerbebetrieb durch Störung eines Ladengeschäftes); BGH NJW 1998, 2058, 2060.

[1377] *Erman/Schiemann*, 11. Aufl., § 823 Rn.49.

[1378] Vgl. *Köhler/Piper* UWG, Einf. Rn.41 mwN.

[1379] BGHZ 122, 1 = NJW 1993, 1580; BGH NJW 1997, 55; BVerwG NVwZ 1998, 395

(3) Ergebnis

Die Anspruchskonkurrenz von Beseitigungs- und Schadensersatzanspruch bei anderen absoluten Rechten als dem Eigentum hat folgendes ergeben:

1. Es hat sich bestätigt, dass die Abgrenzung des negatorischen Beseitigungsanspruchs vom deliktischen Schadensersatzanspruch nur in solchen Fällen Schwierigkeiten bereitet, in denen ein geschütztes subjektives Recht in einer dem Rechtsinhaber gehörenden Sache verkörpert ist, diese in ihrer Substanz verletzt wird und der wirtschaftliche und der ideelle Wert des geschützten subjektiven Rechts jeweils die Unversehrtheit der Sache erfordern.

2. Nach der Rechtsusurpationslehre würde bei den Immaterialgüterrechten und im Urheberrecht nur eine gegenwärtig andauernde Anmaßung der Verwertungsbefugnis durch einen Unbefugten als eine Beeinträchtigung der absoluten Rechtsposition angesehen. Der Unterlassungsanspruch würde dann auf den rein präventiven Anwendungsbereich beschränkt werden, also auf die Fälle, in denen eine zukünftige Beeinträchtigung erkennbar droht. Damit ist nur schwer zu vereinbaren, dass der offensichtlich wichtigste Anspruch des negatorischen Rechtsschutzes, der negatorische Beseitigungsanspruch, in den Sondergesetzen gerade nicht geregelt ist, womit man dem Gesetzgeber ein erhebliches Maß an Fehleinschätzung praktisch bedeutsamer Fälle unterstellte. Er hätte nur den weniger bedeutsamen Unterlassungsanspruch in das Gesetz aufgenommen, die in der Praxis wichtigen Fälle der Fremdverwertung aber ungeregelt gelassen. Zudem müsste nach der Rechtsusurpationslehre der Rechtsinhaber während der Anmaßung in seinen positiven Rechtsbefugnissen betroffen sein, was aber gerade nicht der Fall ist. Dies bestärkt die oben geäußerten Zweifel an der Richtigkeit der Rechtsusurpationslehre.

3. Ist das Namensrecht ausnahmsweise in einer Sache verkörpert und wird es durch eine Substanzbeschädigung dieser Sache verletzt (übermalte Signatur auf dem Bild), wird gem. § 12 S.1 BGB verschuldensunabhängig Naturalrestitution geschuldet, die sich im Umfang aber ausschließlich nach der Wiederherstellung des immateriellen Interesses und nicht nach dem Vermögensinteresse richtet.

4. Bei der Erörterung von § 862 BGB hat sich gezeigt, dass die Nutzbarkeit der Sache eine vom Vermögenserhalt deutlich zu trennende eigenständig zu schützende Befugnis ist. Die Untersuchung des negatorischen Rechtsschutzes bei den beschränkten dinglichen Rechten legt offen, dass bei der Frage, ob verschuldensunabhängig die Wiederherstellung einer Sache gem. § 1004 I 1 BGB geschuldet wird, zwischen dem verschuldensunabhängigen *Schutz des Nutzungs-*

interesses und dem verschuldensabhängigen *Vermögensschutz* abzuwägen ist.

5. Im Immaterialgüter-, Urheber- und Wettbewerbsrecht wird die Anspruchskonkurrenz von negatorischem Beseitigungsanspruch und deliktischer Haftung nicht durch formal-dogmatische Konstruktionen, sondern durch Wertungen bei der Gegenüberstellung der betroffenen Interessen bestimmt. Die Wahrung der ideellen Interessen der Rechtsinhaber wird als so bedeutsam eingestuft, dass verschuldensunabhängig verlangt werden kann, die substanzverletzende Entstellung eines Erzeugnisses oder Werkes zu beseitigen, wenn dies erforderlich ist.

Damit beschränkt sich das Abgrenzungsproblem auf die Frage, ob dieser umfassende negatorische Schutz persönlicher Interessen auf solche Fälle erweitert werden kann, in denen der Eigentümer einer Sache zwar nicht in seiner schöpferischen Leistung, aber doch in seiner allgemeinen Handlungsfreiheit und damit auch in seinen persönlichen Entfaltungsmöglichkeiten beschränkt ist, weil er im Gebrauch der ihm gehörenden Sache dadurch beeinträchtigt wird, dass diese in ihrer Substanz beschädigt wurde.

b) Das persönlichkeitsrechtliche Element beim Eigentum

Wird auf eine fremde Sache tatsächlich[1380] eingewirkt, lässt sich zwischen Eigentumsverletzungen mit (Beschädigung, Zerstörung) und ohne Beeinträchtigung der Sachsubstanz (Wegnahme und Vorenthaltung des Besitzes, Störungen im Besitz wie das Betreten des Grundstücks, Abladen von Schutt etc.) differenzieren. Während alle diese Fälle von den §§ 823 I, 249 ff. BGB erfasst werden, weil Vermögenseinbußen sowohl in Form von Substanzverletzungen als auch in Form von reinen Vermögensfolgeschäden auftreten können, etwa wenn der Nutzungs- oder Verwendungszweck einer Sache gestört ist und dadurch Gewinne entgehen (§ 252 BGB), wird § 1004 I 1 BGB bei Sachbeschädigungen, die nicht gleichzeitig den Sachgebrauch betreffen, und bei Sachzerstörungen nicht angewandt, weil es sich um einen Rechtsverwirklichungs- und nicht um einen Folgenbeseitigungsanspruch handelt. Er soll „nur" sicherstellen, dass die in § 903 S.1 BGB normierte positive Befugnis des Eigentümers, mit seiner Sache nach Belieben zu verfahren, *tatsächlich* ausgeübt werden kann. Weil der negatorische

[1380] Bei der Entziehung (durch Veräußerung der Sache an einen gutgläubigen Dritten) und der Belastung (gutgläubiger Erwerb eines dinglichen Rechts) des Eigentums mittels einer Verfügung scheidet Naturalrestitution aus, weil die gesetzlichen Gutglaubensvorschriften dem geschaffenen Zustand die Rechtswidrigkeit nehmen.

Beseitigungsanspruch auch bei solchen deliktisch geschützten Interessen, deren Ausübung keine Sache erfordert, ausdrücklich geregelt ist oder entsprechend angewandt wird, kann auch § 1004 I 1 BGB nicht den Erhalt der Sache selbst, sondern „nur" die uneingeschränkte Möglichkeit ihres Gebrauchs bezwecken.

Die Untersuchung der negatorischen Haftung insbesondere beim Namensrecht, beim Immaterialgüterschutz und der actio quasinegatoria hat gezeigt, dass beabsichtigt ist, den Persönlichkeitsbereich als essentialia eines jeden Rechtssubjekts umfassend zu sichern. Sein Schutz wird als so bedeutsam erachtet, dass es für die negatorische Haftung ausreicht, dass der Störer die Beeinträchtigung (verschuldensunabhängig) herbeigeführt hat. Dogmatisch ist die negatorische Haftung damit sowohl der ausgleichenden wie der verteilenden Gerechtigkeit zuzuordnen: Ausgleichend, weil der Störer die Beeinträchtigung eines Recht bzw. eines Rechtsguts verursacht hat, wobei der herbeigeführte Zustand, nicht aber die Verursachungshandlung selbst rechtswidrig sein muss. Verteilend, weil nicht das Verschulden, sondern die Art und Schwere der Rechtsverletzung beim Betroffenen die Risikoverteilung zu Lasten des Störers mitbestimmt. Im Vergleich zur Verschuldens- und Gefährdungshaftung liegt hier also eine Mischform ausgleichender und verteilender Gerechtigkeit vor. Der Störer haftet nicht nur, weil er die Beeinträchtigung herbeigeführt hat, sondern weil der Erhalt der ideellen Werte als besonders schutzwürdig bewertet wird.

Übertragen auf § 1004 I 1 BGB ist folglich das persönlichkeitsrechtliche Element des Eigentums verschuldensunabhängig geschützt, wenn sich ein solches bestimmen und abgrenzen lässt.

Rechtsgegenstände subjektiver Rechte können körperlicher (Sachen) oder unkörperlicher Art (z.B. Immaterialgüterrechte, Persönlichkeitsrechte, Forderungen) sein. Eigentum ist das subjektive Recht an Sachen. Es knüpft somit an die Eigenart und nicht an den Vermögenswert eines Rechtsgegenstandes an. Dingliche Rechte sind erforderlich, weil Sachen, die von Natur aus herrenlos sind, Personen erst rechtlich zugeordnet werden müssen. Bei ihnen ist nicht wie bei Rechtsgütern (z.B. Leben, Gesundheit), Immaterialgüterrechten oder Persönlichkeitsrechten der Rechtsträger dem Ursprung nach festgelegt bzw. wie bei Vertragsforderungen aus einer Vereinbarung bestimmbar. Erst mittels des Eigentums wird das Herrschaftsrecht[1381] verliehen, mit einer Sache nach Belie-

---

[1381] Subjektive Rechte lassen sich in *Herrschaftsrechte*, welche die Befugnis verleihen, selbst etwas tun zu können, in *Forderungsrechte*, welche die Befugnis verleihen, von einem anderen etwas verlangen zu können, und in *Gestaltungsrechte*, welche dazu befugen, durch einseitige Erklärung Rechtsverhältnisse zu ändern, aufzuheben etc. einteilen.

ben umgehen zu können.

Die durch das Eigentum eingeräumte Sachherrschaft ist von solchen Befugnissen abzugrenzen, die dem Eigentümer auf Grund seiner natürlichen Rechts- und Handlungsfähigkeit zukommen. Dazu gehört etwa ungestört leben, sich frei bewegen und grundsätzlich auch frei handeln zu können. Wird jemand an solchen Tätigkeiten gehindert, so stellt dies einen Angriff auf Rechtsgüter wie Leben, Gesundheit, Fortbewegungs- und Handlungsfreiheit der Person und damit auf ihren Status als selbständiges Rechtssubjekt dar. Der Angriff richtet sich dann gegen die Person selbst und nicht gegen ein subjektives Recht, das von der Person als solcher zu unterscheiden ist[1382]. Man spricht von einer Verletzung des Persönlichkeitsrechts. Diese Differenzierung legt es nahe, eine Person auch terminologisch von ihren selbständigen subjektiven Rechten zu unterscheiden und den Schutz der Person nicht mit dem Schutz ihrer subjektiven Rechte zu vermengen: Die Persönlichkeitsrechte sind Rechtsgüter, nicht Kompetenzen. Für ihre Wahrnehmung haben sich ganz andere Regelungen herausgebildet als für das Eigentum. Da sie viel weniger als dieses bestimmt sind, spielt etwa die Güterabwägung für die Beurteilung, ob das Persönlichkeitsrecht rechtswidrig verletzt worden ist, von vornherein eine viel größere Rolle[1383].

Es fragt sich, ob diese Unterscheidung zur Folge hat, dass beim Eigentum gar kein persönlichkeitsrechtlicher Gesichtspunkt verschuldensunabhängig geschützt werden kann. Diese Schlussfolgerung kann aber nicht gezogen werden: Zwar vermittelt das Eigentum Befugnisse, die von der Person des Rechtsträgers unabhängig und nur untrennbar mit der Sache als Rechtsobjekt verbunden sind, weshalb sie unproblematisch mit der Übereignung der Sache auf ihren Erwerber übergehen. Andererseits dienen sie aber der dinglichen Verwirklichung, mithin der freien Entfaltung der Person und spielen damit ins Persönlichkeitsrecht hinein. Privates Eigentum hat also zwei Seiten: eine „menschliche" und eine „sachliche". Eigentum ist ein persönliches Recht an einem Vermögensgegenstand; es ist das Recht, diesen als eigenen zu haben, ihn zu nutzen und darüber zu verfügen. Mit seinen Sachen beliebig umgehen zu können, ist mit Voraussetzung der allgemeinen Handlungsfreiheit einer jeden Person. Eigentum ist daneben auch ein in der Sache verkörperter Vermögenswert[1384]. Gerade in dieser Verbindung von Personenrecht und verkörpertem Vermögenswert unterscheiden

---

[1382] *Pawlowski*, AT, Rn.291.
[1383] *Pawlowski*, AT, Rn.292a.
[1384] *Böhmer*, NJW 1988, 2561, 2562.

sich die dinglichen Rechte von anderen subjektiven Rechten[1385].

Der Unterschied zu den Persönlichkeitsrechten ist also darin zu sehen, dass die Handlungsfreiheit beim Eigentum stets über die zugeordnete Sache vermittelt wird. Während sich bei der Verletzung von Persönlichkeitsrechten der Angriff gegen die Person selbst richtet, ist bei den Herrschaftsrechten ein gesondertes subjektives Recht betroffen, das von der Person selbst zu unterscheiden ist. Da aber jedes subjektive Recht einen Rechtsträger hat, ist immer auch der Personenbezug gegeben. So wird der Ursprung aller besonderen Privatrechte – auch des Eigentums – in der Person selbst gesehen, mithin das Persönlichkeitsrecht zutreffend als „Mutterrecht" aller Rechte bezeichnet[1386]. Warum dann in solchen Fällen, in denen die Entfaltungsfreiheit über eine bestimmte Sache ausgeübt wird, das persönlichkeitsrechtliche Element des Eigentums nicht verschuldensunabhängig gem. § 1004 I 1 BGB geschützt werden sollte, ist nicht erklärbar. Dass beim Eigentum infolge der unerlaubten Benutzung der Sache durch den Störer der Eigentümer gleichzeitig immer auch im eigenen Sachgebrauch gehindert wird, während unkörperliche Rechtsgegenstände parallel von mehreren genutzt werden können, rechtfertigt besonders einen verstärkten Eigentumsschutz durch eine verschuldensunabhängige Haftung. Entscheidend ist nur, dass die Störung sich immer auf die Sache auswirkt, also gegenständlich fassbar ist und nicht nur der rein persönliche Bereich, also die ideellen Interessen oder das rein ästhetische Empfinden des Eigentümers berührt werden[1387]. Über diesen Bezug zum Sachgebrauch ist der Persönlichkeitsschutz im Eigentumsrecht auch hinreichend abgegrenzt. Falsch ist es, den Persönlichkeitsschutz nie als maßgebenden Schutzzweck der Eigentumsnormen sehen zu wollen, weil er dem typischen vermögensrechtlichen Interesse an Sachgebrauch und Nutzung untergeordnet sei[1388]. Persönlichkeitsschutz und vermögensrechtlicher Schutz stehen als

---

[1385] Auch die Eigentumsgarantie nach Art. 14 GG ist nicht zunächst Sach-, sondern Rechtsträgergarantie, d.h. die persönliche Rechtsstellung steht im Vordergrund (*Böhmer*, NJW 1988, 2561, 2563).

[1386] Vgl. BGHZ 50, 133 (146); 23, 72 (78); *Taupitz* JZ 1992, 1089, 1092.

[1387] *Pikart*, WM 1973, 2; *ders.*, WM 1976, 606, 607, anschaulich, ob unerlaubtes Fotografieren eines Hauses und anschließende Veröffentlichung des Bildes in einer Zeitschrift eine Eigentumsverletzung ist: OLG Bremen NJW 1987, 1420; BGH NJW 1989, 2251, dazu *Diederichsen/Wagner*, BGB-Klausur, S.88. *Olzen*, Jura 191, 281, 289: Man müsse sich das Anspruchsziel des § 1004 BGB unter Einbeziehung des § 906 BGB vor Augen halten: Der Anspruch soll dem Eigentümer eine ungestörte Grundstücksnutzung im Rahmen seiner Duldungspflichten ermöglichen. Er müsse deshalb in die Lage versetzt werden, seine vorherige Grundstücksnutzung wieder aufzunehmen.

[1388] So aber *Forkel*, S.22 f.

unterschiedliche haftungsrechtliche Aspekte nebeneinander und nicht in einem Über-Unter-Ordnungsverhältnis. Mit den §§ 985, 1004, 1005 BGB einerseits und den §§ 823 I, 249 ff. BGB andererseits werden sie gleichwertig durch verschiedene Vorschriften geschützt[1389].

Allerdings darf durch eine zu weit verstandene Anwendung der negatorischen Haftung nicht das Verschuldensprinzip unangemessen entwertet werden. Der Gesetzgeber hält nämlich außerhalb der Regelungen verschuldensunabhängiger Haftung (z.B. Gefährdungshaftung, Aufopferungshaftung) ausdrücklich am Verschuldenserfordernis fest. Dass nie auch die Vermögensfolgeschäden negatorisch zu ersetzen sind, ist da ein schwacher Trost. Es bedarf deshalb weiterer Haftungsbegrenzungen, die sich am Schutzzweck der negatorischen Haftung auszurichten haben.

Eine solche Haftungsbegrenzung besteht darin, dass Eigentumsbeeinträchtigungen nach hier vertretener Auffassung nur dann einem Handlungsstörer zuzurechnen sind, wenn sie durch kein sozial typisches, sondern durch ein sozial auffälliges Verhalten verursacht wurden. Da aber auch der Zustandsstörer, also derjenige, der die störende Sache nach außen hin erkennbar als ihm gehörend besitzt, verantwortlich sein soll, kann die Einschränkung nur bei der Handlungsstörung nicht ausreichen. Weitere Einschränkungen beim Tatbestand oder bei der Rechtsfolge von § 1004 I 1 BGB sind deshalb erforderlich.

Mithin gilt es zu untersuchen, wo genau der Schutz des ungestörten Sachgebrauchs seine Grenzen in Tatbestand und Rechtsfolge hat.

3. Die Grenzen im Schutz des ungestörten Sachgebrauchs

a) Das Erfordernis der „substantiell fortdauernden Fremdeinwirkung“

Eine Eigentumsbeeinträchtigung gem. § 1004 I 1 BGB liegt vor, wenn der Eigentümer rechtswidrig fortdauernd im Gebrauch seiner Sache tatsächlich eingeschränkt oder ganz verhindert ist. Zweifellos begründet ist der negatorische Beseitigungsanspruch, wenn nur der Sachgebrauch betroffen ist, ohne dass die Sache selbst auch in ihrer Substanz verletzt wurde. Dazu zählen auch die Fälle, in denen mit einem Auto eine Grundstückseinfahrt blockiert oder ein anderes Fahrzeug zugeparkt wird. Liegt dagegen ausschließlich ein Vermögensschaden vor, weil die Sache in ihrer Substanz beschädigt wurde, ohne dass davon die

---

[1389] Vgl. Kapitel § 1.

Nutzung betroffen ist, greift nur der verschuldensabhängige Deliktsanspruch (§§ 823 I, 249 ff. BGB) ein. Problematisch sind nur die Fälle, in denen die Einschränkung des Sachgebrauchs mit einer Substanzverletzung der Sache einhergeht.

Hier könnte als Abgrenzungskriterium dienen, dass für einen verschuldensunabhängigen Anspruch der Sachgebrauch nicht nur infolge der Substanzverletzung beschränkt sein darf, sondern dass in Anlehnung an § 906 BGB durch den Eingriff „Stoffe" zugeführt worden sein müssen, die immer noch im Eigentumsraum des Anspruchstellers wirken und einen fortdauernden rechtswidrigen Zustand solange begründen, bis sie entfernt werden. Dass dann verschuldensunabhängig deren Beseitigung verlangt werden kann, lässt sich aus § 906 BGB herleiten, der zugeführte Imponderabilien und ähnliche Stoffe grundsätzlich als Einwirkungen i.S.v. § 903 BGB bewertet. Was unter Imponderabilien zu verstehen ist, lässt sich ebenfalls dem § 906 BGB entnehmen: Beispielhaft werden im Gesetz sowohl solche unwägbaren Stoffe genannt, die Rückstände hinterlassen können (Rauch, Ruß) als auch solche, die nur bei andauernder Einwirkung stören (Wärme, Geräusche, Gerüche, Erschütterungen). Als ähnliche Einwirkungen i.S.v. § 906 BGB wurden beispielsweise der Bienenflug[1390], Immissionen durch elektromagnetische Felder[1391], Staub[1392] oder Laub, Nadeln, Blüten und Zapfen[1393] eingestuft. In einem Erst-Recht-Schluss sind auch grobkörperliche Immissionen durch wägbare Stoffe wie Schrotblei aus Schießanlagen[1394], Steinbrocken aus Sprengungen[1395] oder Wasser aus einer gebrochenen Rohrleitung[1396] als wesentliche Störungen und damit als abwehrbare Einwirkungen zu verstehen.

Daraus folgt, dass der Eigentümer einer Sache, in der Praxis vor allem eines Grundstücks, auf Grund seiner ihm vorbehaltenen Sachherrschaft „fremde" Einwirkungen, die ihn *wesentlich* beeinträchtigen, von seiner Sache fernhalten darf. Dies muss gleichermaßen für solche gelten, die erst zugeführt werden, als auch für solche, die bereits zugeführt sind. Andere Vorschriften im BGB bestätigen dies: So sind gem. § 910 BGB grenzüberschreitende Zweige oder Wurzeln (also auch unterirdische Einwirkungen!) abwehrbar, soweit man § 910 BGB

[1390] BGHZ 117, 110 = NJW 1992, 1389.
[1391] BGH NJW 2004, 1317 – Mobilfunksendeanlage.
[1392] BGHZ 62, 186 = NJW 1974, 987.
[1393] BGH NJW 2004, 1037.
[1394] BGHZ 111, 158 – Schrotblei.
[1395] *Jauernig/Jauernig*, § 906 Rn.2.
[1396] BGH NJW 2003, 2377

nicht als eine den § 1004 I 1 BGB ausschließende Norm verstehen will[1397]. Auch bei der Gebäudeerrichtung auf fremdem Boden (§ 912 BGB) sind mit dem Überbau nach wie vor Fremdsubstanzen auf dem Grundstück des Anspruchstellers vorhanden.

Da sich gem. § 905 BGB das Recht des Grundstückseigentümers auf den Erdkörper unter der Erdoberfläche erstreckt, kann es keinen Unterschied machen, ob sich die Fremdsubstanzen letztendlich in die Erde selbst verlagern, etwa wenn das Schrotblei aus einer Schießanlage zu einer Bleivergiftung des Erdbodens führt oder Schadstoffablagerungen eine Bodenkontamination herbeiführen. Eine solche Verlagerung ist eher zufällig; und wenn die an der Erdoberfläche befindlichen Fremdstoffe beseitigt verlangt werden können, dann muss dies auch noch gelten, wenn ihre Herbeiführung die *Hauptursache* dafür ist, dass sie sich nunmehr in der Erde selbst befinden[1398]. Wichtig ist, dass die Fremdstoffe „gedanklich" nach wie vor isoliert vorhanden sind. Grundlage der Haftung ist, dass die Fremdsubstanzen infolge eines dem Störer zuzurechnenden – wenn auch schuldlosen - Verhaltens auf das fremde Grundstück gelangt sind[1399]. Dass ein Bezug zur Sachsubstanz vorliegt, hindert die verschuldensunabhängige Haftung nicht, weil sich aus der gesetzlichen Wertung heraus der verschuldensunabhängige Schutz des Gebrauchsinteresses durchsetzt.

Daraus folgt, dass durch den Unterlassungsanspruch gem. § 1004 I 2 BGB eine Gebrauchsbeeinträchtigung durch eine noch andauernde Zuführung von Imponderabilien und grob-körperlichen Immissionen untersagt werden kann. Des weiteren besteht ein Beseitigungsanspruch gem. § 1004 I 1 BGB, wenn die Störhandlung wenigstens – wie beim zurückbleibenden störenden Fremdkörper oder auch wie beim fortbrennenden Feuer (Haldenbrandfall)[1400] – *substantiell* in die Gegenwart hineinragt, wobei es für die verschuldensunabhängige Haftung nach § 1004 I 1 BGB nur darauf ankommt, dass der Störer dafür verantwortlich ist, dass störende Substanzen die fremde Sache nunmehr beeinträchtigen; das störende Material muss sich nicht mehr in seinem Eigentum befinden[1401]. Ziel ist

---

[1397] Vgl. oben Fn.865.

[1398] Zu Recht begrenzt der BGH die negatorische Haftung in der Milchpulverentscheidung deshalb auf das eingelagerte Milchpulver und erstreckt sie nicht auch auf die durch das Löschwasser verursachten Einschwemmungen des Milchpulvers in den Boden (BGHZ 110, 313 ff.).

[1399] *Mertens*, NJW 1972, 1783, 1785.

[1400] Vgl. oben S.55 f.

[1401] *Pikart*, WM 1973, 2, 3; *Mertens*, NJW 1972, 1783, 1785; *Eichler*, Institutionen II/1, S.269: „Zuständliche Beeinträchtigungen treten ... besonders durch die Zuführung und

es dann mittels § 1004 I 1 BGB mit Wirkung für die Zukunft, die anhaltende Gebrauchsbeeinträchtigung durch diese fortdauernde substantielle Fremdeinwirkung zu beseitigen. Rechtsgrund von § 1004 I 1 BGB ist es mithin nicht, jede Gebrauchseinschränkung zu beenden, sondern mit Rücksicht auf das Verschuldensprinzip solche auf Grund einer *reinen Substanzverletzung* auszulassen, was mit dem Erfordernis der *substantiell fortdauernden Fremdeinwirkung* auf die Sache des Anspruchsgegners erreicht wird.

Dies gilt dann gleichermaßen für betroffene Grundstücke wie auch für bewegliche Sachen, weil sich beide nur in der Mobilität unterscheiden, was aber auf die rechtliche Beurteilung der negatorischen Haftung keine Auswirkung hat. Verursacht jemand Flecken auf fremder Kleidung, so sind diese also auch gem. § 1004 I 1 BGB verschuldensunabhängig zu entfernen. Dass Fremdstoffe bei beweglichen Sachen zu einer Substanzveränderung wie bei der Bodenkontamination führen, wird allerdings selten vorkommen. Lagert sich etwa ätzender Staub einer Industrieanlage auf parkenden Fahrzeugen ab und frisst sich in deren Lack, Glas und Chromteile[1402], so kommt es nicht zu einer bloßen Vermischung wie beim Erdboden und den Kontaminationsstoffen, sondern zu einer weitergehenden Sachveränderung infolge verzögerter Beseitigung der Fremdstoffe, was den von der negatorischen Haftung ausgeschlossenen Fällen reiner Substanzverletzung näher steht, soweit durch eine solche Substanzveränderung nicht eine neue Gebrauchsbeeinträchtigung verursacht wird. Solche unmittelbar hervorgerufenen Sachschäden sind deshalb nicht nach § 1004 I 1 BGB zu beseitigen.

Teils wird dieser Sichtweise insbesondere von den Anhängern der Rechtsusurpationslehre entgegengehalten, dass die in das Erdreich eingedrungenen Schadstoffe keine selbständige Störungsquelle mehr darstellten, sondern wesentliche Bestandteile des Grundstücks würden und nur eine konkrete Erscheinungsform der Eigentumsbeschädigung seien[1403]. Wenn die unbefugte Zerstörung eines wesentlichen Sachbestandteils nur einen „normalen" Schadensersatzanspruch auslöse, könne das Hinzufügen eines wesentlichen Bestandteils keinen Anspruch aus § 1004 I 1 BGB begründen[1404]. Das auf dem Grundstück befindliche Haus zu beschädigen, soll also rechtlich genauso zu behandeln sein wie das

---

Verbringung fremder Stoffe auf ein Grundstück ein. Der Zustand ihres Verbleibens auf dem Grundstück widerspricht solange den geschützten Eigentümer- und Besitzinteressen, bis die Stoffe entfernt sind…".

[1402] BGHZ 92, 143 – Kupolofen.

[1403] *Gursky*, Fälle und Lösungen, Fall 6, S.46.

[1404] *Gursky*, aaO.

Verursachen einer Bodenverseuchung. Mögen die Auswirkungen auf den Sachgebrauch auch vergleichbar erscheinen, so darf nicht verkannt werden, dass sich die Schadstoffe zunächst auf der Erdoberfläche befanden – zu diesem Zeitpunkt hätten sie dann zweifellos auch nach § 1004 I 1 BGB beseitigt verlangt werden können – und dann erst in den Boden eingedrungen sind. Bei einer methodischen Fallvergleichung[1405] der Bodenkontamination mit den eindeutig geregelten Fällen von § 1004 I 1 BGB (unzweifelhaft ist der Anspruch begründet bei einer bloßen Gebrauchsbeeinträchtigung, abzulehnen ist er bei einer reinen Substanzverletzung) ergibt sich, dass die Bodenverseuchung wegen dieses allmählichen Einwirkungsvorgangs den Fällen der reinen Nutzungsstörung näher steht. Dies meint wohl letztendlich auch der BGH, wenn er davon spricht, dass erst die Beseitigung in Form des Bodenaustausches aus technischen Gründen eine Sachbeschädigung erfordere, die Gebrauchsbeeinträchtigung bei jenen auf der Erdoberfläche abgelagerten und jenen bereits in den Boden eingedrungenen Schadstoffen aber dieselbe sei[1406]. Danach können grundsätzlich keine Substanzverletzungen nach § 1004 I 1 BGB beseitigt verlangt werden, sondern nur die von außen zugeführten Fremdstoffe selbst. Es liegt dann im Risikobereich des Störers, wenn sich diese Fremdstoffe mit Stoffen der beeinträchtigten Sache so vermischen, dass ihre Beseitigung nunmehr einen Substanzeingriff erfordert. Ansonsten würde der Zufall – ob etwa das Öl auf der asphaltierten Straße noch gebunden werden kann oder bereits im Erdboden versickert ist – über die Begründung des negatorischen Beseitigungsanspruchs entscheiden. Der BGH will die Fälle der Bodenkontamination offensichtlich erst gar nicht als solche einer Substanzverletzung verstanden wissen[1407], was aber eher zweifelhaft sein dürfte. Das Ergebnis ist allerdings das gleiche, wenn man im kontaminierten Boden eine verletzte Sachsubstanz sieht und aus dem vorrangigen Schutz des Gebrauchsinteresses heraus dennoch einen verschuldensunabhängigen Anspruch anerkennt.

Genauso wenig vermag folgendes Beispiel zu überzeugen: Wenn ein Täter, der von einer fremden Sache den Anstrich teilweise abkratze, nur einem schuldrechtlichen Schadensersatzanspruch ausgesetzt sei, dürfe gegen jemanden, der eine fremde Sache eigenmächtig mit Farbe beschmiere, nicht zusätzlich ein dinglicher Anspruch bestehen, der ihn ebenfalls zur Wiederherstellung eines früheren Zustandes verpflichte; dies sei so willkürlich, als ob der Täter rote oder

---

[1405] Vgl. *Wank*, Auslegung, S.56.
[1406] Vgl. oben S.70 f.
[1407] Vgl. oben S.70 f.

grüne Farbe verwendet habe[1408]. Vor dem hier hergeleiteten dogmatischen Hintergrund, dass eigentlich jede Form der Gebrauchsbeeinträchtigung von § 1004 I 1 BGB erfasst wird und nur bei gleichzeitiger Substanzverletzung der verschuldensunabhängige Anspruch aus Wertungsgründen zurücktreten muss, wenn nicht gleichzeitig noch substantiell vorhandene Fremdeinwirkungen zu beseitigen sind, ist die oben vorgenommene Differenzierung aber nur folgerichtig[1409]. Wird der Anstrich von der fremden Sache teilweise abgekratzt, wird das Vermögen geschmälert, aber jedenfalls nicht der Gebrauch durch zugeführte Fremdstoffe fortdauernd beeinträchtigt. Durch das Beschmieren mit Farbe wird die Sachnutzung eingeschränkt. Es fehlt an einer Substanzverletzung; der Vermögensschaden wird nur durch die Gebrauchsbeeinträchtigung vermittelt.

Praktisch wird damit die BGH-Rechtsprechung dahingehend dogmatisch bestätigt, dass das Entfernen eingedrungener Wassermassen, eingewachsener Wurzeln, herübergeschwemmter Sandmassen, in den Erdboden eingedrungener Schadstoffe, abgeladenen Mülls oder eines geworfenen Steins etc., aber auch die Trockenlegung der durchnäßten Hauswand (nicht aber die Instandsetzung des dadurch zersetzten Mörtels!) gem. § 1004 I 1 BGB vom Störer verlangt werden kann, dass aber die Beseitigung von Substanzverletzungen ohne verbleibende Fremdstoffe (etwa das in den Erdboden gegrabene Loch oder der zerkratzte Autolack) den §§ 823, 249 ff. BGB vorbehalten ist, weil sich dann der an das schuldhafte Handeln gekoppelte Vermögensschutz gegenüber dem Gebrauchsinteresse durchsetzt.

Abstrakt formuliert kann die Rechtsfolge von § 1004 I 1 BGB nur auf das Entfernen der Störquelle in Form der substantiell fortdauernden Fremdeinwirkung gerichtet sein, mit dem Ziel, diese beeinträchtigende Einwirkung abzustellen und damit einen dem verletzten Rechtsinhalt entsprechenden Zustand für die Zukunft zu erreichen. Nicht geschuldet wird die Beseitigung von Einwirkungsfolgen. Der Beseitigungsanspruch reicht dabei immer nur soweit, wie es seiner Durchsetzung bedarf, um die Störung zu beseitigen[1410].

b) Kein Ersatz unmittelbarer Folgeschäden

Damit ist gleichzeitig die Frage geklärt, inwieweit durch die Fremdeinwirkung unmittelbar hervorgerufene Folgeschäden verschuldensunabhängig zu beseitigen

---

[1408] *Gursky*, Fälle und Lösungen, Fall 6, S.46 f.; *Lobinger*, JuS 1997, 981, 982.

[1409] Wenn man einmal davon absieht, dass das Abkratzen des Anstrichs wahrscheinlich den Sachgebrauch ohnehin nicht beeinträchtigt.

[1410] Vgl. *Pikart*, WM 1973, 2, 5 f.; *ders.*, WM 1976, 606, 609.

sind. Oben wurde bereits die Rechtsprechung des Reichsgerichts kritisch hinterfragt, die einen verschuldensunabhängigen Beseitigungsanspruch auch auf Austausch des durch den Haldenbrand zerstörten Bahndamms gewährte[1411], also die Tendenz erkennen ließ, dass auch alle zwangsläufig aus einer fortdauernden Fremdeinwirkung hervorgehenden Schäden zu ersetzen sind. Richtig kann nur sein, dass der Bahndamm insoweit auszutauschen ist, wie dies das Löschen des Feuers erfordert, nicht aber die durch das Feuer hervorgerufenen Veränderungen. Nur das brennende Feuer stellt mit seiner Hitze eine substantiell fortdauernde Fremdeinwirkung dar. Ist es erloschen, beruht eine eventuelle Gebrauchsbeeinträchtigung auf der zurückbleibenden reinen Sachbeschädigung. Solche Schäden können allenfalls unter dem Gesichtspunkt einer verzögerten Beseitigung der störenden Fremdstoffe ersetzt verlangt werden, wenn dadurch der Schaden erst schuldhaft verursacht wurde. Insoweit ergibt sich dann das Problem, ob neben den Verzögerungsvorschriften im allgemeinen Schuldrecht (§§ 280, 286 ff. BGB) die deliktische Haftung wegen einer Schutzgesetzverletzung (§ 823 II i.V.m. § 1004 I 1 BGB) überhaupt in Betracht kommt[1412].

c) Ersatz der durch die Beseitigung entstandenen Schäden

Der BGH gewährt einen verschuldensunabhängigen Anspruch auch auf Beseitigung solcher Substanzverletzungen, die notwendigerweise erst herbeigeführt werden müssen, um die im Erdboden befindlichen Fremdstoffe zu beseitigen. Danach kann gem. § 1004 I 1 BGB verlangt werden, dass ein aufgewölbter Tennisplatzbelag wiederhergestellt wird, wenn dieser zerstört werden musste, um die in das Erdreich eingedrungenen Wurzeln zu beseitigen[1413]. Die Begründung fällt knapp aus: Es müsse diejenige Eigentumsstörung beseitigt werden, die „zwangsläufig" durch das Entfernen des Wurzelwerks eintrete. Das Ziel des negatorischen Beseitigungsanspruchs, den dem Inhalt des Eigentums entsprechenden Zustand wiederherzustellen, würde offensichtlich verfehlt, wenn der Eigentümer die Beseitigung seiner Störung nur unter Inkaufnahme anderer, möglicherweise sogar weitergehender Beeinträchtigungen verlangen könnte[1414].

[1411] Vgl. S.55 f.
[1412] Bejahend LG Aachen, NJW 1961, 734 f., ablehnend *Staudinger/Gursky*, § 1004 Rn.164; *ders.*, NJW 1971, 782, 787 Fn.39; *Offtermatt*, S.132; *Picker*, in: FS H. Lange (1992), S.625, 684 Fn.133; *Fraenkel*, S. 42; zweifelnd auch OLG Köln NJW 1996, 1290, 1291.
[1413] Vgl. oben S.65.
[1414] BGH NJW 2005, 1366, 1368.

Außerdem beruft sich der Senat auf den zuvor entschiedenen Fall der Bodenkontamination. Dort wurde aber - bei genauem Lesen – nach § 1004 I 1 BGB nur der Erd*aushub* und dessen Entsorgung geschuldet[1415].

Teils wird dieser Rechtsprechung zugestimmt: Es könne nicht sein, dass der Störer zwar die Wurzeln ausgraben müsse, aber auf dem Grundstück eine „Mondlandschaft“ hinterließe, wenn er die Grube (von Rechts wegen) nur notdürftig zuschütten müsse. § 1004 I 1 BGB büße dann erheblich an Wert ein, da der Gestörte im Ergebnis nicht besser, sondern eher schlechter stünde als vor seinem Beseitigungsverlangen[1416]. Die Begleitschäden gehörten zu den Kosten der Beseitigung[1417].

Nach anderer Auffassung kann vom Störer nur verlangt werden, dass er auf seine Kosten die Wurzeln vom Grundstück entfernt[1418], allenfalls sei noch der Erdaushub als unentrinnbarer Begleitschaden unter § 1004 I 1 BGB zu fassen[1419]. Keineswegs sei aber die Wiederherstellung des Tennisplatzes vom Beseitigungsanspruch erfasst. Dies könne nur nach § 823 I BGB verlangt werden. Dafür fehle es aber an einem Verschulden. Die Haftung aus einem eng verstandenen Beseitigungsanspruch auf nachteilige Folgen der Eigentumsstörung zu erstrecken, sei nicht notwendig[1420]. Die weite Beseitigungspflicht führe ansonsten zu einer Art Gefährdungshaftung des Baumhalters, die sich wegen der Sozialnützlichkeit von Bäumen kaum mit anderen Fällen der Gefährdungshaftung vertrage[1421].

Es muss deutlich unterschieden werden zwischen dem Anspruch auf Beseitigung der ursprünglichen Eigentumsbeeinträchtigung, etwa dem Entfernen der hinübergewachsenen Wurzeln (§ 1004 I 1 BGB), und der Frage, ob der Störer auch für die Beseitigung solcher Substanzveränderungen aufzukommen hat, die sich aus der Beseitigung dieser Erststörung *zwangsläufig* ergeben[1422]. Will man dies auch unter § 1004 I 1 BGB fassen, muss es besonders begründet werden, denn der Tatbestand (Eigentumsbeeinträchtigung) und die Rechtsfolge (Beseiti-

---

[1415] Vgl. oben S.68 ff. *Medicus*, FS Hagen, S.157, 162 f. meint auch erkennen zu können, dass der BGH eine Kostentrennung nur nicht bei der Bodenkontamination, aber bei Platzbelägen oder Rohren vornehmen will.
[1416] *Vollkommer*, NJW 1999, 3539; *Herrmann*, JR 1998, 242, 243.
[1417] *Larenz/Canaris*, SchR II/2; § 86 VI.1.c) (S.701).
[1418] *Medicus*, FS Hagen, S.157 ff.
[1419] *Roth*, JZ 1998, 94, 96; *Lettl*, JuS 2005, 871, 878.
[1420] *Medicus*, FS Hagen, S. 157, 164.
[1421] *MünchKomm/Medicus*, § 1004 Rn.82 mwN; *Medicus*, FS Hagen, S.157, 165 f.
[1422] Vgl. auch *Herrmann*, JR 1998, 242, 243; *Lettl*, JuS 2005, 871, 879.

gung dieser Eigentumsbeeinträchtigung) fielen auseinander: Sieht man die Eigentumsbeeinträchtigung nämlich in der fortdauernden gebrauchseinschränkenden Anwesenheit von Fremdsubstanzen, dann kann konsequent auch nur ihre Entfernung verlangt werden. Alles andere würde zu einer erheblichen Rechtsunsicherheit führen, weil doch gerade auch die Beschränkung von § 1004 I 1 BGB in der Rechtsfolge im Vergleich zum Deliktsrecht die konkrete Ausgestaltung seines Anwendungsbereichs mit rechtfertigt[1423].

Es fragt sich deshalb, ob in Bezug auf die „Beseitigungsschäden" eine gesonderte Anspruchsgrundlage gegeben ist. In Betracht käme ein Anspruch aus § 823 I BGB. Dies erfordert allerdings, dass durch den Bodenaushub eine rechtswidrige substanzverletzende Beseitigungshandlung schuldhaft verübt wird. Dem stünde nicht von vornherein entgegen, dass dem Eigentümer ursprünglich ein Schadensersatzanspruch aus § 823 I BGB wegen der Verwerfungen und Unebenheiten des Tennisplatzes mangels Verschuldens nicht zustand. Denn die zu beurteilenden Verletzungshandlungen sind unterschiedliche. Der Bodenaushub ist aber nicht als rechtswidrig einzustufen, weil der Gestörte mit der Aufforderung zur Beseitigung zumindest konkludent auch sein Einverständnis zu den dafür erforderlichen Eigentumseingriffen erteilt.

Zu denken ist aber an einen Anspruch in Analogie zu den §§ 867 S.2, 1005[1424], 962 S.3 BGB. Diesen Vorschriften ist gemeinsam, dass sie einen verschuldensunabhängigen gesetzlichen Ausgleichsanspruch gewähren, weil rechtmäßig in die geschützte Besitz- bzw. Eigentumsposition eingegriffen wird. Es besteht ein sog. Abholungsanspruch gegen Ersatz solcher Schäden, welche durch die Aufsuchung und Wegschaffung der auf fremden Besitz bzw. fremdes Eigentum gelangten Sache entstehen. Jedoch ist die analoge Anwendung der Vorschriften nicht ohne Bedenken: So spricht der Wortlaut dafür, ihre Anwendung auf bewegliche Sachen, die sich auf der Grundstücksoberfläche befinden, zu beschränken, weil diese leicht beseitigt werden können[1425]. Soweit Wortlaut und Gesetzeszweck nicht entgegenstehen sollen, die Vorschriften auch auf wesentliche Bestandteile des Grundstücks zu erstrecken[1426], lässt sich entgegen-

---

[1423] Vgl. auch *Medicus*, FS Hagen, S.157, 161, 164, 166 f. Es ist deshalb auch missverständlich, wenn *Vollkommer* (NJW 1999, 3539) davon spricht, dass es praktisch um die Durchsetzung und weniger um den Umfang des Beseitigungsanspruchs gehe.

[1424] Vgl. *Picker*, Beseitigungsanspruch, S.165, der aber bereits einen Anspruch aus § 1004 I 1 BGB auf Beseitigung von Wurzeln ablehnt; *Roth*, NJW 1999, 3539 f.; *Vollkommer*, NJW 1999, 3539.

[1425] *MünchKomm/Joost*, § 867 Rn.2.

[1426] So *Roth*, NJW 1999, 3539, jedoch ohne nähere Begründung.

halten, dass das Gesetz Ausgleichsansprüche verschuldensunabhängig immer nur dann gewährt, wenn Schäden auftreten *können*, aber nicht – wie bei der Beseitigung unterirdischer Fremdstoffe - zwangsläufig auftreten *müssen*. Es ist dann gerechtfertigt, denjenigen, in dessen Interesse die Duldung des eigentlich rechtswidrigen Eingriffs auferlegt wird, ausnahmsweise auch ohne Verschulden haften zu lassen. Diese Ausgewogenheit der Regelung geht aber gänzlich verloren, wenn der Ausgleichsanspruch im Rahmen einer Beseitigungspflicht zusätzlich dem Störer auferlegt werden soll. Er hat dann keinen Vorteil, der es rechtfertigen würde, ihn ausnahmsweise verschuldensunabhängig für den erforderlichen Schaden einstehen zu lassen.

Allerdings könnte ein Anspruch auf Beseitigung der zwangsläufig entstehenden Substanzschäden gem. § 242 BGB gerechtfertigt sein[1427]. Zwischen dem gestörten Eigentümer und dem Störer besteht mit der Beseitigungspflicht nach § 1004 I 1 BGB ein gesetzliches Schuldverhältnis. Danach ist die Leistung so zu erbringen, wie Treu und Glauben mit Rücksicht auf die Verkehrssitte dies erfordern. § 242 BGB kann auch dazu dienen, bestehende Hauptleistungspflichten im Umfang zu konkretisieren. Die Rechtsprechung beruft sich auf § 242 BGB, wenn ihre Entscheidung nicht mehr auf den Wortlaut oder den Sinngehalt einer Norm gestützt werden kann[1428]. Es ist allgemein anerkannt, dass die Interessenbewertung zum Nachteil einer Partei nicht notwendigerweise von einem Verschulden dieser Partei abhängt[1429]. Bei der Interessenabwägung ist leitendes Prinzip vor allem die Risikozuordnung[1430]. Tritt ein Schaden oder ein anderer Nachteil ein, so ist die Regelungsaufgabe darin zu sehen, diesen Nachteil den Parteien in angemessener Weise zuzuordnen[1431]. Der Störer hat mit der Zuführung der Fremdstoffe die causa für die fortdauernde Gebrauchsbeeinträchtigung gesetzt. Dass die Fremdstoffe unterirdisch beseitigt werden müssen, liegt dann in seiner Risikosphäre. Es erscheint deshalb auch angemessen, ihm die damit zwangsläufig verbundenen Aufwendungen aufzuerlegen, aber auch nur diese. Der Sinn und Zweck von § 1004 I 1 BGB, den bestimmungsgemäßen Gebrauch der betroffe-

---

[1427] Der Rechtsgedanke von § 258 BGB lässt sich dagegen nicht übertragen, denn die Vorschrift schränkt das Wegnahmerecht des Gläubigers ein, ihre Übertragung auf § 1004 BGB würde aber die Beseitigungspflicht des Schuldners erweitern (*Medicus*, FS Hagen, S.157, 163).

[1428] *MünchKomm/Roth*, § 242, Bd.2a, Rn.21.

[1429] *MünchKomm/Roth*, § 242, Bd. 2a Rn.50; *Soergel/Teichmann*, § 242 Rn.62; *Palandt/ Heinrichs*, § 242 Rn.5; *Erman/Werner*, 10. Aufl., § 242 Rn.46; vgl. auch BGHZ 64, 9.

[1430] *MünchKomm/Roth*, § 242, Bd. 2a Rn.47; *Canaris*, Vertrauenshaftung, S.479 ff.

[1431] *MünchKomm/Roth*, aaO.

nen Sache wiederherzustellen, muss ebenso auf den Ersatz der durch die Beseitigung der Eigentumsbeeinträchtigung entstandenen Schäden durchschlagen. Alles andere widerspräche der § 1004 I 1 BGB zu Grunde liegenden Wertung, dass der Störer alles zur Störungsbeseitigung Erforderliche *auf eigene Kosten* vorzunehmen hat[1432]. Obwohl sich der störende Eingriff und die Folgen dadurch gegenständlich unterscheiden, verwischt die Grenze von Beseitigung und Schadensersatz nicht, weil die Wiederherstellung der tatsächlichen Benutzbarkeit nicht die Folgen der Eigentumsstörung im Blick hat, sondern die sich aus der Pflicht zur „restlosen" Beseitigung der Störungsquelle *ergebende Bereinigung der Beseitigungsfolgen*[1433].

Die Sache ist aber nur in den Zustand zurückzuverschaffen, in dem sie sich befand, als sie zum Zweck der Beseitigung der Eigentumsbeeinträchtigung geschädigt wurde. Die negatorische Haftung kann in ihrem Umfang nie weiter reichen als die deliktische. Praktisch umgesetzt bedeutet dies: Wären die §§ 823 I, 249 ff. BGB auf den Erdaushub anwendbar, dann hätte vom Schädiger nur die Wiederherstellung des *ausgewölbten* Tennisplatzes verlangt werden können. Deshalb hat der Störer verschuldensunabhängig auch nur dafür einzustehen, dass genau dieser Zustand nach Beseitigung der Wurzeln wiederhergestellt wird. War der Platz gar nicht mehr bespielbar, wird sogar nur das Auffüllen der Bodengrube geschuldet. Wird ein tadelloser Tennisbelag aufgetragen, hat die Mehrkosten dafür der Gestörte stets selbst zu tragen. Um dies zu begründen, bedarf es keines Mitverschuldens i.S.v. § 254 BGB, weil der Beseitigungsanspruch vom gestörten Eigentümer beispielsweise – wie im BGH-Fall des gewölbten Tennisbelags - zu spät geltend gemacht wurde, sondern dies ergibt sich dogmatisch einfach aus den Grenzen der verschuldensunabhängigen Haftung. Der Gestörte stünde ansonsten mit dem neuen Tennisplatzbelag wesentlich besser als vor Beseitigung der Wurzeln. Er soll aber keinen Vermögensvorteil erlangen. Der Störer muss also immer nur die Kosten für die Wiederherstellung der Sachsubstanz in ihrem ursprünglichen Zustand tragen. Alte Abwasserrohre sind nach Entfernen der störenden Wurzeln nur durch solche von gleichem Wert zu ersetzen.

Als weitere Grenze zu den §§ 823 I, 249 ff. BGB ergibt sich, dass nur die Wiederherstellung des *bestimmungsgemäßen Gebrauchs* verlangt werden kann. Der Erdaushub bei einer Bodenkontamination muss nicht durch teure Muttererde ersetzt werden, wenn der Erdboden ohnehin bebaut wird. Muss ein unversehrter

---

[1432] *Wenzel*, NJW 2005, 241, 243.
[1433] *Wenzel*, NJW 2005, 241, 243.

Tennisbelag zerstört werden, um an die Wurzeln heranzukommen, so sind nur die Kosten für einen neuen bespielbaren Platz zu übernehmen. Es muss aber nicht ein übermäßig teurer Belag ersetzt werden, denn es wird kein Schadensersatz, sondern nur die Wiederherstellung des bestimmungsgemäßen Gebrauchs bzw. die dafür erforderlichen Kosten geschuldet.

Die Kosten für die Untersuchung eines durch Wurzelwachstums verstopften Kanals sind vom Störer zu übernehmen, weil dadurch eventuell teure Aushubarbeiten vermieden werden können, die Investition also in seinem Interesse ist. Das Rohr ist nur zu ersetzen, wenn es für die Beseitigung eingewachsener Wurzeln zerstört werden muss, nicht wenn es von diesen bereits zerstört wurde. Es wird nämlich nur die Beseitigung der Fremdsubstanzen und die auf dem Weg dorthin verursachten Substanzverletzungen geschuldet, nicht aber bereits verursachte reine Substanzschäden.

Diese differenzierte Betrachtung lässt sich nur über die Interessenabwägung im Rahmen von § 242 BGB vornehmen; eine analoge Anwendung von § 867 S.2 BGB ist insoweit zu wenig flexibel und wird auch über den Grundsatz „neu für alt“ den Individualinteressen im Einzelfall zu wenig gerecht.

d) Zusammenfassung

1. Unter einer Eigentumsbeeinträchtigung i.S.v. § 1004 I 1 BGB ist die für den *Eigentümer tatsächliche nachteilige Einschränkung des bestimmungsgemäßen Gebrauchs der ihm gehörenden Sache zu verstehen.*

Abwehrbar sind gem. § 1004 I 2 BGB beeinträchtigende gegenwärtige Handlungen (Betreiben der schadstoffausstoßenden Anlage, Überschreiten des Grundstücks, Lärmbelästigung, Blendung) und solche beeinträchtigenden Zustände, die in einer *noch „substantiell fortdauernden Fremdeinwirkung“* bestehen, etwa durch Anwesenheit von außen zugeführter Fremdstoffe (Bodenkontamination, Ölverseuchung) oder einer selbständig „weiterfressenden“ Substanzveränderung, wie bei einem Feuer.

2. Vermischen sich Schadstoffe etwa mit dem Erdboden, wird ihre Beseitigung auch dann geschuldet, wenn dafür der Boden ausgetauscht werden muss. Dass ein Bezug zur Sachsubstanz vorliegt, hindert die verschuldensunabhängige Haftung nicht, weil sich aus der gesetzlichen Wertung heraus der verschuldensunabhängige Schutz des Gebrauchsinteresses durchsetzt. Lagern sich Fremdstoffe auf der beweglichen Sache ab, so gelten dieselben Grundsätze wie bei den Grundstücken: Die Fremdstoffe können beseitigt verlangt werden, durch sie

verursachte Folgeschäden (etwa Verätzungen auf dem Autolack) stellen aber keine Vermischung, sondern eine Veränderung der Sachsubstanz dar und werden von § 1004 I 1 BGB nicht erfasst.

3. Durch die Fremdeinwirkung unmittelbar hervorgerufene Folgeschäden (Veränderungen infolge eines Schwelbrands im Bahndamm) sind nicht verschuldensunabhängig zu beseitigen. Von § 1004 I 1 BGB i.V.m. § 242 BGB wird dagegen die Beseitigung solcher Substanzverletzungen erfasst, die notwendigerweise erst herbeigeführt werden müssen, um die substantiell fortdauernde Fremdeinwirkung zu beseitigen (Wiederherstellung des Tennisbelags, der zerstört worden ist, um die darunter befindlichen Wurzeln zu entfernen). Allerdings ist allenfalls die Wiederherstellung des ursprünglichen (auch minderwertigen) Zustands geschuldet, der nur der gegenwärtigen Gebrauchsbestimmung der betroffenen Sache genügen muss.

4. Der drohende Weiterfresserschaden als Anwendungsfall von § 1004 I 1 BGB

Neben den Fällen, in denen ein und dieselbe Sache im Gebrauch beeinträchtigt und in ihrer Substanz verletzt ist, kommen auch solche vor, in denen ein anderes Recht oder Rechtsgut als die beschädigte Sache selbst bei Fortbestehen des Schadens bedroht ist. Es fragt sich, ob auch dann die Beseitigung einer Sachbeschädigung verschuldensunabhängig verlangt werden kann. Ein solcher Sachverhalt ist beispielsweise gegeben, wenn durch eine eingeworfene Fensterscheibe die in der Wohnung befindlichen Möbel wetterbedingt schadhaft zu werden drohen. Im Fall des drohenden Eigentumsschadens wäre § 1004 BGB direkt, ansonsten, etwa bei der Gefährdung von Leben und Körper, entsprechend anzuwenden.

a) Unterlassungs- oder Beseitigungsanspruch?

Es fragt sich allerdings, ob solche Fälle nicht vom Unterlassungs- statt vom Beseitigungsanspruch erfasst werden. Zwar ist bereits eine Sache beschädigt, doch haftungsbegründend wirkt letztendlich die drohende Rechts- bzw. Rechtsgutsverletzung. Es ist somit zu erörtern, wie Beseitigungs- und Unterlassungsanspruch voneinander abzugrenzen sind.

Das Verhältnis beider Ansprüche zueinander ist strittig. Teilweise wird angenommen, die Ansprüche hätten nichts miteinander zu tun[1434], andere beschreiben sie als wesensmäßig verschieden und voneinander unabhängig[1435], der Beseitigungsanspruch sei eine Fortentwicklung, Ergänzung, Steigerung des Unterlassungsanspruchs[1436], er werde von diesem eingeschlossen oder umfasst[1437], decke sich - teilweise - inhaltlich mit ihm[1438]; Unterlassungs- und Tätigkeitspflichten seien generell nicht klar unterscheidbar[1439]. Partiell wird nach der Art der *tatsächlichen* Beeinträchtigung des Eigentums bzw. der anderen absolut geschützten Rechtspositionen differenziert und angenommen, dass sich der Beseitigungsanspruch immer gegen einen *körperlichen Zustand* richte, während der Unterlassungsanspruch bei *störendem Handeln* eingreife[1440]. Häufig wird dies dahingehend beschrieben, dass der Beseitigungsanspruch zwingend eine vorangegangene Verletzungshandlung voraussetze, während sie beim Unterlassungsanspruch noch ausstehen könne[1441]. Es wird angenommen, dass es sich prozessual um zwei unterschiedliche Streitgegenstände handele[1442], der Unterlassungsanspruch – so die h.M.[1443] - nur mittelbar nach § 890 ZPO, d.h. über Ordnungsgeld bzw. Ordnungshaft, der Beseitigungsanspruch bei vertretbaren Handlungen[1444] dagegen unmittelbar durch die Ersatzvornahme nach §§ 887 f. ZPO bzw. über die Fiktion der Abgabe einer Willenserklärung (§ 894 ZPO)

1434 *Reimer/Pastor*, Wettbewerbs- und Warenzeichenrecht, S.15 f.

1435 *Jauernig*, NJW 1973, 1671, 1672; *Henckel*, AcP 174 (1974), 97, 99 f.; BGH GRUR 1974, 99, 101 – Brünova; *Teplitzky*, WRP 1984, 365, 368.

1436 BGH GRUR 1955, 487, 488 - Alpha; BGH GRUR 1972, 558, 560 – Teerspritzenmaschinen.

1437 BGH GRUR 1958, 30, 31 – Außenleuchte; BGH GRUR 1962, 315, 318 – Deutsche Miederwoche.

1438 BGHZ 14, 163 (176) – Constanze II; BGH GRUR 1958, 30, 31 – Außenleuchte; BGHZ 29, 344 (352) – Sanifa; BGH GRUR 1977, 614, 616 – Gebäudefassade.

1439 *V. Caemmerer*, Juristentagsfestschrift II, S.49, 75.

1440 *Münzberger*, Verhalten, S.418; *Eltzbacher*, S.131 ff.; *Stönner*, S.79, 81; vgl. *Henckel*, AcP 174 (1974), 97, 99 f.

1441 *Teplitzky*, Wettbewerbsrechtliche Ansprüche, 22. Kap. Rn.14.

1442 BGH NJW 1973, 2285 = GRUR 1974, 99, 101 – Brünova; *Teplitzky*, Wettbewerbsrechtliche Ansprüche, 22.Kap. Rn.7; *ders.*, WRP 1984, 365.

1443 *Baumbach/Hefermehl*, Einl UWG Rn.574; *Teplitzky*, Wettbewerbsrechtliche Ansprüche, Kap. 22 Rn.5; *ders.*, WRP 1984, 365, 366; a.A. *Lindacher*, GRUR 1985, 423, 426; *Brehm* ZZP 89, 178; *Thomas/Putzo*, ZPO § 890 Rn.4; *Staudinger/Gursky*, § 1004 Rn.237.

1444 Dies ist der Regelfall; sollte ausnahmsweise eine unvertretbare Handlung geschuldet sein, dann ist der Schuldner zu einer solchen durch Zwangsgeld oder –haft anzuhalten (§ 888 ZPO). Bei der Vollstreckung nach § 888 ZPO wird zwar auch mittelbar Zwang ausgeübt, aber in einer von § 890 ZPO verschiedenen Weise und keineswegs immer (wenn nämlich die Handlung nicht ausschließlich vom Schuldnerwillen abhängt), vgl. *Jauernig*, NJW 1973, 1671, 1672.

vollstreckbar sei und die Einklagung des einen Anspruchs nicht die Verjährung des anderen Anspruchs unterbreche[1445]. Wird im Rechtsstreit von einem zum anderen Anspruch übergegangen, so wird eine Klageänderung angenommen[1446].

Im Einzelfall kann die Feststellung, ob ein „Tun" oder ein „Unterlassen" geschuldet wird, schwierig sein, weil sich bestimmte Verhaltensanforderungen sowohl negativ (der Mieter hat ruhestörenden Lärm zu unterlassen) als auch positiv (der Mieter hat die laute Musik abzustellen) umschreiben lassen[1447]. Unter einem Unterlassen wird allgemein jedes denkbare Nichthandeln, insbesondere auch das Dulden fremder Handlungen oder eines Zustandes verstanden[1448]. Die Unterlassungspflicht sage nicht, was getan, sondern was nicht getan werden soll[1449] (z.B. keinen Lärm zu verursachen). Häufig wird dies als eine „verhaltensbezogene" Unterlassungspflicht beschrieben[1450]. Zutreffend ist, dass diese Pflicht durch die Nichtvornahme (es wird von vornherein kein Lärm verursacht) oder die bloße Beendigung der untersagten (lärmverursachenden) Handlung verwirklicht werden kann. Kennzeichnend ist zudem, dass die Störung nur für die Dauer der (lärmverursachenden) Handlung vorliegt und in ihrer Wirkung (Ruhestörung) besteht. Dafür spielt es keine Rolle, ob die Handlung durch ein technisches Hilfsmittel ausgeübt wird (z.B. ein Radiogerät)[1451], denn in dem Betreiben bzw. Benutzen von Geräten oder anderen Einrichtungen, die sich in der alleinigen Einflusssphäre des Störers befinden, liegt dann die zu unterlassende Handlung als die eigentliche Störungsursache. Der Schuldner ist zudem dafür verantwortlich, dass andere in seinem Einwirkungsbereich die unerlaubte Handlung unterlassen (lärmende Kinder oder Gäste). Zwar haben Kinder und Gäste einen eigenen Willen, sie handeln aber im Wirkungs- und Einflussbereich des Schuldners, so dass ihm das störende Verhalten letztendlich wie eigenes zuzurechnen ist, wenn er es duldet und so für die Störungsquelle verantwortlich ist. Das übergeordnete Ziel des Anspruchs ist auch hier, dass eine unerlaubte Handlung nicht vorgenommen wird. Dieses Unterlassen ist Gegenstand der Vollstreckung und Grundlage der Vollstreckungsnorm[1452].

[1445] BGH NJW 1973, 2285 = GRUR 1974, 99, 101 - Brünova.
[1446] *Baumbach/Hefermehl*, Einl UWG Rn.307; BGH NJW-RR 1994, 1404; 74, 99 (Brünova); *Teplitzky*, Wettbewerbsanspruch, Kap. 22 Rn.7.
[1447] Vgl. *GroßkommUWG/Köhler*, Vor § 13 B. Rn.9.
[1448] *Palandt/Heinrichs*, § 194 Rn.1.
[1449] *Jauernig*, NJW 1973, 1671.
[1450] Vgl. *GroßkommUWG/Köhler*, Vor § 13 Rn.10.
[1451] *Staudinger/Gursky*, § 1004 Rn.237.
[1452] *Teplitzky*, WRP 1984, 365, 367, vgl. auch *Staudinger/Gursky*, § 1004 Rn.237.

Andererseits ist die Umschreibung als „verhaltensbezogene“ Unterlassungspflicht insoweit missverständlich, dass nicht das Unterlassen einer bestimmten Handlung, sondern im Grunde nur das Unterbleiben der Handlungswirkung und somit das Vermeiden eines Erfolges geschuldet wird. Es steht dem Schuldner beispielsweise frei, durch eine (nicht geschuldete) Gegenmaßnahme (Schallisolierung) die Wirkung der störenden Handlung auszuschließen, so dass letztendlich auch von einer „erfolgsbezogenen“ Unterlassungspflicht gesprochen werden könnte. Es ist nicht die Handlung, sondern ihre Wirkung, die stört. Maßgeblich ist aber dennoch, dass immer mit der Beendigung der Handlung auch die Störung entfällt. Darin ist das Abgrenzungskriterium zum Beseitigungsanspruch zu suchen, bei dem die Haftung eben nicht in der Vornahme der Handlung selbst, sondern in dem Fortdauern eines Störungszustands besteht, der nur durch eine über die Beendigung der Handlung hinausgehende Gegenmaßnahme beseitigt werden kann.

Als Unterscheidungsmerkmal von Unterlassungs- und Beseitigungsanspruch dient damit die Störungsursache, die gleichzeitig die Rechtsfolge nach Art und Umfang, also die geschuldete Reaktion, bestimmt. Eine klare Abgrenzung kann anhand der verschiedenen Arten erfolgen, in denen die Ansprüche vollstreckt werden: Ein Unterlassungsanspruch ist immer dann anzunehmen, wenn ausschließlich durch Ordnungsgeld bzw. –haft nach § 890 ZPO vollstreckt werden kann, weil die Störung in einer fortdauernden willentlich gesteuerten Handlung besteht, die nur durch den Störer beendet werden kann. Ist es dagegen möglich, die Störung durch eine Ersatzvornahme zu beenden, so dass gem. den §§ 887, 894 ZPO zu vollstrecken ist, dann ist ein Beseitigungsanspruch geltend zu machen. Damit wird der Tatsache Rechnung getragen, dass beide Ansprüche materiellrechtlich gemeinsam[1453] der Abwehr künftiger Störungen dienen[1454], aber doch wesensverschieden sind[1455], denn der Beseitigungsanspruch wirkt stets in die Vergangenheit, weil er die Beseitigung einer bereits eingetretenen,

---

1453 Weitere Gemeinsamkeiten beider Ansprüche hat *Teplitzky*, WRP 1984, 365, 366 herausgearbeitet: Neben der Ähnlichkeit der weiteren Zielsetzung (Beseitigung künftiger Störungen), der Einordnung unter den gemeinsamen Oberbegriff „Abwehransprüche“ und der Verschuldensunabhängigkeit sollen der Bezugspunkt zu einer Verletzungshandlung, die Ausweitung des Schuldner- und Gläubigerbegriffs und die Voraussetzung, dass die geschuldete Maßnahme auch erforderlich zu sein hat, beiden Ansprüchen gemeinsam sein.

1454 *GroßkommUWG/Köhler*, Vor § 13 B. Rn.127; *Teplitzky*, WRP 1984, 365, 366; *ders.*, Wettbewerbsrechtliche Ansprüche, 22. Kap. Rn.3; *Ahrens*, Wettbewerbsverfahrensrecht, S.58. Deshalb wird auch der Beseitigungsanspruch dem vorbeugenden Rechtsschutz im Zivilrecht zugerechnet, vgl. *Henckel*, AcP 174 (1974), 97, 98 ff.; *Kötz*, AcP 174 (1974), 145, 149.

1455 *V. Gamm*, NJW 1955, 1346.

aber eben fortwirkenden Beeinträchtigung bezweckt, während der Unterlassungsanspruch künftige Beeinträchtigungen, welche durch die Erstbegehungs-, aber auch durch eine Wiederholungsgefahr (auf die allerdings ebenfalls aus einer gegenwärtigen Beeinträchtigung geschlossen werden kann) drohen, verhindern will[1456], was die verschiedene Tenorierung im Gerichtsurteil bedingt[1457]. Die Unterscheidung beider Ansprüche kann deshalb nur durch die Arten ihrer Vollstreckung erfolgen. So wird einerseits sichergestellt, dass gleiche Sachverhalte auch gleich vollstreckt werden, andererseits sich der Gläubiger nicht die für ihn günstigere Vollstreckungsart aussuchen kann, also nach § 890 ZPO vorzugehen, wenn die Vollstreckung nach § 887 ZPO zeitraubend oder im Einzelfall schwierig ist, bzw. gemäß §§ 887, 894 ZPO zu vollstrecken, wenn der Schuldner sich als unbeugsam erweist[1458].

Da aber die Wiederherstellung einer beschädigten Sache zum Schutz anderer bedrohter Rechte oder Rechtsgüter eine vertretbare Handlung ist, muss ein Beseitigungsanspruch gem. § 1004 I 1 BGB geltend gemacht werden.

Es ist dem Betroffenen auch nicht zumutbar, die Bedrohung weiterer Rechte und Rechtsgüter, insbesondere seines Eigentums, hinnehmen zu müssen, um später dafür vielleicht Schadensersatz geltendmachen zu können. Begründen lässt sich dies mit der präventiven Funktion der negatorischen Haftung. Es ist als ein Gebot der Gerechtigkeit anzusehen, Schutz davor zu gewähren, dass weiterer Schaden entsteht. Dass dieser Grundsatz den Anwendungsbereich des negatorischen Beseitigungsanspruchs wesentlich mitbestimmt, wurde bereits oben bei der historischen Herleitung des quasinegatorischen Rechtsschutzes dargelegt. Es bestehen ja auch wenig Zweifel daran, dass ein Loch im Damm zu schließen ist, wenn erneut Wassermassen auf das Nachbargrundstück zu fließen und dabei vielleicht ein Haus zu überschwemmen drohen. Die Vermeidung von möglicherweise hohen Folgeschäden ist auch im Interesse des Anspruchgegners. Dadurch wird keineswegs das Verschuldensprinzip umgangen, weil die Rechtsfolge des § 1004 I 1 BGB eben nicht auf die Wiederherstellung der ursprünglichen Vermögenslage, sondern nur auf den präventiven Schutz des Vermögenswertes und der Gebrauchsfähigkeit der bedrohten Sache begrenzt ist, also

---

1456 *Jauernig*, NJW 1973, 1671, 1672, vgl. auch *Gloy*, Handbuch des Wettbewerbsrechts, § 22 Rn.14.

1457 *Teplitzky*, WRP 1984, 365, 366.

1458 Entgegen der Rechtsusurpationslehre ist demnach kein Beseitigungsanspruch, sondern ein Unterlassungsanspruch gem. § 1004 I 2 BGB geltend zu machen, wenn der Störer ein Grundstück unberechtigt überquert oder eine Anlage betreibt, die nicht zumutbare Schadstoffe ausstößt.

beispielsweise gerade nicht das Einsetzen der ursprünglich vorhandenen teuren Doppel-, sondern einer einfachen Fensterscheibe geschuldet wird, wenn auch diese vor den Witterungseinflüssen hinreichend schützt. Die Rechtsfolge hängt damit auch nicht von Zufälligkeiten ab, sondern wird immer dadurch bestimmt, was im Einzelfall erforderlich ist, um die drohende Beeinträchtigung des anderen Rechts bzw. Rechtsguts abzuwenden.

b) Die Unterscheidung der geschädigten und der bedrohten Sache

Dass diese Ausweitung des Anwendungsbereichs von § 1004 I 1 BGB in der Literatur teilweise abgelehnt wird, beruht wohl vor allem auf der Unsicherheit über die Weite der davon erfassten Fälle. Reicht es beispielsweise aus, dass durch die beschädigte Scheibe infolge der kalten Witterungseinflüsse das dahinter befindliche Zimmer unbewohnbar ist oder müssen doch Schäden an Möbelstücken drohen? Kann die Instandsetzung eines beschädigten Gasrohres verlangt werden, weil das ausströmende Gas eine Explosionsgefahr oder vielleicht bei zunehmender Gaskonzentration auch nur die Unbewohnbarkeit eines Hauses bedeutet? Wie kann im Einzelfall rechtssicher beurteilt werden, dass eine andere als die bereits beschädigte Sache bedroht ist?

Den geäußerten Bedenken lässt sich folgendes entgegenhalten:

Soweit die bereits beschädigte Sache und die bedrohte Sache *räumlich* eindeutig *getrennt* sind, ist ihr Auseinanderhalten einfach. Nicht ausreichen kann allerdings, dass durch die beschädigte Sache eine andere Sache nur nicht bestimmungsgemäß gebraucht werden kann, ohne dass weitergehende Substanzschäden oder neue Nutzungsbeeinträchtigungen drohen. Wird etwa der Motor eines automatischen Garagentores beschädigt und kann deshalb das Auto nicht aus der Garage gefahren werden, darf der betroffene Eigentümer nicht gem. § 1004 I 1 BGB die Reparatur des Garagentores verlangen, weil dadurch das Verschuldensprinzip umgangen würde. Entsprechendes gilt für das infolge der beschädigten Fensterscheibe unbewohnbare Zimmer. Nicht *bereits eingetretene* Beeinträchtigungen und Schädigungen, sondern nur *drohende* dürfen verschuldensunabhängig unterbunden werden. Droht das aus einem lecken Gasrohr ausströmende Gas zu explodieren und dabei ein Haus zu beschädigen oder durch die ansteigende Gaskonzentration nur unbewohnbar zu machen, so kann die Wiederherstellung des Gasrohres verlangt werden. Allerdings ist zu beachten: Der drohende Schaden bzw. die drohende Beeinträchtigung darf nicht nur unwesentlich sein, weil ansonsten der Anspruch rechtsmissbräulich ausgeübt würde

(§ 242 BGB). Hier kann sich an dem Maßstab für die Wesentlichkeit in § 906 BGB orientiert werden. Auf die Dringlichkeit der Beseitigung kommt es dagegen nicht an, weil der präventive Schutz darauf nicht beschränkt sein kann. Wichtig ist aber, um die verschuldensunabhängige Haftung zu rechtfertigen, dass die Bedrohung der separaten Sache vor allem durch den bereits eingetretenen Schaden verursacht wird, und keine Verkettung zufällig zusammentreffender Umstände dazu führt, da dies wieder in das allgemeine Lebensrisiko des Gestörten fallen würde.

In den problematischen Fallkonstellationen, in denen ein *enger räumlicher* Zusammenhang zwischen der beschädigten Sache und der bedrohten Sache besteht, kann sich für die Unterscheidung von bereits geschädigter Sache und bedrohter anderweitiger Sache an den zum ersatzfähigen Weiterfresserschaden entwickelten Ansichten orientiert werden. Bei dieser aus dem Deliktsrecht bekannten Problematik geht es ebenfalls darum, einen bereits (etwa bei Übergabe der Kaufsache) vorhandenen Mangelunwert (Störung des sog. Äquivalenzinteresses) von einem darüber hinausgehenden Folgeschaden zu trennen (Störung des sog. Integritätsinteresses), der nach §§ 823 I, 249 ff. BGB ersetzt werden soll. Auch der Anspruch nach § 1004 I 1 BGB darf nicht darauf gestützt werden, dass eine fremde Sache bereits beschädigt wurde, sondern ausschließlich darauf, dass durch diesen Schaden eine davon getrennte Sache beschädigt bzw. in ihrer Nutzung beeinträchtigt zu werden droht. Wie beim Weiterfresserschaden kann es für einen Anspruch aus § 1004 I 1 BGB deshalb nicht ausreichen, eine von der Teilbeschädigung der betroffenen Sache ausgehende, spätere nachteilige Veränderung der beschädigungsfreien „Rest"-Sache als drohende Eigentumsbeeinträchtigung i.S.v. § 1004 I 1 BGB ansehen zu wollen. Soweit etwa der Lackschaden am Auto rostet, ist dadurch eindeutig kein anderes Recht oder Rechtsgut betroffen. Es muss also stets zwischen der bereits eingetretenen und der noch drohenden Eigentumsbeeinträchtigung streng unterschieden werden.

In Anlehnung an die Ansichten zum Weiterfresserschaden[1459] kann auf die funktionelle Abgrenzbarkeit des beschädigten Sachteils sowie auf den Wertunterschied zwischen dem beschädigten Teil und dem bedrohten Teil abgestellt werden[1460]. Es kommt darauf an, ob Stoffgleichheit bei natürlicher bzw. wirtschaftlicher Betrachtungsweise anzunehmen ist, was den Beseitigungsanspruch ausschließt[1461]. Der BGH hat das Kriterium der Stoffgleichheit in Anlehnung an

---

[1459] Vgl. dazu *MünchKomm/Wagner*, § 823, Rn.120 ff.
[1460] Vgl. BGHZ 67, 359 (363) = NJW 1977, 379, 380 f. – Schwimmschalter.
[1461] BGHZ 86, 256 = BGH NJW 1983, 811, 812.

die Grundsätze der Minderung im Kaufrecht durch einen Wertvergleich präzisiert[1462]: Übertragen auf die negatorische Haftung bedeutet dies, dass der bereits eingetretene Schaden und die Höhe des drohenden Schadens bzw. der Wert der drohenden Nutzungsbeeinträchtigung miteinander zu vergleichen sind. Kommt die Wiederherstellung der beschädigten Sache aus wirtschaftlichen Gründen nicht in Betracht, weil die dafür aufzuwendenden Kosten außer Verhältnis zum Wert der Sache stehen, liegt Stoffgleichheit vor[1463]. Orientiert werden kann sich an den in der Rechtsprechung entschiedenen Fällen[1464]. Soweit repressiv Schadensersatz nach §§ 823 I, 249ff. BGB gewährt wird, muss es auch möglich sein, den Schaden zu verhindern. Allerdings wird auch an der „Weiterfresser-Rechtsprechung" grundsätzliche Kritik geäußert, die entsprechend auch für die negatorische Haftung gelten kann[1465]: Die Kriterien seien nicht rational und rechtssicher. Es sei ungerecht, dass gelte: „Je größer die Schuld des Herstellers, desto geringer die Haftung"[1466]. Ein großer Sachschaden kann nur verschuldensabhängig beseitigt verlangt werden, ein kleiner dagegen verschuldensunabhängig, wenn er eine andere Sache bedroht. Allerdings lässt sich dem entgegenhalten, dass bei der negatorischen Haftung durch den Stellenwert des präventiven Rechtsschutzes und der Beschränkung der Rechtsfolge im Vergleich zum Deliktsrecht die Folgen der Ausweitung der negatorischen Haftung geringer sind. Da bei Fällen mit Fremdsubstanz (z.B. in Hauswand eingedrungenes Wasser) § 1004 I 1 BGB ohnehin gilt, besteht zudem wenig praktische Relevanz.

Zusammenfassend lässt sich also feststellen, dass in einer zweiten Fallgruppe gem. § 1004 I 1 BGB Naturalrestitution verlangt werden kann, wenn durch eine bereits geschädigte Sache ein davon zu trennendes *anderes* Recht oder Rechtsgut verletzt zu werden droht. Es reicht dafür nicht aus, dass sich der Schaden an ein und derselben Sache verschlimmert oder eine andere Sache wegen dieses reinen Sachschadens im Gebrauch beeinträchtigt ist. Bei einem engen räumlichen Zusammenhang von beschädigter und bedrohter Sache sind die in der Rechtsprechung zum „Weiterfresserschaden" entwickelten Abgrenzungskriterien entsprechend anzuwenden.

[1462] BGH NJW 1985, 2420 – Kompressor-Entscheidung.
[1463] BGH NJW 1992, 1678.
[1464] Vgl. etwa *MünchKomm/Wagner*, § 823, Rn.123, 130; *Palandt/Thomas*, § 823, Rn.213.
[1465] *MünchKomm/Wagner*, § 823, Rn.125 mwN.
[1466] *Reinicke/Tiedke*, Kaufrecht, Rn.965.

5. Die Grenzen der Beseitigungspflicht

Bei der negatorischen Haftung außerhalb des Eigentumsrechts hat sich bereits gezeigt, dass der Umfang der Rechtsfolge durch den Schutzzweck der Haftung, nämlich das ideelle Interesse zu wahren, begrenzt wird. Bei den Beseitigungsansprüchen handelt es sich nun einmal nicht um Schadensersatzansprüche, sondern um Ansprüche auf zukünftige Verwirklichung immaterieller Werte, so dass die Wiederherstellung von Sachen nur soweit geschuldet wird, wie es für die Wahrung dieser ideellen Interessen erforderlich ist. Dies ergibt sich auch eindeutig aus dem Wortlaut des § 1004 I 1 BGB und der entsprechenden Vorschriften im übrigen BGB und in den Sondergesetzen, wenn es dort heisst, dass die „Beseitigung der *Beeinträchtigung*" verlangt werden kann. Der Umfang der Rechtsfolge des negatorischen Beseitigungsanspruchs wird also immer durch den negatorischen Tatbestand bestimmt und begrenzt. Dies muss auch beim Eigentumsschutz gelten.

Soweit es darum geht, den ungestörten Sachgebrauch sicherzustellen, dient § 1004 I 1 BGB dazu, das persönlichkeitsrechtliche Element des Eigentums, das Gebrauchsinteresse, zu schützen. Ziel ist es, die gestörte Gebrauchsfähigkeit einer Sache wiederherzustellen. Daran ist die Reichweite der Rechtsfolge von § 1004 I 1 BGB auszurichten. Im Gegensatz zur Differenzhypothese im Schadensersatz gilt deshalb: Es ist *nicht* der *ursprüngliche* Gebrauchszustand herzustellen, wie er jetzt hypothetisch bestünde, wenn die beeinträchtigende Störung nicht eingetreten wäre, sondern es ist der Gebrauchszustand herzustellen, welchen der *aktuelle* Nutzungszweck der Sache verlangt. Maßstab für die Reichweite der negatorischen Haftung ist nur die Nutzbarkeit der Sache, nicht aber ihr Vermögenswert. Der Aushub kontaminierten Erdbodens ist somit nicht durch hochwertige Muttererde zu ersetzen, wenn auf ehemaligem Ackerland nun Häuser gebaut werden sollen.

Die Wahl der Beseitigungsmaßnahme obliegt stets dem Störer, es sei denn, dass nur eine bestimmte Vorkehrung in Betracht kommt[1467]. Eine bestimmte Handlung soll der beeinträchtigte Eigentümer deshalb regelmäßig erst im Rahmen seines Antrags nach § 887 ZPO nennen dürfen[1468]. In solchen Fällen, in denen für jedermann erkennbar nur eine bestimmte Maßnahme den gewünschten Erfolg verspricht (etwa der Widerruf), sollte diese Maßnahme aber auch konkret

---

[1467] *Pikart*, WM 1973, 2, 6.

[1468] Vgl. BGHZ 67, 252 (253); BGH NJW 1984, 1242, 1243; *Palandt/Bassenge*, § 1004 Rn.51.

eingeklagt werden dürfen. Dies bedeutet gleichzeitig, dass bei mehreren, aber abschließend aufzählbaren Handlungsalternativen, Klageantrag und Urteil darauf gerichtet sein müssen, den Schuldner dazu zu verurteilen, eine dieser alternativen Handlungen vorzunehmen[1469]. Nur so wird dem Bestimmtheitserfordernis nach § 253 II Nr.2 ZPO Rechnung getragen und gleichzeitig sichergestellt, dass die Bestimmung der Schuld soweit wie möglich im Erkenntnisverfahren erfolgt. In den übrigen Fällen kann ein allgemein gehaltener, auf das konkrete Ergebnis ausgerichteter Klageantrag gestellt werden. Bei diesem Kompromiss wird die Zumutbarkeit bei der Pflicht zur Nennung der Beseitigungsmaßnahme zutreffend mit dem Recht des Störers, die Beseitigungsmaßnahme selbst auszusuchen, vernünftig abgewogen.

Soweit ein anderes Recht oder Rechtsgut durch die beschädigte Sache bedroht wird, kann gemäß § 1004 I 1 BGB, beim Eigentum in direkter, ansonsten in entsprechender Anwendung, die Wiederherstellung der beschädigten Sache verlangt werden. Dass ein verschuldensunabhängiger Anspruch auf Naturalrestitution die Ausnahme zu bleiben hat, muss sich aber auch hier auf Art und Umfang der Rechtsfolge auswirken. Kann die Bedrohung anderweitig abgewendet werden, z.B. indem die von Schädigung bedrohten Möbelstücke in einen Nebenraum ausgelagert werden, so kann der Betroffene vom Störer nur diese Maßnahme verlangen, um die Beeinträchtigung abzuwenden. Der Störer darf auch hier zwischen verschiedenen gleich geeigneten Maßnahmen wählen. Naturalrestitution kann vom Anspruchsteller nur gefordert werden, soweit es der präventive Rechtsschutz *unbedingt* erfordert. Die Geltendmachung des Anspruchs steht zudem unter dem Gebot von Treu und Glauben. Zudem ist § 254 II 1 BGB entsprechend anzuwenden. Ist es dem Gläubiger mit geringem Aufwand möglich, seine bedrohten Rechte oder Rechtsgüter selbst vor Schaden zu bewahren, dann sind ihm solche Eigenmaßnahmen auch zumutbar. Vor allem darf die Bedrohung nicht mutwillig herbeigeführt werden; andererseits können ihm keine überobligationsmäßigen Anstrengungen abverlangt werden. Die Weite der Rechtsfolge ist mithin von Fall zu Fall zu entscheiden.

[1469] *Teplitzky*, Wettbewerbsrechtliche Ansprüche, 24. Kap Rn.8; *GroßkommUWG/Köhler*, Vor § 13 Rn.133.

§ 4 Einzelprobleme

Aus dem hier entwickelten Grundverständnis von § 1004 I 1 BGB ergeben sich Folgerungen für diskutierte Einzelprobleme der negatorischen Haftung. Wer, wie *Picker*, den Anwendungsbereich des negatorischen Beseitigungsanspruchs auf die Fälle der Rechtsusurpation beschränken will, um ihn so eindeutig vom Deliktsrecht abgrenzen zu können, wird konsequenterweise ablehnen müssen, dass § 251 II BGB als eine den Inhalt des Schadensersatzrechts ausgestaltende Vorschrift bei § 1004 I 1 BGB entsprechend anwendbar ist[1470]. § 254 BGB passt nach dieser Ansicht nicht bei § 1004 I 1 BGB, weil es an der haftungsbegründenden Kausalität fehlt, die für eine zurechenbare Mitursächlichkeit des Gestörten erforderlich ist[1471]. Bei negativen und ästhetischen Immissionen fragt sich, ob diese Rechtsanmaßungen i.S.d. Rechtsusurpationslehre sind. Wenn man dagegen, wie hier vertreten, in der kausalen Handlung den Rechtsgrund für die negatorische Haftung sieht, dann ist es nicht ausgeschlossen, bei der deliktischen Schadenshaftung vorzufindende Gesichtspunkte auf die negatorische Verantwortlichkeit zu übertragen.

A. Kostenerstattung nach Eigenvornahme

Wenn der Störer die Eigentumsbeeinträchtigung selbst beseitigt, hat er stets die dadurch verursachten Kosten zu tragen[1472]. Dies ergibt sich aus der gesetzgeberischen Entscheidung, die negatorische Haftung als aktive Beseitigungspflicht und nicht als bloße Verpflichtung zur Duldung einer Selbsthilfe des Gestörten auszugestalten[1473]. Als Folge daraus erlangt der gestörte Eigentümer nach ständiger Rechtsprechung[1474] und nach völlig h.M. in der Literatur[1475] einen Kostenerstattungsanspruch gegen den Störer, wenn er zur

---

1470 *Picker*, Beseitigungsanspruch, S.162 f.; *ders.*, FS H. Lange, S. 625 ff.

1471 *Picker*, aaO., S.164 f.

1472 Völlig h.M., *Staudinger/Gursky*, § 1004 Rn.152; *MünchKomm/Medicus*, § 1004 Rn.89; *BGB-RGRK/Pikart*, § 1004 Rn.95; *Soergel/Mühl*, § 1004 Rn.118; *Erman/Ebbing*, 11. Aufl., § 1004 Rn.68; *Palandt/Bassenge*, § 1004 Rn.30; *Baur/Stürner*, SR, § 12 Rn.22; *Heck*, § 66 7.; *Bezzenberger*, JZ 2005, 373, 374; *Picker*, Beseitigungsanspruch, S.165 ff.; *ders.*, FS Gernhuber, S.315, 341 f.

1473 Mot. III, S.426; *Picker*, Beseitigungsanspruch, S.168; *ders.*, FS Gernhuber, S. 315, 341 f.; *Baur/Stürner*, SR, § 12 Rn.22.

1474 Einzelne Verweise in den folgenden Fussnoten.

1475 *MünchKomm/Medicus*, § 1004 Rn.90; *Soergel/Mühl*, § 1004 Rn.118; *Jauernig/Jauernig*, § 1004 Rn.8; *Müller*, SR, Rn.767 f.; *Herresthal/Riehm*, NJW 2005, 1457, 1461;

Selbsthilfe schreitet, die Beeinträchtigung seines Eigentums also selbst beseitigt. Ersatz seiner Aufwendungen soll er dann aus der berechtigten Geschäftsführung ohne Auftrag[1476] oder, sofern deren Voraussetzungen nicht vorliegen, unter dem Gesichtspunkt der ungerechtfertigten Bereicherung[1477] fordern können.

Der Anspruch aus den §§ 677, 683 S.1, 670 BGB setzt voraus, dass die Selbsterfüllung des Beseitigungsanspruchs durch den Negatoriengläubiger dem Störer, vorausgesetzt, dass dieser nicht bereits seinen entgegenstehenden Willen geäußert hat oder dieser anderweitig erkennbar war, objektiv nützlich ist und deshalb seinem mutmaßlichen Willen entspricht. Das ist im Einzelfall genau zu prüfen. Für § 679 BGB, welcher u.a. den entgegenstehenden Willen des Geschäftsherrn bei Erfüllung eines öffentlichen Interesses als unbeachtlich ansieht, genügt nicht das abstrakte Interesse der Gemeinschaft an der Erfüllung jeder Verpflichtung, erforderlich ist vielmehr, dass zur Vermeidung der Gefährdung oder Beeinträchtigung dringender, konkreter öffentlicher Interessen (Gefahr für Leben, Gesundheit, Sachgüter) die Erfüllung gerade der in Frage stehenden Verpflichtung durch einen anderen als Fremdgeschäftsführer geboten ist[1478]. Etwa bei der Beseitigung verdorbenen Milchpulvers[1479] oder einer den Bahnbetrieb gefährdenden Störung[1480] ist dies bejaht worden.

Teils wird die objektive Nützlichkeit der Ersatzvornahme angesichts der damit verbundenen Aufwendungsersatzpflicht dann abgelehnt, wenn die zu erstattenden Aufwendungen höher sind als denkbare Schadensersatzforderungen bei Nichtvornahme des fremden Geschäfts[1481]. Dies soll z.B. der Fall sein, wenn das Abschleppen eines rechtswidrig vor der Grundstückseinfahrt abge-

---

Bezzenberger, JZ 2005, 373, 374 ff.;*Bauer/Stürner*, § 12 Rn.22; *Baur*, JZ 1964, 354, 355; *Erman/Ebbing*, 11. Aufl., § 1004 Rn.69; *Larenz/Canaris*, SchR II/2, § 86 VI.1.e) (S.701); *Westermann*, Lb, § 36 IV.1.

1476 RGZ 149, 205, 208; 167, 55, 59; BGH NJW 1966, 1360, 1362; 1968, 1327, 1328; 2005, 1366; BGHZ 65, 354 u. 384; 97, 231; 98, 235; 106, 142, 143; 110, 313, 314 f.; BGH JZ 1992, 310, 312 mit Anm. *Gursky*.

1477 RGZ 127, 29, 33f.; 138, 327, 328 f.; BGHZ 60, 235, 243; BGH NJW 1964, 1365; BGHZ 97, 231, 234; 106, 142, 143; BGH WM 1989, 1476, 1477; JZ 1992, 310, 312; NJW 1995, 395, 396; JZ 2004, 627, 628; BayObLGZ 1968, 76, 84; OLG Düsseldorf NJW 1986, 2648, 2649; LG Aachen NJW 1961, 734, 735.

1478 *Palandt/Sprau*, § 679 Rn.3; Studienkommentar/*Beuthien*, § 679, Anm.3; *Dörner*, JuS 1978, 666, 669.

1479 BGHZ 110, 313 (318), siehe oben S.66 ff.

1480 RGZ 167, 55.

1481 *Gursky*, Fälle und Lösungen, Fall 5, S.35; *ders.*, NJW 1971, 782, 786; *Dörner*, JuS 1978, 666, 669; *Janssen*, NJW 1995, 624, 625; AG Frankfurt a.M., NJW-RR 1990, 730, 731.

stellten Fahrzeugs hohe Kosten verursacht, das Versperren der Zufahrt bis zur ohnehin vom Störer später vorgenommenen Eigenbeseitigung des Autos aber gar keinen oder nur einen geringfügigen Schaden zur Folge gehabt hätte[1482]. Die Beseitigungspflicht ist aber von der Kostentragungspflicht zu trennen. Letztere folgt aus ersterer, aber erstere richtet sich nicht nach letzterer. Allein entscheidend ist deshalb, dass der Störer von dem gegen ihn gerichteten Beseitigungsanspruch gem. §§ 1004, 862 BGB befreit wird[1483]. Hier kann auch kein Vergleich mit solchen Fällen gezogen werden, in denen eine Schuldentilgung deshalb nicht dem Interesse des Schuldners entspricht, weil dieser aufrechnen konnte oder die Forderung bereits verjährt war[1484]. Denn zum Zeitpunkt des Abschleppens bestand eben gerade kein Gegenrecht des Störers.

Lehnt man im Einzelfall einen Anspruch aus berechtigter Geschäftsführung ohne Auftrag ab, fragt sich, ob ein Kostenerstattungsanspruch wegen ungerechtfertigter Bereicherung gem. §§ 812 I 1, 818 II BGB geltend gemacht werden kann. Dabei kann im Einzelfall eine rechtsgrundlose Leistung i.S.v. § 812 I 1, 1. Fall BGB (wenn eine die Voraussetzungen von § 683 S.1 BGB nicht erfüllende Fremdgeschäftsführung bezweckt wurde) oder ein Vermögensvorteil in sonstiger Weise, § 812 I 1, 2. Fall BGB, anspruchsbegründend wirken. Dass der Störer keine eigenen Aufwendungen mehr zur Beseitigung der Eigentumsbeeinträchtigung aufbringen muss und insoweit bereichert sein kann, ist einsichtig. Der Störer soll deshalb nach § 818 II, III BGB den Betrag zu ersetzen haben, den er selbst für die Erfüllung seiner Verpflichtung aus § 1004 I 1 BGB hätte aufwenden müssen und mithin durch das Eingreifen des Negatoriengläubigers erspart hat, aber nicht mehr als die tatsächlichen Aufwendungen des letzteren[1485].

Abgesehen davon, dass man in Einzelfällen, wie etwa beim Abschleppen eines Autos, eine aufgedrängte Bereicherung annehmen oder die entsprechende Anwendung von § 814 BGB erwägen könnte[1486], werden grundsätzliche dogmatische Einwände gegen den Weg über § 812 BGB erhoben:

Ein Anspruch aus den §§ 812, 818 BGB würde klaren Wertungen des Leistungsstörungsrechts widersprechen. Mittels der Selbsterfüllung werde im

---

[1482] *Dörner*, JuS 1978, 666, 669.

[1483] So zu Recht BGHZ 65, 384 (387); BGH NJW 1966, 1360, 1362; NJW 1968, 1327, 1328.

[1484] So aber *Dörner*, JuS 1978, 666, 669.

[1485] BGH NJW 1964, 1365; *Staudinger/Gursky*, § 1004 Rn.153.

[1486] So *Dörner*, JuS 1978, 666, 670, weil der Störer das Fahrzeug später ohnehin - für den Beeinträchtigten auch erkennbar - selbst weggefahren hätte.

Wege der Zweckerreichung die Unmöglichkeit der Beeinträchtigungsbeseitigung durch den Störer ohne dessen Verschulden bewirkt. Gem. §§ 283, 280 I BGB werde der Schuldner dann aber von seiner Verpflichtung ersatzlos frei. Einen ihm aus dem Unmöglichwerden der Leistung erwachsenden Vorteil soll er nur unter den Voraussetzungen von § 285 BGB an den Gläubiger weitergeben müssen. Soweit ein Gegenleistungsanspruch bestehe, müsse sich der Schuldner ersparte Aufwendungen allenfalls bei der Höhe des Gegenleistungsanspruchs anrechnen lassen (§ 326 II 2 BGB). Der ersparte Arbeitsaufwand wegen des bloßen Nichtstuns soll aber im Rahmen von § 326 BGB keine Berücksichtigung finden. Es sei daher systemwidrig, wenn er bei der Höhe des Kostenerstattungsanspruchs gem. §§ 812, 818 BGB zugunsten des Gläubigers berücksichtigt würde[1487]. Dem lässt sich aber entgegenhalten, dass bei der Verpflichtung aus § 1004 I 1 BGB gerade keine Gegenleistungspflicht besteht, so dass auch der angesprochene Wertungswiderspruch entfällt. Es macht einen erheblichen Unterschied, ob die aus einem Vertrag geschuldete Leistung wegen Unmöglichkeit nicht mehr erbracht werden kann oder ob der Störer, nachdem er in den fremden Rechtskreis rechtswidrig eingegriffen hatte, zur Folgenbeseitigung auf eigene Kosten verpflichtet war, und diese anderweitig vorgenommen wurde. Es ist streng zwischen der Pflicht zur Beseitigung und der Übernahme der dafür erforderlichen Kosten zu trennen. Die Übernahme der Kosten ist durch die Selbstvornahme nicht unmöglich geworden. Dass diese Trennung von Beseitigungspflicht und Kostenübernahme richtig ist, ergibt sich aus dem Vergleich mit solchen Fällen, in denen die fremde Verbindlichkeit von einem Dritten getilgt wird, der dann einen Rückgriffsanspruch gegen den Schuldner hat. Für diesen erscheint es aber nur zufällig, ob der Gläubiger oder ein Dritter seine Schuld tilgt.

Des weiteren wird vorgetragen, dass der beeinträchtigte Eigentümer die Störung durch die Anwesenheit von Fremdsachen regelmäßig nur dadurch beseitigen könne, dass er seinerseits in die Substanz der störenden Sache des Anspruchgegners eingreife[1488]. Liege dann aber keine berechtigte Fremdgeschäftsführung vor, dann könne der rechtswidrige Eingriff nicht noch durch einen Bereicherungsanspruch belohnt werden[1489]. Dass der beeinträchtigte Eigentümer rechtswidrig in den Rechtskreis des Störers zur Beseitigung der

---

[1487] *Gursky*, NJW 1971, 782, 785; *ders.*, JZ 1992, 312, 314.

[1488] Ein Vorgehen gegen den Handlungsstörer ist nur unter den Voraussetzungen der Notwehr (§ 227 BGB) gerechtfertigt.

[1489] *Staudinger/Gursky*, § 1004 Rn.153.

Eigentumsbeeinträchtigung eingreift, ist aber entgegen *Gursky* nicht der Regelfall, sondern die absolute Ausnahme. Besteht die Beeinträchtigung darin, dass sich auf dem Grundstück Fremdstoffe befinden, die für den Störer wertlos sind (z.B. abgeladener Müll, Bodenkontamination), erfolgt schon gar kein Eingriff in den Rechtskreis des Störers. Im übrigen werden bei der Verfolgung oft die §§ 859, 229 BGB verwirklicht sein. Bei § 859 I BGB (Besitzwehr) sind allerdings die zeitlichen Grenzen von Abs.2 und 3 bei der Besitzkehr anzuwenden, wenn die Abwehrmaßnahme sich zugleich als Wiederergreifung des (Teil-)Besitzes darstellt[1490]. Beim Pflanzenüberhang und –überwuchs ist das Selbsthilferecht zudem nach § 910 BGB gerechtfertigt. Dennoch verbleiben Fälle, in denen die Beeinträchtigung durch eine für den Störer wertvolle Sache verursacht wird und ein zeitgebundender Rechtfertigungsgrund nicht eingreift, etwa wenn ein Dieb ein Fahrzeug auf einem abgelegenen Fremdgrundstück unrechtmäßig abstellt, und es vom Grundstückseigentümer erst Tage später entdeckt wird. Dem Grundstückseigentümer die Selbstbeseitigung des Fremdfahrzeugs zu versagen und ihn auf die Hilfe öffentlicher Stellen, etwa der Polizei, oder auf ein gerichtliches Eilverfahren zu verweisen, wird § 903 BGB nicht gerecht, welcher dem Eigentümer einer Sache die Befugnis verleiht, andere von jeder (rechtswidrigen) Einwirkung auszuschließen. Soweit sich die Abwehrhandlung auf keinen speziell geregelten Rechtfertigungsgrund stützen lässt, rechtfertigt sie sich deshalb unmittelbar aus § 903 BGB. Es ist das hier herausgearbeitete persönlichkeitsrechtliche Element im ungestörten Umgang mit der eigenen Sache, dass nicht nur eine verschuldensunabhängige negatorische Haftung begründet, sondern auch eine Selbstvornahme des Gestörten rechtfertigt, um den rechtmäßigen Zustand wiederherzustellen. Die Selbstvornahme unterliegt wie alle Rechtfertigungsgründe dem Verhältnismäßigkeitsprinzip, wobei sich an den Grundsätzen für § 859 BGB orientiert werden kann.

Im einzelnen gilt es jedoch, dieses Recht der Selbsthilfe systemkonform auszugestalten. Dabei ist vor allem einem weiteren grundsätzlichen Einwand gegen den Anspruch aus ungerechtfertigter Bereicherung Rechnung zu tragen:

Dass der Negatoriengläubiger durch eine einseitige Maßnahme die Pflicht zur realen Störungsbeseitigung in eine Zahlungspflicht umwandeln könne, sei vor

---

[1490] *MünchKomm/Joost*, § 859 Rn.5; *Palandt/Bassenge*, § 859 Rn.6; BGH NJW 1967, 46, 48; a.A. AG München DAR 1981, 56 bei Parkplatzbesetzung. Die zeitlichen Schranken gelten aber für eine nur durch Besitzstörung ausgelöste Selbsthilfe nicht, etwa beim Zuparken von Ein- und Ausfahrten (*Dörner*, JuS 1978, 666, 671).

allem im Hinblick auf die Gefahr, § 887 ZPO bei der Zwangsvollstreckung zu unterlaufen, bedenklich[1491]. Neben dem Titel ist nach § 887 I ZPO noch ein die vorherige Anhörung des Schuldners erfordernder Beschluss des Prozessgerichts erster Instanz Voraussetzung, damit der Gläubiger ermächtigt wird, die vertretbare Handlung auf Kosten des Schuldners selbst vorzunehmen zu lassen. Dafür müsse zwischen Eintritt der Vollstreckbarkeit und Erlass des Beschlusses so viel Zeit liegen, dass der Schuldner objektiv in der Lage gewesen ist, die geschuldete Handlung in der Zwischenzeit vorzunehmen. Eine solche Chance der Eigenvornahme bekäme der Schuldner bei der Selbsterfüllung durch den Negatoriengläubiger aber nicht[1492].

Um die Regelung des § 887 ZPO nicht zu unterlaufen, ist mithin materiellrechtlich erforderlich, dass der betroffene Eigentümer die Störungsquelle erst dann selbst beseitigen darf, nachdem er den Störer vergeblich unter Setzung einer angemessenen Frist dazu aufgefordert hat[1493]. Dadurch bleibt dem Störer immer die von § 887 ZPO bezweckte Möglichkeit, die Störung zunächst kostengünstiger selbst zu beheben und seine eigenen Interessen an der störenden Sache zu wahren, diese etwa ohne Schaden sicherzustellen. § 887 ZPO bezweckt darüber hinaus nur zu verhindern, dass ein bereits erstrittener Titel ohne staatliche Hilfe privat vollstreckt wird. Dies ist aber bei der Selbstvornahme nach Fristsetzung nicht der Fall. Sie stellt keinesfalls „Selbstjustiz" dar[1494]. Selbsthilferecht und Beseitigungsanspruch sind zwei selbständige, voneinander unabhängige Mittel, das gestörte Eigentum zu verteidigen[1495]. Die Rechte des Störers sind hinreichend geschützt und der Gläubiger läuft immer Gefahr, auf den Kosten der Eigenleistung sitzenzubleiben und sogar schadensersatzpflichtig zu werden, wenn sich später im gerichtlichen Verfahren herausstellen sollte, dass die Beeinträchtigung nicht rechtswidrig gewesen ist. Dass mit dem Erfordernis einer Fristsetzung kein Verstoß mehr gegen § 887 ZPO vorliegt, zeigt sich daran, dass auch andere Vorschriften im BGB solche Ersatzvornahmen nach Fristsetzung vorsehen (§§ 536a II Nr.1, 637 I BGB). Auch § 250 S.1 BGB bringt vergleichsweise

---

[1491] *Gursky*, NJW 1971, 782, 785; vgl. auch *MünchKomm/Medicus*, § 1004 Rn.90; LG Bonn, NJW-RR 1987, 1421.

[1492] *Gursky*, NJW 1971, 782, 785; *ders.*, JZ 1992, 312, 314.

[1493] So im Ergebnis auch *Lettl*, JuS 2005, 871, 874, der § 250 BGB oder die §§ 280, 281 BGB analog anwenden will; *Bezzenberger*, JZ 2005, 373, 375 f.: Direkte Anwendung der §§ 280, 281 BGB.

[1494] So aber LG Bonn, NJW-RR 1987, 1421.

[1495] *Picker*, JuS 1974, 357, 361.

zum Ausdruck, dass der Schädiger grundsätzlich die Möglichkeit haben muss, den Schaden in natura zu beseitigen, bevor er Geldersatz schuldet. Wenn sich die Höhe des Geldersatzes dann auch am Vermögensbestand orientiert, während der Kostenersatz bei Selbstvornahme der negatorischen Pflicht auf den Herstellungsaufwand beschränkt ist, so ist doch die schuldnerschützende Intention der Vorschrift übertragbar. Zwar wird in den §§ 536a II Nr.1, 637 I BGB der Aufwendungsersatzanspruch gleich mitgeregelt, doch muss auch ohne eine solche Regelung gelten: Das Recht auf Selbsthilfe hat immer auch den Ausgleich der dadurch verursachten finanziellen Nachteile zu bedeuten, weil der Gestörte nicht in die Lage kommen darf, auf die schnelle Durchsetzung seines Rechts aus Kostengründen verzichten zu müssen[1496]. Dass in der Praxis oft ein berechtigtes Interesse des Eigentümers an einer schnellen Beseitigung der Eigentumsbeeinträchtigung bestehen kann, ist unverkennbar[1497]. Es erschiene dann aber unbillig, ihm nachträglichen den Kostenersatz dafür zu verweigern[1498]. Dagegen lässt sich auch nicht vorbringen, dass Billigkeitserwägungen deshalb keinen Platz hätten, weil die Beeinträchtigung meist schuldhaft herbeigeführt worden sei und deshalb ohnehin § 249 II 1 BGB greife[1499]. Interessant sind hier doch gerade die Fälle, wo es an einem Verschulden fehlt!

Teilweise wird bei § 910 I BGB davon ausgegangen, dass das Selbsthilferecht eigenständig neben den Beseitigungsanspruch trete. Der betroffene Eigentümer habe die Wahl. Entscheide er sich für die Selbsthilfe, erfülle er keine fremde Verpflichtung des Nachbarn und habe deshalb auch keinen Kostenerstattungsanspruch aus Bereicherungs- oder Schadensersatzrecht. Er müsse dann die Kosten vielmehr selbst tragen und habe dafür ersatzweise das Aneignungsrecht[1500]. Nur so werde der vom Gesetzgeber verfolgte Zweck erreicht, es dem gestörten Eigentümer in Bagatellfällen auf einfache Weise ohne Einschaltung der Gerichte zu ermöglichen, Rechtsfrieden wiederherzustellen.

[1496] *Dörner*, JuS 1978, 666, 671.

[1497] Dies erkennt auch *Gursky*, NJW 1971, 782, 787. Besonders anschaulich: Da der Grundstückseigentümer den Halter des rechtswidrig vor seiner Einfahrt abgestellten Fahrzeugs meist nicht kennt und er deshalb den Beseitigungsanspruch nicht geltend machen kann, bleibt ihm nur, das Fahrzeug abschleppen zu lassen.

[1498] *MünchKomm/Medicus*, § 1004 Rn.90.

[1499] *AK/Kohl*, § 1004 Rn.61.

[1500] *Picker*, JuS 1974, 357, 361; ebenso noch *MünchKomm/Säcker*, 2. Aufl., § 910 Rn.12; a.A. ab 3. Aufl.; *Staudinger/Gursky*, § 1004 Rn.154; *Gursky*, Fälle und Lösungen, Fall 5, S.40 f.; LG Frankfurt, NJW-RR 1986, 503; LG Bonn, NJW-RR 1987, 1421; LG Hannover, NJW-RR 1994, 14 f.

Ansonsten würden sich die Parteien im Anschluss an die Selbsthilfe über deren Kosten gerichtlich streiten, was gerade vermieden werden sollte[1501]. Noch weitergehend ist die Ansicht, dass § 910 BGB den § 1004 I 1 BGB gänzlich verdränge, was vor allem mit der Entstehungsgeschichte der Norm begründet wird[1502]. Sollte diesen Ansichten zuzustimmen sein, fragt sich, ob dieser Grundsatz für alle Fälle der Selbsthilfe zu verallgemeinern ist. § 910 BGB enthält aber nach Entstehungsgeschichte und ratio legis keine Sperre für den Kondiktionsanspruch. Die Einräumung des Selbsthilferechts will die allgemeine Rechtsposition des Betroffenen verbessern und nicht verschlechtern[1503]. Das persönlichkeitsrechtliche Element des Eigentums fordert nach den hier herausgearbeiteten Grundsätzen einen umfassenden Schutz. Wenn ein auch geringfügig in das Nachbargrundstück hineinragender Baum nach § 1004 I 1 BGB beseitigt verlangt werden kann, so bleibt unverständlich, warum in den Wurzel- und Zweigenfällen etwas anderes gelten soll, obwohl die pflanzlichen Projektionen mit weniger aufwendigen Maßnahmen beseitigt werden können[1504]. Zu Recht lehnt deshalb auch die Rechtsprechung[1505] die Gegenansichten ab.

Die Selbstvornahme und den Kostenerstattungsanspruch davon abhängig machen zu wollen, dass dem Störer zuvor eine angemessene Frist gesetzt wurde, widerspricht auch nicht, dass eine solche Fristsetzung in § 910 I 2 BGB offensichtlich nur *ausnahmsweise* für herüberragende Zweige, nicht aber in § 910 I 1 BGB auch bei Wurzeln eines Baumes oder eines Strauches vorgesehen ist. Bei Zweigen soll so die Wachstums- und Obsterntezeit berücksichtigt werden, um eine weitestgehende Schonung der eigenen Interessen des Nachbarn sicherzustellen[1506]. Bei Wurzeln sah der Gesetzgeber kein Erfordernis einer solchen Interessenwahrung. Dennoch kann sich das Erfordernis der Fristsetzung aus § 242 BGB ergeben, wenn durch die Selbstvornahme der Be-

---

1501 *Picker*, JuS 1974, 357, 361 f.; *Gursky*, Fälle und Lösungen, Fall 5, S.41; LG Bonn, NJW-RR 1987, 1421.

1502 OLG Naumburg OLGE 2, 114; OLG Düsseldorf, NJW 1975, 739, 740; *Larenz/Canaris*, SchR II/2, § 86 II.3.c) (S.680); *Wilhelm*, SR, Rn.673, *Lettl*, JuS 2005, 871, 873; a.A. ausführlich *Gursky*, Fälle und Lösungen, Fall 5, S.38 ff.

1503 *MünchKomm/Säcker*, § 910 Rn.12.

1504 *Gursky*, Fälle und Lösungen, Fall 5, S.40.

1505 Grundlegend BGHZ 60, 235; 97, 231; 106, 142; BGH JZ 1992, 310; BGH JZ 2004, 627 m. krit. Anm. *Wilhelm*; OLG Düsseldorf, NJW 1986, 2648, 2649 zustimmend etwa *Staudinger/Roth*, § 910 Rn.27; *Jauernig/Jauernig*, § 910 Rn.1.

1506 Motive III, S.288; Prot. III, S.142; *MünchKomm/Säcker*, § 910 Rn.4; *Palandt/Bassenge*, § 910 Rn.2.

stand des Baumes gefährdet ist und der Baumeigentümer für dessen Erhaltung soll sorgen können[1507]. Dies aber zeigt, dass die Fristsetzung vom Gesetzgeber unter anderem als Mittel zum Schuldnerschutz vorgesehen ist, wenn dieser Interesse an der Werterhaltung der störenden Sache hat. Verweigert der Störer von vornherein die Beseitigung der Eigentumsbeeinträchtigung oder besteht Gefahr im Verzuge ist die Fristsetzung entbehrlich. Insoweit kann auf die im bürgerlichen Recht entwickelten allgemeinen Grundsätze für Fristsetzungen zurückgegriffen werden[1508].

Damit dürften die Bedenken gegen einen Ersatzanspruch aus §§ 812, 818 BGB aus dem Weg geräumt sein. Soweit teilweise alternativ die entsprechende Anwendung von § 249 II 1 BGB erwogen wird[1509], vermag dies wenig zu überzeugen: Nach § 249 II 1 BGB könnte der Gestörte die Beseitigungskosten auch dann verlangen, wenn er die Beseitigung nicht durchführt[1510]. Da es aber nur um die Wiederherstellung der persönlichen Nutzbarkeit der eigenen Sache geht und nicht um die Vermögenswahrung, liefe dies am Schutzzweck von § 1004 I 1 BGB vorbei. § 249 II 1 BGB ist somit auf solche Fälle zugeschnitten, in denen der Vermögensbestand erhalten werden soll. Zwar hat die Ersetzungsbefugnis gem. § 249 II 1 BGB auch die Funktion, dass der Gläubiger nicht gezwungen sein soll, sich bei Sachbeschädigungen auf Herstellungsexperimente des Schuldners einzulassen[1511]. Doch ist § 1004 I 1 BGB ausschließlich auf die Wiederherstellung des gestörten Gebrauchszustands gerichtet und die fehlende Ersetzungsbefugnis ergibt sich aus diesem Normzweck und ist der Preis für ein fehlendes Verschulden. Auf die vorherige Fristsetzung kann deshalb wegen § 887 ZPO unter Berufung auf § 249 II 1 BGB nicht verzichtet werden.

B. Anwendbarkeit von § 251 II 1 BGB

Umstritten ist, ob § 251 II 1 BGB bei unverhältnismäßiger Höhe der Beseitigungskosten auf § 1004 I 1 BGB entsprechend angewendet werden

---

1507 LG Köln ZMR 1993, 567; LG Oldenburg ZMR 1985, 99; auch bei Wurzeln stets das Erfordernis einer Fristsetzung „aus der Natur der Sache" entnehmen zu wollen (*Ortloff*, ArchBürgR 17, 1900, S.277f.) ist dagegen mit dem Wortlaut von § 910 I BGB nicht zu vereinbaren.

1508 Vgl. z.B. *Palandt/Heinrichs*, § 323 Rn.18 ff.; *Palandt/Sprau*, § 637 Rn.4.

1509 *Gursky*, NJW 1971, 782, 787.

1510 *MünchKomm/Medicus*, § 1004 Rn.90; *Hohloch*, S.187, 191; *AK/Kohl*, § 1004 Rn.61.

1511 *Brox/Walker*, AS, § 31 Rn.5.

kann[1512]. Teils wird dies bejaht[1513]: Die Entlastung des in der Regel schuldhaften Schadensersatzschuldners müsse erst Recht dem schuldlosen Beseitigungsschuldner zugute kommen, wenn Aufwand und Erfolg in einem Missverhältnis zueinander stünden[1514]. Dies verkennt aber, dass der Schadensersatz erheblich mehr umfasst als die Beseitigung, so dass es sinnvoll ist, ihn wegen der Schwere der Belastung mit eigenen Schranken auszustatten[1515]. Schon im Alles-Oder-Nichts Prinzip der §§ 249ff. BGB im Vergleich zur negatorischen Haftung, die „nur“ auf die Wiederherstellung des bestimmungsgemäßen Gebrauchs ausgerichtet ist, zeigt sich das Einschneidende der deliktischen Haftung. Ein Erst-Recht-Schluss wäre nur denkbar, wenn sich beide Ansprüche bis auf das Verschuldensmoment entsprächen[1516]. Wie oben herausgearbeitet, ist dies aber hinsichtlich des Inhalt und des Umfangs der Ansprüche nicht der Fall[1517]. Es wird somit „Inkomparables“ miteinander verglichen[1518].

Weiter wird vorgetragen, es handle sich um einen „allgemeinen Rechtsgedanken“, der auch bei § 1004 I 1 BGB zur Anwendung komme[1519]. Danach sei die Pflicht zur Herstellung auf solche Fälle zu begrenzen, in welchen die Herstellung als solche „tunlich“ sei; ansonsten komme § 251 II BGB zur Anwendung[1520]. Die Zulässigkeit der Rechtsausübung soll quasi an der Opfergrenze des Gegners enden. Dass der BGH aber auch „Art und Grund eines etwaigen

---

1512 *Pikart*, WM 1976, 606, 610; gute Darstellung der Entwicklung des Streitstandes bei *Picker*, FS H. Lange, S.625, 629 ff. mwN.

1513 *Soergel/Mühl*, § 1004 Rn.43; *Erman/Ebbing*, 11. Aufl., § 1004 Rn.100; *Palandt/Bassenge*, § 1004 Rn.47; *Palandt/Heinrichs*, § 251 Rn.2; *MünchKomm/Oetker*, § 51 Rn.37; *Larenz/Canaris*, SchR II/2, § 86 VI.2.a) (S.701); *Müller*, SR, Rn.763; *M. Wolf*, SR, Rn.321; *Schmidt*, S.103 f.; *Hohloch*, S.189 f.; *Offtermatt*, S.125 ff.; *Lettl*, JuS 2005, 871, 877; *Neuner*, JuS 2005, 385, 390; grundlegend *v. Tuhr*, JherJB 46 (1904), 39, 54 ff.; *Mühl*, AcP 176 (1976), 396 (401 f.); vgl. auch *Grunsky*, AcP 183 (1983), 209, 211.

1514 *V. Tuhr*, JherJB 46 (1904), 39, 54 ff., vgl. auch *Schmidt*, S.103 f.; *Offtermatt*, S.125 ff.; BGH DB 1974, 673; BGHZ 62, 388 (391).

1515 *MünchKomm/Medicus*, § 1004 Rn.79; vgl. auch *Picker*, FS H. Lange, S. 625, 637 ff., *ders.*, AcP 176 (1976), 28, 54.

1516 Vgl. auch *Picker*, FS H. Lange, S.625, 637.

1517 Vgl. dazu auch *Picker*, AcP 176 (1976), 28, 53 f.

1518 *Picker*, AcP 176 (1976), 28, 54.

1519 So BGHZ 62, 388 (391) = NJW 1974, 1552, 1553, dazu *Kotz*, S.40 ff.; BGHZ 143, 1, 6 = NJW 2000, 512, 514; vgl. auch BGH NJW 1970, 1180, 1181; BGH DB 1974, 673; BGH DB 1977, 908; die ältere Judikatur lehnte die Anwendbarkeit von § 251 II BGB aber noch ab (RGZ 51, 408 (411 f.); 93, 100 (106); weitere Nachweise bei *Picker*, FS H. Lange, Fn.19).

1520 *v. Tuhr*, JherJB 46 (1904), 39, 56 f.

Verschuldens“ des Störers berücksichtigen will[1521], zeigt, dass dieser Rechtsgedanke wohl doch mehr der verschuldensabhängigen Haftung Rechnung trägt. Teils wird allerdings nur noch von der „Abwehr eines Rechtsmissbrauchs“ gesprochen und § 251 II BGB betont hinten angestellt[1522], was wohl das allgemeine Unbehagen zeigt.

Andere lehnen die entsprechende Anwendung von § 251 II 1 BGB ab[1523]: Es werde eine Art private Enteignung herbeigeführt[1524]. Der Störer werde entlastet und die Beeinträchtigung beim Gestörten perpetuiert[1525]. Der vom BGH betonte „allgemeine Rechtsgedanke“ habe zudem für § 1004 schon in den Sondervorschriften (z.B. §§ 904, 912 I BGB) Ausdruck gefunden. Deren spezialgesetzliche Einschränkungen - z.B. Unanwendbarkeit von § 12 I BGB bei sofortigem Widerspruch, Vorsatz oder grober Fahrlässigkeit – dürften nicht umgangen werden[1526]. Die Ablehnung der Anwendbarkeit von § 251 II BGB bei § 1004 I 1 BGB habe eine erzieherische Funktion: Da der Beseitigungsanspruch inhaltlich nicht begrenzt sei, werde jeder von vornherein bemüht sein, eine Beeinträchtigung zu vermeiden[1527].

§ 251 II 1 BGB ist eine Ausprägung von § 242 BGB[1528]. Dieser gilt grundsätzlich auch bei § 1004 I 1 BGB. Allerdings ist zu berücksichtigen, dass es sich bei § 1004 I 1 BGB um einen Rechtsverwirklichungsanspruch handelt, der bezweckt, einen tatsächlichen Zustand wiederherzustellen, damit der Eigentümer seine Sache wieder ungestört gebrauchen kann. Es wurde herausgearbeitet, dass die erhöhte Schutzbedürftigkeit des persönlichkeitsrechtlichen Elements die verschuldensunabhängige Haftung rechtfertigt. Dem ist auch bei der Weite der Haftung Rechnung zu tragen, was es nahelegt, an der unbedingten Herstellungshaftung des Störers festzuhalten. § 251 II 1 BGB ist dagegen sehr davon geprägt, dass die §§ 249 ff. BGB einen Vermögenscha-

---

[1521] BGH DB 1974, 673 und BGHZ 62, 388 (394); vgl. auch BGH DB 1977, 908.

[1522] BGH DB 1977, 908.

[1523] *Picker* im Hinblick auf die Rechtsusurpationslehre: Beseitigungsanspruch, S.162 f.; *ders.*, AcP 176 (1976), 28, 52 ff.; *ders.*, FS H. Lange, S.625, 631, Fn.15, 660 ff.; in diese Richtung auch differenzierend *Hohloch*, S.188 ff.; auch ablehnend *Wolff/Raiser*, § 87 I.4.; *Baur/Stürner*, SR, § 12 Rn.21; *Eichler*, Institutionen II/1, S.294 Fn.209; *Staudinger/Gursky*, § 1004, Rn.150; *AK-BGB/Kohl*, § 1004, Rn.62; *MünchKomm/Medicus*, § 1004 Rn.79; *ders.*, JuS 1969, 449, 453 ff.; RGZ 51, 408 (411); 93, 100 (105 f.).

[1524] *MünchKomm/Medicus*, § 1004 Rn.79; RGZ 51, 408 (411 f.).

[1525] *Picker*, FS H. Lange, S. 625, 627.

[1526] *MünchKomm/Medicus*, § 1004 Rn.79; *Picker*, AcP 176 (1976), 28, 56.

[1527] *Medicus*, JuS 1969, 449, 455.

[1528] *Jauernig/Teichmann*, § 251 Rn.9; *Hohloch*, S.189.

den ersetzen, der in natura, aber auch in Geldzahlung erfolgen kann und insoweit eine Vermögensverlagerung vom Schädiger zum Geschädigten erfolgt. § 251 II BGB beruht nur auf dem Gedanken, dass die Naturalrestitution und der Geldersatz als Wiedergutmachungsalternativen grundsätzlich gleichwertig sind[1529]. Dieser Gedanke passt aber bei § 1004 I 1 BGB nicht. Bei einer Geldzahlung bliebe die tatsächliche Eigentumsbeeinträchtigung bestehen, ja sie wird sogar festgeschrieben. Besonders gut lässt sich das am Widerruf nach einer Persönlichkeitsrechtsverletzung verdeutlichen. Eine Modifikation der Verpflichtung ist nicht denkbar; für eine entsprechende Anwendung von § 251 II BGB fehlt es somit an der Grundlage[1530].

Die alternative Zulassung einer Geldentschädigung würde vielmehr sogar die Kompensation für einen Nichtvermögensschaden bedeuten und damit gegen eklatante Grundsätze verstoßen[1531]. Auch der Rechtsgedanke von § 904 BGB lässt sich nicht entsprechend anwenden: Dadurch würde die beseitigungsbedrohte störende Sache kurzerhand in das zu schützende Gut umgedeutet: Die Rechtswidrigkeit der Störung, die ihre Beseitigung fordert, begründete ihre Rechtmäßigkeit, die ihrerseits die Beseitigungspflicht wieder aufheben würde[1532]. § 904 BGB passt somit nicht. Eine Notstandsbestimmung gestattet zur Rettung eigener höherwertiger Güter den Eingriff in fremde Rechte, kann aber nicht dazu dienen, zunächst unberechtigte Eingriffe wegen ihrer teuren Folgen im nachhinein zu legalisieren[1533].

Allerdings steht auch die negatorische Haftung nicht außerhalb aller allgemeinen Rechtsmaximen[1534]. Als Maßstab für die Einrede der Leistungsverweigerung und damit als äußere Grenze der Rechtsausübung kann aber allenfalls § 275 II BGB gelten: Er stellt strengere Anforderungen als § 251 II 1 BGB, weil er ein *grobes* Missverhältnis fordert. Orientiert werden kann sich an der bislang ergangenen Rechtsprechung: Nicht ausreichend war etwa ein Aufwand von 150.000 DM zur Beseitigung einer Wertminderung von 80.000 DM[1535]. Dies trägt den beiderseitigen Interessen von Gestörtem und Störer

---

[1529] *Picker*, FS H. Lange, S. 625, 662.
[1530] *Hohloch*, S.189 f.
[1531] *Hohloch*, aaO.
[1532] *Picker*, FS H. Lange, S.625, 643.
[1533] *Picker*, aaO.
[1534] *Picker*, aaO., S.644.
[1535] BGH NJW 1996, 3269.

hinreichend Rechnung. Für den Fall, dass die Einrede wirksam erhoben wird, ist dann aber aus Treu und Glauben ein finanzieller Ausgleich geschuldet[1536].

C. Anwendbarkeit von § 254 BGB

Es fragt sich weiterhin, ob der negatorische Beseitigungsanspruch gem. § 254 BGB im Umfang beschränkt sein kann.

Während das Reichsgericht zunächst noch die Anwendbarkeit des § 254 BGB auf Schadensersatzansprüche begrenzte und für die aus dem Eigentum hervorgehenden dinglichen Ansprüche (§§ 985, 1004 I 1 BGB) ausschloss[1537], wurde bei späteren Entscheidungen über die *Aufteilung der Kosten* für die Löschung und Ausbesserung eines fortschwelenden Bahnkörpers, auf den sich das Feuer von einer nachbarlichen Halde ausgedehnt hatte, § 254 BGB herangezogen[1538]. Das RG hielt zwar daran fest, dass § 1004 BGB kein Schadensersatzanspruch sei und deshalb die für Schadensersatzansprüche geltenden gesetzlichen Bestimmungen nicht ohne weiteres auf ihn übertragen werden könnten[1539], doch für § 254 BGB gelte dies nicht, weil der Vorschrift über den Wortlaut hinaus allgemeine Bedeutung zukomme[1540]. Den Verursachungsbeitrag sah das Reichsgericht im konkreten Fall darin, dass die Reichsbahn ihren Bahndamm aus denselben entzündlichen Abraummaterialien aufgeschichtet hatte, die daneben auf den Abraumhalden lagerten. Nach § 254 BGB sei der Anspruchsteller mitverantwortlich, wenn ihn ein Mitverschulden treffe oder eine ihm kraft Gesetzes zur Last fallende Haftung ohne Verschulden begründet sei. Die Reichsbahn treffe eine fiktive Haftung aus § 1004 BGB, denn das Feuer hätte auch im Bahndamm ausbrechen können. Wäre es dann auf die Abraumhalde übergesprungen, hätte deren Eigentümer die Reichsbahn in Anspruch nehmen können[1541]. Die Annahme eines solchen fiktiven negatorischen Gegenanspruchs passt allerdings nicht auf alle Fälle, in denen § 254 BGB zur Anwendung kommen soll. Wird etwa der Tennisbelag durch Wurzeln eines Baumes auf dem Nachbargrundstück aufgewölbt, so sind allein diese Wurzeln die Beeinträchtigungsursache, so dass umgekehrt ein negatorischer Beseitigungsanspruch des Baumeigentümers nicht denkbar ist. Der BGH wendet

---

[1536] *MünchKomm/Medicus*, § 1004 Rn.80.
[1537] RGZ 93, 281 (283).
[1538] RGZ 127, 29; 138, 327 (330 f.).
[1539] RGZ 138, 327 (329).
[1540] Vgl. bereits RGZ 71, 187 (191); 94, 140 (142).
[1541] RGZ 138, 327 (330).

§ 254 BGB ebenfalls an[1542].

Zutreffender ist es deshalb, auf die Mitverursachung des beeinträchtigenden Zustands abzustellen. § 254 BGB beruht auf dem Gedanken, dass derjenige, der die Sorgfalt außer acht lässt, die nach der Lage der Sache erforderlich erscheint, um sich selbst vor Schaden zu bewahren, den Verlust oder die Kürzung seines Anspruchs hinnehmen muss[1543]. Als Ausprägung des Grundsatzes von Treu und Glauben kann die Vorschrift grundsätzlich auch auf § 1004 I 1 BGB passen. Sie setzt kein Mitverschulden voraus, sondern nur eine zurechenbare Mitverursachung, findet also auch bei reiner Sach- oder Betriebsgefahr, etwa beim Halter eines Kfz, bei § 122 BGB oder bei § 906 II 2 BGB Anwendung[1544]. Der maßgebliche Unterschied zu § 985 BGB besteht darin, dass dort nur der reine Sachbesitz des Schuldners anspruchsbegründend wirkt, dagegen nicht von Interesse ist, wie die Sache in dessen Besitz gekommen ist, während bei § 1004 I 1 BGB nur die Ursächlichkeit des Störers für den beeinträchtigenden Störungszustand einen negatorischen Beseitigungsanspruch rechtfertigt. Soweit *Picker* in der Rechtsusurpationslehre die §§ 985, 1004 I 1 BGB dogmatisch parallel ausgestalten will, ist es nur konsequent, die entsprechende Anwendung von § 254 BGB abzulehnen[1545]. Nach dem hier vertretenen Grundverständnis der negatorischen Haftung ist § 1004 I 1 BGB aber einer Abwägung nach Verursachungsbeiträgen gem. § 254 BGB zugänglich. Überlappt sich § 1004 I 1 BGB partiell mit den §§ 823 I, 249 ff. BGB, dann ist es zwingend, insoweit auch andere Rechtsfolgen der deliktischen Haftung mitzuberücksichtigen[1546], insbesondere wenn sie zugunsten des Störers wirken. So muss der Gestörte gegen sich gelten lassen, wenn er seine Sache einer erkennbar erhöhten Gefahr der Beeinträchtigung ausgesetzt hat. Zu Recht hat dies der BGH beispielsweise angenommen, wenn ein Tennisplatz in der Nähe von Bäumen auf dem Nachbargrundstück errichtet wurde und die Wurzeln dann den Belag aufwölbten[1547]. Wer besonders empfindliche Sachen hat, etwa sehr anfällige Pflanzen, wird oft aus diesem Grunde schon das Risiko ihrer Beeinträchtigung

---

[1542] BGH NJW 1995, 395 ff., siehe des weiteren oben S.67 f.

[1543] *Palandt/Heinrichs*, § 254 Rn.1; BGHZ 3, 49; 9, 318.

[1544] *Palandt/Heinrichs*, § 254 Rn.4 mwN.

[1545] *Picker*, Beseitigungsanspruch, S. 164.

[1546] *Wenzel*, NJW 2005, 241, 243. Je näher der Beseitigungsanspruch am Schadensersatzanspruch ist, desto unabweislicher ist die entsprechende Anwendung von § 254 BGB bei § 1004 I 1 BGB (*Medicus*, FS Hagen, S.157, 161).

[1547] BGH NJW 1997, 2234 ff.

allein zu tragen haben[1548]. Da die Haftung nach § 1004 I 1 BGB die Fälle des allgemeinen Lebensrisikos ausschließt, hat der Betroffene alle darauf beruhenden Kausalitätsfaktoren ebenfalls gegen sich gelten zu lassen, auch wenn ihn selbst insoweit keine Verantwortlichkeit trifft, etwa wenn ein Feuer durch Blitzschlag oder in anderer Weise unverschuldet entfacht wird und das Löschwasser eingelagertes Milchpulver ins Erdreich schwemmt[1549]. Der Umfang der Ersatzpflicht ist von einer Würdigung und Abwägung der Umstände des Einzelfalles abhängig, wobei auf das Maß der beiderseitigen Verursachung abzustellen ist. Die Abwägung kann zu einem gänzlichen Wegfall der Beseitigungspflicht des Störers oder dazu führen, dass der Gestörte Zug um Zug gegen Vornahme der Beseitigung einen Anteil der entstehenden Kosten zu übernehmen hat, weil die Naturalrestitution nicht teilbar ist[1550]. Werden die Kosten für die Ersatzvornahme geltend gemacht, ist § 254 BGB beim Anspruch aus GoA bzw. funktionsgleich § 242 BGB beim Bereicherungsanspruch[1551] anwendbar. Da bei § 1004 I 1 BGB ein gesetzliches Schuldverhältnis zwischen dem Gestörten und dem Störer besteht, trifft ersteren auch eine der Schadensabwendungs- bzw. -minderungspflicht entsprechende Verpflichtung hinsichtlich der Eigentumsbeeinträchtigung.

D. Negative Immissionen

Es fragt sich, ob es an einer Beeinträchtigung im Sinne von § 1004 I 1 BGB fehlt, wenn sogenannte negative Einwirkungen gegeben sind. Sie liegen vor, wenn der Eigentümer sein Grundstück innerhalb der Grenzen seiner Befugnisse (§ 903 BGB) benutzt und dadurch einem anderen Grundstück Vorteile entzieht[1552]. So können z.B. natürliche Einflüsse, wie insbesondere Licht und Luft, von fremdem Eigentum ferngehalten, der bis dahin freie Ausblick be-

---

1548 *MünchKomm/Medicus*, § 1004 Rn.81.

1549 BGHZ 110, 313 ff. = JZ 1990, 919 ff.

1550 Vgl. *Palandt/Heinrichs*, § 254 Rn.52; *Kropholler*, BGB, § 1004 Rn.9; *Lettl*, JuS 2005, 871, 878; *Neuner*, JuS 2005, 385, 390 will bei den Kosten grundsätzlich den Halbteilungsgrundsatz für Störer und Beeinträchtigten anwenden.

1551 Die unmittelbare Anwendbarkeit von § 254 BGB hat der BGH beim Bereicherungsrecht abgelehnt (BGHZ 57, 152).

1552 *Erman/Ebbing*, 11. Aufl., § 1004 Rn.18; *MünchKomm/Medicus*, § 1004 Rn.33; *Staudinger/Gursky*, § 1004 Rn.65.

schränkt[1553], der Fernsehempfang durch den „Schatten" von Hochhäusern gestört[1554] oder durch Anlegung eines Brunnens Grundwasser entzogen werden[1555].

Da sich der Eigentümer innerhalb der durch § 903 BGB gewährten (Befugnis-)Grenzen seines Grundstücks verhält, sollen für den Ausgleich widerstreitender Interessen nur die nachbarrechtlichen Sonderregelungen maßgeblich sein, etwa die aus dem nachbarlichen Gemeinschaftsverhältnis entspringende Pflicht zur gegenseitigen Rücksichtnahme (§ 242 BGB)[1556], nicht aber § 1004 I 1 BGB. Nach § 903 BGB dürfe der Eigentümer eines Grundstücks grundsätzlich auf diesem tun und lassen, was er wolle. Die Einschränkung von § 906 BGB gelte ausdrücklich nur für grenzüberschreitende „Zuführungen" und nicht für Entziehungen[1557]. Ansonsten würde der Verursacher dieser Störungen in der Ausnutzung des Eigentums allzu stark gehemmt, was der Zwecksetzung der Eigentumsvorschriften widerspreche. Im gemeinen Recht, in der Entstehungsgeschichte und in der Begründung des amtlichen Entwurfs würden die negativen Immissionen auch nicht erwähnt[1558]. Argumentum e contrario sei aus § 909 BGB, der den Spezialfall ausdrücklich regele, dass ein Grundstück in der Weise vertieft werde, dass das Nachbargrundstück an Halt verliere, zu folgern, dass alle übrigen Fälle negativer Immissionen im Nachbarrecht des BGB nicht zu berücksichtigen seien[1559]. Regelungen seien dem öffentlichen Recht, z.B. dem Baurecht, vorbehalten[1560]. Aus den §§ 987ff. BGB ergebe sich zudem, dass es sich bei Vorteilen, die durch negative Einwirkungen entzogen sind, um solche handelt, die der Nachbar zufällig genieße und auf deren Erhaltung er keinen Anspruch habe[1561].

Dem wird entgegengehalten, dass die h.M. auch beim Abschneiden von

---

[1553] Umgekehrt ist die Lichteinstrahlung oder sind starke Lichtreflexe immer eine Einwirkung i.S.v. § 903 BGB (anschaulich Wiesbadener Glühbirnenstreit LG Wiesbaden NJW 2002, 615).

[1554] BGHZ 88, 344 = NJW 1984, 729, vgl. dazu *Ostendorf*, JuS 1974, 756 ff.

[1555] BGHZ 113, 384 (388).

[1556] *Erman/Ebbing*, 11. Aufl., § 1004 Rn.18 f.; RGZ 98, 15 (16); BGHZ 88, 344 (345 ff.); BGHZ 113, 384 (388); OLG Köln WuM 1996, 640; OLG Hamm, MDR 1999, 930; *Palandt/Bassenge*, § 903 Rn.9; *Müller*, SR, Rn.725; *Olzen*, Jura 1991, 281, 285; vgl. zahlreiche weitere Nachweise bei *Staudinger/Gursky*, § 1004 Rn.65 f.

[1557] RGZ 98, 15, vgl. auch bereits RG JW 1908, 142 Nr.12 (Verbauen von Licht); RG JW 1909, 161 Nr.10 (Abhalten von Wind bei Windmühle); RGZ 51, 251 (Abhalten von Kunden durch Straßenbauarbeiten); *Ostendorf*, JuS 1974, 756, 758.

[1558] BGHZ 88, 343 (347); vgl. Mot. III, S.264 f.; Prot. III S.119, 123, 124.

[1559] *Müller-Michels*, Negative Einwirkungen, S.22.

[1560] *Jauernig*, JZ 1986, 605, 610.

[1561] *Heubel*, S. 139.

manchen Infrastrukturverbindungen, wie z.B. die Verhinderung des Straßenzugangs oder der Einfahrt auf das Grundstück durch parkende Fahrzeuge oder der Zufuhr von Strom und Wasser eine Beeinträchtigung annehme[1562]. Die Nichterwähnung der negativen Einwirkungen in § 906 I BGB hindere allenfalls ihre Rechtfertigung, nicht aber ihre Verbietbarkeit[1563]. Aus dem Gesetzeswortlaut ergebe sich: Grundsätzlich dürfe der Eigentümer gem. § 903 BGB jede „Beeinträchtigung" abwehren, wenn er sie nicht nach § 906 BGB zu dulden habe. Ergebe die Auslegung von § 906 BGB, dass negative Einwirkungen keine „Zuführungen" im Sinne der Vorschrift seien, führe dies nicht zu einer Verweigerung des Rechtsschutzes, sondern zu unbeschränkten Abwehransprüchen, denn dann bestünde keine Rückausnahme zu § 903 BGB[1564]. Der Begriff der „Zuführung" sei wesentlich enger als jener der „Einwirkung" zu verstehen. Die „Zuführung" sei ein Unterbegriff der „Einwirkung"; der andere Unterbegriff sei die „Abhaltung"[1565]. Rückschlüsse auf den Gesetzgeberwillen aus der Entstehungsgeschichte und der Systematik seien nur beschränkt möglich, weil der Gesetzgeber keine lückenlosen Gesetze geschaffen habe[1566]. Rückgriffe auf das gemeine Recht seien bereits methodisch verfehlt[1567]. Aus § 100 BGB ergebe sich, dass solche Vorteile, welche der Sachgebrauch gewähre, als Nutzungen anzusehen seien und die Erzielung von Nutzungen deshalb gem. §§ 987ff. BGB zu den Rechten und nicht nur zu den Interessen des Eigentümers zähle[1568].

Vor allem aber lassen sich negative Einwirkung auch als positive darstellen: Der Entzug von Licht bedeutet positiv einen Schattenwurf, die Zuführung unerwünschter Wärme den Entzug angenehmer Kühle[1569]. Das grenzüberschreitende Moment der Beeinträchtigung liegt also auch bei den negativen Einwirkungen vor. Es kommt somit auf den Regelungszweck an.

Als maßgeblich für die verschuldensunabhängige Beseitigungspflicht gem.

[1562] *AK/Kohl*, § 1004 Rn.47; *MünchKomm/Medicus*, § 1004 Rn.33.
[1563] *MünchKomm/Medicus*, § 1004 Rn.33.
[1564] *Jauernig*, JZ 1986, 605, 607; *Wolf*, NJW 1987, 2647, 2648 schließt dies aus der umfassenden gem. Art. 14 GG zu gewährleistenden Herrschaftsmacht.
[1565] *Tiedemann*, MDR 1978, 272, 273.
[1566] *Tiedemann*, MDR 1978, 272, 273 f.; *Jauernig*, JZ 1986, 605, 610 zeigt, dass der Redakteur *Johow* die Terminologie anders, nämlich unter „positiven" Eigentumsbeschränkungen mangels Abwehrrecht zu duldende (z.B. Notweg) und unter „negativen" mangels tatsächlicher Verfügungsbefugnis zu unterlassende (z.B. Graben in die Tiefe) Einwirkungen verstand.
[1567] *Tiedemann*, MDR 1978, 272, 275.
[1568] *Tiedemann*, MDR 1978, 272, 274.
[1569] *AK/Kohl*, § 1004 Rn.47.

§ 1004 I 1 BGB wurde hier angesehen, dass das persönlichkeitsrechtliche Element des Eigentums einen besonders ausgeprägten Schutz verlange. Die Abgrenzung zum allgemeinen Persönlichkeitsrecht wurde im Sachbezug der Beeinträchtigung gesehen. Argumentiert wird also ergebnisorientiert hinsichtlich der Einschränkung des Sachgebrauchs; es wird nicht differenziert nach der Art der Einwirkung. Insoweit kann es aber keinen Unterschied machen, ob die Sachnutzung objektiv durch grenzüberschreitende Immissionen oder aber durch das Abhalten von Licht oder Luft eingeschränkt wird[1570]: Der Gebrauch der Sache als Ausdruck persönlicher Freiheit wird beschnitten. Dass im Wortlaut von § 906 BGB von „Zuführungen" die Rede ist und auf „ähnliche von einem Grundstück ausgehende Einwirkungen" Bezug genommen wird, steht der Ausweitung des Anwendungsbereichs von § 1004 I 1 BGB auf negative Einwirkungen nicht entgegen. Die Ähnlichkeit der Einwirkungen ergibt sich daraus, dass jede Unterbindung eines Vorteils für das Nachbargrundstück auch als „Zuführung" eines Nachteils verstanden werden kann. Jedenfalls stellt § 906 BGB lediglich eine Beschränkung des nach § 1004 I 1 BGB bestehenden Abwehranspruchs dar und keine abschließende Aufzählung von Einwirkungen[1571]. Der Begriff der „Zuführungen" wird nur in § 906 BGB verwendet, in § 1004 I 1 BGB hingegen der weitergehende Begriff der „Beeinträchtigung"[1572] bzw. in § 903 BGB der weitreichendere Begriff der „Einwirkung". Knüpft man aber an die „Einwirkung" an, dann zeigt § 907 BGB, dass grundsätzlich alle Anlagen verboten werden sollen, die den Nachbarn beeinträchtigen. Es ist deswegen keine „nur" analoge Anwendung der §§ 906, 1004 I 1 BGB erforderlich[1573]. Jedoch muss sich der negatorische Abwehranspruch im Hinblick auf die Duldungspflicht am öffentlichen Recht ausrichten, weil das einschlägige Bauordnungs- und Nachbarrecht insoweit abschließend die Nachbarkonflikte regelt[1574]. Des weiteren ist § 906 BGB auf die Beeinträchtigungen durch negative Immissionen entsprechend anzuwenden, d.h. auf Wesentlichkeit und Ortsüblichkeit

---

[1570] Vgl. auch *Tiedemann*, MDR 1978, 272, 273.

[1571] *Scherer*, JR 1997, 309, 312; *Pleyer*, JZ 1959, 305, 306.

[1572] *Pleyer*, JZ 1959, 305, 306.

[1573] So aber *Ostendorf*, JuS 1974, 756, 759.

[1574] Vgl. auch *Staudinger/Gursky*, § 1004 Rn.67; zur Harmonisierung von Zivilrecht und öffentlichem Recht vgl. *Wolf*, NJW 1987, 2647, 2649; *Fritzsche*, NJW 1995, 1121 ff.; *Vieweg*, NJW 1993, 2570 ff. (Nachbarrecht und Naturschutz, vgl. dazu auch BGH NJW 1995, 971 – Mehlschwalben); speziell bezüglich Fragestellungen von § 1004 BGB: *Stickelbrock*, AcP 197 (1997), 456 ff., welche die Grundlage für die Verknüpfung und Gleichbehandlung von privatem und öffentlichem Immissionsschutzrechts in Art. 14 GG sieht (S.460 f.), vgl. auch die gesetzliche Regelung in § 906 I 2, 3 BGB.

abzustellen, weil der Schutz gegen negative Einwirkungen nicht weiter gehen kann als der gegen positive Immissionen[1575].

E. Ästhetische bzw. ideelle Immissionen

Nach den §§ 1004, 903 BGB können nur Beeinträchtigungen des Eigentums abgewehrt werden. Es muss sich daher um Störungen handeln, die zumindest zugleich auch das Eigentum und nicht nur den persönlichen Bereich des Berechtigten betreffen[1576]. Einwirkungen, welche die ideellen Interessen und das ästhetische Empfinden des Eigentümers berühren, sollen nach der herrschenden Ansicht diese Voraussetzungen nicht erfüllen[1577]. Für sie ist kennzeichnend, dass sie das ästhetische Gefühl durch optische Wahrnehmung beeinträchtigen, aber nicht auf das Grundstück als solches einwirken. In solchen Fällen komme allenfalls eine entsprechende Anwendung des § 1004 BGB unter dem Gesichtspunkt der Verletzung von Persönlichkeitsrechten in Betracht[1578].

Zur Begründung wird angeführt, dass es sich bei den immateriellen Einwirkungen nicht um „ähnliche Einwirkungen" i.S.v. § 906 BGB handele. Es liege mangels sinnlicher Wahrnehmbarkeit keine Einwirkung vor[1579]. Die sinnliche Wahrnehmung komme nur durch Hinüberschauen des Beeinträchtigten zustande, der sich diesem Anblick erst aussetzen müsse, weil ein unerfreulicher Anblick des Nachbargrundstücks als solcher nicht wie Gerüche, Gase usw. ausstrahle[1580]. Ideelle Immissionen wirkten somit nicht auf das Grundstück und die dort befindlichen Sachen ein, noch wären sie typischerweise geeignet, das gesundheitliche Wohlbefinden der sich auf dem Grundstück aufhaltenden Personen zu beeinträchtigen, ohne dass sich die Betroffenen dem entziehen könnten[1581]. Das Nacktbaden[1582], ein Bordell[1583], eine Leichenhalle, ein Schrott-

---

[1575] *Tiedemann*, MDR 1978, 272, 275; *Wolf*, NJW 1987, 2647, 2648.

[1576] *Pikart*, WM 1973, 2; vgl. oben S.354 ff.

[1577] BGHZ 51, 396; 54, 56; WM 74, 1226; BGHZ 95, 307; RG 50, 226; 57, 239; 76, 131; *Müller*, SR, Rn.728; a.M. AG Münster NJW 1983, 2887, abl. dazu *Künzel* NJW 1984, 774 f.

[1578] BGHZ 51, 396 = WM 1969, 690; BGHZ 54, 56 = WM 1970, 990, *Staudinger/Gursky*, § 1004, Rn.57; *MünchKomm/Medicus*, § 1004, Rn.36; *Soergel/Mühl*, § 1004, Rn.8; *Palandt/Bassenge*, § 903, Rn.10; *Westermann*, BGB-SR Rn.67.

[1579] BGH NJW 1969, 1208, 1209; RGZ 50, 225 (228); 57, 239 (240); 76, 130 (131 ff.); *Kropholler*, BGB, § 1004 Rn.2.

[1580] *Künzel*, NJW 1984, 774, 775.

[1581] BGHZ 51, 396 (398) = BGH NJW 1969, 1208, 1209.

[1582] RGZ 76, 130.

[1583] BGHZ 95, 307 = JuS 1986, 64 (*K. Schmidt*).

platz auf dem Nachbargrundstück[1584] oder ein Lagerplatz für Baumaterialien in einer Wohngegend[1585] seien daher keine Beeinträchtigungen, gegen die sich der Eigentümer nach § 1004 BGB wehren könne[1586]. Von der Leichenhalle beispielsweise müsse schon ein unangenehmer Geruch ausgehen[1587]. Inwieweit sich der einzelne in seinem Empfinden beeinträchtigt fühle, hänge sehr von seiner subjektiven Vorstellung von Ästhetik ab[1588]. Die Anwendung von § 1004 BGB auf ideelle Einwirkungen würde zu einer uferlosen und damit unvertretbaren Ausweitung der negatorischen Haftung führen[1589]. Da es keinen allgemeinen Maßstab von Schönheit und Harmonie gebe, würde § 1004 I 1 BGB konturenlos; deshalb müßten öffentlichrechtliche Schutznormen und der Schutz des Persönlichkeitsrechts ausreichen[1590]. Die Verletzung des allgemeinen Persönlichkeitsrechts durch ideelle Immissionen wird von der Rechtsprechung allerdings verneint, weil sich die Darbietung eines nur das ästhetische Empfinden eines anderen verletzenden Anblicks nicht gezielt gegen den anderen richte[1591]. Das allgemeine Persönlichkeitsrecht diene dem Schutz der Menschenwürde und der freien Entfaltung der individuellen Persönlichkeit, solle aber nicht die Abwehrrechte des Eigentümers erweitern. Nur weil jemand Eigentümer ist, verliert er aber nicht den Schutz des allgemeinen Persönlichkeitsrechts und im Einzelfall kann durchaus ein zielgerichteter Eingriff vorliegen. Die Rechtsprechung hilft sich im Einzelfall mit einem Abwehranspruch nach Treu und Glauben auf Grund eines nachbarlichen Gemeinschaftsverhältnisses (§ 242 BGB)[1592].

Zur Überprüfung dieses Ergebnisses ist zu fragen, ob die ideellen Immissionen von Gesetzes wegen als abwehrbare Eigentumseinwirkungen i.S.d. §§ 903, 906,

---

[1584] BGH JZ 1970, 782.

[1585] BGH WM 1974, 1226.

[1586] Zu den Beispielen *Scherer*, JR 1997, 309 f.; *Jauernig*, JZ 1986, 605 ff., 609 stellen hinsichtlich der Beeinträchtigung darauf ab, ob die allgemeine Wertschätzung des Grundstücks leide, a.A. BGHZ 95, 310. Ob sich der Wert einer Sache durch Vorgänge in der Umwelt erhöht oder vermindert, ist aber die Chance bzw. das Risiko ihres Eigentümers (*Scherer*, JR 1997, 309, 313).

[1587] OLGE 4, 61.

[1588] *Künzel*, NJW 1984, 774, 775.

[1589] BGHZ 51, 396 (398) = BGH NJW 1969, 1208, 1209; BGH NJW 1975, 170; *Künzel*, NJW 1984, 774, 775, vgl. auch *Scherer*, JR 1997, 309, 311.

[1590] *Künzel*, NJW 1984, 774, 775; *Olzen*, Jura 1991, 281, 286.

[1591] BGHZ 54, 56 ff., 61, 307 (310), kritisch auch *Kropholler*, BGB, § 1004 Rn.2.

[1592] BGH LM § 903 Nr. 1, 2; OLG Frankfurt/M., NJW-RR 1989, 464 f.; a.A. *Tiedemann*, MDR 1978, 272, 275; *Olzen*, Jura 1991, 281, 288, die § 242 BGB als Anspruchsgrundlage ablehnen.

1004 BGB anzusehen sind. Was dafür erforderlich ist, lässt sich anhand der „ähnlichen Einwirkungen" i.S.v. § 906 BGB herausarbeiten[1593].

Unter § 906 BGB fallen ohne Beschränkung auf unwägbare Stoffe *grenzüberschreitende Einwirkungen*, die in ihrer Ausbreitung weitgehend *unkontrollierbar und unbeherrschbar* sind[1594], wobei die gesetzlichen Beispiele zeigen, dass es sich auch bei den ähnlichen Einwirkungen um Grenzüberschreitungen mit *gesundheitlicher oder sachschädigender Wirkung* handeln muss[1595].

Erforderlich ist daher zunächst eine grenzüberschreitende Einwirkung.

§ 1004 BGB schützt das Recht des Eigentümers, seine Sache ungestört zu gebrauchen. Ein solcher ungestörter Gebrauch setzt zwei Dinge voraus: Zum einen müssen die tatsächlichen Voraussetzungen gegeben sein, um die Sache in der gewünschten Form nutzen zu können, zum anderen darf aber auch der „Gebrauchs- bzw. Gütergenuss"[1596] nicht geschmälert sein. Dass auch der „Gebrauchsgenuss" von § 1004 BGB geschützt wird, ergibt sich aus § 906 I BGB, der als abwehrbare Immissionen auch die Zuführung von Gerüchen und Geräuschen erfasst. Solche Einwirkungen betreffen aber nicht die fremde Sache selbst, sondern werden nur vom Eigentümer als unangenehme Begleiterscheinung sinnlich wahrgenommen. Befindet sich auf dem Nachbargrundstück eine geräuschintensive Industrieanlage, dann kann der gehörlose Eigentümer dennoch nachts gut schlafen und sein Haus ungestört bewohnen. Nur der gesunde Eigentümer wird den Lärm als unangenehm empfinden, sich in dem Gebrauch seiner Sache gestört *fühlen* und auf Dauer eventuell sogar Gesundheitsschäden davontragen. Die Beeinträchtigung des Eigentums durch Gerüche und Geräusche beruht also nur auf den subjektiven Empfindungen des Eigentümers. Dies gilt für alle Einwirkungen, die durch die Zuführung substanzloser Stoffe erfolgen, so dass sie keine erkennbaren Rückstände auf der Sache selbst

---

[1593] Alle in § 906 BGB geregelten Immissionen stellen gleichzeitig eine Beeinträchtigung i.S.v. § 1004 BGB dar, denn § 906 BGB regelt die Duldungspflicht, setzt also die Verwirklichung des Beeinträchtigungstatbestandes voraus. Andererseits erfasst § 906 BGB die Beeinträchtigungsfälle natürlich nicht abschließend. Deshalb ist zwischen der Einwirkung als Grund und der Beeinträchtigung als ihren mögliche Folge zu unterscheiden (*Jauernig*, JZ 1986, 605, 608).

[1594] BGHZ 117, 110.

[1595] RGZ 76, 130; BGHZ 51, 396, a.A. *Jauernig*, JZ 1986, 605, 608, der bei § 906 BGB allein darauf abstellt, dass die Einwirkung unterschiedlich intensiv auftreten und so wesentlich, unwesentlich oder überhaupt nicht beeinträchtigen kann. Eine Einwirkung, die unabhängig von ihrer Intensität stets beeinträchtigt, kann immer nach §§ 903, 1004 I 1 BGB abgewehrt werden.

[1596] *Küchler*, S.174.

hinterlassen[1597], und auch an der betroffenen Sache keine dauerhaften erkennbaren Veränderungen hervorrufen[1598].

Was aber unterscheidet dann die Immissionen wie Gerüche und Geräusche von ideellen und ästhetischen Empfindungen, das es rechtfertigt, letztere nicht als „ähnliche Einwirkungen“ i.S.v. § 906 anzusehen?

Ästhetische und sittliche Empfindung werden über das Sehen vermittelt. Von den Sinneseindrücken werden demnach bestimmte optische Wahrnehmungen vom Beeinträchtigungsbegriff i.S.v. § 1004 BGB ausgeschlossen. Das Sehen unterscheidet sich aber grundsätzlich in der Weise seiner Wahrnehmung nicht vom Riechen und Hören, die in § 906 BGB ausdrücklich berücksichtigt sind. Die Reize werden immer im Körper selbst in den Sinnesorganen ausgelöst[1599]. Geschmacks- und Duftstoffe sowie Schallwellen dringen über die Grundstücksgrenze an die Nase und das Ohr des Eigentümers. Genauso rufen die vom Objekt über die Grundstücksgrenze hinaus reflektierten Lichtstrahlen auf der Netzhaut des betrachtenden Auges ein Bild hervor. Auch wenn beim Sehen im Vergleich zu den anderen Sinneswahrnehmungen der Eindruck entsteht, dass das Objekt doch auf dem Nachbargrundstück verbleibt, handelt es sich in Wirklichkeit um grenzüberschreitende Lichtreflexionen[1600].

Werden aber die optischen und die anderen Sinnesreize in gleicher Weise durch grenzüberschreitende Einwirkungen wahrgenommen, kann sich ein maßgeblicher Unterschied in ihrer Bewertung als Einwirkung im Sinne von § 906 BGB nur daraus ergeben, dass sie unterschiedliche Wirkungen beim Eigentümer auslösen. Da ästhetische und sittliche Immissionen stets individueller Bewertung unterliegen, ist dies der Fall. Gerüche und Geräusche sind objektiv unangenehm und können dabei eine objektiv bewertbare Gesundheitsgefahr darstellen. Ästhetische und sittliche Einflüsse werden aber unterschiedlich empfunden. Zwar wurde hier herausgearbeitet, dass § 1004 I 1 BGB das persönlichkeitsrechtliche Element schützt, mithin der persönlichen Entfaltung des Rechtsträgers dient, aber immer nur über den Sachbezug! Die personale Komponente kann immer nur im Rahmen der Gegenstandsbezogenheit des Eigentums gelten, weil ansonsten das allgemeine Persönlichkeitsrecht und das Eigentum untrennbar miteinander vermischt und beide völlig konturenlos würden[1601].

[1597] Anders z.B. bei Ruß.

[1598] Z.B. bei Erschütterungen.

[1599] *Scherer*, JR 1997, 309, 311.

[1600] *Scherer*, JR 1997, 309, 311.

[1601] *Scherer*, JR 1997, 309, 311; *Forkel*, S.40; *Olzen*, Jura 1991, 281, 286: Die persönlich-

Eigentumsschutzrechte dienen der Sachnutzung an sich, nicht aber allein dem Schutz des sie nutzenden Menschen[1602]. Während sich der Betroffene Geräuschen und Gerüchen bei der Sachnutzung nicht entziehen kann, ist dies beim Anblick unansehnlicher oder unsittlicher Gestaltung des Nachbargrundstücks möglich. Die Beeinträchtigung ästhetischen Empfindens betrifft deshalb nur das Persönlichkeitsrecht, nicht aber das persönlichkeitsrechtliche Element des Eigentums. Die Anerkennung des allgemeinen Persönlichkeitsrechts erweitert diesbezüglich den Schutz des Eigentums ausreichend ins Ideelle hinein. Deshalb bedarf es keines Schlusses mehr aus §§ 1004 I 1, 903, 906 BGB[1603].

Teils wird versucht die objektive Beeinträchtigung einer sittlichen oder ästhetischen Immission im daraus resultierenden Wertverlust des Grundstücks zu sehen. Dies ergebe sich aus Überlegungen, die der BGH[1604] und das BVerwG[1605] zur Reichweite der Eigentumsgarantie angestellt hätten: Danach gewähre Art. 14 GG dem Grundeigentümer Schutz, wenn diesem durch die Aufrechterhaltung des Zustands in unzumutbarem Maße die bisherige Nutzung des betroffenen Grundstücks unmöglich gemacht werde, was in der Regel zugleich eine Wertminderung des Grundstücks verursache. Danach sei die Wertminderung von einem bestimmten Grade als objektives Indiz für eine schwere und unerträgliche Nutzungsbeeinträchtigung anzusehen[1606]. Diese Sichtweise ist aber nach der hier vorgenommenen strengen Trennung von Vermögens- und Gebrauchsinteresse des Eigentums nicht haltbar. § 1004 I 1 BGB schützt eben gerade nicht vor einer Reduzierung des Vermögensbestandes, sondern soll die persönliche Entfaltungsfreiheit des Eigentümers durch den Sachgebrauch gewährleisten. Folglich kann die Wertminderung auch kein Indiz für das Vorliegen einer Gebrauchsbeeinträchtigung i.S.v. § 1004 BGB sein. Die Bewertungen der Rechtsprechung sind speziell unter Enteignungsgesichtspunkten erfolgt und lassen sich nicht auf

---

keitsbezogene Komponente passe schlecht zu dem sachenrechtlichen Instrumentarium.

1602 Zu weit deshalb *AK/Kohl*, § 1004 Rn.48, der den Schutz des nutzenden Menschen in den Vordergrund stellt. Ähnlich das AG Münster, NJW 1983, 2887, das aus dem Umstand, dass das Eigentum der Entfaltung der Persönlichkeit des einzelnen dient, schließen will, dass gegen ideelle Verletzungen dingliche Abwehransprüche gegeben sein müssen; die persönliche Entfaltung des Eigentümers stellen auch in den Vordergrund: *Loewenheim*, NJW 1975, 826, 827; *Grunsky*, JZ 1970, 785; *Baur*, JZ 1969, 432 f.

1603 *Baur*, JZ 1969, 432; *Grunsky*, JZ 1970, 785 ff.; einschränkend *Scherer*, JR 1997, 309, 313, die in Extremfällen ausnahmen zulassen will, etwa wenn ein Bordellbetrieb ohne verhängte Fenster unmittelbar vom Nachbarhaus eingesehen werden kann.

1604 BGHZ 48, 46 (49 ff.).

1605 BVerwG DVBl. 1978, 614, 616 f.

1606 *Jauernig*, JZ 1986, 605, 609.

zivilrechtliche Maßstäbe übertragen. Folglich sind ideelle Immissionen nicht nach § 1004 I 1 BGB abwehrbar.

F. Verjährung des Anspruchs aus § 1004 I 1 BGB

Der Anspruch aus § 1004 I 1 BGB verjährt regelmäßig nach §§ 195, 199 I, IV BGB nach drei Jahren, beginnend mit dem Schluss des Jahres, in dem der Anspruch entstanden ist und der Gläubiger von jenen den Anspruch begründenden Umständen und der Person des Schuldners Kenntnis erlangt oder ohne grobe Fahrlässigkeit erlangen müsste, ohne Rücksicht auf die Kenntnis und grob fahrlässige Unkenntnis in zehn Jahren von ihrer Entstehung an. Nach Ansicht des BGH ist der Beseitigungsanspruch aus § 1004 I 1 BGB auch nicht gem. § 902 I 1 BGB unverjährbar.

BGHZ 60, 235ff..: Die Klägerin erbte 1964 ein Grundstück von ihrem Vater und verlangte von der Beklagten die Beseitigung einer den gesetzlichen Mindestabstand zur Grundstücksgrenze unterschreitenden 70-80 Jahre alten Birke, die das Grundstück der Kl. und einen errichteten Bungalow durch Blätterfall, Vogelunrat und ähnliche Einwirkungen beeinträchtige.

Der BGH sah den Beseitigungsanspruch als verjährt an. § 902 I 1 BGB, der eingetragene Rechte für unverjährbar erkläre, könne nach seinem Sinn und Zweck nicht auf § 1004 I 1 BGB erstreckt werden. Die Unverjährbarkeit eingetragener Rechte sei die Folge der Grundbucheinrichtung. Das Grundbuch diene ebenso wie die Verjährung der Rechtssicherheit. Der Berechtigte werde geschützt, indem seine Rechte mittels der Eintragung festgestellt und somit der Ungewissheit entzogen würden. Die Verjährung könne deshalb nur unter Preisgabe des Hauptzwecks der Grundbucheinrichtung zugelassen werden. Nach § 902 I 2 BGB gelte der vorhergehende Satz nicht für Ansprüche, die auf Rückstände wiederkehrender Leistungen oder auf Schadensersatz gerichtet seien, weil das Grundbuch über sie keine Auskunft gebe, es folglich nach der Verjährung auch nicht unrichtig würde. Dies gelte aber auch für § 1004 I 1 BGB, da sich aus dem Grundbuch nur ergebe, wer Eigentümer des Grundstücks sei, nicht aber, ob ihm auch ein Beseitigungsanspruch zustehe[1607]. So wie der Wechsel des Berechtigten beim schuldrechtlichen Anspruch keinen Einfluss auf den Lauf der Verjährung habe, so sei beim Eigentumswechsel der Anspruch des bisherigen Eigentümers

---

[1607] BGHZ 60, 235 (238 f.), zustimmend etwa *Soergel/Stürner*, 13. Aufl., § 902 Rn.2; *Pikart*, WM 1976, 606, 609; vgl. auch BGH NJW 1990, 2555, 2556; BGHZ 125, 56 (63); *Müller*, SR, Rn.769.

mit dem des neuen Eigentümers identisch. Der Beseitigungsanspruch entstehe wegen der fortdauernden Einwirkung auch nicht ständig neu, sondern künftige natürliche Einwirkungen seien im allgemeinen mitumfasst[1608].

Die Gegenansicht vertritt, dass der dingliche Beseitigungsanspruch aus § 1004 I 1 BGB dem zweifellos unverjährbaren dinglichen Herausgabeanspruch aus § 985 BGB näher als einem obligatorischen Schadensersatzanspruch stehe und deshalb nicht verjähre[1609]. Vom *Wortlaut* des 902 I 1 BGB her betrachtet, sei § 1004 I 1 BGB genauso ein Anspruch aus eingetragenem Recht, nämlich dem Eigentum am Grundstück, wie § 985 BGB und gerade kein Schadensersatzanspruch (§ 902 I 2 BGB)[1610]. *Sinn und Zweck* des Grundbuchs sei es, die Gewähr zu leisten, dass das eingetragene Recht zeitlich unbegrenzt ausgeübt werden könne, was gebiete, dass die auf seine Verwirklichung gerichteten Ansprüche so lange durchsetzbar sein müssen, wie die im Grundbuch eingetragene Rechtslage und die Wirklichkeit sich widersprächen[1611]. § 1004 I BGB setze einen gegenwärtig andauernden rechtwidrigen Zustand voraus, der dem Inhalt des Eigentums widerspreche, weil er den Eigentümer an der Ausübung seines Rechts i.S.v. § 903 BGB hindere. Wer Anspruchsteller sei, ergebe sich – anders als beim Schadensersatzanspruch - stets unmittelbar aus dem Grundbuch, nämlich der dort aktuell als dinglich berechtigt Eingetragene[1612]. Bei Feststellung der gegenwärtigen Beeinträchtigung stelle sich das Problem des Zeitablaufs nicht. Sie halte an. Anders sei dies hingegen bei einem Schadensersatzanspruch, dessen Entstehungszeitpunkt und Entstehungsgrund, auch wenn sein Anspruch sich auf ein eingetragenes Recht stütze, lange zurückliegen könne[1613]. Besonders deutlich werde die Notwendigkeit einer Gleichbehandlung von § 985 BGB und § 1004 I 1 BGB, wenn durch einen Überbau zugleich das Grundstück teilweise entzogen werde, weil dann immer auch der zweifellos unverjährte § 985 BGB geltendgemacht werden könne. Bei § 1004 I 1 BGB stellten sich auch keine größeren Beweisschwierigkeiten als bei § 985 BGB[1614]. Verwiesen wird zudem auf die

---

[1608] BGHZ 60, 235 (240 f.), insoweit zustimmend *Picker*, JuS 1974, 357, 359.
[1609] *MünchKomm/Wacke*, § 902 Rn.9; *Picker*, JuS 1974, 357, 358; LG Tübingen, NJW-RR 1990, 338; *Jauernig/Jauernig*, § 902 Rn.1; *Staudinger/Gursky*, § 902 Rn.8; *Staudinger/ Gursky*, § 1004 Rn.194; *Wieling*, SR § 20 III 2a.; vgl. auch *Baur* JZ 1973, 560.
[1610] LG Tübingen, NJW-RR 1990, 338, 339.
[1611] *Picker*, JuS 1974, 357, 358; LG Tübingen, NJW-RR 1990, 338, 339.
[1612] *Picker*, JuS 1974, 357, 358; LG Tübingen, NJW-RR 1990, 338, 339.
[1613] LG Tübingen NJW-RR 1990, 338, 339.
[1614] LG Tübingen, aaO.

Motive, in welchen die actio confessoria, der negatorische Anspruch des Servitutenberechtigten, der dem heutigen Anspruch aus § 1004 BGB entspreche[1615], als Fall des § 902 I 1 BGB ausdrücklich genannt werde[1616].

Trennt man – wie es hier vertreten wird - § 1004 I 1 BGB von seinem Sinn und Zweck her als Rechtsverwirklichungsanspruch dogmatisch strikt vom Schadensersatzrecht, erkennt aber an, dass es systemimmanent zu Überschneidungen kommen kann, wenn die Wiederherstellung der Nutzungsvoraussetzungen die Beseitigung von Substanzschäden erfordert, so kann vom Wortlaut des § 902 I BGB her keine grundsätzlich eindeutige Einordnung zu dessen S.1 oder S.2 vorgenommen werden, weil § 1004 I 1 BGB insoweit auch Schadensersatzfunktion zukommen kann. Wenn *Picker* die Verjährbarkeit von § 1004 I 1 BGB grundsätzlich ablehnt, dann ist das immer auch vor dem Hintergrund der von ihm vertretenen Rechtsusurpationslehre zu sehen, mit der er die Fälle von Substanzschäden gänzlich aus dem Anwendungsbereich ausgrenzt. Nach hier vertretener Ansicht muss differenziert werden: Bei reinen Gebrauchsbeeinträchtigungen ist der Anspruch aus § 1004 I 1 BGB unverjährbar (§ 902 I 1 BGB), weil er sich dann in seiner Funktion auf die Rechtsverwirklichung beschränkt. Sind dagegen Sachen in ihrer Substanz betroffen, muss sich zumindest die Verjährungsregelung des Schadensersatzanspruchs durchsetzen (§ 902 I 2 BGB), um der verschuldensunabhängigen Naturalrestitution wenigstens insoweit auch Grenzen zu setzen. Nur in solchen Fällen kann sich dann bei Konkurrenz mit § 548 I BGB nach Beendigung von Miet- oder Pachtverhältnissen dieser durchsetzen[1617]. Entsprechendes hat für § 438 BGB zu gelten, wenn gegen den Käufer als Verursacher der Eigentumsbeeinträchtigung ein Beseitigungsanspruch oder ein Anspruch auf Erstattung der Kosten für die Ersatzvornahme nach GoA verlangt wird.

Teilweise wird in solchen Fällen, in denen zur Gefahrenabwehr ein Einschreiten der Ordnungsbehörde möglich ist, etwa bei der Sanierung kontaminierten Bodens, die Übertragung vertraglicher Verjährungsregelungen auf § 1004 I 1 BGB abgelehnt, weil sich der Handlungsstörer auch gegen die Gefahrenabwehrverfügung nicht auf Verjährung berufen könne[1618]. Das Verhältnis der Beteiligten

---

[1615] *Staudinger/Gursky*, § 902 Rn.8; *Picker*, JuS 1974, 357, 358.

[1616] Motive III, S.253 = *Mugdan*, Motive III, S.140.

[1617] Vgl. BGH NJW 1987, 187, 188 = BGHZ 98, 235 (237 f.) bei Bodenkontamination (auch Ansprüche aus GoA kommen dann nicht in Betracht); BGHZ 135, 152 bei Beseitigung eingebauter Lagertanks.

[1618] *Harms*, NJW 1999, 3668, 3670 mwN.

werde vom öffentlichen Recht überlagert. Es sei ungerecht, wenn der Zustandsstörer nur aus Gründen der effektiven Gefahrenabwehr oder nach Ablauf der zivilrechtlichen Verjährungsfrist in Anspruch genommen werde und ihn die alleinige Kostentragung treffe. Nach dieser Ansicht kommt ein Anspruch aus GoA in Betracht, weil ein Geschäft des Verursachers geführt wurde. Folgt man dem BGH, dann ist aber ein Ausgleichsanspruch in entsprechender Anwendung von § 426 I BGB anzuerkennen, wobei die Verursachungsbeiträge darüber entscheiden, in welcher Höhe ein Ausgleich zu erfolgen hat[1619].

G. Tatbestandliche Abgrenzung zu den §§ 985, 894 BGB

Umstritten ist, ob § 1004 I 1 BGB neben dem § 894 BGB zur Anwendung kommen kann. Mit § 894 BGB haben die Gesetzesverfasser einen besonders geregelten negatorischen Anspruch in das BGB aufgenommen[1620]. Bei einer un-

---

[1619] *Harms*, NJW 1999, 3668, 3671 ff.

[1620] *Heck*, SR, § 42, 6 führt dazu aus: „Das Interesse des dinglich Berechtigten, richtig eingetragen zu sein, ist von der Rechtsordnung geschützt. Dem dinglich Berechtigten ist die Stellung im Grundbuch ebenso zugebilligt, wie etwa dem Eigentümer der Besitz der Sache. Das dingliche Recht umschließt ein Recht auf die entsprechende Buchstellung. Wenn ein Dritter an dieser Stelle steht, oder die richtige Buchung verhindert, dann liegt ebenso ein objektiver Eingriff in das geschützte Recht vor, wie bei der Besitzstörung ein Eingriff in das Recht des Eigentümers vorhanden ist. Wenn der Eigentümer nach § 1004 von dem Störenden die Beseitigung der Störung verlangen kann, so würde schon diese Vorschrift bei richtiger Anwendung die Berichtigungsansprüche der §§ 894-896 BGB ergeben." Als einen Abwehranspruch negatorischer Natur sehen den Grundbuchberichtigungsanspruch auch Motive III, S. 236, 424, RGZ 57, 320 (322); 135, 33 (35); RG WarnR 1914 Nr.291, HRR 1926 Nr.466; BGHZ 5, 76 (82); *Baur/Stürner*, SR, § 18 Rn.29; *Henckel*, AcP 174 (1974), 97, 103; *Planck/Strecker*, § 894, Anm.I; *MünchKomm/Wacke*, § 894 Rn.2; *Soergel/Stürner*, 13. Aufl., § 894 Rn.20; *Schwab/Prütting*, SR, Rn.241; *Schmidt*, S.58 f., *Pikart*, WM 1973, 2, 10; *Medicus*, BR, Rn.440; *Münzberg*, JZ 1967, 689, 691; weitere Nachweise bei *Staudinger/Gursky*, § 894 Rn.17. Als einen mit § 1004 verwandten, aber selbständigen Anspruch sieht ihn *Wolff/Raiser*, SR, § 46 Fn.5. Als einen Sonderfall des dinglichen Herausgabeanspruchs, weil er auf Herstellung des Buchbesitzes gerichtet ist, bewerten ihn *Erman/Hagen*, 9. Aufl., § 894 Rn.11; *Staudinger/Seuffert*, 11. Aufl., § 894, Rn.3a. *Westermann*, Lb, § 72 II 1a; *M.Wolf*, SR, Rn.519. *Wieacker* (DJZ 1936, 989, 990) differenziert danach, ob der Anspruch auf die Herstellung des Buchbesitzes gerichtet ist oder ob sich der Anspruch gegen die Beeinträchtigung des Buchbesitzes durch die Eintragung einer nicht existierenden Belastung richtet. Allerdings ist die Nähe zu § 985 BGB rein bildlich (*Staudinger/Gursky*, § 894 Rn.17), muss doch der Buchbesitzer die tatsächliche Sachherrschaft i.S.v. § 854 BGB gar nicht innehaben. Vielmehr ist es nur die falsche Eintragung in einem staatlich geführten Register, die das Eigentum beeinträchtigt und die mit dem Besitz ausschließlich die Publizitätswirkung gemeinsam hat. Daher ist im Ergebnis § 894 BGB eher als eine Sonderregelung von § 1004 I 1 BGB anzusehen, auch wenn letztendlich die Frage

richtigen Eintragung im Grundbuch gewährt § 894 BGB dem Eigentümer gegen den Buchberechtigten einen Anspruch auf dessen Zustimmung zur Grundbuchberichtigung. Wie § 1004 I 1 BGB dient § 894 BGB dazu, einen dem Inhalt des Rechts widersprechenden tatsächlichen Zustand zu beseitigen[1621]. Zum Inhalt eines buchungsfähigen dinglichen Rechts gehört auch dessen richtige Verlautbarung im Grundbuch[1622]. Es gilt, den tatsächlichen Zustand herzustellen, der dem Eigentum entspricht. So hat die Praxis vor Entstehung des BGB und damit dem Grundbuchberichtigungsanspruch von jeher auch ohne besondere gesetzliche Anweisung die negatorische Klage auf den Fall erstreckt, dass auf dem Grundbuchblatte sich Eintragungen finden, welche mit dem wirklichen Rechtsverhältnisse nicht in Übereinstimmung stehen[1623]. Die Mehrheit der 1. Kommission betonte insoweit allerdings mehr die Parallele zu § 985 BGB, nämlich dass der Grundbuchberichtigungsanspruch und der Herausgabeanspruch nur verschiedene Erscheinungsformen des aus dem dinglichen Rechte entspringenden Anspruchs auf Schutz desselben gegen jeden seien, der sich der Verwirklichung des Rechtes entgegenstelle[1624].

Meist wird vertreten, dass § 894 BGB in seinem Anwendungsbereich dem

---

nach der Normähnlichkeit wegen der außerordentlich engen Verwandtschaft von § 1004 I 1 BGB zu § 985 BGB nicht so bedeutsam sein dürfte (vgl. *Staudinger/Gursky*, § 894 Rn.17; *Picker*, Beseitigungsanspruch, S.94). Teilweise wird deshalb § 894 BGB auch als eigener, den §§ 985, 1004 BGB nur verwandter und sie ergänzender dinglicher Anspruch verstanden, der keinem der beiden Normen entspricht, weil sich in Deutschland seit dem Mittelalter im Gegensatz zum römischen Recht das Grundbuch entwickelt hat, also das römische Recht, aus dem die §§ 985, 1004 BGB letztlich stammen, kein Grundbuch kennt (*Köbler*, JuS 1982, 181, 185).

1621 *Staudinger/Gursky*, § 894 Rn.11. Deshalb ist der Berichtigungsanspruch zumindest in seinem überwiegenden Anwendungsbereich darauf ausgerichtet, die richtige Eintragung eines dinglichen Rechts herbeizuführen oder die Löschung einer nicht bestehenden Belastung oder Beschränkung zu erreichen, also Ausfluss eines dinglichen Rechts und damit dinglicher Natur (vgl. Motive III, S. 234, 236, 424; Prot. Mugdan III, S. 560; *Planck/Strecker*, § 894 Anm I mwN; *MünchKomm/Wacker*, § 894 Rn.2; *Soergel/Stürner*, § 894 Rn.20; *Cosack/Mitteis* III1 § 28 II 2b; *v. Tuhr*, Bd. I, § 15 III.b (S.250); *Dernburg* III § 49 II; *Hedemann* § 14 III 2c; *E. Wolf*, SR, § 9 G II; *Wieacker*, DJZ 1936, 989; RGZ 51, 417 (420); 57, 322; RG WarnR 1914 Nr.291; RGZ 158, 40 (43); BGHZ 5, 76 (82); BGH WM 1982, 384, 385). Nach der Art der einzutragenden Rechtsposition differenzierend *Wolff/Raiser*, SR, § 46 Fn.4; *Krückmann* ZBlFG 15, 277 f. So wird die dingliche Rechtsnatur abgelehnt, wenn jemand, zu dessen Gunsten eine Verfügungsbeschränkung besteht, ihre Eintragung im Wege der Berichtigung begehrt (*Wolff/Raiser*, SR, § 46 Rn.4).

1622 Motive III, S.236; *Predari*, Gruchot 62 (1918), 545, 549 ff.; *Francke*, S.13; *Staudinger/Gursky*, § 894 Rn.11.

1623 Vgl. *Johow*, Teilentwurf SR 1, S.995 f.

1624 Prot. I, 3959 = *Jakobs/Schubert*, S.403.

negatorischen Beseitigungsanspruch vorgehe, weil der Gesetzgeber mit den §§ 894 ff. BGB für die Beeinträchtigung dinglicher Rechte durch fehlende oder unrichtige Grundbucheintragung einen selbständigen Rechtsbehelf geschaffen habe[1625]. Dieser müsse schon deshalb § 1004 I 1 BGB als Generalklausel des negatorischen Rechtsschutzes verdrängen, weil nach § 897 BGB abweichend die Kosten immer der Berichtigungsberechtigte zu tragen habe[1626]. Nach anderer Ansicht soll neben § 894 BGB ein Beseitigungsanspruch aus § 1004 BGB mit Kostenlast für den Berichtigungsschuldner bestehen, wenn die Unrichtigkeit des Grundbuchs durch den Eingetragenen oder seinen Rechtsvorgänger verursacht wurde[1627]. Die Gegner der Kausalitätstheorien, etwa *Picker* und *Gursky*, lehnen diese Ansicht konsequent ab, weil für sie das Kriterium der Verursachung bei § 1004 BGB keine Rolle spielt[1628]. Die Rechtsusurpationslehre wurde hier jedoch abgelehnt. Canaris[1629] will dagegen die Kostenregelung des § 897 BGB auf den seiner Meinung nach mit § 894 BGB konkurrierenden Anspruch aus § 1004 BGB entsprechend anwenden. Teils wird dies kritisiert, weil es für einen solchen zusätzlichen dinglichen Anspruch neben der Spezialregelung des § 894 BGB keinen Bedarf geben soll[1630].

§ 897 BGB trägt ausschließlich der Tatsache Rechnung, dass der „Störer" immer unabhängig von seinem Verschuldens- und Verursachungsbeitrag die Zustimmung zur Berichtigung wegen seiner Eintragung im Grundbuch schuldet. Er soll aber nur von der Kostenlast freigestellt sein, sofern nicht aus einem zwischen ihm und dem Verpflichteten bestehenden Rechtsverhältnis sich ein anderes ergibt (§ 897, 2.Hs BGB). Dies ist aber der Fall, wenn § 1004 I 1 BGB verwirklicht ist, weil der wahre Eigentümer über sein Grundstück wegen des vom

---

1625 RGZ 57, 320 (322); 135, 33 (35); JW 1931, 651, 653 m. Anm. *Fleischer*; BGHZ 5, 76 (82) = NJW 1952, 622; *Heck* § 42, 6; *Westermann*, Lb, § 72 II 1a; *Soergel/Mühl*, § 1004 Rn.22; *Erman/Hefermehl*, 10. Aufl., § 1004 Rn.1; *Wolff/Raiser*, SR, § 87 I.2.b; *Jauernig/Jauernig*, § 1004 Rn.26; *Palandt/Bassenge*, § 894 Rn.15; *Staudinger/Gursky*, § 894 Rn.18; *MünchKomm/Wacke*, § 894 Rn.2. So hat auch *Johow*, Teilentwurf SR 1, eine Regelung des Grundbuchberichtigungsanspruchs bei der negatorischen Haftung für überflüssig erachtet, weil bereits ein dinglicher Anspruch auf Aufhebung der Einschreibung gegeben sei (S.996).

1626 *Picker*, Beseitigungsanspruch, S.94, Fn.212; *MünchKomm/Wacke*, § 894 Rn.2; *Planck/Brodmann*, § 1004 Anm.2b; *Palandt/Bassenge*, § 894 Rn.15; *Staudinger/Gursky*, § 894 Rn.18.

1627 *Offtermatt*, S.109 ff.; *Schmidt*, S.59; *E.Wolf*, SR, § 3 E V a 3 kk, S.154; wohl auch RGZ 121, 44 (45).

1628 *Staudinger/Gursky*, § 894 Rn.18.

1629 *Canaris*, JZ 1992, 1114, 1115 Fn.10.

1630 *Staudinger/Gursky*, § 894 Rn.18.

Buchberechtigten zu verantwortenden falschen Grundbucheintrags nicht verfügen kann und damit in der persönlichen Freiheit im Umgang mit seiner Sache beschränkt ist. Bei einer derartigen Verantwortlichkeit hat es der Gesetzgeber für richtig gehalten, den Störer immer auch die Kosten der Beseitigung tragen zu lassen[1631]. Damit hat § 1004 I 1 BGB hinsichtlich der Kostentragungspflicht neben § 894 BGB eine eigenständige Bedeutung, was es rechtfertigt beide Ansprüche nebeneinander anzuwenden.

§ 1004 BGB ergänzt zudem den systematisch vorangestellten § 985 BGB, dem die Gesetzgeber des Bürgerlichen Gesetzbuches, ebenfalls in Fortführung des überkommenen römischen Rechts[1632], eine spezielle Funktion im Rahmen des Eigentumsschutzes eingeräumt haben. Bei § 985 BGB handelt es sich um den einzigen Sonderfall einer Eigentumsbeeinträchtigung, bei dem die *tatsächliche* Zuordnung der betroffenen Sache stets verändert wird. Daneben soll § 1004 I 1 BGB als im „Wesen" der Vindikation gleichartiger Auffangtatbestand alle gegenwärtigen „zuständlichen Eigentumsverletzungen" erfassen, welche nicht in der Entziehung des Besitzes oder der Innehabung der Sache bestehen[1633].

Nach den Motiven und dem Wortlaut der Norm steht somit eindeutig und daher auch unstreitig fest, dass mit dem Beseitigungsanspruch nach § 1004 I 1 BGB jedenfalls nicht die reine Wiederherstellung des verlorengegangenen Besitzes verlangt werden kann. Dies bedeutet allerdings nicht, dass die §§ 985, 1004 I 1 BGB nicht nebeneinander anwendbar sind[1634]. Zwar wird, wie sich aus dem Wortlaut ergibt, § 1004 I 1 BGB durch § 985 BGB ausgeschlossen, wenn es um die reine Wiedererlangung des Besitzes geht, doch kommen beide Normen nebeneinander zur Anwendung, wenn der Besitzer das Eigentum über die Vorenthaltung des Besitzes hinaus beeinträchtigt, also die bloße Sachherausgabe zur Wiederherstellung des rechtmäßigen Zustands nicht genügt. So kann die räumliche Überlagerung eines beeinträchtigten Grundstücks durch eine fremde Sache mit der Vorenthaltung des Besitzes an der Teilfläche des Grundstücks, auf der

---

[1631] *Larenz/Canaris*, SchR II/2, § 86 II. 2.b) (S.677).

[1632] Vgl. dazu Motive *Mugdan*, Motive III, S.220. Zum römischen Rechtsbehelf der rei vindicatio *Kaser* I, § 32, S.126 ff., § 103, S.432 ff.

[1633] Motive III, S.423. Der Gesetzgeber des BGB hat den negatorischen Anspruch in allgemeiner Form in § 1004 BGB und in Gestalt spezieller negatorischer Ansprüche in den §§ 907, 908 BGB niedergelegt. In den Motiven (*Mugdan*, Motive III, S.218) sind die rei vindicatio und die actio negatoria einem gemeinsamen Titel „Eigentumsanspruch" unterstellt.

[1634] Vgl. BGH LM § 1004 Nr.14.

die fremde Sache lastet, verbunden sein[1635]. In diesem Fall reicht der Vindikationsanspruch nicht aus, denn bei der Räumung von Grundstücken, Wohnungen und sonstigen Räumlichkeiten gehört zum Inhalt der Herausgabepflicht i.S.v. § 985 BGB nicht, dass der Anspruchsgegner die eingebrachten Sachen vom Grundstück bzw. aus der Räumlichkeit entfernt. Es genügt vielmehr, dass er den Besitz an ihnen und damit an den von ihnen überlagerten Teilflächen aufgibt[1636]. Dies steht im Einklang mit dem Sinn und Zweck des § 985 BGB, dem Eigentümer den entzogenen oder vorenthaltenen Besitz an seiner Sache wiederzuverschaffen. Wird die nun wieder im Besitz befindliche Sache anderweitig beeinträchtigt, so kommt im Fall der Sachverschlechterung ein Anspruch aus den §§ 989, 990 BGB in Betracht[1637]. Ansonsten kann die Beseitigung eingebrachter Sachen nur nach den §§ 546, 1004 BGB verlangt werden[1638]. Nach § 546 BGB sind die Grundstücke oder Räume im vertraglich vereinbarten Zustand zurückzugeben bzw. mangels ausdrücklicher Vereinbarung in dem Zustand, der dem vertragsgemäßen Gebrauch entspricht[1639]. Dass § 546 BGB weiter geht als § 985 BGB ergibt sich aus dem Zweck des Mietvertrages, der auf den Gebrauch der Mietsache ausgerichtet ist. Soweit der BGH auch die Rücknahme der eingebrachten Sachen als nach § 985 BGB geschuldet ansieht, selbst wenn die eingebrachten Sachen verbrannt sind und nur noch die Brennrückstände mit erhöhten Aufwendungen entfernt werden können[1640], dehnt er die Funktion des § 985 BGB zu weit aus. Von seinem Zweck her ist § 985 BGB nun einmal auf die reine Verschaffung des Besitzes und nicht auf die Verschaffung des Besitzes in einem bestimmten Zustand ausgerichtet. Dies regeln vielmehr die §§ 989, 990 BGB, wenn ein Fall der Sachverschlechterung vorliegt bzw. die actio negatoria in ihrem Anwendungsbereich[1641]. Genauso kann der Vermieter eines Grundstücks vom Mieter die Beseitigung eines nicht zum Grundstück gehörenden Zeitbaus (§ 95 I 2 BGB) nicht gem. § 985 BGB verlangen, wenn der Mieter den Besitz daran aufgibt und deshalb der Vermieter frei auf die Sache zugreifen kann[1642]. Da in diesen Fällen

---

1635 BGH LM § 1004 Nr.14; BGH WM 1964, 883, 884; *Baur/Stürner*, SR, § 12 Rn.23; *BGB-RGRK/Pikart*, § 1004 Rn.8; *ders.*, WM 1973, 2, 9.
1636 *Staudinger/Gursky*, § 1004 Rn.39, § 985 Rn.60.
1637 *Staudinger/Gursky*, § 985 Rn.60.
1638 *Staudinger/Gursky*, § 985 Rn.60.
1639 *MünchKomm/Voelskow*, § 556 Rn.11.
1640 BGHZ 131, 95 (100).
1641 Vgl. BGHZ 110, 313 (315) – Milchpulverentscheidung, wo allein ein Anspruch aus § 1004 I 1 BGB und keine Ansprüche aus §§ 985, 556 BGB geprüft werden.
1642 Für einen Anspruch aus § 985 BGB allerdings *Sonnenschein* JZ 1985, 45, dagegen

Da in diesen Fällen das Gebäude nicht nach § 94 BGB wesentlicher Bestandteil des Grundstücks geworden ist, liegt auch keine Sachverschlechterung des Grundstücks im Sinne einer tatsächlichen Substanzveränderung vor, so dass neben dem im Falle von Miet- und Pachtverträgen anwendbaren § 546 BGB nur ein Anspruch aus § 1004 I 1 BGB für die Beseitigung des Zeitbaus in Betracht kommt.

Staudinger/Gursky, § 985, Rn.60, der in solchen Fällen § 1004 I 1 BGB anwenden will. Nach BGHZ 92, 70 (72), umfasst die Herausgabe des überbauten Grundstücksteils auch die Räumung des Hauses.

Zusammenfassung

A. Dogmatische Grundlagen

1. Die Verfasser des BGB haben die einzelnen Tatbestände gesetzlicher Haftung so aufeinander abgestimmt, dass diese in ihrer Gesamtheit den für erforderlich erachteten zivilrechtlichen Schutz leisten können. Die dogmatische Einordnung der §§ 1004 I 1, 823 I, 249 ff. BGB in dieses System der gesetzlichen Haftungstatbestände schafft den Zugang zum Grundlagenverständnis des negatorischen Beseitigungsanspruchs und seiner Abgrenzung zu den §§ 823 I, 249 ff. BGB. Der Schutz absoluter subjektiver Rechte kraft Gesetzes soll gewährleisten, dass dem Menschen, der seiner eigentümlichen Natur und Bestimmung nach darauf angelegt ist, sein Dasein und seine Umwelt frei und eigenverantwortlich zu gestalten, der dafür erforderliche persönliche und wirtschaftliche Entfaltungsspielraum erhalten bleibt, soweit ihm nicht wegen des Zusammenlebens mit anderen wegen deren gleichrangiger Freiheitsinteressen Grenzen zu setzen sind.

2. Durch *dingliche Ansprüche* werden die durch *dingliche Rechte* geschaffenen Personen-Sach-Beziehungen verwirklicht („Rechtsverwirklichungsanspruch"). § 1004 I 1 BGB bezweckt in der Fassung seines Wortlautes die für die persönliche Entfaltung des Rechtsinhabers maßgebliche freie Ausübung seiner Befugnisse im Hinblick auf die zugeordnete Sache *tatsächlich* sicherzustellen. Die dinglichen Ansprüche dienen somit nicht dem Erhalt von Vermögen. Vielmehr soll gewährleistet werden, dass der Rechtsträger in seiner persönlichen Selbstbestimmung im Umgang mit der ihm zugeordneten Sache geschützt wird.

3. Die wirtschaftliche Entfaltungsfreiheit erfordert neben der Rechtsverwirklichung, den *Vermögenswert* subjektiver Rechte zu erhalten. Dies erfolgt durch die §§ 823 I, 249 ff. BGB. Beim Eigentum wird der Vermögenswert an dem Zustand des Sachkörpers und an dem Wert seines Gebrauchs gemessen. Bei einer Eigentumsverletzung wird gem. §§ 249 ff. BGB Schadensersatz durch Wiederherstellung in natura geschuldet.

4. Die Überschneidung der §§ 1004 I 1, 823 I, 249 ff. BGB in ihren Anwendungsbereichen ergibt sich, weil das Eigentum, sei es als dingliches Recht, sei es als Vermögensbestandteil, stets über den Zustand der zugeordneten Sache geschützt wird. Das Abgrenzungsproblem ist damit systemimmanent.

B. Konkurrenzverhältnis von § 1004 I 1 BGB zu den §§ 823 I, 249 ff. BGB in Schrifttum und Rechtsprechung

1. Um § 1004 I 1 BGB von den §§ 823 I, 249 ff. BGB abzugrenzen, gibt es zwei denkbare Lösungsansätze: Die Tatbestände können so definiert werden, das sie sich erst gar nicht in ihren Anwendungsbereichen überschneiden oder die Vorschriften können in Anspruchskonkurrenz zueinander stehen, wobei § 1004 I 1 BGB dann hinter dem Anwendungsbereich der §§ 823 I, 249 ff. BGB zurückbleiben muss, weil der Gesetzgeber ansonsten zwei Vorschriften geschaffen hätte, die unter verschiedenen Tatbestandsvoraussetzungen das gleiche gewährten. Die Vorschläge zur Abgrenzung der Vorschriften in Rechtsprechung und Schrifttum lassen sich diesen beiden Lösungsansätzen unterordnen („*Dualismus der wissenschaftlichen Auseinandersetzung*"). Fest steht, dass die Wiederherstellung einer zerstörten Sache und der Ersatz von Vermögensfolgeschäden nicht gem. § 1004 I 1 BGB verlangt werden kann.

2. Aus der reichsgerichtlichen Rechtsprechung lassen sich folgende Grundsätze entwickeln:

a) Es ist zwischen dem *Vorgang* der unzulässigen Einwirkung auf das fremde Eigentum und den *weiteren Wirkungen* dieses Vorgangs zu unterscheiden (Bahndammfall). Während es das Reichsgericht als zweifelhaft ansieht, ob aus § 1004 BGB auch die völlige Wiederherstellung der Sache, so wie sie vor der Einwirkung war, verlangt werden kann, dies im Ergebnis aber nicht endgültig entscheidet, stellt der Einwirkungsvorgang stets eine zu beseitigende Beeinträchtigung i.S.v. § 1004 BGB dar (Bahndammfall).

b) Das Reichsgericht sieht nicht nur die auslösende Störungs*handlung* (Funkenflug), sondern auch den als Folge davon geschaffenen *fortdauernden Zustand* (Brandherd im Bahndamm) als Einwirkungsvorgang auf die fremde Sache an. Das Gericht zählt es darüber hinaus zu dem unmittelbaren Einwirkungsvorgang und damit zu einer fortdauernden Beeinträchtigung i.S.v. § 1004 I 1 BGB, wenn *dieselbe* Störungsursache so fortwirkt, dass die betroffene Sache dadurch in ihrer Substanz *unmittelbar* verändert wird. Die sich quasi weiterfressende Einwirkungsursache muss sich ohne hinzukommen weiterer Umstände zwangsläufig in der Substanzveränderung fortsetzen. Dann kann vom Anspruchsgegner auch die Beseitigung dieser Substanzveränderungen aus § 1004 I 1 BGB verlangt werden.

c) Jedenfalls keine Beeinträchtigung i.S.v. § 1004 BGB stellen Substanzverletzungen dar, die deshalb dem allgemeinen Lebensrisiko des Geschädigten zuzuordnen sind, weil sie unvorhersehbar, quasi „zufällig“, im Zusammentreffen unglücklicher Umstände entstanden sind, und damit nicht dem Störer zugerechnet werden können (Gasexplosion). Der Ersatz für solche nicht unter den Einwirkungsvorgang gefassten Schädigungen kann grundsätzlich nur verlangen, wer ein Verschulden des „Störers“ nachweisen kann oder wem durch das Gesetz die Abwehr rechtswidriger Eingriffe auf sein Eigentum deshalb untersagt wird, weil es sich dabei nach der Wertung des Gesetzgebers um erlaubte Gefährdungen fremden Eigentums handelt (Eisenbahn, Gaswerk). Solche Fälle sind mittlerweile gesetzlich in Form von Gefährdungshaftungstatbeständen geregelt.

Die Ansicht des Reichsgerichts überzeugt nicht, weil es in der Wertung keinen Unterschied macht, ob sich weitere Substanzverletzungen unmittelbar aus einem fortdauernden störenden Zustand entwickeln oder unmittelbar von einer Störungshandlung verursacht werden. Der Begriff der Unmittelbarkeit ist auch zeitlich zu unbestimmt.

3. Nach der Rechtsprechung des BGH wird der Tatbestand von § 1004 I 1 BGB durch jeden dem Eigentum widersprechenden tatsächlichen Zustand erfüllt. Es besteht ein und dieselbe Beeinträchtigung und keine weitere Folge des Eingriffs, wenn die störende Substanz von der Erdoberfläche in den Erdboden eindringt (Bodenkontamination). Geschuldet wird deshalb bei einer Bodenkontamination der Aushub des Erdbodens und dessen Entsorgung. Von einem Bodenaustausch ist dagegen nicht die Rede. Ist für die Beseitigung der Beeinträchtigung die Verletzung weiteren Sacheigentums erforderlich, so wird auch die Wiederherstellung dieses Eigentums geschuldet, unabhängig von der Höhe der Kosten, die der Störer zu tragen hat (Tennisplatz, Wurzelrechtsprechung). Diese Grundsätze werden vom BGH allerdings nicht dogmatisch fundiert begründet.

4. Die Rechtsusurpationslehre von *Picker* folgt dem Lösungsansatz, bei dem sich beide Tatbestände gegenseitig ausschließen: § 1004 I 1 BGB sei erfüllt bei einem Eingriff in das „rechtliche Können“, die §§ 823 I, 249 ff. BGB bei einem Eingriff in das „tatsächliche Können“.

a) Die Lehre vermag nicht zu überzeugen. Präzisiert man ihre Aussagen, indem man sie in das Gesamtsystem des Zivilrechts einordnet, zeigt sich, dass jeder Eingriff, auch solche in die rechtliche Integrität, durch tatsächliche Einschränkungen des Eigentümers im Gebrauch seiner Sache vermittelt wird, so dass sich zwischen rechtlichem und tatsächlichem Können gar nicht unterscheiden lässt.

Der Eingriff in das rechtliche Können des betroffenen Eigentümers wird vielmehr darin gesehen, dass sein Selbsthilferecht im Umfang beschränkt ist, weil es dem Verhältnismäßigkeitsgrundsatz unterliegt. § 1004 I 1 BGB bezweckt danach, dass dem Eigentümer die uneingeschränkte Rechtsmacht verschafft wird, den rechtmäßigen tatsächlichen Zustand eigenhändig wiederherstellen zu können. Rechtsgüterkollisionen durch dingliche Ansprüche lösen zu wollen, ist dogmatisch fremd. Es widerspricht der eigenständigen Bedeutung von § 1004 I 1 BGB als einem Rechtsverwirklichungsanspruch.

b) Zudem endet dieser Lösungsansatz im *Zirkelschluss*: Das Selbsthilferecht setzt eine Eigentumsbeeinträchtigung voraus und kann somit nicht zur Definition derselben beitragen. Die Überschneidung von Rechtskreisen des Gestörten und des Störers ist auch nur bildhaft: Die Einschränkung des Selbsthilferechts besteht kraft Gesetzes und wird zwar durch den Eingriff des Störers ausgelöst, sein (tatsächlicher) Vorteil deckt sich aber nicht inhaltlich mit dem (rechtlichen) Nachteil des Eigentümers. Eine Rechtsusurpation wird nur unterstellt.

c) Der Vergleich mit *§ 862 I 1 BGB* ergibt, dass sich diese Vorschrift nicht an die Anmaßung eines Besitzrechts knüpfen lässt: Der Eigentümer kann dann aus dem possessorischen Abwehranspruch eine weitergehende Rechtsfolge begehren als aus dem Eigentumsrecht, obwohl dieses der stärkere Ausdruck einer Personen-Sach-Beziehung sein sollte als die bloße Sachherrschaft. Zwar unterliegt auch § 859 BGB dem Verhältnismäßigkeitsgrundsatz, doch zeigt sich am Besitzschutz damit besonders deutlich, dass die Rechtsusurpationslehre eine tatsächliche Beeinträchtigung in eine rechtliche umdeutet.

d) Da der Haftungsgrund für § 1004 I 1 BGB in den *Grenzen des Selbsthilferechts* gesehen wird, dürfte der negatorische Beseitigungsanspruch nicht erfüllt sein, wenn der gestörte Eigentümer innerhalb seiner Rechtfertigungsgrenzen handelt. Genauso dürfte der negatorische Beseitigungsanspruch nur auf Beseitigung dieser Selbsthilfebeschränkung gehen. Ein Anspruch auf Dereliktion bzw. ein Verzicht des Störers auf den Schutz seiner Rechte und Rechtsgüter scheitert aber an der Entschließungsfreiheit des einzelnen.

e) Den Anspruch aus § 1004 I 1 BGB entfallen zu lassen, weil die eingedrungenen Schadstoffe gem. *§§ 93, 946 BGB* in das Eigentum des Gestörten übergegangen sind, ist unpassend: Durch die Vorschriften soll die nutzlose Zerstörung wirtschaftlicher Werte verhindert werden, was aber bei nutz- und wertlosen Schadstoffpartikeln nicht zutrifft. Des weiteren sind die §§ 928, 959 BGB teleologisch zu reduzieren: Eigentum soll nicht allein mit dem Ziel aufgegeben werden können, sich so eigentumsimmanenten Belastungen zu entziehen. Wer sein Eigentum in diesem Bewusstsein aufgibt, ist regelmäßig verschuldensfähig und haftet nach § 823 I BGB. Es sind die gesamten Beseitigungskosten als Schaden zu ersetzen.

f) Die Überprüfung anhand der *allgemeinen Auslegungskriterien* zeigt, dass es nicht zwingend ist, die Rechtsanmaßung als haftungsbegründend bei § 1004 I 1 BGB anzusehen. Die negative Abgrenzung zu § 985 BGB im *Gesamtwortlaut* der Vorschrift ist ohne Aussagewert, weil § 985 BGB als Verschaffungsanspruch zwangsläufig gegen den unberechtigten Besitzer gerichtet ist. *Gesetzessystematisch* spricht die Einordnung von § 1004 I 1 BGB als dinglicher Anspruch mit Rechtsverwirklichungsfunktion für einen weiten Anwendungsbereich der Norm. Aus der *Entstehungsgeschichte* geht hervor, dass sich mit der Zurückdrängung der im römischen Recht noch üblichen privaten Gewaltanwendung die actio negatoria weg von der Servitutenklage hin zum Rechtsschutz gegen tatsächliche Beeinträchtigungen entwickelt hat. Die Verfasser des BGB haben § 1004 I 1 BGB dann auch so verstanden wissen wollen, im Gegensatz noch zu den vorbereitenden Materialien von Johow, der die actio negatoria als Feststellungsklage sah und deshalb die Rechtsusurpation zur Begründung des Feststellungsinteresses benötigte. Der Rechtsvergleich mit dem schweizerischen, österreichischen und französischen Recht zeigt einen ebenfalls weiten Anwendungsbereich des negatorischen Beseitigungsanspruchs in diesen Rechtsordnungen.

5. Die *Kausalität* ist – entgegen der Ansicht *Pickers* – bei der negatorischen Haftung ein taugliches Kriterium zur Bestimmung des Störers. Die Zurechnung der Eigentumsbeeinträchtigung mittels der Kausalität bedarf jedoch einer Eingrenzung, weil eine reine Verursachungshaftung die inhaltlichen Grenzen des Deliktsrechts unterläuft.

Die dazu in Schrifttum und Rechtsprechung entwickelten Auffassungen vermögen nur bedingt zu überzeugen. Die negatorische Zustandshaftung lässt sich nicht mit der Sozialpflichtigkeit des Eigentums rechtfertigen. Dies liefe auf eine Gefährdungshaftung kraft Eigentums hinaus. Genauso wenig kann auf den Aufrechterhaltungswillen des Störers abgestellt werden, denn dieser kann nur aus einem objektiven Verhalten geschlossen werden, so dass dann auch gleich dieses objektive Verhalten haftungsbegründend wirkt. Ebenso ist die Ansicht *Herrmanns* abzulehnen, eine negatorische Haftung des Eigenbesitzers für pflichtwidriges Unterlassen in Analogie zu § 908 BGB zu begründen, da die Vorschrift nicht analogiefähig ist und sich ihre Struktur nicht auf § 1004 I 1 BGB übertragen lässt. Es muss nach einem Eingrenzungskriterium gesucht werden, das mehr als Kausalität, aber weniger als Verschulden fordert. Es muss sich also um ein die Kausalität ergänzendes *objektives* Merkmal handeln: Dies ist darin zu sehen, dass sich der Störer „*sozial auffällig*" verhalten haben muss, ein „*sozial übliches Verhalten*" reicht für eine negatorische Haftung nicht aus.

Insoweit lässt sich als Maßstab *der Grundgedanke von § 906 II 1 BGB* verallgemeinern: Bei der Nutzung von Grundstücken kommt es auf ein ortsübliches Verhalten an, im übrigen darauf, dass sich jemand objektiv so verhalten hat, wie sich auch andere Mitmenschen in der konkreten Situation verhalten hätten, also „sozialüblich", wobei auf die Anschauungen vergleichbarer Bevölkerungskreise abzustellen ist. Im Wege der Rechtsfortbildung muss dann aber auch ein angemessener Ausgleich in Geld gem. § 906 II 2 BGB analog zugestanden werden. Der Unterschied von „sozialüblichem Verhalten" zur Adäquanz bei der Kausalität besteht in der Bewertungsgrundlage: Einmal das Verhalten, zum anderen die Ursachenkette. Der Unterschied zum Verschulden in der objektiven statt subjektiven Beurteilung.

6. Beim negatorischen Beseitigungsanspruch wird wegen des rechtswidrigen und dem Störer zuzurechnenden *Zustands* gehaftet. Störer ist, wer es unterlässt den Störungszustand zu beenden, obwohl er dazu verpflichtet ist. Diese Pflicht kann auf drei Arten begründet werden:

- durch *ein in der Vergangenheit liegendes (sonst Unterlassungsanspruch) den Störungszustand verursachendes Handeln.* Der Verursacher ist für den Störungserfolg verantwortlich, was es rechtfertigt, ihn mit der Beseitigung und den damit verbundenen Kosten zu belasten. Teilweise ist nur er in der Lage, den Beeinträchtigungszustand wirksam zu beenden (z.B. nach einer ehrverletzenden und kreditschädigenden Äußerung).

- geht *die Störung von einem Grundstück* aus, ergibt sich aus den §§ 907 f., 836 f. BGB, dass neben dem Handlungsstörer auch derjenige als Zustandstörer herangezogen werden kann, der die Sache nach außen hin erkennbar als ihm gehörend besitzt, wer also den natürlichen Willen hat, die Sache wie ein Eigentümer zu beherrschen. Das maßgebliche Abgrenzungskriterium zu den nur naturbedingten Störungen ist in der vorherigen Veränderung des störenden Grundstücks durch menschliche Handlungen zu sehen, die aber nicht durch den Zustandsstörer selbst vorgenommen worden sein muss. Bei rein naturbedingten Störungen kann der Betroffene vom Nachbarn auf der Grundlage des nachbarlichen Gemeinschaftsverhältnisses gem. § 242 BGB verlangen, dass dieser die Eigenbeseitigung dulde.

Der Eigenbesitz stellt dabei eine widerlegbare Vermutung für das Eigentum auf. Die negatorische Haftung auf den Eigentümer zu beschränken, ergibt sich aus dem Prinzip der Zusammengehörigkeit von Vorteil (vermögensrechtlicher Nutzungsvorteil) und korrespondierendem Risiko (Kostenlast) als einem fundamentalen Gerechtigkeitsprinzip. Soweit der Eigentümer die Kostenlast für die

Beseitigung nicht tragen will, kann er die störende Immobilie veräußern, weil er die erforderliche Verfügungsmacht innehat. Eine Enthaftung durch Dereliktion ist nicht denkbar, weil nicht das Eigentum als solches, sondern zusammen mit dem hervorgerufenen Unrecht haftungsbegründend wirkt. Es haftet auch, wer die Unterhaltung eines Gebäudes oder eines anderen mit dem Grundstück verbundenen Werkes vertraglich übernommen hat (§ 838 BGB).

- geht *die Störung von einer beweglichen Sache aus*, ist maßgeblich, ob sich die Sache auf dem Grundstück des Störers befindet oder ob die Sache auf dem fremden Grundstück des betroffenen Eigentümers ist. Im ersteren Fall haftet der Eigenbesitzer in Anlehnung an § 837 BGB, gegebenenfalls der Unterhaltspflichtige in Anlehnung an § 838 BGB, im letzteren Fall ist sie wie besonders massive Immissionen zu behandeln: Die Grundsätze, die für solche von Grundstücken ausgehenden Störungen entwickelt worden sind, lassen sich auf bewegliche Sachen übertragen: Neben dem Handlungsstörer haftet immer auch der eigenbesitzende Eigentümer der störenden Sache auf deren Beseitigung.

7. Die im Schrifttum entwickelten Lösungsansätze zur Beschränkung der Kausalhaftung sind nicht überzeugend.

a) Die Unterscheidung nach dem *Zeitmoment* der Einwirkung zwischen „fortwirkender Störungsursache" und „abgeschlossener Nachteilszufügung" verkennt, dass auch jeder Schaden größer werden kann. Es ist also nach der Art des Störungszustands zu differenzieren.

b) Soweit auf die *Störungsquelle* als Beeinträchtigung abgestellt wird, ist § 1004 I 1 BGB zu eng gefasst.

c) Auf die *positive Wirkung* des Eigentums kann nicht abgestellt werden, ohne festzulegen, welche Einzelaspekte des positiven Rechts von § 1004 I 1 BGB geschützt werden sollen. Die *negative Wirkung* beschreibt nur, dass es stets einer Störerzurechnung bedarf.

d) Die *Wiederbenutzbarkeitstheorie* bleibt eine überzeugende Erklärung dafür schuldig, warum sie alle Fälle von Substanzverletzungen miteinbeziehen will, wenn dadurch die Gebrauchsfähigkeit der Sache wiederhergestellt wird. Umgekehrt lässt sich auch nicht begründen, warum alle Fälle, in denen es zu einer Verletzung der Sachsubstanz gekommen ist, aus dem Anwendungsbereich von § 823 I BGB ausgegrenzt werden sollen.

e) Zu unbestimmt ist es, § 1004 I 1 BGB zu einem *Rechtsbehelf des ausgleichenden Rechtsschutzes* (negatorischer Gefährdungshaftungstatbestand, Folgenbeseitigungsanspruch) fortentwickeln zu wollen. Dies führt zu einer Rechtsunsicherheit, indem das Enumerationsprinzip der Gefährdungshaftungstatbestände umgangen wird. Die actus-contrarius-Theorie verkennt, dass sich für fast jede Einwirkung mit Ausnahme der Zerstörung ein gegenläufiges Verhalten finden lässt.

f) Erkennbar ist, dass alle Lösungsansätze versuchen, entweder die Fälle, in denen Sachen in ihrer Substanz verletzt worden sind, aus dem Anwendungsbereich des § 1004 I 1 BGB auszugrenzen oder diese Fälle ausnahmslos in den Anwendungsbereich des negatorischen Beseitigungsanspruchs miteinzubeziehen.

C. Grundthesen des eigenen Lösungsansatzes

1. Den § 1004 I 1 BGB von den §§ 823 I, 249 ff. BGB inhaltlich abzugrenzen, ist nur dann problematisch, wenn das geschützte subjektive Recht einen Vermögenswert hat, in einer einzigen Sache verkörpert ist und diese Sache derart in ihrer Substanz verletzt worden ist, dass der Vermögenswert des Rechts geschmälert und gleichzeitig der Rechtsträger in seinen positiven Rechtsbefugnissen eingeschränkt ist.

2. Beim Sachenrecht werden Gegenstände Personen durch ein dingliches subjektives Recht zugeordnet und diesen damit die Befugnis verliehen, die Sachen in bestimmter Weise tatsächlich zu gebrauchen und wirtschaftlich zu nutzen. Die Verletzung dinglicher Rechte – sei es als Vermögensrecht, sei es als Gebrauchsrecht – erfolgt immer über den Eingriff in die zugeordnete Sache. Wird die Sache in ihrer Substanz verletzt und dadurch der Vermögenswert geschmälert und zugleich die Gebrauchsmöglichkeit der Sache eingeschränkt, so fragt sich, ob die Wiederherstellung der Sache verschuldensunabhängig verlangt werden kann, wenn die Nutzbarkeit der Sache dies erfordert. Wird der Gebrauch der Sache beschränkt, ohne dass in ihre Substanz eingegriffen worden ist, so kann dieser Nutzungsausfall allenfalls zu Vermögensfolgeschäden führen, die jedenfalls nicht nach § 1004 I 1 BGB zu ersetzen sind.

3. Eine eindeutige Abgrenzung von § 1004 I 1 BGB und §§ 823 I, 249 ff. BGB, bei der entweder alle Fälle, in denen die Eigentumsstörung eine Substanzverletzung der betroffenen Fremdsache bewirkt hat, in den Anwendungsbereich von § 1004 I 1 BGB miteinbezogen werden oder aber aus diesem ausgegrenzt werden, ist nicht möglich. Dies hat die Untersuchung der im Schrifttum und Rechtsprechung entwickelten Lösungsansätze ergeben. Meist haben sie vergeblich versucht, mittels eines Kriteriums solche Fälle aus dem Anwendungsbereich von § 1004 I 1 BGB auszugrenzen, bei denen die Sache,

welche Gegenstand des subjektiven Rechts ist, in ihrer Substanz verletzt worden ist. Denkbar ist es deshalb nur eine Abgrenzung nach Wertungsgesichtspunkten und keine absolute Abgrenzung von negatorischer und deliktischer Haftung.

4. Will man einen verschuldensunabhängigen Anspruch auf Beseitigung der Eigentumsbeeinträchtigung auch dann zulassen, wenn die fremde Sache infolge der Störung in ihrer Substanz verletzt worden ist, dann bedarf es einer dem Verschuldensvorwurf äquivalenten Haftungsbegründung auf der Tatbestandsseite von § 1004 I 1 BGB. Diese muss bei der Definition des Beeinträchtigungsbegriffs, mithin bei der Art der Eigentumsstörung ansetzen.

5. Der Sinn und Zweck bislang gesetzlich geregelter Fälle verschuldensunabhängiger Haftung lassen sich auf § 1004 I 1 BGB nicht übertragen. Die Gefährdungshaftung setzt eine besondere Gefahr voraus. Die Billigkeitsgesichtspunkte von § 829 BGB gelten nicht für § 1004 I 1 BGB. Die Aufopferungshaftung in analoger Anwendung von § 906 II 2 BGB erfasst einen tatbestandlich anderen Anwendungsbereich.

6. Die verschuldensunabhängige negatorische Haftung auf Naturalrestitution rechtfertigt sich aus der Funktion der gesetzlichen Haftung, Güter- und Freiheitssphären von Personen gegeneinander abzugrenzen. Der Schutz des *persönlichkeitsrechtlichen Elements des Eigentums* überwiegt das Interesse des Eingreifenden, nur zu haften, wenn er schuldhaft gehandelt hat. Der Schutz einer Person und der Schutz ihrer subjektiven Rechte kann nicht strikt getrennt werden: Die durch das Eigentum vermittelten Befugnisse dienen der dinglichen Verwirklichung, mithin der freien Entfaltung der Person. Sie sind ein Teil des Persönlichkeitsrechts. Der Unterschied zu den anderen Persönlichkeitsrechten besteht darin, dass die Freiheit beim Eigentum stets über die zugeordnete Sache vermittelt wird. Dieser Sachbezug stellt das Abgrenzungskriterium zu den ideellen Interessen des Eigentümers dar.

7. Dass § 1004 I 1 BGB das Persönlichkeitsrecht des Rechtsträgers schützt, bestätigt sich, wenn man die Anspruchskonkurrenz von Beseitigungs- und Schadensersatzanspruch bei anderen absolut geschützten Rechten untersucht, nämlich den geregelten Erweiterungsfällen des negatorischen Rechtsschutzes im BGB, den negatorischen Rechtsschutz bei den beschränkten dinglichen Rechten, in den zivilrechtlichen Sondergesetzen und beim quasinegatorischen Rechtsschutz: Immaterialgüterrechte sind im Vergleich zum Eigentum meist nicht derart in einer Sache verkörpert, dass sie nur durch den Gebrauch derselben ausgeübt werden können. Da der Vermögenswert dann nicht durch den unversehrten Zustand der zugeordneten Sache bemessen wird, überschneiden sich der

negatorische Beseitigungsanspruch und die §§ 823 I, 249 ff. BGB nicht in ihren Anwendungsbereichen. Im übrigen schützt der negatorische Beseitigungsanspruch auch in diesen Fällen den Persönlichkeitsbereich des Rechtsträgers, indem die Beseitigung von Substanzschäden verlangt werden kann, wenn dies der Schutz des immateriellen Wertes verlangt (z.B. übermalte Signatur auf einem Bild, Felseneiland mit Sirenen). Besonders deutlich wird es beim Urheberrecht, dass der Rechtsinhaber auch in seinem Urheberpersönlichkeitsrecht geschützt wird, das in der schöpferischen Leistung zum Ausdruck kommt. Dieses wird verletzt, wenn man ihn z.B. als Erfinder leugnet oder wenn man ein Kunstwerk entstellt, das seinem Schöpfer dann so zugerechnet wird. Wenn die geistige Idee in einem Unikat verkörpert ist und die Persönlichkeitsrechtsverletzung durch den Eingriff in die Substanz des Unikats verursacht, setzt sich die vom Verschulden unabhängige negatorische Haftung gegenüber der deliktischen Haftung durch, was u.a. in § 14 UrhG zum Ausdruck kommt.

8. Bei jedem (mit-)beeinträchtigen Sachgebrauch verschuldensunabhängig Naturalrestitution zu gewähren, entwertet das Verschuldensprinzip. Abwehrbar sind gem. § 1004 I 2 BGB beeinträchtigende gegenwärtige Handlungen (Betreiben der schadstoffausstoßenden Anlage, Überschreiten des Grundstücks, Lärmbelästigung, Blendung) und solche beeinträchtigenden Zustände, die in Abgrenzung zu reinen Sachbeschädigungen in einer *noch „substantiell fortdauernden Fremdeinwirkung“* bestehen. Dafür muss die Störhandlung wenigstens – wie beim zurückbleibenden störenden Fremdkörper (Bodenkontamination, Ölverseuchung) oder auch wie beim fortbrennenden Feuer (Haldenbrandfall) – *substantiell* in die Gegenwart hineinragt, wobei es für die verschuldensunabhängige Haftung nach § 1004 I 1 BGB nur darauf ankommt, dass der Störer dafür verantwortlich ist, dass störende Substanzen die fremde Sache nunmehr beeinträchtigen; das störende Material muss sich nicht mehr in seinem Eigentum befinden. Mithin ist es erforderlich, dass bei Störungen, die durch die Anwesenheit fremder Stoffe verursacht werden, sich diese weiterhin im Eigentumsraum des Anspruchstellers befinden (Schadstoffe im Erdboden, ein auf dem Grundstück abgestelltes Fremdfahrzeug). Dies ist aus den §§ 906, 910, 912 BGB abzuleiten.

9. Da sich gem. § 905 BGB das Recht des Grundstückseigentümers auf den Erdkörper unter der Erdoberfläche erstreckt, kann es keinen Unterschied machen, ob sich die Fremdsubstanzen letztendlich in die Erde selbst verlagern, etwa wenn das Schrotblei aus einer Schießanlage zu einer Bleivergiftung des Erdbodens führt oder Schadstoffablagerungen eine Bodenkontamination herbeiführen. Eine solche Verlagerung ist eher zufällig; und wenn die an der Erdoberfläche befindlichen Fremdstoffe beseitigt verlangt werden können, dann muss

dies auch noch gelten, wenn ihre Herbeiführung die *Hauptursache* dafür ist, dass sie sich nunmehr in der Erde selbst befinden

10. Der Ersatz unmittelbarer Folgeschäden (Austausch des Bahndammmaterials) kann nicht gem. § 1004 I 1 BGB verlangt werden. Insoweit kommt allenfalls ein Anspruch aus § 823 II BGB i.V.m. § 1004 I 1 BGB in Höhe des Verzögerungsschadens in Betracht.

11. Solche Schäden, welche erst durch die Beseitigung der Erststörung zwangsläufig entstehen (Aufreißen des Tennisplatzbelags, um darunter befindliche Wurzeln zu entfernen!), können auch gemäß § 1004 I 1 BGB ersetzt verlangt werden. Zwischen dem Störer und dem Gestörtem entsteht ein gesetzliches Schuldverhältnis, in welchem auch § 242 BGB gilt. Da der bestimmungsgemäße Gebrauch der Sache wiederhergestellt werden soll, muss auch der Beseitigungsschaden ersetzt werden. Dies wird in zweifacher Weise begrenzt: Der Störer muss zum einen auf seine Kosten die Sache nur wieder so herstellen, wie sie sich im beeinträchtigten Zustand befand (aufgewölbter Tennisplatz). Die Mehrkosten für einen unversehrten Tennisplatz kann er vom Betroffenen erstattet verlangen. Zum anderen ist vom Störer nur der aktuelle bestimmungsgemäße Gebrauch wiederherzustellen.

12. Die Kosten für die Untersuchung etwa eines durch Wurzelwachstum verstopften Kanals hat der Störer zu tragen, weil dadurch eventuell teure Aushubarbeiten vermieden werden, die Investitionen also in seinem Interesse sind. Das Rohr ist aber nur zu ersetzen, wenn es für die Beseitigung der Wurzeln zerstört werden muss.

13. In einer zweiten Fallgruppe kann gem. § 1004 I 1 BGB die Beseitigung einer Sachbeschädigung auch dann verschuldensunabhängig verlangt werden, wenn ein *anderes* Recht oder Rechtsgut als die beschädigte Sache selbst bei Fortbestehen des Schadens bedroht ist. Der drohende Schaden muss wesentlich sein, weil der Anspruch ansonsten rechtsmissbräuchlich ausgeübt wird (§ 242 BGB), wobei § 906 BGB als Maßstab gilt, und ausschließlich durch den bereits eingetretenen Schaden verursacht werden. Es reicht dafür nicht aus, dass sich der Schaden an *ein und derselben* Sache verschlimmert oder eine andere Sache wegen dieses reinen Sachschadens im Gebrauch beeinträchtigt ist. Bei einem *engen räumlichen* Zusammenhang von beschädigter und bedrohter Sache sind die in der Rechtsprechung zum „Weiterfresserschaden" entwickelten Abgrenzungskriterien entsprechend anzuwenden. Naturalrestitution kann vom Anspruchsteller nur gefordert werden, soweit es der präventive Rechtsschutz *unbedingt* erfordert. Die Geltendmachung des Anspruchs steht zudem unter dem

Gebot von Treu und Glauben. Außerdem ist § 254 II 1 BGB entsprechend anzuwenden. Ist es dem Gläubiger mit geringem Aufwand möglich, seine bedrohten Rechte oder Rechtsgüter selbst vor Schaden zu bewahren, dann sind ihm solche Eigenmaßnahmen auch zumutbar. Vor allem darf die Bedrohung nicht mutwillig herbeigeführt werden; andererseits können ihm keine überobligationsmäßigen Anstrengungen abverlangt werden. Die Weite der Rechtsfolge ist mithin von Fall zu Fall zu entscheiden.

D. Folgen für diskutierte Einzelprobleme des negatorischen Beseitigungsanspruchs

1. Dem Gestörten steht ein Kostenerstattungsanspruch gegen den Störer zu, wenn er zur Ersatzvornahme schreitet, aus den §§ 677, 683 S.1, 670 BGB und wenn deren Voraussetzungen nicht vorliegen, aus den §§ 812, 818 BGB. Um die Regelung des § 887 ZPO nicht zu unterlaufen, ist mithin materiellrechtlich erforderlich, dass der betroffene Eigentümer die Störungsquelle erst dann selbst beseitigen darf, nachdem er den Störer vergeblich unter Setzung *einer angemessenen Frist* dazu aufgefordert hat. Dadurch bleibt dem Störer immer die von § 887 ZPO bezweckte Möglichkeit, die Störung zunächst kostengünstiger selbst zu beheben und seine eigenen Interessen an der störenden Sache zu wahren, diese etwa ohne Schaden sicherzustellen.

2. § 251 II 1 BGB beruht auf dem Gedanken, dass die Naturalrestitution und der Geldersatz als Wiedergutmachungsalternativen grundsätzlich gleichwertig sind. Dieser Gedanke passt aber bei § 1004 I 1 BGB nicht. Bei einer Geldzahlung bliebe die tatsächliche Eigentumsbeeinträchtigung bestehen, ja sie wird sogar festgeschrieben. Besonders gut lässt sich das am Widerruf nach einer Persönlichkeitsrechtsverletzung verdeutlichen. Eine Modifikation der Verpflichtung ist nicht denkbar; für eine entsprechende Anwendung von § 251 II BGB fehlt es somit an der Grundlage. Als Maßstab für die Einrede der Leistungsverweigerung und damit als äußere Grenze der Rechtsausübung kann aber § 275 II BGB gelten: Er stellt strengere Anforderungen als § 251 II 1 BGB, weil er ein *grobes* Missverhältnis fordert. Für den Fall dass die Einrede wirksam erhoben wird, ist dann aber aus Treu und Glauben (§ 242 BGB) ein finanzieller Ausgleich geschuldet.

3. § 254 BGB setzt kein Mitverschulden voraus, sondern nur eine zurechenbare Mitverursachung und ist deshalb auch grundsätzlich auf § 1004 I 1 BGB anwendbar, wenn man – wie hier vertreten – auf die Kausalität als

haftungsbegründendes Moment der negatorischen Haftung abstellt. Der Umfang der Ersatzpflicht ist von einer Würdigung und Abwägung der Umstände des Einzelfalles abhängig, wobei auf das Maß der beiderseitigen Verursachung abzustellen ist. Die Abwägung kann zu einem gänzlichen Wegfall der Beseitigungspflicht des Störers oder dazu führen, dass der Gestörte Zug um Zug gegen Vornahme der Beseitigung einen Anteil der entstehenden Kosten zu übernehmen hat, weil die Naturalrestitution nicht teilbar ist. Da bei § 1004 I 1 BGB ein gesetzliches Schuldverhältnis zwischen dem Gestörten und dem Störer besteht, trifft ersteren auch eine der Schadensabwendungs- bzw. –minderungspflicht entsprechende Verpflichtung hinsichtlich der Eigentumsbeeinträchtigung.

4. Negative Immissionen können nach § 1004 I 1 BGB abgewehrt werden. Als maßgeblich für die verschuldensunabhängige Beseitigungspflicht gem. § 1004 I 1 BGB wurde hier angesehen, dass das persönlichkeitsrechtliche Element des Eigentums einen besonders ausgeprägten Schutz verlange. Die Abgrenzung zum allgemeinen Persönlichkeitsrecht wurde im Sachbezug der Beeinträchtigung gesehen. Argumentiert wird also ergebnisorientiert hinsichtlich der Einschränkung des Sachgebrauchs; es wird nicht differenziert nach der Art der Einwirkung. Insoweit kann es keinen Unterschied machen, ob die Sachnutzung objektiv durch grenzüberschreitende Immissionen oder aber durch das Abhalten von Licht oder Luft eingeschränkt wird. Die Ähnlichkeit der Einwirkungen ergibt sich daraus, dass jede Unterbindung eines Vorteils für das Nachbargrundstück auch als „Zuführung" eines Nachteils verstanden werden kann.

5. Ästhetische bzw. ideelle Immissionen sind dagegen nur abwehrfähig, wenn sie nicht nur den persönlichen Bereich des Berechtigten, sondern zumindest auch das Eigentum betreffen. Die personale Komponente kann immer nur im Rahmen der Gegenstandsbezogenheit des Eigentums gelten, weil ansonsten das Persönlichkeitsrecht und das Eigentum untrennbar miteinander vermischt und beide völlig konturenlos würden.

6. Trennt man – wie es hier vertreten wird - § 1004 I 1 BGB von seinem Sinn und Zweck her als Rechtsverwirklichungsanspruch dogmatisch strikt vom Schadensersatzrecht, erkennt aber an, dass es systemimmanent zu Überschneidungen kommen kann, wenn die Wiederherstellung der Nutzungsvoraussetzungen die Beseitigung von Substanzschäden erfordert, so kann vom Wortlaut des § 902 I BGB her keine grundsätzlich eindeutige Einordnung zu dessen S.1 oder S.2 vorgenommen werden, weil § 1004 I 1 BGB insoweit auch Schadensersatz-

funktion zukommen kann. Bei reinen Gebrauchsbeeinträchtigungen ist der Anspruch aus § 1004 I 1 BGB unverjährbar (§ 902 I 1 BGB), weil er sich dann in seiner Funktion auf die Rechtsverwirklichung beschränkt. Sind dagegen Sachen in ihrer Substanz betroffen, muss sich zumindest die Verjährungsregelung des Schadensersatzanspruchs durchsetzen (§ 902 I 2 BGB), um der verschuldensunabhängigen Naturalrestitution wenigstens insoweit auch Grenzen zu setzen.

7. § 897 BGB trägt ausschließlich der Tatsache Rechnung, dass der „Störer" immer unabhängig von seinem Verschuldens- und Verursachungsbeitrag die Zustimmung zur Berichtigung wegen seiner Eintragung im Grundbuch schuldet. Er soll aber nur von der Kostenlast freigestellt sein, sofern nicht aus einem zwischen ihm und dem Verpflichteten bestehenden Rechtsverhältnis sich ein anderes ergibt (§ 897, 2.Hs BGB). Dies ist aber der Fall, wenn § 1004 I 1 BGB verwirklicht ist, weil der wahre Eigentümer über sein Grundstück wegen des vom Buchberechtigten zu verantwortenden falschen Grundbucheintrags nicht verfügen kann und damit in der persönlichen Freiheit im Umgang mit seiner Sache beschränkt ist. Bei einer derartigen Verantwortlichkeit hat es der Gesetzgeber für richtig gehalten, den Störer immer auch die Kosten der Beseitigung tragen zu lassen. Damit hat § 1004 I 1 BGB hinsichtlich der Kostentragungspflicht neben § 894 BGB eine eigenständige Bedeutung, was es rechtfertigt beide Ansprüche nebeneinander anzuwenden.

8. Neben § 985 BGB kommt § 1004 I 1 BGB zur Anwendung, wenn die bloße Sachherausgabe nicht genügt. Zwar wird, wie sich aus dem Wortlaut ergibt, § 1004 I 1 BGB durch § 985 BGB ausgeschlossen, wenn es um die reine Wiedererlangung des Besitzes geht, doch kommen beide Normen nebeneinander zur Anwendung, wenn der Besitzer das Eigentum über die Vorenthaltung des Besitzes hinaus beeinträchtigt, also die bloße Sachherausgabe zur Wiederherstellung des rechtmäßigen Zustands nicht genügt.

Literaturverzeichnis

Ahrens, Hans-Jürgen: Wettbewerbsverfahrensrecht, Köln, Berlin, Bonn, München 1983 (zitiert: Ahrens, Wettbewerbsverfahrensrecht).

Altenhain, Heike: Negatorischer Ehrschutz, Berlin 2003 (zitiert: Altenhain, Ehrschutz).

Armbrüster, Christian: Eigentumsschutz durch den Beseitigungsanspruch nach § 1004 I 1 BGB und durch Deliktsrecht, in: NJW 2003, 3087 - 3090.

Asendorf, Dietrich: Gesetz zur Stärkung des geistigen Eigentums und zur Bekämpfung der Produktpiraterie, in: NJW 1990, 1283 – 1286.

Badinter: Le droit au respect de la vie privée, in: J.C.P. 1968. I. 2136.

Bamberger, Heinz-Georg/ Roth, Herbert: Kommentar zum Bürgerlichen Gesetzbuch, Bd.2, 1. Auflage, München 2003 (zitiert: Bamberger/Roth/ Bearbeiter).

Bandasch, Georg W./ Ensthaler, Jürgen: Gemeinschaftskommentar zum Handelsgesetzbuch, 6., neubearb. und erw. Auflage, Neuwied, Darmstadt 1999 (zitiert: Bandasch/Ensthaler/Nickel, HGB).

Baumbach, Adolf/ Hefermehl, Wolfgang: Wettbewerbsrecht, 17., neubearb. Auflage, München 1993 (zitiert: Baumbach/Hefermehl, 17.Auflage),

- 22., neubearb. Auflage, München 2001 (zitiert: Baumbach/Hefermehl),

- 23., neubearb. Auflage, München 2004 (zitiert: Baumbach/Hefermehl, 23. Auflage).

Baumbach, Adolf/ Lauterbach, Wolfgang/ Albers, Jan/ Hartmann, Peter: Kurzkommentar zur Zivilprozeßordnung, 63., neubearb. Auflage, München 2005 (zitiert: Baumbach/Lauterbach/Bearbeiter, ZPO).

Baur, Fritz/ Baur, Jürgen F./ Stürner, Rolf: Lehrbuch des Sachenrechts, 17., neubearb. Auflage, München 1999 (zitiert: Baur/Stürner, SR).

Baur, Fritz: Der Beseitigungsanspruch nach § 1004 BGB, in: AcP 160 (1961), 465 – 493.

- Der Ersatz der Aufwendungen für präventiven Gewässerschutz, in: JZ 1964, 354 – 358.

- Anmerkung zu BGH, Urt. v. 7.3.1969, V ZR 169/65, in: JZ 1969, 431 – 432.

- Zu der Terminologie und einigen Sachproblemen der „vorbeugenden Unterlassungsklage", in: JZ 1966, 381 - 383.

- Besprechung von Picker, Eduard, Der negatorische Beseitigungsanspruch, 1972, in: AcP 175 (1975), 177 – 180.

- Anmerkung zu BGH, Urt. v. 23.2.1973, V ZR 109/71, in: JZ 1973, 560 – 561.

Baur, Marianne: Erweiterung der Gefährdungshaftung durch Gesetzesanalogie, in: Festschrift für Kurt Ballerstedt, Berlin 1975, 305 – 326.

Bar, Christian von: Zur Dogmatik des zivilrechtlichen Ausgleichs von Umweltschäden, in: Karlsruher Forum 1987, 4 – 18 (zitiert: v.Bar, Karlsr. Forum).

- Probleme der Haftpflicht für deliktsrechtliche Eigentumsverletzungen, Karlsruhe 1992 (zitiert: v. Bar, Haftpflicht).

Bécourt, Daniel: Réflexions sur le projekt de loi relatif à la protection de la vie privée, in: Gaz.Pal. 1970 Doctr. 201 - 206.

Benkard, Georg: Patentgesetz, Gebrauchsmustergesetz, Kurzkommentar, 9., neubearb. Auflage, München 1993 (zitiert: Benkhard/Bearbeiter, PatG).

Berger, Christian: Kein nachbarrechtlicher Ausgleichsanspruch, wenn der Unterlassungs- und Beseitigungsanspruch nicht geltend gemacht wurde, Anmerkung zu BGH Urt. v. 21.3.03 V ZR 319/02 (OLG Düsseldorf), in: LMK 2003, 145.

Berger, Hanno: Schadensverteilung bei Bankbetriebsstörungen, zugleich ein Versuch der Konkretisierung des Risikogedankens und des Haftungssystems in Fällen der Manifestation von Betriebs- und Organisationsrisiken, Diss. Frankfurt 1980.

Bernhardt, Wolfgang/ Kraßer, Rudolf: Patentrecht: Ein Lehr- und Handbuch zum deutschen Patent- und Gebrauchsmusterrecht, europäischen und internationalem Patentrecht, 4., völlig neubearb. Auflage, München 1986 (zitiert: Bernhardt/Kraßer, PatR).

Beuthien, Volker/ Wasmann, Dirk: Zur Herausgabe des Verletzergewinns bei Verstößen gegen das Markengesetz – Zugleich Kritik an der sogenannten dreifachen Schadensberechnung, in: GRUR 1997, 255 – 261.

Beuthien, Volker/ Schmölz, Anton S.: Persönlichkeitsschutz durch Persönlichkeitsgüterrechte: Erlösherausgabe statt nur billige Entschä-digung in Geld, München 1999 (zitiert: Beuthien/Schmölz, Persönlichkeits-schutz).

Beuthien, Volker/ Hadding, Walther/ Lüderitz, Alexander/ Medicus, Dieter/ Wolf, Manfred: Studienkommentar zum BGB, Erstes bis Drittes Buch, 2.Auflage, Frankfurt am Main 1979 (zitiert: StudienKomm/Bearbeiter).

Bezzenberger, Tilmann: Der negatorische Beseitigungsanspruch und die Kosten der Ersatzvornahme, in: JZ 2005, 373 – 377.

Boehmer, Gustav: Grundlagen der Bürgerlichen Rechtsordnung, I. Buch: Das Bürgerliche Recht als Teilgebiet der Gesamtrechtsordnung, Tübingen 1950 (zitiert: Boehmer, Grundlagen I).

Böhmer, Werner: Grundfragen der verfassungsrechtlichen Gewährleistung des Eigentums in der Rechtsprechung des Bundesverfassungsgerichts, in: NJW 1988, 2561 - 2574.

Bötticher, Eduard: Schadensersatz für entgangene Gebrauchsvorteile – Ein Rechtsgutachten, in: VersR 1966, 301 – 313.

Bohácek, Miroslav: Nuovi studi sulle actiones negativae, Bulletino dell Istituto di Dirito Romano 46 (1939), 142.

Brehm, Wolfgang: Nachfolge in dingliche Unterlassungspflichten?, in: JZ 1972, 225 – 230.

- Die Vollstreckung der Beseitigungspflicht nach § 890 ZPO, in: ZZP 89 (1976), 178 – 192.

Brox, Hans: Zur Lösung nachbarrechtlicher Interessenkollisionen, in: JA 1984, 182 – 188.

- Allgemeiner Teil des BGB, 28., neubearb. Auflage, Köln, Berlin, Bonn, München 2004 (zitiert: Brox, AT).

Brox, Hans/ Walker, Wolf-Dietrich: Allgemeines Schuldrecht, 30. Auflage, München 2004 (zitiert: Brox/Walker, AS).

Buchholz, Stephan/ Radke, Wolfram: Negatorische Haftung und Billigkeit - BGH-Urt. v. 1.12.1995 – V ZR 9/94 (OLG Stuttgart) = NJW 1996, 845, in: Jura 1997, 454 - 464.

Bühring, Manfred: Gebrauchsmustergesetz, 5., neubearb. und erw. Auflage, Köln, Berlin, Bonn, München 1997 (zitiert: Bühring, GebrauchsmG).

Bussmann: Name, Firma, Marke, 1939 (zitiert: Bussmann).

- Anmerkung zu BGH, Urt. v. 31.5.1957, I ZR 163/55 – „Außenleuchte“, in: GRUR 1958, 31 - 32.

Bydlinski, Franz: Fundamentale Rechtsgrundsätze, Wien 1988 (zitiert: Bydlinski, Rechtsgrundsätze).

- Juristische Methodenlehre und Rechtsbegriffe, 2., ergänzte Auflage, Wien, New York 1991 (zitiert: Bydlinski, Methodenlehre).

Caemmerer, Ernst von: Wandlungen des Deliktsrechts, in: Festschrift zum 100jährigen Bestehen des Deutschen Juristentages, 1860 – 1960, Bd.2, Karlsruhe 1960, 49 – 136 (zitiert: v. Caemmerer, Juristentagsfestschrift II).

- Das Verschuldensprinzip in rechtsvergleichender Sicht, in: Rabels Zeitschrift für ausländisches und internationales Privatrecht, 42 (1978), 5 - 27.

Canaris, Claus-Wilhelm: Die Vertrauenshaftung im deutschen Privatrecht, München 1971 (zitiert: Canaris, Vertrauenshaftung).

- Die Verdinglichung obligatorischer Rechte, in: Festschrift für Werner Flume zum 70. Geburtstag, Bd.1, Köln 1978, 371 – 427.

- Die Feststellung von Lücken im Gesetz, 2., überarbeitete Auflage, Berlin 1983 (zitiert: Canaris, Lücken im Gesetz).

- Funktion, Struktur und Falsifikation juristischer Theorien, in: JZ 1993, 377 – 391.

- Das Rangverhältnis der "klassischen" Auslegungskriterien, demonstriert an Standardproblemen aus dem Zivilrecht, in: Festschrift für Dieter Medicus zum 70. Geburtstag, Köln 1999, 25 - 61.

- Handelsrecht, 23., vollst. neubearb. und erw. Auflage, München 2000 (zitiert: Canaris, HR).

Cosack, Konrad/ Mitteis, Heinrich: Lehrbuch des Bürgerlichen Rechts, Bd. II 1, 8. Auflage, Jena 1927 (zitiert: Cosack/Mitteis).

Cremer, Richard: Die Bekämpfung der Produktpiraterie in der Praxis, in: Mittdtsch. PatAnw 1992, 153 - 180.

Darmstaedter, Friedrich: Der Eigentumsbegriff des Bürgerlichen Gesetzbuchs, in: AcP 151 (1950/51), 311 – 342.

Dernburg, Heinrich: Das Sachenrecht des Deutschen Reichs und Preußens, 1908 (zitiert: Dernburg).

Deutsch, Erwin: Haftungsrecht I, Allgemeine Lehren, 1. Auflage, Köln, Berlin, Bonn, München 1976 (zitiert: Deutsch, HaftungsR I, 1. Aufl.).

- 2. völlig neubearb. und erw. Auflage, Köln, Berlin, Bonn, München 1996 (zitiert: Deutsch, HaftungsR I, 2. Aufl.).

Diederichsen, Uwe/ Wagner, Gerhard: Die BGB-Klausur, 9. Auflage, München 1998 (zitiert: Diederichsen/Wagner, BGB-Klausur).

Dietz, Adolf: Das Urheberrecht in der Europäischen Gemeinschaft, Baden-Baden 1978 (zitiert: Dietz, Urheberrecht).

Dörner, Heinrich: Zivilrechtliche Folgen des Parkens vor Grundstückszufahrten - AG Heidelberg, NJW 1977, 1541 und AG Karlsruhe, NJW 1977, 1926, in: JuS 1978, 666 – 672.

Eccius: Kurze Erörterungen, in: Gruchot 53, 1 – 12.

Eckert, Jörn: Der Begriff Freiheit im Recht der unerlaubten Handlungen, in: JuS 1994, 625 - 631.

- Sachenrecht, 3. überarbeitete Auflage, Baden-Baden 2002 (zitiert: Eckert, SR).

Ehrenzweig, Armin: System des österreichischen allgemeinen Privatrechts, Bd.1, 2. Hälfte: Das Sachenrecht, 2. Auflage, Wien 1957 (zitiert: Ehrenzweig).

Ehrenzweig, Albert A.: Psychoanalytische Rechtswissenschaft, Berlin 1973 (zitiert: Ehrenzweig, Psychoanalytic Juresprudence).

Eichler, Hermann: Institutionen des Sachenrechts, ein Lehrbuch, Bd.2, Halbbd.1, Eigentum und Besitz, Berlin 1957 (zitiert: Eichler, Institutionen II/1).

- System des Personenrechts, Berlin 1989 (zitiert: Eichler, Personenrecht).

Eichmann, Helmut/ Falckenstein, Roland von: Geschmachsmustergesetz, Kurzkommentar, 2. Auflage, München 1997 (zitiert: Eichmann/ v. Falkenstein/Bearbeiter, GeschmMG).

Eltzbacher, Paul: Die Unterlassungsklage, Berlin 1906 (zitiert: Eltzbacher).

Emmerich, Volker: Das Recht des unlauteren Wettbewerbs, 5., völlig neubearb. Auflage, München 1998 (zitiert: Emmerich, Wettbewerb, 5. Aufl.)

- 7. Auflage, München 2004 (zitiert: Emmerich, Wettbewerb).

Enneccerus, Ludwig/ Nipperdey, Hans Carl: Lehrbuch des Bürgerlichen Rechts, Bd.1, Teilbd.1, Allgemeiner Teil des Bürgerlichen Rechts, 15., neubearb. Auflage, Tübingen 1959 (zitiert: Enneccerus/Nipperdey, AT).

Erdmann, Willi: Sacheigentum und Urheberrecht, in: Festschrift für Henning Piper zum 65. Geburtstag, München 1996, 655 - 677.

Erman, Walter: Handkommentar zum Bürgerlichen Gesetzbuch, 1. Band, §§ 1-853, 9., neubearb. Auflage, Münster 1993 (zitiert: Erman/Bearbeiter, Auflage),

- 1. Band, §§ 1-853, 10., neubearb. Auflage, Münster 2000,

- 1. Band, §§ 1-811, 11., neubearb. Auflage, Münster 2004,

- 2. Band, §§ 854–2385, 5., neubearb. Auflage, Münster 1972,

- 2. Band, §§ 854-2385, 10., neubearb. Auflage, Münster 2000,

- 2. Band, §§ 812-2385, 11., neubearb. Auflage, Münster 2004.

Esmein, Camille: Le diable dans la bouteille, in: J.C.P. 1954. I. 1163.

Esser, Josef: Grundlagen und Entwicklung der Gefährdungshaftung – Beiträge zur Reform des Haftpflichtrechts und zu seiner Wiedereinordnung in die Gedanken des allgemeinen Privatrechts, 1941, Neudruck: 2., unveränderte Auflage, München 1968 (zitiert: Esser, Gefährdungshaftung).

Esser, Josef/ Schmidt, Eike: Schuldrecht, Bd.1, Allgemeiner Teil, Teilbd.2, 7., völlig neubearb. Auflage, Heidelberg 1993 (zitiert: Esser/Schmidt, SchR I/2).

Esser, Josef/ Weyers, Hans-Leo: Schuldrecht, Bd.2, Besonderer Teil, 7., völlig neubearb. Auflage, Heidelberg 1991 (zitiert: Esser/Weyers, SchR II, 7. Aufl.)

- Schuldrecht, Bd.2, Besonderer Teil, Teilbd.2, 8., völlig neubearb. Auflage, Heidelberg 2000 (zitiert: Esser/Weyers, SchR II/2).

Fabricius, Fritz: Zur Dogmatik des „sonstigen Rechts" gemäß § 823 I BGB – unter Berücksichtigung des sogenannten „Rechts am Arbeitsplatz" und des sogenannten „Rechts auf den ungestörten Bestand der ehelichen Lebensgemeinschaft", in: AcP 160 (1961), 273 – 336.

- Zur Theorie des stückelosen Effektengiroverkehrs mit Wertrechten aus Staatsanleihen, in: AcP 162 (1963), 456 – 484.

- Extensive Auslegung des § 12 BGB?, in: JR 1972, 15 – 19.

Ferid, Murad: Das Französische Zivilrecht I, 2. Auflage, Heidelberg 1994 (zitiert: Ferid, Frz. Zivilrecht I).

Fezer, Karl-Heinz: Anmerkung zu BGH, Urt. v. 9.1.1976 - I ZR 71/74 (Sternhaus), in: GRUR 1976, 312 – 314.

- Anmerkung zu BGH, Urt. v. 28.1.1977 - I ZR 109/75 (Gebäudefassade), in: GRUR 1977, 616 - 619.

- Liberalisierung und Europäisierung des Firmenrechts, in: ZHR 161 (1997), 52 - 66.

- Markenrecht, 3., neubearb. Auflage, München 2001 (zitiert: Fezer, MarkenR).

Fikentscher, Wolfgang: Schuldrecht, 9., durchgesehene, erg. Auflage, Berlin 1997 (zitiert: Fikentscher, SchR).

Fleming, John G.: The law of torts, 8. Edition, Sydney 1971 (zitiert: Fleming, Law of torts)

Forkel, Hans: Lizenzen an Persönlichkeitsrechten durch gebundene Rechtsübertragung, in: GRUR 1988, 496 – 501.

- Immissionsschutz und Persönlichkeitsrecht, Köln 1968 (zitiert: Forkel).

- Die Übertragbarkeit der Firma, in: Festschrift für Paulik, 1973, 101 – 173.

Fraenkel, Michael: Tatbestand und Zurechnung bei § 823 Abs.1 BGB, Berlin 1979 (zitiert: Fraenkel).

Francke, H.: Die rechtliche Natur des Berichtigungsanspruchs, Diss. Jena 1907 (zitiert: Francke).

Fritzsche, Jörg: Die Durchsetzung nachbarschützender Auflagen über zivilrechtliche Abwehransprüche, in: NJW 1995, 1121 - 1126.

Fromm, Friedrich Karl/ Nordemann, Wilhelm: Kommentar zum Urheberrechtsgesetz und zum Urheberrechtswahrnehmungsgesetz, 9., überarbeitete und erg. Auflage, Stuttgart 1998 (zitiert: Fromm/Nordemann/Bearbeiter, UrhG).

Gamm, Otto-Friedrich: Zur Zwangsvollstreckung aus Unterlassungsurteilen, in: NJW 1955, 1346 - 1347.

- Urheberrechtsgesetz, Kommentar, München 1968 (zitiert: v. Gamm, UrhG).

- Wettbewerbsrecht, Erster und Zweiter Halbbd., 5. Auflage, Köln, Berlin, Bonn, München 1987 (zitiert: v. Gamm, Wettbewerbsrecht).

- Kommentar zum Geschmacksmustergesetz, 2., neubearb. und erw. Auflage, München 1989 (zitiert: v. Gamm, GeschmMG).

Gerlach, Johannes W.: Privatrecht und Umweltschutz im System des Umweltrechts, Berlin 1989 (zitiert: Gerlach, Privatrecht).

Gerstenberg, Ekkehard/ Buddeberg, Michael: Geschmacksmustergesetz, 3. Auflage 1996 (zitiert: Gerstenberg/Buddeberg, GschmMG).

Gierke, Otto von: Der Entwurf des Bürgerlichen Gesetzbuches und das Deutsche Recht, Leipzig 1889 (zitiert: Gierke, Entwurf).

- Deutsches Privatrecht, Teil 1: Allgemeiner Teil und Personenrecht, Leipzig 1895 (Nachdruck 1936) (zitiert: v. Gierke, Privatrecht I).

Gloy, Wolfgang/ Loschfelder, Michael: Handbuch des Wettbewerbsrechts, 3., völlig neubearb. Auflage, München 2005 (zitiert: Gloy, Handbuch des Wettbewerbsrechts).

Godin, Hans von: Wettbewerbsrecht: Kommentar zum Gesetz gegen den unlauteren Wettbewerb nebst Warenzeichenverletzungen, Zugabeverord-nung und Rabattgesetz, 2. Auflage, Berlin, New York 1974 (zitiert: v. Godin).

Götting, Horst-Peter: Persönlichkeitsrechte als Vermögensrechte, Tübingen 1995 (zitiert: Götting, Persönlichkeitsrechte).

Gottwald, Peter: BGB – Sachenrecht, Prüfe Dein Wissen, 13. Auflage, München 2002 (zitiert: Gottwald, PDW).

Grunewald, Barbara: Bürgerliches Recht, ein systematisches Repetitorium, 6., völlig neubearb. Auflage, München 2003 (zitiert: Grunewald, BR).

Grunsky, Wolfgang: Anmerkung zu BGH, Urt. v. 15.5.1970, V ZR 20/68, in: JZ 1970, 785 - 786.

- Besprechung der Kommentierung von § 1004 BGB durch Gursky im Staudinger, in: AcP 183 (1983), 209 – 212.

Gursky, Karl-Heinz: Bereicherungsausgleich bei Selbsterfüllung?, in: NJW 1971, 782 - 787.

- Die neuere höchstrichterliche Rechtsprechung zum Mobiliarsachenrecht, in: JZ 1984, 604 – 613.

- Zur neueren Diskussion um § 1004 BGB, in: JR 1989, 397 - 402.

- Anmerkung zu BGH, Urt. v. 8.3.1990 – III ZR 81/88 (Milchpulverentscheidung), in: JZ 1990, 921 - 923.

- Anmerkung zu BGH, Urt. v. 8.2.1991 - ZR 346/89, in: JZ 1992, 312 – 315.

- Anmerkung zu BGH, Urt. v. 1.12.1995 – V ZR 9/94 (Bodenkontamination), in: JZ 1996, 682 - 686.

- Sachenrecht, Fälle und Lösungen nach höchstrichterlichen Entscheidungen, 11., neubearb. Auflage, Heidelberg 2003 (zitiert: Gursky, Fälle und Lösungen).

Haertel, Kurt/ Schiefler, Kurt: Urheberrechtsgesetz und Gesetz über die Wahrnehmung von Urheberrecht und verwandten Schutzrechten, Textausgabe und Materialien, Köln, Berlin, Bonn, München 1967 (zitiert: Haertel/Schiefler).

Hafner, Peter: Das Verhältnis urheberrechtlicher Befugnisse zum Eigentum am Werkexemplar, Bern 1994.

Hagen, Horst: Der nachbarrechtliche Ausgleichsanspruch nach § 906 II 2 BGB als Musterlösung und Lösungsmuster, in: Festschrift für Hermann Lange zum 70. Geburtstag, Stuttgart, Köln, Berlin 1992, 483 - 507.

- Anmerkung zu BGH, Urt. v. 30.5.2003 – V ZR 37/02 (OLG Hamm), in: EWiR 906 BGB 1/03, 919 - 920.

Harms, Rüdiger: Die Erstattungsfähigkeit von Sanierungskosten für den Käufer eines kontaminierten Grundstücks, in: NJW 1999, 3668 - 3670.

Hartmann, Nicolai: Das Problem des geistigen Seins, Untersuchungen zur Grundlegung der Geschichtsphilosophie und der Geisteswissenschaften, 2. Auflage, Berlin 1949 (zitiert: Hartmann, Das Problem des geistigen Seins).

Hattenhauer, Hans: Grundbegriffe des bürgerlichen Rechts, 2., vollst. überarbeitete und erw. Auflage, München 2000 (zitiert: Hattenhauer).

Heck, Philipp: Grundriss des Sachenrechts, 2. Neudruck der Ausgabe Tübingen 1930, Aalen 1970 (zitiert: Heck, SR).

Hedemann, Justus Wilhelm: Sachenrecht des Bürgerlichen Gesetzbuches, 3., neubearb. Auflage, Berlin 1960 (zitiert: Hedemann).

Hefermehl, Wolfgang: Der Anwendungsbereich des Wettbewerbsrechts, in: 1. Festschrift für Hans Carl Nipperdey zum 60. Geburtstag, München 1955, 283 – 301.

- Der namensrechtliche Schutz geschäftlicher Kennzeichen, in: Festschrift für Alfred Hueck zum 70. Geburtstag, München, Berlin 1959, 519 – 542.

Hegel, Georg Wilhelm: Grundlinien der Philosophie des Rechts, 5., neudurchgesehene Auflage, Hamburg 1995 (zitiert: Hegel, Rechtsphilosophie)

Heise, Georg Arnold: Grundriß eines Systems des gemeinen Civilrechts, 3. Ausgabe, Heidelberg 1823 (zitiert: Heise, Grundriß eines Systems des Civilrechts).

Heinze, Meinhard: Rechtsnachfolge in Unterlassen, Ein Beitrag zur dogmatischen Struktur des Unterlassungsanspruchs § 1004 I 2 BGB und der Rechtsnachfolge, Tübingen 1974 (zitiert: Heinze).

Henckel, Wolfram: Vorbeugender Rechtsschutz im Zivilrecht, in: AcP 174 (1974), 97 – 144.

Henning-Bodewig, Frauke: Das neue Gesetz gegen den unlauteren Wettbewerb, in: GRUR 2004, 713 - 720.

Herresthal, Carsten/ Riehm, Thomas: Die eigenmächtige Selbstvornahme im allgemeinen und besonderen Leistungsstörungsrecht, in: NJW 2005, 1457 – 1461.

Herrmann, Elke: Der Störer nach § 1004 BGB – Zugleich eine Untersuchung zu den Verpflichteten der §§ 907, 908 BGB, Berlin 1987 (zitiert: Herrmann, Der Störer).

- Die Haftungsvoraussetzungen nach § 1004 BGB – Neuere Entwicklungen und Lösungsvorschläge, in: JuS 1994, 273 – 282.
- Natureinflüsse und Nachbarrecht (§§ 1004, 906 BGB) – drei Entscheidungen, in: NJW 1997, 153 - 158.
- Anmerkung zu Urteil des BGH v. 18.4.1997 – V ZR 28/96, in: JR 1998, 242 - 244.

Heubel, Werner: Entziehende Einwirkungen im Nachbarrecht, Diss. 1969 (zitiert: Heubel).

Hirsch, Ernst E.: Die Werkherrschaft. Ein Beitrag zur Lehre von der Natur der Rechte an Geisteswerken, in: UFITA 36 (1962), 19 - 54.

Hohloch, Gerhard: Die negatorischen Ansprüche und ihre Beziehungen zum Schadensersatzrecht, Frankfurt a.M.1976 (zitiert: Hohloch).

Honsell, Thomas: Schadensersatz nach verbotener Besitzentziehung, in: JZ 1983, 531 – 535.

Horn, Nobert (Hrsg.): Heymann Handelsgesetzbuch, 2., neubearb. und erw. Auflage, Erstes Buch: Einleitung, §§ 1-104, Berlin, New York 1995 (zitiert: Horn/Heymann/Bearbeiter).

Huber Eugen: Erläuterungen zum Vorentwurf des Eidgenössischen Justiz- und Polizeidepartments, 2. Ausgabe, Bern 1914 (zitiert: Huber, Erläuterungen unter Verweis auf).

Hubmann, Heinrich: Das Persönlichkeitsrecht, 2., veränderte und erw. Auflage, Münster 1967 (zitiert: Hubmann, Persönlichkeitsrecht).

Hubmann, Heinrich/ Götting, Horst-Peter: Gewerblicher Rechtsschutz, 7., neubearb. Auflage, München 2002 (zitiert: Hubmann/Götting).

Hübner, Heinz: Allgemeiner Teil des BGB, 2., neubearb. Auflage, Berlin 1996 (zitiert: Hübner, AT).

Husserl, Gerhart: Negatives Sollen im Bürgerlichen Recht – Studien zur Theorie der Unterlassung, zur Theorie und Dogmengeschichte des Schuldverhältnisses, in: Festschrift für Max Pappenheim zum 50. Geburtstag seiner Doktorwürde, Breslau 1931, 87 – 172.

- Recht und Zeit: Fünf rechtsphilosophische Essays, Frankfurt a.M. 1955 (zitiert: Husserl, Recht und Zeit).

Ilzhöfer, Volker: Patent-, Marken- und Urheberrecht, 6. Auflage, München 2005 (zitiert: Ilzhöfer).

Isay, Herrmann: Die Verurteilung zum Widerruf, in: GRUR 1933, 1 – 5.

Jabornegg, Peter/ Strasser, Rudolf: Nachbarrechtliche Ansprüche als Instrument des Umweltschutzes, Linz 1978 (zitiert: Jabornegg/Strasser, Nachbarrechtliche Ansprüche).

Jakobs, Horst Heinrich/ Schubert, Werner (Hrsg.): Die Beratung des Bürgerlichen Gesetzbuches in systematischer Zusammenstellung der unveröffentlichten Quellen, Sachenrecht I, §§ 854 - 1017, Berlin, New York 1985 (zitiert: Jakobs/Schubert).

Jakobs, Rainer/ Lindacher, Walter/ Teplitzky, Otto: Großkommentar zum UWG, 1. Lieferung, Vor § 13, Abschnitt B, Berlin, New York 1991, 10. Lieferung §§ 14, 15, Berlin, New York 1994 (zitiert: GroßkommUWG/Bearbeiter).

Janssen, Bernhard: Abschleppen im bürgerlichen Recht, in: NJW 1995, 624 – 627.

Jarass, Hans D./Pieroth, Bodo: Grundgesetz für die Bundesrepublik Deutschland, Kommentar, 7. Auflage, München 2004 (zitiert: Jarass/Pieroth, GG).

Jauernig, Othmar: Einstweilige Verfügung gegen das Bezugsverbot?, in: NJW 1973, 1671 - 1674.

- Zivilrechtlicher Schutz des Grundeigentums in der neuen Rechtsprechung, in: JZ 1986, 605 – 613.

- Bürgerliches Gesetzbuch, 11., neubearb. Auflage, München 2004 (zitiert: Jauernig/Bearbeiter).

Jörs, Paul/ Kunkel, Wolfgang: Römisches Recht: Römisches Privatrecht, 3. Auflage, Berlin 1949 (zitiert: Jörs/Kunkel, Römisches Privatrecht).

Johow, Reinhold: (Vor-)Entwurf des Bürgerlichen Gesetzbuches, Sachenrecht mit Begründung, Bd.1, 1880 (zitiert: Johow, Teilentwurf zum BGB, Begründung).

Jhering, Rudolph von: Das Schuldmoment im römischen Privatrecht, Eine Festschrift für Johann Michael Franz Birnbaum, Giessen 1867 (zitiert: Jhering, Schuldmoment).

- Vermischte Schriften juristischen Inhalts, Leipzig 1897 (zitiert: Jhering, Vermischte Schriften).

- Der Geist des römischen Rechts auf den verschiedenen Stufen seiner Entwicklung, Teil III 1, 9. Auflage, Basel 1968 (Neudr. 5. Auflage 1906) (zitiert: Jhering, Geist des römischen Rechts).

Kahl, Thomas: Anmerkung zu BGH, Urt. v. 21.10.1994 – V ZR 12/94 (Frankfurt a.M.) - NJW 1995, 335, in: LM § 1004 BGB Nr.217, Bl.662 – 663.

Kant, Immanuel: Grundlegung der Metaphysik der Sitten, 1797 (zitiert: Kant, Grundlegung der Metaphysik der Sitten).

Kaser, Max: Das römische Privatrecht, 1. Abschnitt: das altrömische, das vorklassische und klassische Recht, München 1955 (zitiert: Kaser I).

- 2. Abschnitt: Die nachklassischen Entwicklungen, München 1959 (zitiert: Kaser II).

Kaser, Max/ Hackl, Karl: Das Römische Zivilprozessrecht, 2., neubearb. Auflage, München 1996 (zitiert: Kaser/Hackl, Römisches Zivilprozessrecht).

Katzenberger, Paul: Recht am Unternehmen und unlauterer Wettbewerb, Schriftenreihe zum Gewerblichen Rechtsschutz Band 16, München, Köln, Berlin 1967 (zitiert: Katzenberger, Recht am Unternehmen).

Kaufmann, Arthur: Die Radbruchsche Formel vom gesetzlichen Unrecht und vom übergesetzlichen Recht in der Diskussion um das im Namen der DDR begangene Unrecht, in: NJW 1995, 81 - 86.

Klang, Heinrich: Kommentar zum Allgemeinen bürgerlichen Gesetzbuch, 2.Auflage, Bd. 2, Wien 1950 (zitiert: Klang).

Klauser, Karl-August: Verwendungsersatz und Bereicherungsanspruch, in: NJW 1958, 47 - 49.

- Aufwendungsersatz bei Neubauten und werterhöhenden Verwendungen auf fremdem Grund und Boden – zum Problem der aufgedrängten Bereicherung, in: NJW 1965, 513 - 518.

Klippel, Diethelm: Der zivilrechtliche Schutz des Namens, eine historische und dogmatische Untersuchung, Paderborn 1985 (zitiert: Klippel).

Klug, Ulrich: Juristische Logik, 4., neubearb. Auflage, Berlin, Heidelberg, New York 1982 (zitiert: Klug, Juristische Logik).

Kniep, Ferdinand: Der Besitz des Bürgerlichen Gesetzbuches gegenübergestellt dem römischen und gemeinen Recht, Jena 1900 (zitiert: Kniep).

Knöpfle, Robert: Der Rechtsbegriff „Wettbewerb" und die Realität des Wirtschaftslebens, Köln, Berlin, Bonn, München 1966 (zitiert: Knöpfle, Wettbewerb).

Kohler, Josef: Handbuch des deutschen Patentrechts: In rechtsvergleichender Darstellung, Neudruck der Ausg. Mannheim 1900, Aalen 1980 (zitiert: Kohler, Hb).

Köbler, Gerhard: Der Grundbuchberichtigungsanspruch, in: JuS 1982, 181 - 185.

Köhler, Helmut: Die wettbewerbsrechtlichen Abwehransprüche (Unterlassung, Beseitigung, Widerruf), in: NJW 1992, 135 - 143.

- BGB, Allgemeiner Teil, 28. Auflage, München 2004 (zitiert: Köhler, AT).

- Das neue UWG, in: NJW 2004, 2121 - 2127.

Köhler, Helmut/ Piper, Henning: Gesetz gegen den unlauteren Wettbewerb, 3. Auflage, München 2002 (zitiert: Köhler/Piper).

Köndgen, Johannes: Ökonomische Aspekte des Schadensproblems – Bemerkungen zur Kommerzialisierungsmethode des Bundesgerichtshofes, in: AcP 177 (1977), 1 – 34.

König, Hartmut: Der schuldrechtlich vorbehaltene Restbesitz – eine Erfindung Der Rechtsprechung führt zur Marktsperre, in: NJW 2005, 191 – 194.

Kötz, Hein: Haftung für besondere Gefahr, Generalklausel für die Gefährdungshaftung, in: AcP 170 (1970), 1 – 41.

- Vorbeugender Rechtsschutz im Zivilrecht – eine rechtsvergleichende Skizze, in: AcP 174 (1974), 145 – 166.

Kötz, Hein/ Wagner, Gerhard: Deliktsrecht, 9., überarbeitete Auflage, Neuwied, Kriftel 2001 (zitiert: Kötz/Wagner, Deliktsrecht).

Koller, Ingo: Aufgedrängte Bereicherung und Wertersatz bei der Wandlung im Werkvertrags- sowie Kaufrecht (I, II), in: DB 1974, 2385 - 2389, 2458 - 2459.

- Die Risikozurechnung bei Vertragsstörungen in Austauschverträgen, München 1979.

Kotz, Christian: Grundlagen negatorischer und quasi-negatorischer Haftung, Hamburg 2004 (zitiert: Kotz).

Kropholler, Jan: Studienkommentar BGB, 7., neubearb. Auflage, München 2004 (zitiert: Kropholler, BGB).

Krückmann: Zum Berichtigungsanspruch, in: ZBlFG 15 (1915), 277 – 285.

Krüger-Nieland, Gerda: Anwendungsbereich und Rechtsnatur des Namensrechts, in: Festschrift für Robert Fischer, Berlin 1979, 339 – 350.

Kübler, Friedrich: „Eigentum verpflichtet" – eine zivilrechtliche Generalklausel ?, in: AcP 159 (1960), 236 – 293.

Küchler: Psychische Einwirkungen im Nachbarrecht des BGB, 1973 (zitiert: Küchler).

Künzel, Reinhard: Zur Abwehr ideeller Immissionen, in: NJW 1984, 774 - 776.

Langenbucher, Katja: Die Entwicklung und Auslegung von Richterrecht, München 1996 (zitiert: Langenbucher, Richterrecht).

- Rechtsprechung mit Wirkung für die Zukunft, in: JZ 2003, 1132 - 1140.

Larenz, Karl: Rechtswidrigkeit und Handlungsbegriff im Zivilrecht, in: Festschrift für Dölle, Bd.1, Tübingen 1965, 169 – 200.

- Allgemeiner Teil des Bürgerlichen Rechts, 7., neubearb. Auflage, München 1989 (zitiert: Larenz, AT).

- Lehrbuch des Schuldrechts, Bd.1, Allgemeiner Teil, 14., neubearb. Auflage, München 1987 (zitiert: Larenz, SchR I).

- Methodenlehre der Rechtswissenschaft, 6., neubearb. Auflage, Berlin, Heidelberg, New York, Tokyo 1991 (zitiert: Larenz, Methodenlehre).

Larenz, Carl/ Canaris, Claus-Wilhelm: Methodenlehre der Rechtswissenschaft – Studienausgabe, 3., neubearb. Auflage, Berlin, Heidelberg, New York 1995.

- Lehrbuch des Schuldrechts, Bd. 2, 2. Halbbd., Besonderer Teil, 13., völlig neubearb. Auflage, München 1994 (zitiert: Larenz/Canaris, SchR II/2).

Larenz, Karl/ Wolf, Manfred: Allgemeiner Teil des Bürgerlichen Rechts, 9., neubearb. und erw. Auflage, München 2004 (zitiert: Larenz/Wolf, AT).

Lecheler, Helmut: Unrecht in Gesetzesform?, Gedanken zur „Radbruch-Formel", Berlin 1994.

Lettl, Tobias: Die Beeinträchtigung des Eigentums nach § 1004 I 1 BGB, in: JuS 2005, 871 – 879.

Linckelmann: Zwei Fragen aus dem Gebiete des Schadensersatzrechtes, in: ArchBürgR 24 (1904), 238 – 249.

- Luftschiffahrt und Grundeigentum, in: JW 1909, 8 - 9.

Lindacher, Walter: Unterlassungs- und Beseitigungsanspruch. Das Verhältnis der wettbewerbsrechtlichen Abwehransprüche im Spiegel des Erkenntnisverfahrens-, Vollstreckungs- und Verjährungsrechts, in: GRUR 1985, 423 - 430.

Lindon, Raymond: Les dispositions de la loi du 17 juillet 1970 relatives à la protection des la vie privée, in : J.C.P. 1970. I. 2357.

Littbarski, Sigurd: Anmerkung zu BGH, Urt. v. 11.6.1999 – V ZR 377/98, in: EwiR 1/99, 947 - 948.

Loewenheim, Ulrich: Anmerkung zum BGH, Urt. v. 15.11.1974 – V ZR 83/73 (Hamm), in: NJW 1975, 826 – 827.

Lohse, Andrea: § 1004 BGB als Rechtsgrundlage für Zahlungsansprüche?, in: AcP 201 (2001), 902 – 931.

Lopau, Eberhard: Der Rechtsschutz des Besitzes, in: JuS 1980, 501 - 506.

Lübtow, Ulrich von: Das Grundpfandrecht am Vorbehaltseigentum - BGHZ 35, 85, in: JuS 1963, 171 – 177.

Lutter, Marcus/ Overrath, Hans-Peter: Der Vermieter als Störer nach § 1004 BGB, in: JZ 1968, 345 – 354.

Mager, Heinrich: Besonderheiten des dinglichen Anspruchs, in: AcP 193 (1993), 68 – 85.

Malzer: Anm. zu BGH GRUR 1974, 99 ff., I ZR 136/71, in: GRUR 1974, 101 – 102.

Marburger, Peter/ Herrmann, Heinrich: Zur Verteilung der Darlegungs- und Beweislast bei der Haftung für Umweltschäden – BGHZ 92, 143, in: JuS 1986, 354 – 359.

Marshall, Hans: Unlauterer Wettbewerb, München 1989 (zitiert: Marshall, Unlauterer Wettbewerb).

Maunz, Theodor/ Dürig, Günter: Grundgesetz, Kommentar, Bd.2, Art. 6 – 16 a, München, Lieferung Februar 2004 (zitiert: Bearbeiter, in: Maunz-Dürig).

Medicus, Dieter: Besitzschutz durch Ansprüche auf Schadensersatz, in: AcP 165 (1965), 114 - 149.

- Naturalrestitution und Geldersatz, in: JuS 1969, 449 – 455.

- „Haldenbrand" und „Wurzeln im Tennisplatz" – zur Anwendung von § 254 bei § 1004 BGB, in: Festschrift für Horst Hagen zum 65.Geburtstag, Köln 1999, 157 – 171.

- Allgemeiner Teil des Bürgerlichen Rechts: Ein Lehrbuch, 8., neubearb. Auflage, Heidelberg 2002 (zitiert: Medicus, AT).

- Bürgerliches Recht, 20., neubearb. Auflage, Köln, Berlin, Bonn, München 2004 (zitiert: Medicus, BR).

- Schuldrecht I, Allgemeiner Teil, 16., neubearb. Auflage, München 2005 (zitiert: Medicus, SchR I).

- Schuldrecht II, Besonderer Teil, 12., neubearb. Auflage, München 2004 (zitiert: Medicus, SchR II).

Meier-Hayoz, Arthur: Kommentar zum schweizerischen Privatrecht, 3. Auflage, Bern 1981 (zitiert: Meier-Hayoz).

Meister, Herbert: Aspekte der Produktpiraterie, in: WRP 1991, 137 – 143.

Mellulis, Klaus-J.: Handbuch des Wettbewerbsprozesses – unter besonderer Berücksichtigung der Rechtsprechung, Köln 1995 (zitiert: Mellulis, Handbuch des Wettbewerbsprozesses).

Memelsdorff, Erwin: Die Beseitigung einer Beeinträchtigung i.S.v. § 1004 BGB, Diss. Kiel 1931 (zitiert: Memelsdorff).

Mennicken, Axel: Das Ziel der Gesetzesauslegung, Bad Homburg 1970 (zitiert: Mennicken, Gesetzesauslegung).

Mertens, Hans-Georg: Zum Inhalt des Beseitigungsanspruchs aus § 1004 BGB, in: NJW 1972, 1783 – 1786.

- Zivilrechtlicher Nachbarschutz bei durch Schadstoffe in der Luft kontaminierten Boden, in: DB 1991, 1365 – 1371.

Micheli: Anmerkung zu BGH, Urt.v. 20.5.1969 (Cellulitis), in: GRUR 1969, 559 - 560.

Möhring, Philipp: Träger des Aufführungsrechts an Schallplatten, in: Festschrift für Heinrich Lehmann zum 60. Geburtstag, Bd.2, Berlin 1937, 615 – 629.

Mühl, Otto: Vindikation und Kondiktion, in: AcP 176 (1976), 396 - 424.

Müller, Klaus: Sachenrecht, 4., neubearb. Auflage, Köln, Berlin, Bonn, München 1997 (zitiert: Müller, SR).

Müller-Michels, K.: Negative Einwirkungen im Nachbarrecht des BGB, Diss. Tübingen.

Münzberg, Wolfgang: Verhalten und Erfolg als Grundlage der Rechtswidrigkeit und Haftung, Frankfurt a.M. 1966 (zitiert: Münzberg, Verhalten).

- Bemerkungen zum Haftungsgrund der Unterlassungsklage, in: JZ 1967, 689 – 694.

Mugdan, Benno: Die gesamten Materialien zum Bürgerlichen Gesetzbuch für das Deutsche Reich, 2. Band: Besonderes Schuldrecht und Sachregister sowie Ergänzungsband, Berlin 1899 (zitiert: Mugdan, Motive II).

- 3. Band: Sachenrecht und Sachregister sowie Ergänzungsband, Berlin 1899 (zitiert: Mugdan, Motive III).

Nawiasky, H.: Allgemeine Rechtslehre als System der rechtlichen Grundbegriffe, 2. Auflage, Einsiedeln, Zürich, Köln 1948 (zitiert: Nawiasky, Allgemeine Rechtslehre).

Nef, Hans: Gleichheit und Gerechtigkeit, Zürich 1941.

Nerreter, Paul: Allgemeine Grundlagen eines deutschen Wettbewerbsrechts, 1936 (zitiert: Nerreter, Grundlagen).

- Die Weiterbildung der drei wettbewerbsrechtlichen Grundregeln, in: GRUR 1937, 165 - 178.

Neuner, Jörg: Sachenrecht, München 2004 (zitiert: Neuner, Sachenrecht).

- Das nachbarrechtliche Haftungssystem, in: JuS 2005, 385 – 391, 487 – 492.

Neuenschwander, Urs: Die Leistungspflichten der Grundeigentümer im französischen Code civil und im schweizerischen ZGB unter besonderer Berücksichtigung des Nachbarrechts, Zürich 1966 (zitiert: Neuenschwandner).

Offtermatt: Dinglicher Beseitigungs- und Duldungsanspruch, 1937 (zitiert: Offtermatt).

Olzen, Dirk: Die geschichtliche Entwicklung des zivilrechtlichen Eigentumsbegriffs, in: JuS 1984, 328 – 335.

- Zivilrechtlicher Schutz gegen Belastungen aus der Umwelt, in: Jura 1991, 281 – 289.

- Die Bedeutung des wirtschaftlichen Eigentums für die privatrechtliche Störerhaftung, Diss. Bochum 1995 (zitiert: Olzen).

Ohl, Albert: Die Patentvindikation im deutschen und europäischen Recht, GRUR-Abhandlungen, Weinheim 1987 (zitiert: Ohl, Patentvindikation).

Ortloff, Hermann: Rechtsschutz betr. Überhang, Überfall, Grenzbaum im Nachbarrecht, in: ArchBürgR 17 (1900), 234 – 291.

Ostendorf, Heribert: Die Rechte des Rundfunk- und Fernsehempfängers bei Störungen durch Hochhäuser, in: JuS 1974, 756 – 761.

Otte, Gerhard: Besprechung von Elke Herrmann: Der Störer nach § 1004 BGB – Zugleich eine Untersuchung zu den Verpflichteten der §§ 907, 908 BGB, in: AcP 195 (1995), 303 – 306.

Otto, Franz: Die Verkehrssicherungspflicht und Haftung für geschützte Bäume, in: NJW 1996, 356 – 361.

Palandt, Otto: Bürgerliches Gesetzbuch, 64., neubearb. Auflage, München 2005 (zitiert: Palandt/Bearbeiter)

Pastor, Wilhelm: Der Wettbewerbsprozeß, 5. Auflage, Köln/Berlin/Bonn/ München 2004 (zitiert: Pastor, Wettbewerbsprozeß).
- Wettbewerbs- und Warenzeichenrecht, Bd.3, begr. v. Reimer, Eduard, Das wettbewerbsrechtliche Unterlassungs- und Schadensersatzrecht, 4. Auflage, Köln, Berlin, Bonn, München 1971 (zitiert: Reimer/Pastor, Wettbewerbs- und Warenzeichenrecht).

Pawlowski, Hans-Martin: Allgemeiner Teil des BGB, 7., neubearb. Auflage, Heidelberg 2003 (zitiert: Pawlowski, AT).

Picker, Eduard: Der negatorische Beseitigungsanspruch, Bonn 1972 (zitiert: Picker, Beseitigungsanspruch).

- Beseitigungsanspruch, nachbarliches Selbsthilferecht und Verjährung von Ansprüchen aus eingetragenem Recht – BGHZ 60, 235, in: JuS 1974, 357 – 362.

- Der privatrechtliche Rechtsschutz gegen baurechtswidrige Bauten als Beispiel für die Realisierung von „Schutzgesetzen“, in: AcP 176 (1976), 28 – 79.

- Besprechung der Schrift von Gerhard Hohloch: „Die negatorischen Ansprüche und ihre Beziehung zum Schadensersatzrecht“, in: AcP 178 (1978), 499 – 504.

- Negatorische Haftung und Geldabfindung, ein Beitrag zur Differenzierung der bürgerlich-rechtlichen Haftungssysteme, in: Festschrift für Hermann Lange zum 70. Geburtstag, Stuttgart, Berlin, Köln 1992, 625 – 696.

- Zur Beseitigungshaftung nach § 1004 BGB – Eine Apologie, zugleich ein Beitrag zur bürgerlich-rechtlichen Haftungsdogmatik, in: Festschrift für Joachim Gernhuber zum 70. Geburtstag, Tübingen 1993, 315 – 368.

Pikart, Heinz: Die Rechtsprechung des Bundesgerichtshofs zur Abwehr von Eigentumsstörungen, in: WM 1973, 2 – 10.

- Die neuere Rechtsprechung des Bundesgerichtshofes zur Eigentumsfreiheitsklage, in: WM 1976, 606 - 612.

Pinger, Winfried: Die Funktion und dogmatische Einordnung des Eigentümer-Besitzer-Verhältnisses. Die §§ 987-1003 als wechselseitig haftungsverschärfendes Schuldverhältnis, München 1973 (zitiert: Pinger, EBV).

- Literaturbesprechung von Meinhard Heinze: Rechtsnachfolge in Unterlassen, Tübingen 1974, in: AcP 175 (1975), 527 – 535.

Planck: Kommentar zum Bürgerlichen Gesetzbuch nebst Einführungsgesetz, 3.Bd., Sachenrecht, §§ 854 -1112 BGB, 5. Auflage, Berlin/Leipzig 1933 (zitiert: Planck/Bearbeiter)

Planiol, Mauric: Études sur la responsabilité civile, Du fondement de la respon sabilité: Rev. crit. lég. et jurisprud. 34 (1905).

- Traité élémentaire de droit civil II (1912) no. 863

Pleyer, Klemens: Die Haftung des Eigentümers für Störungen aus seinem Eigentum, in: AcP 156 (1957), 291 – 310.

- § 1004 und das „nachbarliche Gemeinschaftsverhältnis“, in: JZ 1959, 305 - 307.

- Die Einstandspflicht des Unternehmens für seine Mitarbeiter im Rahmen des § 1004 BGB, in: AcP 161 (1962), 500 – 515.

Pradel, Jean: Les dispositions de la loi no. 70-643 du 17 juillet 1970 sur la protection de la vie privée, D.S. 1971 Chron. 111 - 116.

Predari: Bemerkungen zum vorherigen Aufsatz (Goldmann, Die Abtretung und Pfändung des Berichtigungsanspruchs), in: Gruchot 62 (1918), 545 - 553.

Puchta, Georg-Friedrich: Über die Negatorienklage, In: Rheinisches Museum Bd.1, 1827, 165.

- Pandekten, 12. Auflage, Leipzig 1877 (zitiert: Puchta, Pandekten).

Radbruch, Gustav: Rechtsphilosophie, 3. Auflage, Leipzig 1932 (zitiert: Radbruch, Rechtsphilosophie).

- Gesetzliches Unrecht und übergesetzliches Recht, in: SJZ 1956, 105.

Raiser, Ludwig: Wirtschaftsverfassung und Rechtsprobleme, in: Festschrift für Julius von Gierke zu seinem goldenen Doktorjubiläum am 25.10.1948, Berlin 1950, 181 - 200.

- Summum ius summa iniuria, 1963.

Rebmann, Kurt (Hrsg.): Münchener Kommentar zum Bürgerlichen Gesetzbuch, Band 1, Allgemeiner Teil, §§ 1- 240, 4. Auflage, München 2001 (zitiert: MünchKomm/Bearbeiter),

- Band 2a, Schuldrecht Allgemeiner Teil, §§ 241- 432, 4. Auflage München 2003,

- Band 3, Schuldrecht, Besonderer Teil I, §§ 433 – 606, 3. Auflage München 1995,

- Band 5, Schuldrecht, Besonderer Teil III, §§ 705 – 853, 3. Auflage, München 1997 (zitiert: 3. Aufl.),

- Band 5, Schuldrecht, Besonderer Teil III, §§ 705 – 853, 4. Auflage, München 2004,

- Band 6, Sachenrecht, §§ 854 – 1296, 3. Auflage, München 1997 (zitiert: 3. Aufl.),

- Band 6, Sachenrecht, §§ 854 – 1296, 4. Auflage, München 2004.

Rehbinder, Manfred: Urheberrecht, 13., neubearb. Auflage, München 2004 (zitiert: Rehbinder, Urheberrecht).

Reichsgerichträtekommentar Das Bürgerliche Gesetzbuch mit besonderer Berücksichtigung der Rechtsprechung des Reichsgerichts und des Bundesgerichtshofes, Kommentar, Bd.1, §§ 1 – 240, 12., neubearb. Auflage, Berlin, New York 1982 (zitiert: BGB-RGRK/Bearbeiter),

- Bd.3, Teil 1, §§ 854 – 1011, 12., neubearb. Auflage, Berlin, New York 1979.

Reimer, Eduard/ Nastelski, Karl: Patent- und Gebrauchsmustergesetz, schematischer Kommentar, 3., erweiterte Auflage, Köln 1968 (zitiert: Reimer/Nastelsky).

Reinicke, Dietrich/ Tiedtke, Klaus: Kaufrecht, 7., vollst. überarb. Auflage, München 2004 (zitiert: Reinicke/Tiedtke, Kaufrecht).

Retzer, Konrad: Einige Überlegungen zum Vernichtungsanspruch bei der Nachahmung von Waren und Leistungen, in: Festschrift für Henning Piper zum 65. Geburtstag, München 1996, 424 – 438.

Reuter, Dieter/ Martinek, Michael: Ungerechtfertigte Bereicherung, Handbuch des Schuldrechts, Bd.4, Tübingen 1983 (zitiert: Reuter/Martinek).

Rittner, Fritz: Wettbewerbs- und Kartellrecht, 6., völlig neubearb. Auflage, Heidelberg 1999 (zitiert: Rittner).

Röhricht, Volker/ Graf v. Westphalen, Friedrich: Handelsgesetzbuch, 2., neubearb. und erweiterte Auflage, Köln 2001 (zitiert: Röhricht/Graf v. Westphalen/Bearbeiter, HGB).

Roth, Herbert: Zum Mitverschulden beim Beseitigungsanspruch aus § 1004 BGB, in: JZ 1998, 94 – 96.

- Anmerkung zu BGH, Urt.v. 11.6.99 – V ZR 377/98 (OLG Schleswig) – NJW 1999, 2896, in: LM 12/1999, § 906 Nr.101, Bl.2209 – 2210.

- Zur Bedeutung des § 906 BGB für deliktische Schadensersatzansprüche – BGH, NJW-RR 2001, 1208, in: JuS 2001, 1161 – 1165.

Roth, Herbert/ Lemke/ Krohn: Der bürgerlich-rechtliche Aufopferungsanspruch. Ein Problem der Systemgerechtigkeit im Schadensersatzrecht, 2001 (zitiert: Bearbeiter, in: Roth/Lemke/Krohn, Aufopferungsanspruch).

Rosenthal, Alfred/ Leffmann, E.: Kommentar zum Gesetz gegen den unlauteren Wettbewerb, 9.Auflage, Berlin, Frankfurt 1969 (zitiert: Rosenthal/ Leffmann).

Rümelin, Max: Die Gerechtigkeit, Tübingen 1920.

Rüthers, Bernd/ Stadler, Astrid: Allgemeiner Teil des BGB, 13., völlig neubearb. Auflage, München 2003 (zitiert: Rüthers/Stadler, AT).

Sack, Rolf: Sittenwidrigkeit, Sozialwidrigkeit und Interessenabwägung, in: GRUR 1970, 493 – 503.

- Die eigenmächtige Werbung mit fremden Namen als Delikt, in: WRP 1984, 521 – 535.

- Die lückenfüllende Funktion der Sittenwidrigkeitsklausel, in: WRP 1985, 1 – 15.

- Das Anstandsgefühl aller billig und gerecht Denkenden und die Moral als Bestimmungsfaktoren der guten Sitten, in: NJW 1985, 761 – 769.

Salinger, M.: Über die Beseitigungsklage, insbesondere auf dem Gebiet des gewerblichen Rechtsschutzes, in: LZ 1919, 1152 – 1159.

Sagel-Grande, Irene: Die wesentlichen Rechtsgüter im Namensrecht, in: NJ 1992, 537 – 539.

Schack, Heino: Geistiges Eigentum contra Sacheigentum, in: GRUR 1983, 56 – 61.

- Urheber- und Urhebervertragsrecht, 3., neubearb. Auflage, Tübingen 2005 (zitiert: Schack).

Schapp, Jan/ Schur, Wolfgang: Sachenrecht, 3. Auflage, München 2002 (zitiert: Schapp/Schur, SR).

Scherer, Inge: Das Asylantenwohnheim in der Nachbarschaft, in: JR 1997, 309 - 315.

Schilken, Eberhard: Veränderungen der Passivlegitimation im Zivilprozeß, Köln 1987 (zitiert: Schilken, Zivilprozeß).

Schlechtriem, Peter: Nachbarrechtliche Ausgleichsansprüche und Schadensersatzhaftung, in: Festschrift für Joachim Gernhuber zum 70. Geburtstag, Tübingen 1993, 407 – 421.

Schlütter, Egon: Die Beseitigungspflicht des Eigentümers für Störungen aus seinem Eigentum nach § 1004 BGB, Diss., Köln 1966 (zitiert: Schlütter).

Schmid, Michael J.: Unkraut als Rechtsproblem, in: NJW 1988, 29 - 31.

Schmidt, Eike: Nutzungsentgang und äquivalentlose Aufwendungen – BGHZ 1, 234, in: JuS 1980, 636 – 641.

Schmidt, Karsten: Prozessprobleme und Vollstreckungsprobleme der Gemeinschaftsteilung, in: JR 1979, 317 – 321.

- Haftung der Gemeinde für das Eindringen von Wurzeln in Abwasserleitungen, Anm. zu BGH, Urt. v. 2.12.1988 – V ZR 26/88, in: JuS 1989, 670.

- (Hrsg.) Münchener Kommentar zum Handelsgesetzbuch, 1. Buch: Handelsstand §§ 1 – 104, München 1996 (zitiert: HGB-MünchKomm/Bearbeiter).

- Handelsrecht, 5., neubearb. Auflage, Köln, Berlin, Bonn, München 1999 (zitiert: K.Schmidt, HR).

- Stadtwerke-Haftung für Überschwemmungen wegen Rohrbruch, Anm. zu BGH, Urt. v. 30.5.2003 – V ZR 37/02, in: JuS 2003, 1128.

Schmidt, Rudolf: Der negatorische Beseitigungsanspruch, Stuttgart 1924 (zitiert: Schmidt).

Schöfer, Nicola: Die Rechtsverhältnisse zwischen dem Urheber eines Werkes der bildenden Kunst und dem Eigentümer des Originalwerkes, München 1984.

Schönherr, Fritz: Zur Begriffsbildung im Immaterialgüterrecht, in: Festschrift für Alois Troller zum 70. Geburtstag, Basel, Stuttgart 1976, 57 - 88.

Schrauder, Gerhard: Wettbewerbsverstöße als Eingriffe in das Recht am Gewerbebetrieb, Bielefeld 1970 (zitiert: Schrauder, Wettbewerbsverstöße).

Schreiber, Klaus: Sachenrecht, 4., neubearb. Auflage, Stuttgart u.a. 2003 (zitiert: Schreiber, SR).

Schricker, Gerhard: Entwicklungstendenzen im Recht des unlauteren Wettbewerbs, in: GRUR 1974, 579 - 589.

- Rechtsfragen der Firmenlizenz, in: Festschrift für Freiherr Otto-Friedrich v. Gamm, Köln 1990, 289 – 301.

- Urheberrecht, Kommentar, 2., neubearb. Auflage, München 1999 (zitiert: Schricker/Bearbeiter, UrhG).

Schubert, Werner (Hrsg.): Die Vorentwürfe der Redaktoren zum BGB, Sachenrecht I, Die Vorlagen der Redaktoren für die erste Kommission zur Ausarbeitung des Entwurfs eines Bürgerlichen Gesetzbuches, Berlin, New York 1982 (zitiert: Schubert, Vorentwürfe SR I).

Schuler, Hans: Bereicherungsprobleme der §§ 816, 951 BGB, in: NJW 1962, 1842 – 1845.

Schulte, Rainer: Patentgesetz, 5. Auflage, Köln, Berlin, Bonn, München 1994 (zitiert: Schulte).

Schulz, Fritz: Classical Roman Law, Oxford 1951 (zitiert: Schulz).

- Über die Rechte auf den Eingriffserwerb, in: AcP 105 (1909), 1 – 488.

Schumacher, Björn: Rezeption und Kritik der Radbruchschen Formel, München 1985.

Schwab, Karl-Heinz/ Prütting, Hanns: Sachenrecht, ein Lehrbuch, 31. Auflage, München 2003 (zitiert: Schwab/Prütting, SR).

Schwabe, Katharina: Der Anspruch des Einzelrechtsnachfolgers in Grundstückseigentum aus § 1004 bei schuldrechtlicher Duldungsver-pflichtung seines Rechtsvor-gängers, Diss. Bielefeld 1986 (zitiert: Schwabe, Einzelrechtsnachfolge).

Schwarz, Christian/ Ernst, Astrid: Ansprüche des Grundstücksbesitzers gegen Falschparker“, in: NJW 1997, 2550 - 2556.

Schwarz: Symbolae Friburgenses in honorem Ottonis Lenel, 1935 (zitiert: Schwarz, Symbolae Friburgenses in honorem Ottonis Lenel)

Schwerdtner, Peter: Der zivilrechtliche Persönlichkeitsschutz, in: JuS 1978, 289 – 299.

Siber, Heinrich: Der Rechtszwang zum Schuldverhältnis, Leipzig 1903 (zitiert: Siber, Rechtszwang).

- Römisches Recht, Bd.2: Römisches Privatrecht, Berlin 1928 (zitiert: Siber).

Siebenhaar, Eduard: Commentar zu dem Bürgerlichen Gesetzbuche für das Königreich Sachsen, Bd.1, Leipzig 1864 (zitiert: Siebenhaar/Bearbeiter, Sächsisches BGB).

Siebert, Wolfgang: Zur allgemeinen Problematik des Persönlichkeitsrechts, in: NJW 1958, 1369 – 1374.

Soergel, Theodor: Kommentar zum Bürgerlichen Gesetzbuch, Allgemeiner Teil I (§§ 1-103), Bd.1, 13. Auflage, Stand: 2000, Stuttgart/Berlin/Köln 2000,

- Schuldrecht (§§ 241-432), Bd.2, Halbbd.1, 12. Auflage, Stand: Juli 1990, Stuttgart/Berlin/Köln 1990,

- Sachenrecht (§§ 854-1296), Bd.6, 12. Auflage, Stand: Sommer/Herbst 1989, Stuttgart/Berlin/Köln 1990,

- Sachenrecht I (§§ 854-984), Bd.14, 13. Auflage, Stand: 2002, Stuttgart/Berlin/Köln 2002 (zitiert: 13. Aufl.) (zitiert: Soergel/Bearbeiter).

Sonnenschein, Jürgen: Zur Geltung des Mieterschutzes für auf gemietetem Grundstück vom Mieter errichtetes und bewohntes Gebäude, in: JZ 1985, 45 – 47.

Starck, Boris: Essai d'une théorie générale de la responsibilité civile considerée en sa double fonction de garantie et de peine privée, 1947.

- Domaine et fondement de la responsibilté sans faute: Rev. Trim. Civ. 1958, 475.

- Droit civil, Obligations (1972) nos. 58 ff. (zitiert: Starck, Droit civil).

Stark, Emil W.: Das Wesen der Haftpflicht des Grundeigentümers nach Art. 679 ZGB, Zürich 1952 (zitiert: Stark).

Staub, Hermann: Handelsgesetzbuch, Großkommentar, Erster Band: Einleitung, §§ 1-104, 4., neubearb. Auflage, Berlin, New York 1995 (zitiert: Staub/Bearbeiter).

Staudinger, Julius v.: Kommentar zum Bürgerlichen Gesetzbuch mit Einführungsgesetz und Nebengesetzen, Erstes Buch, Allgemeiner Teil, §§ 1 – 14, 13. Neubearbeitung, Berlin 2004 (zitiert: Staudinger/Bearbeiter),

- Zweites Buch, Recht der Schuldverhältnisse, §§ 741 – 764, 13. Neubearbeitung, Berlin 2002,

- Zweites Buch, Recht der Schuldverhältnisse, §§ 823 – 825, 13. Bearbeitung, Berlin 1999,

- Drittes Buch, Sachenrecht, §§ 854 – 882, 13. Neubearbeitung, Berlin 2000,

- Drittes Buch, Sachenrecht, §§ 883 – 902, 13. Neubearbeitung, Berlin 2002,

- Drittes Buch, Sachenrecht, §§ 903 – 924, 13. Neubearbeitung, Berlin 2002,

- Drittes Buch, Sachenrecht, §§ 925 – 984, Anhang zu §§ 929 ff.: Sonderform der Übereignung, 13. Neubearbeitung, Berlin 2004,

- Drittes Buch, Sachenrecht, §§ 985 – 1011, 13. Neubearbeitung, Berlin 1999,

- Drittes Buch, Sachenrecht, ErbbVO, §§ 1018 – 1112, 13. Neubearbeitung, Berlin 2002,

- Drittes Buch, Sachenrecht, §§ 1113 – 1203, 13. Neubearbeitung, Berlin 2002

Stickelbrock, Barbara: Angleichung zivilrechtlicher und öffentlich-rechtlicher Haftungsmaßstäbe, in: AcP 197 (1997), 456 - 504.

Stönner, Heinz: Voraussetzungen, Inhalt und Vollstreckung der Eigentumsfreiheitsansprüche des § 1004 BGB, Diss. Quackenbrück 1934 (zitiert: Stönner).

Stoll, Hans: Consequences of Liability, Remedies, in: International Encyclopedia of Comparative Law, Bd. XI Torts Kap.8 (zitiert: Stoll, Consequences of Liability).

- Zum Rechtfertigungsgrund des verkehrsrichtigen Verhaltens, in: JZ 1958, 137 – 143.

- Unrechtstypen bei Verletzung absoluter Rechte, in: AcP 162 (1963), 220 - 236.

- Die Reduktionsklausel im Schadensersatzrecht aus rechtsvergleichender Sicht, in: RabelZ 34 (1970), 48 – 64.

- Reform des Kraftfahrzeughaftpflichtrechts?, in: RabelsZ 36 (1972), 285 – 299.

Stubenrauch, Moritz von: Commentar zum österreichischen ABGB, Bd. I, 8. Auflage Wien 1902 (hrsg. von Max Schuster von Bonnott und Karl Schreiber) (zitiert: Stubenrauch).

Strohal, Emil: Der Sachbesitz nach dem BGB, in: JherJB 38 (1898), 1 – 137.

Taupitz, Jochen: Privatrechtliche Rechtspositionen um die Genomanalyse – Eigentum, Persönlichkeit, Leistung, in: JZ 1992, 1089 – 1099.

Teplitzky, Otto: Das Verhältnis des objektiven Beseitigungsanspruchs zum Unterlassungsanspruch im Wettbewerbsrecht, in: WRP 1984, 365 – 368.

- Wettbewerbsrechtliche Ansprüche, 8., völlig neubearb. Auflage, Köln, Berlin, Bonn, München 2002 (zitiert: Teplitzky, Wettbewerbsrechtliche Ansprüche).

Tetzner, Heinrich: Gesetz gegen den unlauteren Wettbewerb, 2. Auflage, Köln 1957 (zitiert: Tetzner).

Thibaut, Anton Friedrich: System des Pandektenrechts, Bd. 1 und 2, 7. Ausgabe, Jena 1828 (zitiert: Thibaut).

Thomas, Heinz/ Putzo, Hans: Zivilprozeßordnung, 26., neubearb. Auflage, München 2004 (zitiert: Thomas/Putzo)

Tiedemann, Paul: Vom Mythos der negativen Immissionen, in: MDR 1978, 272 - 276.

Tilmann, Winfried : Der Schutz gegen Produktpiraterie nach dem Gesetz von 1990, in: BB 1990, 1565 – 1569.

Troller, Alois: Immaterialgüterrecht, Band I, 3., völlig überarbeitete Auflage, Basel, Frankfurt a.M. 1983 (zitiert: Troller, Immaterialgüterrecht).

Tunc, André: A little-noticed theory in the law of tort – Boris Starck's theory of guaranty: U.Pa.L.Rev. 121 (1972/73), 618 ff. (zitiert: Tunc, a little-noticed Theory).

- Torts, Introduction, in: Int. Enc.Comp.L.XI Ch.1 (1974).

Tuhr, Andreas von: Naturalrestitution und Geldersatz, in: JherJb 46 (1904), S.39 – 58.

- Der allgemeine Teil des Deutschen Bürgerlichen Rechts, Bd.1, Allgemeine Lehren und Personenrecht, Berlin 1910 Unveränderter Nachdruck 1957 (zitiert: v. Tuhr, Bd.1).

Ulmer, Eugen: Wandlungen und Aufgaben im Wettbewerbsrecht, in: GRUR 1937, 769 – 773.

- Das Recht des unlauteren Wettbewerbs in den Mitgliedstaaten der Europäischen Wirtschaftsgemeinschaft, Bd. 1, München 1965 (zitiert: Ulmer, Unlauterer Wettbewerb I).

- Urheber- und Verlagsrecht, 3., neubearb. Auflage, Berlin, Heidelberg, New York 1980 (zitiert: Ulmer, Urheber- und Verlagsrecht).

Ulmer, Eugen (Hrsg.)/ Reimer, Dietrich: Das Recht des unlauteren Wettbewerbs in den Mitgliedstaaten der Europäischen Wirtschaftsgemeinschaft, Bd.3, München 1968 (zitiert: Ulmer/Reimer, Unlauterer Wettbewerb).

Unger, Joseph: Zur Lehre vom österreichischen Nachbarrechte, in: GrünhutsZ 13 (1886), 715 - 730.

Vangerow, Kharl Adolph von: Lehrbuch der Pandekten, Bd.I, 7.Auflage, Marburg, Leipzig 1877 (zitiert: v. Vangerow).

Vieweg, Klaus: Nachbarrecht und Naturschutz, in: NJW 1993, 2570 - 2577.

Vollkommer, Gregor: Analoge Anwendung des § 867 S.2 BGB auf die Beseitigungspflicht des Störers nach § 1004 I BGB?, in: NJW 1999, 3539 – 3540.

Vogt, Alfons: Bedeutungsgehalt und Funktion der guten Sitten im Wettbewerbsrecht, in: NJW 1976, 729 – 736.

Vogt, Stefan: Lexikon des Wettbewerbsrechts, München 1994 (zitiert: Vogt, Lexikon des Wettbewerbsrechts).

Waasen, Raphael von: Das Spannungsfeld zwischen Urheberrecht und Eigentum im deutschen und ausländischen Recht, Köln 1994.

Wadle, Elmar: Geistiges Eigentum, Weinheim 1996.

Walchner, Wolfgang: Der Beseitigungsanspruch im gewerblichen Rechtsschutz und Urheberrecht, Köln, Berlin, Bonn, München 1998 (zitiert: Walchner).

Wank, Rolf: Die Auslegung von Gesetzen, 2., überarbeitete Auflage, Köln, Berlin, Bonn, München 2001 (zitiert: Wank, Auslegung).

Wassermann (Ghrsg.): Alternativkommentar zum Bürgerlichen Gesetzbuch, §§ 854-1296, Bd.4, Sachenrecht, Darmstadt 1983 (zitiert: AK/Bearbeiter).

Weitnauer: Buchbesprechung Lehrbuch des Sachenrechts Fritz Baur, in: DNotZ 1968, 706 – 708.

Wenzel, Joachim: Der Störer und seine verschuldensunabhängige Haftung im Nachbarrecht, in: NJW 2005, 241 – 247.

Westermann, Harm Peter: BGB-Sachenrecht, 10., völlig neubearb. Auflage, Tübingen 2002 (zitiert: Westermann, BGB-SR).

Westermann, Harry/ Westermann, Harm-Peter: BGB Sachenrecht: Ein Lehrbuch, 6., neubearb. Auflage, Heidelberg 1986 (zitiert: Westermann, Lb, 6. Aufl.)

- 7., neubearb. Auflage, Heidelberg 1998 (zitiert: Westermann, Lb).

Wetzel, Rita: Die Zurechnung des Verhaltens Dritter bei Eigentumsstörungstatbeständen, Tübingen 1971 (zitiert: Wetzel).

Wiegand, Wolfgang: Die Entwicklung des Sachenrechts im Verhältnis zum Schuldrecht, in: AcP 190 (1990), 112 – 138.

Wieling, Hans: Sachenrecht, Bd. I, Sachen, Besitz und Rechte an beweglichen Sachen, Berlin 1990 (zitiert: Wieling, SR).

- Grund und Umfang des Besitzschutzes, in: Festschrift für Ulrich von Lübtow zum 80. Geburtstag, Rheinfelden 1991, 565 – 584.

- Schadensersatzpflicht ohne Verschulden nach Bruch einer Wasserversorgungsleitung – Anmerkung zu BGH, Urt. v. 30.5.2003 – V ZR 37/02, in: LMK 2003, 183 - 184.

Wieser, Eberhard: Der Schadensersatzanspruch des Besitzers aus § 823 BGB – BGH JZ 1954, 613, in: JuS 1970, 557 - 561.

- Zum Schadensersatzanspruch des nichtberechtigen Besitzers, in: NJW 1971, 597 – 599.

Wiethölter, Rudolf: Der Rechtfertigungsgrund des verkehrsrichtigen Verhaltens, Karlsruhe 1960 (zitiert: Wiethölter).

Wilhelm, Jan: Sachenrecht, 2., neubearb. Auflage, Berlin 2002 (Wilhelm, SR).

Windscheid, Bernhard/ Kipp, Theodor: Lehrbuch des Pandektenrechts, 9.Auflage, Frankfurt/Main 1906 (zitiert: Windscheid/Kipp, Lb Pandekten).

Wolf, Ernst: Lehrbuch des Sachenrechts, 2. Auflage, Köln, Berlin, Bonn 1979 (zitiert: E. Wolf, SR).

Wolf, Manfred: Beständigkeit und Wandel im Sachenrecht, in: NJW 1987, S.2647 – 2652.

- Sachenrecht, 21., ergänzte und überarbeitete Auflage, München 2005 (zitiert: M. Wolf, SR).

Wolff, Martin/ Raiser, Ludwig: Lehrbuch des Bürgerlichen Rechts, Bd.3, Sachenrecht, 10. Bearb., Tübingen 1957 (zitiert: Wolff/Raiser, SR).

Wuesthoff, Franz/ Leßmann, Herbert/ Wendt, Diethard: Sortenschutzgesetz, 2. Auflage, München 1990.

Zitelmann, E.: Luftschiffahrtsrecht, in: Zeitschrift für internationales Privat- und öffentliches Recht 19 (1909), 458 – 496.

Zöller, Richard/ Geimer, Reinhold: Zivilprozeßordnung, 25., neubearb. Auflage, Köln 2005 (zitiert: Zöller/Bearbeiter, ZPO).

FSC
www.fsc.org
MIX
Papier | Fördert
gute Waldnutzung
FSC® C083411

Kolibri 360 GmbH
Ferdinand-Jühlke-Straße 7
99095 Erfurt, Deutschland
produktsicherheit@kolibri360.de

Druck:
CPI Druckdienstleistungen GmbH
im Auftrag der
Kolibri 360 GmbH
Ferdinand-Jühlke-Str. 7
99095 Erfurt